2019 年度国家出版基金资助项目"中国农村调查
（村庄类）·黄河区域"的成果之一。

教育部人文社会科学重点研究基地华中师范大学中国农村研究院
2016 年基地重大项目"作为政策和理论依据的深度中国农村调查
与研究"（16JJD810004）的成果之一。

华中师范大学中国农村研究院"2015 版中国农村
调查"的成果之一。

中国农村调查

徐 勇 邓大才

主编

江苏人民出版社

• 总第 *60* 卷

• 村庄类第 *29* 卷

• 黄河区域第 *10* 卷

• 任城区·平罗县

图书在版编目(CIP)数据

中国农村调查. 总第 60 卷,村庄类. 第 29 卷. 黄河区域. 第 10 卷 / 徐勇,邓大才主编. —南京：江苏人民出版社,2024.1

ISBN 978 - 7 - 214 - 28397 - 9

Ⅰ. ①中… Ⅱ. ①徐… ②邓… Ⅲ. ①农村调查－研究报告－中国 Ⅳ. ①F32

中国国家版本馆 CIP 数据核字(2023)第 185687 号

出 版 人　徐　海
出 版 统 筹　杨建平
策 划 编 辑　杨　健　陈俊阳

书　　　　名　中国农村调查(总第 60 卷·村庄类第 29 卷·黄河区域第 10 卷)

主　　　　编　徐　勇　邓大才
责 任 编 辑　魏　冉　张　文
装 帧 设 计　姜　嵩
责 任 监 制　王　娟
出 版 发 行　江苏人民出版社
出版社地址　南京市湖南路 1 号 A 楼,邮编:210009
照　　　　排　江苏凤凰制版有限公司
印　刷　者　苏州市越洋印刷有限公司
开　　　　本　787 毫米×1092 毫米　1/16
印　　　　张　36.75　插页 6
字　　　　数　675 千字
版　　　　次　2024 年 1 月第 1 版　2024 年 1 月第 1 次印刷
标 准 书 号　ISBN 978 - 7 - 214 - 28397 - 9
定　　　　价　590.00 元(精装)

(江苏人民出版社图书凡印装错误可向承印厂调换)

总　序

2015 年是华中师范大学中国农村研究院历史上的关键一年。在这一年，本院不仅成为完全独立建制的研究机构，更重要的是进一步明确了目标，特别是进行学术整合，构建了一个全新的调查研究计划。这一计划的内容包括多个方面，其中，中国农村调查是基础性工程。从 2015 年开始出版的《中国农村调查》便是其主要成果。

学术研究是一个代际接力、不断提升的过程。农村调查是本院的立院之本，兴院之基。本院的农村调查经历了三个阶段。

第一阶段主要是基于项目调查基础上的个案调查（1985—2005 年）。

20 世纪 80 年代开启的中国改革开放，起始于农村改革。延续 20 多年的人民公社体制废除后，农村的生产功能由家庭所承担，社会管理功能则成为一个新的问题。这一问题引起我院学者的关注。1928 年出生的张厚安先生是中国政治学恢复以后较早从事政治学研究的学者之一。他与当时其他政治学者不同，比较早地关注农村政治问题，并承担了农村基层政权方面的国家研究课题。与此同时，本校其他学者也承担了有关农村政治研究的课题。1988 年，这些学者建立起以张厚安先生为主任的农村基层政权研究中心，由此形成了一个自由结合的学术共同体。

作为一个学术共同体，农村基层政权研究中心有其研究宗旨和方法。在学术共同体建立之初，张厚安先生就提出了"三个面向，理论务农"的宗旨。"三个面向"是指面向社会、面向基层、面向农村。"理论务农"是指立足于农村改革实践，服务于农村改革实践。这一宗旨对于政治学者是一个全新的使命。政治学研究政治价值、政治制度与政治行为。传统政治学更多研究的是国家制度和国家统治，以文本研究为主要研究方法。"三个面向"的宗旨，必然要求方法的改变，这就是进行实地调查。自学术共同体形成开始，实地调查便成为我们的主要研究方法。

自20世纪80年代中期，以张厚安先生为领头人的学者就开始进行农村调查。最初是走向农村，进行全国性的广泛调查，主要是面上了解。1995年，在原农村基层政权研究中心的基础上，成立了农村问题研究中心，由张厚安先生担任主任，由1955年出生的中年学者徐勇教授担任常务副主任。新的中心的研究重点仍然是基层政权与村民自治，但领域有所扩大，并将研究方法概括为"实际、实证、实验"，更加强调"实"。这种务实的方法开始引起了学术界的关注，并注入国际学术界的一些研究理念和方法。我们的农村调查由面上的了解走向个案调查。年届七旬的张厚安先生亲自带领和参与个案村庄调查，其代表作是《中国农村村级治理——22个村的调查与比较》。这一项目在全国东、中、西三个地区选择了6个重点村和18个对照村进行个案调查，参与调查人员数十人，并形成了一个由全国相关人员参与的学术调查研究团队。

第二阶段主要是基于机构调查基础上的全面调查（2005—2015年）。

1999年，国家教育部为推动人文社会科学研究，启动了教育部人文社会科学重点研究基地建设。当年，华中师范大学农村问题研究中心更名为"华中师范大学中国农村问题研究中心"，由徐勇教授担任主任。2000年，中心成为首批教育部人文社会科学重点研究基地。在基地成立之前，以张厚安教授为首的研究人员是一个没有体制性资源保障，纯因个人兴趣而结合的学术共同体，有人坚持下来，也有人离开。成为教育部基地以后，中心仍然坚持调查这一基本方法，并试图体制化。其主要进展是在全国选择了20多家机构作为调研基地，以为全国性调查提供相应的保障，并建立相互合作关系。

作为教育部重点基地，中心是一个有一定资源保障的学术共同体，有固定的编制人员，也有固定的项目经费，条件大为改善，但也产生了新的问题。这就是农村调查根据各人承担的研究项目而开展。这不仅会造成研究人员过分关注项目资源分配，更重要的是造成调查研究的"碎片化"和"片断化"，难以形成整体和持续性的调查。同时，研究人员也会因为理念和风格不同而产生分歧，造成体制性的学术共同体动荡。为了改变调查研究项目体制引起的"碎片化"倾向，2005年，徐勇教授重新规划了基地的发展，提出"百村观察计划"，计划在全国选择100多个村进行为期10年、20年、30年以至更长时间的调查和跟踪观察。目标是如建立气象观测点一样，能够及时有效地长期观测农村的基本状况及变化走向。这一计划得到时任华中师范大学社会科学研究处处长的石挺先生的鼎力支持。2006年，计划得以试行，主要由刘金海副教授具体负责。最初的试点调查村只有6个，后有所扩展。2008年，在试点基础上，由邓大才教授主持，全面落实计划，调查团队根据严格的抽样，确定了200多个村和3000多个农户的调查样本。

"百村观察"是一项大规模和持续性的调查工程，需要更多人的参与。同时它又是一项公共性的基础工程，人们对其认识有所不同。因为它要求改变项目体制造成的调查"碎片化"和研究"个体化"的工作模式。为此，学术共同体再次发生了有人退出、有人坚持、有人加入的变化。

2009年正式启动的"百村观察计划"，取得了超出预想的成绩：一是从2009年开始，我们每年都要对样本村和户进行调查，调查内容和形式逐步完善，并形成相对稳定的调查体系。除了暑假定点调查以外，还扩展到寒假专题调查。每年参与调查的人员达500人左右，并出版《中国农村调查》等系列著作。二是因为是大规模的调查，可以进行分析，并在此基础上形成调查报告，提供给决策部门，由此也形成了"顶天立地"的理念。"顶天"就是为决策部门服务，"立地"就是立足于实地调查。这一收获，使中心得以在教育部第二次基地评估中成为优秀基地，并于2010年更名为"华中师范大学中国农村研究院"，由徐勇教授担任院长，邓大才教授担任执行院长。三是形成了一支专门的调查队伍并体制化。起初的调查者有相当部分是没有受到严格专业训练的志愿者。为了提高调查质量，自2012年起，研究院将原来分别归于导师名下指导的研究生进行整合，举办"重点基地班"。基地班以提高学生的调查研究能力为导向，实行开放式教学、阶梯性培养、自主性管理，形成社会大生产培养模式，改变了过往一个老师带三五个学生的小作坊培养方式。至此，农村调查完全由受到专门调查和学术训练的人员承担，走向了专业化道路。四是资料数据库得以建立并大大扩展。过往的调查因为是项目式调查，资料难以统一保管和使用。2006年，我们启动了中国农村数据库建设。随着"百村观察计划"的正式实施，大量数据需要录入，并收集到许多第一手资料，资料数据库得以迅速扩展。

第三阶段主要是基于历史使命基础上的深度调查（2015年至今）。

农村调查的深入和相应工作的扩展，势必与以行政方式组织科研的现行大学体制产生碰撞。但是，已经有一个良好开端的调查不可停止。适逢中国的智库建设时机，2015年，华中师范大学中国农村研究院成为完全独立建制的研究机构，由1970年出生的邓大才教授担任行政负责人。

中国农村研究院独立建制，并不简单是成为一个独立的研究机构，而是克服体制障碍，进一步改变学术"碎片化"倾向，加强整合，提升调查和研究水平，目标是在高等学校中建设适应国家需要的智库。实现这一目标有五大支撑点：一是大学术，以政治学为主，多学科参与，协同研究；二是大服务，继续坚持"顶天立地"的宗旨，全面提高服务决策的能力，争取成为有影响力的决策咨询机构；三是大调查，在原有"百村观察计划"基础上构建内容更加丰富的农村调查体系，争取成为世界农村调查重镇；四是大数据，收集和扩充农村资料和数据，争取成为最为丰富的农村资料数据库；五是大平台，吸引全校、全省、全国，乃至全球的农村研究学者参与到农村研究院的工作中来，争取成为世界性的调查研究平台。这显然是一个完全不同于以往的宏大计划，也标志着中国农村研究院的全新起步。

独立建制后的中国农村研究院仍然将农村调查作为自己的基础性工作，且成为体制性保障的工作。除了"百村观察计划"的持续推进以外，我们重新设计了2015版的农村调查体系。这一体系包括"一主三辅"："一主"即以长期延续并重新设计的"中国农村调查"为主体；"三辅"包括"满铁农村调查"翻译、"俄国农村调查"翻译和我们团队到海外农村进行实地调查的"海外农村调查"，目的是完善农村调查体系，并为中国农村调查提供借鉴。

现代化是一个由传统农业社会向现代工业社会转变的过程，这一转变是从农村开始的。农村和农民成为现代化的起点，并规制着现代化的路径。19世纪后期，处于历史大转变时期的俄国，数千人参与对俄国农村的调查，持续时间长达40多年。20世纪上半叶，日本在对华扩张中，以南满洲铁道株式会社为依托开展对中国农村的大规模调查，持续时间长达40多年，形成著名的"满铁调查"。进入21世纪，中国作为一个世界农业文明最为发达的大国，正在以超出想象的速度向现代工业文明迈进。中国需要也应有能够超越前人的大规模农村调查。"2015版中国农村调查"正是基于这一历史背景设计的。

"2015版中国农村调查"超越过往的项目或者机构调查体制，而具有更为宏大的历史使命：一是政策目的。智库理所当然要出思想，但"思想"除了源自思考以外，更要源自可供分析的实地调查。过往的调查虽然也是实地调查，但难以对调查进行系统化的分析，并根据调查提出有预见性的结论。在这方面，19世纪的俄国农村调查有其长处。"2015版中国农村调查"将非常重视实地调查的可分析性和可预测性，以此提高决策服务成效。二是学术目的。调查主要在于知道"是什么"或者"发生了什么"，是事实的描述。但是，这些事实为什么发生？其中存在什么关联？这是过往调查关注比较少的。以致大量的调查难以进行深度的学术开发，学术研究主要依靠的还是规范方法，实地调查难以为学术研究提供必要的基础，由此会大大制约调查的影响力。"2015版中国农村调查"特别重视实地调查的深度学术开发性，调查包含着学术目的，并可以通过调查提炼学术思想。其作为一种有实地调查支撑的学术思想也可以间接影响决策。为此，"2015版中国农村调查"在设计时，除了关注"是什么"以外，也特别重视"为什么"，试图对中国农村社会的底色及其变迁进行类似于生物学"基因测序"的调查。三是历史传承目的。在现代化进程中，传统农村正在迅速消逝。"留得住乡愁"需要对"乡愁"的记录和保存。20世纪以来，中国农村发生了太多的变化，中国农民经历了太多的起伏，农民的历史构成了国家历史不可或缺的部分。"2015版中国农村调查"因此特别关注历史的传承。

基于以上三个目的，"2015版中国农村调查"由四个部分构成：

其一，口述史调查。主要是通过当事人的口述，记录20世纪上半期以来农村的变化及其对当事人命运的影响。其主体是农民个人。在历史上，他们是微不足道的，尽管是历史的创造者，但没有历史记载他们的状况与命运。进入20世纪以后，这些微不足道的人物成为"政治人物"，尽管是"小人物"，但他们是大历史的折射。通过他们自己的讲述，我们可以更加充分地了解历史的真实和细节，也可以更好地"以史为鉴"。口述史调查关注的是大历史下的个人行为。

其二，家户调查。主要是以家户为单位的调查，了解中国农村家户制度的基本特性及其变迁。中国在历史上创造了世界最为灿烂的农业文明，必然有其基本组织制度支撑。但长期以来，人们只知道世界上有成型的农村庄园制、部落制和村社制，而没有了解研究中国自己的农村基本组织制度。受20世纪以来的革命和现代化思维的影响，人们对传统一味否定，更忽视对中国农村传统制度的科学研究，以致我们在否定自己传统的同时引进和借鉴的体制并不一定更为高明，使得中国农村变迁还得在一定程度上向传统回归。实际上，中国有自己特有的农村基本组织制度，这就是延续上千年的家户制度。家户调查关注的是家户制度的原型及其变迁，目的是了解和寻求影响中国农业社会变迁的基因和特性。

其三，村庄调查。主要是以村庄为单位的调查，了解不同类型的村庄形态及其变迁、实态。农村社会是由一个个村庄构成的。与海洋文明、游牧文明相比，农业文明的社会联系更为丰富，"关系"在中国农村社会形成及演变中居于重要地位。中国在某种意义上说是一个"关系国家"，但是作为一个历史悠久、人口众多、地域辽阔、文明多样的大国，关系格局在不同的地方有不同的表现，由此形成不同类型的村庄。国家政策要"因地制宜"，必须了解各个"地"的属性和差异。村庄调查以"关系"为核心，注重分区域的类型调查。通过不同区域的村庄形态和变迁的调查，了解和回答在国家"无为而治"的传统条件下，一个超大的农业社会是如何通过自我治理实现持续运转的；了解和回答在国家深度介入的现代条件下，农业社会是如何反应和变化的。

其四，专题调查。主要是以特定的专题为单位的调查，了解选定的专题领域的状况及其变化。如果说前三类调查是基本调查的话，专题调查则是专门性调查，针对某一个专题领域，从不同角度进行广泛深入的调查，以期获得对某一个专门领域的全面认识和把握。

"2015 版中国农村调查"是一项世纪性的大型工程，它是原有基础的延续，也是当下正在从事，更是未来需要长期接续的事业。这一事业已有数千人参与，特别是有若干人在其中发挥了关键性作用；当下和未来将有更多的人参与。历史将会记录下他们的功绩，他们的名字将与我们的事业同辉！

　　2016 年 6 月，教育部公布了对人文社会科学重点研究基地的评审结果，我院排名全国第一，并再获优秀。这既是对过往的高度肯定，也是对进一步发展的有力鞭策。为此，本院再次明确自己的目标，这就是建设全球顶级农村调查机构、顶级农村资料数据机构，并在此基础上，形成自己的学术领域和学术风格，而达到这一目标，需要一代又一代人克难攻坚，不懈努力！

徐　勇

2015 年 7 月 15 日初序

2016 年 7 月 15 日补记

凡 例

  作为教育部人文社会科学重点研究基地,华中师范大学中国农村研究院历来重视农村调查与研究,《中国农村调查》(村庄类) 是基地新版"中国农村调查"项目的重要成果,在付梓之际,特做以下说明。

  1. 根据徐勇教授提出的"中国农村七大区域学说",即华南区域、长江区域、黄河区域、西南区域、西北区域、东北区域、东南区域,本项目在借鉴日本满铁调查的基础上,按照七大区域的次序,进行村庄形态与实态的调查。这也是整个项目实施所遵循的技术路线。

  2. 在村庄调查点的选取上,结合"中国农村七大区域学说",依据每个区域所辐射的省、市、县,一是按照每个地级市两个县、每个县一个村的标准,二是按照典型点与普遍点结合的原则,三是按照中心与边缘结合的原则,随机抽样选点。每个村庄一位调查员,在调查之前均受过严格的学术培训,每个村的调查时间为 60 天以上。

  3. 每一篇村庄调查报告的写作分为村庄由来与形成、自然、经济、社会、文化、治理六章,以"传统形态—变迁—当下实态"为主线,进行写作。在每篇报告的后面附有调查员的调查小记、调查日记等,以供读者了解调查员的心路历程。

  4. 在报告的写作中,县名、镇名、村名、人名、部门单位等均为实名。但是,报告中所出现的照片、人名、数据等信息,均得到了访谈对象或数据提供对象的口头授权或书面授权。另外,档案材料、政府部门提供的资料、历史材料等,在写作中均做了详细的引用说明。

  5. 农村传统形态的调查,主要靠老人口述来获取信息、数据,因而报告中的数据可能不甚精确,仅供参考,也请各位读者、学者在引用、使用的过程中,酌情处理。

  6. 农村变迁调查会涉及土地改革、"文化大革命"、"四清"等内容,但是,调查者均怀揣学术研究之心,从农村变迁与发展的历史视角去调查与写作,力求客观、真实地再现中国农村的历史变迁。

  7. 在出版方面,项目组组建了审稿与编辑小组,严格审查、校审每一篇村庄调查报告,并从中挑选优秀报告,分七大区域,集结成卷出版。

  8.《中国农村调查》(村庄类) 的重点在于传统形态的调查,是一项抢救历史的学术工程。由于时间仓促,其中不免有错漏,也希望海内外学术界、读书界提出批评、建议,帮助我们提高这套丛书的质量。

《中国农村调查》编辑组

2016 年 12 月 19 日

目录

"荣户"共治：单姓军屯型村落的延续与治理
——黄河区域军王村调查

"户落"共生：黄灌区村庄的社会联结与治理
——黄河区域渠中村调查

质性研究视角下农村区域性村庄分类

徐 勇

在我国，经历了数十年的艰苦探索，且付出了沉重代价，才得以形成农村基本的经营制度及相应的基本政策和基本方法，即以家庭经营为基础，统分结合，双层经营，宜统则统，宜分则分，因地制宜，分类指导。但在实际进程中，为什么和怎么样才能做到"宜统则统、宜分则分"，"因地制宜"，进行"分类指导"，还有待继续深入探讨。在实践中往往出现的是"统得过死，分得过多"，或者"一刀切"，很难因地制宜，分类指导做出决策。其重要原因之一就是对"地"的属性和"类"的区分缺乏深入调查和研究，对整个农村实际情况的认识更多的是片断的、零碎的、表层的。这就需要学界对中国农村进行深入调查和深度研究，以为因地制宜、分类指导的国家决策提供依据。而"区域性村庄"，则是农村研究的重要内容。自2015年，华中师范大学中国农村研究院开启大规模的"2015年版中国农村调查"工程，其中包括对中国七大区域的村庄进行调查。为什么要进行区域性村庄调查，为什么要分为七大区域进行村庄调查？以下就此做出说明。

一、"因地"与"分类"：质性研究方法

社会科学是现代社会分工的产物。作为一种社会科学研究，重要的不是发表政策言论，而是为制定政策提供理论与实际依据，供决策者参考和选择。这是现代社会分

工的要求。学者只有寻找到最适合于自己的位置，才能发挥自己独特的优势。长期以来，从事农村研究的学者不少，发表的成果更是浩如烟海，但是能够对决策层产生直接或间接、短期或长期影响的成果却少之又少。作为学人，我们可以对政策发表意见，乃至评头论足，但最重要的是要反思，学者对政策的制定提供了什么有独特价值的贡献？

中国是一个历史悠久、地域辽阔的大国，地区发展不平衡。因此，"因地制宜与分类指导"成为制定农村政策的基本原则，也是农村研究的重要目标。所谓"因地制宜"，就是根据各地的实际情况，制定适宜的办法。这就意味着此"地"与彼"地"不同。所谓"分类指导"，就是根据事物的类型状况进行有针对性的指导。这就意味着此"类"与彼"类"不同。因此，"地"和"类"是在比较中界定的，具有一种区别于其他"地"和"类"的特质或特性。农村研究最重要的是准确把握"地"和"类"的属性和特质，政策制定者才有可能"因地"和"分类"做出决策。

社会科学研究不同一般的言论发表，特别需要方法论的自觉，并选择最为适合的方法达到自己的研究目的。农村研究要准确把握"地"和"类"的属性和特质，需要研究者在学术目标指导下，进行实地调查，收集资料，通过分析来完成，因此特别适合于"质性研究"（又被称为"质化研究""质的研究"）方法。这一方法被认为是"以研究者本人作为研究工具，在自然情境下采用多种资料收集方法对社会现象进行整体性探究，使用归纳法分析资料和形成理论，通过与研究对象互动对其行为和意义建构获得解释性理解的一种活动"[1]。质性研究方法为什么是最为适合的方法呢？

首先在于以实际调查为基础的多种资料的收集。农村研究要了解"地"和"类"的属性，需要直接面对"地"和"类"加以认识，而不能凭空想象。即使是文学作品特别强调想象力，也有必要的实体基础。正如鲁迅所说，"燕山雪花大如席"尚属正常的夸张，而说"广州雪花大如席"就太离谱了。正因为如此，做农村研究的，一开始就将实地调查作为首要方法。人类学、民族学、社会学等重视实地调查的学科成为农村研究的重要支撑。实地调查的目的是认识对象，收集资料，但收集资料不仅仅依靠实地调查，还需要其他方法加以补充，如历史文献资料的收集等。

其次在于整体性探究。农村研究要了解"地"和"类"的属性，需要在整体比较中发现。换言之，农村研究不能仅仅只是对某一个"地"和"类"进行了调查便可以得出结论，它需要对构成"地"和"类"的范围进行整体比较才能发现此"地"与彼"地"、此"类"与彼"类"的不同。在农村研究中，我们经常会看到对村庄的分类，

1　陈向明：《质的研究方法与社会科学研究》，教育科学出版社2000年版，第12页。

但这种分类大多属于研究者对某一个地方和类型进行调查后得出来的结论，而不是整体内相同维度中的差异比较，因此很容易产生一村一类型的轻率结论。所以，为了在普遍性中发现差异性，质化研究并不排斥量化研究。只是量化研究很容易采用他人资料和数据，往往会造成资料来源的同质性而无法发现"地"和"类"的差异性。

再次在于通过归纳产生理论。农村研究要了解"地"和"类"的属性，调查和比较是基础，最后要产生结论和理论，即通过调查和比较，我们能够做出什么判断，并提供给他人。从提供理论的角度看，质性研究与其他研究没有区别，区别在于如何得出理论。质性研究是通过归纳的方法产生理论的，这不同于理论演绎和量化假设。为了得出准确的判断，质性研究要求在自然情境下，而不是人为制造的场景下，通过客观中立的调查，获得完整准确的材料，然后对材料加以归纳，最后得出结论。只有这样，我们对"地"和"类"的界定才是可供参考和验证的。

最后在于与对象的互动。农村研究要了解"地"和"类"的属性，要在与对象互动中发现。因为，农村研究的"地"和"类"与一般自然界的"地"和"类"有所不同，它是自然—社会—历史交互作用的产物。研究者在进行调查时，不仅要把握自然环境，而且要掌握人文社会和历史，调查中要与人交往和互动，才能发现"地"和"类"的属性及其与他"地"和"类"的区别。如在调查中，我们可以通过方言发现某"地"和"类"的属性及其区别，但方言只有在与对象互动中才能意识到。

二、"分"与"合"：维度与条件

农村研究关注"因地"与"分类"，均涉及整体与部分的关系。"因地"通常是指在一个国家整体内，由于条件不同而形成不同地方的特点；"分类"通常是指对一个事物整体内的不同要素区分为不同类型。如何界定农村研究中的整体与部分的关系呢？这就需要寻找统一的维度。这一维度就是"分"与"合"。

"分"是由整体中分化或产生出部分，包括分开、分散、分化、分离等。"合"是指各个部分合为一个整体，包括合作、合成、整合、结合、联合等。"分"在于个别性、部分性，"合"在于一般性、整体性。

"分"与"合"是人类社会一般的表现形态。中国著名小说《三国演义》开篇就表达："话说天下大势，分久必合，合久必分。"现代社会科学通过不同的科学概念对"分"与"合"的状态进行概括，如经济学领域的"分工"与"合作"，社会学领域的"社会分化"与"社会整合"，政治学领域的"分权"与"集权"等。

人类是作为个体的"人"与作为整体的"类"共同构成的。从人类社会的发展看，"分"通常意味着变化，由一个整体向不同部分的变化过程。如在中国，由"天下为公"分裂为"天下为家"，由"天下为家"分裂为"天下为人"，整体社会不断裂变为一个一个独立的个体，先是家庭，后是个人。"合"通常意味着秩序，由不同的部分通过一定方式形成一个有序的整体。整体尽管会裂变为个体，但个体不可能脱离整体而存在，任何个体都是相对整体而言的。将不同的个体结合为整体就会形成一种秩序。有序，整体就会存在；无序，整体就会解体。"天下为公"尽管会裂变为"天下为家"，但是一个个"家"又会结合成为"国"和"天下"。如"齐家治国平天下"，"齐""治""平"就是结合的机制与手段。"分"与"合"是相对而言的，是部分与整体的关系。这一关系是农村研究中的"因地"和"分类"的基本维度。

人类社会的"分"与"合"不是无缘无故发生的，必然受条件的制约。马克思说："人们自己创造自己的历史，但是他们并不是随心所欲地创造，并不是在他们自己选定的条件下创造，而是在直接碰到的、既定的、从过去承继下来的条件下创造。"[1] 构成农村研究中的"地"与"类"的条件并影响农村社会"分"与"合"的条件主要有：

（一）自然条件

自然是指人所面对的宇宙万物，是宇宙生物界和非生物界的总和。对于农村来说，自然具有十分特殊的意义。这在于农村是农业产业为基础的，而农业与工业相比，对自然具有高度的依存度。自然条件为人们的生存设置前提条件，构成人们生存的自然环境。愈是人类早期，受自然条件的制约愈大；愈是农业社会，对自然条件的依赖愈大，甚至赋予其神圣价值，如"风水"。

自然条件是由各种自然因素（包括人化自然）构成的自然环境系统，主要包括：天（气候）、地（地形）、水、土、区位等，形成了所谓的"一方水土"，即"地"，并分为不同的类型。而"一方水土养育一方人"，不同地方会产生不同人的特性和行为。法国启蒙学者孟德斯鸠认为，气候是人的品性和行为的决定因素，"气候的权力强于一切权力"。酷热有害于力量和勇气，寒冷赋予人类头脑和身体以某种力量，使人们能够从事持久、艰巨、伟大而勇敢的行动，因此，"热带民族的懦弱往往使他们陷于奴隶地位，而寒带民族的强悍则使他们保持自由的地位。所有这些都是自然原因造成的"。[2] 孟德斯鸠可能言过其实，但自然条件对人类社会的影响无疑具有重大作用，并制约着"分"与"合"。一般来讲，在自然条件比较适宜的地方，"分"的可能性更大；而为了

---

1 《马克思恩格斯选集》第1卷，人民出版社1995年版，第585页。
2 参见［法］孟德斯鸠《论法的精神》（上卷），许明龙译，商务印书馆2013版，第321页。

应对恶劣的条件，"合"的可能性更大。

（二）社会条件

社会是人们通过交往形成的社会关系的总和，是人类生活的共同体。社会是由各种要素构成的社会环境系统，主要包括：以物质生产为基础的经济要素、以人口生产为基础的社会因素、以观念生产为基础的文化因素和以治理生产为基础的政治因素。不同性质的要素，决定了社会分为不同的形态。而人类社会形态又是在一定的空间里存在的。法国学者列斐伏尔认为："社会生产关系仅就其在空间中存在而言才具有社会存在；社会生产关系在生产空间的同时将自身投射到空间中，将自身铭刻进空间。否则，社会生产关系就仍然停留在'纯粹的'的抽象中。"[1] 因此，不同的社会条件便造成不同的"地"和"类"，对人的行为产生直接的作用，并成为造成人类社会"分"与"合"的直接因素。如在自然经济条件下，"合"的可能性更大，最小的经济单位也是作为共同体的"家"；在商品经济条件下，"分"的可能性更大，最小的经济主体可以是作为个体的个人，商品经济伴随着社会分化，当然也意味着更高层次的社会整合。

（三）历史条件

人类社会是一个不断生长、发展、演化的漫长进程。无论是自然，还是社会，都是在历史进程中变化并构成人类存在条件的，由此构成由不同文明断层组合的历史形态。只有将自然和社会条件置于不同的历史形态中才能发现其动态演化的过程，也才能更准确理解"地"与"类"的特性和对人的行为的制约。如人类社会就是共同体裂变为个体，分化为不同个体的过程，同时也是一个由不同个体结合为新的共同体的历史演变过程。"分"与"合"贯穿于整个历史过程之中，但在不同的历史时空里表现形式则不一。德国社会学家滕尼斯在其《共同体与社会》一书中便表达了这一思想。马克思更是从自由的角度论述了个人与共同体（"类"）结合的演变及其不同类型，指出："从前各个人联合而成的虚假的共同体，总是相对于各个人而独立的；由于这种共同体是一个阶级反对另一个阶级的联合，因此对于被统治的阶级来说，它不仅是完全虚幻的共同体，而且是新的桎梏。在真正的共同体的条件下，各个人在自己的联合中并通过这种联合获得自己的自由。"[2] 人类社会是一个过程，形成不同的层面，有的进化时间长，层面多，有的反之。因此，对农村研究中的"地"与"类"及其"分"与"合"的考察，要十分注意历史条件。

历史是一个过程。这一过程是由不同阶段与节点构成的。中国农村研究的历史维

1 转引自［英］德雷克·格利高里、［英］约翰·厄里编《社会关系与空间结构》，谢礼圣、吕增奎等译，北京师范大学出版社 2011 年版，第 95 页。
2 《马克思恩格斯选集》第 1 卷，人民出版社 1995 年版，第 119 页。

度主要有两个：一是传统与现代。一般来讲，人们将农业社会称为传统社会，将工业社会称为现代社会。由此，现代工业社会之前的社会都可以称之为农业社会。现代化就是由传统农业社会向现代工业社会转变的过程。传统性与现代性是了解作为农村研究对象的区域性的重要历史维度。二是形态与实态（1949年前后）。在传统农业社会，由于各种条件的制约，区域的异质性差别非常突出，并构成不同区域的传统形态。而现代国家则是一个由多样性向一致性、一体性变迁的过程。但是这一过程正在变化之中，尚未完全定型，因此构成当下的研究者着手研究时的实际状态。在中国，形态与实态的分界线可以1949年为界。尽管1949年前，中国的传统形态已有些许变化，但由"改朝换代"的高层变动到"改天换地"的全面变革则在1949年以后，且这一变革尚处于了而未了的过程之中。

只有在充分了解自然、社会和历史条件的基础上，我们才能有效地"因地"和"分类"，了解人为何而"分"，因何而"合"，其内在的机理如何。

三、作为农村研究对象的区域

"因地"着重于整体中不同部分，"分类"也在于对整体中不同类型加以区分。就整体和类型单位而言，国家是整体，"地"和"类"分别是国家整体之下的不同部分。换言之，国家是由不同的部分构成的。农村研究要通过调查和归纳方法，研究一个国家的"地"和"类"的特性，但我们不可能穷尽所有对象，而且也没有必要。如中国有数十万个村庄，数亿农村人口，我们不可能，也没有必要都进行调查，再归纳出"地"和"类"的属性。这就需要寻找合适的研究单位。而区域是重要的研究单位。

区域是一个地域空间概念。一定地域总是由不同的区域所构成的。农村研究要了解的"地"和"类"，总是存在于一定的区域空间内。在农村研究中，引进"区域"单位是非常必要的。

从农村研究传统看，主要有两种研究单位。一是整体国家的视角，即将全国整体作为研究对象，是一种宏大叙事式的宏观研究。这种研究的资料来源主要是档案文献，或者理论建构，其成果甚多。代表性著作有费孝通的《乡土中国》等。这种研究将国家作为一个整体研究，具有高度的概括性，但也存在相当的局限。例如，《乡土中国》一书就主要是基于中国核心区域的研究，而许多次生区域或边缘区域的现象就被忽视。

二是个案社区，即将某一个个案作为研究对象，是一种微小叙事式的微观研究。目前，这种研究日益增多。可以费孝通的《江村经济》为代表。这种研究主要是基于实地调查，其优点是可以进行深入的挖掘。但其也有一定的限度：一是在社会多样化的条件下，一个案例很难解释一类现象；二是因为选取的案例不同，一个地区可以得出完全不同，甚至自相矛盾的结论。

因此，为了弥补现有研究的不足，需要借助于其他学科在研究方法上的进展。近些年来，历史学界开始注意寻找新的研究视角，也就是区域性研究。傅衣凌先生提出："由于生产方式、社会控制体系和思想文化的多元化，由于这种多元化又表现出明显的地域不平衡性和动态的变化趋势，中国传统社会产生了许多西欧社会发展模式所难以理解的现象。"[1] 而杨念群则从方法论的角度提出了"中观"理论。由于区域社会研究进展较快，产生了不少区域性研究成果，它们开始被视为某种"学派"。其中，山西大学和南开大学对华北农村的研究被视为一派，而基于对华南农村的研究也出现了所谓的"华南学派"等。

与中国学界的情况类似，国外对于中国问题的研究视角也经历了一个由整体到部分的变化过程。在早期，比较多的研究是国家整体研究，以美国学者费正清的《美国与中国》一书为代表。后来，随着美国学者柯文《在中国发现历史》一书的问世，区域社会研究开始迅速增多，其代表性著作有美国学者裴宜理（Elizabeth J. Perry）的《华北的叛乱者与革命者：1845—1945》、美国学者黄宗智的《长江三角洲的小农家庭与乡村发展》和《华北的小农经济与社会变迁》、美国学者濮德培（Peter C. Perdue）的《榨干土地：湖南的政府与农民，1500—1800》等。

现有的区域社会研究无疑大大弥补了原有学术传统的不足。但是，对于"地"和"类"的农村研究来说，它们仍然不够理想。其主要在于：相当多数的区域研究，只是对某一个地区的某一现象的研究，更多属于国家整体之下的地方性研究，如华南的宗族研究，华北的水利社会研究，湖南的土地、农民与政府研究，等等。有学者甚至将区域史与地方史加以等同，认为"区域史，又称地方史"[2]。

严格来说，区域研究不能等同于地方研究，区域社会研究的价值不仅仅在于对某一个地方的现象的研究，更重要的是寻求造成区域性特性的构成要素，从而形成区别于其他区域的特质。因此，区域研究至少有两个基本特征：一是同质性，即同一区域具有大体相同的特质，正因为这一特质而导致该区域相类似的现象较多，具有区域普遍性。当然这种同质性并不是区域现象的绝对同一性，主要在于其规定的现象多于其他区域。二是异质性，即不同区域具有比较明显的差异性特征，正因为这一特质促成

---

1 傅衣凌：《集前题记》，收于《明清社会经济史论文集》，人民出版社 1982 年版。
2 李玉：《中国近代区域史研究综述》，《贵州师范大学学报（社会科学版）》2002 年第 6 期。

该区域同类现象不同于其他区域的同类现象。无论是同质性，还是异质性，都需要经过比较才能体现。而比较则需要有确定的标准。因此，区域研究与地方研究都属于国家整体的部分研究，但又有不同。地方研究可以不用比较，是某个地方就是某个地方，其研究限定于某个地方。而区域研究一定要发现该区域与其他区域所不同的特质，一定是在比较中才能发现其特质，且这种特质是内生的、内在的，而不只是外部性的现象。

作为农村研究对象的区域性，主要是指某类现象在某个区域内更为集中，并因此与其他区域不同。在中国，最大的区域差异是北方与南方。中国地理分布的分界线之一是秦岭—淮河一线，以北为北方区域，以南为南方区域。费正清曾描述道："凡是飞过大陆中国那一望无际的灰色云天、薄雾和晴空的任何一位旅客，都会显眼地看到两幅典型的画面，一幅是华北的画面，一幅是华南的画面。"[1] 在世界上，很难找到有中国这样南北差异之大，并对经济社会政治产生巨大影响的国家。中国历史上就曾数度出现过南北分化、分裂、分治时期，如南朝、南宋。南北差异也给政治决策和走向带来影响，如开辟大运河，首都东移和北进，政治过程中的南巡和北伐等。这都表明中国北方和南方有着不同的自然—社会—历史土壤，会生长出不同的结果。如我国农村合作化起源于北方，而分田到户则发源于南方。因此，将区域性作为农村研究的对象，有利于根据区域性特质，"因地制宜"和"分类指导"。

四、作为农村研究对象的村庄

国家是由不同区域构成的空间单位。一般来讲，区域的范围比较大。要对区域内的所有对象进行调查研究，不可能也无必要。由此需要进行二次分类。村庄则是农村研究的基本单位，也是发现区域特性的重要基础。只有通过对村庄性的深刻把握才能深入把握区域性。

农村社会由一个个村庄构成。村庄是农村社会成员的地域聚落。农民的生产、生活和社会交往都是在村庄内完成的。对于传统社会的农民来说，村庄就是其世界，人的终生都可能在村庄内度过，因此有所谓"十里不同音，百里不同俗"的说法。愈是进入现代社会，村庄的地位愈是重要。1949年以后，伴随着集体化，村庄成为具有明确和固定边界的单位，集体经济以村庄为单位组织，即"村集体"。同时，村庄也成为国家治理的基本单位，即"行政村"。

---

1 ［美］费正清：《美国与中国》，张理京译，世界知识出版社1999年版，第4页。

更重要的是，村庄不仅仅是农业空间聚落，而且是人与人的结合，并形成人与人之间的关系及其相应的意识形态。透过村庄这一微观的社会组织，我们有可能发现整个农业社会及其区域性特质的构成要素。法国学者列斐伏尔认为："社会生产关系仅就其在空间中存在而言才具有社会存在；社会生产关系在生产空间的同时将自身投射到空间中，将自身铭刻进空间。否则，社会生产关系就仍然停留在'纯粹的'的抽象中。"[1] 农业社会关系及其区域性特质都将通过一个个村落空间体现出来。换言之，没有村庄载体，农业社会及其区域性就无从充分展示出来。因此，村庄是农村社会一个完备的基本组织单位，亦成为农村研究的基本单位。

将村庄作为农村研究的基本单位，并通过村庄性把握区域性，对于运用质化研究方法把握农村研究中的"地"与"类"具有重要价值。

与量化研究强调普遍性相比，质性研究更强调深度性，即通过深度调查，"将一口井打深"，来获得对对象特性的深入理解。因此，质性研究十分强调"扎根理论"和"深描"。

"扎根理论"是质性研究的一种重要方法。"扎根理论方法包括一些系统而又灵活的准则（guideline），让你搜集和分析质性数据，并扎根在数据中建构理论。"[2] 这一方法要求：第一，进入现场搜集和分析，这是前提；第二，数据是质性数据，得是最能反映对象本质特征的数据；第三，扎根于所搜集的数据之中建构理论，而不是在数据之外推导出来理论。因此，运用扎根理论方法，进入村庄现场调查，是了解村庄特性的有效方法。

"深描"作为质性研究方法，是相对"浅描"而言的，特别强调互动性、过程性、细节性和情境性。[3] "深描"最早用于人类学研究，是基于一种异文化的调查研究方法，用此方法可以更好地发现和比较不同对象的特质，也是发现村庄特性的有效方法。尽管"深描"注重细节，甚至微不足道的小事，但是决不是什么小事都要进行研究，恰恰相反，对对象必须有所取舍，以选择最能达到研究目的的对象。[4] 这种研究显然有助于在比较取舍中把握村庄的特性。

质性研究的"扎根理论"和"深描"都特别强调研究者的亲身调查与经验。但是，要让调查者对调查区域的所有村庄进行调查，然后产生结论，是不可能，也没有必要

---

1 转引自［英］德雷克·格利高里、［英］约翰·厄里编《社会关系与空间结构》，谢礼圣、吕增奎等译，北京师范大学出版社 2011 年版，第 95 页。
2 ［英］凯西·卡麦兹：《建构扎根理论：质性研究实践指南》，边国英译，重庆大学出版社 2009 年版，第 3 页。
3 参见陈向明《质的研究方法与社会科学研究》，教育科学出版社 2000 年版，第 347 页。
4 参见澜清《深描与人类学田野调查》，《苏州大学学报（哲学社会科学版）》2005 年第 1 期。

的。村庄在英文中为"village"。有一句西方谚语说，"Every village has its idiosyncrasy and its constitution"，就是说每一个村庄，都有自己的特性和脾气。但每一个村庄也有其同类型的共同性。我们可以通过寻找其共同性把握某区域的村庄性。这就需要寻找符合区域理想类型的村庄。

理想类型研究是德国社会学家韦伯所创立的研究方法。这种研究将事物的本质特性抽象出来，加以分类，如韦伯将统治合法性的类型分为三类。在农村研究中，可以借用这一研究思路和方法，选择最符合区域性特征的村庄进行深度调查。区域性特征就是研究者的目标和理想类型。只要选择若干最能体现区域性的村庄进行调查研究，就有可能从总体上把握该区域类似村庄的共同特征，而不必要对所在区域的所有村庄都进行调查研究。因此，村庄性与区域性是相联系的。只有从区域性整体特征出发，才能选择最能反映区域特征的村庄；只有深度把握村庄特性，才能充分说明区域特性。

相对区域而言，村庄的范围小得多，更容易做深度调查基础上的质化研究，将区域性具体化、实证化、动态化。"因地制宜"的"地"和"分类指导"的"类"最具体和最终体现在村庄属性上。由此要根据不同的标准对村庄加以分类。在对村庄性研究中，以下标准及其分类非常重要：

1. 以村庄名称为标准的分类。村庄名称是一种符号，通过这一符号，可以发现某类村庄的特质。在中国，村庄的"姓"以人的姓命名的非常多，反映了血缘关系与农耕社会同一体的特质。但在不同区域，村庄的"名"却有区别。如在黄河区域，村庄更多是以庄、寨、营、屯、卫等冠名，村庄的建构性、群体性强；在长江区域，村庄更多是以村、冲、湾、垸、岗、台等冠名，村庄的自然性、个体性强，与水相关。

2. 以居住状态为标准的分类。村庄是农村社会成员的居住聚落。村庄名称是一个村庄的标识和指称。这种标识和指称并不是随心所欲的想象，而有其内在的含义，反映了一种居住状态。根据居住状态，可以分为"集居村"和"散居村"。庄、寨、营、屯、卫、店等，更多的是一个人口居住相对集中的农村聚落，集居、群居，集聚度高，属于集居型村庄，即"由许多乡村住宅集聚在一起而形成的大型村落或乡村集市。其规模相差极大，从数千人的大村到几十人的小村不等，但各农户须密集居住，且以道路交叉点、溪流、池塘或庙宇、祠堂等公共设施作为标志，形成聚落的中心；农家集中于有限的范围，耕地则分布于所有房舍的周围，每一农家的耕地分散在几个地点"[1]。村、冲、湾、垸、岗、台等，更多的是人口居住相对分散的农村聚落，主要是散居，

---

[1] 鲁西奇：《散村与集村：传统中国的乡村聚落形态及其演变》，《华中师范大学学报（人文社会科学版）》2013年第 4 期。

甚至独居，分散度高，属于散漫型村庄，即"每个农户的住宅零星分布，尽可能地靠近农户生计依赖的田地、山林或河流湖泊；彼此之间的距离因地而异，但并无明显的隶属关系或阶层差别，所以聚落也就没有明显的中心"[1]。鲁西奇认为，传统中国的农村聚落状态，"从总体上看，北方地区的乡村聚落规模普遍较大，较大规模的集居村落占据主导地位"；而在南方地区，"大抵一直是散村状态占据主导地位；南方地区的乡村聚落，虽然也有部分发展成为集村，但集村在全部村落中所占的比例一直比较低，而散村无论是数量，还是居住的人口总数，则一直占据压倒性多数"[2]。

3. 以村庄形成为标准的分类。无论是集村，还是散村，都是历史进程中形成的。根据村庄形成的标准，可以分为自然村和行政村。自然村是由村民经过长时间聚居而自然形成的村落。其语音相对独立统一，风俗习惯约定俗成，以家族为中心。自然村数量大、分布广、规模大小不一，有仅个别住户的孤村（如在山区），也有数百人口的大村（如在人口稠密的平原地区）。自然村是农民日常生活和交往的单位，但不是一个社会管理单位。为便于国家管理，国家建构了农村社会管理单位，即行政村。行政村是为实现国家意志而设立的，是一种体制性组织，又称为"建制村"。在不同的时代，行政建制名称不一样。如秦汉时期的乡里、明清时期的保甲。自然村与行政村有可能相重合，也有可能不一致。在南方散村区域，自然村一般较小，通常是若干个自然村合为一个行政村。在北方集村区域，自然村较大，往往是一个自然村为一个行政村。显然，自然村与行政村的合一，有助于国家意志的贯彻实施，村与户的关系更为紧密。

4. 以血缘关系为标准的分类。无论是自然村，还是行政村，其基本组织单元都是由血缘关系构成的家庭。血缘关系是农村村庄存在的基本关系。在中国，血缘通常以姓氏加以表征。根据血缘关系，村庄可以分为"单姓村"和"多姓村"。单姓村指一个村一个姓氏。如宗族社会的村庄通常是单姓村，自然村往往是单姓村。多姓村指一个村庄由多个姓氏的人构成，意味着村庄成员来自不同的血缘家庭，村庄的因地缘结合的特征突出。而"多姓村"又可以进一步分类："主姓村"和"杂姓村"。前者意味着以一个，或者若干个姓为主，后者看不出明显的主姓。

根据不同标准，村庄还可以进一步细化，如根据经济水平分为贫困村和富裕村；根据产业类型，可以分为农业村、牧业村、农工商合一村；根据村庄成长历史，可以分为历史名村、移民新村；根据民族归属，可以分为汉族村、少数民族村，等等。但

---

1 鲁西奇：《散村与集村：传统中国的乡村聚落形态及其演变》，《华中师范大学学报（人文社会科学版）》2013年第4期。

2 鲁西奇：《散村与集村：传统中国的乡村聚落形态及其演变》，《华中师范大学学报（人文社会科学版）》2013年第4期。

就作为农村研究对象的村庄性而言，村庄的分类不是随意和无限的，而要与区域性的理想类型关联起来，寻找村庄分类对于理解区域性和村庄性的价值与意义。比如，集聚和散居不仅仅是一种居住形态的差异，同时也孕育着人与人之间的结合关系及其意识形态，从而建构起"村庄性"。鲁西奇就认为："采用怎样的居住方式，是集中居住（形成大村）还是分散居住（形成散村或独立农舍），对于乡村居民来说，至关重要，它不仅关系到他们从事农业生产的方式（来往田地、山林或湖泊间的距离，运送肥料、种子与收获物的方式等），还关系到乡村社会的社会关系与组织方式，甚至关系到他们对待官府（国家）、社会的态度与应对方式。"[1] 而在法国学者阿·德芒戎看来：每一居住形式，都为社会生活提供一个不同的背景；村庄就是靠近、接触，使思想感情一致；散居状态下，"一切都谈的是分离，一切都标志着分开住"。因此，也就产生了法国学者维达尔·德·拉·布拉什所精辟指出的村民和散居农民的差异："在聚居的教堂钟楼周围的农村人口中，发展成一种特有的生活，即具有古老法国的力量和组织的村庄生活。虽然村庄的天地很局限，从外面进来的声音很微弱，它却组成一个能接受普遍影响的小小社会。它的人口不是分散成分子，而是结合成一个核心；而且这种初步的组织就足以把握住它"。[2] 所以，村庄分类不是为了分类，更主要的是通过分类，更好地把握村庄性乃至区域性。

五、作为农村研究对象的区域性村庄分类

"分"与"合"是对人类社会的存在状态，也是农村研究的基本标准。由于自然—社会—历史的条件不同，"分"与"合"在一个国家内不同农村区域的表现形式不一样，使得某些村庄在一定区域存在多一些，某些村庄在一定区域存在少些，由此构成不同的区域性村庄。

根据"分"与"合"的维度与自然—社会—历史条件，执照典型化分类的标准，我们可以将中国农村分为以下七大区域性村庄：

1. "有分化更有整合"的华南宗族村庄

"聚族而居"是华南宗族村庄的存在状态。血缘关系是人类最原始、最基本、最古老的关系。人类最初是以"群"（"类"）的方式生存，早期传统农村实行"聚族而居"，通过一个个由血缘姓氏结合而成的宗族将农村社会成员组织起来，形成"家族同构、

---

1 鲁西奇：《散村与集村：传统中国的乡村聚落形态及其演变》，《华中师范大学学报（人文社会科学版）》2013年第 4 期。

2 ［法］阿·德芒戎：《人文地理学问题》，葛以德译，商务印书馆 1993 年版，第 192 页。

族高于家"的宗族村庄。宗族村庄普遍存在于早期中国农耕区域。在漫长的历史长河里，由于多种原因，"聚族而居"的宗族村庄社会四分五裂为一个个体家庭构成的分散型村庄。但在中国的南方，特别是赣南、闽西南、粤东北、浙南、皖南、湘南、鄂南、四川等区域尚存在比较完整的宗族村庄。这类宗族村庄因集中存在于赣南、闽西南、粤东北等地，所以以"华南宗族村庄"加以概括，其最典型的特征就是保留了完整的传统宗族社会，构成了中国传统农村的历史底色。

需要说明注意的是，华南是一个区域性概念，并不是所有的华南区域的农村都是以宗族村庄的形式加以体现，也不是只有华南才有宗族村庄，而是指宗族村庄在华南区域更为集中，保存得更为完整。我们通过对华南区域的宗族村庄的了解，则基本可以把握宗族村庄的整体状况。

华南宗族村庄的气候环境和水利条件适宜于农耕，属于水稻产区。许多村庄交通便利，有一定的商业，但总体来看，地理位置偏僻，处于国家地域中的边缘地带。与南方区域的散村形态不同，宗族村庄通常为集居形态。这与宗族村庄大多因战乱迁移，特别注重整体安全有关。

"有分化更有整合"是宗族村庄的鲜明特征。宗族与氏族不同，它是以个体家庭为基本单位的。如果说宗族是"大家"，那么，个体家庭则是"小家"，只是"小家"是由以共同的祖宗为纽带的宗族"大家"分化出来的。"小家"尽管有相对独立性，但是与宗族"大家"有紧密的联系，宗族村庄通过共同的血缘关系、财产关系、社会关系、文化关系和治理关系将各个小家和个人结合或者整合在一起，形成以血缘关系为基础的共同体。这类村庄有"分"，但更有"合"，或者更强调"合"，并有促进"合"的机制。因此，宗族村庄以宗族整体性为最高标准，其内部存在差异性，但更有将差异性抑制在整体性框架内的机制，从而形成宗族村庄秩序。

宗族村庄在"因地"和"分类"的农村研究中具有重要价值。其核心是整体性与差异性、"分"与"合"的并存，特别是在如何"分"与"合"方面有诸多机制。如通过适度的"分"获得宗族竞争活力，通过公共财产形成维系宗族共同体的财产基础。中国农村改革权威杜润生就在论证"分田到户"的合理性时指出："所有权和使用权的两权分离，过去在中国社会也曾经存在过，但不是很普遍，比如，村庄的祠堂地、村社土地一类。"[1] 当下，许多地方以行政村为基础的村民自治陷入困境，而在广东清远市农村的村民自治却十分活跃，其重要原因是以宗族为基础的自然村作为自治载体，并以自然村的自治推动着土地的整合。

---

[1] 杜润生：《杜润生自述：中国农村体制变革重大决策》，人民出版社 2005 年版，第 153 页。

正因为宗族村庄存在久远，至今仍然有很大影响，且内在机理仍然有重要价值，所以成为农村研究中的重要对象，产出的成果也较多。只是对这类村庄为何存在，如何存续还有许多未解之谜，也还存在许多问题需要通过调查进一步探讨。如研究中国宗族村庄的权威专家弗里德曼将水稻种植作为宗族村庄存续的理由之一，但是我们如果进一步追问，同样是水稻区，为什么有的宗族村庄未能存续呢？显然，宗族村庄还有许多问题有在充分调查基础上进行研究的必要。

2. "有分化缺整合"的长江家户村庄

"随水而居"是长江家户村庄的存在形态。气候与水对于农业具有至关重要的影响。以秦岭—淮河为界，中国形成南北两大区域，分别有两大水系，即南方的长江与北方的黄河，由此构成南北两大农村核心区域，并具有各自的特质。在长江流域，特别是长江中上游，即四川、重庆、湖北、湖南、江西、安徽等地，主要为平原与丘陵，主产水稻，属于稻作区，人们随水而居。自然村和散居村多，村名大多与水相关，如冲、湾、垸、岗、台等。一个个家户星罗棋布，散落于平面形态的小块水田旁，形成最为典型的传统小农经济，即一家一户、农业与手工业结合、自给自足的自然经济。在自然经济形态占主导地位的传统社会，小农经济状态决定着国家的兴衰，所谓"湖广熟，天下足"。长江中上游区域最为典型的特征是家户小农经济基础上的家户社会。家户社会以血缘关系为基础，以裂变的个体家庭为中心和本位，不同于宗族社会。

"有分化缺整合"是长江家户村庄的鲜明特征。如果将"聚族而居"的宗族村庄视为大树的话，那么，"随水而居"的家户村庄则是大树的枝丫和树叶。只是与宗族村庄不同，家户村庄的个体家户与远祖缺乏内在的联系，犹如脱离了树干，散落在各地的枝叶。个体家户及其相近的亲族在日常生活中占主导地位，近亲愈近，远亲愈远，缺乏共同祖宗崇拜、共同地域、共同财产、共同社会关系、共同价值、共同治理等机制将一个个个体家户联结起来，形成具有整体性的共同体。家户本位的私人性、差异性、竞争性强，村庄联系和合作的整体性、共同性弱。

家户村庄是最为典型的中国农村底色。毛泽东在 1940 年代就指出："在农民群众方面，几千年来都是个体经济，一家一户就是一个生产单位，这种分散的个体生产，就是封建统治的经济基础，而使农民自己陷于永远的穷苦。克服这种状况的唯一办法，就是逐步地集体化；而达到集体化的唯一道路，依据列宁所说，就是经过合作社"[1]。由分散的个体家户生产走向农民合作的集体生产，是中国农业社会主义改造的基本前提。只是这种改造带有很强的国家整合的特点，换言之，农村的"合"主要是外部力

---

[1]《毛泽东选集》第 3 卷，人民出版社 1991 年版，第 931 页。

量推动，由此形成的人民公社统一经营体制缺乏必要的农村社会基础。而对公社统一经营最不适应且率先对这一经营体制进行挑战，探索包产到户（民间习称"分田单干"）的则集中于长江中上游区域。民间一度流行"要吃粮，找紫阳；要吃米，找万里"[1] 的说法。邓小平就表示：以包产到户为主要内容的农村改革"开始的时候，有两个省带头。一个是赵紫阳同志主持的四川省，那是我的家乡；一个是万里同志主持的安徽省"。[2]

当然，家户村庄也有其限度。一家一户为单位的家户村庄将个体家户的私人性激发出来，分化带来了活力，但由于缺乏必要的横向机制将一家一户联结起来，形成有机的整体，只能依靠政府的纵向整合，而这种整合往往会进一步弱化家户村庄的公共性。在当下的新农村建设中，人们会经常发现，由于一家一户分散的原因，造成道路难修、水管难通等。因此，对于"有分化缺整合"的长江家户村庄而言，在私人性基础上发育和形成公共性，还有大量问题需要研究。而这对于全国也具有普遍性价值。

3. "弱分化强整合"的黄河村户村庄

"集村而居"是黄河村户村庄的存在形态。黄河区域主要指黄河中下游区域，包括陕西、山西、河南、河北、山东等地。这一区域本是中华农业文明的主要发源地。农业文明最早就是以人们群居的村庄聚落形态表现出来的。同时，黄河区域紧邻北方游牧区域，长期是国家的政治中心地带，受战乱的影响深远。黄河区域农耕的自然条件与长江区域截然不同，属于干旱区，主产小麦等旱作物，地势平坦。一个个村庄聚集在一大块农田麦田旁边。村庄大多以庄、寨、营、屯、卫等命名，属于人口集居村庄。本来，宗族社会最早起源于黄河区域，后因为战乱、灾害等原因，南移到华南。黄河区域由宗族社会而裂变为个体家户社会。但因为自然—社会—历史原因，黄河区域村庄的存在形态在于其集聚性、集体性，个体家户集聚、集中在一个空间领域，村庄群体与家户个体具有紧密的依赖关系，由此构成村户社会，与长江区域的分散性、个体性的家户村庄形成鲜明的差别。

"弱分化强整合"是黄河村户村庄的鲜明特征。自然条件、社会条件和历史境遇的同一性，使得黄河区域村庄内部的分化程度不高，或者分化比较简单。同时，黄河区域的农村社会成员的集聚度高，人与人之间的联系紧密，村民之间的横向联系较强，特别是由于外部自然条件恶劣（如缺水）和社会条件严酷（如经常性战乱）而产生的强制性整合，导致村庄的集体依赖性和整体性强。如果说，在中国，少数民族进入中

---

1 赵紫阳于1975—1979年间担任中共四川省委书记，万里于1977—1979年间担任安徽省主要领导。他们在任职期间都积极支持以家庭为生产经营单位的农村改革。
2 中共中央文献研究室：《十二大以来重要文献选编》（下），人民出版社1988年版，第1443页。

原地区后会"汉化",那么,中原地区也会"胡化"。其游牧民族的部落群体对于中原,尤其是黄河区域有很大影响。这也是黄河区域村庄整体性强的重要原因。总体上看,黄河区域的村庄地域整体的地位高于血缘家户个体,集体意识和行动能力强。

黄河区域的村户村庄在中国农村社会变迁中有其特殊地位。在20世纪,中国共产党改造传统个体家户社会的依据是一家一户小农经济,通过集体合作的集体化,避免社会分化。但集体化最早起源于黄河区域。例如,山西的张庄早在1940年代后期土地改革刚结束时,就开始了集体互助。1950年代农业集体化进程中的模范典型也大多产生于黄河区域。例如,山东的厉家寨就被视为合作化的典范。人民公社最早发源于河南和河北。在人民公社化的进程中,最早实现人民公社化的9个省,有8个在黄河区域。[1] 到六七十年代,作为全国集体经营旗帜的大寨则位于山西。直到1980年代后,黄河区域还有一些村庄仍然在坚持集体统一经营。

当然,黄河区域的集体化在相当程度上是特定的自然—社会—历史条件造就的,具有强大外部整合的特点,村庄缺乏个体性和差异性,也缺乏竞争和活力。随着社会发展,家户在农村社会的地位愈益突出,社会分化、分离性增强。但是,其集体性、整体性、共同性的历史底色仍然存在,且还会发挥作用。如在黄河区域的山东、河南、山西、河北等地,以行政村为单位的农民股份合作、农村城镇化、农村社区建设、农村村民代表会议等发展较快。因此,对于"弱分化强整合"的黄河区域村庄来说,如何在社会分化日益突出的基础上,推进自愿基础上的社会联合、社会合作,具有重要价值,也具有普遍意义。

4."小分化大整合"的西北部落村庄

"逐草而居"是西北部落村庄的存在形态。中华文明是在农业文明与游牧文明互动中形成的。游牧文明主要发生和存在于西北区域。游牧是一种不同于农耕的生产方式,具有很强的流动性和不可控性。以游牧为生的人通过一个个部落群体组织起来,共同应对外部挑战。一个个部落逐草而居,分布于茫茫草原上。在农业文明与游牧文明互动中,游牧部落会受到农耕家户的影响,农耕家户也会受到游牧部落的影响。如黄河区域的集体性既有古典的宗族社会影响,也有游牧部落的影响。西北区域主要包括新疆、内蒙古、西藏、甘肃、青海、宁夏等牧区,其典型特征是部落村庄。

"小分化大整合"是西北部落村庄的鲜明特征。家庭是部落构成的微小单元,但家户寓于部落之中,部落的地位远高于家户,其内部的分化程度非常小。同时,为了应

---

1 参见《当代中国农业合作化》编辑室编《建国以来农业合作化史料汇编》,中共党史出版社1992年版,第501页。

对恶劣的环境，部落之间还会形成联盟，由此形成大整合。这种整合不同于黄河区域以村庄为单位的整合，而经常会超越一个个部落单位，从而获得更为强大的整体性和集体行动能力。传统游牧部落以"十户长""百户长""千户长"作为组织建制，便反映了大整合的特点。这也是游牧民族得以经常战胜农业民族的重要组织原因。

西北部落村庄在中国农村社会变迁中有其独特地位，并形成鲜明特色。农村村庄本来是固定在一个地域上的农民聚落。而部落村庄的特点是流动性，并在流动中形成整体性和共同性。长江区域家户村庄因"随水而居"产生的是分散性、个体性，西北区域部落村庄则因"逐草而居"产生的是集聚性和整体性。同时，西北部落村庄位于国家边陲的浩瀚草原中，流动性强，其特点突出，治理难度大。如何针对这一特点，"因地制宜"进行"分类指导"，是国家治理的重大问题。如在流动性的西北区域，实行与内地"包产到户"类似的农业政策，其难度就较大。

5. "低分化自整合"的西南村寨村庄

"靠山而居"是西南村寨村庄的存在形态。中华文明是在由核心向边缘不断扩展中形成的。除了黄河、长江等核心区域以外，还有广阔的边缘区域。与茫茫草原和沙漠地带的西北边缘区域不同，处于崇山峻岭之中的西南边缘区域与核心区域的互动较少，相对封闭，主要包括广西、贵州、云南，以及四川、重庆、湖北与湖南部分被称为少数民族地区的区域。这些区域远离政治中心，自然条件恶劣、文明发育进程较缓，有自己独特的自然、社会、文化与政治形态。为了应对环境，人们大多"靠山而居"，以山区村寨的小集居、大散居的方式居住、生活，村庄大多以"寨""屯"之类的集居聚落命名。尽管家庭是基本单元，但村寨共同体的地位高于个体家户。因此，西南区域村庄组织形态是村寨社会。

"低分化自整合"是西南村寨村庄的鲜明特征。由于自然、社会和历史条件的同一性，西南村寨的社会分化程度很低，人们世世代代过着相同的生活，与外部交往很少。正是在封闭的生活空间里，形成了独特的习俗，人们根据世代传承的习俗进行自我调节，其自我整合的自治性强。与此同时，由于位置偏远，中央政府对于这些地区实行"因俗而治"的政策，村庄自我调节得以长期存续。

与黄河区域村户村庄的集体性主要是外力推动不同，西南村寨的合作与集体性主要源于内在的动力与机制，是人们长期共同生活中获得的一种自我认同。这种基于村民自我认同的集体性比较容易达成一致，进行有效的自我治理。人民公社体制废除以后，中国在村一级实行村民自治，其制度来源于广西壮族自治区的合寨村。在西南区域，实行自治更多带来的是团结，而不像社会分化程度比较高的地方，实行自治往往带来的是进一步的分裂、分散。当然，西南区域村寨的"低分化自整合"与其地理位置和交通条件相关，随着交通和通信条件的改善，其对外开放程度提高，"低分化自整合"的形态也在悄然发生变化。

6."高分化高整合"的东南农工村庄

"逐市而居"是东南农工村庄的存在形态。文明可以分为原生、次生、再生等不同层次。再生即在原生文明基础上再生出一种新的文明形态。中国的东南区域，包括江苏、浙江、福建、广东等地本属于南方农耕区域，具有农业社会底色，且属于农业文明非常发达的地区，如长江三角洲和珠江三角洲，曾经有"苏常熟，天下足"之说，江苏和浙江更号称"天下粮仓"。但这些地方属于沿海地带。随着文明的进步，人们除了以农业获得生存资料以外，还试图通过工业和商业获取生存和发展，而东南沿海赋予这一地带优越的条件，使得这一区域的人们率先挣脱土地和农业的束缚，形成农业与工业、商业相结合的村庄。工商业与市场和城市相关。人们"逐市而居"，尽管仍然是农村聚落，但与城市和市场联系非常紧密。这与"小村庄小集市"的长江家户村庄形成明显的差异。

"高分化高整合"是东南农工村庄的鲜明特征。农工村庄的商品经济较为发达，开放度高，与市场和城市联系紧密，社会分化程度高。这种分化不再限于农业村庄，而是跨越村庄，与城市和市场相关。如1949年前，东南区域出现许多城居地主和工商业地主，这与其他区域主要是在村的"土地主"有所不同。伴随高分化的是高整合，这种整合也不再只是局限于村庄内部，而是跨城乡，以市场为中心的整合。人们之间的横向联系不仅仅限于乡土人情，更重要的是市场理性网络。村庄只是整个市场社会之中的一个环节。

东南农工村庄在整个中国农村变迁中处于领先地位。除了领先于农业文明以外，也领先于工业文明。在中国由农业社会向工业社会转变中，率先崛起的就是东南农工村庄。费孝通先生在其著名的《江村经济》中提出了通过"草根工业"解决中国农村农民问题的超前思路，得益于他在其家乡——江苏吴江的调查。改革开放以来领先于中国的"苏南模式""温州模式"和"珠三角模式"都位于东南区域。只是随着工业化、城镇化，这一区域的农业底色逐渐消退，但其底色规制着这一区域的工业化和城镇化道路，如"小城镇大市场"。

7."强分化弱整合"的东北大农村庄

"因垦而居"是东北大农村庄的存在形态。包括黑龙江、吉林、辽宁及部分内蒙古地方的东北区域，原属于非农耕区，且是满族圈禁的地带。只是在数百年前，这一地方因为地广人稀，土地肥沃，导致大量来自山海关内的农民迁移到那里开荒垦殖，将其变为农耕区，俗称"闯关东"。在金其铭看来，"东北的农村聚落实际上是华北聚落的一个分支"[1]。这一地带是狩猎、游牧、农耕的混合文明区域，又属于边疆地区，具有晚开发、跳跃性、移动性特性，农耕文明的历史短暂，但地域辽阔，人少地多，与核心地带的"人多地少"形成鲜明的区别。广阔的大平原、广袤的大草原、广大的大森林，使这里以"大"为特（当地称"大"为"海"），并为"大农业""大农村""大农民"提供了基础，与长江地带的小农有着明显的区别。农村社会成员"因垦而居"，属于集居村庄，大多以"屯""堡"之类的集聚村落命名。

"强分化弱整合"是东北大农村庄的鲜明特征。开荒垦殖意味着原地荒无人烟，人们依靠强力获得土地而定居，并产生社会分化。这种分化不是经长期历史自然形成的，而具有很显著的突然性、人为性和强力性。同时，国家治理的缺失，也造成了社会的强力占有和争夺，"匪气"和"匪患"严重。正因为如此，尽管东北村庄以集居方式存在，但相互间的横向联系纽带缺失，村庄犹如一个"拼盘"，人虽在一起，但缺乏共同财产和共同心理认同，村庄整合度弱。

由于优越的自然地理条件，东北可以在大农业发展方面发挥重要作用。如中华人民共和国建立以后，东北的"北大荒"成为"北大仓"。改革开放以来，东北成为村民自治"海选"的发源地。但是，"人心不齐"的弱整合也制约着东北大农村庄的发展。人们难以通过村庄提供大农业发展需要的社会服务。一家一户的生产经营方式仍然占主导地位。而东北的"海选"恰恰是因为缺乏村庄共同性而产生的不得已的行为，也正因为缺乏共同的心理基础，"海选"之后的治理仍然困难。

---

[1] 金其铭：《中国农村聚落地理》，江苏科学技术出版社 1989 年版，第 137 页。

"荣户"共治：

单姓军屯型村落的延续与治理

——黄河区域军王村调查

龚丽兰 *

* 龚丽兰，女，四川宜宾人，政治学博士，2020 年 6 月毕业于华中师范大学政治科学高等研究院/中国农村研究院（农村改革发展协同创新中心）政治学理论专业，现为中共四川省委党校（四川行政学院）讲师，主要研究基层治理。

第一章　村落的由来与演变

军王村位于山东省济宁市任城区南张街道，紧邻京杭大运河，地处鲁中南泰沂、蒙山山前倾斜平原与华北平原交接洼地的中心地带。军王村地属军屯，村民自耕地多，租佃少，主要以亲聚集，是典型的北方农耕自然村落。

第一节　村落的由来

军王村隶属南张街道。南张街道驻地位于济宁市城区西北 7 公里。清末（1909—1911 年）属济宁直隶州西乡东升庄、西升庄地方。民国二年（1913 年），属济宁县缙云乡，第八区、第十学区。1938 年，属伪济宁县第三区。1946 年 1 月，为济宁县运河区、济北县第三区、济宁县第三区。1956 年为南张区、南张乡、西刘乡。1958 年 8 月，属二十里铺公社。1962 年 5 月，将二十里铺公社西南部划出，新建南张人民公社。1966 年 6 月，撤社建区，辖六处人民公社。1969 年 3 月，撤区和区辖社，复设南张人民公社。1984 年 5 月，撤社建乡。1994 年 2 月，改乡为镇。2008 年，撤镇改设街道。

一、村落由来

（一）李姓老住户

据老人讲述，在王家老祖先来此之前，这里住着两户老住户，姓李，没有其他姓。军王村的西坡地有很多坟头子，也证明在王氏先祖来此之前，已有人居住。至于当时李姓住户从哪里迁来此地，为何迁来已不可考证。

（二）王姓入鲁

军王村王姓村民祖先从明朝洪武三年（1370年）开始从山西平阳府洪洞县迁移至山东梁山县，几经迁移，大约在明朝中后期迁至济宁军王张屯。根据王氏老族谱记载，"王氏始祖兄弟四人讳晋、讳扩、讳充、讳原祖于洪武三年（1370年）自山西平阳府洪洞县迁居至寿张梁山"。如表1-1所示，王氏迁居始祖第一代讳晋，晋从山西洪洞县迁至山东梁山县石头园。晋有一子，讳仁祥，居住在石头园。仁祥有一子，讳刚，居住在石头园。刚有四子，其中一位叫散的儿子，由梁山石头园迁居至汶上县运河西王家堂。到王氏先祖第七世应府时，由王家堂分居鹿吊。到第九世根爷时，自汶上县鹿吊迁居济宁西军王张屯。

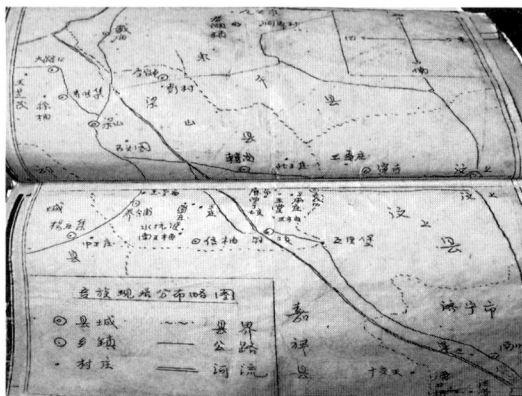

图1-1 军王村王氏先祖迁居地图

资料来源：军王村王氏族谱。

表1-1 军王村王氏祖先迁居情况

	历代王氏先祖名称	儿 子	迁居情况
一世	晋	仁祥	自晋迁鲁，居梁山石头园
二世	仁祥	刚	居石头园
三世	刚	育四子，智、顶柱、坦、散	居石头园
四世	散	玉	由梁山石头园迁居至汶上县运河西王家堂
五世	玉	育两子，子孝、大用	居王家堂
		大用	分居运河西水坑崖
六世	子孝	育三子，应府、应时、应知	居王家堂
七世	应府	育五子，希尧、希舜、希汤、希禹、守栾	由王家堂分居鹿吊
	应时		分居鹿吊
	应知		迁居王家堂
八世	守栾	根	居鹿吊
九世	根	育三子，子凤、子成、士林	自汶上县鹿吊迁居济宁西军王张屯
十世	子凤		迁居十支王
	子成		迁居汪家营
	士林		定居军王

资料来源：王世良老人根据王氏族谱整理提供。

（三）户族繁衍，另建军王屯

军王村村民祖先最初来此地时，居住在军王张屯，军王张屯为军屯。王氏先祖根爷育三子，分别为子凤、子成、士林。子凤一支迁居十支王，子成一支迁居汪家营，士林一支定居军王村。根据清道光本《济宁直隶州志·风土》记载："济宁卫屯庄，军王张屯。"根据《任城文史·第十六辑》记载，明代洪武年间（1368—1398年），王姓从山东省梁山县迁来定居，后有张姓从嘉祥县大张庄迁此居住，因此地属军屯，取村名军王张屯。至清代光绪年间（1875—1908年），王姓迁出，在村南另立新村取名军王，沿用至今。原军王张屯村名更名为军张。根据军南村村东头官方石碑记载："本村王姓氏于明初，从梁山迁居军王张屯。至清末，户族繁衍，于村南筑舍建村，因当时地属军屯，故以姓氏取村名为军王村。"

（四）村街扩展

军王村王氏先祖确定在军王村定居后，首先在现在的庙坑周围建房。庙坑是军王村形成的第一个公坑，因当时迁入的王氏先祖建房而形成。随着人丁繁衍，村民围绕庙坑，向四周拓展建屋。在长期的生产生活中，通过"人走人"的方式，在村民居住的中间位置，自然形成了小路，进而形成了横跨村庄的东西大街。

二、1949年以前各姓氏变动情况

如前文所述，在王氏先祖来此定居之前，有两户李姓居住。王氏先祖定居后，李姓后来绝嗣，军王村在很长一段时间均是王姓村民居住。村民以农耕为生，人丁繁衍，绵延不绝。

在民国初期，军王村陆续有赵姓、周姓等外姓迁入。大约在民国初年，赵保善家迁入军王村。从他父亲那一辈迁来此地。据说他的爷爷在清朝当过官。赵保善家迁来军王村时，是坐着绿围子轿子来的，绿围子轿在当时只有有身份的人才能坐。因民国建立，改朝换代，他们家没有收入，于是来军王村住老人家。当时迁入的时候，不用向村长报告。凡是闺女回娘门，跟着老人家生活，什么手续都不用。他老人家没有人，分家的时候赵保善就继承他老人家的东西。外甥住老人家，闺女住娘家。

此外，周艾九家也是1949年以前就搬来此地。周艾九的妻子是王继和的妹妹，也是王守章的女儿。嫁到城里，她的小叔子是日军侵华时期山东省教育厅的厅长。周艾九家在城里不能生活，便来军王村寻亲投靠。

第二节　军王村的建制变迁

军王村历史上曾属于军屯，在清朝已为建制村。在清朝、民国、新中国等不同历史时期，其建制不断发生变化。本节将从军王村传统时期的建制、1949 年以后的建制两方面呈现军王村的建制沿革。

一、传统时期的建制

军王村隶属的济宁市任城区历史悠久，约公元前 21 世纪—前 27，系唐虞氏故国，是我国最早的四个风姓古国之一，属东夷部落。《地名志》记载，明朝洪武年间，军王村建制为军王张屯。

清道光二十年（1840 年）济宁直隶州农村为 4 乡 2 区 124 个地方，共 930 个自然村。根据清道光本《济宁直隶州志·风土》记载："济宁卫屯庄，军王张屯"。可知，此时军王村隶属济宁直隶州济宁卫军王张屯。但村中老人不认同此说法，认为王氏祖先来此地时，就直接到了军王村。清宣统二年（1910 年）济宁直隶州举办地方自治，划城区和乡区，1913 年，济宁县农村分为 9 乡 101 地方。军王村隶属于济宁县缙云乡王张屯地方。据《任城区志》记载，在清代，济宁直隶州各乡（地方）设总首事，村有首事，负责调解民事纠纷、督导田赋、调派差役、申报灾情、处理案件等事宜。[1]

时　间	隶　属	村庄名字
清道光二十年（1840 年）	济宁直隶州	军王张屯
清宣统二年（1910 年）	济宁直隶州缙云乡	军王村
1913 年	济宁县缙云乡	军王村
1935 年	济宁县第十乡农学校店子集村农学校	军王村
1938 年	济宁县三区西升乡	军王村

资料来源：参考《任城区志》和访谈资料整理而成。

民国时期，各区、乡（镇）、村（保）长兼理民政。1928 年，济宁县划分为第一区至第八区，农村分为 98 个乡，1935 年 7 月，山东省设立县政建设实验区，把农村学校建成"政教合一"的组织，以此推行地方改革。实验区辖济宁等 14 个县，济宁县设 16 个学区（学区相当于原来的行政区），其中第一学区设市民学校，辖城区 11 镇，第二至第十学区各设置 1 个乡农学校，共辖 227 个村农学校。军王村隶属济宁县第十乡农学校店子集村农学校。1938 年 1 月，日军侵占济宁后，乡（村）农学校全部解体。1938 年，济宁县设 6 个区，其中一区驻城关，北、西、南、东部顺次第二区至第六区。军王村隶属济宁县三区西升乡店子。1945 年日本投降后，国民党济宁县政府将全县划分为五个区。1947 年国民党济宁县政府增设民政指导员，指导乡（镇）、村（保）办理

---

[1] 山东省济宁市任城区地方史志编纂委员会编：《任城区志》，齐鲁书社 1999 年版，第 477 页。

26

户籍、工役、赈灾、选举及调解民事纠纷等。1948 年 7 月，济宁县第二次解放，分为济宁县和济北县，军王村属济北县第三区南张乡管辖。

二、1949 年以后的建制

（一）土改时期和合作化时期

1951 年 2 月 25 日，济北县改称济宁县，辖 8 个区。军王村隶属济宁县三区南张乡。初级农业生产合作社，是在常年互助组的基础上发展起来的。1952 年 1 月 28 日，滕县地委发出《一九五二年农业生产互助合作工作计划（草案）》，9 月 12 日发出《试办农业生产合作社的意见》，对发展农业互助合作提出了具体要求。济宁县委遵照滕县地委的指示，伴随着合作化高潮，于 1955 年 8 月开始建立高级社。1956 年 4 月，济宁县辖 6 个区，各区以驻地命名，军王村隶属济宁县南张区。1956 年 8 月，撤区改为县辖乡，军王村隶属济宁县南张乡。

（二）人民公社时期

1958 年 8 月，撤乡建立人民公社，军王村隶属济宁县二十里铺公社，下设生产管理区、生产大队和生产队。1962 年 5 月，为实行人民公社、生产大队、生产队"三级所有，队为基础"的管理体制，缩小公社规模，将二十里铺的西南部划出，建立南张人民公社，军王村隶属济宁县南张人民公社。1966 年 6 月，撤销南张人民公社，建立南张区，下设刘堤头人民公社、凤凰台人民公社、郑庄人民公社、店子人民公社、姜郑人民公社、西刘人民公社。军王村隶属济宁县南张区店子人民公社。1969 年 3 月，撤区和区辖公社，恢复南张区，此时军王村隶属济宁县南张人民公社。

（三）人民公社解体后的建制

1979 年春，南张人民公社姜郑大队第四生产队，全县第一个将涝洼地 118 亩以"大包干"形式承包给社员经营。1984 年 5 月，根据中共中央、国务院《关于建立乡人民政府的通知》，全区撤销 12 处人民公社，建立 12 个乡。撤销人民公社所属的 530 个生产大队，建立 530 个村民委员会。撤销南张人民公社，改建为南张乡，军王村隶属济宁县南张乡。1994 年 2 月，南张乡改为南张镇。2008 年，南张镇改为南张街道。

表 1-3　1949 年之后军王村建制情况

时　　间	建制隶属情况
1951 年 2 月 25 日	济宁县三区南张乡
1956 年 4 月	济宁县南张区
1956 年 8 月	济宁县南张乡
1958 年 8 月	济宁县二十里铺公社

时　间	建制隶属情况
1962 年 5 月	济宁县南张人民公社
1966 年 6 月	济宁县南张区店子人民公社
1969 年 3 月	济宁县南张人民公社
1984 年 5 月	济宁市任城区南张乡
1994 年 2 月	济宁县南张镇
2008 年	济宁市任城区南张街道

表 1-4　建制变迁中的军王村

时　期	行政建制	所属屯（乡）
清朝	首事制	军王张屯
民国	乡村制	缙云乡
民国三十五年（1946 年）	保甲制	三区西升乡

第三节　军王村当下概况

军王自然村被分为军北村（行政村）和军南村（行政村），隶属于山东省济宁市任城区南张街道，距离南张街道政府驻地 1 公里。南张街道地处于济宁市城区西北 7 公里，西北与长沟镇交界，东南连济宁市中区，西南临梁济河与安居镇隔河相望，东北邻二十里铺镇。该地交通区位优势明显，种植甜叶菊面积 35 000 亩，被国家命名为"中国甜叶菊之乡"，甜叶菊远销韩国、日本以及东南亚等国家和地区。

一、人口

20 世纪 80 年代后，军王村一直分为军王南村和军王北村，简称军南村和军北村。2015 年军南行政村辖区面积为 1 890 亩，分为 3 个村民小组，由 4 个村干部管理。耕地面积为 1 052 亩，其中承包地面积为 1 009.4 亩，没有草场和林地。

2015 年军南村总人口为 715 人，其中男性 389 人，占比为 54.41%；女性 326 人，占比为 45.59%。劳动力总人数为 490 人，其中男性劳动力人数为 289 人，占劳动力总数的 58.98%；女性劳动力人数为 201 人，占比为 41.02%。2015 年出生人口为 9 人，其中男孩 5 名，女孩 4 名。2015 年死亡人口为 6 人，其中男性 4 名，女性 2 名。村庄没有精神异常人员，也没有非正常死亡人员。连续外出务工 6 个月以上的人数为 2 人，近 3 年来，长期外出务工人数为 5 人。

表 1-5　2015 年军南行政村人口数量概况

项　目		人数（人）	占比（%）
人口总数		715	—
性　别	男	389	54.41
	女	326	45.59
劳动力	男	289	58.98
	女	201	41.02
	合计	490	100
常年在外务工	男	159	57.19
	女	119	42.81
	合计	278	100

资料来源：根据曲水村村委会王会计提供的数据统计。

2015 年，军北村有村民 175 户，648 人，其中男性人口 330 人，女性人口 318 人。村庄辖区面积为 1 790 亩，耕地面积为 1 072 亩，人均耕地面积为 1.65 亩。2015 年出生人口 4 人，均为男孩。2015 年死亡人口为 4 人，其中 2 名男性，2 名女性，没有非正常死亡的情况。军北村有精神异常人数 3 人。2015 年连续外出务工 6 个月以上人数为 2 人，近 3 年没有长年外出务工人员。

二、姓氏

1949 年后，无论是军王南村还是军王北村，在姓氏上仍然以王姓为主。从表可以看出，军王村王姓户数最多，占比 96.39%。

表 1-6　2016 年军王村（军南村、军北村）姓氏情况

姓　氏	数量（户）
王	400
李	8
彭	1
赵	4
张	2
合计	415

三、经济

据《任城文史·第十六辑》记载，2005 年，军王南村粮食总产 234 吨，人均纯收

入 4 430 元。2015 年，军南村没有发包租赁上交收入，也没有筹资筹劳款。2015 年军南村村集体统一经营收入为 3 万元，上级补助拨款 27 万元，原有积累 16.5 万元，村庄收入合计为 46.5 万元。

2015 年军南村村庄总共支出 40.6 万元，其中生产性建设支撑 21 000 元，公益福利支出 34 万元，即新农村建设专项支出 34 万元，误工补助 5 000 元，管理费支出 4 万元。村庄内有私营企业 1 家。有工商营业执照，对村庄内部提供服务为主的个体户 9 家。2015 年农民获得补贴总额为 97 875 元，主要是粮食补贴。

据《任城文史·第十六辑》记载，2005 年军王北村粮食总产 181 吨，人均纯收入 4 500 元。2015 年，在村庄收入中，有村庄集体统一经营收入 15 000 元，没有发包租赁上交收入，也没有上级补助拨款。2015 年军北村新农村建设专项资金 20 万元，军北村生产性建设支出 23 000 元，公益福利支出 12 万元，误工补贴 5 500 元，管理费支出 15 000 元，村庄合计支出 36.35 万元。2015 年农民获得补贴总额为 109 250 元，主要是粮食补贴。

第二章 村落自然形态与实态

军王村地处鲁中南泰沂蒙山麓倾斜平原与鲁西南黄泛平原交接洼地的中心地带，没有山地，以平原为主，地势平坦，呈现岗、坡、洼三种地形。村民靠天吃饭，受"九岗十八洼十二连洼"的地形以及当地气候的影响，旱灾、水灾经常发生，逃荒成为村民的一种生存方式。基于温带季风气候、平原地形、多类型的土壤，在传统时期的军王村内，村民集中居住，形成了以麦作生产为主的农耕体系。

第一节 自然形态概况

一、自然地理

（一）地势地形概况

军王村位于山东省西南部，地理形态上没有山地，以平原为主。从地势上来看，村庄居住区域地势高于种植区域，居住地海拔 40 米，洼地海拔 38 米，相差不超过 2 米；东西路路北的地势高于路南。村庄居住区域范围，村子地势最高的地方在王嘉祯、王腾云、王凤云他们的院子。

> 发水的时候俺家的门口都插不下去脚，王嘉祯、王腾云、王凤云他们这几家得高出 1 米多。[1]

---

1 源于 2016 年 12 月 21 日对军北村王世良老人的访谈。

此外，王守越、王守堂庙屋的地势也算比较高，居住地地势最低的地方是王学勤家。除了村民居住的庄子地势比较高外，在村民眼里，王氏家族的新陵及从村庄南边的晒场往东一直到军地，这一段的地势也比较高。整个村庄地势最低的是家西湾、苇地、王家洼、琵琶头儿、西南岩等西坡的洼地。

（二）地势地形与生活：居住集中

第一，造就集中居住形态。军王村"中间高，四周低"的地形，造就了村民的集中居住形态。军王村周围"九岗十八洼，十二连洼"，低洼土地占全村面积50％以上，地势高的地方少。地势低的地方不宜建造房屋，村民往往选择村中地势最高的地方建屋。挖土奠地基，将宅基地垫高，随着房屋修建越多，坑也越来越大，最开始的私人坑逐渐变为公坑。寨子周围地势低，坡地多，不易排水，受地形限制，无法向外拓展，村民紧邻建房，集中居住的格局也逐渐形成。

> 集中居住，因为发再大的水也淹不了屋。在一个地方住，保险。老祖宗那会儿修房子就那么修的，一直流传下来了。[1]

第二，居住区地势高，受水灾影响小。

> 那个时候，这里是老洼地，转圈儿尽是水。就这一点高地方，村子很集中。[2]

（三）地势地形与生产

军王村平坦的地形给村民们的生产带来极大的便利。首先，对于最初来此的先民而言，平坦的地形更有利于屯田开荒，同时开垦出来的土地围绕居住地连片向村庄周围拓展，更有利于集中耕作。其次，村庄内部不同地形，对每家每户的作物种植类型也有影响。军王村地势平坦，属于倾斜平原的缓平岗地，呈现岗、坡、洼三种地形。岗地、坡地适宜种植麦子，军王村种植麦子分为两种：冬麦和春麦。西坡的洼地地势低，容易形成涝灾，不宜种植小麦，适宜种植高粱。所以对于洼地比较多的农户而言，农事安排上，则会更加注意高粱的种植。除了种植小麦、高粱，村民们还种植豆子、谷子、红薯[3]、芝麻、棉花等。

---

1 源于2016年12月21日对军北村王世良老人的访谈。
2 源于2016年10月29日对军北村王世习老人的访谈。
3 村民们称之为芋头。

二、气候特征

军王村属于季风大陆气候区，四季分明、气候温和、阳光充足。春季（3—5月）温度回升快且变化较大，昼夜温差悬殊。降水稀少，多偏南风，蒸发量大，气候干燥，容易形成春旱。时有偏北大风和寒潮袭击，出现晚霜冻害。春末夏初多出现干热风和冰雹危害。夏季（6—8月）天气炎热多雨，高温高湿，常有暴雨和连阴雨，形成水涝灾害。秋季（9—11月）天气逐渐降温，雨量骤减，易形成秋旱。10月下旬常有初霜危害。冬季（12—2月）多西北风，气温低而寒冷，土壤冻结，河湖封冻。少雪干燥，易形成冬旱。

（一）气温与生产、生活

根据《任城区志》（1999年）记载，如表2-1所示，全年无霜期平均为205天，初霜最早9月29日，最晚11月10日。一般终霜在4月2日。任城区累年平均气温13.5℃。7月份最高，平均温度为26.6℃；8月份次之，为26.0℃；1月份最低，平均为-1.9℃。月气温变化以4月份回升最快，平均升高6.9℃；11月份降温最大，平均降低7.7℃。极端最高温度为41.6℃。

据1939年统计济宁县各月气温情况（见表2-2），济宁县气候温和，当年最高温度为40.2℃，最低温度为-8.9℃。

当地村民认为军王村这个地方气候好，有冷有热，自我感觉很满足。冬天虽然冷，但家家户户会烧柴火烤火，睡觉的时候还有给上年纪的老人烤被子的习惯，把被子烤热了老人才睡。

表 2-1 济宁市任城区各月气温统计表 （单位：℃）

月　份	1	2	3	4	5	6	7	8	9	10	11	12	全年
平均气温	-1.9	0.9	7.3	14.2	20.2	25.4	26.6	26.0	20.7	14.8	7.1	0.4	13.5
极端最高	16.6	23.6	27.9	33.0	37.9	41.6	40.3	39.2	33.4	31.0	27.2	18.4	41.6
极端最低	-18.5	-19.4	-8.8	-3.3	2.9	9.0	14.3	12.7	2.2	-2.4	-8.8	-16.9	-19.4

资料来源：数据来源于《任城区志》（山东省济宁市任城区地方史志编纂委员会编，齐鲁书社1999年版，第89页）。

表 2-2　济宁县 1939 年各月气温统计表　　　　　　（单位：℃）

月　　份	一	二	三	四	五	六	七	八	九	十	十一	十二
气温	3.8	2.2	5.9	14.1	20.4	25.6	31.3	27.1	22.9	13.6	7.8	3.3
最高	8.5	11.3	24.4	32.8	37.8	40.2	39.3	30.8	27.5	21.8	17.3	
最低	9.6	2.5	1.2	2.2	8.8	14.6	21.0	17.2	13.2	1.2	−3.0	−8.9

　　资料来源：数据来源于《任城文史·第九辑》，日本关口阿喜四郎执笔向"满铁经济调查局"递交的《济宁县概况调查报告》。

（二）日照与生产、生活

　　日照时间的长短对作物的生长具有重要影响。不同的作物对日照时间需要程度不一。同一作物在不同的生长阶段，对日照的需求也不同。在小麦抽穗—成熟期时，日照会影响麦粒湿面筋含量。

　　小麦属于长日照作物，适宜在军王村生长。据《任城区志》（1999 年）记载，该地日照充足，光辐射强，累年平均日照时数 2 490.4 小时，日照率 56％。

　　日照除了会对农业生产产生影响，还影响军王村村民的生活。冬天日照时间减少，村民有晒暖儿的习惯。晒暖儿时，村民们会拉呱儿，因此晒暖儿成为村民之间沟通的重要方式，对于调解家庭纠纷也有益处。

（三）降雨与生产、生活

　　任城降雨量集中，农历七月、八月降雨量最多，十二月、一月降雨量最少。从季节来看，冬季降雨量少。据《任城区志》记载，任城全年平均降水量 719.3 毫米，其特点是雨量集中，年变幅度较大。年最大降雨量 1 186 毫米，最小降雨量仅 274 毫米。年降水量的 64％集中于夏季，冬季降水占全年降水的 4.1％，春、秋降水量分别占全年降水量的 14.3％和 17.6％。据《任城文史》第九辑记载（见表 2-3），1939 年济宁县降雨量最多的是七月，降雨量达 94.5 毫米，一月至三月，十月至十二月降雨量比较少。村中老人说 1949 年以前，天旱的时候少，发水的时候多，10 年中，发大水的时间占三分之一。天旱主要是在五月里不下雨，隔 2—3 年来一次。

　　村民常说"雪是小麦的被子，小麦冻不坏"。据《任城区志》记载，任城年平均降雪 23.5 毫米（包括雨夹雪），平均降雪 7 天，最大积雪 15 厘米。

　　　　冬天下一场大雪，老百姓可喜得不得了。"可好啦，有指望啦，明年小麦能丰收。"[1]

---

1 源于 2016 年 12 月 21 日对军王村王世良老人的访谈。

表 2-3　济宁县各月湿度与雨量统计表　　　　　　（1939 年统计）

月　　份	一	二	三	四	五	六	七	八	九	十	十一	十二
湿度（%）			85	82	78	76	72	84	74	83	83	83
雨量（mm）	18.0	12.2	14.3	35.0	70.6	43.5	94.5	50.1	56.9	0.2	9.0	11.5

资料来源：数据来源于《任城文史》第九辑，日本关口阿喜四郎执笔向"满铁经济调查局"递交的《济宁县概况调查报告》。

三、土壤特征

（一）土壤条件

军王村属于倾斜平原的缓平地带。据《任城区志》（1999 年）记载，1978—1979 年土壤普查，任城土层深厚，土壤有机质含量较低，氮、磷、钾比例失调，普遍缺氮，严重缺磷，多数富钾。按照土壤土类划分标准，军王村的土壤类型主要为褐土和砂姜黑土。褐土主要为缓岗、岗坡的土壤，例如军王村的岗地、坡地就属于褐土。褐土有机质含量大约为 1.22%，pH 值大约为 7.1，土壤呈现中性，适宜种植小麦。砂姜黑土在军王村主要是西坡的洼地的土壤类型，有机质含量高于褐土，为 1.41%，氮、磷、钾比例失调，pH 值为 7.2。

表 2-4　当地土壤类型概况

土壤类型	褐土	砂姜黑土
成母土质	洪积物	湖积物
耕层质地	轻壤、中壤为主	黏土、重壤为主，中壤次之
地形部位	海拔 38—43 米，缓岗、岗坡	海拔 34—40 米，碟形洼地
潜水埋深	3.0—5.0 米	0.6—3.5 米
自然植被	旱生草类	茅草、香附草等

资料来源：资料来源于《任城区志》（山东省济宁市任城区地方史志编纂委员会编，齐鲁书社 1999 年版，第 78 页）。

表 2-5　土壤主要理化性状表

土壤类型	褐土	砂姜黑土
有机质（%）	1.22	1.41
pH 值	7.1	7.2
全磷（%）	0.051	0.043 8
全氮（%）	0.066	0.079
速效磷	2.37	1.54
速效钾	—103.5	140.70
氮、磷、钾比	4.8∶6.2∶10.4	5.2∶0.2∶14.1

资料来源：数据来源于《任城区志》（山东省济宁市任城区地方史志编纂委员会编，齐鲁书社 1999 年版，第 79 页）。

（二）土壤与作物种植

村中老人将土壤分为五类，分别是黄土、盐碱地土、碱土、黑黏土、清沙。

一是黄土。军王村上坡的地，再怎么发水也淹不了的地，被称为"岗地"，土壤主要为黄土。一年能收两季，十月里种麦子，五月里收了麦子还能种晚秋作物，能种下去就能收。几家财主有上坡的地。上坡的地不种一季、不种高粱，因为秋天的时候能赶上种麦子。岗地主要位于堌堆东，艾家西、堌堆西也有一部分，边界不是很清楚，整个村庄的岗地大约有100亩。最近的岗地离村子大约有2里，最远的离村子大约有4里。

二是盐碱地土。碱场不算洼地，军王村大约有200亩，位于村子正西偏南。此地是不毛之地，连草也不长。

三是碱土。比岗地洼，比洼地岗，种的庄稼不保收，属于中间地。中间地地势不是水平分布，北边高，南边低。中间地位于南岗、史家庙、于家庄、石白头儿。南岗位于村子正西偏南，距离军王村3里，史家庙位于村子正西偏北，距离村庄4里路。发大半坡水的时候都淹了，发小半坡水的时候淹不了。

四是黑黏土。当地村民称洼地为"蛤蟆坑"，洼地里都是黑黏土。

五是清沙。沙土地在村子南部，是清沙。

（三）土壤与作物产量

种庄稼的土地分三个等级，分别是一则地、二则地、三则地。一则地，即旱涝能收庄稼的地，比别的地能长庄稼的地，例如岗地，村子南边的地均属于一则地。岗地的产量，如表2-6所示，在传统时期，小麦产量达200斤/亩，豆子产量达100斤/亩。村民习惯种晚谷，晚谷产量可达250斤/亩。二则地，不是岗地也不是洼地，例如，村子东北角的地就是二则地。三则地，即洼地，当地村民称之为"蛤蟆坑"。只要发水灾，洼地就不能收粮食。

表2-6 军王村黄土岗地种植产量统计（估计值）

庄稼名称	亩产（斤）
麦子	200
豆子	100
晚谷	250

资料来源：根据王世良老人口述整理。

（四）家户改良土壤

土地改良有两种方式。一是将土壤进行混合，将黄土地里的黄土上黑土，将黑土地里的黑土上黄土，以此方式进行土地的土壤改良。军王村村民进行土地改良时，以家户为单位进行。

二是"家土换野土"，即通过利用位于家中的土或者粪进行土壤改良。"家土换野土，1亩顶2亩"，家土即厨屋屋当门、当院子的土。进行土壤改良时，村民便在厨屋当门刨刨土、当院子刨刨土，然后拖到地里"上粪"。年年往地里上粪，1亩地1车土粪。财主家就要上"豆饼"，七成粪加三成油渣子，穷人上不起，庄稼就收得少。据王世良老人回忆，"俺庄王守先家的庄稼最好，他家舍得上庄，舍得买土粪。王守立家庄稼就不好，他不舍得上庄。有相同的地没有相同的产量。人勤地不懒，有挨边儿的地没有挨边儿的庄稼"。

四、自然资源

（一）淡水资源

军王村地处"九岗十八洼"的包围中，土壤多为砂姜黑土，潜水埋深为0.6—3.5米，村中公共水井5口，村民生活用水便利。除此之外，村中南坑的淡水资源丰富，水质干净，可以做豆腐。

（二）渔利资源

村中洼地颇多，渔利资源丰富。据王世良老人讲述，大约在150年前，村子有苇地。苇地里长满了苇子，苇地几乎是年年都会涨水，涨水时会从其他地方带来丰富的淡水鱼群。苇地里除了有丰富的鱼类资源，鸟类资源也是丰富多样，例如野鸭子、天鹅、地鸠等几十种鸟。

一到秋天，村子的西坡还有村民"叠堰逮鱼"，然后将鱼拿去卖。还有打野鸭子的，野鸭子有十连、六连，一窝孵化出10个鸭子，叫十连；一窝孵化出6个鸭子，叫六连。

除了西坡地里有丰富的鱼类资源、鸟类资源，村庄的公坑里也有丰富的渔利资源。村中五大公坑都有鱼，见表2-7，村民可以随便去捉鱼，属于公伙项。除了南坑，村中其余四个坑中还有黑泥和藕。

表2-7 军王村公坑渔利资源统计

坑 名	面积（亩）	坑里资源
东坑	20	黑泥、鱼、藕
南坑	13	鱼
西坑	15	黑泥、鱼、藕
西北坑	5	黑泥、鱼、藕
庙坑	3	黑泥、鱼、藕

（三）林地资源

村民讲述军王村在 1949 年以前只有村西南有一片枣树林。这片枣树林大约有 2—3 亩地，栽了大约 100 年。这一片枣树林地势高，发半坡水的时候根本就不见水，发大水也淹不着。分家的时候，枣树地也要分，但不能分给一家，树占地多少，地就归谁多少。不过分家时，在院子里的枣树就不用单独拿出来再分。

> 俺跟王明书、王者香、王维成这几家分的东边儿的枣树，前街几家分的西边儿的枣树。后院子有三棵枣树，家里也有两三棵枣树。在屋子里的枣树就不平均分了，枣树在谁的院子就属于谁。大枣树是属于俺两个爷爷家的。[1]

枣树大部分属于前街的农户所有，后街只有王守栋家有枣树，分家的时候分的。枣树一般不会卖，只有很穷的时候才卖。收枣子时，是各家收各家的。到八月份，前街家家户户屋顶上都晒枣子，每年前街家家户户都晒几百斤枣子。

五、交通状况

（一）村落区位

军王村所在的任城区，位于鲁西南平原。夏为仍国或任国，周为任国、邿国，任国在战国时灭亡，邿国在春秋时被鲁国灭亡，均先属鲁后属齐。1938 年 1 月，日军侵占济宁，国民党县政府流亡至鲁西南。7 月，设伪济宁县公署，属伪鲁西道（1940 年改称"兖济道"）。1943 年 5 月，在中国共产党领导下成立了金济鱼抗日办事处（县级），进行秘密活动。1944 年 1 月，办事处公开活动，隶属冀鲁豫边区二十一专署。1944 年 9 月，撤销金济鱼抗日办事处，改建为济宁县抗日民主政府，隶属巨南办事处。1948 年 7 月，济宁第二次解放，城区设济宁市。济宁县驻地为马房屯村，先后隶属冀鲁豫边区第二、第七专署、平原省湖西专署。1949 年济宁县并入嘉祥县。

（二）交通网络中的军王村

地势平坦给军王村带来比较便利的交通。民国时期，离军王村 2 里就有济宁—梁山的汽车路，军王村所在的济宁县还有铁路通行至其他各地。

1. 公路

军王村距离县城有 18 里的路程，济宁到梁山的汽车路可抵达县城。公路全程 90 里，路面宽 5 米，可通行汽车、自行车、牲口车。村民去梁山有两条路可供选择，由

---

1 2016 年 12 月 21 日对军北村王世良老人的访谈。

表 2-8 可知，一是从村东南方向出发，途经军地—朝脊岭—堌堆/南白庄—房家—汽车路（济宁—梁山）—梁山。二是从村东面出发，途经军张村—店子集—文郑村——长沟村—梁山。

表 2-8 军王村对外公路交通

交通方向	途经地名	抵达终点	里程（里）	路宽（米）
村东南	军地—朝脊岭—堌堆/南白庄—房家—汽车路（济宁—梁山）	梁山	90	5
村东	军张村—店子集—文郑村—长沟村—梁山	梁山	90	5

资料来源：根据受访老人口述整理。

据资料显示，民国十八年（1929 年），济宁县公路有曹济、济省、济金、济滋、济汶线，通行车辆类型有自动车、马车、人力车。1938 年开通公路线路，由华北汽车公司营运，线路有四条：一是宁阿线，济宁至汶上；二是宁巨线，济宁至嘉祥；三是宁沂线，济宁至曲阜；四是宁郓线，济宁至郓城。公司共有汽车 17 部，雨季一个月要停运 15 天左右，冬季积雪时也停运。[1]

2. 水路

运河为任城境内唯一水运航道。元至元二十年（1283 年），自任城（今济宁）向北至须城（东平）安山开挖济州河（京杭大运河之一段），全长 75 公里。元至元三十年（1293 年），京杭运河全线贯通，济宁成为南北交通要道。北自蜀山湖入境，段长 34 公里。津浦铁路修通后，运河年久失修，河身弯曲，河床高悬，洪涝交替，航运闭塞。

3. 铁路

铁路有兖济支线，济宁为终点。西方有南运河，是南北重要运输路，北至津沽，南到余杭。津浦线开通后，百货集散多商人，客货大半由火车运输，运河也可通航。

（三）村内交通

1. 街道

军王村内部有一条大街横贯村庄，村民称之为"东西大街"。东西大街将村庄分为前街和后街，前街内部有三条胡同，后街内部算上最古老的李家胡同有四条胡同。东西大街中间有一条葫芦沟，葫芦沟有 2 米多深，最下面是一条路。夏天下暴雨涨水时，村民撑船出行。

---

1 数据来源于《任城文史》第九辑，日本关口阿喜四郎执笔向"满铁经济调查局"递交的《济宁县概况调查报告》。

2. 小路

军王村村民平时出行主要靠乡间小道。地势平坦，村内小路四通八达，村子的东、南、西、北四个方向均有道路可通达其他村庄。这些道路均为自然形成，没有组织修建。道路大部分宽约2米，可通行牲口车。

表 2-9　军王村的对外小道交通

交通方向	途经地名	抵达终点	里程（里）	路宽（米）
村东南	军地—朝脊岭—堌堆/南白庄—房家	房家	4	2
村东	军张—店子集	店子集	2	2
	军张—店子集—文郑村	文郑	2	5
村南	南陈	南陈	4	2
村西南	黄家坑—码头—沟子桥—苇地—满营—白家咀	矿山	7	2
	黄家坑—码头—沟子桥—苇地—满营—白家咀—运河	运河	7	运河水面宽20米，有5米宽的地，整个路有40—50米宽
村西南	黄家坑—码头—沟子桥—史家庙—孔庄—坡子桥	孔庄	5	2
村西南	黄家坑—码头—沟子桥—坡子桥	坡子桥	5.5	2

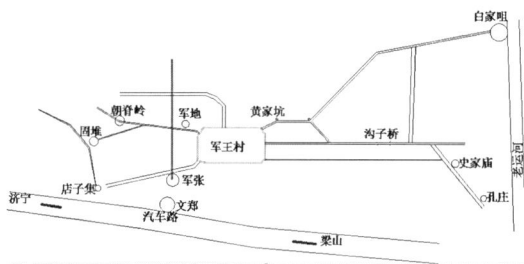

图 2-1　军王村村民交通出行道路简图

第二节　干旱与水利

军王村气候属于温带季风气候，受气候影响，每年降水不均。加之村内洼地多，每年都会有不同程度的旱灾、水灾发生。村民靠天吃饭，逃荒成为村民的一种生存方式。

一、干旱与自然底色

（一）每年不同程度的干旱

1949 年以前，军王村每年都会面临不同程度的干旱，有时甚至会出现连续几年大旱的情况。根据区志记载，自清道光以来至 1948 年，当地共发生了 8 次特别严重的旱灾。其中有旱蝗灾并发，造成百姓饥荒。

表 2－10 任城区 1825 年至 1948 年部分年份旱灾情况

年　份	灾　情
清道光五年（1825 年）	夏秋大旱，并蝗虫，民大饥
清咸丰六年（1856 年）	夏秋大旱，蝗
清咸丰七年（1857 年）	旱灾，民大饥
清同治四年（1865 年）	旱灾
清光绪元年（1875 年）	旱灾
清光绪二年（1876 年）	特大旱灾，民大饥
宣统三年（1911 年）	大旱，旱蝗并灾
1920 年	旱蝗并灾

资料来源：数据来源于《任城区志》，第 89 页。

面对每年不同程度的干旱，村民总结了自己的经验。村中老人讲述了村民判断旱灾的俗语，"八月初一下一阵，旱到明年五月尽"，意思是如果农历八月初一这一天下雨，那么当地必然会出现干旱。

据老人回忆，每年农历四月底五月初，当地特别容易出现干旱情况。此时刚刚收完小麦，需要种豆子等晚秋作物，是最需要雨的时候，但是老天就不下雨。此外，春季也容易出现干旱现象，春季一旦出现干旱现象，便会影响小麦产量。严重干旱时，会出现"把麦儿"。

> 从前都是凭天收。春天要是不下雨，麦子就旱，产量就不高，下雨，麦子产量就高。那个时候没有水浇地的条件。下雨收 300 斤，不下雨只能收 100 斤。春天不下雨，小麦干了，用手就可以薅麦子，产量低，10 亩不抵现在 1 亩，称为"把麦儿"。[1]

---

1 源于 2016 年 12 月 23 日对军南村王世良老人的访谈。

干旱除了对粮食产量产生影响，还会影响村民对作物种植制度的安排以及对作物种植类型的选择。有的年份，在急需下雨时节，出现严重干旱，村民便种不上麦子，此时则只能收一季麦子。面对旱灾造成的不能种植小麦的情况，村民取而代之的是种植春芝麻，因为春芝麻不怕旱。

（二）干旱中的社会关系

面对每年都会出现不同程度的干旱情况，当地村民形成了自己的应对策略。

1. 首选"晾禅"求雨

所谓"晾禅"，简言之，就是由寺庙的老和尚将寺庙的一部佛经请到寺庙的院子里晒，村民相信此举一定会带来降雨。当地村民常说"一晾禅，就下雨"。根据老人经验，一般"晾禅"后，不超过三天，就会下雨。因为每年都有不同程度的干旱，所以"晾禅"求雨每年都会举行。每年农历五月初，小麦收后，种豆子等晚秋作物，需要雨水，但是天不下雨，此时则会举行"晾禅"。"晾禅"所用的佛经平日放在寺庙里，由老和尚看管。"晾禅"时，由老和尚将佛经请出至寺庙院子。因为寺庙附近各个村庄的人都可以去参加"晾禅"，所以"晾禅"时，人山人海。有的带鞭炮，有的带供品，不过带供品的人比较少。

2. 偶有多村联合求雨

除了通过寺庙的"晾禅"求雨，老人还记得曾经有过多村联合的集体求雨。农历四月底五月初，在收完小麦不降雨时，以十多个庄为组织单元共同举办一场求雨。每家每户都参加，各家主动烧水，通知求雨烧水的不是保甲长，而是邻居。求雨队伍有70—80人，其中有老和尚和老道人。求雨队伍抬着一个佛像，每个庄走一遍。求雨队伍都是义务求雨，不会向村民敛粮食。

二、水井社会与村庄底色

（一）水井概况

1. 水井

水井根据产权分为私人水井和公共水井，村庄大部分水井为公共水井，在自家地里打的水井属于私人水井，私人水井大多为土井。

1937年以前，军王村有3个砖井，分别位于家东、家南、家中。三眼砖井之间的距离基本相等，水井的位置跟天上的生门三星排列一致。古时候，有一种传说，夜观天象，"生门上，把麦耩；生门落，把麦割"。井大约是在明朝末期打的，由全庄的村民共同出力。

表 2 - 11　军王村公共水井基本情况

水井位置	井口大小与直径	井台高度（米）
家东	井口小，1 米直径	1
家中	井口大，1.5 米直径	0.3
家南	井口大，1.5 米直径	0.3
家北	井口大，1.5 米直径	0.5
家西土井	井口大，2 米直径	无井台

2. 公坑

公坑刚开始为几户农户所有，坑崖挨着谁家便属于谁。东坑属于四五家所有，庙坑东边是地主王万和的，北边是王万祥的，南边是王安边的，西边是地主王守荣的。私坑是指只有 1 户村民自家修建房挖的坑，归自家所有，如王世习在自家东边的空地上挖了一个坑，后来盖房屋又将此坑填平。私人坑，其他人不能去挖土，以地契为证，也有界石。

表 2 - 12　军王村公坑情况

坑　名	面积（亩）	用　途
东坑	20	村民排水
南坑	13	水质干净，可做豆腐
西坑	15	村民排水
西北坑	5	村民排水
庙坑	3	村民排水

3. 运河

济宁市郊区地处南四湖和北五湖之间，梁济运河贯穿其间。运河以东为山丘地区，水流自北向南，系山水型河道；运河以西为黄泛平原，水流自西向东，多系平原洪水型河道。

据《任城文史》资料记载，梁济运河，其前身为京杭大运河之一段。最早开挖于元朝初年，后经历代疏治，贯穿南北，主要用于"皇粮"漕运，故又被称为"运粮河"。1949 年以前，军王村离此运河 7 里路程。据老人回忆，流经此段的运河水面宽为 20 米，运河两岸有 5 米宽的大堤。但由于年久失修，河身弯曲，河床高悬，每逢洪涝灾害时，航运闭塞，已成害河。此外，军王村附近还有一条小河沟，村民不知其名，但知道以前小河沟上有白石桥。

（二）水利管理

1. 公共水井的管理

对于村民居住地范围内的公共水井，村民的饮水用水规则是谁愿意用水谁用，不禁止他人使用。因为公共水井泉眼大，万年不干，即使是天旱的时候也有水，大家都能用上水。外村的村民也可以用本村公共水井的水，即使是出现天旱的时候也可以，但是外村的村民在自己村子也有水井，一般不用军王村的水。王世良老人对此说道："庄上的水井，跟太阳似的，在哪里晒太阳没有人管。"村里没有看井的人，村民过年过节也不会在井边祭拜井神。

军王村以家户为单位提供取水工具。在军王村，家家户户都有柘沟罐子、柏木筲、钩担等取水工具。柘沟罐子的罐子口直径大约为 30 厘米，高大约 60 厘米，外形呈现椭圆。也有村民用大栲栳取水的。

此外，还有荣户儿提供的取水工具——水绳。家北的井有水绳，大约 4 米长，二指粗，直径有 3 厘米粗，绳子的末端有一个钩子。没有人看管，因为村民认为没人会去偷井绳。没有村民会用村内居住地的水井浇地，离的近的农户在落场的时候会用井水。

2. 私人打井的管理

位于村庄西边的土井是村民王继跃家挖的，挖土井不花钱只需要出力，其他村民也可以去他家的水井挑水。大部分村民是去北井，因为觉得土井的水不甜。谁到谁先打水，打井的人没有优先权。东西大街以北的农户基本在家北的水井挑水。最远的农户距离这口井 300 米，他们认为家南的井水不好喝。

3. 井的维护

私人水井多为土井，维修次数少，一般由挖井的农户自行维修。公共水井由村中好事儿的人组织村民一起淘井，组织淘井的好事儿的人都是自我推荐产生的。

4. 摆渡及其关系

村民赶王家集会经白家咀渡口，渡口距离军王村有 5 里路。军王村与白家咀村边界相连，两村之间隔着一个洼，两村的村民也都互相认识。渡口由白家咀的村民自己修建，河两岸有木头打的木板，过河的人踩着木头板上船。过摆渡，要给钱，两个人给 5 毛也行，给 1 块也行，没有标准。摆渡人不会赖着村民要钱，也不会说"没钱就下去"之类话语。村民们赶矿山古会时，人多摆渡人收的钱也多。摆渡人的船由庄上提供，公家不管平时渡口的维修。

（三）水利灌溉与生产

1. 水井灌溉

第一，水井用水规则。1949 年以前军王村的地都是靠天收，不会专门打井浇地。1937 年以前，军王村只有王万典家地里有 1 口土井。因他家种园，即种植蔬菜售卖，需要经常用水。这口土井长 2 米，宽 1 米，深 3 米。日军来了以后，因为种植烟草的人多，土井随之增多。土井一般使用 1—2 年便填上。

第二，打井规则。2—3 人就可打井。地里的土井都是在农户自家的地里，农户自己挖土井。土井底部一般是一边高一边低，这样的话，淘井的时候方便人上下。地里的土井也是自家人淘井，不会请村里人帮忙。

2. 公坑

公坑水的使用。一是附近的农户浇萝卜，离坑近的农户，利用坑里的水浇萝卜。二是落场（脱粒）收麦子需要用水浇地碾压场，使场溜光。三是意外失火，村民在坑里挑水灭火。四是"饮牲口"即喂养牲口喝水，牲口干完活就去坑里喝水。五是村民房屋排水，自然流到坑里。除此之外，由于南坑水质干净，水位低，有泉眼，村中的村民会取南坑的水做豆腐。据说比井水做的豆腐好吃，也比其他井水出的豆腐多。

（四）水患与救灾

1. 水灾概况：年年都发半坡水

据县志记载，清朝的 268 年中，境内大的水灾 32 次，特大水灾 8 次。清康熙二十四年（1685 年）七月二十四，风雨交加，连倾数日，济宁城内房屋倾塌，民无栖处。清道光二十七年（1847 年）六月，龙卷风从东南入境，民房被毁，重修城垣。民国年间，境内共发生水灾 9 次，特大水灾 4 次，其中 1935 年 7 月发生一次。1947 年 7 月 6 日、7 日，连续两天运河、府河、泗河泛滥成灾。7 月、8 月也都受灾，济宁县三分之二的土地被淹。

民国时期，据王世良老人回忆，从记事起，年年都发半坡水，军王村内有 70% 以上的土地种不上小麦。在七七事变前发生过两次特大水灾，当时庄子四面被水围住，出门都得划船，村民们都束手无策。1937 年至 1940 年左右，水灾每年有发生，但水量逐年减少。1948 年和 1949 年也发生过水灾，收成不好，一半以上的农户都去逃荒，逃往河北。

当地年年发水灾主要有以下三个方面的原因：一是老运河开河口子。如前所述，流经军王村附近的老运河，由于年久失修，河身弯曲，河床高悬，当河流水流量大时，容易决口。二是下暴雨。连续多日的暴雨，容易造成特大洪灾。三是地形引起的"干发水"。当地有句俗语，"九岗十八洼十二连洼"。对此，王万坤老人说："水都朝这个坡里来了，北边的水都往这边流。"

2. 水灾中的社会关系

第一，集体出动拔河堤。京杭大运河是悬河，河堤水的外面是豆子等庄稼，河堤一旦开口子，河水就流出来把庄稼都淹了。村干部每年都会带头去修河堤，有时候老百姓也会自发上山去拔河堤。拔河堤时，只要村干部在街上一喊"拔河堤去啦！"村民们就拿着铁，披着蓑衣去了。不去的也不会受罚，一般成人都去，从十七八岁到六十岁，岁数大的一般去看看就回来。河堤上全是人，不光有自家庄的，还有其他庄的。夜里也有人，由村干部安排。

第二，各村联合堵河口子。虽然每年都修河堤，但也有开口子的时候，水一冲，口子就开了。几十个庄子的人都去打桩，即石锣当锤子砸树桩。各庄都出树，底下让人把着，找四个人打石锣，锣直径有半尺。一个人喊号，喊声跟唱戏似的，大家一起用力。

第三，政府的惠民政策。清朝时期，因洪涝灾害发生灾荒时，在村民提出请求的情况下，政府会开具逃荒证明，以方便村民外出乞讨逃荒。民国时期，当发生特大水灾时，负责征粮的官员会下来查看，若确实无收，则会免除一年的税负。

三、干旱、水灾与逃荒

（一）逃荒起因

历史上曾出现干旱与蝗灾并发，造成百姓饥荒，此时老百姓容易外出逃荒。年年发大水，也是造成贫困家庭的村民外出逃荒的原因。在老人们的记忆中，"先旱后涝，两手空空"，旱灾水灾并发，最容易造成大规模逃荒。

> "先旱后淹，两手抓天"，每年都有灾，只是大点儿小点儿。1949 年发大水，村民都去逃荒。先去市里逃荒，都是吃菜，吃不饱。往北逃荒，南边不行，北边好要饭。[1]

（二）逃荒过程中的社会关系

1. 家庭内部关系

发生灾荒时，当年收的粮食都给家里不去逃荒的人吃。不够吃的时候，村民会把家里值钱的东西变卖，有时甚至出现卖耕牛的情况。军北村村民王万亮老人回忆时说道："那会儿家里还有一头牛，不够吃的时候，就把牛卖了，用卖牛的钱买来吃的。"

---

1 来源于 2016 年 11 月 3 日对军北村王万坤老人的访谈。

逃荒时，养不起童养媳就不养，把童养媳送回去，谁家的闺女归谁。

2. 逃荒单元：几户结伴

逃荒一般是联合几户一起逃荒。村民一般会选择邻居、近门子的亲戚一起逃荒，因为熟人之间能互相照应。例如，当时王世习家逃荒时，一起逃荒的有世昌家、万光家。"世昌家种我们家的二八粮，万光家跟我们家是邻居加近佬。"王世习老人回忆这段逃荒日子时说道。

3. 逃荒中的贫富关系

自然灾害的轻重程度会影响村庄中富裕农户是否逃荒。在老人们的记忆中，七七事变前发生过两次特大水灾，当时庄上大约三分之一的农户都出去逃荒了。家里有粮食的也出去逃荒，有土地的也会出去，土地多的也有去要饭的，因为地被水淹没了，无法收获粮食。王世习老人家在1949年以前算是村里的"荣户儿"，他们家也出去逃荒。王世良老人说："村子经常涝，村民要逃荒，有钱的人家也担心歉收，因为村里的土地不是旱涝保收的。"

4. 雇佣与雇佣关系

军王村是以自耕农为主的村庄，但在发生灾荒时，有租佃关系的农户，没有收成就不用交租。王万亮老人说："老早的给东家说说，就不交了。"发生水灾的年份，家里请的长工工资照常给。长工工资不高，逃荒时就不再雇用，需要的时候再另外找人。

5. 逃荒与信仰

发生灾荒时，村里不会组织求神、拜神的活动，也不会祭祖。村民认为一穷就什么都不怕，也不怕鬼，也不怕神。此时既拜不出钱，也拜不出粮食，拜不拜都无所谓。越是穷的时候，越没有人张罗这事。逃荒时，没有跟祖先烧香的习惯，因为饥饿时都没有心思干这些事情。

6. 逃荒与国家村庄家族救济

发生灾荒时，国家、村庄、富裕人家及家族都没有救济。国家不光没有救济，还会下来收粮食。村里也没有救济，因为村长也去逃荒，"那会儿是王万忠当村长，他也去逃荒。他家还有一二十亩地，喂着小牛儿，算是中农户。"王世亮老人回忆说。富裕人家会照顾近门子的亲戚，不过也只是临时关照，长期照顾也不行。家族本家之间没有相互帮衬的，分家的兄弟之间也没有，外面的亲戚更没有。

7. 逃荒与治理

逃荒时，不跟县里打招呼，也不跟保长或村庄治理者打招呼。如果长期待在这个村庄，就得找个闲置院子，就说自己是从哪里来要饭的，向村民们打听村里的闲屋，热心的村民就会告诉他"某某家有闲屋"。逃荒者经过主家同意就可以住下，一般有闲屋的人家都会答应。要饭也得实在，不能偷人家东西。

四、人与干旱、水患的关系

旱灾、水灾的双重压力形塑了村民的生产、生活方式，对村民及村民之间关系也产生重要影响，主要体现在以下三个方面。

第一，对村民信仰的影响。在传统时期，因为每年都有不同程度的干旱，所以村民每年都会举行"晾禅"。但当村民因水灾、旱灾而逃荒时，信仰就会受到影响。村民离开家之前，不会祭祀祖先或者神灵，他们认为饭都吃不起，求神拜佛已经没有作用。

第二，对村民之间感情联系的影响。水灾旱灾增强了村民之间的联系，当遇到灾情时，村民会结伴，几户一起逃荒。遭遇严重灾情时，地主家庭也会出去逃荒。同时因为村民有逃荒的习惯，所以对外来逃荒者态度友好，允许外来逃荒者定居。

第三，对村民之间合作关系的影响。水是生命之源，水井连接着村民的生活。村内有公共水井和私人水井，在水井的使用和管理上形成了共用水井、共同淘井、私井公用等习惯。此外，村内还有因修建房屋而形成的公坑，公坑里的水也是村民共同使用。

第三节　平原与麦作

军王村地处倾斜平原的缓平地带，地势平坦。在传统时期，村内人均耕地面积多，但土地收成受气候等自然因素影响较大，形成了具有鲁西南特色的麦作社会。

一、田块分布

1949 年以前，军王村的耕地以农民自耕为主。通过王世良老人逐户回忆，在 1949 年以前，军王村村民大约 545 人，自耕土地大约 2442 亩，人均耕地约为 4.5 亩。虽然人均耕地较多，但由于土壤贫瘠，自然灾害严重，麦作产量深受影响。

从土地形状来看，1949 年以前，麦地形状不一，大多呈方形，多为长方形，

图 2-2　笔者拍摄的军王村周围的麦地

也有正方形、梯形的。麦地分布，主要围绕军王村向四周发散开去。

从田地之间的地理位置分布来看，在1949年以前，军王村的土地与其他村庄有交叉的情况。主要是村民去外村买地，有南白的地，也有军张的地和河西凤凰台的地，由此扩大了耕地范围。沿着东西大街的路，正西方向就是西坡，这里还有插花地。

二、田块边界

（一）边界物

1. 以界石为界

分家以后，原来的地仍然以界石为界。界石可以管几辈子，一米深的石灰灰橛上面放着明石，一般用二三十斤的青石作为明石。如果一块地很大，两个兄弟平均分，就通过丈量确定总亩数，然后再进行划分，整个过程还需要中间人作证。村民记忆中没有发生过边界不清的情况。土地边界变动，不用向政府报告，也不用向保长报告。如果有人偷偷地把界石挪动了，村民们也觉得不用担心，因为明石下面还有灰橛，找到灰橛就可以了。

2. 以"墒沟＋界石"为边界

地邻之间有墒沟，是由于犁地自然形成的。军王村农户的土地之间有20厘米的墒沟，村民们会在墒沟两头下界石，形成了"墒沟＋界石"的土地边界。

3. 以枕头地为界

一位农户A的土地为东西向，另外四位农户B、C、D、E的土地分别为南北向，同时与农户A的土地相邻。农户A与其他四位农户土地界线原本如左边箭头所示，实际耕种界线却不是这条界线。因为其他四家在耕地、耪地的时候会糟蹋农户A的粮食，所以要留出1米宽的土地让农户A耕种（边界实际如右边箭头所示），粮食归农户A所有，留出的这部分土地被称为"枕头地"。

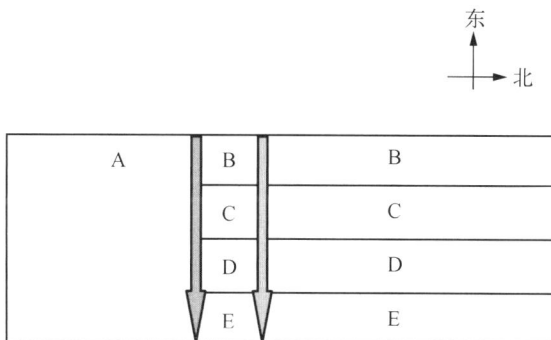

图2-3 军王村以枕头地为界的土地示意图

4. 以自然物为界

一是以路为界。军王村有东西路横穿村庄而过，东西路两边的地均以路为界，其余边界再以界石和灰橛为界。因路是自然形成，不会变化，所以以路为界的边界也没有变化。二是以荒地、石头堆、朝脊岭为界。朝脊岭高出土地0.5米，万年不动，起着界石的作用，没有谁种，自然形成土地边界。

（二）边界纠纷

边界纠纷。如农户A种的是东西地，农户B种的是南北地，农户B耕地的时候把农户A的庄稼踩坏了，并因为这事打架，这时得请本庄的爷们儿来调解。爷们儿一般

图2-4 笔者拍摄的军南村麦地之间的边界

是本庄有头有脸、能说会道的，不一定是村长、甲长。只要是两方都愿意听从意见的人都可以。没有出现过因边界纠纷打官司的情况。

三、田块距离

军王村周围的地都是本村村民的土地。军王村往西，其土地范围可到张三埂（张三村范围）。张三埂隔着老运河，离军王村大约有10里路。军王村西南方向的土地已经种到矿山村，矿山村距离军王村大约有8里路。军王村东边的土地范围已到八里屯，东北的土地范围已扩到姜庄，八里屯儿、姜庄距离军王村都是10多里路。老人们回忆说"当时的军王村，比一个镇都要大。土地买到长沟，依然属于军王，但是地名儿不算军王的，地界还是长沟"。

由于田块距离较远以及田块分布的相对集中，村民在收割时，有以下关系。

（一）看坡人

由于耕地面积大，每年都有在地里偷粮食的情况，所以军王村设有看坡人。看坡人从每年农历的五月开始看坡，一直到霜降时节。凡是庄稼成熟的时候，他都在坡里。三月底到四月初，麦收时节，看坡人看麦子；从五月底到霜降，要看地瓜；七月十五前后至八月中秋时节，要从高粱成熟一直看到收豆子。

（二）合作落场

在1949年以前，军王村村民一年需要落场两次，分别是麦收的时候和高粱、谷子、豆子成熟时。落场时需要用水浇地碾压场，使场溜光以便粮食好脱粒。落场时，如果没有下雨，就需要用水将地打湿，然后再撒一层草。通常地多落场就大，地少落场就小。财主一般是自己有场；有的穷人会用地主的场；有的穷人也有自己的场；也有几家搭伙用一个场的，跟谁关系好，就用谁的场。

四、主要作物

1949年以前村民主要种植麦子、高粱、豆子、谷子、红薯、芝麻、棉花等农作物。村民常说"小满葚子黑，芒种割大麦"，大约在农历四月底就开始收冬麦，收完冬麦就收春麦。在军王村流行这样一句谚语"高粱不过处暑"，意思是高粱成熟不超过处暑时节。过了处暑，地里一般就没有高粱了，白露后秋分前要收豆子、谷子、芝麻。

表 2 - 13 军王村主要农作物的属性统计

农作物种类	种植属性	用　途
冬麦	一年一熟	食用
春麦	一年一熟	食用
高粱	一年一熟	食用
豆子	一年一熟	食用
谷子	一年一熟	食用
红薯（芋头）	一年一熟	食用

明清时期，任城县内实行轮作，此后一直沿用一年一作、二年三作、一年二作的耕作制度。村民常说"冬天划破皮，胜过春天深一犁"。春分前后耩地，过了惊蛰就能种春拱子。春拱子的麦粒比小麦的麦粒大，不带皮儿。收完冬麦就收春麦，种春麦的比较少，但春麦产量高。有牲口的"大家"会种春麦喂养牲口，春麦只有淀粉，没有面筋。早秋种高粱、谷子、芝麻、棉花都有。"夏至耩豆，不前不后。"耩完豆子，耩谷子、芝麻。下了雨就耩谷子，有时需要下雨的时候不下雨，就只能光收一季麦子。收了麦子，夏季以后栽种的庄稼叫晚秋。晚秋种的高粱叫"九月冻"，产量比较高，收得最晚，等豆子、芝麻都收完了才收。种春谷的地，头一年就要犁好，叫"大秋地"。在小满前除草，谷子产量会高。

五、田块耕作

军王村的麦田耕作主要是以一家一户为单位进行。出现劳动力不足或者劳动力紧缺的情况，会采取市场雇工或者生产帮工等形式进行生产。有通过市场方式实现生产合作的，即村民有长期雇佣的长工，当地叫"扛活儿的"，也有在农忙时节雇佣临时工的情况。此外，还存在"吃工夫粮的"，吃工夫粮的忙时用工闲时不用。吃工夫粮的干的都是种地活儿，但是干活的数量没有扛活儿的多。

第四节　集居与空间

平原的地理环境、年年水患灾害造成了军王村特有的居住格局。其特点主要有村民居住集中，且居住空间内边界明显。本节主要阐述军王村的集居与空间关系。

一、民居与村庄

（一）沿着庙坑逐渐形成的居住格局

军王村的先民迁来军王村时，最先居住在庙坑附近。庙坑则是当时的人们修建房屋而形成的村中第一个公坑。随着军王村人丁繁衍，居住空间逐渐地往外拓展，村民们不断修建新房，军王村逐渐出现了东坑、西坑、南坑、北坑四个公坑。"那个时候，这里是个老洼地，转圈儿尽是水。就这一点高地方，村民居住很集中。"王世习回忆时说道。

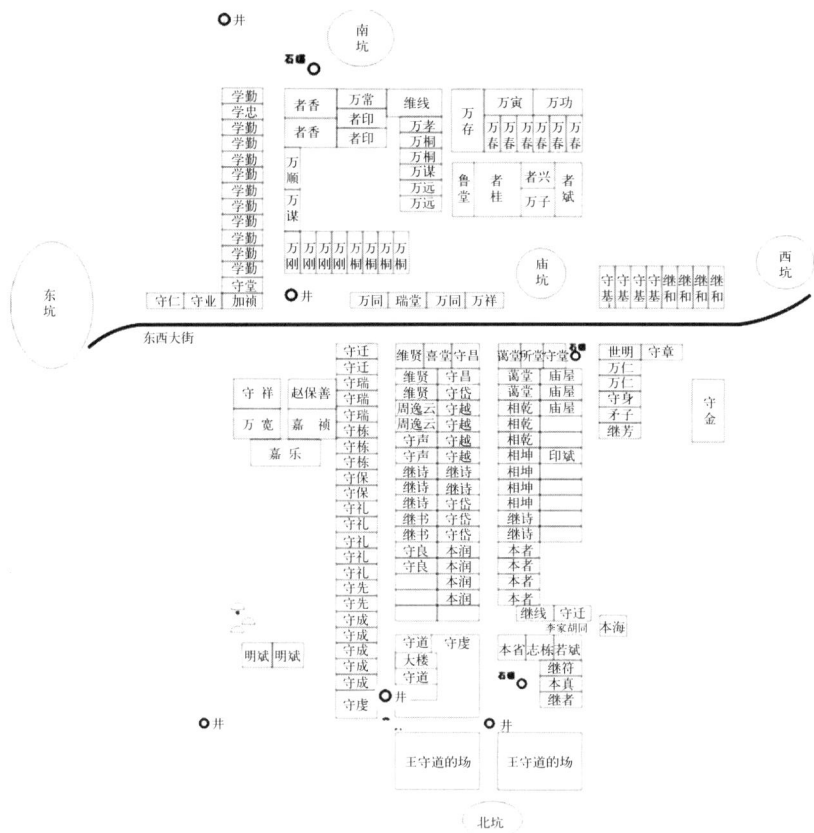

图 2-5　军王村村民居住空间分布图

资料来源：根据军南村王世良老人手绘整理。

村内有一条主干道，因为呈东西走向，村民称之为东西大街。而其他南北朝向的小巷子，大部分没有名称。1949 年以前，村庄内部区域的地理位置名称分别为东街、前街、家西、西北街和后街。庙坑位于东西大街，王氏家族的家庙位于庙坑旁。村民眼中的前街主要范围是庙坑东部和庙坑南部，家西则指的是庙坑以西居住的范围。

（二）庄内依近而聚与插花居住并存

村庄呈现集中居住形态，同时村庄内部近门子居住更加集中。军王村绝大部分是王姓村民，在居住形态上依血缘关系远近，呈现分片居住。王世良老人说："前街尽是俺家那一窝子人。"前街居住的有王万刚家、王万顺家、王者香家、王者印家等，这些农户都是近门子关系。前街住满了后，前街的一部分近门子分家后就在西北街另建新房，由此西北街居住的也是近门子。

按照支系来看居住形态，村庄内部也有插花居住的情况。因分家逐渐形成现在的居住格局。如王万亮老人家在 1949 年居住的胡同就存在插花现象，一个胡同居住大部分是王姓村民，但不是近门子，是插花居住。此外，从外村搬迁而来的村民也是插花居住。

（三）民居分布规则

过门石。即两个门神之间的石头。这个石头很长，约 1.5—2 米，村民在石头下面撒上一把杂粮，大约 1—2 两，还搁置一点钱，意思是取个吉利。

门楼。大门的门楼比较讲究，不能比别的屋子矮。建基石不能比邻居高，要和前后邻居一样高，如果高了会被认为是"欺人"，同时邻居也不愿意。隔着胡同相邻的农户，则不会计较这么多，村民认为隔着胡同的农户如果建房的话，高点矮点儿没有关系。

房屋功能安排中的规矩。哪间屋子用做茅房、哪间屋子用做伙房、哪个屋做鸡舍、哪间屋子住老人都是按照《大游年歌》排布。建房时，无论盖什么屋，南边都需要留出阳光，屋外需要躲开坟头子，躲开脏东西。

（四）房屋边界

1. 以何物为界

房屋边界主要有以胡同或街道、夹道、围墙为边界。以胡同或者街为边界的会有界石为据，界石之间的连线就是对门邻居之间的边界。生活中，胡同是大家走路的地方，属于"公伙项"，村民不会越界。以夹道为边界的则主要是左右邻居，邻居房屋的墙互相挨着时，不是自

图 2-6　军南村某农户家门楼

家房屋边界在哪里就盖到哪里，需要留出 50—60 厘米的夹道，以夹道中心线为边界，称为"留滴水"。如果只是建围墙，就以围墙为界，围墙下就是房屋边界的界线。

2. 因何产生边界

第一，因分家产生的边界。家族人多了便分家，根据家庭的人口、团结程度决定。

从儿子的角度看，一般是儿子都成年结婚后才分家。比如，弟兄俩都成人了，都能单独过日子了，什么地都会种了，就要分开了。有的不愿意分，让父亲或者叫哥哥当家，自己不当家，光干活儿。有的兄弟多的家庭，不容易团结，分了反而省心。

从父母的角度看，孩子们二三十岁了，即使孩子们不愿意分，老人也要分了。于是父母就会和子女说类似"我这么大岁数了，就不给你们操心了，你也会干了"这样的话，表示分家的意愿。

从外部因素影响的角度看是怕人家说富，地多纳的东西就多，怕"架户"要东西，有的为了逃避，就分家。比如征兵，假如不分家的弟兄俩共有 60 亩地，此时就要摊兵，分家后就不用了。以王世良家为例，其父亲有兄弟两人，在抗战后期，当时有七路军、五路军，又有闫团、顺团、边团等五六种部队，这个来要了面走了，那个部队又来了。分家后，就不算大户了。老人回忆说临近 1949 年，因为这种原因分家的有90％的农户。

也有从父母去世的时候分家的。因为在别的时候分家，担心别人笑话兄弟不团结，这个时候分，外人没什么感觉，不会笑话。

房屋分配原则。一是房屋与土地搭配进行分配。院子差别大，分得好院子的儿子所分得的土地就少，分孬院子的就地分得多。二是折价进行分配。比如，只有一处院子，房屋有好有坏，有几个儿子进行分配。先按房屋大小标注出价格来，然后抓阄决定房屋分配，高出均价的要让钱，低于均价的得补钱，一般是用地来补。如果是大户人家有三个儿子的话，分家之前则会把三个院子弄得比较平衡，质量都差不多，这样就不用再补地。三是房屋按间数分配，每间屋大小基本差不多。分家时，如果家里老人健在，一般是老人住堂屋，但归属哪个儿子还是得明确。房子少的家庭，分家时才可能会将堂屋分成两份。过道也要分，过道离着哪个儿子分的房子近，就属于谁。名义上划给这个儿子，但其他儿子如果没有过道，也可以从此过道通行。

两兄弟分家后，刚开始房子如图 2-7 所示，如果两兄弟同时重新建房，就应该留一个"夹巴道儿"。以墙中心为界，两兄弟各留出 25 厘米，墙体两端有界石，在老房子修建的时候就已经有，也有灰橛。如果 A 或者 B 只有一个兄弟想重建新屋，谁盖新屋谁就先留出 25 厘米。拆房时，若墙体有损坏，建新房的人就负责把墙修好，一般情况下损坏不多。如果兄弟 A 要卖房子，兄弟 A 事先得定好价格，再问兄弟 B，兄弟 A："房子你要买不？你不要，我要卖了。"兄弟 B 说："你不要卖了，我要。"于是 A 卖给B，卖给外人和亲兄弟价格一样。如果兄弟 B 不要房子，房子卖给外人，得跟外人说好墙的公共性。如果外人买房后要重新建房，得留出夹道，不能盖在两家的分界线上。

老家院儿，我们家也分了，从老家院儿中间垒了一个墙头，一边三间堂屋，另一边也是三间堂屋。墙以西归我大爷，墙以东就归我们家。墙以西屋子好，全是砖屋，墙以东屋子孬，全是坯屋。我们家的三间堂屋还没有盖，光有地基。[1]

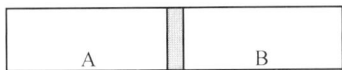　　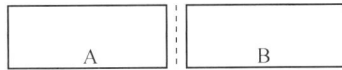

图 2-7　　　　　　　　　　　图 2-8

第二，因相邻产生的边界。村民盖房屋都是建在自己家的土地上，建屋不需要经邻居同意，因为每块宅基地都是有主人的。房屋宅基地或是通过继承得来或者花钱购得。房屋建成以后可以进行买卖，只是当时买房子的人不多。

房屋边界在地业上都明确写好，宅基地的四至是谁都很清楚。同时房子的地业上还写有步公，即房屋的长、宽。如果房屋的宅基地不是规则图形，各边长度不等，都得在地业上写上长度。每家每户排水用漾沫口子，占的自家的夹道，产权归自家所有。自家院子的南边一般就是漾沫口子。边界确定后不用向乡长保长报告。村民在新址盖新屋，一般选择自家的场，场的周围的四邻都知道边界在哪里，不用告知，只需留出滴水就行，界石在老辈儿那时就已经埋好了。

3. 边界分类

相邻建屋的边界主要有以界石为界、以路为界、以滴水为界等几种情况。

以界石为界。房屋边界以界石和灰橛标明与邻居的之间的界线。以王万亮老人家为例。在 1949 年以前，他家北邻王继诗家，南至王继岱家，挨着王继岱家的过道。西边隔着一条胡同与王相坤家相邻，胡同中以两块界石连线为界，东边与王继祥家相邻，以界石为界。

村子的宅基地比村子外边的地高一两米，村民如果选新的宅基地盖屋一般会选自家打粮食的场。场的四邻都知道，这个场原先就是他的，界石原先就下好了。盖新房时首先要把自家宅基地加高，以防止发大水。盖一个新房至少要有 8 块界石，如图2-9所示，4 块黑色界石为 A、B 两边的界石，以 A 为例，A 两边的界石用绳子连接起来就是 A 边的边界。

---

1 来源于 2016 年 11 月 9 日对军南村王世习老人的访谈。

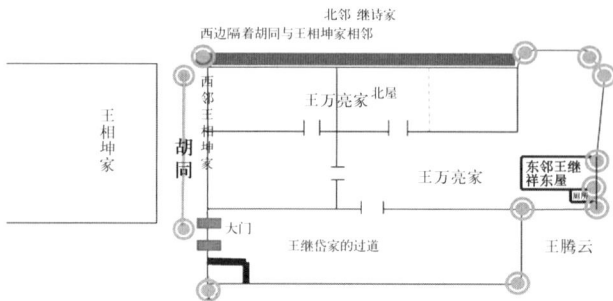

图 2-9　王万亮家1949年以前房屋平面分布

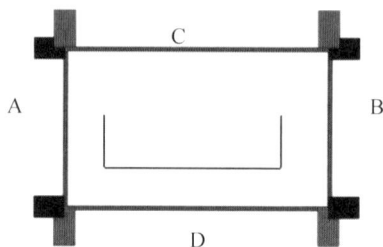

图 2-10　新宅基地有8块界石

图 2-11　笔者在村庄内拍摄的随处
可见的房屋夹道留滴水

以路为界。如果新建房屋的一边靠路，就没有界石了，以路为界。因为路都是公伙项。

以滴水为界。两户墙与墙之间留有夹道，被称为留滴水，大约60厘米，相邻两家各30厘米的留滴水。比如农户A和农户B家是邻居，农户A家的堂屋与农户B家的南屋相邻，那么屋与屋之间不搭界。户与户宅基地之间，如果修建房屋就必须得留滴水。如果是砌墙可以砌到宅基地的边界上，不过大部分都留滴水，因为以后可能要盖屋。如果是以后这条边界上永远不盖屋，就盖到边儿，四邻没有话说。村民一致认为盖屋必须留滴水，自己家的水不能流到别人家的墙上，大家都是土坯房。

4. 过道租赁与买卖关系

过道租赁。军王村有插花居住的情况，但过道属于私有。如在1949年以前，王万亮家走王继岱家的过道要给王继岱家粮食，每年给3小斗粮食，大约90斤。

"我们家赁的人家的过道。走人家的不能白走，得给人家粮食。那会儿1小斗粮食是30斤，每年给他3小斗的粮食。不给的话，人家不让你走，走人家的，每年都得给物件儿。"

过道买卖。土改时期部分人家为了分得房子便将过道出售，划分给邻居。

5. "买路"发丧：富的破财，穷的沾光

在清朝时，有出现过穷人让富人"买路"发丧的情况。王世良老人家里出去就只有一条路。清朝时期，哑巴家是财主。他家发丧时，只有买路才能发丧，不拿钱，村民就不让他走，买的路段从王世良家门口一直到上陵。当时也没有测量，没有文书说明。村民认为这是"富的就破点儿财，穷的就沾点儿光。"

（五）纠纷处理

当发生房屋边界纠纷时，村民就把街坊四邻都请来，然后当着大伙儿的面，开始找界石和灰橛，以灰橛和界石为准。因为房屋边界都比较清晰，所以军王村村内因房屋边界发生纠纷的情况很少。

（六）房屋布局与特色

1949 年前，一般农户各自为院，北屋为上。富裕的农户家，其余三面建配房，呈现四合院布局。各房后墙无门窗，多为土墙草顶，少数为石灰拌石屑捶顶，熟皮墙外边是一层砖，里面是一层坯。主房高于配房，但不得高于左右邻居及后邻房。

村民将房子分为草屋、灰厦屋，军王村当时只有一户人家的堂楼是灰厦楼。"过去这个村子没有瓦房，全是草房子"，王世习老人回忆道。老人说因为家庙是老祖最先住的地方，家庙都是草房子，所以村民们可以盖平房，盖草房子也行，但不能是瓦房。草房子根据所选择的草料不同，档次也有所不同。

（七）房屋修建中的社会关系

1. 当家人做主

村里人盖房子会提前一年，由家里的当家人先向村里的老人问问，如盖三间屋需要多少石头、多少土坯，多少木料、多少灰。村里富裕人家盖房子请领线的，即盖房子队伍的领头儿。不用中间人，提前一个月由当家人跟领线的说盖房子的事情，商量购买的原材料以及需要做的准备，同时还商量是否需要主家管饭。不用讨价还价，工钱都有标准，土屋、灰厦屋、熟皮屋用工量不同，价格也不同，各有各的价格标准。

2. 提前告知亲戚，请教书先生看吉日

在传统时期，村民修建房屋不容易，得提前三年就开始准备，拉石头、拉砖、买木料以及白灰。所以谁家要盖屋子，亲戚都会知道。农户自己决定几月盖屋子，但具体哪天盖屋，需要请教书先生看吉日，因为教书先生家里有黄历。"建满平收黑，除危定执黄，成开皆可用，闭破不相当。"请教书先生看吉日，不用带礼物。

3. 穷人邻里相帮

建房子时，中农户以下的会请亲戚、邻居、朋友帮忙，地主等有钱的人直接就请领线的。建房子请帮忙的，家里就置办一锅菜，有的会煮 2—3 斤肉，然后大家分着吃，不会另给帮忙的烟或酒。有的亲戚不仅白帮忙，还提供物质上的帮助，如果建房子的家庭缺房梁、木橡，亲戚会无偿提供。

4. 富人请领线的

富人建房子不找帮忙的，会请领线的盖屋，认为邻居盖房没有领线的专业。领线的带着一帮子人，大约 10—15 个人，领线的会根据修建房屋的多少、类型决定去多少人修房子。如果是 3 间坯屋，5 天内就可以完工；如果是 3 间灰厦，7 天就可以完工，如果是 3 间熟皮屋子，即外面是砖，里面是土坯的屋子，需要 9 天时间。修建队伍内部分为瓦工和壮工。瓦工又称"摸刀的"，负责垒墙、上架子等活儿；壮工又称"下工"，光出力，打下手，负责和泥，给瓦工递工具，没有垒墙技术或者技术不够过关。修建房屋时，瓦工和壮工全部听领线的指挥，瓦工工作一天得 20 斤麦子，壮工工作一天工资比瓦工少一半，是 10 斤麦子。

领线的盖房子一般是农闲时候，二月盖房子最多，大约占 90%。村里富裕家庭盖房子也会选择农闲时候，这个时候天气不冷，白天时间也长，八九月盖屋的人很少。在伙食安排上，如果是请本庄的领线的，工人可以回家吃饭；90%以上的领线的选择统一安排伙食，节省大家时间，好安排活儿。如果是请外庄的领线的，外庄领线的会请一个伙夫单独开锅，主家不负责管饭。

5. 社会关系：为人不睦，劝人盖屋

盖屋是件难事儿，土话说"为人不睦，劝人盖屋"，意思是与别人不和睦，才让人家盖屋作难别人，以此给别人增加困难。盖屋前 7—10 天，主家会为帮忙干活的准备饭，别的时候没有。

二、祖居与村庄

军王村有祠堂王氏家祠，村民一般称之为家庙。军王村的家庙修建比较晚，大约在王氏发展了一二十代后才修。根据老人们记忆，大约是在宣统的时候修缮的，当时修建家庙的目的是怀念祖先。家庙位于村子的中心位置，地势属于村中较高的地方。家庙有院子和 3 间屋子，东西大约 17—18 米长，南北有 8—9 米宽，中间有个石头桌子，平常都锁着，不用看管，除夕才打开。庙里有祖先的牌位，但不是全部的祖先牌位都在里面，有根爷、他的儿子、孙子、重孙的牌位，王世习老人记得有 5 代，当时家庙里摆了 20 多个牌位。家庙是村中有钱的人家修建，穷人家没有钱修建。

三、公共空间与村庄

（一）晒场

军王村没有公共晒场，但是到了夏天，村民睡觉，私人晒场就成了公共空间。夏天的时候，因为天气太热，男性劳力都去场里住，再不然就上屋顶上睡。

（二）家庙

家庙平时都锁着，只有在过年的时候才打开，祭祀时只有家族的男子可以去。在家庙里有1间打更屋，铺上小麦秆草，给打更人休息。每天夜里两个人轮流，上半夜一个人，下半夜再换另外一个人值班。此外，家庙还提供给没有屋的穷人居住。据老人回忆，1949年以前，村民王红兵、王万阳因为没有地方住，于是在家庙的院子里搭了一个棚子住。

图2-12　至今仍然保留晒暖习惯的村中老人们

（三）庙坑崖

庙坑崖作为军王村村民聊天的公共空间，位于军王村东西大街的葫芦沟南边，庙坑北边。葫芦沟有2米多深，其功能最初是行车走人的，随着时间的累积，自然压出了一条沟。沟上面有一个七八十厘米的崖儿，村民们称之为"庙坑崖"。庙坑崖是一个朝阳、宽敞、比较干净的地方，村民坐在庙坑崖上，旁边还能走人。所以庙坑崖成了村民们晒暖儿、拉呱儿的首选之地。于是一到冬天，大部分的村民都喜欢到这坐坐去。

（四）吃饭聚集点

早上吃饭聚集的地点有两个，一是王继书的门口。冬天没事儿的时候，人多吃饭热闹，习惯了后，每到吃饭的时候，村民就聚集在那里，一般是附近的五六家，守栋、守先、守立、守良、守道等。家里的男爷们儿出去，女的不出去，小孩儿也不出去。二是王喜堂、王蔼堂那里。一坐一大溜的人，各自吃各自的菜，可以给其他人讲讲今天吃什么，然后聊天。

图2-13　笔者在军南村拍摄的被废弃的石碾

（五）合局（打牌）的地点

军王村有6家牌场，村民们过年在王继书、王守业、王继符、王守昌家斗牌，在王明斌家、王腾云家搁宝。军王村办合局的人家里都穷，大部分没有后人，即为绝户头儿。家庭内部不打牌，因为除了合局的那几家，其他家庭家里没有牌，家长不让买牌，认为打牌不是好事。

（六）石碾和石磨

军王村的公共石碾有3个，家南1个碾，庙坑1个碾，家东1个碾。石碾属于公伙项，全村村民都可以使用，哪个碾没人用，村民就可以去用那个碾。使用公共石碾时，不用向村长等其他人汇报。村民习惯上按照就近原则使用石碾，家南的碾离王万常家最近，大约有三四米，离这个碾最远的农户为王万功家。庙坑有 1 个碾，离这个碾最远的是王守道家，大约有 200 米，最近的农户家距离庙坑石碾仅七八米。

2 米见方的石碾盘，得有 3 000 多斤。村民一般是用碾时，才去石碾那里。没有人破坏，没有专人维护，大人看到小孩儿上去就会嚷小孩儿，"你不能把碾弄脏了"。排队用碾被称为"占碾"。使用碾子压豆饼等被称为"压碾"，到秋后压碾的就多了。石碾坏了需要维修时，就由本村的王万庆维修，他是木匠，村民不用给他钱。

石磨。军王村有私人石磨公共使用的情况。村民王学勤家的石磨，自己花钱请石匠断磨、翻新。因他家的是砂面的石磨，所以磨麦子效率高。比如，别人的磨一上午能磨 2 斗麦子，他的磨能磨 3 斗麦子。

四、集市与村庄

在 1949 年以前，军王村村民赶集都去店子集。村内虽然没有固定集市，但是会有外村人来卖东西，从而形成了流动市场。流动市场集中在春天和冬天，因为此时属于农闲时节。有货郎卖百货，包括居家用品、妇女的装饰品等等；有来村里进行娱乐表演的；也有来卖家用器皿及维修器具的。大多数流动商贩都收取现金，只有卖罐子的、串街打铁的、卖香油的以及卖豆腐的会接受用粮食换农产品。

五、村庄空间结构关系

从民居与村庄关系来看，村民习惯"近门子"集中居住。随着人丁繁衍，也形成了不同支系之间的交叉居住，但大体上还保留着近门子居住的习惯。家庙作为村庄内神居的集中体现，是村民繁衍、村庄发展的起点。家庙凝聚着村庄人心，村民在家庙举行祭祀祖先的活动。村民居住分布，由家庙向四周不断拓展，形成了 1949 年以前的居住格局。

军王村之所以集中居住，也受地形影响。在 1949 年以前，虽然地形为平原，但平原中也有洼地。年年发大水，地势高的地方适合居住，于是大家都选择这一片土地建房居住。

第五节　自然变迁与实态

任城区地处鲁中南泰沂山麓倾斜平原与鲁西南黄河泛平原交界洼地的中心地带，低洼地常年积涝。随着社会变迁，通过兴修水利、洼地治理等措施对军王村自然环境进行改造，村庄环境有了很大的改善。

一、水利设施的兴建

1949 年后，通过开挖新河、疏通旧河、固堤修培等措施，大大提高了抗旱防汛能力。

一是河道治理，土改时期水利设施建设。1951 年 6 月，济宁县政府组织岁修工程，对京杭老运河进行修培。从济宁至长沟段 23 公里，完成土方 10 万立方米，济宁市、济北县共出工 6 500 人，工日 2.5 万个。二是抗旱防汛设施，井灌工程排灌站和节水工程建设。20 世纪 50 年代末还是采用回转式打机井，开孔 0.7—0.8 米，井深 20 米。1967 年至 1975 年济宁县共打机井 2 879 眼，配套 1 991 眼。20 世纪 80 年代，各乡镇先后组建了机井队，到 1988 年，共有机井队 33 个，共打机井 7 922 眼，配套 6 602 眼。2016 年军南村有机井 20 眼，均能正常使用，进行浇地。截至 2016 年 11 月，军南村 PPR（三型聚丙烯）胶管浇地铺设长度 1 500 米，均为 2016 年新增铺设。2017 年，军南村新增 3 眼机井。三是饮水设施。进入了新世纪，村民家家户户都使用自来水，2015 年军北村实施了饮水安全工程全覆盖。

二、洼地治理

与传统时期洼地完全靠天收相比，1949 年以后，洼地耕种条件有很大改善。一是挖沟排水。1960 年开挖天宝寺排水沟，上自秦河口，经天宝寺村南至坡石桥北入南跃进沟。由长沟、南张、二十里铺 3 个公社出工，全长 5.8 公里。二是沟洫畦田。1956 年，在低洼地片进行沟洫畦田工程，1958 年全县完成畦田 54 万亩，共挖一、二、三级沟 1 752 条，总长 1 119 公里。

三、村民居住特征

随着社会经济条件的发展，村民居住范围不断向外扩大。

> 从村子东头儿房子跟前到村子西头房子跟前，东西有 500 米，南北有 300 米，就是这么个范围，不算耕地面积。按照房子面积算，面积为 40 000 平方米。[1]

与传统时期相比，军南村、军北村虽然在 20 世纪 80 年代划分为 2 个村民委员会，但村民在居住上没有因行政区划而受到影响，仍然存在交叉居住的情况。20 世纪 60 年代开始，村民建房需要经大队审批同意，不过建房位置由村民自由选择。20 世纪 80 年代开始，村委会对村庄居住进行统一规划，按照排的方式进行建房，每排建房户数、

---

1 来源于对军南村王世习老人的访谈。

房间数量、房屋长宽等都有规定。当前村居布局更加规范，尤其是军南村的街道整齐划一，干净整洁。街道的道路平坦，主街道两旁有花坛，里面栽种着各色花草。街道两旁的墙面整洁，用大众喜闻乐见的形式，展示着传统文化。

图 2-14　军南村的村庄街道

图 2-15　军南村主街道两旁的墙面

资料来源：以上两图均为笔者调研中拍摄。

在村庄卫生方面，军南村现在有定点的垃圾投放点，军北村还没有。军南村、军北村在其村庄内部均设置有垃圾箱，并且安排专人清扫村庄。村民们不用交卫生费，由村集体负担。

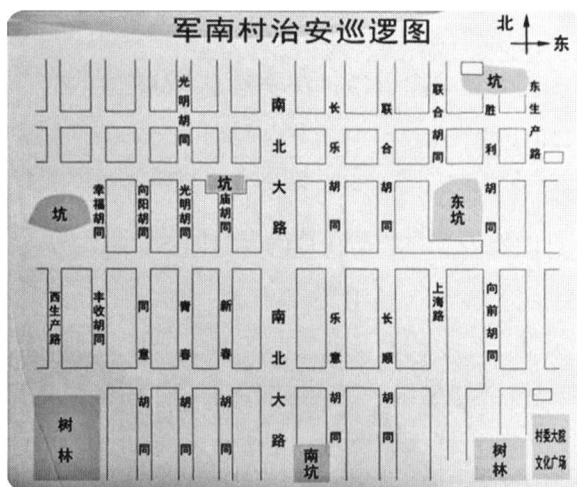

图 2-16　当下军南村村民居住概况

资料来源：笔者调研时摄于军南村村部大楼。

四、村庄交通条件

当下，军南村、军北村的交通十分便利。村庄公路里程数为 8 公里，均为硬化公路，实现了村村通、组组通、户户通。村庄距离县城 10 公里，目前还没有公交车直通县城。不过村民若想进城，可在离村子 2 里的南张街道办事处公交站乘坐 10 路、11 路公交车。10 路公交车发车时间为早上 6：06，收班时间为晚上 10：00。11 路公交车发车时间为早上 6：00，收班时间为 18：54。

表 2 - 14　1949 年后军王村交通统计

公路名称	里程（公里）	路面宽（米）
前店—十里铺	4.0	5
前王—文郑	4.7	5
凤凰台—程家	6.0	5
南张—仙庄	3.6	5
南陈—大王	1.1	5

五、村庄公共设施

2016 年军南村通电农户数量为 240 户，军北村通电农户数量为 251 户。军南村、军北村均实现了自来水户户通，没有农户使用沼气。军南村通有线电视机顶盒的农户为 140 户，军北村通有线电视机顶盒的农户为 200 户、通互联网农户数量为 160 户。军南村有村民议事室，有提供代办服务的人员，且不向农户收取服务费。军北村也有村民议事室，但无提供代办服务的人员。军南村 2010 年上线了党员干部远程教育系统，2015 年还修建了村部大楼。

第三章 村落经济形态与实态

在传统时期，军王村是以自耕农为主的自然村落，以家户为生产经营单位从事农业生产。但单家独户无法完成农业生产的全部环节，好在距离店子集、任城区比较近，市场发达，雇工便利，所以军王村农业生产方式体现为多雇工、少租佃。本章将从生产形态、经营形态、消费形态、分配形态、市场交换形态等方面去阐述军王村在传统时期丰富的经济关系。同时也将展示村落的经济变迁及当下实态。

第一节 人与土地及其生产能力

1949 年以前，在军王村居住的村民有 85 户，村落人口在 400 人以上，耕种着 2 000 多亩土地。军王村土地面积虽然较多，但大部分土地为洼地，收成受自然因素影响较大。土地少或者土地质量差的村民，为了求生存只能出卖劳动力，或者兼营商业等其他行业。由于家庭生产能力比较低，家户之间生产互助比较多，产生了伙养、辩耧子、请耧子、耕卖地等丰富多样的生产合作形式。

一、军王村经济概况

（一）军王村土地所有概况

1. 自耕多，租佃少

军王村绝大部分土地为私有土地，公共土地比较少。有血缘性公地，如少量的庙地和老陵地；有地缘性公地，如5个公坑、1个庙坑崖、1个乱葬岗子。土地产量低，自耕多，租佃少。军王村土地根据是否纳粮，可以分为纳粮地、开荒地。根据纳粮政策的优惠程度，大粮地分为一般纳粮地和军地。

2. 有契银，税赋较轻

1949年以前，军王村耕地面积大约2 000亩，其中军地有大约30亩。因为地属军屯，所以有契银优惠。在军王村有契银的农户，可以减免打差纳粮。例如，2钱契银可以减免2钱纳粮的税收，买卖契银被称为"过契"。

（二）手工业、商业概况

在1949年以前，军王村是一个纯农业村庄，自耕农多，手工业不发达。本村村民中有1人从事木匠，1人担任中医，1人是教书先生，还有1个产婆以及2个在市里拉黄包车的师傅。

村内没有形成集市，在村子的大街小巷里分布有2家小酒馆。其中一家小酒馆兼营盐、酱油等日常生活用品。虽然村内没有形成集市，但村庄离店子集很近，村子里有7户长期在店子集做生意。其中有3家做布匹生意，1家卖生活用品的，如糖、麻、姜、火纸等，1家"宰八子"，即杀猪牛羊的，1家卖羊肉汤的，1家贩卖鱼鲜的。此外，村中流动市场发达，每到农闲时节，各类流动商贩、流动艺人会来到村庄。

二、人与土地的关系

（一）人口

1. 人口数量与家庭规模

由于高度集中居中，老人对本村落的居民都比较熟悉，根据老人口述，可重现1949年以前军王村的人口情况。

明太祖洪武二十四年（1391年）济宁州户均人口10.12人，据民国《济宁县志》记载，1927年户均人口为5.44人，据《任城区志》记载1949年任城区户均人口为4.61人，户均人口数量呈现递减趋势。就军王村而言，1937年户均人口为6.41人，1949年为5.15人，户均人口数量也呈现下降趋势，超过任城区户均人口的平均水平。在军王村居住的村民有84户，村落人口在400人以上。

表3-1 军王村1937年村落人口及规模

	户 数	占比（%）	人口数	占比（%）	户均人口
总 计	85	——	545	——	6.41
低于6人	43	50.59	153	28.07	3.56
1人	3	3.53	3	0.5	1.00

	户　数	占比（％）	人口数	占比（％）	户均人口
2—3 人	18	21.18	48	8.81	2.67
4—5 人	22	25.88	102	18.72	4.64
6 人及以上	42	49.41	392	71.92	9.33
6—7 人	13	15.29	81	14.86	6.23
8—9 人	9	10.59	75	13.76	8.33
10 人以上	20	23.53	236	43.30	11.80

表 3-2　军王村 1949 年村落人口及规模

	户　数	占比（％）	人口数	占比（％）	户均人口
总　计	84	—	433	—	5.15
低于6 人	52	61.90	184	42.49	3.53
1 人	5	5.95	5	1.15	1
2—3 人	16	19.05	42	9.70	2.63
4—5 人	31	36.90	137	31.64	4.42
6 人及以上	32	38.10	249	57.51	7.78
6—7 人	12	14.29	76	17.55	6.33
8—9 人	15	17.86	126	29.10	8.4
10 人以上	5	5.95	47	10.85	9.4

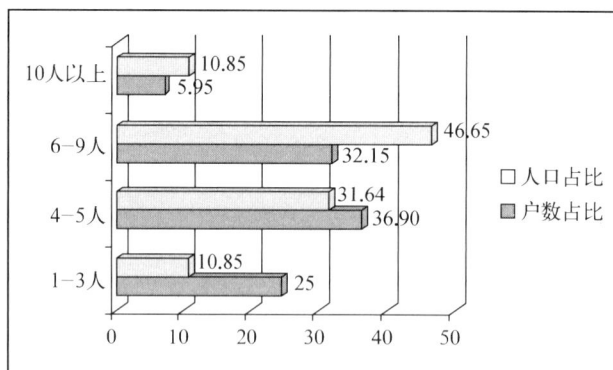

图 3-1　1949 年军王村不同家庭规模

2. 农户构成与家庭规模

表 3-3　军王村不同农户类型及其人口分布

	户数	占比（％）	人口数	占比（％）	户均人口
总　计	84	—	445	—	5.30
地　主	10	11.90	75	16.85	7.5

	户　数	占比（％）	人口数	占比（％）	户均人口
自耕农	74	88.10	370	83.15	5
自耕中农	19	22.62	137	30.79	7.21
贫农	55	65.48	233	52.36	4.24

可见，在军王村，贫农的家庭规模最小，低于村庄户均人口水平。无论是从家庭户数还是从家庭人口数来看，贫农占村庄比重最大。从人口分布来看，军王村以贫农家庭为主。

（二）土地

军王村土地90％以上为村民自有土地。根据是否纳粮，军王村的土地可以分为大粮地、开荒地。

大粮地。1937年以前，政府有档案的土地，需要年年打差纳粮的土地，当地称之为"大粮地"。村民会用"人家有大粮地"形容一个人老实可靠。军地属于大粮地的一种，是部队带着迁民过来时，政府分给迁民的土地。军王村村民又称军地为"门前土"，因为土地质量好，离村子又近。军地可以买卖，属于一则地，价格大约600斤/亩。

契银是政府对军屯的一种优惠。家家户户都有契银，不论贫富，部队迁来的时候，就有契银。因为有契银，使得村子呈现"地少纳粮多，地多纳粮少"的现象，比如50亩地纳的税有可能比80亩地的纳税多，因为80亩地的有40亩契银地，就少交40亩的税。契银可以买卖，买卖契银时，需要去收税机构"房里"进行"过契"，只在本庄范围进行。

开荒地。西坡地除了盐碱地就是荒地，大约在150年前，军王村村民就开始开垦西坡的荒地。国民党时期要求按照现有土地呈报，于是村民把西坡的土地按照实际亩数向政府呈报。

（三）人地关系与生产规模

1. 家庭规模与自有土地分布的关系

军王村有土地农户共有84户，其中5户没有土地，5户土地面积不详。在已知的74户自有土地农户中，自有耕地2164亩，户均自有土地面积为29.24亩。

表3-4　军王村家庭规模与自有土地分布的关系（1949年）

	户　数	户数占比（％）	自有土地面积（亩）	占比（％）	户均自有土地（亩）
总　计	74	—	2 164	—	29.24
1人	4	5.41	97	4.48	24.25

	户　数	户数占比（%）	自有土地面积（亩）	占比（%）	户均自有土地（亩）
2—3 人	11	14.86	140	6.47	12.73
4—5 人	28	37.84	465	21.49	16.61
6—9 人	27	36.49	1 152	53.23	42.67
10 人以上	4	5.41	310	14.33	77.50

由此观之，从户数分布来看，军王村 4—5 人家庭规模的自耕农户最多，从占有土地来看，6—9 人家庭规模的家庭占有村落土地最多。家庭规模越大，户均自有土地越多。

2. 自有土地的家庭分布

在军王村，自有土地差距不大，耕地在 30 亩以下的农户数量最多，其次是土地面积在 31—60 亩之间的农户，最少是 60 亩以上的农户。

表 3－5　自有土地的家庭分布（1949 年）

面积分布	户　数	户数占比（%）	自有土地面积（亩）	占比（%）	户均自有土地（亩）
共　计	74	—	2 164	—	29.24
1—30 亩	51	68.92	624	28.84	12.24
31—60 亩	13	17.57	610	28.19	46.92
61—90 亩	5	6.76	390	18.02	78
100 亩以上	5	6.76	540	24.95	108

三、人与生产能力的关系

（一）劳动力

1. 劳动力的强弱

军王村干农活儿没有严格的年龄区分，男孩子 10 岁以上就可以帮着家里干活。据村民回忆"我从 13 至 14 岁，家里就让我弄麦子，干轻松活儿。15 岁就让我装车，舅爷爷领着教我怎么装车。耩地我能帮，前面一个人牵着一头牛，后面跟着一个人拉耩子踮地。"女孩儿 8 岁开始就得学针线活。

2. 劳动力的性别

男的只要能干活，就算一个劳动力，女的不算劳动力，因为女的不下地干活。这一观点可以在日常生活中体现，假如有外人来家里，在家门口问道"家里有人吗"，如果只有妇女在家，妇女会回答："家里没人儿。"

（二）劳动工具

1. 劳动工具基本情况

劳动工具是军王村村民进行农业生产的必备品。从材质上来看，农具主要有木制的、石制的和铁制的。从农业生产过程中的不同用途来看，农具主要分为耕种工具、收割工具、加工工具、运输工具。（见表3-6）

第一类，耕种工具。在传统耕种工具中，耕作工具主要有犁、耙、锄、二齿钩、三齿钩等。犁主要用于翻土犁地，犁头的铧由铁制成，根据形状和功能的不同，分为圆铧和尖铧。圆铧更适用于犁黏土、黑土，尖铧更适用于犁沙土。耙主要用于耙地碎土，二齿钩、三齿钩主要用于刨地、掏粪。中耕使用工具主要是铲、小镢、锄。播种工具主要用耧、耩子，耧分为独腿儿、双腿、三腿、小三腿，劐耧主要在洼地播种小麦时，用于划沟。

第二类，收割工具。收割工具主要是镰刀、大镢、板镢子、钎刀子、石磙、木锨、推板等。收割小麦、谷子、大豆等作物时主要用镰刀，刨地瓜、萝卜时用大镢。板镢子主要用于砍高粱，钎刀子主要用于收高粱，石磙可用于落场轧地，将豆子、麦子脱粒等。木锨主要是在扬场时，将庄稼脱粒后，用人力将木锨往空中扬，将粮食与其他杂物分离。晒场主要用于晾晒粮食，也是村中男爷们儿夏天乘凉睡觉的地方。每年使用晒场时，需要落场。落场时，先耙地，再将场整平，整个过程比较费事。平整以后开始泼水，用村中公坑里的水，一般是晚上泼水，等一夜第二天早上再泼水。待地上踩上去不留脚印的时候就开始撒麦尖儿，不然晾过了就不能碾了。撒麦尖儿是为了土不粘着石磙，然后用500—600斤的石磙在上面翻滚轧地，直至场被轧"面溜儿"。

第三类，加工工具。加工工具主要是石碾。主要由石头和木头制作而成。碾盘、碾碌子由石头制作而成，碾框子和转动轴由木头制作而成。军王村有3个公共石碾，村民均可使用。碾盘、碾碌子不会坏，碾框子和转动轴坏了，会请本村的木匠免费维修。

图3-2 当地保留的石碾

第四类，运输工具。运输工具主要有扁担、手推独轮红车、二把手车、四轮轱辘车、铁木轮畜力大车。铁木轮畜力大车，村民称之为"铁节子车"，外面用铁瓦包着，不是胶皮轮子的。

表3-6　军王村传统时期农具概况

种类	名称	用途	大约使用年限	维修护理
耕种工具	犁	翻土犁地，圆铧犁黏土，尖铧犁沙土	10年以上	尖铧犁3—5年需要换尖铧
	耙	耙地碎土	10年以上	4—5年需要擦一次，大约花费1斗麦子
	二齿钩	刨地、掏粪	3年	1—2年钝了，请铁匠修理
	三齿钩	刨地、掏粪	3年	1—2年钝了，请铁匠修理
	锄头	锄地	3年	1年擦一次
	耩子	播种	10年以上	
	耢耧	播种	10年以上	
收割工具	大镢	刨地瓜、萝卜		1—2年钝了，请铁匠修理
	镰刀	割麦子、豆子	3年	半年修理一次
	板镢子	砍高粱	3年	半年修理一次
	钎刀子	收高粱	2年	半年修理一次
	石磙	压麦子、豆子	10年以上	
	木锨	扬场	1年	
	推板	收粮时推粮、冬天推雪	10年以上	
	晒场	晒粮食	10年以上	每年需要落场
加工工具	公共石碾	碾麦子、豆子碾碎加工	10年以上	村庄木匠免费维修
运输工具	扁担		10年以上	
	牲口车	载人或者运粮食	10年以上	

2. 劳动工具的使用

劳动工具的使用主要分为两个方面：

一是一般工具借用。军王村有借用生产工具的情况。在大型工具借用方面，主要是借耩、犁、耙。耩地的时候要借耩，耕地的时候借犁子，这些工具借用时候多些。一般是为了抢时节，不误农时，自家有工具但不够才会去借。在小型生产工具上，主要借镰刀，一般是人多的时候，工具不够用，但这种情况很少。

需要借用工具时，向本村的要好的借，要有几层关系才好借。优先考虑本村子本家以外要好的借，然后再考虑邻居。如果邻居没有借，找本家的借。如果再借不了，就不行了，找亲戚借会被笑话的，说明这人人缘不好。大型生产工具一般只借 1 天，因为自家要用，别人家也要用，不用给报酬。如果借人家的工具弄坏了，得给别人修好，让别人能用。如果实在不能修了，就得赔给人家新的，亲戚和关系很好的朋友毁坏劳动工具可以不用赔。如军王村王世良家跟邻村军张村的张友真关系很好，王世良家的牛让张友真借去耕地，结果第二天牛就不吃东西，然后死了。死了就把牛剥了，也没有让他赔。

二是晒场的使用。跟"和厚的""占场边子"。落场时，和自家关系"和厚的"会互相帮忙。在军王村，如果自家没有场，需要借用他人的场，被称为"占场边子"。落场的时候，"占场边子"的农户就需要帮忙一起落场。

> 拿我们家来说，我们地多，晒场的面积就大。我们不用的时候，场在那里闲着也是闲着，其他没有麦场的人，种地户或者是很穷的贫民没有场院的，可以去我们家晒粮食。[1]

（三）耕牛的伙养、借用与买卖

军王村耕牛等牲口的合作形式丰富，主要有伙养、辫犋子、请犋子、绑牛腿、耕卖地。

1. 耕牛的伙养

在军王村，伙养一般是伙养牛。没有合伙养马跟骡子的，因为马和骡子都是大家庭才会有的牲口，地比较多的家庭才养得起。中农以下养驴的不少，但是没有合伙养的。耕牛伙养的合作形式是平均出钱购买，共同喂养，共同使用。一般是两三家合伙，再多了没有。合伙养牛，如果是母牛，当母牛生了小牛后，还是伙养的人共同所有。如果牛被偷了或是生病，由合伙的农户共同承担。

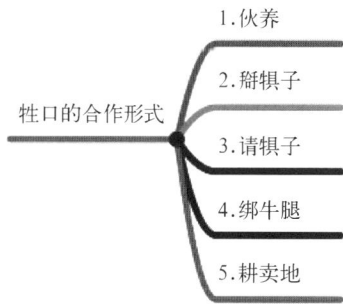

图 3-3　军王村牲口合作形式

伙养顺序是优先考虑亲兄弟、本家近门子，因为牲口闲着，不合伙养还是得去给他们帮忙；然后才是本庄的与自己和厚的人，没有外庄的伙养。1937 年，世良爷爷的

1　源于 2016 年 11 月 1 日对军南村王世习的访谈。

大大爷、二大爷、三大爷合伙养犍子（没有生育能力的公牛，这样的牛比较老实听话，力气大），三家平均出钱买，在二大爷家牲口屋喂养。喂养时，主要是大大爷、二大爷两家喂养，他们两家人口多，能空出人来喂养。耕地时，大大爷、二大爷家也没有优先权，谁家的活儿紧急就干谁家的。如果别人来借牛，只要当家的大大爷同意，其他两家没有不同意的，因为借牲口的不是外人，都是有关系的。

跟外人合伙时，什么都得平均。劳力都是均衡干。两家的亲戚或者朋友能借用牲口。借的话，连人带牲口一起借。如果是借牲口去磨面，剩下的麸子可以带回来。

2. 耕牛的伙用——辦犋子

1949 年以前，在军王村，有的农户自家只能买一头牲口，买不起更多的牲口，于是便有了辦犋子。两头或者三头牲口，称为"一犋子"。一般中农以下的都是喂养一头牛，中农、下中农辦犋子的情况比较多，牲口是各自喂养，合伙使用。

辦犋子时，土地得基本相当，牛的力量也要基本相当。两家牲口、土地都差不多，耙、耩子、犁头等农具基本上有，于是两家就辦犋子。

> 我的牛个子特大，你的牛个子特小，我的牛能抵你两个牛的劲儿，那就不会辦犋子了。假如，你有 10 亩地，我有 12 亩地，差 2 亩，不能相差大了，咱俩就可以辦犋子。[1]

辦犋子以前，农具就已经买好，没有两家共同买农具的。谁的农具合适就用谁家的，比如我的耙齿长，你的耙齿短，需要用短耙齿的时候，就用你家的，需要用长耙齿的时候，就用我家的。犁子也有区别，耕清沙地，用尖犁头，耕湿土时用圆铧。兄弟之间没有辦犋子的，一分家就分开了，不合伙。

如果是给辦犋子的双方的穷亲戚犁地，得经辦犋子的伙伴同意，才能去给亲戚免费耕。如果亲戚家庭富裕则不行。亲戚来借牛时，要跟辦犋子的农户商量。一般只有亲戚才能借到辦犋子的牛。如果不是亲戚，一般不借辦犋子的牲口。因为就算借一头牲口，也得问两家。

3. 耕牛租借：绑牛腿和耕卖地

一是绑牛腿。绑牛腿主要由于有的农户自己家买不起牲口，还需要种地，地比较少，于是向有牛的人绑牛腿儿。有牛的这家喂养牲口，但又不是时刻用牲口，于是形成绑牛腿儿。一般是与本庄关系好的农户绑牛腿儿。没有与本家绑牛腿的情况，因为

---

1 根据王世习老人访谈资料整理。

有的全指望本家耕地，有的不指望本家就雇人耕地。也没有与外庄朋友绑牛腿儿的。

绑牛腿形式主要有出资绑牛腿儿和出工绑牛腿儿。第一种，出资绑牛腿儿，即需要绑牛腿儿的人主动去找有牛的家庭绑牛腿儿。在买牛的时候用现金绑，或者别人已经买好牛，绑牛腿的农户至少出买牛钱的四分之一，而出钱多的人，土地也多，在出资方面要高于买牛钱的一半。王世良老人说道："俺买的牲口，花了 2 000 元，俺拿1 500 元，他拿 500 元。这个牛卖的时候，分四分之一给他，比如卖 4 块，给他 1 块，俺得 3 块。这就叫绑牛腿。"第二种类型是出工绑牛腿儿。别人家的牛养了几年了，如果这个时候绑牛腿儿，不拿钱也可以，得出工。出工就相当于拿钱。比如养牛的农户家里有活儿，绑牛腿儿的农户去帮忙。

喂养。绑牛腿的农户不负责喂养，但必须提供草料。比如甲家 10 亩地，乙家4 亩地，两家这 14 亩地的草不能外卖，得全部给牲口吃，因为如果卖了再买草就不划算了。由土地多的、出钱多的农户负责喂养牛，牲口的粪便归出钱多的农户。因为土地多了，村民有喂养牲口的经验，也能够喂养好。

> 牲口买回来后，在俺家喂，吃俺的草俺的料，他不拿料光拿草，他的豆
> 叶、小麦秆不管多少，给俺。牲口能吃的草，他给，其他的不用给。[1]

使用。绑牛腿后，犁头等生产农具也都可以借用。如果有人来借绑牛腿儿的牛，得给喂养牛的这家讲，经喂养牛的人同意方可借牛。出钱多的农户还是会跟出钱少绑牛腿儿的人商量，如果绑牛腿儿的人不用牲口，再外借他人。一般牲口要在四五年后才卖，所以绑牛腿期限大约为四五年。

> 临近解放的时候，俺那个牲口，王者兴就绑牛腿儿，我们家其实自己养
> 也可以，我们有牲口屋。他来找我们，说我绑个牛腿儿吧。俺家的牛养了三
> 四年左右。平时我们关系挺好。那时俺爷爷不在了，他跟俺父亲商量的。俺
> 父亲"面不拒人"，因为就算不绑牛腿儿，到耕地的时候，因为两家关系好，
> 他来找到咱家，我们家还得给他耕地。他算这个账。最后还是父亲决定让人
> 家绑牛腿儿。[2]

---

1 根据王世良老人访谈资料整理。
2 根据王世良老人访谈资料整理。

二是耕卖地。两家的牲口搭伙，连人带牲口去给第三家农户连耕带种，第三家农户根据耕地亩数来给工钱。意思是"把牲口卖给人家几天了，给人家干活儿"。对于搭伙的两户农户来说，就是耕卖地，卖人的力气和牛的力气。东家就说"我家花钱买了你家牲口"。对于东家来说，就是"耕买地"。

搭伙的两家人，每家都至少有一个人会耕地，会耩地。搭伙的两农户中至少有一户得有牲口屋，搭伙的两家都有农具，同时自家土地少，两家土地加起来在 40 亩以下，外面还可以再耕种 30 亩，所以两家就专门喂养牲口去耕卖地。有的家庭为了避免自家的牲口白白给人帮忙，就拉一个外边的人伙养，然后耕卖地。这样同族来借时就得给报酬了。

有的人土地亩数在 20—50 亩之间，能喂养牲口，但是他嫌麻烦、嫌脏，不自己喂养，于是请别人给他耕种。根据耕、耙、耩地的亩数来计算工资。耕耙算一个作业，耩地算一个作业，即耕耙一亩多少钱，耩地一亩多少钱。一个人和一犋子牲口，得算 4 个工，一犋子牲口等于 3 个工。耕耙耩如果不管饭工钱合计大约 80 斤/亩，耕耙 60 斤/亩，耩地 20 斤/亩。离得远就得管饭，只管中午一顿，不耽误干活儿，附近的就不管饭。

4. 耕牛借用——请犋子

传统时期，农忙时节，一般土地在 100 亩以上的农户在耕地的时候，自家的地耕不过来，所以需要借用别人的牲口和农具。一般土地在 100 亩以上才会存在请犋子的情况。请犋子时要连人带牲口一块儿请，一是担心把别人的工具弄坏了，二是不知道牲口的习性，所以还是要连人带牲口一起请。请犋子得把人家伺候好，起码得弄 6 个菜。叫耕地人吃得好，就不用给工钱。

一般来说是向亲戚朋友家请犋子。优先考虑向亲戚请，但是向朋友请犋子的比较多，因为朋友之间很少开口，向朋友请犋子，他不好意思不同意，而亲戚可以推脱。从范围上来看，向外村的请犋子的比较多，因为过去外村的朋友多，本村朋友少。

请犋子时间一般是一天，顶多两天。因为牲口认槽，在别人家吃不好。如果时间长了，会把别人的牲口饿坏了，牲口主人也不愿意。

请犋子不用给工钱，因为有人情。还情方式有两种。一是借牲口。别人想用牲口的时候，可以借给他，可以兑换。[1] 二是多随礼。当连人带牲口请别人帮忙耕地时，可以用别的换。比如，"在朋友有喜事儿的时候，我用过别人的牲口，但是别人从来没有

1　源于 2016 年 11 月 1 日对军南村王世习的访谈。

用过我的牲口，我在随礼的时候就多送礼"。[1] 三是逢年过节送礼。逢年过节时，给平肩的朋友送节礼，不叫人家白忙活。八月节就送 4 包月饼，过年就送一块猪肉，重量达 7 斤（带肋巴骨同时还带着一块猪油的猪肉）以及 2 瓶或 4 瓶酒，算是补情。如果是向亲戚请犋子，那就不用送礼了，因为亲戚"担事儿"，来往不算账。朋友得平衡，一般富裕的亲戚得吃亏。

5. 耕牛买卖

村民去集市上的牛市进行耕牛买卖。牛市不是全年开市，牛市上有专门的看牛经纪。牛经纪会收取"隔耳朵"，即牛经纪在中间赚差价。

（三）劳动分配

第一，作物的时间分配。如表 3-7 所示，每年农历二月开始，村民开始投入到农业生产中。冬麦的时间分配：头一年九月开始耩地种冬麦，第二年三月锄麦子草，四月收麦子，五月收完冬麦，在冬麦的地里翻土、晒犁地。六月在冬麦地里进行第二犁，七月再进行犁地、耙地，八月耙地四遍，然后又开始耩地种冬麦。春麦的时间安排：二月耩地种春小麦，五月收春麦，十月犁大秋地，为第二年种春麦做准备。高粱的时间分配一般是二月播种，四月分株"扎高粱"、锄高粱草，七月收割，十月犁大秋地。农闲时期，村民就忙活家中杂事。

表 3-7 军王村作物的时间分配

作物	一月	二月	三月	四月	五月	六月	七月	八月	九月	十月	十一月	十二月
冬麦			除麦子草	收麦子	翻土、晒犁地	第二犁	犁地、耙地	耙地四遍	耩地			
春麦		耩地种麦			收麦了					犁大秋地		
豆子			锄豆子草							犁大秋地		
高粱		下种		扎高粱、锄高粱草			收高粱			犁大秋地		
谷子		下种					收割			犁大秋地		
芝麻		下种								犁大秋地		
棉花			种棉花							犁大秋地		

---

1 源于 2016 年 11 月 1 日对军南村王世习的访谈。

第二，农事的时间安排。在军王村，村民农事安排分为种暵地、早秋和晚秋。种暵地即种麦子的地，只收一季麦子，在农历四月底收麦子以后，不种晚秋，到秋天还是种麦子的地。早秋，又称"早茬子"，是收完春高粱或者春芝麻等时候种的庄稼，早秋产量仅次于种暵地。犁地后紧跟着就耙两遍地，等到八月初再耙两遍，接下来就等着耩地了。等到寒露时耩地。耩地顺序为耩完暵地就耩早茬子。耩完早茬子就耩晚茬子，晚秋即"晚茬子"，军王村村民种早秋的少，种晚秋的多。"赶晚茬，扯明堡。"白露后秋分前收晚秋，赶在寒露前种更好。大部分晚茬会在寒露后，同时必须在霜降前。农历九月底十月初，此时要用砘子压麦子，村民常说"麦无儿旺，砘倒股"。意思是麦苗子头年不能长旺，此时赶紧搁砘子压一遍。砘由三个石头轮子组成。2—3年需要换木头轴。过了年除草，又称"蹓麦子"。蹓麦子属于最轻松的活儿，一个人一天能蹓8亩地，晚秋一个人除草2亩就累得不行了。请短工蹓麦子的话，5斤麦子就可以请到人，有的甚至不要工钱，只要管饭就可以。"小满葚子黑，芒种吃大麦"，葚子黑了，过了小满就落场，落完场后，过了小满七八天，就收麦子了。从头一天"开镰"到麦子收完，得七八天时间。苇地、洼地等孬地，麦子成熟要比其他地方的土地晚7天左右，早茬子成熟得早些，黑土地成熟得晚。

表 3 - 8　每月农事安排

月　份	农　事
一月	闲月，走亲戚
二月	买牛等牲口，种春麦、春高粱、春谷子、春芝麻
三月	除麦子草、豆子草、种棉花
四月	买农具，为麦收做准备，四月底可以收麦子、扎高粱、锄高粱草
五月	收麦子，有种暵地的农户会犁地
六月	暵地的第二犁
七月	月初犁暵地、中旬或者下旬犁早茬子地
八月	耙暵地四遍
九月	耩暵地
十月	犁大秋地，九月底十月初，用砘压麦子
十一月	干家里活
十二月	干家里活，准备过年

第三，每日农事时间。在军王村村民每日的农事安排中，太阳是个钟表。农忙的时候，两头儿不见太阳，清早太阳不出，不用喊，村民都起来了；晚上天黑后，村民喝完汤，就去地里扬场，扬场需要两个多小时。趁着有风，村民即使再累也必须扬场。

老人回忆："那时打着提灯在场里干活儿的不少见，村民活儿干完了才回家。农闲的时候，太阳一出，都起来了。因为地里活儿少，但是家里活儿还是多。"

第二节　产权及产权关系

在传统时期，军王村土地90％以上为家户私有，其中地主占有土地并未过分集中。从产权类型来看，军王村土地主要有三类：家户私有土地、家族公共土地以及村落公共土地。庄内土地租佃少，土地买卖遵循"近门子—本家—街坊四邻—外庄的"的优先顺序以及时兴"倒业"，最大限度保证了村庄土地不外流。

一、土地产权及其边界

（一）土地产权类型

1. 家户私有土地

在村庄内部，大部分可种植的土地为家户私有土地。最初的土地来源主要是两种方式，一是军屯分配给农户的土地，即军地，二是开垦荒地。

军地位于村东南一片，村东南出去有一条东西路，东西路以北是洼地，是孬地；东西路以南，大约有两三百亩军地，30亩军地属于军王村农户所有。随着土地买卖，军王村的军地逐渐集中在少数农户手中。1937年，军王村有5户农户有军地，他们分别为王者香、王者印、王万元、王守立、王守元。

据老人回忆，150年前，村子有苇地，苇地位于村西南2—3里，属于全村所有。开荒苇地占村庄土地总面积的80％，西坡的地全是开荒地。刚开始开荒苇地时，没有形成地契，各家各户都去扦荒，后来家家户户都有苇地。苇地在军王村整个西坡中属于第三类土地，被村民称为"黑土地"，如果不发水，每亩能收约300斤粮。大约在1937年，国民党政府开展土地呈报工作，开荒苇地被呈报上去，此时政府才登记了土地。1937年以后，军王村发大水就少了。

2. 家族公共土地

老陵地。大约2亩，位于王明斌家附近。1949年以前，老陵地产权归整个军王村王家所有，没有专门负责管理的人员。老陵地属于家族所有，用于资助穷人，一般是谁家最贫困就归谁种。1949年以前，老陵地由村民王世明耕种。穷人只有耕种的权利，没有买卖老陵地的权利。

庙地。有庙的村子，村子里的庙地就归庙里的和尚。没有庙的村子，庙地属于全庄所有，用于帮助穷人，谁孩子多，谁家穷，过不下去了，就谁种。军王村没有庙但是有家庙，大约有 10 来亩庙地，位于村子西坡。由于时间太早，关于庙地来源已不可考证。庙地由穷人耕种，庙地没有地契，不用交税。村子里的庙地，村民王万乾种过，还有其他村民也种过，村民们已不记得他们姓名。种庙地获得的收入全部归种植人所有。

3. 村庄公共土地

1949 年以前，军王村村庄公共土地主要有公坑和乱葬岗子。

在 1949 年以前，军王村总共有 5 个公坑，分别为东坑、南坑、西北坑、西坑和居于村中部的庙坑，5 个公坑之间互不连通。公坑最开始属于私人共有。在几百年以前，人很少，军王村先祖来的时候还没有坑，是洼地。后来随着新建房屋，需要把地基加高，村民就开始挖坑找土，把土垫在宅基地上。就近的那几家修房子用土，就形成了坑，刚开始是属于哪几家的坑只能那几户农户用土。随着人口增加，庄子越扩大，坑就越变越大。不管是谁的坑，村民都可以用土，这些坑也就归全村所有。从形成时间来看，庙坑最早，位于村子中心的位置，因此坑北边有王氏家祠，故名庙坑；从水质上来看，南坑里的水质最好；从面积上来看，东坑面积最大，庙坑面积最小；东坑、南坑、西北坑、西坑和庙坑面积分别为 20 亩、13 亩、15 亩、5 亩、3 亩。1949 年以前，每个坑里有鱼，只能本村的捉鱼，不许外村人捉鱼。坑里有黑泥，村民进行土地改良的时候，也可以用黑泥。坑里还有藕，归看坑人所有。

公共乱葬岗子。军王村的乱葬岗子位于村西南的枣树附近，属于前街的"公伙项"，无人看管。后来这个乱葬岗子就没有了，都用于种地。小孩死后，或外来逃荒的乞丐死后就埋在乱葬岗子。前街的乱葬岗子，属于前街村民共同所有。那时候西坡的荒地多，后街村民可以用西坡的荒地，随便埋。乱葬岗子没有人买卖。

（二）土地产权边界

1. 以何为界

军王村土地边界主要分为以下几种情况：一是以界石为界，二是以路为界，三是以自然物为界，四是以墒沟＋界石为边界，五是以枕头地为界。

2. 如何认定

第一，自然公认。在以荒地、石头堆、朝脊岭、墒沟为边界时，这些边界都是自然形成的，村民自觉以这些为边界，没有人去破坏。例如墒沟就是村民在犁地时，自然形成的边界，也是村民公认的边界。

第二，第三方认证。一般发生在土地买卖的时候，土地买卖需要"交地边儿"，即丈量土地，确认边界。土地买卖时在场的人有买卖双方、中间人、四邻和朋友。为了保证买卖公平性，买主和卖主可以测量土地，但是测量用的测绳得用外人的。卖家和买家找的测绳不能用，因为绳子的松紧会带来一厘米的误差。

二、土地买卖

（一）土地买卖概况

1949 年以前，买卖土地被村民称为"划地"。军王村的土地可以自由买卖，不用得到村长或保长的许可。整体而言，军王村土地买卖频率不高，好年景"划地"的少，孬年景"划地"的相对多一些。卖地原因有多种，有因赌博卖地的，也有因家里人得重病卖地的。1947 年，王世习家的二弟弟得了黑热病，上济宁去看病。当时要花 300 多块钱，家里只有通过卖地筹钱，就卖了 5 亩岗地。也有人在父母去世的时候卖掉 2 亩地用来办丧事，以此表示对父母的孝敬。尤其有钱的人家发丧，必须"划"2 亩地，以显得对老人尊敬。也有卖插花地的，因土地数量少同时距离又远，耕种比较麻烦就卖了。王世良家有 1 亩地，距离军王村远，距离其他庄子近，粮食容易被偷，被糟蹋，于是将这 1 亩插花地卖掉。有的家庭因做小买卖挣钱而买土地，如王万亮老人的父亲做粮食买卖，一存钱就会去买几亩地，经过 20 多年，土地从原来的 20 多亩扩到 40 多亩。

卖地时间一般是接茬子的时候，即秋后种地的时候，等原来的主人把地里庄稼收完了再卖。如果超过秋后种地的时间，土地得贱卖了，因为别人拿去种地会减产。也有带着庄稼卖的，这样地的价格会贵一些，包含了种庄稼的工钱，一般是家里有特殊情况才这样卖地。这样的情况很少，军王村没有出现这样的情况。

军王村的土地买卖没有强买强卖的情况，都是认为价格合适才自愿买卖的。土地买卖优先考虑近门子和本家，然后是邻居。卖给外村人的地不多，村民认为本庄的土地尽量不让别人占，因为本庄的地卖给外庄不好，本庄会因土地外卖而变穷。一般卖给外庄的地，是本庄上没有人要的。

（二）土地买卖的规则

卖地顺序，家户拥有的土地优先卖给近门子、本家，然后是街坊四邻，最后才是外庄的。祖业也可以买卖，也是按着上述顺序买卖。要是卖给外人，如果本家有人不同意，要以同样的价格先卖给本家。土地买卖时不用向保长汇报。

买土地兴"倒业"。土地买卖的时候，不管卖多少亩，优先考虑自家"一窝子"，然后是本家，如果没有询问自家"一窝子"和本家的是否有土地购买需求，而直接将土地卖给外庄人，近门子及本家可以进行"倒业"购买。即找到外庄购买的土地的人，按照同样的土地买卖价格通过中人把地业倒过来，外庄人不能不同意。这是土地买卖的规矩。

（三）土地买卖过程中的关系

1. 请"地牙子"

在军王村，土地买卖要请中人，当地村民称之为"地牙子"。一般请一个人就可以，要给中人"力钱"，多少都可以，买卖双方都要给钱，通常买地的人会多给一些。

> 比如你卖地，你找这个人，我买地，我也找这个人，这个人说合，然后给这个人跑路的钱儿，给点力钱，随便给，给多也可以，给少也可以。[1]

中间人是要在买卖双方中说公道话，能一碗水端平的，既不偏向买家，又不偏向卖家的人，是起证明的作用。这样就省得买卖双方"打拐"，打"嘴官司"。通常"地牙子"一接业，他就要找全庄的人说，"谁留这个地？不留的话，我要上外圈了"。因为如果不问四邻，他把地卖给外庄了，四邻可再要回来，会造成他多跑路。"地牙子"也遵循本庄上的地尽量不让外人占的原则。

2. 市场价格来源

市场上，什么土地值多少钱，中间人心里都有一杆秤。年景不同，土地价格不一。土地价格的获取，一是向本庄的人打听。中间人在村里的街面上问问，哪里的地可以值多少钱。一则地、二则地、三则地分别多少钱。二是在集市上向经常做买卖、赶集的人打听。赶闲集、蹲茶馆儿的人，拉呱儿都聊这些闲事儿，因为每个村子都有要买卖土地的人。

3. 土地价格的确定

土地随年景好坏定价。旱涝保收的地，买卖时岗地价格高，洼地价格低，粮食产量高的土地价格高。军王村西坡地可以分为三类，史家庙附近的 10 亩土地属于一类，其土地质量是全村最好的，因为古人把土地养出来了，不淹不旱，村民认为这 10 亩土地"拔值利"，即付出相同的劳动，这 10 亩土地会收获更多粮食，但是距离村庄远。码头、于庄的地属于二类，苇地属于三类。家南附近的土地，在进行土地买卖时，可以卖二等价格，大约每亩可以卖 400 斤粮食。于庄、码头的土地大约每亩能卖到小麦 300 斤，苇地每亩能卖到粮食 100 斤。史家庙其他土地只能卖到 80 斤/亩，见表 3-9。

---

1 根据王万坤老人访谈资料整理。

表 3-9 军王村西坡土地买卖价格统计

土地名称	土地等级	买卖价格（斤/亩）
军地、史家庙的 10 亩好地	一等价	600
家南附近的土地	二等价	400
于庄、码头的土地	三等价	300
苇地	四等价	100
史家庙其他土地	五等价	80

资料来源：根据王世良老人口述整理。

4. 交地边儿

交地边儿，即丈量土地、确认边界。丈量土地的时候，绷绳子的人由一个公道人担任。买家和卖家都可以找，如果是卖家找需要经过买家同意，如果是买家找，需要经过卖家同意。也有论杆丈量土地的情况，当地有俗语"长十六宽十五，不多不少正一亩"，以此形容论杆测量的准确。16 乘以 15 正好等于 240，面积为 240 杆就是一亩。丈量土地的时候，不由买方卖方测量，找个会算账的和中人一起测量土地，保证买卖的公平性。丈量好土地后，就开始下石埂，以作为标记。

5. 写地业

写地业要专门找代笔人，中间人不一定会写毛笔字，私塾老师可以当代笔人。当时找私塾老师写地业的最多，买卖双方谁找都可以，一式两份，在卖家家里写。

6. 土地买卖成功后的惯行

土地买卖成功后可以请中人吃饭，一般是买地的请，也可以不请客吃饭。土地买卖的钱要一次性付清，因为不急等着用钱是不会卖地的。如果过粮后，卖家反悔也没有用，近门子及本家想买的情况除外，因为可以通过倒业实现。

俺家里这个地呢，是俺爷爷和俺老爷爷他们卖给河西张三了。这 12 亩地是孬地，年年涨水年年淹。当时卖地的时候，卖的价格低，钱不多。那会儿俺父亲的表哥管农村的这一片儿，管纳银子，他叫翟金德，年年纳粮的时候，父亲表哥给挡回去了，他说："他那地年年淹了，不能交。"年数多了，于是大舅就问俺爷爷和老爷爷，"你们过粮了吗？"爷爷说"当时写了一个业，划给张三了，没有过粮。"俺父亲的老表说："我给你想个办法，你找他要银粮去，因为年年不交粮，我给你挡回去了。"于是父亲就去要了。张三算了一下，说："我也不过粮了，还在你名上，我把粮钱给你，你再种去吧。"人家还在长沟请客,地归我们。就这样要回来了 12 亩地。[1]

（四）土地买卖产权的确定

土地买卖的产权要通过签订文本契约来确定,与亲戚或是村里的人买卖土地也要写契约。土地买卖时,买卖双方各有一份地业,不用交交易税。

> 土地买卖可以过粮,也可以不过粮,过粮要去城里收税机构"房里"进行,但一定要过户,上济宁管地亩的地方去过户。买方拿着业去登记,有中人、有业,这地划给谁了,就添他名字上。过户后,买方纳粮,不过户就卖方纳粮。[2]

土地买卖不用报告政府或是村落。土地买卖时,交地边儿时,要请地邻看边界,地邻不参与边界的撰写。

> 立卖约人×××,因家庭困难（卖地原因）卖×××（地名）×亩×分地,长是×××,宽是×××,东至×××,西至×××,南至×××,北至×××,价格×××。
>
> 卖地人:
> 买地人:
> 中人:

又或者如下所示:

地 业[3]

> 今有××村村西黑土地一段,东至×××,西至×××,南至×××,北至×××,东边长×××,西边长×××,北边长×××,南边长×××,面积×××亩,因×××事,急于用钱,甘心卖给×××人承粮为准。
>
> 中人:
> 立卖业人:

中国农村调查 黄河区域

---

1 根据王万坤老人访谈资料整理。
2 根据王万坤老人访谈资料整理。
3 根据老人口述整理。

（五）不同类型土地的买卖

村落公共土地中有公坑、军地可以买卖，家户中养老地也可以买卖。而村落"庙坑崖"、乱葬岗子、家族老陵地没有买卖的情况。卖公坑是穷人日子过不下去时，向富人要钱的一种方式。一般是春天的时候卖公坑，好过春荒。每年卖一次，没有钱花的时候就开始卖。跟买地不同，买公坑的人不会去测量公坑，不会明确四至，而是指坑就卖。南坑和庙坑都有人卖。卖公坑要写契约，不用找买卖土地的中间人，卖主只需要请人写一个契约，然后拿着契约去找财主要钱，财主一般会给。

军地买卖。买卖军地要交地边儿，就是买卖土地时，叫上地邻，将土地四边的老石埂刨出来，确认边界。

养老地。父母生病无钱医治时可以买卖养老地，进行买卖时也是优先考虑近门子。

三、土地租佃

（一）租佃概况：少租佃

在军王村，租种土地的农户叫做"种地户儿"，租佃情况比较少，主要是因为有地农户比较多。同时军王村质量好的土地少，保口粮的地很少，地主不愿意出租，担心自己不够吃。盐碱地多但是不收粮食，因此无人租。此外，洼地多，军王村容易发大水，别人租种的话种不出粮食，也不愿意租。

租种原因。种地户一般为家里人口多、劳动力充沛、土地少的家庭，或者是外地逃荒来的农户。家里人口多，劳力就多，这样的家庭有工夫种。逃荒来的农户家里穷，刚开始在村子里没有土地，于是只有租种。

> 军王村李志勋家，因为灾荒，从河北逃荒到这里。当时是李家的父亲挑着挑子来到这里，一家人跟着也来了，来时有三个儿子，家里很是困难。过去一个场里有个棚子，用于搁置工具的棚子，棚子没有门，三面是墙。李家是文家的种地户儿，租佃文继文的地。[1]

（二）一般租佃关系

1. 租佃程序

"一年之计在于春"，一般在春天过了清明是农户跟财主谈租地的时间。想租地的农户，先是打听谁家愿意租地，然后根据情况看是否需要中人。劳动力缺乏的农户也

---

1 根据王世习老人访谈资料整理。

会选择出租土地或者提供生产资料让他人来耕种。土地租佃如果是出租给本村的人，可以不需要说合人，直接找种地的人谈价格。谈价格时，先请有地的说话，因为有地的知道1亩地要多少粮食才能租，农户认为租金合适就种。也有本村人租种外村人在本村范围内土地的情况。种地户儿大多租佃外村人在本村买的土地，因为隔着远，地主种也不方便。可以请说合人帮忙说合，说合人要与财主家有关系才行，同时也跟种地户关系比较好。双方谈好租佃条件后，就进行口头约定，不写租佃契约，村民认为当时的人们都守信誉，说了就能算数。

> 抗战时期，文继文在本村买了一块地，大约3—4亩地，位于家南。万宽大爷租的文家的地。当时，万宽大爷家里人口多，劳力多，有工夫种，所以就租种文家的地来种。俺父亲跟文家有亲戚关系，万宽大爷跟俺父亲关系挺好。俺父亲当了一个介绍人，把这个事情说合成了。当时没有写租佃契约，口头约定，一直租下去。万宽大爷找到俺父亲去跟文家说这个事。[1]

2. 地主与种地户儿的关系

在日常生活中，种地户儿一般不会帮地主干活儿，因为直接出租土地的地主大多是城里的大地主，除了交粮食时，平时都跟地主没有什么联系。有的种地户儿是地主家的二把粮，通知大家交粮，地主会在租金上少要一些，以作为报酬。如果租种的是本村地主的土地，过年时要给地主家拜年，不用带礼物，地主也会给种地户儿拜年。不过军王村的种地户儿都是租种外村的地主的土地。

3. 租佃形式

一是农户自己提供生产资料，然后向地主交租金。二是财主提供生产资料，承包给农户，最后与农户进行分红，多数情况为二八分成，农户称为"二八劈股"。

4. 租金缴纳

收租。大的财主家专门有负责收粮食的人——二把粮，负责给财主跑腿儿。每年到农历六七月份，粮食收成时候，他就通知所有租种财主家的种地户儿交粮食。这个人也租种财主家的地，财主会让他少交租。在文郑村有专门负责收租的人，军王村没有。

交租。村民们称之为"交粮食"。村民给地主送去，地主要"过斗"。那会儿论斗，用斗测量。交租时，得多带一点粮食，因为用的是地主家的斗，以防粮食不够。农历

---

1 根据王世良老人访谈资料整理。

六七月，村民用小木车推着粮食去交租。地主只收小麦，不要其他粮食，通常只交一季小麦。

欠租。遇到天灾年份，有的财主要求村民不能少交粮食，但能缓期交粮食，今年交不上，就下年一起交；有的财主还会加利息。如果下年再交不清，就不能租种土地了，所以农民都不愿意拖。村民租地不用交押金，没有转租的情况，都是自己租地自家种。有的种地户儿遇到天灾年月会请跟财主有亲戚关系的人去财主家说情，有时可以免租。

> 万宽大爷找到我父亲，父亲跟文家人说"今年收成不好，他家人口多，明年再说吧"。实际上这个地保收，但他家人口多，能免就免了哦。在军王村租佃土地的农户，庄稼被淹了，粮食没有收成，得老早给东家说说，不用交租。大家都去逃荒去了。第一年商定好租金，以后就不改变。种地户儿如果能交清租金，同时他自己也愿意种时，就继续种下去。[1]

5. 租佃关系解除

种地户儿如果觉得收不够本儿的时候，就可以不租地，春天、冬天主动提出便可。

（三）另一种土地租佃形式——二八劈股

1. 二八劈股概况

所谓"二八劈股"，即几户农户种地主家的土地，用地主的牲口、生产工具和肥料，等到粮食收后，进行二八分成，地主得八成，农户得两成，所得粮食也被称为"二八粮"。也有三七分成的情况，需农户自家提供种子，不过这种情况比较少。

> 地主王继符家有 180 亩地，家里有父母和儿子，劳动力少，种不过来，准备让王继成种，王继成一个人种不过来，于是找到王万坤，准备两家种。王万坤觉得两家种不过来，于是找到王世瑞商量三家二八劈股。[2]
>
> 我们家也有二八劈股，我们请的是王世昌、王世吉，还有一位忘记姓名，共三家。那会儿地少，才五六十亩地，人多了就分不了多少东西了。[3]

种二八粮的农户家里土地少，劳动力多，而且也不用提供生产资料。而地主选择

---

1 根据王世良老人访谈资料整理。
2 源于 2016 年 10 月 29 日对军北村王万坤老人的访谈。
3 源于 2016 年 11 月 1 日对军南村王世习老人的访谈。

二八劈股原因一是地多人少，没劳力种，地又不能荒着。如果雇工的话，除了工人工钱就没有自己的余钱。若让别人来种二八粮，除了工钱，地主还可以分一部分粮食。二是土地不用看护。土地多，管理不过来，粮食容易被偷。那会儿穷人偷东西也有顺序，本家先去偷本家，因为是本家的，外人不会管这事儿。然后偷财主，谁家富裕就偷谁的，其他人看见了会装不知道。但是村民不准外庄的人来偷，如果外庄的人来偷，这一庄的人都来保护庄稼。东家将土地交给种二八粮的话，他的地就不用看了。如果有人偷，就是偷这几家种二八粮的粮食了，这几家肯定不干。

一般是本村人、家里地少的农户才会去种二八粮。因为外村人来种不方便，吃饭、干活儿、分粮食都离得远。从地主的角度来看，一般是家里地中等偏多，劳动力少才会采取二八劈股这样的土地经营方式。

2. 种二八粮程序

首先地主放出消息，然后想种二八粮的农户进行自愿联合。没有中人，地主与种二八粮的直接商谈。经营自主权归东家，种地的农民没有经营自主权，只负责干活儿。

种地时，大型工具用的是地主家的，如犁、耩子、耙、车、牲口、晒场等。

种二八劈股的人自己家也有几亩地，农忙的时候，只要跟地主家说一声，就可以用地主家的大型生产工具。比如耩地的时候，就用地主家的犁、耩子一并把自己家的也耩了。

分粮食是在割麦子、打完场、将麦子晒干后才进行。一定要在晒干入仓的时候分粮食，因为此时分麦子，斤两上没有多大区别。统一过斗，按照二八这个比例分，收的多，得的也多。

3. 地主与种二八粮的关系

种二八劈股可以帮地主家干其他活。帮地主家干其他活时，地主要提供饭食，同时还要给二八劈股的人工资，按照干零活儿的标准算工资。问及给工资原因时，王世习老人说："因为人家上外边儿干活儿也能挣工资。"当种二八劈股的农户家中遇到大困难时，地主家也帮忙解决，因为别人没有吃的不能给地主家干活儿。比如，遇到青黄不接没有粮食吃的时候，种地户找地主借粮食。具体借多少，根据农户家中人口来算，保证度过这个青黄不接的时间段。虽然是借地主家的粮食，但地主不收利息。

四、土地典当

（一）土地典当关系

在传统时期，虽然军王村距离城区比较近，但是村民进行土地典当不是在当铺进行，而是典当双方之间进行。

1. 土地典当规则

在传统时期，典当分为两种情况。一是自愿典当，即当地的农户主动去找别人，双方自愿协商。二是介绍典当，即通过介绍人典当。介绍人要选忠诚老实、有信誉的人当中人。村民要请中人吃饭，但是不给钱。典地时要写个"业"。要请典出人、承典人、中人、四邻到场，族中的长辈可以请也可以不请，不用请保长到场。典当土地后，也不用向官府或者村长报告登记。土地典当多是因为村民遇上天灾人祸，家里生活困难，不分时间，在需要典当时就当，春天当地情况的比较多，因为当给别人了后，别人好种。在典当顺序上，优先考虑本村的人，然后是外村的人。

在典地数量和质量上，农户只会典当一部分，如有 10 亩地，可能会典当 5 亩，一般是当质量差一点的地，因为典当土地的人都是土地较少的人家。典当期限最少为 1 年，最多 5 年，大多数情况是 3 年。不满典地期限可以赎回，超过典地期限，如果是活当可以赎回。典出土地的赋税由典当人交，摊派由典出土地的人缴纳，因为谁交税、谁摊派才表示这个土地为他所有。

2. 土地典当契约

土地典当要写契约。写当契一般是请识字儿的写，一般识字儿的不要报酬。因为识字的家庭条件比较好，不图报酬。

3. 土地赎当

一般分为活当和死当两种类型。活当价格低，到期后，还可以与承典人商量续当。死当价格高，典当价格是活当土地的三倍以上，到了典当期限后，不能续当，土地归承典人所有。

4. 出典人与承典人关系

承典人一般是中农，地主不接当。地主宁愿买也不接当，因为到当期以后，土地还得还回去，不属于他自己。当地的一般是有把握能赎回来，如果没有把握赎回来，就会直接卖地，能多卖钱。中农或者下中农一般是土地比较少而劳动力比较多，因为做小买卖，有点钱，接当就先种着。十六七岁的儿子也可以决定典地。如果是赌钱典当，家族可以干涉。

（二）房屋典当关系

1. 典当概况

1949 年以前，典当房屋时，村民优先考虑近门子亲戚，然后是关系好的。典当房屋没有固定的时间，什么时候都可以。典当房屋的价格比买卖房屋的价格便宜一些，典当年限越长，价格越高。承典人急用程度越高，房屋价格越高，同样的房屋，如果不急用，典当价格是 2 石麦子，急用的话就是 3 石或者 5 石麦子都有可能。典当不会交换房契，房契仍由出典人保管。

赎回时间按到期时间计算。没有到期，不能赎回，要守信用，关系好的也得到期赎回。活约到期后，可以续当。具体可以续当几年，由典当双方再协商。

2. 典当双方关系：你情我愿

典当原因一般是家里遇到事情，有困难，急等着用钱，比如发丧、娶媳妇儿或者家里有病人。也有因为赌博、抽大烟把房屋典当的。因为那会儿房子贵，卖房子也舍不得，所以就典当给别人，暂时缓解家里困难，以后再赎回去。如果房屋闲置，有关系好的农户要用或者自家买土地需要钱也会典当。因为在传统时期，军王村的房子大多是草房子，闲置的房子每年春天还得维修，否则房屋会漏。当房子跟租房子不一样，当房子的急等着用钱，买方一次性付清，租房子是一年一年的给钱。家里当家的才能做主典当房子，女人没有权力典当。如果家里父母在世，典当必须得跟父母请示，否则父母会有意见。在 1949 年以前，当铺不接受典当房屋。承典人一般家里房子不够用，需要用房子，想买但是没有卖的，才会通过典当的方式得房。只要有需要，亲戚也可以承典，亲戚用房子时间短的话，就不用典当，用的时间长了就得典当。

3. 中间人

中间人职责有三，一是说合典当价格。典当房屋要请中间人，没有中间人，典当双方直接当面不好讲价，所以请中间人当价格的公道人，在典当双方中间说合价格。二是证明典当过程，如果房屋出典人不承认把房屋当给别人，强行收回房屋，这时中间人得证明。军王村还没有出现过不承认出典的情况。三是调解典当纠纷。如果典当双方发生纠纷，首先找中间人来调解。典当的所有过程，中间人都会在场。如果中间人在过程中不幸去世，典当双方就拿着活业当面交易。

4. 写当契

当契分为两种，一是活约，二是死约。活约就是所当期限到期后，还可以续当。死约，所当期限到期，就会成为死当。当契上会写着典当时间、典当价格、典当房屋位置和边界，中间人和代笔人姓名也都要写上，一式两份，不报告政府和村落，自由典当。

　　　　王本荣家宅子大，闲着的多，都是草房子，每年春天对房子进行维修，不置的话，房屋会漏，当给别人了不用维修，也不用管，自己也能弄到物件儿。王本荣家跟我家关系不错，他们家红白喜事，我们都围。我们家里人口多，买了牲口，要喂养牲口，但是没有地方喂养，正好缺房子就当了他的房子。一般不舍得卖房子，当房子跟租房子不一样，当房子是把钱一次性付清，租房子是一年一年地给。租房子一年给的少，当房子的急等着用钱。当时典当的王本荣家的闲院子，2间北屋，加上1个场院。典当宅子也得找人，也得写活业。比如，当时给他100斤麦子，到期后，他还得给咱100斤麦子，然后咱把房子交给他。房屋不能扩建和改建。[1]

五、房屋置换关系

通常没有土地置换的情况。如果是相隔远，耕种不方便，村民会选择把插花地卖掉。受访者说，"地过百年换千主"，与土地相比，房子是"万年产"。虽然没有出现土地置换的情况，但是军王村村民有房屋置换的情况。

房屋置换程序。房屋置换一般发生在近门子之间，都是为了各自方便而进行房屋置换，如喂养牲口，居住自在。然后双方协商，同意置换就可以。

房屋置换规则。房屋置换遵循基本对等原则，按照房间数进行置换，如果房间数不够，就用土地来弥补。房屋置换时，不用和邻居商量，也不用请村长、保长、家长、绅士等人参加。另外房屋置换后不能反悔。

> 分家时，王世良家与他的三爷爷家平均分一个院子，世良家住东边，他三爷爷住西边。王世良家因为喂养牛等牲口不方便，于是与三爷爷商量置换房屋。三爷爷觉得住在一处独院也比较方便，于是答应置换。三爷爷用他另外一处闲院子置换，这个闲院子面积人，世良的父亲决定用另一块地补偿三爷爷，但是三爷爷不要，认为都是一家人。[2]

第三节　经营及经营关系

军王村是以自耕为主的传统村落，因此决定了村落的农业生产方式采取的是以家户为经营单位进行生产。受土地面积、家庭劳动力、生产工具、麦作环节等的影响，除了家户独立经营，还存在多种形式的互助合作经营、市场雇佣等。

1　根据王万亮老人访谈资料整理。
2　根据王世良老人访谈资料整理。

一、经营主体

（一）经营单位

1. 家户经营

在 1949 年以前，军王村村民的土地经营都是以"一家一户"为单位进行的。"一家一户"以核心家庭居多，1937 年以前，村子里的扩大家庭也不少。对于 1937 年以前的家庭成员情况，王世习老人说道："一个家庭，四辈儿的成员最多，没有分家，在一个锅吃饭，五世同堂很少。"

2. 独立经营权

自有土地和一般租佃土地的村民都享有独立的经营权。村民想种什么就可以种什么，村长不会干涉，家族也不会干涉。采取一年一作、两年三作，还是一年两作都是家户决定，受自然条件限制，而不受他人干涉。不过对于种二八粮的农户，其经营权受地主的限制，种什么由地主说了算。因为种二八粮，用的生产工具和土地都是由地主提供，所以经营权掌握在地主手里。

（二）家庭经营分工制度

从军王村村民的日常生活来看，劳动力在年龄上没有明显的区别，不同的家庭条件，其家庭成员参与劳动也有所不同。一个家庭中，家长是外当家，家庭主妇是内当家。

第一，男性负责家中劳务安排。在传统时期，地里有活儿的时候，即麦收和秋收的时候，家长会在前一天就把家里活给安排了；地里没活的时候，就当天安排。农忙的时候，比如割麦子，能做什么就让其做什么。谁会拧绳子的，就让谁拧；谁会装车的，就让他装车。按年龄分任务，割麦子很慢，同时不会用牲口，不会装车的，就让其送饭。如果分配的任务没有干完，第二天接着干。"我当时小，让我搂麦子，奶奶说：'你好好搂麦子，过年给你做新衣服。'"王世良老人回忆道。

第二，做饭、打扫卫生、做衣服等方面都是家庭主妇负责。在生产中，一般情况下女性不会下地干活。农忙雇工的时候，家里人想吃什么菜，不能提出来，一切由家里内当家说了算。日常生活中吃什么菜，家人可以提出来。日常做饭，如果有儿媳妇就儿媳妇做饭。儿媳妇做饭需要请示婆婆，即使知道每天做什么菜，也要跟婆婆请示一下。

　　万勋的母亲，她个子也大，脚也大，跟男爷们儿一样，那时候我记事儿，妇女都干家庭的活儿，做饭、置菜、针线活儿等，她不只能干这些，地里活儿她也干，耕地、耩地、使用牲口，她什么都能干的，别的人都笑话："你看，妇女，这是你干的活儿吗?"四个孩子小，都是她一个人干。[1]

第三，小孩。儿子们未成年时期，有钱的家庭都送孩子去读书，一般 6 岁就要送读。穷人家的儿子一般是拾柴火。女儿们都是学针线、学做饭、做衣服鞋子，很穷家庭的女儿也会出去捡柴火。成年以后，儿子干地里的活儿，大牲口儿子喂养，小牲口女儿喂养。中农以下的家庭，农忙的时候儿子也得干活。

第四，老人。在军王村，老人一般超过 60 岁就没有劳动能力，不能直接参与农业活动。农忙时，家中老头子、老妇人去赶集，如果粮食卖得多得让儿子陪着去。有的老头子平常会斗牌，尤其是冬天的时候斗牌频率比较高。

（三）独立经营的决策者

1. 当家人统筹

在经营决策上，一般是家中男性负责统筹安排，女性不管地里的活儿。那么，究竟是谁负责统筹安排家中经营活动呢? 主要分为以下几种情况:

一是爷爷健在，无其他事务缠身，则爷爷是当家人，统筹安排家中生产经营活动。家长前一天安排长工，比如春天除谷子，全家人都去。很大的家庭会有一个家长指挥买这买那，不干地里活儿。地里的活儿，大家一起干，同吃同干，地主也跟着干，没有闲人。在家庭财务上，由爷爷和奶奶负责管理。

二是爷爷健在，有其他事务或者体力不支，则是爷爷的儿子负责经营决策。

在家庭财务管理，当家人的妻子也掌握金融大权。当家人把钱放在家里，就由夫人掌管。王世习家当时是他的大爷当家，他的大娘管家里的钱箱钥匙。因为王世习的爷爷是大夫，经常出诊，十里八乡的都来接王世习的爷爷去看病。家里的活儿爷爷不能分配了，爷爷就交给大爷来管理家里。那会儿妇女一般不离开家，如果大娘不在家，家里需要有事儿花钱得等大娘回来再说。

当家人的零花钱不用和任何人商量。家长会给孩子零花钱，一般是在过年过节的时候给。货郎来卖东西，家长不给零花钱。一般要买什么，家长在赶庙会的时候就已经买好了。过去的家庭管理很严格，媳妇要零花钱，得找她丈夫要，她丈夫再问老人要，因为儿子好说话。儿子要零花钱就直接跟自己父母要，媳妇一般有娘家给的私房钱。大户人家的媳妇还会用私房钱买地，在分家以前，媳妇用私房钱买的地是私房地，不过军王村还没有出现这样的情况。

---

1 源于 2016 年 11 月 11 日对军南村王世良的访谈。

2. 地里"趟头儿"当家

在地里的时候，儿子听长工的安排，有长工的家庭一般把长工称为"趟头儿"。干活的时候，四五个人中间得有一个领头儿的，儿子和请的"打短儿的"都得听"趟头儿"的。没有长工的家庭，一般请干活儿快，同时干活儿质量好的人担任"趟头儿"。

"趟头儿"的职责主要是统筹安排地里活儿，计划每天的农活数量，带领大家干活，同时还起着监工的作用。在地里每天干多少活儿，由"趟头儿"决定，一般上午干60％的活儿，下午干40％的活儿。每天干活儿的数量有一个社会标准，比如一人一天一般锄地2亩，每个人都得按照这个劳动量来。也不能过多，多了累得慌，要保质保量。也不能干少了，这样和东家不好交代。"趟头儿"干活多快，其他人就得跟上速度，赶不上进度的临时工，就会被解雇。村民有句俗语"钱买身体，饭买活儿"，"趟头儿"虽然与其他雇工同吃，但也享有一些特别的优待，"趟头儿"每天2包烟，其余的雇工只有1包烟，主家每天专门给"趟头儿"准备鸡蛋茶，其他的人喝不到鸡蛋茶。

3. 扛活儿当家的特例

家西有一个老财主叫王守荣，他不干活儿，他大儿子、二儿子干，三儿子上学。一切都是扛活儿的当家，他的儿子不当家。外人如果想借他家的牲口磨面，扛活儿的说，"行，得闲"或"不行，得等两天，这两天不得闲"。他在这家几十年，都是他当家，其他家庭则没有这样的情况。

（四）经营投入

1. 劳动力投入

农忙的时候，有雇工的情况。从清明节就开始雇人除麦子草。高粱间苗儿的时候也需要雇人，高粱耩上地后，谷雨后要开始梳苗，留出间距，当时称为"扎高粱"，10亩土地，需要雇人3—4人。谷雨到小满这期间要锄高粱草，10亩地，雇3—4人，需要给5—6斤麦子。立夏开始锄豆子草，20亩，雇4—5人，每人一天工资是10斤麦子。"芒种吃大麦"，开始割麦子，30多亩地，需要7—8人，两到三天才能完成，割麦子时，雇主还要提供住宿。

表3-10　1949年以前军王村村民雇工简况

农活环节	时　节	种植亩数	雇工人数	雇工天数	雇工工资	是否提供住宿
锄麦子草	谷雨前后	30多			5—6斤麦子	
扎高粱	谷雨后	10	3—4		5—6斤麦子	

农活环节	时 节	种植亩数	雇工人数	雇工天数	雇工工资	是否提供住宿
锄高粱草	谷雨至小满	10	3—4		5—6 斤麦子	
锄豆子草	立夏	20	4—5		10 斤麦子	
割麦子	芒种	30 多	7—8	2—3	10 斤麦子	是
砍高粱	秋分	10			10 斤麦子	
割谷子	秋分	5				

2. 肥料投入

肥料是生产投入中重要的组成部分。村子里土地在 80 亩以上，家里有车的人才去买大粪。买粪要去城里，通常买 7—8 车，1 车城粪需要花费 100 斤麦子。以王世良家为例，他家每年都得买 5 车城粪，花费 500 斤麦子。豆饼也可以做肥料，将豆子打油后，留出豆饼下地。1 亩地需 50 斤的豆饼。另外还有自己家攒的土家粪。有长工的家庭，长工要负责"出牲口脚"，即把喂牲口的地全刨一遍。刨大约一尺深，然后垫上一遍新土。一个月一次，得三个人干，两个人抬，一个人装，用大脚刨。

3. 农具及牲口投入

农具投入主要是在农具的购买和维修方面。犁头中的尖铧犁 3—5 年需要换尖铧。把 4—5 年需要擦一次，大约花费 1 斗麦子。二齿钩、三齿钩、大镢等，使用 1—2 年会变钝，要请铁匠修理。镰刀、板镢子、钎刀子等小型工具，半年修理一次。在农具不够用的时候，一是可以向关系好的邻居、亲戚借用；二是雇工时，对方主动自带工具。

二、生产活动

（一）种麦子

种暵地。农历四月底收麦子，不种晚秋作物，只收一季，就称为"种暵地"。五月上旬，过了端午，用犁子把地耕一遍，村民们把犁地称为"翻土"。然后让地荒着，晒地。六月底或者七月初地荒了地长草了了，再耕地一遍，把草压在地里。到七月底或者八月初，把地耙四遍。把大的土块弄碎，此时的地刚好不软不硬。地太硬，麦子不长；地太软，则麦子会死。到秋天还是种麦子，这就叫种暵地，这样麦子产量最高。"一麦赶三秋"每亩收 300 斤。"你有存粮，我有暵地。"暵地种麦子收得多，还比较保险，种暵地的麦子价钱比一般的麦子价格还高些。一般农户家庭土地少的话，就不会留暵地，留暵地的都是地多的大财主。一开耩的时候得先耩暵地，在寒露头七八天，过了白露才能开耩。暵地可以种春麦也可以种冬麦，洼地不能种暵地。

（二）种棉花

军王村农户棉花种植量少。正常年份种植 1 亩棉花地，大约能收 10 斤干棉花。种子是自留的，没有换种的情况。有时候在地里留，有时在场里留。王世良老人家里有 3 分老棉花地，每年都种棉花。棉花收了不卖，制作自己家用的棉衣、被子、褥子。今年添这个人的，明年添另外一个人的，家庭成员不是同时换新的。一般棉袄、棉裤得穿四五年。

（三）拾麦穗

中农以下的家庭，麦地里没有拾麦穗的，因为他们都割的很干净。穷人家庭把自家地里弄完后还要去帮别人。70—80 亩地往上的家庭，自家忙不过来，会雇人割麦子。雇人割的麦子，大约有 20％—30％的麦子会落下。割麦子时三个人会有一个领场子的，领场子让割哪里就割哪里，短工赶不上进度，主家就不管饭不给工钱。由此短工宁愿落下麦子，也不愿意放慢进度。

地主富农地里的麦子，落下的多，捡地的也上他们地里去捡，连捡带偷，还是公开偷。例如，农户会在主家捡麦子，一边割一边理，理好一个还会做好记号，搁在一边。到天快黑的时候才扛回家。在谁家地里拾麦穗，就让谁家的车捎带着回去。主家明知道他捡的是自家的麦子，也得给拾麦穗的拉回去。

村子里拾麦穗的人，有两三户名义上是捡，实际上是偷。即使主家看见了也不要紧。没有人说拾麦穗的，财主不会骂拾麦穗的。拾麦穗的人，不搭伙一起拾麦穗，也不会去外庄拾麦穗。看坡的人会躲着本庄拾麦穗的人，以方便他们偷。种庄稼的农户也不会找看坡的质问，看坡的可以推脱，说自己当时没有在场，正在别处看坡。看坡人看见外庄的人来拾麦穗就不会让他进。王继岱的母亲拾麦穗，每年能捡大约 1 000 斤麦子。她家以前是财主，老辈儿懒，就变成贫农了，她主要捡本庄大户家的麦子。守业奶奶王守真也拾麦穗，只在别人家割麦子的时候才下地捡麦子，可以捡300—400 斤。

三、市场雇佣

（一）雇工

雇人的都是在夏天，因为夏天农活儿多。过去是在市场上雇工，去 1 里多路的店子集雇工。雇人的地方那会儿就叫集市，劳力在集市的空地方待着，有的背着小包裹，里面带着点衣服，因为可能会在雇主家住。人们一看背着这些东西的，就知道是卖力的。

到市场上雇人，大部分是雇认识的人。早上来雇工，主家就得给人一包旱烟，管两顿饭。午饭在地里吃，晚上一顿在家里吃。富裕的家庭就多置几个菜，不富裕的家庭就少置几个菜，还是要让雇工吃好喝好。割麦子的时候，每顿都得有肉，但是肉不多。

雇工工资都是当日结算。一般雇主当天在饭桌上就说："明天还有愿意来的么？有愿意干的，明天就在这里干。愿意走就回去，不愿意走就住下。"砍高粱、割麦子的时候都是热天，好住宿。

（二）吃工夫粮

吃工夫粮的一般是本庄的人，家里有劳力，有地（有多有少），为人老实可靠，地里活儿基本会，年龄在 30—40 岁左右。雇主一般是家里至少有 30 亩土地，而又请不起扛活儿的人，因为扛活儿的得全年提供食宿，就算农闲的时候也得花销。工作日期为农历的二月份到十月份。开春就请吃工夫粮的，因为这个时候地里有活儿，到小雪这个节气结束。吃工夫粮的都跟主家在一起吃饭，没有区别。主家不做吃工夫粮的衣服，要给他买草帽子。

> 吃工夫粮不属于扛活儿，反正是有活儿就找他，没活儿的时候，他就可以回家。锄草、砍高粱、割麦子、割豆子这些活儿都得干。[1]

雇佣吃工夫粮的，不用专门请中人，不用写合约，因为都是本庄、本片儿的村民，相互了解认识。有时是本家邻居介绍的，"明年叫他给你帮忙吧？"自己当面儿也可以说。如果到种芋头的季节，雇主会提供 1 亩至 1.5 亩的土地给吃工夫粮的耕种，以帮助吃工夫粮的过冬，五五分成，吃工夫粮的会分得 500—600 斤粮食。

> 案例：我家就雇吃工夫粮的。家里有活儿他来，没有活儿他也来，他来了你也不能撵他，都是一个庄的人。给他一块 6 亩地，让他插芋头。俺家买芋头芽子种芋头的时候，俺家人和他家人都去帮忙。把这个芋头种完了，他翻两遍秧子，除两遍草，这个工夫就算完了。待下苦霜后，开始刨芋头，这样的芋头下地不会坏。刨芋头的时候，他家也去人，俺家也去人，收获的芋头，一家一半儿。用一个大秤称。一亩地大概产 2 000 多斤。这样，吃工夫粮的家人，在冬天和春天的口粮就解决了。[2]

---

1 根据王世习老人访谈资料整理。
2 根据王世习老人访谈资料整理。

图 3-4　军南村曾吃工夫粮的老人（右一）
资料来源：笔者调研时拍摄。

吃工夫粮的干的活儿比长工要少些，挣得钱也比长工少。比如长工一年工资为 10 斗，吃工夫粮的为 5 斗。因为雇主不光是给吃工夫粮的一块地种，牲口也会给他用，该犁的犁，该耩地的耩地，跟自己家的地一样，农忙时雇主家也出人去帮忙。

工资按年结算，在请吃工夫粮的时候，雇主就会把粮食给吃工夫粮的。因为吃工夫粮的家里穷，等着吃粮食。如果吃工夫粮的生病了，东家不管，由近门子亲戚帮助。要是病情特别严重，主家并不会辞退他。

吃工夫粮的如果是本村的就会给东家拜年，不是本庄的人，就不会，因为本庄有过年挨户拜年的习俗，不管姓什么。如果雇主家有红白喜事，吃工夫粮的会在雇主家帮忙，会根据交往情况来决定是否随礼。要是雇主家亲戚有事儿需要帮忙，可以让吃工夫粮的去帮忙耕地，对方管顿饭就可以了，不用给工钱。反之，吃工夫粮的家里有红白喜事儿，雇主只帮忙不随礼。

（三）长工——扛活儿的

扛活儿的一般是品行老实可靠，技术比较全面，如会喂牲口、犁地、耩地、赶车、挑水等，年龄最好是 50 岁以下的男性。在 1949 年以前，一般有 40 亩地以上的人才雇扛活儿。比如王世习家有 100 多亩地。在他六七岁没有分家的时候，家里也雇扛活儿的。

扛活儿的分为大扛活儿和小扛活儿的。小扛活儿的年龄一般在 13—16 岁左右，这样扛活儿的，主家只管饭。在主家只是喂猪，喂鸭子、鸡、鹅，扫地，打水，去地里送饭等。大扛活儿分为三种：一是只管喂养牲口，不管用牲口；二是连喂带用牲口；三是只管用牲口，被称为"大领"，这家的骡子等牲口，只能他用，别的人用不了。长工工资最多的有 600 斤粮食，大部分是 500 斤。一般请长工的家庭都请一个长工，农忙劳动力不够时就请短工。家里土地在 400 亩以上的农户才会请 2 个以上的长工，因为喂养牲口忙不过来。东家需要请工时，长工也可以去集市上替东家雇人。

表 3‑11 军王村大扛活儿的负责事项及待遇

大扛活儿分类	负责事项	工　资
只管喂养牲口，不管用牲口	除圈、扎草、喂养牲口，家务活儿（磨面、打水、送饭）	300 斤左右麦子
连喂带用牲口	喂养 1—2 犋子	500 斤麦子
只管用牲口，被称为"大领"	3—5 犋子的领头儿，他负责干	600 斤麦子

在 1949 年以前，军王村请外村的长工比较多。外村的长工是亲戚朋友介绍，介绍的都是老实可靠的人。也有人请本村的长工，因为本村长工的品行、干活技术等这些方面，大部分都了解。请本村的长工也得有介绍人，介绍人起两个作用，一是长工工资的说合，二是见证作用。一般不会给介绍人报酬，要是请介绍人吃饭，都是主家请，因为长工都没有钱。

> 我们家也请过本村的长工。本村长工的品行、干活技术等这些方面，我们大部分都了解。请本村的长工也得有介绍人。没有人引荐不能平白无故就来。你究竟给人家多少东西呢？那个不讲讲就不行。没有中间人的话，工资就不好说。就比方说，我想雇你，"你给我多少工资？"这句话，你很难开口。张口要工资不得劲。所以得有个中间人，他能够在这里面说好。工资少了，你不同意，工资多了，我又太吃亏。所以不请介绍人会两不痛快。如果有个中间人，别人就认这个价，你能做就能做，双方都同意了，都没有怨言。到年底结算工资的时候，当时怎么说的，该给人多少工资，就给人多少工资。在没有介绍人的情况下，假如一年 100 元，我给你 90 元，你绝对不认，你找到我，我就会说当时是这么说的，也没有旁边的人作证。有中间人后，是多少工资就是多少工资，不能抵赖。[1]

长工一般没有房子，就住在主家的牲口棚里。扛活儿的吃的饭跟家里人是一样的，在饭桌上没有什么规矩。如果长工生病较严重，或者长时间不能治愈，雇主不会辞退长工。要是长工请假去治病，也不会扣工资。扛活儿的家里有事也可以请假，比如红白喜事。一般情况可以请 7—8 天，不会扣工资。

春节期间，如果长工在主家过年，该拜年还是要拜。初一早上还没吃饭就开始拜年，拜完年后，大家一起吃早饭。如果是在自己家过年，没有在村子，就不会拜年。

---

1 根据王世习老人访谈资料整理。

雇主家有红白喜事，长工不用随礼，但是得帮忙。要是雇主家亲戚有红白喜事，通常不会请长工参加。如果亲戚家比较远，需要坐车，主家就得让长工赶车拉着去。而要是主家家里因有事儿走不开，长工可以代替主家去送礼，去到主家的亲戚家里后，那边还是要按照主要亲戚的待遇款待。主家的生活待遇是什么，扛活儿的待遇就是什么。

长工家里有红白喜事，主家也得去，还得随礼。因为主家的生活水平比长工家的要高，不能很吝啬。主家去参加长工家的红白喜事，也是讲脸面。有的讲面子的长工，会下书请主家喝喜酒。那个时候随礼送物品的比较多。如果是讲面子的话，送个喜条儿，六尺布，颜色是红的或者是花的。不讲面儿的就送一般的东西，如枕皮儿、枕套等生活小用品。

家里请了长工，根据家庭条件看是否请上工酒。世习爷爷家的长工过年来他们家的话，他们家会给长工接风，吃一顿团圆饭。长工干完一年活儿，回家之前，也会吃一顿好饭改善生活。发生水灾的年份，家里请的扛活儿的，工资该怎么给就怎么给。碰上抓兵的时候，长工会被拉去当壮丁。见着谁就抓谁，不会问是不是本村的人。

第四节　交换与交换关系

军王村在传统时期，村庄规模比较小。虽然村内没有形成定期的集市，但村内流动市场比较发达，有酒馆，也有村民在附近集市做小生意，村民内部也存在交易行为。村民的交换活动主要通过集市交易、赶会以及流动商贩进行，丰富的交换活动构筑了多样的交换关系。

一、交换行为种类

1. 卖豆腐

在传统时期，村子有1户专门做豆腐的。采用南坑的水做豆腐，因为用那儿的水做豆腐比井水做的豆腐好吃，同时也比井水做豆腐出的豆腐多。老人回忆王守义家的豆腐能打成块儿，搁在盘子里，可以用秤钩称，不会坏。他家的豆腐只在村里卖，谁去买豆腐，老板会把名字记在账本上，一个月后，拿着口袋去找买豆腐的村民敛豆子。

2. 卖猪肉

村民将卖猪肉的称为"宰八子"，即宰牛杀猪卖的人。军王村有1个杀猪卖猪肉的，当他家的猪肉卖不掉，又担心猪肉在家里存放久了会坏掉时，"宰八子"就会向中农户子以上的家庭送猪肉，然后杀猪匠隔着两三天或者一个月开始收肉钱，1斤肉收5斤麦子。

3. 买猪秧子

村子附近的猪市位于距离军王村 2 里路的店子集，但是开市时间为农历二月、三月和十月、十一月。到热天农忙的时节，就没有人在猪市买卖猪秧。村民如果错过在春天买猪秧子，就直接打听谁家有母猪生猪仔，然后去逮猪秧子。

4. 卖酒

村里的一个酒馆儿位于中心大街东边，离村子中心大约 200 米。酒馆的老板叫王桐顺，因为辈分高，大家称呼他为"桐爷"。他家有儿子儿媳，还有孙子孙媳妇，共 5 口人。他家的条件不好，以小酒馆维持日常生活。除了卖酒，酒馆还卖醋、酱、盐、旱烟等，不卖粮食、菜。平时去的人不太多，那个时候喝酒的人少，外村的人更少来喝酒。一般外村的人路过村子，正好想喝酒才会去买酒喝。王桐顺的酒馆算上一间小厨屋，共有 5 间屋子，东西长 11 米，南北宽 8 米的小院儿，占地面积大约 120 平方米。另外一个酒馆是王继符开的，这个酒馆离村子中心位置大约 100 米。

二、赶集

（一）集市分布

1949 年以前，村民常去的集市有店子集、长沟集、王家集。除了买锅、买布等洋货，90% 的东西都在集上买。

店子集又称"麦人店子"，村民只要一说起麦人店子，方圆十里无人不知。店子集距离军王村大约 2 里路程，步行大约半个小时就可以抵达。店子集是军王村村民最常去的集市，集上有牲口市、粮食市、鱼市、用工市场以及一些街边铺子。前集人多，有唱戏的和唱渔鼓的，后集人少。村民们一般是吃完早饭去赶集，大部分人是在吃午饭之前回来，也有的人赶一天的集。赶集吃丸子、喝粥、喝辣汤的比较多，也有买糖葫芦等零嘴吃的，也有买花生吃的，1 斤麦子换 1 斤花生。

店子集的鱼市一共有三四个卖鱼的，被称为"贩鲜的"，前集多后集少。价格由买卖双方当场洽谈，双方同意了就成交。根据周围村子集市上鱼的价格以及前段时间鱼的价格走势来定价。在店子集，鱼的价格比肉贱，1 斤肉的价格是 5 斤麦子，1 斤大鱼的价格是 2—3 斤麦子，小鱼更便宜，1 斤麦子换 1 斤鱼。长沟有河，鱼多，城里的鱼也便宜些，但是太远。村民们明知道店子集的鱼要贵些，依然在集上买，因为可以少跑路。

在传统时期，当地把饭店称为"煎炸馆"，店子集有 3 家煎炸馆，都是当地的人开的。没有招牌，因为附近的人都知道，所以不用招牌。解长正的饭店开的时间久，有 10 年以上。平时下饭店的老百姓很少，补人情的时候才下饭店。饭店一般有 2 间屋，也卖酒。

店子集有 2 个馍馍铺，村民卖粮食大部分卖给馍馍铺。如果粮食卖得多，村民会卖大豆、高粱、小麦、芝麻等大宗的粮食，一卖要卖几百斤。店子集有杨家和赵家两家茶馆，东边是杨万年、杨万金的茶馆，他俩是亲兄弟。杨万年家的茶馆位于店子集的中心位置，位于路北，距离军王村有 1 400 米，有 3 间屋，大约 45 平方米。西边是赵玉坦开的茶馆，位置偏西。两家茶馆相差 10 米，距离军王村 1 300 米。两家茶馆都没有招牌，只是支炉子。村民闲时去茶馆，一待就待一天，公议事情会去茶馆，说媒也会去茶馆。

长沟集距离军王村大约 8 里路程，村民步行需要大约 1.5 个小时才能抵达。王家集距离军王村大约 11 里路程。也有去城里赶集的，不过普通人进城很少。进城的人要体格硬朗，因为进城一次来回差不多有 50 里的路程。进城原因是要买的东西在乡里买不到，城里才有，例如家里亲人生病了，有的药只有城里才有，或者是做买卖的，经常去城里批货，如卖布、卖火纸等。

（二）集期

店子集分平日的集和年集。年集也分为前集、后集，过了年，初五就开集。逢单赶前集，逢双赶后集，如初一、初三、初五、初七、初九赶前集，初二、初四、初六、初八、初十赶后集。长沟集有"夜猫子集"之称，村民们每天天还没有亮就去赶集，因为这样不耽搁干活。等到天大亮的时候，集市已散去，村民们也已经回去了。村民们步行大约 2 个小时才到王家集，赶集日期为二、七、五、十，每月逢二、七赶小集，逢五、十赶大集。

表 3 - 12 军王村村民常去集市

集　市	赶集日期	每日赶集时间
麦人店子（店子集）	逢单赶前集，逢双赶后集	吃完早饭去，大部分人吃午饭之前回来，有的也赶一天的集
长沟集	每日赶集，不分大集、小集	每天天还没有亮就去，不耽搁干活儿。天大亮的时候，集市散去了，人已经回去了
王家集	二、七、五、十	

（三）赶集目的

1. 获取信息

一是获取土地买卖价格。二是加入社会组织，如红会。店子集天天都有集，买东西的去，卖东西的去，不买不卖东西的人也去。

2. 看热闹

冬天没事的时候，赶闲集的人多。店子集集市上有专门唱戏的，有唱渔鼓的，还有唱武老二的（就是山东快书）。在集市上唱渔鼓就只有一个叫何麻子的人，他一脸的麻子。店子集集北也有请的戏班子，演员不化妆，用一个竹筒子，有二指半宽，自己唱自己敲。比如《杨宗保》，得唱七八天。那个场有 1—2 亩的面积，满满的都是人，中间的空地放着唱戏人的道具。然后演员就开始唱了，唱了大约半个小时，就开始收钱。唱戏人把帽子摘下来，听戏的人随便给，五毛也行，一块也行。在收钱之前，唱戏的会说出一个收钱的总数，比如唱戏的说"我收五块"，听戏的说："五块就五块。"唱戏的敛够五块就不再敛了，如果还差，就会说差多少。有的没钱的人见唱戏的要来收钱，就要跑，唱戏的会让他不要跑，说着"有钱的捧个钱场，没钱的捧个人场呗"。也有唱武老二的，内容会涉及低俗言辞，妇女一般不去听，基本上是男爷们儿去听。如有女性观众前来，唱戏的会自嘲："我发药打摆子，大嫂你别听，我就胡说八道而已。"

（四）赶集买卖

1. 赶集的人

村子里赶集时，一般是男的赶集的多。农忙时候只有当家人去赶集，只是买买菜，买好之后就回来了。农闲的时候，大约过了中秋节，村子里的男爷们儿人人赶集，50—60 岁的老妈子也去赶集，但中年妇女没有去的。一个家庭中，儿子赶集都是农闲的时候，儿子们上街，家长同意才能去。对此王世良老人说道："像我家吧，冬天赶集，俺父亲去，俺叔爷去，我也去，7—8 岁就可以去了。俺家有个远亲的哥哥，他背着我去。我去赶集得跟家里请假。"女儿小时候赶集家长得跟着，只要超过 14 岁一般情况下就不能出门了。在过去，妇女十四五岁就说婆家，十五六岁就结婚。

自家长辈已经去世的情况下，要是与自家长辈同辈的还在世，赶集头一天要告知"一窝子"中辈分最大的人。例如，王世良的爷爷 60 多岁了，王世良的大爷（他二老爷的儿子）都 50 多岁了，大爷准备去赶集，要向王世良的爷爷请假："叔，我明天上×××"，王世良的爷爷不吱声，默认同意，第二天大爷回来，还要跟王世良的爷爷说他回来了，有点像销假。

2. 赶集交易中的惯行

第一，牛市："隔耳朵"。牛经纪在中间赚差价被称为"隔耳朵"。村民如果去赶店子集的牛市，村民获取牛的价格有两种途径，一是向牛经纪打听，二是自己直接去牛市上获取。牛市一般开市时间为十月和第二年的二月，十月买牛的最多，大约 80% 想买牛的人会在这个时候就定下来，剩下 20％ 在第二年的二月定。十月和二月的开市周期不定，刚开始买卖牛的人多，每天都有集，一般是吃过早饭去，下午三点回家吃饭。牛市上还有专门的看牛经纪。牛经纪懂看牛口，根据买牛的目的来帮助选牛，是干活儿的还是用来养了卖的。村民们想买牛，一般会去几个集市看，同时在一个集市也会多赶几次集，遇到满意的就请村子里会看牛相的人帮忙看看。村民提前一天给牛经纪打招呼，或者在集市上碰着，别人有空也可以去看。军王村会看牛相的人是王万俊。

第二，羊市：暗码子。羊市大约在农历二、三月和十一、十二月期间开市。春天买羊，到冬天杀羊喝羊肉汤。在开市期间，羊市每逢赶集日子都有羊。逢单赶前集，逢双赶后集，前后集都有羊市，前集羊多，后集羊少。手上有分量的人才能当羊经纪，他用手一提就知道羊能出多少毛，多少肉，多少油，估计得很是清楚。如果有母羊怀孕，羊经纪都能估摸出下多少只羊。这也是个技术，外人不会，买卖完成后，村民给羊经纪好处，只是没有牛经纪的好处多。羊经纪的报酬较少，有时候村民给 1 盒烟，有时候不给钱，如老人所说"回回见面儿，没办法要钱"。外边的人来买羊得给钱，如果买 3 只羊，得给 10 斤麦子。买卖双方临时商量谁给羊经纪钱，两家都出还是一家出钱。

羊经纪买羊，也剥羊。集市上的羊便宜了，他就买，外边人来买，他就卖。羊市上没有纠纷，因为买卖小，小庄怕大庄的人，有纠纷也就让了。军王村地多，大部分村民没有时间养羊，只有两户在养羊。

第三，粮食市："吃疙子"与给"攥钱"。集市上有专门的粮食市，粮食市上有专人负责量斗。过斗时，过斗的人会刨出一些粮食，用茶盅舀一些作为过斗钱，又称为"吃疙子"。买家卖家都得给点，买粮食的另外给过斗的人现金。粮食市由过斗的人管理，如果发生打架斗殴的事情，一般是在场的人劝劝，不行就去找集头。店子集的集头儿是赵和年，集头儿没有明确的工资。

给"攥钱"。粮食贩子在买粮食，遇到粮食比较多，但又运不了的时候，就需要给卖家"攥钱"。意思是"攥住"这个物件儿，在 3—5 天内，农户不能卖给别人，具体"攥钱"能管多少天，由粮食贩子和农户具体口头约定。"攥钱"占所卖粮食总金额的 10％—30％。如果在商定期限内，农户就算再急着用钱也不能把粮食卖给他人，得讲信用。如果超过商定期限，粮食贩子都没有来买粮食，那么农户可以将粮食卖给其他人，然后将"攥钱"原封不动还给粮食贩子。如果粮食降价了，粮食贩子不要约定的粮食，那么农户将不会返还"攥钱"，"攥钱"就算烂在那里了。如果是熟识的，比如经常买他家粮食的，可以一次性付清，不给"攥钱"。

3. 赶集中的交易活动

第一类，赶集买东西，如买蔬菜。村里只有 1 家种菜，其他农户都得买菜吃，买青菜、水萝卜、白菜等。买鱼买藕买肉得去集市上购买。在日本人入侵之前，军王村村民没有种白菜的，村民一般用秫秸（高粱秆）去别的村庄换白菜。村民一般拉着一车秫秸去薛口村附近换，因为这个村子的村民专门种白菜，大约 5 斤秫秸换 1 斤白菜。买牲口时，村民选择去赶大集、赶会。如果是买骡子或者马的话，村民会选择去离军王村几百里路的地方，因为那里有专门卖骡子和马的。由表 3－13 可知，有牲口市的大会主要是矿山、天奇庙、城南石垌堆，此外嘉祥县城里也有牲口市。

表 3－13 军王村买牲口的集统计

古会名称	距离（里）	方 位
矿山	8	正西
天奇庙	15	西南
城南石垌堆	40	南
嘉祥县城	30	西南
郗庄	15	东北
孔陵	90	东北

第二类，赶集卖东西。军王村普通村民赶集卖东西主要是卖粮食和卖柴火。老俗理"贩粮不过百"，意思是贩卖粮食不超过 100 里路，当地卖粮食主要是在店子集和八口，赶巧了当天就能卖。1949 年以前，家家户户没有现金。平常不卖粮食，因为不舍得卖。估摸着要用钱了，就卖 1 斗粮食，用半个月或者 1 个月。村民得知谁家喝喜酒、喝豆腐汤、吃喜面、出嫁闺女时，也临时卖着随礼。家长负责决定是否卖粮食，如果家长身体不好，就让儿子去卖。如果粮食卖得多，村民会先卖样子，从家中抓一把粮食，大约一两，然后用布包着，把粮食放在收粮食的石板上。老板相中了粮食就会发问，"谁的样子？""我的。""哦，看看，卖多些啊？""卖一石。"于是村民便与收粮食的定好日子，由收粮食的自己用车来装。遇上荒年，村民会倒腾粮食，比如芝麻收得多，就卖了芝麻换豆子或者高粱。

卖柴火，包括麦秆、高粱秆子、秆草（谷子秆）、豆尖等。卖麦尖的比较少，因为不好装。麦尖用于喂养牲口和烧锅。卖柴火上城门宋四儿那里去卖，他那里有个柴火场子。村民们把柴火装去宋四儿那里以后，宋四儿不会马上就给钱，可能三天两天或者个把月再给。一车柴火，宋四儿要赚三分之一。

第三类，赶集做买卖。村子里有长期在店子集做生意的，也有在各个集市之间游走的贩子，如贩卖家具、贩卖粮食的。遇到灾荒年月，做买卖、贩卖家具的挣个钱儿度过灾荒。在济宁衙门口、店子集买的家具，比如5块钱的桌子，运到黄河北就能卖15—20元。到黄河北有300多里，来回一趟得10来天，家里有车有劳力的家庭才能去贩卖家具。

王万亮的父亲20岁左右就开始买卖粮食，被称为粮食贩子。因为当时王万亮的爷爷死了，二爷爷领着他过，家里穷，姊妹多，只靠2亩地过活，于是开始做买卖，去贩卖粮食赚点吃喝。过去做买卖很难，王万亮父亲刚开始时是借的别人的红车子，本钱也是借的。通过贩卖粮食攒钱，攒多了就置2亩地，后来置了20多亩地，到临近中华人民共和国成立时有50多亩地。

表 3-14　军王村买卖粮食集市概况

买粮食集市名称	距离村庄（里）	单边路程时间（小时）
长沟集	12	2
王桥	20	3
榴林闸	30	4
桥上	12	2
卖粮食集市名称	距离村庄（里）	逢集日期
店子集	2	前集、后集，天天有集
大王集	3	一、六、三、八
南陈集	3	四、九

每天买粮食时间不一。村民赶长沟集每天四五点就出发，中午12点左右回来；赶王桥、榴林闸的集一般是早上三四点出发，晚上八九点才能赶回家。长沟集、桥上集每天早上都是集，其他的集市有的逢二、七赶集，有的逢三、八赶集，也有的逢四、九赶集。买粮食的时候，哪个集的粮食便宜，就去哪个集。质量还得好，只便宜不行，因为不好出手卖。粮食论斗卖，大斗40斤，小斗30斤。如果在集市上买不着了，村民就会去找经常卖粮食给他的农户。

三、赶会

（一）赶庙会

庙会又称为"香火会"，每年固定日期举办，有大庙一般就有香火会，会上有唱戏的，有卖东西的。但与古会不同的是，香火会上一般只是卖吃的以及妇女用的针线、头饰等物品，商品种类不如古会繁多。在传统时期，村民去的次数比较多的香火会主要是凤凰台、于家寺院、蔡家堂、季家庙和县城里的城隍庙。凤凰台香火会距离军王村最近，大约 7 里，是村民最常去的香火会，每年农历二月二十九举办。于家寺供奉药王孙思邈。举办香火会时有戏班唱戏，村民也会去看戏。每年寒食节，体力比较好的村民会去城里看城隍出群。

（二）赶古会

表 3-15　军王村村民赶古会概况

古会名称	距离村庄（里）	烧香时间
长沟会	12	二月初十一—二月初十三
矿山会	8—10	四月初八—四月十一

资料来源：根据军王村老人口述材料整理。

矿山古会举办时间为每年的四月初八，会期为 4 天。古会地点在矿山村村东、村南，围着矿山形成一个集市。矿山会的形成，是因山顶上有佛爷庙，刚开始是村民每年的四月初八烧香磕头，后来人越来越多，就形成了会。矿山村平时没有集市，古会要提前规划买卖区域，卖吃的规划为一片，卖布的为一片，卖牲口的为另一片。会头会吩咐手下的，用红纸写上猪市、羊市、挑子市、百货市等等。古会比平时的集市商品齐全，即使与平时集市上品种相同的商品，其商家数量也比平时集市多。赶古会时间一般是吃完早餐，大约九点，差不多天黑才回来。古会第一天人少一些，赶中会的人多，基本上是男爷们儿去，妇女也可以去买点针线头饰等。

古会的秩序由会首维持，会首通常是村子里说一不二、有绅士派头、有威信、在庄上能当家、能调解纠纷的人，但不一定是保长。此外还有两三个会员。所有做买卖的人，在办会前一天，要去跟会首报到。商家按照行当交钱。会头的亲戚来卖东西，也要交钱，如果是至亲，可以少交一点。所收取的钱交给会头儿保管，会头儿不会再向上交税。唱戏的、管理治安的队伍吃喝费用会从所收取的钱中支取。

四、流动商贩

（一）外村来本村的流动商贩

1. 农闲进村频繁

军王村有流动商贩进村，有流动卖小商品的，有流动卖手艺的，也有流动卖技术的。流动商贩集中在春天和冬天进村，不需要向谁报告，也不收费。流动商贩进村，有挑着担子的，有背着褡子的，也有推着大车的，根据商品的不同而选择不同的进村工具。大多数流动商贩与村民之间都采取货币交换，只有卖罐子的、串接打铁的、卖香油的以及卖豆腐的会接受物物交换，即村民用农产品换小商品。村民可以用豆子换豆腐，也可以用芝麻换香油，2.5 斤芝麻换 1 斤芝麻油。如果是流动艺人进村，一般是帮谁家干活儿就在谁家吃饭，农户一般会主动安排他们吃饭。

表 3-16　外村来本村的流动商贩统计

流动商贩称呼	吸引顾客方式	来村时间	频　率	来村方式	付款方式
货郎	敲货郎鼓	春天	4—5 次	挑着担子	现金
卖银器的	摇铜鼓	春天、冬天	1—2 次/月	背着辔子	现金
卖饊子的	吆喝"买饊子不?"	一年四季	10 次/月	挑着担子	现金
捏江米人儿的		农历正月、二月	1 次	挑着挑子	现金
吹糖人儿的	敲糖锣	农历正月、二月	3—4 次	挑着挑子	现金
卖泥娃娃的		过年之前	1 次	挑着挑子	现金
卖罐子的		春天	1 次	推着大车	现金、粮食
串街打铁的		春天	2 次/年	推着大车	现金、面
锔拉锅的	吆喝"锔盆儿锔锅不?"	春天、冬天	5 次/月	挑着挑子	现金
打锡壶的			1 次/年	挑着挑子	现金
打材料的	敲着梆子，嘴里喊着"打材料不?"	春天	20 次/月	挑着挑子	现金
卖丝烟的	"包里烟不?"		1 次/月	挑着挑子	现金
串书馆儿的			1 次/月	挑着挑子	现金
卖豆腐的		一年四季		挑着挑子	现金、豆子
卖香油的					芝麻

2. 类型多样

在 1949 年以前，外村进入军王村的人群主要有三类。一是进村进行商品交易的，主要有货郎、卖银器的、捏江米人儿的、吹糖人儿的、"打材料的"、串书馆儿的、卖饊子的、卖泥娃娃的。有的商品是公开明摆着，有的不显，打开箱子才看见；有的用三四个玻璃盘，里面摆得满满的。货郎一般是春天来村子里，来四五次，农忙时就没有货郎进村了。"打材料的"进村会敲着梆子转街，三天两天来村子里转一下，嘴里喊着"打材料不?"卖酱油、醋、盐、油、豆腐乳、咸菜、黄酱、黑酱等这些调料。卖罐子和尿盆儿的挑着挑子来村子里，也有赶着车来村子里的。要是有车子，还可以用粮食换。还有卖银器的，有的银子包金，都是真的。有专门给小孩儿戴的，中间是个佛，两边儿是小人儿。卖丝烟的就挑着一个挑子进村，嘴里喊着"包里烟不?"李善九的烟最出名。

在小吃和玩具上，主要有捏江米人儿的、吹糖人儿的、卖泥娃娃的、卖饊子的。

捏江米人儿的刚过春节就来，用糯米和面，捏出的人儿很好看，一个江米人儿要5块钱，孙悟空、诸葛亮、五虎上将、菩萨什么都可捏，什么颜色都有。村民买回来插在篱笆上，一个春天都好看。捏江米人的一年来村子一次，来一次村民就围着，不让他走了。还有吹糖人儿的，把糖锣一敲，全村都能听见。糖人用糖熬制，有模子，可以吹孙悟空等。卖泥娃娃的人捏的泥娃娃有佛、菩萨等等，刷上白灰，撒上颜色，很好看。一个也要四五块钱。卖泥娃娃的人一般是快到过年的时候来村里一次。卖馓子的在农闲的时候，尤其冬天来得勤，从10月到第二年3月，估计会来村子10—20次。以前走亲戚，看病人都可以提着馓子去，馓子是高贵的礼物。钱海卖馓子，用80厘米高的花篮子挑着，大约有30来斤，来一次估计就3至5家买。卖馓子的人进村不用经过保长同意。

卖教育用品——串书馆儿的，主要是卖文房四宝笔墨纸砚，还有普通的书，如《万事不求人》等常见简单的书。另外头三年学生上蒙学用的东西他也卖。

二是进村以提供维修服务进行交易的。当铁匠来到一个庄上，"叮当叮当"村民听见着就都来打农具。有锔拉锅的，"锔盆锔锅锔砂缸"，锅碗盆缸破了，他都能补上。还有打锡活儿的，从前除了铜器就是锡器。盛水的水壶、茶壶、酒壶、锡灯、肥皂盒子、盛粉的妆盒都是锡器。那个时候村民买不起肥皂盒子、盛粉的妆盒，都是祖祖辈儿传下来，娘给闺女，闺女又传给自己的闺女。锡匠到各庄来，他有个炉子，把锡器化了，然后再焊。大部分都是春天暖和时来，一年来村子里一次。修箩的自己带着竹器，挑着一个挑子来。他进村不敲货郎鼓，也不敲着梆子，用一串儿铁块敲出"呱哒哒哒，呱哒哒哒……"的声响，修补筛子、布篮、箩等器具。

三是进村提供有偿文娱服务的。除了卖东西的，还有卖手艺的人来到村了里，老人称之为串乡的流动艺人。有武术也有魔术，村民称之为玩把戏。他们一般是过了年来村子里，每年春天大约会到村子里三四次。玩把戏的发签子讨饭吃，签子像筷子似的。起先把锣一敲，围着一二百人，然后把场子打开，中间有一个空隙，玩把戏的拿出一大把签子给大人，一人一个，接到签子的人得回家给玩把戏的拿吃的。家里有什么就拿什么，比如馒头、黑豆包子、馍馍，没有的话，得给他相当于现在5毛钱的钱币。

（二）本村去外村的流动商贩

军王村有两位货郎，分别是王守庆和王继岱。王守庆是中农成分，家中有30—40亩地，在村庄中属于中下地位。王继岱，贫农，家中5亩土地，在村庄中的地位属于下等。货郎担是个百宝箱，鞋上的东西、帽子上的东西、柜子、扣子、门钉，还有妇女的装饰品、孩子的装饰品、从前穿的那一套东西，他都有。货郎进村敲着货郎鼓。

有的货郎走到村子的大榆树那里就开始吆喝。

五、借钱与借钱关系

（一）借粮

1. "不够吃才借粮"

军王村土地面积虽多，但大面积的土地受自然因素影响较大，产量不固定。要是遭遇严重旱灾、水灾，村民便会借粮食。一般是家里缺粮食吃的时候去借粮食的情况比较多，比如春天借粮食的农户比较多，因为正是青黄不接的时候。也有因结婚借粮食的情况，不过比较少。如果某农户举办婚礼比较困难，一般是跟至亲借粮食，至亲会在结婚前事先借粮食给他。

2. 先一窝子亲戚后本家

在军王村，村民借粮食顺序：亲戚富裕先找亲戚，一个春天不一定找一家亲戚。之后再找本家借粮食，找遍了本家仍然借不到粮食后，就开始借面。"断锅"了才借面。传统时期，村民之间借粮食不用写欠条，都是随借随吃。

3. "富人不借面就丢人，你不叫他活着?"

在传统时期，军王村村民家中出现"断顿子"的情况，即家里一点粮食都没有时，上村里谁家借面都得借给他。邻居之间一般借面不借粮食，一次借一瓢，大约5—10斤。如果富人不借面给这样的农户，就会显得丢人。穷人向一窝子亲戚中富裕的农户借，一窝子富的不能撵走穷的。"一窝子不借的话，这个人可以上富人家去吃饭，更省事儿。"王世良老人说。借面可以不还，村里王万元的大娘经常在村里借面不怎么还。

4. "如果要账，就落仇了"

在军王村邻居借面可不还，亲戚借粮也可不还。看坡的平时没有吃的，就来借粮食，只借不还。春天青黄不接的时候，本家、邻居借两三回，不用还。因为村民认为"你这么富，我借你点儿粮食你不能这么认真"。富人担心落仇恨了后，穷人会毁坏富人的地，再不然会偷富余的干粮，报复富人。村民不给赌博的人借粮，知道这个人好吃喝嫖赌，就不借给他，这种情况不借就不丢人。

> 南陈的俺二爷爷，俺外爷爷的本家兄弟，不是正亲戚，一般亲戚。他摊上事儿了，被公家罚了，大约3—4石麦子，他受不住，俺爷爷主动借给他2石麦子。后来他打算还，俺爷爷说："我借你就没有打算让你还。"俺奶奶疼得不了，但她不能当俺爷爷的家。[1]

---

1 源于2016年12月19日对军南村王世良老人的访谈。

（二）借钱

1. 借钱事由

家里人生病，或者摊上其他什么事情，家里有粮食还没有来得及卖，周转不过来，此时急需用钱才会向他人借钱。向亲戚借钱，亲戚的经济条件不一样，能还就还，村民向亲戚借出去的钱一般不打算再要回来。跟朋友借，一定要还。此外，还有因发不起丧但又穷讲面子的人，有借钱发丧的情况。

2. 向谁借

在遭遇家人生病、天灾人祸这种情况下，村民向亲戚借钱的多，向朋友借钱的少。一般是向至亲借钱，如闺女家、姐姐妹妹家、娘舅家、姨家，跟玩的好的人借现钱情况比较少，不会找一般的熟人借钱。熟人可以跑腿带信，这样的情况很多。每个家庭情况有所不同，借钱次序也不是固定不变。

3. 谁做主借钱

当家人才有权做主借出家中钱财，所以村民一般找当家人借钱。家中老人在世，但由儿子当家，当外人来借钱时，长子会先做出一个决定，然后去请示其父亲看是否合理。如果可以就确定，如果父亲觉得不妥，就会提出意见，最后由儿子做主是否借出。妇女一般不能做主借钱给外人，外人借钱时，一般也不直接找妇女借。

> 外人找我们家借钱的多了，有的还有的不还。外人借钱，爷爷在的时候得跟俺爷爷说。爷爷去世后，家里借钱得先跟俺父亲说，俺父亲应了，得跟俺奶奶、俺叔说，一起商量借多少，他们三个人一起当家，奶奶没有不同意的。只要张口借，多少也得借点给他，就是这么个理儿，不能得罪人。[1]

4. 借钱中的家庭决策

当家中遇事急需用钱或者借钱主要是家庭使用，需要跟家里人商量。如果是因自己赌钱，不用跟家里商量，商量了大家也不同意，如果因赌博借钱还不起，当家的自己想办法。

5. 谁去借

家里需要向外借钱一般是家长去借钱或以家长名义借钱，向同族、亲戚、朋友借钱都是如此。如果家中男性老人去世，以家中最大男孩子的名义去借钱。弟兄只要不分家，都以老大名义借钱，其他兄弟不能随便借，因为他们不代表家庭。其他兄弟可

---

1 源于 2016 年 12 月 1 日对军南村王世良老人访谈。

以私下向自己的岳父岳母借，这个借钱是跟他自己的亲戚借钱，不跟整个家庭相关，还与不还，不关家庭的事情。如果向岳母借钱，这个钱的用途是用于整个家庭，就得以当家人名义借钱。

儿子经过父亲允许，可以借钱，借钱还不起的时候，父亲可以偿还。如果父亲当家，儿子信用好，儿子也能私下借钱，不过只有去和父亲关系很好的人那里才能借到钱。王世良老人当时在城里上初中，学费要当天交，需要 15 银元，回家又有点远，于是他自己跑到城里他的老表的二爷爷那里去借钱，"二爷爷，我从你这里拿钱交学费，我跑回去累得慌"。他的老表的二爷爷于是给了他 15 元。

6. 向亲戚借钱不还的多

1949 年以前，村民借钱首选自家的亲戚，一般情况下不需要利息。根据家庭情况还钱，家庭情况不错，这样的家庭借钱要还，家庭条件不好，不还也可以。

> 俺大爷爷死，要发丧，他们弟兄仁一时拿不出钱，俺叔跟俺父亲就主动借给他们钱。比如，他没爹没娘，有病了，俺爷爷奶奶主动养他，给他娶媳妇。花了三千两千。
>
> 俺家从我记事儿，没跟外人借过钱。俺家比俺大姑家厚实，但是俺沾大姑家的光。俺家的船用的俺大姑家的大槐树，一分钱没有给。还有两个柜橱，俺用了也没有给她钱。其他的亲戚都是沾俺家的光。
>
> 俺喂了两年的肥猪，有个人找我们借了猪，他跟我们家出五服，平时红白喜事没有来往。腊月初父亲让我去要，整个腊月我跑三四趟。"爷们儿，你跟你父亲说吧，人不死，账不烂，我过了年给他。"最后他一分钱也不给。
>
> 俺叔跟俺庄上的人合伙买竹青。这个人是个长辈儿，他对俺叔说："我出主意，你拿钱，咱去哪里买竹青去。"结果我们家出钱把竹青买了，他也不拿钱。[1]

7. 借钱程序

在传统时期，军王村村民向其他村民借钱时，借钱程序比较简单。向亲戚借钱不打借条，不请中人，不要证人。跟朋友借钱不立合同，向帮工的雇主家借钱也不用签订书面合同，只要借钱双方当家人口头约定就可以。

---

[1] 此处 4 个小案例均来源于 2016 年 12 月 19 日对王世良老人的访谈。

（三）借贷——放账

在军王村，村民将借高利贷称为"放账"。军王村没有放账的，放账的都是外庄人。一般是春天的时候放账。

1. 放账人

一般放账的是"大家"的媳妇，即富裕大家庭的媳妇用私房钱放账。正经户、出名的财主都不放账，种地户中也没有谁放账。因为种地大户只是借钱出去，如借给亲戚等，剩下的就花费了。比如王世良家，二年三年盖间屋子，钱存不起来。

2. 放账要找中人

借高利贷得找中人，找可靠的中人，不然借钱的就跑路了。中人资格有两点：一是认识的人多，因为认识的人多才有可能知道是谁放的。二是家庭条件得是中等户，穷人当不了中人。这样放账的才能信得过他，如果借钱的人还不上，中人替他还。保长不管借贷。

3. 军王村没有借放账钱的

在传统时期，村民一般因为遇到大饥荒，或者是因看病、家里断顿子、找亲戚借不来，找邻居没借到，才去借高利贷，通常借一斗二斗粮。军王村富裕户都怕穷人，一般会借粮食或者借面，所以没有出现向外庄借高利贷的，本庄也没有借出过高利贷。老财主家有屋子住，每年都有存粮。谁要是放账，人们就会说"比老缺都厉害"，就骂放账的人。

> 俺庄没有人借高利贷，还不起哦。俺庄的穷人，他有本家，外庄也有亲戚朋友，不能说没有一家富裕的。都能借到。富裕亲戚不借，穷人就直接上他家里吃去。比如俺舅爷爷天天专门来吃饭。[1]

4. 放账的程序

在1949年以前，放账的人都是私下放账。本庄有钱的人不给自己庄的人放账，一般是放给远乡的，不让借账的人知道他的名字。借贷双方都不见面，只见中人。借账的人知道名字后会威胁放账的人，如说出"你再跟我要，我杀你"等过激话。春天借1斗，收完麦子就要还2斗。要账时由中人负责要账。如果借账的人还不起，有钱人可以刨中人的屋。

---

1 源于2016年12月20日对王世良老人的访谈。

六、交换中的关系

（一）买卖中的关系

1. 赶集中的家庭关系

家中女儿小的时候，可以允许女儿赶集，但是需要在家长的陪同下才能去。赶集的时候会给家里的小孩子买点包子、花生等小吃，那个时候长沟集市上的花生多，但不会给老人买吃的。儿子赶集要告知父亲，儿媳一般不去赶集，老年妇女可以去赶集。有的家庭，当自家的老人去世后，老人的兄弟还在世，出远门赶集时，要告知自家老人的兄弟，回到家时还要再告知。

2. 与本村村民的关系

本庄的村民买东西尽量不优先买本庄的，同庄的人不管卖什么，村民一般不买，买外人的。因为买本庄的物品不好还价，外庄的能讲价。买家卖家都担心吃亏，两头儿都害怕。卖东西一般是卖粮食，也不卖给熟人。比如卖瓜，至亲的亲戚来，免费吃，卖瓜人看到远房的亲戚，就会远远地躲着。

3. 与熟人的关系

村民在市场上雇人，大部分是雇认识的人。雇工市场上等待被雇佣的人都是附近村子的人。到雇工时节，需要雇工的村民一到人力市场上去，就会有和这位村民熟识的人过来打招呼，拉着人就来了，不用雇主自己去市场上找。然后就开始当面讲价钱。

4. 与土匪关系

一般情况下，土匪不抢劫做穷买卖的，比如贩卖粮食的。他们主要是抢劫钱。

5. 赶集市场与国家关系

以前，有人把集市上的官税，比如牲口税买下来了，他收的税多的就归他自己。集市上卖肉、卖羊、卖猪等牲口要收官税，不交不能卖。私税要在赶年集的时候收，从十二月十五一直收到大年三十，这段时间，天天都是集。各家各户收，在谁家摆摊，就要给这家地摊费，有几户收几个。摊位费相当于现在 5 块钱，能买 1 斤粗粮。有的地方会划摆摊区域，有的地方不划，重要的地方才划。

6. 赊账关系

附近三两个庄上的村民，不论赶集买什么东西都能赊账，或者给一半的钱，或者一点也不给，然后对卖家说"下集给"。那个时候说下集给，就一定在下集给，在集上赊账很久不还的情况很少。村民有赊馍馍的，谁家馍馍质量好，就给谁家赊账。打酒打多了得赊账，1 斤以下不赊账，给现金。打零酒就在本庄，买得多了就去长沟，因为长沟有蒸酒的厂子，酒好，也比较出名。村民在长沟有亲戚就可以赊账，其他的人不能赊账。

（二）庙会看戏中的关系

1. 戏班内部关系

过去的剧团有大剧团，也有小剧团。庙首提前向各村敛钱，然后根据敛钱的多少来决定是请大剧团还是小剧团。戏班子大约 30—40 人，有班主，班主不一定是师父，有台柱子，唱戏的主角儿，唱得越好工资越高。班主请主角的时候就商量好工资。戏班唱戏不交税。

2. 与庙首的关系

在传统时期，于家寺有个戏楼，寺的庙会有庙首。戏班子由庙首请，请戏班的钱来自庙首向各村敛的钱。一开始得是会首点戏，接下来是各村的首户，比如他家里有钱，他想听好戏，就得拿钱点戏。庙首请唱戏班子来，费用在唱完戏后一次性付清，不用提前给押金。

3. 与村民的关系

传统时期唱戏的地位比较低，村民认为唱戏的、剃头的、吹唢呐的这些人属于下九流。在庙会上，是露天的戏场，用大的粗绳子——缏，把观众隔开，男的在一边，女的在一边，一般情况下，遵循男左女右原则。村民去看戏不用给钱，就是看热闹，主要评论戏班子唱得好孬。为防止农村里的流氓搅乱会场，庙首会提前安排乡兵维持秩序，整个会都是庙首当家。

第五节　分配与分配关系

传统时期，军王村村民的经营成果分配主要分为农产品分配和现金分配。村民一般选择"存粮不存钱"，因此使得家庭分配以农产品分配为主。农户围绕国家、家庭等分配主体，由当家人掌握分配权，形成了丰富多样的分配惯行和关系。

一、分配单元

在传统时期的军王村，分配单元与产权单元大多数情况下具有一致性，但也有不一致的情况。

（一）以"小家庭"为单位的分配

不分家的小家庭，分配单位与经营单位是一致的。分家后的小家庭主要分为以下两种形式：

一是家长没有填房的家庭。家长没有填房的家庭分家后，父母一般由儿子轮流供养。这样的小家庭的劳动成果除了自家分配，还得留出父母的养老粮。

二是家长有填房的家庭。比如弟兄仨不是同一个母亲所生，老大、老二是同一个母亲生的，母亲死后，父亲又找了一个妻子，然后又生了一个儿子。分家后，老大、老二单过，父亲跟小儿子住在一起，地都归小儿子。这个时候分家，就得先把老人的地留出来，留多少没有标准，按人口分。在1949年以前，大部分是轮流供养父母，跟一个儿子生活的不到十分之一。

（二）以"大家庭"为单位的分配

一是老人单独居住。老人的养老田平均分给儿子耕种，儿子们每年交养老粮给老人。老人不参与儿子们的家庭生产经营活动，但可以参与劳动成果的分配。

二是老人与儿子居住。产权单位与分配单位不一致。养老按照老人的意愿，他愿意跟谁，就跟谁，愿意让儿子轮流供养就轮流供养。如果不轮流供养，父母跟着的那个儿子分家时会多分一些。

二、分配决策

（一）当家人与分配决策

1. 当家作主

在军王村，关于当家人，有外当家和内当家的说法。在2代或者3代或者4代同堂的家庭中，如果没有分家，一般情况下爷爷当家，掌握家中的分配权，奶奶相应地被称为内当家。对此，王世良老人说道："那时候，经济权一般在老头子、老妈子身上。"当老人与儿子一起居住时，儿子结婚后，也是老人当家。当老人年老体弱，不能下地干活时，便不会负责地里农活的安排，但仍然有分配权。

2. 当家不做主

当家人与家长存在不一致的情况。当家人因年龄关系或者其他事务缠身，会将具体做事的权力交给儿子，不过自己还是家长。儿子在重大事情上要向家长报告，对外交往均以家长名义进行。王世良的爷爷是村里的"问公益"，即村长，比较忙，因此家里的事就交给父亲打理。但是家中的事情父亲还得向爷爷报告，爷爷同意后方可实施。"我们家当家人是大爷，家务活儿是奶奶安排。遇到大事，大爷会请示爷爷，一般情况下，爷爷都会同意。遇到大事，大爷会先做出一个决定，然后去请示爷爷看是否合理，如果可以就这么定了，如果爷爷决定不妥，就会提出意见。外人借钱、借粮食得给大爷说。"王世习老人对此说道。

（二）女性的分配权

1949 年以前，绝大部分家庭是男的当家，享有家庭中的分配权，但也有例外，出现过妇女当家的情况。虽然有妇女当家的情况，但是在当地，一个家庭中的妾是不能当家的。有的老财主家庭，家里需要操心的地方多，家中的男人能力弱，不愿操这个心，其媳妇脑子聪明，能操持好，也会让媳妇当家。

例如，村落里老财主王守荣家，1949 年以前，王守荣的父亲还活着，但是他们家里的事以王守荣的娘决定为主。当时王守荣的娘已经是村民眼中的"老妈子"，去她家借东西，不管是借什么都要经过她同意。王守荣的娘能当家，是因为她脑子快，各方面都能操办，也能支配农活。

三、分配内容

（一）农产品分配

在以自耕农为主的军王村，对于村民而言，因少租佃，在农产品分配中，主要是税收、自食、变卖、养老这四个方面。

1. 纳粮

1949 年以前，当地村民称呼交税为"纳粮"。需要纳粮的土地被称为"大粮地"，所谓"大粮地"是指政府有档案的土地。年年得打差纳粮，军地属于大粮地的一种，比一般的大粮地纳税政策优惠，所缴纳税额比较少。村民会用"人家有大粮地"说明这人老实可靠。

日军入侵以前，收税标准不是按照人口，也不是按照土地面积的多少，而是按照每户应纳多少银子来确定。而每户应纳银子数目是以前就传下来了的。刚开始税收很轻，二三十亩地的农户所交税收不到一顿饭钱，可以找人代缴。例如王世良家有大约 4 钱的纳粮地，不足半两。在 1949 年以前，军王村纳粮地最多的为 8 钱，没有超过 1 两银子的农户，后来纳税标准一直在涨，甚至超过了 1 000 斤。保长给每户 1 张粮单，上面写着"×××乡×××庄　户主×××　应交粮食×××斤"，虽然粮单上写着多少粮食，但实际上纳税是给银子。

2. 自食

军王村地主王世良家丰年大约种 50 亩地，可以收入大约 8 000 斤小麦；高粱种植 10 亩，一年可以收获 2 000 斤高粱；种豆子的地，大约也是 50 亩，一年可以收获两三千斤豆子；芝麻种植 15 亩，一年收获不到 300 斤的芝麻。王世良家中有10 口人，在口粮分配上，一年大约 3 600 斤用于自家吃饭，也有亲戚不干活儿来家里蹭饭的。

表 3‑17　1949 年以前王世良家耕种及收成情况

庄稼名称	种地亩数	丰收年产量（斤）
小麦	50	8 000
高粱	10	2 000
豆子	50	2 000—3 000
芝麻	15	＜300

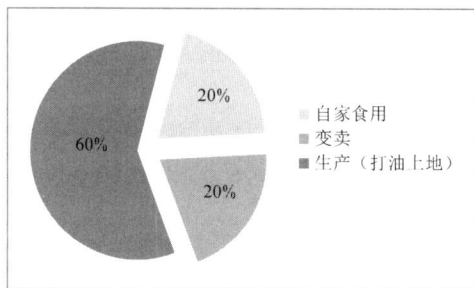

图 3‑5　军王村王世良家一年豆子的分配情况

3. 变卖

豆子，60% 打油上地，20% 用来卖，剩下的 20% 用来吃。村民卖粮食，平时卖得不多，一个月卖 150 斤左右。一般是建房子时才会大量卖粮食，卖了来买梁、榑等材料。

4. 养老

分家的家庭需要专门分配粮食用于养老，儿子们是一年一年地给，平时也得给零花钱。村中流行一句俗语"够不够，三百六"，一年至少给 360 斤粮食，其中 70% 是细粮，如图所示，再给点小米、豆子、高粱等小杂粮。当老人无法自理时，儿子们还得负责给老人磨面，不然老人吃不了。儿子们轮流磨面，老大磨面一次后，老二磨面，然后是老三，这样依次轮流。无论长幼、贫富，每个儿子每年交一样多的粮食。在口粮上，村民认为每个儿子都种有一份养老地，这一份地收了一份粮食，交给老人作口粮，就不用动用儿子家庭的经济。

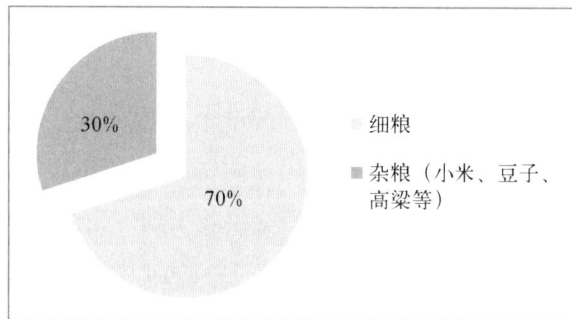

图 3‑6　养老粮食中各类粮食占比

（二）现金分配

1. 生产分配

第一，农具购买和维修。在农具置办或维修方面，当大型农具被损坏时，需要请木匠来家里干活。春天里请木匠的人比较多，比如犁头、耩等生产工具需要收拾一遍。请木匠时，家里得吃四个菜，如鸡蛋、黄瓜、白菜、豆腐、鱼，还得有一壶小酒，大概有半斤，工钱另外算。小型农具的维修在每年春天，大约在农历二三月的时候，会有串街打铁的来到军王村。农具修补后不能使用了，村民会重新购买，如在赶矿山会时买农具，扫帚、帽子等收麦子时的工具。在农具购买和维修方面，以王世良家为例，1945年以前每年大约花费150斤麦子购买或维修农具，1945年以后，农具贵了，一年需要500斤麦子。

第二，购买大粪和给看坡费。肥料是生产投入中重要的组成部分。军王村距离县城较近，村民会去城里买大粪。中农以上的农户会分配一部分粮食作为看坡费。1945年以前给的少，发水没有收成，就不用给看坡费。1945年以后，据王世良老人讲述，他们家一年大约给100斤麦子作为看坡费。

第三，买地与建房。村民家中有盈余时，在家庭的多次分配中，买地成为分配中重要的一部分。村中有的家庭会因做小买卖挣钱而买土地，例如王万亮老人的父亲用买卖粮食的收入置办土地。建房也是在多次家庭分配中完成。在1949年以前，村民盖屋子得准备几年，就算村中的地主，建房子都要准备三年。

2. 生活分配

首先，日常生活分配。受地形和气候影响，村民们在丰年和歉收年生活分配不一样。村民不舍得吃，所以日常饮食占家庭总分配的比重较低，地主王世良家日常饮食分配占家庭总分配的比重也不足10%。不过即使再穷的家庭对过年家庭祭祀也很重视，都会分配一部分资金用于买祭祀用品，宁愿过年吃差一些，也要备足祭祀用品。条件好的家庭，每年会留出一部分资金给家庭成员买衣服，主要是内当家决定，根据需要进行添置，该买的就买，不该买的，要也不给。

其次，人情支出。在军王村，村民的人情支出主要分为两个方面，一是自家随礼的人情支出，二是自家办红白喜事的消费。第一，自家向他人随礼的比重比较大，村民之间的人情往来以实物为主。村民王世良回忆时感叹："家庭日常消费中，人情消费也不少。至亲摊上什么也得给些。"人情消费事项主要包括吃喜酒、喝豆腐汤、吃喜面，亲戚看病、祝寿等。随礼时，村民们一般遵循"看账随礼"原则，即别人给了多少礼，就还多少礼。如果是因请锟子欠下人情，此时可以选择多随一些礼。就一个家庭而言，随礼时，姐姐妹妹、姑娘家随礼最重，姨家轻一些，姥娘家跟姨家差不多。总体而言，父亲这边的亲戚礼多一些，母亲这边要少一些。也可根据经济情况随礼，如果经济条件好，随礼可格外拿得多。家里穷，拿不出，也可以只挂一个虚名，显得好看。第二，每个家庭都遇到"喝喜酒""喝豆腐汤"等红白喜事。红白喜事随礼在家庭分配中，占比较大。穷人家庭担心承担不起，于是形成了"红会""白会"等针对红白喜事的村民互助民间组织。有的家庭在老人健在时就开始准备棺材，富裕家庭还会卖 2 亩地，以此彰显自己对父母的孝顺。

再次，教育支出。在 1949 年以前，村子男孩子的读书率达 80％以上，因此教育支出也是家庭分配中的重要部分。村民的读书目的，在蒙学阶段是为了认个字，不会"吃瘪子"。比如去城里街上办事，别人说了名字自己就可以找到那个地方，不认识字的话，就算到了也不知道。读书后能写字，可以记账，没有读书就只能靠脑子记，有可能遗忘。当时没有为了当大官而读书的。

最后，疾病支出。本村村民王守虔行医，能开药方，主治外科，尤其在治生疮方面有奇效，并且从不收取本村村民的医药费。村中另一位张广元医生，世代行医，医术高明，给富人治病采取包治，治不好不收钱。村里请不起医生，同时病人病情很严重时会请"下神"。有去郑家堂、莱家那边的村子请下神的，距离军王村 4—5里，费用比请大夫便宜。遇到重大疾病时，村民常说"黄金有价，药无价"。一服药最便宜也得 1 斗麦子。对有重大疾病病人的家庭，疾病支出是一笔不可小觑的开销。

3. 家庭储蓄

据老人讲述，在 1949 年以前的军王村，村民家中现金储存很少。大部分农户不习惯在家中存现金，大户人家才会存现金。村民遇到事情需要用钱时，便开始卖粮食。

四、分配关系

（一）家庭内部分配关系

1. 妇女与家庭分配决策

对于家庭的长期规划，一般由男性掌握分配权。也有例外情况，家中男子能力不足，或者家中女子能力超过男子，也出现个别女性主导家中分配权的情况。在日常生活中，如厨房中的日常开销，每天的饭菜，每顿吃什么，吃多少，由女性负责分配。家中有婆婆在，儿媳需要向婆婆请示分配。

2. 教育分配重男轻女

传统时期，军王村在教育上，注重启蒙基础教育。在启蒙教育中，男性普及率比较高，而村中女性受教育的少之又少。普通家庭在教育资源分配上，均将教育投资在家中男子身上，只有地主家庭才将教育资源分配倾向于家中女子。

（二）赋税分配中的国家与农民关系

1937 年以前，军王村因地属军屯，享有赋税优惠政策，赋税比非军屯的村庄要轻。有的村民的赋税还不够一顿饭钱，缴纳赋税需要去县里的赋税机构"房里"。有村民因赋税太少而欠税的情况，负责催欠税的官员来村里催村民纳粮，也不会为难村民。在这段时间，农民与国家关系和谐。随着日本士兵的侵略，赋税从之前的"纳粮"转变为"抢粮"。

第六节　消费与消费关系

在以自耕为主的军王村，村民消费来源以自给为主。在消费决策上，仍然是当家人为决策主体，外当家总体统筹，内当家负责日常生活。在消费活动上，村民粮食消费以家户自我生产为主，其他类消费活动以市场提供的消费为主。

一、消费来源

（一）以自己耕种为主

军王村村民主要以种地为生，所以种地收入成为消费的主要来源。收入的粮食主要有小麦、高粱、豆子。以中农家庭王万亮家为例，王万亮家每年大约种 4 亩地的小麦，正常丰收年份每亩大约收入 200 斤小麦；高粱耕种 12 亩，每亩大约收入 200 斤，一年可以收入 2 400 斤高粱；豆子收入大约 240 斤；棉花收入为 10 斤干棉花。

表 3-18　1949 年以前王万亮家耕种及收成情况

种植作物	种植亩数	正常年份亩产（斤）	丰收产量（斤）
小麦	4	200	800
高粱	12	200	2 400
豆子	4	60	240
红麻	4	300	1 200
棉花	1	10	10

粮食开销。以王世良家为例，"割麦子的时候，光外边的人就有 10 多口子。俺表叔也来，俺舅爷爷也来，加上短工，再加上俺家的人，一天得有 20 口人吃饭，收麦子得 7 天。垛麦尖儿晒麦子，一天也得 10 来口子人。"

（二）做小生意

村子里有在集市做生意的，其中 3 家卖布的，卖的洋布，1 家卖火纸、糖、麻、姜的，1 家"宰八子"杀猪牛羊的，1 家卖羊肉汤的，1 家"贩鲜的"，即卖鱼。村里还有 1 位农户专门卖菜，有 2 家开酒馆，五六家开合局的，合局即打牌的地方。也有贩卖家具的，做买卖的挣个钱度过灾荒。

（三）从事其他职业

一是手艺人。村里有 1 个木匠。1 个和尚王解贵，在冯寺，距离村子 15 里。1

个产婆，王善堂的妻子。2个拉黄包车的，王守庆、王守玉弟兄，在城里，家里很穷，没有地。3个瓦工，王明彬、王印斌、王乐堂。二是吃工夫粮的，王守忠的儿子王万明吃工夫粮。帮地主干活儿，同时自家的土地也能得到耕种。三是长工和短工，本村人做长工比较少，外村的比较多。四是地牙子和大夫，土地买卖离不开地牙子。本村村民中有1个中医王守虔，地主家庭，给穷人看病不收钱。还有一个从外村来本村开药铺行医的张广元，全科医生，世代从医，医术高明，治不好不收钱。

二、消费决策

（一）外当家总体统筹，内当家负责日常生活

家庭中整体安排由男家长即外当家负责，比如收入多少，如何支出，哪些地方可以支出，支出多少，比如红白喜事上置办多大规模、人情消费应给多少等等。不论是粮食收入还是生意收入都是家长全权管理，其他人没有支配权。手艺人、大夫、地牙子、帮人扛活儿、打短儿，一般是男性，如果自己是家长，所得收入就自己处置，如果不是家长，就需要交给家长管理。小事上女家长可以做主，负责一家老小的穿衣以及妇女的采买。

（二）家庭成员消费

当家人把握家中财政大权，当家人的妻子也掌握部分财权。富裕家庭，当家人会把钱放在家里，就由夫人管钱盒子，家中日常消费就由妻子做主。儿子赶庙会，单独走亲戚要给零花钱。赶庙会给得多点，买点笔、纸，家长会给相当于现在10块钱。家庭成员走亲戚，家长给点零花钱，一般给相当于现在1块、2块。儿媳回娘家看望，带的礼物如馓子，由媳妇说了算，因为媳妇是用自己的私房钱买礼物。

三、消费活动

（一）家户自我生产的消费

1. 粮食消费

从农历的十月初一（或者八月中秋节）开始到寒食节，村民每天吃两顿饭，过了清明节开始吃三顿饭。主食为蒸卷子，村民不称呼其为馒头，也蒸窝窝（圆子），就是用白面、高粱面、豆子面等掺在一起做成的。

2. 蔬菜和肉类消费

据老人回忆，传统时期的军王村，除了村民王世登家种园，其他农户很少种蔬菜。不过几乎家家户户每年都会在秋收后，种大约半分地的胡萝卜，因为胡萝卜高产，可以喂猪也可以腌咸菜。平时村民是吃两样菜，咸菜和辣椒。每家有都1个瓦缸，能装

百来斤萝卜，腌 50 斤萝卜，得加 15 斤盐。平时没有外人干活就不买菜，因为家里有鸡蛋，冬天还有萝卜白菜青椒，很忙的时候才买菜。

军王村西坡的地，年年发水，村民便靠水吃水，通过叠堰逮鱼的方式，自己去西坡捉鱼来吃。过年过节，隔一年杀一头猪。

3. 食用油消费

家中种植豆子的农户，如果种植面积大的话，可以卖。豆子榨油后，形成豆饼，可以作为肥料，也可以作为牲口的饲料。冬天还可拌着野菜，做粥供自家食用。民国时期，村民主要靠豆子油作为照明的燃料。以王世良家为例，抗战以前只有一个灯，一年用不了 3 斤油，顶多花费 10 斤麦子，抗战后有 3 个灯，10 来斤油，大约花费 30 斤麦子。

4. 能源消费

村民们平日里生火做饭的燃料主要来自收割庄稼所产生的秸秆。比如麦子、高粱、豆子等的秸秆，都可以作为村民平日生活的燃料。若是燃料富余，村民还可以拿去卖，也可以用于换取白菜。

（二）市场提供的消费

1. 调味品

盐、醋、酱是村民常用的调味品。村民常吃咸菜，盐是每户农户必备的调味品。据老人讲述，1949 年以前，军王村王桐顺开的酒馆，除了卖酒，还卖醋、酱、盐、旱烟等。抗战时期以前，村民花得很少，除了过年过节买点菜，平时就买点盐、酱、醋等调味品。一年要 5 斤盐，酱和醋顶多 5 斤，花费一共不超过 2 斗麦子。

2. 蔬菜

一般军王村村民平时不会去集市头菜。当家里来客人或者买青菜、水萝卜、葱等蔬菜及买鱼买藕买肉时，村民们需要去集市上购买。

3. 打酒

村中的酒馆儿卖零酒，王继符家的酒馆儿天天有人，有的爱喝酒农户会买酒回家喝，有的农户在酒馆儿喝完一两酒就走了。爱喝酒的人，高兴时都会隔三岔五聚在一起喝一下。王相坤和王万寅关系比较好，经常一起喝酒。负责教书先生饭食的地主家，每顿都会给教书先生准备一壶小酒。打酒打多了得赊账，1 斤以下不赊账，给现金。1 张纸钱能买 2 两酒，一个铜格能买 4 两酒。平日里，村民打发家中一个小孩儿，上酒馆去装酒，不用带钱，可以赊账打酒。

4. 添置衣服

春天添单衣，秋天添棉衣。家里人不用张口，根据需要进行添置，主要是内当家决定。不是每个人都添置，老大穿过的给老二穿，谁没有就给谁添置。儿子成家后，若是媳妇陪嫁差不多，几个儿子条件相差不大，就平均添置。若是陪嫁不一，谁没有给谁添置。没有添置的不会有意见。

比如，王世良家做衣服，粗糙活儿他婶子做，细发活儿他妈妈做，奶奶纺线。用自家的棉花做衣服，棉花不分配，谁用谁拿。到八月里，一家人添棉衣，上城里买2—3丈白布。自己买竹青染色，一两竹青煮一丈白布就成灰色的布了。冬天不能穿白衣服，都是自己染，十家得有九家是自己染的。买好白布，用板浇上石灰，用布印一下，布就带上花了，做衣服剩下的白布还可以用来洗脸。

5. 红白喜事

第一，请吃喜面。即当地为庆祝小孩出生而宴请宾客。先是向宾客报喜，然后是摆宴席。吃喜面宴主要消费为置办酒席以及回礼，至亲会给小孩子买衣帽鞋袜。吃喜面一般是家中各大喜事中花费最少的。

第二，娶媳妇消费。军王村娶媳妇需要花费的项目有请拔啦吭（奏乐的）、请焗匠（厨师）做饭、租赁碗筷等炊具、租赁轿子、买红纸、买红书大柬等以及置办酒席。

如表3－19所示，请拔啦吭，请古乐6名，平均一个人一天得20斤麦子。娶媳妇请焗匠做饭大约要花费300斤。拖板、筷子、碗、盘子，这算是炊具，需要向焗匠租赁，租金不超过100斤麦子。借多少还多少，弄碎了就赔给焗匠，不够数就用钱补。婚庆用品，如红纸、红书大柬等，再加上买花生、桂圆、糖、鞭炮等，大约花费100斤麦子。

请拔啦吭、请焗匠、租赁碗筷等炊具、租赁轿子、买红纸、买红书大柬等婚庆用品，这些花费穷人和富裕农户差别不是很大，他们在娶媳妇消费上差别最大之处在于置办酒席。喝喜酒的席总体而言比发丧的好一点，一般情况下是十大荤，一桌席最少要花费一斗麦子或者2斗麦子。一类的大财主，他请的席要好一些，亲戚拿钱也要多一点，中农户家庭置办的席是二等，穷人又是一个标准。结婚的酒席也分为几大类，不同类型的酒席，花费也不一样。一是"八大样"，这类酒席最便宜，只有八样菜，一桌得花80斤麦子。二是"四六席"，即一桌席上有四个盘子六个碗，大约花费100斤麦子，有十道菜就可称为"圆席"。三是"十大荤"，置办这样的酒席，一桌大约花费130斤麦子。四是"四六带案酒"，即一桌席就有十四样菜，十大菜再加上四个酒肴，置办这样一桌席大约花费160斤麦子。五是"三四两大件儿"，一桌席花费180斤麦子。六是"六六"，这是财主家请新姑爷才有的席。穷人也得请姑爷，穷人家就弄个"四六"就行。

表 3－19　结婚花费情况统计

结婚花费名称		花费粮食
请拔啦吭		120 斤
请焗匠（厨师）		300 斤
租赁碗筷等炊具		<100 斤
租赁轿子		100 斤
买红纸、红书大束等，再加上买花生、桂圆、糖、鞭炮等		100 斤
酒席	八大样	80 斤/桌
	四六席	100 斤/桌
	十大荤	130 斤/桌
	四六带案酒	160 斤/桌
	三四两大件儿	180 斤/桌

第三，嫁女儿消费。嫁女儿不请客，但是要送嫁妆，所以村民嫁女儿时，主要花费在置办嫁妆上。家庭经济条件不同，嫁妆也不同。在 1949 年以前，当地嫁妆可分为以下几类：

一是陪送三样。嫁妆最差的也得陪送三样，桌子、柜、柜橱。这种情况下，姑娘都用她母亲的或者奶奶的凑合，油漆一下变成新的，就算陪送了。衣裳就只有 3—4 件，也得花费 250 斤左右的麦子。

二是陪送五件。一般中农户子得陪送 10 来件衣裳，一件普通的衣裳需要 1 斗麦子。还有嫁妆，有抽桌、盆架、柜、柜橱、杌子等 5 件陪嫁，一共得花费 500 斤麦子。

三是"大八件"。除了五件陪送，还陪送大方桌 1 个，大衣橱 2 个，椿凳 2 个，大杌子 2 个。数量更多，同时质量更高。大约花费 1 000 斤麦子。

四是有陪送顶顶床的，床上面有一层木头，床又宽又高，床需要花费 500—600 斤麦子。军王村只有王者印、王者香家有顶顶床，这样的农户很少。

另外每个档次都会陪送锡灯、铜盆、粉妆子、镜子、肥皂盒子。这几样东西花费比较少，大约花费 150 斤麦子。

第四，办丧事消费。老人去世时，村民会给老人办丧事。这时需要准备棺材，有的家庭在老人还在世的时候就会准备好，有的是老人去世时，现场请木匠做"热活儿"，赶制出来。最差的棺材大约花费 200 斤麦子。一般的棺材花费 500 斤左右的麦子，买这样的棺材的占多数。最好的棺材要十二圆花，用十二棵柏树制成，大约花费 1 000 斤麦子，一般是有钱的大财主才用。

纸盒，也分好孬，包括灵楼、2 个童男童女，需 100 斤麦子。如果再加上轿、牛、马就得 5 斗麦子，大约 250 斤。在此基础上，带上金山、银山、金桥、银桥需 1.2 石粮食。

请拔啦吭分为请当天的和请 2 天的。当天的要 3 斗麦子，大约 150 斤，2 天要 5 斗麦子，大约 250 斤，一般请 2 天的比较多。

请焗匠会根据酒席的桌数价格有所不同。活儿多，请 3 个厨师需要花费 300 斤麦子，请 5 个厨师大约需要 500 斤麦子。一桌得蒸 7 斤馍馍，中农户一般得花 300 斤麦子，发大丧要大约 500 斤粮食。还要买菜和肉，一桌席 5 斤肉，1 斤肉约 5 斤麦子，30桌席大约得 600 斤麦子。

表 3 - 20　军王村丧葬费用统计（估算值）　　　　　单位：斤（小麦）

名　称	最差（穷人及中农户）	一般（中农户及以上）	最好（大财主）
棺材	200	500	800—1 000
纸盒	100	250	600
请拔啦吭	150	250	
请焗匠	300	500	
蒸馍馍	300	500	
买菜	600	1 500	
看陵	0		
点祖	0	150	
孝衣	50		

资料来源：数据根据老人口述整理。

丧葬天数不同，花费也不同。很穷的家庭就不发丧了，只需要一口棺材，至亲里除了闺女，对其他人也不管饭。大部分农户办丧事只是管饭，需要三天时间，第一天，忙爷们儿进行采购。第二天拔啦吭来到办丧事的农户家，连着看陵加打坑。第三天发丧，这三天忙爷们儿只是吃饭，不拿工钱。发大丧也是忙三天，第一天忙客人，第二天忙发丧，第三天归还借的雇的东西。有的农户为了显示自己对父母孝顺，在父母去世后，会卖掉 2 亩土地以"显好"。

6. 请教书先生

在 1949 年以前，军王村读书率达 80％以上。有的人认为老辈儿都是文盲，一定得让孩子读书；有的中农户子上得起学，能够读书，但不上学。教师工资不是一次性付清，寒食节时先生会回家一趟，麦收的时候会回家一趟，中秋节时回家一趟，一年回家三四次，回家一次拿一部分钱，等到放年学的时候工资就全部结清。王世良家请的邹县的刘老师，他家里有事儿就给学生家长说，家长就给先生2—3斗麦子的钱，先生拿着钱就回家了。王世良老人受访时说道："我记得我跟刘老师坐一张桌子，他有一个底子，在书簿上写着家长姓名，给了他多少粮食，他都记着。"

以王世良家为例，见表3-21，王世良和弟弟当时在上学。在教育支出上，给教书先生的工资为500斤麦子，教书先生的生活费大约为600斤麦子。先生的饭，都是细粮，一个月1斗麦子，管4个月菜。还得管烟，先生吸水烟。买书等学习用品大约每年花费200斤麦子，当时的书很贵，1本书需1斗麦子。

表 3-21　王世良家教育消费统计

教育消费	1 300 斤小麦
教书先生生活费	600 斤小麦
教书先生工资	500 斤小麦
买书等学习用品	200 斤小麦

四、消费惯行

（一）勤俭持家

在传统时期，村民生产条件有限，生产能力不足，即使是地主家庭也是靠勤俭持家，才能过日子。

俺娘和俺婶子都吃最后剩下的，先让干活儿的人吃。家里人吃什么菜，俺叔和父亲可以提出，"哎哟，这么久了没吃菜，咱去买点海带去？"买海带得买点肉，不然不好吃。妇女不当家，不能提出。[1]

（二）热情好客

1. 饮食比平日好

村民平时吃藕、鱼很少，除了觅木匠、教书先生，来客人的时候才吃。1949年以前，藕比较贵，比肉便宜一些。王世良家对私塾老师很客气，每一顿给老师做两个小碟的菜，白菜、豆腐、藕、黄瓜大约占90%，有时有鱼、肉，很少。每天给老师做3个饼或者3个卷子，早上煮面条，汤里得有点菜。

---

1 源于2016年11月5日对军南村王世良老人的访谈。

2. 贵客来时，请"陪客"

陪客，一般情况下由能说会道、懂得礼节的人担任。不同的亲戚来，陪客要说不同的话。财主、庄长来家里都不算贵客。闺女婿为贵客，老姑爷为贵客，得是家长作陪。招待贵客的饭菜比其他亲戚要好一些，以显得尊重。女婿、亲家第一次来家里，要请一个陪客。请平时不来的至亲来家做客时，也需要请陪客，在陪客时不能说陋词，把客人得罪了。"三天请女婿"的陪客就得请酒量大的，平常的陪客无所谓。如果客人中有好饮酒的，就找能喝酒的陪客来陪，得陪好。客人是男的那么就请男陪客，客人是女的，就请女陪客。

吃饭的时候主人会说："来来来，叨菜。"菜上来了，陪客不能先叨菜，陪客拿着竹筷让客人吃菜。客人不叨菜，陪客不能叨菜，陪客代表主家。客人喝酒喝完了，由陪客给客人倒酒，主家不负责倒酒，倒茶水也是陪客的事情。客人中若有男有女，只坐一桌，就不分男陪客、女陪客，就由女主人陪女客。如果分坐两桌，就男陪客陪男客，女陪客陪女客。主客动筷子才算开席，得上了 4 个菜以上才可以开席。开席之前，主人家要发言致辞。说些客套话，还有就是问候的话。而婚礼的开席前，是由陪客先致辞。先喝酒再动筷子，主陪客最后倒一轮酒，喝完这"圆满酒"意味着散席。

3. 座次有讲究，送客送到大门口

送客由当家人送，表示尊重，当家人不在家，由当家的主妇送。一般送客到大门外，男主人根据亲戚关系的远近，决定是否将男客送到村口，新亲家走时就得送到村口。

在堂屋里请一桌的客，要分主次，由主家安排座次。在客人来之前，座位就摆好了。主客最多 2 人，桌子的北边和东边坐客人，西边和南边坐陪客及主人。一张八仙桌坐 7 个人，留一个席口，方便上菜。

（三）"烧香，家家户户都舍得"

烧香要花不少钱，加上火纸，一共需要 50 斤麦子。这一方面，即使是穷人也不吝啬。

> 别看吃舍不得，但是烧香家家户户都舍得，就是这么个风俗。买点鱼多实在，但是村民们不，得给老天爷磕头上供。[1]

（四）人情消费中的惯行

1. 随礼的总体规矩

一是父方亲戚多一些，母方亲戚少一些。也可根据经济情况，如果经济条件好，

---

[1] 源于对军王村王世良的访谈。

随礼可拿得多，也有不拿的。

二是父亲在世，只写父亲一个人的名儿。兄弟分家后，父亲仍然在世，不论分几家，随礼时写父亲的名儿。如果分开上礼，就会被认为是不孝顺。父亲去世后，才能写儿子各自的名。

三是无法前往礼也需到。人情往来被称为"随礼"或者"来往"。当本人无法到场时，也需要送礼。如果货币贬值了礼也要跟着变，如一个人给 100 元，当时可以买 100 斤粮食，后来 100 块钱买不起 100 斤粮食了，那得加钱。从前旧社会就是算粮食账。

2. 随礼的不同标准

一是吃喜面送礼。吃喜面必带的物品为红糖、小米和鸡蛋，送礼必须送双数。穷的送 4 包糖、6 包糖，富的送 16 包，1 包 1 斤，呈元宝形。讲究的包大米，不讲究的包小米，也可以包白面或者豆粉。小孩儿的姑娘家、姨家一般带红糖、鸡蛋、小孩子的衣裳。"姑的袜，姨的鞋，姥娘缝个脑袋来。"即姑姑送袜子，姨送鞋子，姥娘送帽子。不同的亲戚，随礼不同，姥娘家也有给长命锁、镯子的。去地主家庭吃喜面，至少送 100 个鸡蛋。

二是过百天随礼。过百天，也得成席。请近亲戚，也请街坊，主要是本庄的人。跟吃喜面请的亲戚不一样。要很近的亲戚来，姥娘家来个代表，姑娘家来个代表，姐姐妹妹家可以来也可以不来。主家通过向庄上的街坊敛钱来打百家坠儿。成席时，只要拿钱打百家坠儿的都可以参加，拿多拿少无所谓。主要是本庄的男爷们儿参加，不论年龄，但是不能只去一个小孩儿，得大人带着小孩儿去。过百天不用回礼。

三是吊疙疤随礼。小孩儿种花，要送礼。孩子 2—3 岁，大人用刀在小孩子手臂上划一个十字儿，放上一点预防天花的牛痘。种上以后要吃发物，1 2 个月就结疤了。在这段时间，亲戚们提着 2 斤馓子去看望。至亲都来，都是新亲来，老亲不来。

四是八十大寿随礼。八十大寿可以提前过，比如七十九岁的时候过。跟发丧一样，庆八十就是"活发丧"。送的寿桃是用冰糖熬化做的，有 1 尺多厚，然后用洋红洋绿一染，看上去就跟真的桃子一样，有大有小。由自家的表弟、闺女婿、外甥等亲戚买。八仙人子，分上八仙、中八仙、下八仙，一套就是 24 个。一个人子得有三四两，染上色。一般是订做，平常都没有。一套八仙人子比较贵，如果糖 1 块钱，那么八仙人子是 2 块。也有给老人买寿衣作为寿礼的。

五是喜事随礼。舅、姑姑、姨这几个人在结婚前要给新女婿买东西，如买帽子、皮鞋、大褂。别的亲戚不随礼。姑姑家、姐姐妹妹家、姨家、姥娘家，这几家有人结婚时，得送绫条喜对。

六是白事随礼。参加葬礼，当地村民称之为"喝豆腐汤"。随礼一般是送帐子、钱纸，至亲会送花圈。娘家的人送礼，得送三牲，即猪头、活鸡、活鲤鱼。"养了姑娘不得已，临时送个悬棺祭。"悬棺祭是在临近下葬的时候，把棺材搁在坟坑口子上，还没有落到地，此时棺材悬着，娘家的人把三牲贡献上去，去祭奠亡故的老人。外甥也可以给舅舅、舅母、姨送贡，表示尊敬，不送也行。

3. 欠人情时的人情返还

一是欠亲戚的人情。亲戚帮忙担事，村民不直接以钱返还，亲戚有事需要帮忙都去帮忙。有的亲戚不仅白帮忙，还提供物质上的帮助。

二是欠朋友的人情。如因请锁子欠朋友的情，需要补情。逢年过节时，给平肩的朋友送节礼。八月节就送 4 包月饼，过年就送一块猪肉（重量达 7 斤，带肋巴骨同时还带着一块猪油的猪肉）以及 2 瓶或者 4 瓶酒。

三是欠邻居的人情。中农户以下的家庭建房子，请亲戚、邻居、朋友帮忙，家里置办一锅菜。邻居建房子时需要帮忙，村民也会去帮忙。

四是"父交子还"。父亲朋友的人情，儿子去还礼。

五、消费关系

（一）家庭消费中的亲戚关系：穷亲困难，富亲扶助

如果穷人家的姑娘家、舅家、姨家很富裕，新郎的酒席花费 2 万，这类亲戚在随礼时会给 1 万，包席，或者承包全部请拔啦吭的费用，"拔啦吭我送了"。谁富裕谁多拿，还有拿粮食的，送磨面的，"你没有，从我这里过几斗麦子磨面"。

（二）人情关系："挂个虚名，显得好看"

平肩的亲戚拿一般多，即一样亲的亲戚随相同的礼。近一层的要多一些，远一层的少一些。姑娘跟姨算是一样的亲戚，姑娘的闺女跟姨家的闺女算是一样的。比如姑娘拿 500 元，那么姨家也拿 500 元。姥娘家可以多拿可以少拿，如果家里拿不起，可以挂个虚名，显得好看。姥娘家可能没有给钱，"他姥娘钱交了，1 000 元"，光喊个名儿。比如新郎有 3 个姑姑、3 个姨，3 个姑姑有穷有富，如果穷的姑姑拿不起，其他 2 个姑姑给她抬，挂名上。

（三）家庭消费中的农户关系：先问亲戚，后看技艺

若邻居中有技术工，村子外的亲戚家也有技术工，村民一般请亲戚家的技术工，因为亲戚家的技术工干得实在。用亲戚不要钱也不欠情，邻居不能白用，不给钱也得欠人情。

若邻居中有技术工，村子内的亲戚家也有技术工，这时就看技术，谁的技术高请谁。

技术相同的情况下，考虑至亲。如果不用，亲戚会怪罪"你不用我？你怕我给你要钱？"

（四）家庭消费阶层关系："'荣户儿'出钱，穷人沾光"

在军王村家庭消费中，村中"荣户儿"与穷人关系融洽，"荣户儿"即中农户以上的家庭。在家庭消费上主要体现在两方面，一是"穷人吃药，富汉拿钱"，二是富人请老师，穷人少交钱。

第一，"穷人吃药，富汉拿钱"。以前的医生，遇到富人去看病会多收一些，穷人看病会少收一些或者不收。第二，"富人出钱，穷人读书"。每个学生的学费不一样，不是根据学生年龄收费，而是根据家庭情况收费。一般是地主家庭请教书先生来教书，提供教书场地并负责教书先生的饮食，教书先生不用给房租。

大约在1943年—1945年，王世良的父亲通过拜托房家教书的先生王志奎，从100里外邹县请来了教书先生刘景隆。刘景隆在这教了三年。刘老师由世良、万谟还有维成三家管饭，老师一年的工资是5石麦子。文贵友是外庄的，家庭条件也还可以，家里没有管老师饭，但他的学费最高。王世江家庭贫困，家中不负责老师饭，学费交得最少，为5斗麦子。王世善年龄比王世江小，还在蒙学阶段，但是学费比王世江交得多。

表3-22 1949年以前军王村学费缴纳（部分）　　　　　单位：斗（小麦）

序　号	学生姓名	学　费	负责先生一日三餐
1	王世良	6	万顺家
2	王世善	6	万顺家
3	王世江	5	
4	王守民	6	维成家
5	王守会	6	维成家
6	王可义	6	万谟家
7	王世成	6	万谟家
8	文贵友	8	

第七节　继承与继承关系

继承代表家庭延续，在1949年以前的继承过程中体现了丰富的继承关系。本节将从继承主体、继承物、继承方式及继承关系等继承活动，阐述军王村家户继承情况。

一、继承权

在家庭内部，一般情况下，配偶、儿子、孙子有继承权。

（一）亲生儿子

1. 原配妾室所生：均等继承

通常情况下，父亲与原配所生的儿子，理所应当有继承权；续弦生的儿子也可以参与继承，因为也是父亲的骨血。村民认为不管排行第几的小婆子生的孩子都一样。多个儿子分配，如果老人有遗嘱，就遵循遗嘱，如果没有，一般是平均继承财产。私生子也有继承权，但是要隐瞒私生子的事实，名声不好听。

2. 过继出去的孩子：没有继承权与带产过嗣

一般情况下孩子过继给谁，他就有过继父母那儿的继承权，亲生的父母那里就没有继承权了。如果亲生父母特意留了一份财产给他，兄弟同意后，他可以拿到，称为"带产过嗣"，这种情况很少。带产过嗣一般发生在亲生父母比过继父母富裕的情况下，且经过兄弟同意，不能硬给。

（二）非亲生的儿子

1. 抚养与继承权：义子与干儿子

在军王村，义子有继承权，而干儿子没有。事例：王振生有一个干儿子，他妻子又带来了一个儿子喝奶，喝奶的儿子自家有财产，就不继承他的。两个儿子都是在他家养大的，他干儿子后来走了。最后他家的财产归本家了。还有个说法是"有义儿没义孙"，即义子就当是亲生的，但义子的孩子没有继承权。干儿子没有继承权，有戴孝的权利，逢年过节可以看望老人。

2. 续弦时，女方带来的儿子：有继承权

续弦时，如果女方要带来儿子，必须改姓才准带来。女方带来的儿子有继承权，一般会少继承一些财产。

（三）特殊情况

倒插门的女婿也有继承权，全部财产都是他的。因为村民有儿子的话，就不招养老女婿了。被赶出家门的儿子也有继承权，但是因为有错误，继承得少一些。

（四）没有子女："碎盆儿打幡请过物"

如果没有子女，财产首先由父母继承；如果父母已经去世，财产由叔伯子侄继承。若小叔子有儿子，小叔子的儿子可以给他碎盆儿打幡儿，继承他的财产；若小叔子没儿子，大伯的儿子可以给他碎盆儿打幡儿，也可以继承他的财产。如果以上本家亲属都没有，则由家族处理财产。如果出现财产无人继承的情况，老俗理"碎盆儿打幡请过物"，谁碎盆儿打幡，老人的遗产给谁。

二、继承物

家里的全部物品都可以用作继承物，继承物一般包括房屋、土地、钱、粮、农具、牲口等等。大致可以分为四类，一是不动产，二是动产，三是债务，四是家中公共精神物品。

（一）不动产的继承

不动产主要包括土地、房屋等。养老地大多情况下是儿子平均耕种。生活条件较好的家庭，对嫁妆田比较看重，因为这关乎到"门面"，通常是直接将某块田的契书交给女儿，她出嫁时可以直接将契书带走，作为嫁妆，土地可以自己耕种。

> 我大姑奶奶，即我爷爷的大妹妹，她结婚的时候家里给她的地，大约 10 亩。因为姑奶奶嫁的那家没有我们家条件好。我记事儿的时候起，姑奶奶就住我们家，住在爷爷以前开药铺的屋子里，因为这里有她的地。我有个表大爷，就是姑奶奶的儿子，他也经常在我们家住着。[1]

在房屋的继承上，过道也要继承，过道离着哪个儿子分的房子近，就属于谁。虽然名义上划给这个儿子，但其他儿子如果没有过道，也可以从过道过。厨屋划给某一个儿子也是遵循就近原则，厨房挨着哪个近，就分给谁。

（二）动产的继承

动产主要包括现金、家具、炊具、耕牛、家畜、粮食、牲口的草料、牲口的粪便等。

一是钱的继承。父母将家中所有的钱拿出来分，自己不留，缺钱时再找儿子们兑。如果父母留了钱，比如留了 10 块，在儿子们眼中就是 100 块，就认为父母手里有钱。这样父母缺钱时，再要钱就难了。私房钱不能分，具体数目也不知。1949 年以前，家中男劳动力外出挣得的钱都得上交家长，不能留私房钱。

二是物的继承。锅碗瓢盆，新旧搭配着继承，不过旧锅好用，大家都愿意用旧锅。牲口的草料要分，牲口的粪也得分。过去粪很珍贵，先堆一个四方形的粪堆，然后用一根线从中间划开。粮食的分割按重量论斤分，不给父母提留，全部分完，否则儿子们会有话说，主要分麦子、高粱、豆子等。

（三）债务继承

在债务上，军王村村民遵循"父债子还"的原则。父母没有还款能力了，家庭债

---

1 源于 2016 年 11 月 9 日对军南村王世习老人的访谈。

务就平均分给儿子们。

别人欠父母的债，如果是公开的，那么分家时也得分，不公开的话，谁也不知道，那就不分了。儿子分家以前以个人名义欠的债，要根据借钱的用途来判断是否分摊。如果是为家庭借的，就大家还；如果是赌博借的，是公开借，那也得分摊还。如果其他儿子有意见，这时就需要中间人来调解。

如果分家后，儿子欠债去世，没有妻子儿子，这个债务由他父亲还，即"子债父还"。用儿子遗留的土地还账后，剩下的再分。如果分家时，既欠了别人的债，也有人欠他们家的债，得等到具体得到东西后才能再分。

（四）家中公共精神物品继承

一个家庭中代表公共精神的物品，例如家谱、神龛等，长子继承的情况最多。一是堂号，堂号是一个家庭的标志。比如上油坊买油，上酒馆装酒，打发一个小孩儿，不用带钱，递上堂号就可以赊账买油打酒了。存粮食的口袋上也都戳着堂号。大多数情况下，是由长子继承堂号。王世习老人家的堂号明德堂是在他爷爷分家的时候，教书的先生取的。堂号取好后就不能更改了。二是堂屋，堂屋是一个院子中最好的屋子。分为东间、明间、西间，东间、西间为卧室，明间为供奉祖先的屋子。分家时，大儿子分到堂屋的情况最多。三是家谱、牌位。神龛一般位于堂屋的明间，长子继承堂屋的情况比较多，因此长子继承神龛、家谱等。

三、继承方式

（一）分家继承

1. 分家原因

分家的原因一是家庭人多，因为人口多，做一锅饭不够吃了。比如兄弟比较和睦，人口增多，住不下了就得分家，没有怨言。假如大房子 15 个平方米，本来住得宽敞，人口增加后，就拥挤了，就得向当家的要房子，或者盖新房，或者是买二手房。二是经常出现小矛盾，大部分是生活上的矛盾。好比说老大家有 5 个孩子，老二家 3 个孩子，老三家只有 1 个孩子，这样就分配不均了。冬天给小孩子买衣服，老大家 5 套，老二家 3 套，老三家 1 套，老三家就自觉吃亏。三是家庭条件困难。一到收冬后，村民就要各自去找吃的。几辈子不分家的都是地主，要买什么有资产，穷人家做不到。四是为了显穷，怕人家说富，怕"架户"要东西。因为地多，纳的东西就多，有的为了逃避，就分家。

旧社会分家的农户比较少，不分家的占多数。一是因为怕别人笑话家里不团结。"你看你看，他们弟兄不团结，分开了。"二是在 1949 年以前，宅子小，屋子少，向外买地又买不起，自己盖也盖不了，所以没法分。这与1949年后不同，1949年后分家就需要盖新房。三是与家长的领导能力有关。三四代不分家，因为家长领导得好，分配得比较公平，家长在家庭中的威信相当高。假如有3个儿媳妇，给3个儿媳妇的布都搁置在一起，然后分给大家，具体多少，都说清楚，这样就透明，大家都没有意见。

2. 分家原则

分家原则总体为公平，平均分配，有姐姐妹妹的会留出一点儿来做陪送。比如一家有两个儿子和一个闺女，闺女还没有出嫁，在分家的时候，两个儿子要答应闺女出嫁的时候买嫁妆。不给闺女地，但是要让儿子们负责闺女陪嫁。也有在分家之前，先打嫁妆的。如果只是因为人多才分家，家庭本身很和睦，一个儿子家庭负担比较重的话，在分家时会有所倾斜，具体如何倾斜，倾斜到什么程度，由中人决定。

3. 分家方式

在军王村，分家也采用"诸子均分"的方式，只有儿子可以参与分家，而且分得的份额相当，女儿没有资格参与分家。同时，分家也是一次性完成，没有逐次分家的情况。

4. 分家想法的提出

如果父母想分家，儿子不想分家，这样的情况下，要看老人的领导能力。老人当家，在家里说什么就是什么，这样的家庭可以分。大多数普通家庭在这样的情况下分不成的占多数，因为儿子会赖着父母，家务事都是父母操心，和父母住在一起就什么都不用管。

如果儿子想分家，父母不想分，就不可以分家。"你分吧，什么都不给你。"从前有地业，四邻是谁，买的谁的地都清楚明白，老人掌握这个业，不给这个业就分不了财产。但是若儿子老是和父母对着干，会加速分家的进程。

如果部分儿子结婚后想分家，而其他儿子不想分，可以先将有分家需要的儿子分出去。家产少的按照人口分，因为父母还在，比如家里有10口人，就分成10份，大儿子家有3个人，就分3个人的地。如果父母不在了，就按照弟兄3人平均分成3份。如果有3个儿子，大儿子想分家，其他儿子不同意，这样也可以分。大儿子分出去过好过孬就靠自己，不能再向家里要东西，平时为父母养老也凭自己心意。父母去世的时候要帮忙，不然街坊会笑话他。儿子要出钱安葬父母，根据家庭情况出钱，不平均摊。家产多的，如果部分儿子有需要想分家，就按照儿子个数来平均分配。养老按照老人的意愿，他愿意跟谁，就跟谁，愿意让儿子轮流供养就轮流供养。如果不轮流供养，父母跟着的那个儿子分家时会多分一些。兄弟不是同一个母亲所生，就不轮流养老。在 1949 年以前，大部分都是轮流供养父母。

5. 分家的中人

1949 年以前，分家时需要找中人，要叫上本家近家属、亲戚、南邻、北邻。中人一般要 3—5 个，好调解，不能由一个人说了算。有的人是请自己本家的内部比较有威望的，有的请整个村子里最有威望的人，当保长的并不一定当分家的中人。例如，王守恭的父亲当了保长，村民评价他做事公平，但是他没有当分家的中间人。此外，近门子的亲戚可以请，一般请上岁数的，能说会道、说话能算数的。近门子亲戚和自己家庭的亲戚主要起一个见证的作用。分家除了请中人，还可以请本家的叔叔大爷来帮忙，讲究一点的家庭会请舅舅，共同来掌握公平，对分家提建议。

6. 分家程序

第一，同意分家提议。首先是老的、少的提出分家意见，大家都同意了以后，就找中人。中人不"护身"，比较好说话，能直截了当地说。

第二，请中人。正式分家之前，要找中间人，因为找中间人好说话，这个地应该怎么分，或者是打几份。按块或是按地亩分，这都得总当家和中间人协商。其他人参加，但是没有发言权。总当家的上门请中间人吃饭，表示对中间人的尊重和重视，不带请帖和礼物。

第三，讨论分家方案。怎么分家，由分家中人决定。有的家庭怕中人偏向哪一方，就偷偷地把叔叔大爷请来，万一中人不公平，叔叔大爷还可以撑腰。有的家庭，姑娘、姐姐家也来参与，也是为了掌握公平。本家中德高望重的人也可以请来，大家商讨形成一个统一的分配方案。

第四，方案通过后，大家都没有意见了，就开始抓阄儿，一次性决定生效。

第五，一般情况下要写分单，抓完阄儿后就写分单，没有分单就没有证据。分单内容主要写分家的日期，分家原因，分家财产的具体分配，写上中人名字。也有不写分单的情况，如果弟兄团结的话，就不写分单，说了就算话。东西分完了以后就吃一顿团圆饭，参加分配的人也得吃这一顿饭。根据儿子的数量多少决定分单的份数，父母一般不要分单。分家结束后，大户人家会盛席，请在场的所有人吃一顿。

第六，温锅。分家后，各个儿子在各自家中吃的第一顿饭被称为"温锅"。

> 得提前几天跟分家的人说，他们才来的。当天请是请不来的，因为都认
> 为分家不显好。至于怎么分，负责分家的人其实老早心里就有个谱儿。分家
> 当天，负责分家的有俺舅爷爷（祖母的亲兄弟），有俺大爷，有南邻（一个家

长）、北邻（一个家长），大家各自提出分家方案，你说怎么分，他说怎么分。讨论形成一个草案，然后再求大家意见，看是否还有不公平的地方，"均了不？""不均。""哪里不均？"如果有就继续调整，直至没有争议。这个过程就像过秤似的，掂量了又掂量，很公平。把土地位置、地名、亩数、宅子分配等写在纸上，揉成团，然后就开始抓阄儿。这都是义务帮忙，不单独请吃饭。[1]

（二）自然继承

与分家继承相比，自然继承相对简单，程序也没有那么复杂。一般的家庭没有遗嘱，如果只有一个儿子，全部财产归这一个儿子继承。如果有多个儿子，儿子们不分家，那么也不需要进行财产分割，直接继承，还是一个大家庭。

四、继承关系

（一）继承中的家庭内部关系

1. 分家继承跟家长的关系：家长能力决定继承方式

"一个家长一个风气。"老辈儿实在，下一代老实人占多数。有的人脾气不好，村民称之为"寇"。家里规矩严格，家长当家，孩子们不当家，所以采用自然继承的方式。有的家长不当家，孩子们之间不和谐，又或者是因为家长年纪大了，不能管理家庭了，就只有采用分家继承的方式。如果长子能管理，就长子来执掌，长子如果不能执掌，于是分家便产生。

2. 继承中的男女关系

在家庭继承中，以男性继承为主。前面已经提及家中儿子在继承中的情况，这里不再赘述，主要谈及家中女儿在继承中的情况。在军王村历史上的富裕农户家，曾经出现给家中出嫁的女儿陪嫁土地的情况。如果是续弦的老婆生的女儿，也能分到一份家业，女儿没有出嫁，还得给女儿准备嫁妆，但不能分土地。对于儿媳，分家时不分嫁妆，谁的嫁妆归谁。嫁女儿都平等对待，不平等，女儿会怨父母。儿子媳妇也要平等对待，不平等对待，亲戚、朋友不愿意，社会舆论压力也会很大。

（二）继承中的家庭外部关系

1. 继承与家族关系："家长、孩子不当家，中人当家"

家族在财产继承过程中扮演着重要的角色。近门子可以作为分家的中人，在分家过程中发挥重要的作用。一是分家方案的调整和敲定。在分家过程中，近门子可以提出分家方案，与其他中人进行讨论，讨论形成一个分家草案，然后再求大家意见，

---

1 源于 2016 年 11 月 4 日对军南村王世良老人的访谈。

看是否还有不公平的地方，如果有就继续调整，直至没有争议。二是分家继承后纠纷调解。在分家之前，分家的中人会对分配方案进行一再掂量和商讨，直到大家都没有意见以后，才会执行。一旦执行，就不能反悔。所以分家继承过程中，一般没有矛盾纠纷。在继承后，可能会产生边界纠纷。如果兄弟之间发生边界纠纷，找这一家中辈分最高的人来调解。自然继承一般不发生纠纷。

2. 继承中的国家关系：立户与纳粮

在继承中若是发生纠纷，村民一般采取民间调解，不轻易告官。而政府对于继承纠纷也是采取"不告不理"的态度。在继承中，村民与国家发生联系主要体现在纳粮过户上。

第八节　村落经济变迁

以自耕农为主的军王村，经历了土地改革、合作化、人民公社等不同历史阶段，随着村落的制度变迁及生产经营方式的改变，村落经济也发生着变化。本节从1949年以前军王村的传统经济形态、1949年以后军王村传统经济形态的变迁这两个方面重点阐述军王村的经济变迁脉络。

一、1949年以前的传统经济形态

（一）自耕农为主

军王村是以自耕农为主的村庄。村民以务农为主，虽然少部分农户从事其他行业，但家中或多或少都有耕地耕种。村子里的富户分为老财主和新发户。所谓老财主，就是从上一辈或者上几辈的老祖先都有不少土地，村子里这样的老财主有5家，1937年以前，土地最多的老财主家有120亩地，最少的有100亩地。新发户就是靠自己的本事发财，最多的土地达到180亩。根据1949年以前家庭经济情况，当时划分地主的标准：一是有牲口；二是有耕耙犁索等一套农具；三是有车，有拉庄稼的铁木车；四是雇长工。村庄内能达到地主条件的有10户，占村庄总户数一成以上，而绝大部分中农、贫农都为自耕农。从下表可以看出，军王村在1949年以前，没有土地的农户很少，大部分农户土地在60亩以下，其中超过一半的农户土地占有量在30亩以下。

表 3-23　1937 年以前军王村农户土地占有情况

	无地者	30 亩以下	30—60 亩	60—100 亩	100 亩及以上
户　数	2	39	20	9	7
农户户数占比（％）	2.60	50.65	25.97	11.69	9.09

资料来源：根据王世良老人口述整理。

（二）少租佃，多雇佣

村庄土地面积虽然宽广，但土地质量不高、粮食产量少、农业生产效率低。村庄内拥有的一则地比较少，大多是一旦发水就会被淹没的土地，每年产量极不稳定。1937年以前，年年发水灾，大面积的洼地收成比较少，甚至没有收成。没有人愿意租出去村庄中的岗地，都是自己留着种。而土质不好或者位置不好、易受灾害的洼地，又没有人愿意种，由此造成了村庄自耕为主、少租佃发生的情况。

与少租佃形成鲜明对比的是村落雇工经济发达，主要表现在两个方面。一方面是在店子集形成了专门的人力市场，满足了村民短工需求。另一方面是在村落内部有吃工夫粮、长工等形式的雇工。造成雇佣经济发达的原因主要有以下两点：一是需要雇工的生产环节多。二是以自耕农为主的村落，大部分农民没有将土地出租，自我耕种容易出现劳动力不足的情况。

（三）家户经营，合作形式丰富

在军王村内，村民主要以"一家一户"为经营单位进行农业生产。拥有自有土地和一般租佃土地都享有独立的经营权。在1949年以前，按照当地习惯，女人不下地干活，因此不算作劳动力。一个家庭，从劳动力数量来看，80％以上的家庭拥有1—3个劳动力，最多的有4个。劳动力充足的家庭，在农具完备的情况下，可以完成麦作生产所需的环节。麦作环节主要有犁地、耩地、锄草、收割、扬场，可以概括为"耕耩犁耙，扬场翻滚"。

虽然家户是独立的经营单位，但由于各种原因，单家独户不能独立完成一些麦作环节时，则需要合作。军王村在麦作生产环节中的合作关系相当丰富。尤其牲口的合作形式更是丰富多样，主要有伙养耕牛、辩犋子、请犋子、绑牛腿儿、耕卖地等多种合作形式。

表3-24　军王村生产合作形式一览表

合作名称	与谁合作	合作形式
伙养	本家（一窝子）	共同喂养，共同使用
请犋子	朋友	不花钱，以还请方式报答
绑牛腿	本庄要好的	出四分之一的钱，由牛主人喂养，共同使用
耕卖地	有牲口屋，有农具，地少、会耩地的本家以外的农户	轮流喂养牲口，闲时一个月一轮，农忙时一天一轮

（四）交换：存粮不存钱，随换随买

虽然军王村内部没有形成固定的集市，但军王村的交换与交换关系仍然很丰富。从地理位置来看，军王村有较好的区位优势。村庄距离店子集约2里路程，距离济宁县城18里路程，出行便利，为丰富的交换关系发展提供了基础条件。在集市交易中，以货币交换为主。在赶集频率上，农闲时赶集多，尤其是过年时的年集，村民都愿意去，热闹非凡。村民有"存粮不存钱，随换随买"的习惯。对此，王世良老人说："估摸着要用钱了，卖1斗粮食，够用半个月或者1个月。家家户户没有现金，听着谁家喝喜酒、喝豆腐汤、吃喜面、出嫁闺女要随礼，也临时卖粮。"

（五）家庭分配与消费

军王村村民以家庭为单位进行消费。一般情况下当家人掌握消费权，但也有"当家不做主"的情况。此外，在家庭消费中，内当家掌握厨房的消费决策权，比如每天吃什么由内当家决定，内当家一般由婆婆或者媳妇担任。在家庭内部消费上，也存在"做事不做主"的情况。婆婆是内当家，媳妇先决定好每天吃的食材，然后向婆婆请示。在消费内容上，主要有日常生活开销、生产方面的消费、人情开支、教育投入、生病养老开销等。

二、1949年以后传统经济形态的变迁

（一）土地改革运动时期的村落经济

早在1946年5月4日，中共中央发出《关于清算建筑及土地问题的指示》，济宁县委、蜀山特别区分别在安居、马房屯、王贵屯、兴福集、长沟等村进行土地改革试点。根据《任城区志》记载："1950年10月，济北县成立土地改革委员会，下设秘书、指导、检查、地证、生产、组宣6个组和人民法庭。1951年全面展开土地改革，3月底基本结束，在土改中全县共建农会512个。"土改结束后，军王村有10户农户被划为地主成分，占比为11.90％。19户农户被划定为中农成分，占比为22.62％。55户农户被划定为贫农成分，占比达65.48％。"

表3-25 土地改革运动中军王村的成分认定

序　号	土改成分	户　数	比例（％）
1	地主	10	11.90
2	中农	19	22.62
3	贫农	55	65.48

（二）集体化时期的村落经济状况

1. 土地的变化

"土改时，这个村子的土地还外流了呢。留给军张、南白、文郑、前后店儿、赵家庙。"王世习老人说。根据《任城区志》记载："1950年6月，二区（今二十里铺）孟营村张延桐联合12户贫农、中农创办全县第一个互助组。1954年全县组织互助组4 786个，占总农户的58.1％。1956年秋，全县初级社全部并入高级社，共有高级农业合作社146处，入社57 317户，占总户数的97.7％。"

"1958年8月28日，县委决定撤销18个乡，建立了李营、二十里铺、安居、康驿、唐口、喻屯等8处人民公社。下设生产管理区、生产大队、生产队。实行组织军事化、生活集体化、生产战斗化。"1962年开始实行人民公社、生产大队、生产队"三级所有，队为基础"，重新划分自留地。

2. 生产经营方式的变化

一方面，集体经营。在集体化时期，村民没有独立经营权。种什么、种多少均由生产队决定。公社每半个月统一开一次会，下达一些生产计划任务。农活是组长下面的小组长派遣，每个生产队街道都装着小喇叭以便通知大家劳动。每天早上，就会有人专门在喇叭里大声地通知。劳动时间是每天八九点开工，下午五六点收工。不出工的人，一天工分都没有，迟到要扣分。1973年集体修建排灌站1处，当时共花费40 000元。

另一方面，个体经营。一般干活顺序是先干队里的活再干自留地的活，因为无故不去干集体的活，会被扣工分。农忙时节，也是将自留地活留在后面。

3. 丰收成果分配的变化

集体统一分配。每到年底的时候，社里就会集体分配，一年分一次，按照每家每户挣工分多少进行分配，由生产大队长主持。粮食丰收后，首先要上交公粮和征购粮。每个公社的经营情况不同，经营好的公社，社员就能吃饱，经营不好的公社，村民顿顿吃不饱。

（三）家庭包产到户后村落的经济状况

根据《任城区志》记载："1979年春，南张人民公社姜郑大队第四生产大队，第一个将涝洼地118亩以'大包干'的形式承包给社员经营。1980年10月，全县实行各种形式的生产责任制的生产大队达到2 174个，占比为81.4％。其中包产到户650个。到1982年年底，全县2 030个核算单位，有2 812个实行'大包干'，占比为96％。"1981年至1982年，全县布局规划了三个发展区，北部平原粮、棉、油区，南张位于其中之一。1982 年军南村村集体购买电器设备 2 套，共花费 5 200 元。1982 年军南村村集体购买高压线、低压线 500 米，花费 9 000 元。1985 年军南村村集体兴建学校 1 所。使用年限为 40 年，共花费 30 000 元。1991 年军南村村集体购买 1 处挥秀大院，使用年限为 30 年，原始价值为 50 000 元。1993 年军南村村集体购买 1 套自来水设备，使用年限为 20 年，价值为 35 000 元。村庄打机井 12 眼，共花费 60 000 元。1995 年，全县划分了三个农业综合发展区，南张属于北部平原粮、棉、油、甜叶菊、林牧区。

第九节　当下村落经济概况

一、土地产权情况

20 世纪 80 年代，军王大队被划分为军北大队和军南大队，土地产权分别归属两个大队。在每个大队内部，土地产权在生产队一级。据军南村老会计王可年讲述，在 1999 年以前，土地产权仍然以村民小组为单位。在 1999 年时，军南村第一村民小组有 57 户农户，人口数 230 人，耕地面积为 440 亩，人均耕地面积为 1.91 亩。军南村第二村民小组有农户 53 户，村民人数为 205 人，耕地面积为 450 亩，人均耕地面积 2.20 亩。军南村第三村民小组有农户 53 户，村民人数为 186 人，耕地面积为 380 亩，人均耕地面积 2.04 亩。2000 年以后，村民小组界线逐渐模糊，村庄在土地产权方面的整体性增强，当下产权以村一级为单位。

表 3-26　1999 年军南村各村民小组土地产权情况统计

名称	户数	人口数	耕地面积（亩）	人均耕地面积（亩）
第一村民小组	57	230	440	1.91
第二村民小组	53	205	450	2.20
第三村民小组	53	186	380	2.04

资料来源：军南村村会计王可年提供。

二、军王村农业经济发展

1. 村庄集体收入

村集体土地位于村南，面积大约为 29.2 亩。2001 年将土地发包给承租人王可旺等 7 人，承包年限为 12 年，即从 2001 年至 2012 年。每亩租赁价格为 200 元，租赁用途为种植果树等。

如表 3-27 所示，2007 年军南村农村经济总收入为 375 万元，即农民家庭经营收入为 375 万元。其中农业收入 210 万元，牧业收入 110 万元，建筑业收入 20 万元，运输业收入 8 万元，餐饮业收入 10 万元，其他收入 17 万元。2007 年总费用为 110 万元，净收入为 265 万元。农民外出劳务收入为 90 万元。可分配收入总额 355 万元，其中国家税金 4 万元，农民剩余 351 万元。农民人均收入约 5 700 元。[1]

2008 年军南村农民家庭经营收入总额为 323 万元，其中农业收入 150 万元，牧业收入 115 万元，建筑业收入 30 万元，运输业收入 10 万元，餐饮业收入 8 万元。总费用为 100 万元，2008 年净收入为 223 万元。农民外出劳务收入为 150 万元。2008 年可分配净收入总额为 373 万元，其中国家税金 5 万元，农民经营所得总额为 368 万元，农民人均所得 5 984 元。

2009 年村庄农民家庭经营收入为 348 万元，其中出售产品收入为 290 万元。从行业划分来看，2009 年军南村农业收入 150 万元，林业收入 10 万元，其中出售林业产品 8 万元。牧业收入 118 万元，其中出售牧业产品收入 100 万元。建筑业收入 30 万元，运输业收入 25 万元，餐饮业收入 15 万元。2009 年总费用 101 万元，其中生产费 98 万元，管理费 3 万元，净收益 247 万元。农民外出务工收入 230 万元。2009 年军南村可分配净收入总额为 477 万元，其中农民经营所得收入 470 万元，人均收入约为 7 200 元。

2010 年，军南村农民家庭经营收入为 352 万元，其中出售产品收入为 243 万元。从行业划分来看，军南村农业收入为 152 万元，均为种植业收入，其中出售种植业产品收入为 130 万元。林业收入 10 万元，其中出售林业产品收入为 8 万元。牧业收入为 120 万元，其中出售牧业产品收入为 105 万元。没有工业收入，建筑业收入 30 万元，运输业收入 25 万元，餐饮业收入 15 万元。生产管理总费用 101 万元，其中生产费用 98 万元，管理费用 3 万元。2010 年净收入为 251 万元。军南村外出劳务收入 274.7 万元。因此，收入总计为 525.7 万元，缴纳国家税金 7 万元，农民经营所得 518.7 万元，农民人均收入约为 7 800 元。

表 3-27　军南村 2007—2010 年整体收入情况　　　　　　（单位：万元）

年　份	按行业划分						
	农业收入	林业收入	牧业收入	建筑业收入	运输业收入	餐饮业收入	外出劳务收入
2007	210	0	110	20	8	10	90
2008	150	0	115	30	10	8	150
2009	150	10	118	30	25	15	230
2010	152	10	120	30	25	15	274.7

1 数据来源于军南村村委会提供的《二〇〇七农村经济收益分配汇总表》，2007 年 11 月 30 日统计。

2015 年，军南村没有发包租赁上交收入，也没有筹资筹劳款。2015 年军南村村集体统一经营收入为 3 万元，上级补助拨款 27 万元，原有积累 16.5 万元，村庄收入合计为 46.5 万元，军南村无村庄债权债务。从村庄内经营情况来看，军南村没有发展村集体经济，也没有集体兴办的企业，2014 年注册 1 家私营企业——济宁植源养殖有限公司。

2. 家庭经营

2005 年军南村农业生产用电量 35 000 千瓦，农用化肥实际使用量 120 吨，

图 3-7　军南村私人企业济宁植源
养殖有限公司
资料来源：笔者调研拍摄。

其中氮肥 70 吨，磷肥 3 吨，钾肥 2 吨，复合肥 45 吨。农用塑料薄膜使用量为 0.5 吨，其中地膜使用量为 0.1 吨，使用面积为 30 亩。农用柴油使用量为 50 吨，农药使用量为 1 吨。旱地均为水浇地。2007 年新开荒地 30 亩。

2009 年军南村农用地总面积为 1 800 亩。村庄耕地面积为 1 082 亩，其中归军南村村集体所有的耕地面积为 36 亩，归组所有的农用地面积为 1 016 亩。其他耕地面积为 716 亩。从农户经营耕地规模的情况来看，2009 年经营耕地面积 10 亩以下的农户数为 164 户，经营耕地面积在 10—30 亩之间的农户数为 5 户。2009 年军南村农作物总播种面积 2 144 亩，粮食作物总计播种面积为 1 974 亩，总产量为 848 940 公斤，亩产为 430 公斤。夏收粮食播种面积为 990 亩，均为小麦，总产量为 445 500 公斤，亩产为 450 斤。秋收粮食播种面积为 984 亩，均为玉米种植面积，总产量为 403 440 亩，亩产为 410 公斤。蔬菜瓜果播种面积为 100 亩，总产量 340 000 公斤，亩产量为 3 400 公斤。2009 年军南村家猪年末存栏数量为 330 头，能繁殖的母猪 40 头，出栏头数为 990 头。

2011 年用电量为 189 000 千瓦时，塑料膜使用量为 110 公斤，地膜使用量为 21 公斤，地膜覆盖面积为 70 亩。农用柴油使用量为 18 000 公斤。农药使用量为 1 250 公斤。化肥实物量为 216 000 公斤，氮肥 104 000 公斤，复合肥 2 000 公斤。化肥折纯量为 83 600 公斤，氮肥为 33 280 公斤，钾肥 820 公斤，复合肥 49 500 公斤。

从农民家庭经营收入情况来看，以军南村村民为例，见表 3-28，2007 年军南村村民家庭经营总收入为 375 万元，外出劳务总收入 90 万元，扣除生产管理费用 110 万元，农民经营所得收益 355 万元，当年军南村农民人均收入约 5 700 元。2008 年军南

村村民家庭经营总收入有所下降，外出劳务总收入增加，农民经营所得收益 368 万元，当年军南村农民人均收入增加，为 5 984 元。2009 年军南村村民家庭经营总收入在 2008 年的基础上有所上升，外出劳务总收入增加，扣除生产管理费用 101 万元，农民经营所得收益 470 万元，当年军南村农民人均收入增幅明显，约为 7 200 元。2010 年军南村村民家庭经营总收入为 352 万元，外出劳务总收入 274.7 万元，扣除生产管理费用 101 万元，农民经营所得收益 518.7 万元，当年军南村农民人均收入约 7 800 元。

表 3－28　军南村村民 2007—2010 年家庭收入情况

年　份	农民家庭经营总收入（万元）	外出劳务收入（万元）	生产管理费用（万元）	农民经营所得收益（万元）	农民人均收入（元）
2007	375	90	110	355	5 700
2008	323	150	——	368	5 984
2009	348	230	101	470	7 200
2010	352	274.7	101	518.7	7 800

资料来源：军南村村会计王可年提供。

从农业种植结构来看，当下村民主要种植小麦、玉米。村民从 2012 年开始种植树木，选择苇地种植。苇地离村子远，浇地要去别村牵电线，不方便。以王军海家为例，每年种 7 亩小麦，小麦收割后种植 7 亩玉米。苇地 1 亩多，从 2014 年开始种植树木。

三、市场交换

当前，军北村有 2 家个体户，其中 1 家小超市，1 家小商店。军南村有 9 家个体户，其中 1 家超市。村民购买日常用品，在村庄内就可以满足需求。军南村村内有一家饭店，村民以前都是自家做面食，现在会去买包子馒头等面食回家吃。村民还可去南张店子集、市里购买所需用品。如今的军王村，无论是军南行政村还是军北行政村都交通便利，每户村民都有自己的交通工具，如三轮车、电动摩托车、小汽车等等，老人赶集尤其喜欢骑三轮车。此外除了外出购物，村庄内的流动商贩较以前也有变化，一是贩卖商品更加多样，二是进村频率更高。

村民收获的农产品主要是麦子和玉米。与传统时期相比，在卖农产品方面一是交换习惯有改变，村民现在喜欢存钱不喜欢存粮食，不像传统时期"随买随换"。二是收购方式有变化，都是商贩开着车到村里来收购，有的村民会提前联系好商贩。

四、家庭分配

随着时代变迁，当下军王村分户的比较多。据村干部介绍，在军南村 240 户农户中，80％以上为核心家庭。三代同堂的家庭比较多，四代同堂的家庭比较少。

在家庭分配中，村民主要有三大开支：一是生产性分配，因为采用机械化耕作，所以每年需要雇人及使用机器来耕种；二是教育开支，当地幼儿园收费，每生一年的学费均在 6 000 元以上；三是人情开支，村民注重礼尚往来，人情方面的分配是每年必须要考虑的。

在家庭分配方面，以于汝娥家为例。村民于汝娥家有 8 口人（夫妻 2 人、2 子均已成家，孙子 1 人，孙女 1 人）。2016 年，家庭分配情况如下表所示，交通及家庭日常开销占比较大，交通开销达 2 万元，因为于汝娥的 2 个儿子均在市区上班，每日往返家中。

表 3 - 29　军南村于汝娥家庭分配情况　　　　　　　　　　（单位：万元）

分配类别	分配金额
家庭日常开销	1.5
交通	2
人情往来	0.4
生产性开支	0.4
其他（旅游等）	0.3

资料来源：根据对于汝娥的访谈整理。

五、家庭消费

家庭是最基本的消费单位。在家庭内部，男户主与女户主都掌握消费决策权，都是一起商量。若是男户主不经女户主同意"硬当家"，则容易造成家庭不和谐。所以当下的村落呈现出女户主当家的情况比较多，大约有七成，男户主负责抛头露面的事情。

对于扩大家庭，当下的消费习惯是小家庭与扩大家庭一起消费，但小家庭的收入由小家庭户主保留。

六、家庭财产继承

在家庭财产继承方面，与传统时期相比，继承更加开放。家中有儿子则全部财产由儿子继承，女儿不能继承。家中若是只有女儿，没有儿子，由女儿继承财产。如果女儿在本庄，也拥有土地继承权；如果女儿不在本庄，土地收归村委会。

分家中的继承土地。家中有多个儿子时，儿子结婚一个就分出去一个，土地按照儿子数量平均分配。待所有儿子都结婚了，分养老地有两种情况：当老人还能自己劳动生产时，老人的土地归老人自己耕种；若是老人不能自己劳动，则土地平均分给儿子们耕种，儿子们每个月给老人生活费及粮食。

分家继承中的房屋。一是老人有房屋的情况下，在老人去世后，儿子们将房屋折价平均分配。二是分家后老人单过，但老人没有房屋，由儿子们平摊建房或者由一个儿子单独建房。由一个儿子建房，房子就归建房的儿子，一般不会发生矛盾。分家结束时，仍保留"温锅"的习惯。几个儿子如果发生矛盾，矛盾小时，则自家调解，矛盾大时，自家调解不了，则请村干部调解。如因分家导致老人无人赡养，则请委员调解，委员调解不了则请村书记调解。

第四章 村落社会形态与实态

传统时期，从血缘基础上发展而来的军王村，村庄家庭结构以扩大家庭为主，在地缘、业缘、信缘等方面也存在丰富的形态。村民集中居住，因生产、生活、人情等进行交往，由此还形成了红会、白会、大刀会等社会组织。村民之间联系紧密，村庄认同感强。不过也因受自然灾害影响，村民流动频繁。

第一节　血缘与血缘关系

1949 年以前，在军王村王姓大姓已经分支。支系内部血缘联系紧密，尤其表现在"一窝子"血缘亲属之间。除了血缘亲属，村民也重视拟血缘关系——"仁兄弟"。

一、家庭及家庭关系

马克思说："家庭起初是唯一的社会关系。"[1] 考察家庭结构与家庭关系是理解军王村的社会形态的基础。

（一）家庭结构

1. 家庭结构类型：以扩大家庭为主

在民国时期，在军王村村民眼中分家是一件很不好的事情，所以在 1937 年以前，

---

[1] 中共中央马克思恩格斯列宁斯大林著作编译局：马克思恩格斯选集（第 1 卷），人民出版社 2012 年版，第 159 页。

大家庭仍然是村中主要的家庭类型。

表 4-1　民国时期军王村家庭结构模式统计

家庭结构模式	户　数	占比（%）
子女＋父母型	33	39.29
子女＋父母＋老人型	34	40.48
子女＋夫妻＋父母＋老人型	5	5.95
绝户头	5	5.95
其他类型	7	8.33

表 4-2　民国时期军王村家庭类型统计

家庭类型	户　数	占比（%）
核心家庭	26	30.59
主干家庭	17	20
扩大家庭	35	41.18
其他类型	7	8.23

2. 家庭成员的认定

第一，子女。关于家人的定义，儿子长期在外务工不回来也算是家人。过继出去的儿子不算家人，因为已经过继别人了。外嫁女儿属于姑爷家的人，不算一家人。外甥一般情况下不算家人，除了其父亲是倒插门。被处罚驱逐出家族的人不算家人，不过军王村还没有这样的人。

第二，妻子。"只要拜堂了，就属于一家人。"妾只要拜堂了，亲戚朋友承认她是这个人的老婆，就属于一家人，如果没有拜堂，则不算一家人。要是没有拜堂，丈夫会通过抱养等方式，将妾生的孩子纳入家庭；要是拜堂了，妾生的孩子理所应当算一家人。

续弦的妻子，只要拜了堂，也算是一家人了，户口就在这家了。如果丈夫去世，续弦的老婆没有孩子，可以分到一份家业；续弦的老婆生的女儿，也能分到一份家业，因为女儿还没有出嫁，得需要钱给女儿准备嫁妆；如果续弦生的是儿子，也能分到一份家业。续弦的老婆生的孩子，与前妻生的孩子相比，在家里的地位一样，都是男方的儿子，分家的时候平均分配。续弦的老婆去世后，能进祖坟，只要是明媒正娶的，寡妇填房也可以进祖坟。

3. "近门子"

"近门子"在当地方言中是一家人的意思。在村民心中，五服以内的都属于近门子，是近亲；五服以外的不属于近门子，是远亲。五服以内有两种说法，一是从本人开始算，上下五代都算五服以里，这是以前的老规矩；二是从本人开始往上算五代，为五服。民国时期，军王村村民认定的五服是以本人往上五代。以王世习为例，王世习的近门子包括王世习自己这一代的，王世习的父亲这一辈，王世习的爷爷这一辈，王世习的太爷这一辈，王世习的老祖爷这一辈的，总共五服。

（二）家庭成员之间的关系

1. 正妻与小婆子地位相同

军王村由于大粮地比较少，村中没有能称得上"旧社会的大家庭"的家庭，不过村中也有娶小婆子的。大部分情况是因为第一任妻子没有生育，所以村民才娶小婆子。因此，正妻与小婆子在家庭中的地位相同。

> 书上说老婆跟妾有差别，大婆子当家，咱这里不，大婆子、二婆子、三婆子……身份都一样，旧社会大家庭大婆子来得早，老早就把财产控制住了。农村有几亩地有数，有几间房子有数，其他没有什么财产了。珠宝玉器，财产多，来晚了就不知道，就分不着了。[1]

2. 近门子优先

一是拜年先拜近门子。1949 年以前，军王村有拜年的习俗。在拜年顺序上，优先拜近门子，然后拜邻居，最后拜全庄。

二是土地买卖和房屋典当近门子优先。卖地优先卖给近门子，然后是本家，然后是街坊四邻，最后才是外庄的。典当房屋近门子亲戚优先，村民典当以前会问近门子是否承典房子。"先问近门子的要不承典，他们不要，才给别人。"王万亮说。

三是伙养优先考虑近门子。因为你的牲口闲着，不合伙还是得去给他帮忙，然后才考虑和本庄的与自己和厚的人伙养。

3. 生产互助："自己种不上地，近门子都给他种上"

一是给近门子耕地不要钱。在传统时期，有专门耕卖地的人，即专门喂养牲口给别人耕地。耕 1 亩地，包括耩地在内，拿一定的工钱。给近门子耕地算帮忙，什么钱也不要。

二是主动给无劳动力的近门子种地。军王村几乎每家都有地，鳏寡孤独的人如果自己种不上地，近门子就无偿给他种上。如果穷的话，种子、肥料也是本家出；如果

---

1 源于 2016 年 11 月 26 日对军南村村民王世良的访谈。

是富裕的话，就自己出。军王村有一位寡妇，自己不下地种庄稼，她的地一样可以收。

> 家后的二老妈子阔，她女儿在南陈，她把她闺女和外孙都养起来了。王本迁家，有闺女没有儿，自家有一处院子，他的本家多，活儿全是本家帮他干。他的东西80%都上他闺女那里去了，把他的几个外孙养大了。

> 者贤的父亲去世后，只留下者贤和他母亲，者贤还小，于是他的本家就帮他家种地，不要工钱。者贤的母亲觉得他的侄儿种地辛苦了，准备好饭菜请他们吃饭，他们也不愿意去，觉得老妈子一个人，惜护他。[1]

二、亲属及亲属关系

（一）亲属

1. 嫡亲

村民理解的嫡亲就是自家的直接亲戚。比如，一个家庭，如果爷爷是当家人，爷爷的兄弟姐妹算是嫡亲，爷爷的子女算是嫡亲，爷爷的孙子孙女算是嫡亲，爷爷的重孙重孙女算是嫡亲。家庭中四世同堂最多，五世同堂很少。在家户内部称呼上，女家长称呼男家长"孩子的乳名＋他大"，夫妻对外称自家配偶"俺掌柜的"。"俺奶奶称呼俺爷爷'留禹子他大'，对外人称'俺掌柜的'。"王世良老人说。

2. 姻亲

在军王村，村民认为亲家是姻亲。比如，姐姐妹妹、女儿、侄女儿、孙女儿的婆家，以及当家人的丈人家，儿媳妇、侄儿媳妇、孙儿媳妇的娘家都是属于姻亲。村落内部没有姻亲，因为大多为同姓，同姓不能结婚。"同宗不繁"是规矩，如果违背，会被处死，军王村没有出现同姓结婚的情况。结为姻亲不需要经过村落管理者同意，父母同意就可以。就男女双方而言，男方是"抬头亲家"，女方是"低头亲家"，男方家的比女方家的尊贵。"婶子及俺娘的娘家人有病，这边一般不去。俺爷爷或者俺奶奶生病了，他们那边儿要来看。"王世良老人说。

1949年以前，如果家长对儿媳妇不满意，例如儿媳妇不能生育，可以通过让儿子休妻，解除婚姻关系。如果妻子不轨也可以解除婚姻关系。农村休妻的很少，城里的大家休妻的比较多。军王村村民比较穷，没有出现休妻的情况，休妻后再想找就不好找了。这里有这么一个规矩，"休妻断子到不好"就是说休妻不显好。休妻在村民眼中是不好的兆头，外人会觉得这家不团结，休妻后，邻居也会有不好的评价。如果是妾，

---

1 根据王世良老人访谈资料整理。

妾的娘家人属于姻亲。妾若早逝，两家相处得好，姻亲关系会继续持续下去。平时有事儿才去，过年过节会走动。

（二）亲属关系

1. 走亲戚

过年过节走亲戚要走至亲，至亲为姑姑家、姐姐妹妹家、姨家、姥娘家。表亲之间也走亲戚，堂亲之间关系近了也走。过年走亲戚一般情况下要带酒，2瓶酒或者4瓶酒。1949年后条件好了，都是一箱一箱地送。除了带酒，还要带糕点，糕点论包送，一般送2—6包，对水果没有严格要求。不同亲戚送的礼物的类型差不多，糕点、水果一类的，另外中秋节送礼跟春节差不多。

一般互相走亲戚多。比如这边外孙去了姥娘家走亲戚，那边当兄弟的过来看姐姐妹妹。一般情况下辈分低的看辈分高的，辈分高的不去走辈分低的亲戚。

农闲时，没有特别的事情不会去走亲戚。平时在特殊情况下才走亲戚，比如亲戚家出了天灾人祸了，或者房子失火，去安慰安慰，看是否影响生活，需不需要帮助。亲戚家若有人生病了，得带礼物去看看。跟过年带的礼物不一样，带馓子、果盒子等营养品。如果盖房、借款等事情需要亲戚帮忙，不用带礼物去亲戚家。如果亲戚家有老人，可以带着礼物看看老人，礼物比平时过节少一些。

2. "亲不讲理，近不讲理"

帮助邻居要记在心上，帮助亲戚可以不用记那么清楚。老人讲当地有句俗语"亲不讲理，近不讲理"，意思是可以白沾亲戚的光。

> 俺爷爷的亲老表，是胡营的。俺喂着一个大青牛，大犍子，大约得1500斤麦子。俺那个表爷爷，不知道是赌博还是怎么的，把钱输了，夜里就来把俺的牛牵跑了。我听俺奶奶说俺爷爷后来去找他了。"你把牛牵了，我怎么种地？"然后找到买牛的人理论，"这是我的牛。"买牛的人说"昨天是你的牛，今天就不是你的牛。""我没有从你手底下牵牛，这个牛值多少钱，不与你相干。你把你老表喊来。如果是我从你那里牵来的，那是我偷牛；如果是你老表牵来的，那就不算了。"爷爷把老表叫来，老表承认了。"千有理、万有理，你比你老表强，你老表有牛，你也可以牵他的。"亲不讲理，近不讲理。俺奶奶心疼得吃不下饭。[1]

---

1 源于2016年12月19日对军南村王世良老人的访谈。

3. 矛盾纠纷

家里的小矛盾，老人就能当家调解，外边若是听到了，也来人调解，邻居百舍一说，就压下了。邻居百舍都劝不下来的时候，就找舅舅、表叔、表大爷等长辈儿的亲戚。绝大部分是经济矛盾。妯娌之间一般没有矛盾，因为家长当家，妯娌之间不涉及经济问题。穿一般也没有矛盾，大部分家里不管穿，都是娘家陪送。婆媳之间矛盾多，有的老人讲究，媳妇做不到，婆婆就生气了。比如洗衣服，儿媳妇做不到或者做得比较差一些，婆婆不满意就开始生气。儿媳妇受气都往肚子里咽，不敢还嘴。

三、拟血缘及其关系

在传统时期，村民的拟血缘关系主要有收义子、干儿子以及同辈之间拜仁兄弟。在军王村，义子与干儿子是不同的概念。义子享有继承权，而干儿子没有继承权，有戴孝的权利，逢年过节可以看望老人。收干儿子不需要经过宗族认可，也不需要报告村长。济宁作为孔孟之乡，对儒家仁义思想有鲜活的传承，因此，拟血缘关系中拜仁兄弟具有突出特点。

（一）仁兄弟

仁兄弟在当地又可以称之为"拜老仁"。仁兄弟产生的主要原因在于村民们需要通过拟血缘关系建立一种亲属保护网，当地老人对此说道："有仁兄弟关系后，人多势众，干什么都能担事儿。"在当地村民心中，仁兄弟关系比朋友关系更近乎。

拜仁兄弟有一定的仪式，要烧香对天盟誓，同时还要写金兰谱。金兰谱用红色书印刷，里面还有比较文气的话，然后要与上拜仁兄弟的人的姓名及其家长的姓名和家庭住址。此外，金兰谱上会把三代宗亲的名字也写上，即姑奶奶、姑娘、姐姐妹妹。拜仁兄弟后，自己的姐妹就等于是仁兄弟的姐妹，自己的姑姑就等于是仁兄弟的姑姑，自己的姑奶奶就等于仁兄弟的姑奶奶。仁兄弟之间，根据岁数排列大小，正式成为仁兄弟后，大家还会一起凑钱，吃一顿"公饭"。当仁兄弟关系的破裂时，会通过摔香炉子宣告关系破裂，所以村民们又将关系破裂的仁兄弟称为"摔香炉子"。

（二）仁兄弟的关系

1. 内部关系：大哥最受尊重

根据年龄进行排位的仁兄弟，大哥一般年龄比较大，处世经验较丰富些，能够带领兄弟。因此大哥最受尊重，主要体现在以下方面：一是如果仁兄弟人数多了以后，则大哥不出钱也可以吃公饭，费用由其他兄弟出，表示对大哥的尊重；二是过年拜年时，需从大哥家开始拜年。

2. 与家庭关系：互相拜年，红白往来

1949 年以前，仁兄弟之间过年要互相拜年，尤其是拜仁兄弟的头几年，相互拜年比较隆重。先去大哥家拜年，不用带礼物，因为算是一家人。后来随着交往的深入，慢慢地就淡了，因为仁兄弟之间已经能担事儿了。当仁兄弟家里有丧亡喜事的时候，就需要往来，所以红白喜事成为维系仁兄弟关系的重要纽带。例如当某一兄弟的父母去世，需要办丧事时，其他仁兄弟就像老人的亲生儿子一样，都得去戴孝跪棚。

3. 与阶层关系：不管穷富，困难互助

军王村的仁兄弟有互助功能，这也是大家愿意结为仁兄弟的重要原因。仁兄弟之间重在仁义，大家意气相投。当仁兄弟发生困难时，不论穷富，大家都互相帮助。对此老人说道："成为仁兄弟以后，不管穷富都得互相帮助，这个践行得很认真。"

4. 与家族关系：自己做主，不上族谱

和谁结为仁兄弟不用请示父母，自行做主。仁兄弟的姓名不用上族谱。在与国家关系上，军王村没有与村长成为仁兄弟的，村长也没有仁兄弟。

第二节　地缘与地缘关系

军王村是典型的聚居村落，村庄内居住格局是依近而聚与插花居住并存，村落内部血缘、地缘关系相互杂糅。可见，邻里关系、熟人关系、"和厚的"关系等地缘关系在村民的生产生活中扮演着重要的角色。

一、邻里："佮邻居"

（一）邻居的含义和类型

"千年佮产，万年搁邻"，邻居在当地又称"佮邻居""邻居百舍"。村民对邻居的分类主要有三种：四邻、近邻、老邻居。

从狭义上理解，在村民眼中屋靠屋、宅子靠宅子的可以称为邻居，此意义上的邻居分为前后邻居和左右邻居，即"四邻"。隔着胡同的与自己房子对着的称为"对门儿邻居"，所以村民也用"对门侧户"来指邻居。有时候劝人的时候就说："你们两个人还有什么矛盾，对门侧户的"，意思就是挨着很近。

村民日常生活中喜欢说"远亲不如近邻"。在村民眼中，近邻指屋靠屋的、一条胡同的，近邻比前后邻居、左右邻居远一层，范围更大。

"老邻居"在村民的眼中，是一个相对的概念，附近几个庄的对外都可称为老邻居。出省后，一个县范围内的也可称呼为"老邻居"，这个范围很活。

从邻居数量上来看，地邻一般是 4 个，"对门侧户"的邻居一般 4—6 个不等。老邻居范围大，同一个胡同、同一个街的人，附近几个庄的人也可以称呼老邻居。

（二）"一窝子"紧邻，贫富混居

在民国时期的军王村前街居住的村民大部分是"一窝子"。以王世良家为例，他们家的"伲邻居"分别为王万谟、王者香、王守忠、王学勤、王学润、王万同。"这五六家，都是四邻"。按照旧规矩，前街的人都没有出五服。"王世良说。

表 4-3 王世良家的伲邻居概况

邻居姓名	位　　置	是否人情往来	职　　业	与世良爷爷家家庭条件对比	土地（亩）	成　　分
王万谟	北	是	务农，大儿子卖布	生活水平高	70	地主
王者香	南	是	务农	生活水平高	70	中农
王守忠	东（对门）	否	务农	卖柴火，穷	6	贫农
王学勤	东北侧户	否	务农	生活水平低，穷	20	贫农
王学润	东南	否	务农	生活水平低，穷	5	贫农
王万同	西	是	务农	生活水平稍微次一点儿	25	

从经济条件上看，邻居不分贫富，混合居住。以王世良家的邻居为例，他的邻居中包括他们家在内，有 2 户地主，1 户中农，3 户贫农。对此，老人回忆说"万谟家，俺的地比他家地多点儿，但他的生活条件比俺高。者香他们是老财主，把地卖了也不能让嘴受罪，生活条件比我们家好。他家雇人不雇佣外人，他的侄儿在这里给他干活儿，家里也没有吃闲饭的。守忠家不行，一年到头儿不停地干，卖柴火，拿到城里卖。王学润家也穷。俺三大爷除了种地还是种地，生活水平比我们次一点儿。"

邻居职业有多种，但大多数以种地为主，也有种地兼做小买卖的农户。以王世良家的邻居为例，只有王万谟家的大儿子是卖布的，其他农户均以种地为生。

（三）邻里相连亦有界

邻里之间紧密相连，从外部看像是一个整体，但内部之间邻里边界分明。主要体现在居住界线和农具标记上。

一是居住界线分明。左右邻居以留出滴水为界，前后邻居以胡同为界。因居住地挨着的邻居，间隔着 50—60 厘米的夹道，以夹道中心线为界。住在同一个街一个胡同，也可以称为邻居，这样的邻居之间最远距离大约为 200 米。

二是堂号农具界线分明。从生产上来看，一般的农户家庭都有堂号，同时家里的工具上都印着堂号，比如，钎、扫帚等用的工具，一看就知道谁家。就算邻居借去使用，也能分辨农具的主家。晒场的所有权界线也很分明，各家是各家的。

（四）邻里之间的私有公用

在传统时期，邻里之间产权清晰、边界明显，同时邻里之间也有私有公用的现象。生活生产设施也有其公共性的一面。

一是胡同成了"公伙项"。在传统时期，土地所有权特别清晰，地契上明确标注有步弓和四至。村中的胡同，是由胡同两边的村民各自让出一半的土地，由此形成的道路。土地虽然在产权所属上是私人的，但是在村民眼中，胡同已然成为"公伙项"，没有村民在胡同路上栽树以及种植其他私人物品。

二是晒场可以"占场边子"。晒场的产权属于私人所有，但是农忙时节，没有晒场的村民可以通过"占场边子"使用邻居的晒场，不过落场的时候，就需要帮忙一起落场。此外，当炎热的夏天来临的时候，由于酷热难耐，村民家中的男子晚上便会去晒场睡觉。邻居之间一般去一个场睡觉，通常去离家中最近的场。

三是打水绳大家用。军王村村北的井打水用的水绳，大约 4 米长，二指粗，直径有 3 厘米，绳子的末端有一个钩子。由附近的财主提供，村民公共使用。

（五）邻居的说和与见证

一是出签时，邻居帮忙说和。没有按时交公粮，"地方"到村子里催缴公粮，称为"出签了"。因为交公粮比较少，不够一顿饭钱，"不够一顿饭钱，我跑那么远的路干吗？"有的村民就不去交。到一定时间，"地方"就下来催缴公粮，向他要钱，然后邻居百舍就说和，"他家生活艰苦，很困难"。于是这家农户就将"袜子钱"给"地方"，把"地方"打发走了，就完事了。

二是吃工夫粮时，邻居帮忙介绍工作。吃工夫粮时也可以让人介绍，一般是本家邻居介绍的，自己当面儿也可以说。

三是财产继承上帮忙见证。绝户头儿的碎盆打幡人选由去世的人决定，邻居百舍做公证。有的家庭分家也会请南邻和北邻到场见证，例如王世良家分家时，就请了他家的南邻和北邻来见证他家的分家过程。

二、熟人及其关系

（一）因知根底而成熟人

在村民眼中，双方都知道对方家里情况才算熟人。对此，王世良老人说道："他的家在哪个庄上、家里情况、家庭经济条件这些情况都了解，认识很多年，平时没有交往也算熟人。白家（村）80%的人都跟俺庄的熟，算是熟人，但是没有交往。附近

2—3个庄，80％的人都认识，都是熟人，平时没有往来。"在当地村民眼中远方的熟人都是亲戚的邻居、朋友的邻居、同行的邻居。此外，朋友的朋友也算熟人。王世良老人认为同一个庄的不叫熟人，本庄的不管姓氏都是自己庄上的"爷们儿"。

（二）熟人范围广

一是熟人范围广，职业多，以职业相同者为最多。军王村村民的熟人中有做买卖的，也有会技术的，如木匠、石匠、盖屋的等。村民的熟人条件主要是双方知道对方就可以，并不以交往深浅而论熟人。二是熟人贫富都有。

（三）熟人"说和事儿"

一是市场交易，熟人说和。熟人可以当说和事儿的人，可以当中人，当买卖中的保人。比如在集市上，卖家要50元，买家只有45元，中间差5块钱，卖羊的就托人来。此人与买羊的也是熟人。"你在集市上就差5块钱，赶明儿就让他把羊牵来，就这么着吧。"熟人比生人好说话。

二是儿媳妇受气回娘家了。自家的人不好意思劝儿媳妇，于是就找两家共同的熟人帮忙劝劝儿媳妇，同时对婆家提出批评，最后使得事情两全其美。

（四）平日与熟人交往少

一是红白喜事不来往。红白喜事一般是自家的亲戚和本家来。二是有事不找熟人帮。一般找亲戚帮忙，亲戚帮不了找朋友帮忙。三是请工不优先请熟人。请技术类的工人，一般不请本村的人，因为本村的人不好给钱，都是用外村的。只有在本村人会的技术其他人不会的情况下，才会找本村的人。如果家里需要有技术的人干活儿，优先考虑亲戚，再考虑熟人，因为能省钱。旧社会无论干什么事，首先考虑省钱，然后才是质量。四是熟人不能随便进家门，到门口时得喊一声。熟人到家时，家里正在吃饭，会让一下熟人，招呼他吃饭，但是熟人一般不会吃，就算再饿，他也不会找饭吃。

（五）不找当官熟人调解矛盾

一般的不去找当官的熟人帮忙，找当官的帮忙落仇人。同样的事情，老百姓处理没有后患，当官的调解的就有后患，哪方有亲戚朋友，他就偏向哪方。从前两方都不愿意打官司，愿意私人调解，因为私人调解比较公正。

三、"和厚的"及其关系

（一）因处得来而成"和厚的"

村民将与自家相处得来的人称为"和厚的"。"和厚的"可以是同一个姓氏也可以是不同姓氏。家庭条件一般情况下差不多。"和厚的"分为"一般和厚的"和"很和厚的"。村子里"和厚的"农户之间互帮互助，例如农忙时节落场时会互相帮忙。

（二）"和厚的"关系

1. 与亲戚一般近

一是丧事要给"和厚的"报丧。随着交往深入，有红白喜事来往以后，孝家报丧时，除了向姐姐家、姑姑家、姥娘家、姨家报丧，还要向"和厚的"的报丧。"王本荣家跟我家关系不错，他们家红白喜事儿，我们都围。"王万亮对此说道。

二是"和厚的"参加吃喜面。村子里姓王的跟姓李的关系不错，姓李的也会去吃王家的喜面。

2. 与村中名人一般敬

在传统时期，军王村每逢过年，有请客的风俗。请一个庄"和厚的"、沾亲带故的、比较出名儿的人来做客。

> 一个庄上起码得中农户以上的家庭请客会置办菜，大部分请本庄的张广友做菜，不用给钱，因为是俺庄的人。起码弄 10 个菜。[1]

3. 典当房屋与"和厚的"：关系不错才当给对方

在 1949 年以前，村民一般不舍得卖房子，遇到急事儿，可以当房子。而当房子除了选择近门子的，就考虑"和厚的"。例如王万亮家与王本荣家关系不错，即王本荣家算是王万亮家"和厚的"，王本荣家典当房屋就当给王万亮家，因为平时有来往。

4. 伙养与"和厚的"

伙养耕牛时，除了考虑亲兄弟、本家近门子，就是本庄的与自己和厚的人，没有与外庄人伙养的。一般是与本庄关系好的农户，即"和厚的"农户绑牛腿儿。没有与本家绑牛腿的情况，没有与外庄朋友绑牛腿儿的。

四、地缘关系及行为

（一）地缘行为中的亲疏差异

1. 别人帮自己：生活找邻居，生产找亲戚

在红白喜事上，由大执宾安排邻居百舍帮忙，管邻居饭，不用给邻居工钱。丧葬时，就请邻居帮忙给去世的人穿寿衣，由邻居中不怕脏、胆子大的老妈子给穿，也不用给报酬。死者是男的，儿子、孙子从旁帮忙穿，死者是女的，儿媳、女儿从旁帮忙穿。

在生产上，军王村很少出现换工现象，帮工大部分来自外庄的亲戚。受访老人王

---

[1] 源于对军南村王世良老人的访谈。

世习说："帮工大部分是外庄的亲戚，娘家的亲戚、闺女的亲戚，这样的才担待得了事儿。"如果在生产上需要雇工请人，如需要请技术工，村民首选自家亲戚。在村民眼中，亲戚"能担事儿"，干得实在，同样的活儿，请邻居需要 5 天时间，请亲戚则只需要 3 天。对此，王世良老人也说道："在亲戚家干活儿最认真，亲戚过得好孬直接关系自己。邻居没有亲戚要紧。"同时，请邻居帮忙虽然不用给钱，但是会欠人情。

2. 自己帮别人：先邻居，后亲戚

当亲戚、邻居、保长、做生意的这几个家庭同时需要帮忙时，村民选择先帮邻居一天，然后去帮亲戚。因为邻居近，"人家帮了我的忙，我得帮人家的忙"。若亲戚需要帮忙，村民给邻居帮忙一天后，再去帮亲戚，邻居也不会见怪。如果亲戚没有活儿，就帮邻居干。在村民的认识中，亲戚比邻居重要，亲戚可以借东西不还，而邻居借东西要还。

3. 帮忙意愿

一是亲戚主动帮。亲戚之间信息不断，知道有事情就主动帮忙。亲戚帮忙，村民要管饭，吃多少顿看亲戚意愿。

二是请邻居帮忙。请邻居帮忙一般是两类事情：一是新建房屋，二是红白喜事。请邻居帮忙时，需要去说一声，提前安排，以便知道邻居哪天有空。盖屋前 7—10 天，去帮忙干活的，主家会准备饭，大部分帮忙的邻居干活了也不在主家那里吃。遇上红白喜事时，由大执宾安排帮忙的人选，没有安排到的邻居就不去帮忙，具体做什么也统一由大执宾安排。

三是熟人帮跑腿忙。村民的熟人范围广，人数多，村民与熟人之间也只是认识，平时一般不找熟人帮忙。在遇到跨村事情时，会需要熟人跑腿传递信息，或者帮忙说合。

（二）地缘关系中的借贷行为

1. 找邻居借面

邻居之间一般是借面而不借粮食，一次借一瓢，大约 5—10 斤。借面可以不还，因为家里贫穷。邻居之间很少有钱财往来，例如王世良家与他家的南院、北院的邻居之间没有钱财往来。

2. 找"和厚的"借钱

村民很少借钱，如果借钱一般是给"和厚的"，这样的情况比较少。"和厚的"比较讲信用，双方都相互信任，"指定借也指定还"。借现钱时不用写借条。

3. 找中人借贷

军王村 90% 以上的农户均有土地，所以村民以务农为主，村中没有放高利贷的农户。当村民遇到特别严重的饥荒或者是看病等原因，家中"断顿子，不能冒烟了"时，会选择找放账的人借高利贷。而借贷需要中人。

（三）地缘关系中的人情往来：吃酒席

1. 邻居看来往

吃喜面时，主要是亲戚参加，走得近的邻居也可以参加。孩子结婚时，除了亲戚、近门子，平时有来往的邻居也参加。当家中有丧事的时候，平时有往来的邻居参加并随礼，而平时没有往来的邻居，如果大执宾安排帮忙，就需要参加，不用随礼。

2."和厚的"送礼重

与邻居、熟人相比，"和厚的"在随礼上，比前两者都要重。"和厚的"因与主家关系不错，处得好，所以随礼上也比较重。例如在庆八十上，老寿星的堂屋神龛会前摆一张桌子，桌子上摆满供品，供品是由至亲（姥娘家、姑娘家、姨家、姐妹家）或者跟寿星家很"和厚的"送的。

3. 串门

吃饭与邻居串门。村民在吃饭的时候，邻居可以来，村民会请他吃饭，但是邻居一般不吃。除了帮忙干活，其他时候都不在别人家吃饭，在别人家吃饭会被笑话。

疾病与邻居串门。家里有人得疟疾，邻居也还是会来串门儿。若是出疹子了，邻居百舍就说"他家小孩儿出疹子了，别上他家去"。

丧葬禁忌与串门。戴孝的人不能去街坊邻居家串门，不能进别人家门。

第三节　业缘与业缘关系

传统时期，军王村村民虽然大多数以自耕为主，但也有村民在自耕的同时也从事其他职业，如木匠、瓦匠、接生婆、大夫等。此外，村民有以集市圈为纽带形成的关系网络。

一、市场圈

1949 年以前，村民固定的集市圈由店子集、长沟集、王家集构成。做生意买卖人的集市圈与普通村民不一样，如买卖粮食的人。贩卖粮食时与同村的人结伴而行。同伴不宜过多，起搭伴作用，到了地点就各自买卖。买粮食和卖粮食的集市不一样，买粮食地点分别为 10 里以外的长沟、王桥、榴林闸、桥上，卖粮食的集市分别为店子集、大王集、南陈集。

二、业缘关系

(一)"熟常的"和"外边的"

过年时有年集,年集有私人收税的习惯。收税对象分为"熟常的"和"外边的"。"熟常的"是指离集市3—5里范围以内的人,对这类人群不收费,而从外面来到集市上做买卖的就要收摊位费。"陌生人要,附近三里五里的就不要摊位费了。三里五里的除了亲戚就是朋友,还有就是经常见面的人,街坊四邻,他们卖东西不收费。"王世良老人对此说道。

(二)师徒关系

1. 学艺主动托中人介绍

在传统时期,村民想要从事手艺方面的职业,必须要拜师学艺才能获得从业资格。而拜师一般是徒弟主动托中人帮忙介绍。只有对师父和徒弟两方面都熟悉的人才能当中人。例如与军王村紧邻的军张村木匠张举桂,他收了两个徒弟高天桥和王万庆,都是徒弟找的中人主动向师父介绍而拜师成功的。徒弟主动找中人去师父面前说,"××想跟着你学活儿,有空收他么?"

2. 师徒关系:亲如父子

徒弟平常在自己家吃住,有活的时候,师父便叫上徒弟一起干活儿,一般是大宗的活儿才叫他,一天半天的活儿就不用叫徒弟了。在铺面做学徒,管吃管住。旧社会的徒弟像孩子似的伺候师父,师父也疼他。徒弟头三年挣的钱,全部归师父。以木匠为例,徒弟头两年学拉锯,干些简单的活儿,然后慢慢地把十几套工具都学会用了,三年后出师。出师的时候,师父会给徒弟一套木匠工具,锛、斧、锯等十来样。

第四节　信缘与信缘关系

传统时期,村民信仰比较多,有家神、村中的神及外村庙里的神,呈现层级性。此外,村民个体信仰自由,根据不同的需要形成了不同的信仰圈层,展示出了较为丰富的信缘关系。

一、信仰主体

(一)信仰神灵概况

总体来看,村民信仰神比较多,尤其是上岁数的妇女。村民主要信仰家神、村中的麦王奶奶、杨大仙以及庙里的神仙。每年正月初一到正月十五,村民们会拜神,平时遇上香火会，也去拜神。在日常生活中，村民遇到难事会去拜神：家里妇女没有生育，会拜神求子；家里有人生病，也去拜神，请神"下药"，保佑药到病除；遇到天旱，也拜神，请求下雨。除了遇到难事，村民也去向神祈福，通过拜神祈求风调雨顺，庄稼丰收。

（二）信仰载体：庙宇

1. 宗教发展

1949 年以前，当地最有影响的宗教要算佛教。大约在东汉末期，佛教传入济宁。南北朝时期的古籍中已经有对当地佛教活动的记载，至唐代佛教进入鼎盛时期。传统时期，每逢四月初八（佛诞日）等佛教重大节日，佛教寺庙便香火旺盛。

据记载，天主教于清光绪五年（1879 年）由德国传教士安治泰传入济宁县。当时安治泰首先在戴庄及礼堂等村发展教徒，随后扩大到安居和接庄的北辛等村，在那里建教堂、发展信徒、做弥撒、念《圣经》。基督教于光绪十三年（1887 年）开始传入济宁，当时由北美长老会派人来济宁传教，清光绪十七年（1891 年），基督教开始向济宁农村扩散。根据调查，军王村的村民主要信仰佛教、道教，对于天主教和基督教两类传入较晚的宗教，村民信仰的很少，村中仅有 1 户农户信仰天主教。

2. 祭祀庙宇

作为佛教、道教信仰载体的庙宇，随着宗教的传入而逐渐增多。军王村村庄小，没有大型寺庙，村民们烧香、赶香火会都去其他村庄，如凤凰台、于家寺院、蔡家堂季家庙、矿山会的佛爷庙、二十里铺的土地庙、长沟的龙王庙、县里的城隍庙等。

表 4－4　军王村村民烧香寺庙统计

寺庙名称	供奉神灵
凤凰台	观音、华佗等等
于家寺院	药王孙思邈
蔡家堂季家庙	
矿山会佛爷庙	大佛（如来佛）
二十里铺土地庙	土地
长沟龙王庙	龙王
县里城隍庙	城隍爷等

3. 庙宇修建

凤凰台距离军王村大约 7 里路程，是村民最常去的寺庙。凤凰台面积 10 000 平方米，是一处蕴含龙山、商周、汉代文化的人类聚落遗址。凤台夕照是明代任城八景之一，曾吸引无数文人墨客前来吟诗作赋。据传北宋初年，兴修水利，开挖赵王河时，此地为河道拐弯处，常年积土，形成高台，成为人类聚集地。历史记载："任、宿、须句、颛臾，风姓也，实司太昊有济之祀"。

明朝万历年间，由运河总河车军门刘东星倡导，集当地数村之力，在台上创建"观音堂"，又名"凤台寺"，主殿是观音，两边东殿、西殿是道教的神仙，供奉有泰山奶奶、八仙吕洞宾、华佗、花花奶奶（治病的神仙）等神灵。

图 4－1　距军王村最近的寺庙——凤凰台

二、信仰圈

（一）信仰圈层级

1. 家户信仰圈

村民在家中除供奉祖先，还信奉灶君、天帝、门神、菩萨，有的农户家中会有佛像。过年之前，村民们赶集时会买灶君、天帝、门神的画像，分别称呼为"请灶君、请天帝（玉皇）、请门神"。贴神像没有讲究，可以和神龛贴一面墙，也可以贴在中堂的其他墙壁。菩萨像挂在堂屋。有中堂的，菩萨像贴在妇女的屋中，平时用布遮住，过年的时候才将帘子掀起，给菩萨烧香。家里的门神主要贴在大门上，张贴时间为大年三十。

2. 村庄信仰圈

在村落范围内，军王村村民以麦王奶奶为信仰中心。村民认为麦王奶奶是保护村庄风调雨顺、麦子丰收的神仙。关于麦王奶奶，在村民眼中，一个庄只有一个麦王奶奶，只保护本村的村民。所以军王村只祭拜军王村的麦王奶奶，其他村庄祭拜自己村庄的麦王奶奶。虽然村民没有修建麦王奶奶庙，但是每年在麦王奶奶生日的时候，会举行祭祀活动。祭拜麦王奶奶都是上岁数了的家里的内当家，有威望的人自发组织。主要负责敛钱和祭拜，都是义务负责祭拜，没有工资，敛来的钱主要用于祭祀的花费。

3. 跨村信仰圈

一是自然物信仰——拜"杨大仙"。军王村村东南王世良家的老陵有一棵大杨树，有几百年的树龄。树干有 2 米多高，往上就是树枝。杨树很高，村民回忆在当时的济宁城区都能看见它，由此也成为军王村的一个地标。每天下午三四点左右，离村子三四十里的乌鸦会飞来树上过夜，傍晚树上大约有几百只乌鸦，为杨树营造了一种神秘的氛围。不仅本村的村民会去祭拜，外村的村民也会来祭拜，并且外村村民来祭拜的情况还比较多。

相传杨树里面有神仙，外村来拜祭的村民称军王村的大杨树为"杨大仙"。树上会挂红，用真丝的红绸写着"有求必应"，村民们称之为"红子"。由于树比较高，来拜祭的人搭着梯子，才能把红绸系在树枝上，这一过程也被称为"挂红"。有烧香磕头的，有上供的，不过上供的比较少。在祭拜的过程中，村民口中念叨"杨大仙，请你下仙丹"，所谓仙丹就是烧的钱纸灰。

二是寺庙神灵信仰。村民曾去过的寺庙主要是邻村的凤凰台、于家寺院、蔡家堂季家庙、矿山会的佛爷庙、二十里铺的土地庙、长沟的龙王庙。

表 4-5　军王村村民常去的寺庙

寺庙名称	与村庄距离（里）	烧香时间
凤凰台	7	二月二十九
矿山会佛爷庙	8—10	四月初八—四月十一
二十里铺土地庙	12	二月初六—二月初九
长沟龙王庙	12	二月初十一—二月初十三
蔡家堂季家庙	15	二月里

4. 县域信仰圈

据村民讲述，城隍爷的信仰范围是一个县一个城隍爷。每年寒食节，每个庄上都去十来个年轻人，到城里去看城隍老爷出群。村民抬着城隍爷出群，队伍庞大。城隍出群由民间组织。

（二）信仰圈与市场圈的重合

一是市场圈与信仰圈的历史重合。凤凰台自宋、元以来商贸繁华，明朝万历年间整修后，每年农历二月十九逢观音圣诞，凤凰台庙会凭借运河水运优势，集商贸一体，南北商贾云集，东西贩运辐辏，热闹非凡，一时成为鲁西南春会之首，繁荣景象达数百年之久。后来随着运河的积淤，市场功能逐渐衰败，不过直至 1949 年，香客仍然很多。

二是信仰圈与市场圈开始融合。蔡家堂季家庙的香火会，人很多。蔡家堂季家庙的香火会有卖粽子、糖球儿的，有卖小孩儿的鞋、妇女戴的装饰等手工的东西，没有卖农具的。但村民们赶蔡家堂香火会，一般不是不为买东西，而是为了去看热闹或者许愿。

三是由信仰圈发展而成的市场圈。矿山村原来有佛爷庙，大雄宝殿的东边有个洞，传说白家咀的一个姑娘没有结婚，在里面修行，最后死在那里，成了神仙。刚开始村民前往矿山村的目的主要是烧香，后来人越来越多，商品增多，买卖也增多，就形成了一年一度的矿山古会。民国时期，矿山古会上商品繁多，比如日用品、农具、穿的、用的等一应俱全。同样的商品，商家的数量也比较多，村民不止"货比三家"。

三、信缘关系及行为

（一）家户内部关系

1. 当家的主持家祭

过年期间的家祭，是家中男丁负责祭拜，主要由当家的主持。以王世良家为例，"都是男的烧香，没有女的，放鞭炮没有讲究。俺家给祖先烧香都是俺父亲烧，俺叔没有烧。俺三大爷放鞭炮"。

2. 有权的"老妈子"拜神

村民拜神，烧香的都是老妈子，五六十岁的妇女，因为在家里有权，同时家里有人干活，出去也没谁管。若中年妇女有老婆婆的，自己不当家，就不能出去。所以附近的香火会都是妇女、老妈子烧香，男人没有烧香的，只看热闹。如果家里有人生病，家中妇女就拿着香拿着黄表（一种高级火纸，纸很好、很细）去拜神。

3. 家庭成员信仰自由

在军王村，虽然每户都信奉神灵，例如天帝、门神、灶君，但并不是每家农户的老妈子都会去寺庙拜神。有的家庭祭拜佛像，有的没有。家庭成员内部之间，信仰神灵还是不信仰神灵，以及信仰什么神灵，不会受到干涉。

（二）家户外部关系

1. 信徒个体

以个体祭拜为主。如果是自家遇到什么难事，想去庙里许愿，就独自前往。村里只有一个人信奉天主教，就独自前往教堂。大年三十，全庄王姓村民会去家庙，给老祖先拜年，集体祭拜，但供品和钱纸等祭祀用品是各家带各家的。

2. 信徒之间关系

第一，同龄人相约赶庙会。村落内，村民一般吃完早饭后去寺庙拜神。如果是赶庙会，年龄差不多的人会相约一起去，路上可以聊天。不过各自带贡品和钱纸。

第二，同一信缘主体。拥有同一信仰的村民，关系会比拥有其他信仰的村民密切些，交往也多一些。村民一般是赶香火会或者家里有事向神灵许愿时，才去寺庙拜神，属于个人行为，没有统一的组织，所以平时交往的时间或频率不固定。

第三，不同信缘主体。不同信缘主体之间交往比较少。村民们将信奉天主教的称为"在洋教的"。村中有一位信仰天主教的村民，村民们对他的人品评价比较高。割麦子的时候兴拾麦穗，他只捡路上的，在地里的不捡。就算有麦穗头儿，他都不捡，认为是人家地里的。

第四，信缘主体不冲突。村落范围内，村民之间没有因为信缘问题而发生冲突。村民之间的矛盾冲突，多是日常生产生活中遇到的问题，一般与信仰没有联系。

3. 信徒活动

自愿参加。村民参与麦王奶奶的祭祀都是自愿参加，不用填写申请，只需在祭祀活动时帮忙敛钱或者前去祭祀。

定期举行。村民会定期组织祭祀活动——拜麦王奶奶，就在本村落内祭祀，不需要到神明起源地祭祀，每年都需要组织。每年农历四月初一为麦王奶奶的生日，这天村民会在村头麦地里的一个角或者在军王村东坑的边沿给麦王奶奶烧香，祈求当年麦子丰收。祭拜麦王奶奶都是上岁数了的内当家，有威望的人自发组织，大约有六七个人。她们负责向各家各户敛钱，各家各户给 3 毛 2 毛也行，给 1 块 8 毛也行，不给也行，不强迫。如果家里门敞着，她们就会进去敛钱，如果关着门儿，就不会去。敛钱以后会买香、买纸、买鞭炮，敛多少钱就买多少钱的东西。

第五节　组织与组织关系

集中居住、同时独立生产经营的军王村村民，因生活、村庄防卫等方面的需要，形成了互助式社会组织——红会、白会，防卫性社会组织——大刀会，公共性社会组织——红白喜事大执宾等社会组织。自发性社会组织的形成，让村民之间的社会联系更加紧密。

一、互助式社会组织：红会和白会

红会即当成员家中娶媳妇而没有钱时，成员之间出钱帮忙的互助组织。白会是丧事时成员之间相互帮助的社会组织。

（一）成立缘由：婚丧成本太高

一是结婚成本太高而成立红会。红会，又称"红社"，旧社会时兴。成立红会的主要原因是结婚成本太高。旧社会娶媳妇得请客，得是十来桌席，在农村，"三四两大件"是最好的席。三四就是十二个菜，然后再加上两大件儿，一个是大鱼，一个是肘子肉，蒸的鸡也可称为大件儿。根据当时的情况，最穷的家庭按照最差的标准办喜事也需要花费大约 1 600 斤麦子。据老人讲述，农村结婚办席，一般的家庭受不住，拿不出来，至亲富裕的可以受资助，至亲不富裕的就加入红会。二是丧葬成本太高成立白会。白会，又称"白社"。丧事主要花费在棺材和置办酒席上，按照最差的标准进行办理大概也需要 1 500 斤麦子。

（二）成员资格

1. 红会：中等户加入的多

参与人员一般是中农户子，社交能力比较强的人。土地多的人愿意加入红会是为凑热闹，多交朋友。"谁谁的孩子快要成亲了，谁谁的孩子也快要成亲了，这几家说我们热闹热闹。"红会的成立时间一般是冬天农闲的时候，因为此时赶闲集的人多。通常中农户子加入的比较多；家里富有的，不用参加；穷的人也不参加，因为按照自己家庭的经济条件办喜事，穷了就简单办。

2. 白会：穷人加入的多

白会的参加原则为自愿原则。中农户子以下的人加入的多，富人加入的少。本庄外庄的都可以加入白会。

（三）组织规模：红会规模小，白会规模大

红会规模一般是 10 来家，最多 14 家。不能太多了，坐席的时候，坐 2 桌，一桌席 7 个人。军王村有加入红会的，他们在店子集碰头。红会不只是一个庄的人参加，是附近三四个庄的人参加，一个庄约有两至三家。

在军王村白会的头儿是王继和，共有 42 家村民参与其中。白会凑钱相对少些，同时白会没有时间限制，参会成员的老人都去世后，白会自动结束。白会相比红会而言，规模更大。

（四）管理机制

1. 红会急需者号召

家庭比较困难，有急需结婚的孩子，户主会先跟庄上的几家联系，再跟外庄三里五里的人商量，"咱成个红会吧，1 斗麦子。"比如三四个庄凑齐 12 家成立红会，12 家的孩子都在 3 年以内结婚。3 年还清账，给钱或者给麦子都可以。

2. 红会权利均等，不给利息

第一次办会的时候决定出资金额，一般是 1 斗麦子，当每位会员办喜事儿的时候，其他会员出 1 斗粮食。成立会后是消息传达，邻居最先知道。以 12 家为例，一般 3 年内就还清。如果还剩下几家没有办，什么时候办喜事儿，就什么时候给。头一年办的沾光，货币贬值，而又没有利息，越到后面办越吃亏。

3. 白会由"头儿"发起

军王村的白会的发起人被称为"头儿"。刚开始发起的时候，发起人先找几个邻居商量，然后邻居再去跟他的邻居亲戚朋友说。通常在店子集上赵王堂的茶馆商量这事儿，每户当家人去，商议出多少粮食。一旦确定，就一直执行，直到白会所有成员都办完丧事。

4. 白会有利息，最后使用者"沾光"

与红会不同的是，白会会员还的时候，有利息。第一次用白会资金的时候，每户拿 40 斤麦子给有忧事儿的农户家。第二次用的时候，家里还没有办过忧事儿的农户，每户拿 40 斤麦子，用过的农户，即家里已经办过忧事儿的农户，每户拿 50 斤麦子。每位会员给入会的农户凑一次钱，如果白会会员第二次办忧事儿，则不在帮助范围内。可以看出，与红会不同的是，白会是最后用的人得益，但谁最后用是一个随机事件，用村民的话说就是谁也不知道自家老人什么时候去世。

5. 会头儿管理

白会由头儿管理，谁家办了事情，谁家没有办事，每个会员每次应该出多少钱，由头儿负责记录和管理。

（五）内部关系

参与红会的人去参加婚礼，不仅要拿 1 斗粮食，额外还"添香"随礼。如果办婚礼的这家与添香的人平时没有来往，也不是亲戚朋友，添香的人给了多少，以后结婚的这家也会还同样的，无形中多了朋友。白会成员办丧事不用给白会的人单独报丧，在街上就传开了。对于外庄的人，发起白会的人会通知头儿，由头儿再告知其他人。

（六）外部关系

红会之间是相互独立的，白会之间也是相互独立的。村民根据条件，可以同时加入红会和白会。从范围上来看，红会跨村入会的情况比较多，白会一般在村庄内部组织。

二、防卫性社会组织：大刀会

（一）成立原因：防止土匪"架户"及受外庄欺负

为防土匪"架户"以及不让外庄人来欺负本庄人，保卫村子才成立大刀会。村民根据意愿自主参加，不想去的不去，想去的才去。对于村民而言加入大刀会好处是强身健体，可以学气功治病。

（二）成员资格

瞎子瘸子不能加入，哑巴可以加入。青年人才能去，因为得学功夫，上岁数了就不能参加。没有女人参加大刀会。有文化的人也有参加，团长王守道就是文化人。

（三）加入仪式

大刀会成员入会时，会摆香案，入会成员需要烧香，给老师磕头。拜师仪式没有固定的时间，徒弟跟师傅表达参加意愿，由师傅批准后，再举行拜师仪式。

（四）管理机制

军王村的师傅王守道是本村人，六七十岁，会功夫。大刀会是在王守道二三十岁的时候成立的，请的是外庄的师傅来教功夫，称为"教师"，大概有1—3个。王守道学会武术后，就不再请师傅教了，开始收徒弟，学徒拜师不用给钱。在本庄3间香屋那里教徒弟，大约有40—50人，都拿着红缨枪。大刀会首领可以担任调解人，但不当买卖土地的中人，因为他有自己的地，不干这一行。

三、公共性社会组织：红白喜事大执宾

军王村红白理事会其实在1949年以前就已经存在，只是当时的村民没有将其称为红白理事会。以前村中有红白喜事都习惯找大执宾来张罗，属于自然形成。

（一）义务张罗

大执宾，简称大执，又称红白喜事中的"问事儿的"。主要负责军王村村民的红白喜事和吃喜面的统筹安排，谁家娶媳妇、嫁女儿、吃喜面、有人去世都是大执宾负责安排，现在是红白理事会负责。大执宾没有报酬，都是义务为主家服务，主家会管饭和烟。

（二）分片管理

军王村大执宾实行分片管理，因为庄子大了，如果赶上同一个时期有几家办红白喜事就忙不过来。按照王氏的三大分支进行分片儿，当时三支的人比较少，只有1家，三支就划在长支了，然后二支形成两个片儿。如表4-6所示，每个片儿分别有1—3个大执宾，大执宾由上岁数的老人（50岁以上的）推荐产生。

表4-6　1949年以前军王村大执宾名单

片儿名称	大执宾姓名	管辖范围
长支——一片儿	王万宽	家东
长支——一片儿	王明斌	家东
二支——一片儿	王万典	家南那一片儿
二支——二片儿	王守堂	西北街
二支——二片儿	王继符	西北街

（三）大执宾的资格和职责

有统筹能力的人才能担任大执宾，年龄上没有限制，只要有能力就行。不过一般是50岁以上才担任，这样才有经验。

谁家红白喜事都由相应的大执宾负责。大执宾主要负责请人，分配活儿，如请焗匠（厨师），请拔啦吭（奏乐的）。在丧事中，大执宾负责分派帮忙人选，安排报丧、迎客、发丧以及丧葬中的所有仪式。

大执宾只负责指挥人干活，不管账。发丧以前，会有一个管内账的，亲戚交礼就交给管内账的，由管内账的人上账。发丧这天如果买什么东西也跟管内账的人要钱。客人交的礼，要上外账。买什么东西，由大执宾指挥，大执宾说"你外账支取多少钱，买什么东西"，外账的就会给钱买东西。主家不管事，遇到矛盾也是大执宾处理。军王村村民习惯用王守道管外账，他的毛笔字写得好，能写灵幡和神位。

第六节　交往与交往关系

军王村一家一户独立生产，并不意味着村民之间没有交往。村民大多与务农者交往较多，除了生产、日常生活交往，村民还会因欠人情而产生交往。交往圈层涉及家户内部交往、村庄内部交往、村庄外部交往。村民之间交往关系的维持和解除也有自己的内在习惯。

一、交往对象

（一）交往对象的选择：务农职业者交往多

在1937年以前，军王村内部村民多以务农为主业，因此村民的交往对象中，务农者最多。在周围村庄中，村民也多以务农为主，因此村民的交往对象相对单一。王世良老人对此说道"俺父亲没有什么朋友。俺叔在局子有几个朋友，光认识，当学兵时的同学，平时没有来往。俺大大爷有几个朋友，是因为俺大大爷在长沟的酒馆里当过掌柜，负责管账和指挥其他人干活儿。家里跟其他人来往少的原因是咱家不是做买卖的，一来往就耽误事儿，家里活儿就撂了。"

（二）不与本村绝户头儿、外姓来往

总体而言，关系的亲疏程度决定交往的密切程度。由此，可以将军王村村民的交往对象分为两类：一是需要随礼的交往者，二是不需要随礼的交往者。

需要随礼的交往者，主要是指因血缘关系、姻亲关系形成的近亲，例如本家五服以内的近亲。邻居中相处的不错的，以前有来往时，也会随礼。村子里"和厚的"，因为关系不错也会随礼。

不需要随礼的交往者主要包括以下几类，一是不想往来的交往者。对于没有关系的陌生人，或者有不良嗜好的人，例如土匪、偷盗之人，村民不愿意交往。有矛盾隔阂者村民不想交往，即使是亲戚之间，因为交往中产生大的矛盾后，也不再来往。二是关系不密切的交往者。即使是邻居，如果关系不密切，也不需要随礼。三是关系密切但不随礼的交往者。其一是绝户头儿，因为没有子女，所以不娶媳妇儿，也不吃喜面。王世良说："他家人少，别人家娶媳妇儿、发丧，他不围（随礼），他就去当'忙爷们儿'。"其二是外姓，军王村95％以上的村民都是王姓，对于王姓村民来说，村子里的姓赵的、姓李的外姓有红白喜事时，王姓村民不去随礼，因为在返还人情时，会给赵姓、李姓村民造成负担。"咱围了不好哦。实际上要围都围起了。以前也没有来往，没谁创新。"

二、交往原因及内容

（一）因生产而交往

一是因雇工而交往。军王村多雇工，少帮工。雇工有短工、季工、长工等三种情况，雇短工有专门的人力市场，所雇之人大多为认识的人。季工在当地被称为"吃工夫粮的"，吃工夫粮的人农忙时节在雇主家干活，平时在自己家里。因此所雇吃工夫粮的人一般为本村的人。长工在当地为"扛活儿的"，在军王村雇本村与外村的人当扛活儿的情况都有。

二是因耕地而交往。虽然在军王村村民换工合作的情况比较少，但是在耕地方面的合作比较多。有合伙喂养耕地的牲口的情况。有人直接请专门耕地的人，连人带牲口来耕地。也有借他人的牲口和劳动力的"请帻子"，一般是向亲戚或者朋友"请帻子"。

三是因种地与地邻来往。军王村有"插花地"，所以地邻不一定是同一个村庄的人。村民在种地时，也结识了邻近村庄的地邻。地邻之间相互帮助的情况比较多。"我记得有块苇地在南张，跟大巧家的地挨着，我们算是地邻。我们跟大巧只是认识，干活儿时，带去的茶互相喝。"王世良老人讲述道。

（二）因日常生活而来往

在日常生活中，军王村村民之间的来往大致有以下三个方面：

一是休闲娱乐。在农闲时，拉呱儿、打牌、喝酒、赶闲集等成为村民的交往方式。平时打牌的牌友基本上固定，换人的时候很少。过年斗牌就会打乱。过年时，穷人希望和财主打牌，因为穷人输了，可以不给，地主怎么要也白搭。争着给酒钱的情况比较少，一般发生在两个比较对脾气的人之间，喝酒的时候碰到一块儿了就会争着给酒钱。如果这次你给了酒钱，下次碰着了，我就得给酒钱了。事不过三，不能老占着别人便宜，一直喝着别人的骗酒，名誉不好。

二是困难互助。在农闲的时候，村民娶媳妇儿、嫁闺女的时候需要帮忙，这里主要是同村的人帮忙，具体由大执宾安排。在借农具方面主要交往对象是邻居，在借钱借粮食方面主要交往对象为亲戚。

三是人情往来。农村是熟人社会，也是人情社会。在军王村，人情往来成为村民对外交往的重要方式和内容之一。村民在人情往来中遵循"礼尚往来"的传统，保持"礼轻情意重"的美德，以送礼品为主。

（三）因欠人情而产生的来往

在军王村，村民们通过欠情的方式而逐渐形成亲密关系的情况比较多。通过欠情方式的交往一般发生在双方都不是亲戚关系的情况下，在欠人情以前，双方都不怎么熟悉。经过某一个事件后，一方欠另一方的情，然后你来我往，逐渐地双方关系越来越好，最后就成为关系亲密的朋友。例如王世良家与军张村的张右珍之间的来往就是此种情况。

> 俺家就跟军张的张右珍有交往。张右珍那个时候一个人，也穷，不知道什么原因被局子里的人抓起来了，准备罚他的款。他家里没谁管他饭，兄弟也是穷人。俺叔当时在长沟当兵，俺叔就说张右珍吃饭算在我身上。他在局子里待了四五天，然后俺叔就说："这是俺自己的爷们儿，论辈儿，该喊爷爷。"俺叔这么一说，局长就把他放回来了。回来后，他知道是俺叔给他垫钱吃饭的，他就觉得欠人情，于是给俺家买了一块肉，俺家觉得用不着。后来就渐渐地不分这那，他的地我们也给他耕，他借钱我们也借给他，感觉比亲戚都近。国民党汉奸队抓他，俺娘就把他锁在屋里。张右珍有什么事儿都找咱。不管有什么困难，连牛给毁了我们也没有找他要。他平时不来俺家，有什么事儿，俺叔或者父亲去叫他帮忙。过年的时候他跟俺家送礼，不是年年送，隔着1—2年送一回。[1]

此外，这种亲密的交往关系有的维持得好，会几代之间都有来往。王世良的二大爷当时与他的朋友就是这样的情况。"俺二大爷万功，他有一个朋友是河西的，好几代

---

1 源于 2016 年 12 月 20 日对军南村王世良访谈。

都有来往，这里有事儿，他来，他那里有事儿，这里去。"

三、交往圈

（一）家户内部交往

1. 婆媳之间交往：儿媳做事不做主

在日常的做饭上，不管穷富，由婆婆指挥做饭，每天儿媳妇做饭，都得问婆婆。

> 中午贴锅饼、炒豆芽子媳妇也得问问，"娘，咱晌午吃什么饭？""你问我干吗？你做去吧，你不是泡豆芽子嘛，吃豆芽子，贴锅饼。"实际上媳妇自己早打算好，不问也得炒豆芽子，可是也得给老婆婆说一声。有这么个规矩。[1]

儿媳妇洗衣服的时候，公公婆婆的衣服她也洗。儿媳妇一般不敢要零花钱。当儿媳要添衣裳时，婆婆根据需要买。儿媳妇看病时，不用向家长请示，由丈夫带去看病。

新媳妇刚来婆家的时候，按照日子规定回，需要给家长说一声。由娘家来人接新媳妇回娘家，娘家人管接管送。如果不是新媳妇，要回娘家时，儿媳妇要向婆婆请示，如果婆婆不同意，儿媳妇则不能走。儿媳妇回娘家待多久，如当天回来或者在娘家待2—3天，也需要跟老婆婆说。"平常回娘家的话，婶子就得跟请假似的跟奶奶说。住多久还得跟奶奶说，'娘，我在那里能住不能住？'"王世良老人说道。如果没有重要的事情，仅仅因为想娘家人也能够回娘家。去娘家时可以带礼物，也可以不带。家里会给钱，有钱的多给点，当零花钱。

2. 妯娌之间交往：有分有合

军王村在传统时期，扩大家庭比较多，一个扩大家庭中的妯娌交往也是家庭内部交往中的重要组成部分。妯娌交往主要表现，一是日常做饭共同劳动。家庭中做饭都是由儿媳妇在负责，家中有两个儿子的，就嫂子和弟媳一起负责。二是日常制衣分工合作，手工制作新衣服也是妇女的事情。扩大家庭中，妯娌之间分工合作制作衣服，擅长做细致针线活的就负责细致针线活儿。三是日常缝洗、打扫有分有合。家里衣服破了，各家补各家的。老人的衣服破了，谁有空了谁补。四是妇女祭祀一同前往。寒食节大多是家里的妇女去坟地给祖先烧纸，一个家庭中的嫂子和弟媳一同前去。此外，在平日里，弟媳进嫂子的房间时，需要敲门经嫂子同意后才能进去。王世习说道："母亲进大娘的房间也要敲门。"

---

1 源于 2016 年 11 月 10 日对军南村王世良访谈。

3. 兄弟之间交往

只是因为人口多而分家的家庭，分家后也相互帮忙，兄弟之间感情还是跟没分家时一样。

4. 父母与子女之间交往

当家人掌权。当家人做了不对的事情，比如赌博、吸大烟等，儿子都管不住。买个烟炮儿得 5 斤高粱，吸大烟的多属破落地主，他的妻子可以说他，但儿子不能管。儿子说的话，父亲会打儿子，叫儿子去买大烟他就得去买。

1949 年前入赘的女婿在家里往往受歧视，吃饭、串门等有朋友的场合下，他往往少出现，甚至不出现。如果家里来了重要的亲戚朋友，倒插门儿女婿不能上桌。走亲戚的时候，他也是少去。

（二）村庄内部交往

1. "荣户儿"怕穷人

1949 年以前，村里的穷人向村里的富裕农户借粮食，如果富裕农户主动要求还，就会与穷人落仇。"荣户儿"不敢与穷人落仇，因为担心落仇恨了后，一方面，穷人毁坏富人的地，另一方面，穷人可能会偷富人的干粮。此外，富裕的农户不借给穷人粮食，显得丢人，富人若是不借面给穷人，会被认为见死不救。过年打牌，穷人喜欢跟"荣户儿"打牌，荣户儿害怕，因此过年时，富人家庭打牌的比较少。

2. 中农户以上打平伙

在传统时期的军王村，有打平伙的习俗。打平伙，简单说就是大家都凑钱，出钱一样多，让一个人收钱，然后去买菜，在村内某家置一锅菜，大家分吃。吃多吃少都可以，饭量大的多吃，饭量少的少吃。打平伙一般在农历七月、八月举行，因为秋天活儿多，人累嘴馋，春天和冬天都不打平伙。都是中农户子以上的人参加打平伙，因为只有他们才能随便拿钱出来。打平伙在规模上没有限制，可以是 5—6 人，也可以是 7—8 人，一般情况是 10 来个。一般是临时决定，拉家常时说着说着大家高兴就定了。吃什么由大家共同决定，买肉、买丸子等半成品，买来后加热。打平伙交费规则是按人数交费，一户去几个人，交几份钱。地点由大家共同决定，一般在牲口屋里打平伙。

（三）村庄外部交往

一是姻亲关系和拟血缘关系的亲戚之间的来往，主要是通过走亲戚的形式来实现。村民借钱借粮首选村庄外部的亲戚。仁兄弟之间有红白喜事或者需要帮忙，也会来往。

二是熟人之间的交往。与外村熟人见面会打招呼，同时相同的兴趣爱好也促使村民与外村村民交往。各庄都有酒馆儿，都有赌博的地方，邻近的军张村的张右珍，就喜欢到军王村王继符这里来喝酒打牌。冬天的时候，10 天中，他有 6 天在这里。因为这边经常有打牌的，他那边没有。也有邻村之间做保人的，比如有人犯什么事儿被政府抓去了，得去 3—5 个保人，保证以后不再犯事。

三是陌生人的交往。行善积德、乐善好施是军王村村民美好的乡风民俗，每逢遇见逃荒、要饭至此的人，村民们都会给予帮助。1937 年以前，村子经常发大水，村民外出逃荒的比较多。类似的经历，会让村民们感同身受，有外村村民就因为逃荒至此而定居。例如，村中李姓村民便是因逃荒受到当地村民帮助，而后落户此地。

四、交往空间

不同的交往事件交往地点不同。从具体交往内容来看，红白喜事及请客一般在家中举行，日常的聊天晒暖去村中的庙坑崖，而喝酒、打牌、喝茶、看戏则以专门的公共场地为交往地点。

（一）家中红白喜事来往

大型宴请活动，如果有院子，就在院子里拉桌子请客，要是没有就在路上摆。白事儿不能借亲戚家的场地，红事儿可以借。在军王村，家家户户都有桌子板凳，遇到大型宴请活动，桌子板凳能借齐，不用给钱。家中老人去世了，想发大丧，想借助村里有名气的人们来办理丧事，就得请村里的大户儿、村干部、家族中比较有威望的人。在发丧之前请，需要下请束。

平日里，家中儿媳妇的房间，外人不能随便进入。女家长的房间，本家"一窝子"的可以随便进入。平时家中来客人，村民一般在堂屋的明间招待客人。王世良对此说道："俺娘的房间、俺婶子的房间外人不能随便进。俺奶奶的房间等家里其他屋子，俺前街一窝子可以随便进。俺有四间堂屋，亲戚朋友来都到明间，跟客厅似的。"

（二）村中公共地交往

一是在庙坑崖拉呱儿和晒暖。每到严寒的冬日，村民有晒暖的习惯，据说是从祖辈流传下来的。太阳一出，村民便喜欢去村中的庙坑崖坐坐，晒暖。庙坑崖成为村民之间相互沟通、相互交往的重要地点。

二是在合局、酒馆等地娱乐。传统时期军王村村民打牌从不会在自己家中进行，而是专门去村中合局的地方。村中有两家酒馆，有一家酒馆还兼营打牌和卖调味品。过年时，村中专门打牌的地方有 6—7 家。因此，合局、酒馆成为村民之间交往的重要场所之一。

（三）集市上交往

集市是信息的集散地。军王村离集市近，村中有赶闲集的人，他们在赶闲集时，从与周围村庄的人交流过程中，获取广泛交易信息。除了获取土地、房屋等交易价格信息，村民之间跨村的互助组织的成立，也在集市上进行。例如，白会的组织发起和正式成立。

五、交往关系的维持与解除

（一）关系维持依靠"维往事儿"（音）

村民关系维持主要靠"维往事事儿"，即当亲戚、邻里、朋友家中有红白喜事时，村民均会前往送上礼物。当至亲家中有人生病时，村民还须带上礼物前往慰问。村民说那时的"维往事儿不少"。从交往关系维持的时间跨度来看，有的家庭三四代都在往来，有的家庭一两代后就断绝来往了，这主要取决于交往双方对关系的重视程度和对交往规则的遵守程度。

村民交往遵循基本平等或者相对平等的原则。在"维往事事儿"上，村民常说"看账还礼"。比如长工与东家之间，长工是外村人，之前没有往来，那么"维往事事儿"时东家便不会去。如果以前两家有来往，那么红白喜事就会互相走动。

（二）交往关系的解除

1. 客观上自然解除来往

随着时间的推移导致亲疏远近的变化，或者由于距离的原因，村民之间的交往便会自然地减少，最后断开交往。

2. 主观上"一句话断亲戚"

村民对交往关系的维持与交往双方对关系的重视程度有很大关系。而这种重视程度则反映在村民相互对待的语言和行为中。在语言上尊重，是维系交往关系的重要方面，否则有可能会"一句话断亲戚"。

> 文家的老头子上他的闺女家去，他闺女的儿出来叫他爷爷吃饭，小孩子见着姥爷说，"俺喊俺爷爷吃饭，没喊你"。于是文家的老头子就生气了，认为小孩子没叫他吃饭，对他不尊重，于是说道："好，你喊你爷爷，我走。"就因为外孙的这一句话断亲戚了。[1]

这种交往关系维持除了表现在语言中，还表现在行为上，例如村民与亲戚之间的来往，如果矛盾小，就不用调解，过些日子便自动和好如初。但当发生大矛盾时，就

---

[1] 根据王世良老人访谈资料整理。

直接断来往。"亲戚家发丧，因为下大雨我们没有去，没有调解就断亲戚了。"王世良说。

第七节　流动与流动关系

传统时期，受政府政策、市场力量、自然灾害等的影响，军王村村民流动[1]较为频繁。其中自然灾害是导致军王村村民流动频繁的重要原因。历史上曾经有较大规模的政府允许的集体流动，但大多数情况下是以家户为单位的小规模人口流动。本节主要考察在小农经济基础上，军王村的社会流动及其在流动中形成的关系。

一、政府与人口流动

（一）明朝政策

山东省地处黄河下游，一旦黄河决口，便泛滥成灾。元末明初，山东省由于黄河泛滥，灾疫流行，再加上历史上著名的"靖难之役"，战火连天，因而人烟稀少，土地荒芜，成为明初移民的重点地区之一。明朝初年，在皇帝朱元璋的政策推动下，产生了大规模的人口流动。据史料记载，明朝建立时，山东、河南的人口都只有不到 200万，而山西的人口竟达 400 多万。移民迁入山东后，主要是垦荒屯田。因此，移民所建村落，大都以"××屯"命名，其中尤以"姓"＋"屯"为多，在山东西南地区以"姓"＋"官屯"命名的村落则是官府组织的移民官屯，军王村便是其中一个。

（二）出夫与买兵

除了政府直接制定移民迁移政策，村民也因征兵和出夫政策产生流动。

国民党时期征兵，如果派兵名额为 2 名，就是村了里最富裕的 2 户人出兵，而他们又不愿意自己的儿子、孙子去当兵，就出钱买壮丁代征，村民俗称"买兵"。村中穷人家的青年因此跟随军队离开村庄，有的甚至一去不返。此外，村民将出去当兵的人称为"卜明子"，也体现国民党时期的征兵政策带来的人口流动。

> 本家有个二哥，比我大 10 多岁，出去当兵，俺这里叫"卜明子"，跟着阎锡山当兵。跟日本鬼子打了 5 年仗。[2]

出夫，又称"力役之征"，即义务为政府服劳役。在传统时期的军王村出夫分为就

---

[1] "流动"指的是人员居住地的变动，既包括直接搬离的人口迁移，也包括暂时离开但有往返的人口流动。
[2] 源于 2016 年 11 月 11 日对军南村王世良的访谈。

近出夫和远地出夫。1937 年以前大多是就近出夫，在日本侵略山东后远地出夫开始增多，由此造成了村庄的人口流动。

二、市场与人口流动

（一）人力市场与"打短儿的"

在 1949 年以前，村民是在市场上雇工。村中地较少但劳动力多的家庭便去"打短儿"。"打短儿的"背着小包裹儿，里面带着点衣服，因为有可能在雇主家住。由此，在农忙时节，便产生了村中短暂的人口流动。"打短儿的"到集市后就在闲地方一待，等待雇主前来雇人。"芒种吃大麦"，军王村一般在芒种时开始割麦子，根据当时的生产条件，30 多亩地的麦子需要 7—8 人 2—3 天才能割完。此时"打短儿的"要在雇主家住上 2—3 天。

（二）集市做生意

村子里有在集市做生意的，每逢赶集的日子，他们便会在集市待上一整天。此外，有的农户还须上城里进货，由此，形成了这部分村民的人口暂时流动。贩卖家具也带来了军王村的人口流动。在灾荒严重的情况下，家里有车有劳力的家庭还会通过贩卖家具度过灾荒。

（三）流动的"匠人"

在军王村，其他职业的流动主要体现在中医、瓦工、拉黄包车等职业上。这些职业在流动上主要体现为两个方面：一是职业者主动流动出去。例如，军王村中王守庆、王守玉两弟兄因家里穷没有地，便在城里拉黄包车。村里的教书先生王守恭，由其奶奶推荐，在农户家中进行教学。军王村的瓦工在职业上体现的流动主要是跟着外庄的包工一起干活儿。1937 年以前，村子里每年春天会有"铃医"来村子看病，铃医即走街串巷的乡村医生，都至少会有一门绝活儿。

二是由他人上门来请。军王村内的医生在职业上表现出的流动主要是出诊。当外村村民家中有人生病严重时，外村村民便骑着毛驴或者马儿来接军王村的中医大夫王守虔。王世习回忆其爷爷当年行医时的情景说道："因为爷爷是大夫，回回出诊，十里八乡的都来接他去看病。外村子的也来找他，甚至连外县的人都来找他看病。"

（四）流动的商贩

根据老人回忆，民国时期，军王村中流动商贩有 2 家，1 家种园的，即种植蔬菜进行贩卖。货郎一般是农闲时出去贩卖东西，多是在春天、冬天走街串巷，农忙时节一般不出去。走街串巷时，一般是早晨出门，晚上回家。种园的与货郎不同。种园的一年四季都可卖菜。当蔬菜成熟时，种园的挑着蔬菜到各个庄上去卖。每天早上卖菜，以保证蔬菜的新鲜。

三、灾害与人口流动

据老人们回忆，1949 年以前，军王村每年都有灾害发生。村中流传着一句俗语："先旱后淹，两手抓天。"每年还会有不同程度的干旱，同时加上"九岗十八洼十二连洼"的地形条件，水灾更是经常发生。1937 年至 1940 年左右，水灾每年有发生，但水量逐年减少。抗战中后期开始出现旱灾，一半以上的农户都去逃荒，逃往河北。有的家庭甚至每年春天都出去逃荒，水旱灾害引起的逃荒成为传统时期军王村人口流动的主要形式之一。

（一）政府允许的外出逃荒——挨户子

大约在清朝以前，在当地可以形成政府允许的逃荒组织——挨户子。当周围 3—5 个村庄受灾荒，灾情严重时，军王村及周围的村庄年龄 20—50 岁之间的成年人，便形成一个挨户子，挨户子中有一个领头人物。

担任挨户子的头儿，用村民的话说是村子里的"阳份人"，即畅快人，口才好。同时还需要"闯势（shi，轻声）"，即胆子大，到哪里都能敢说话，有点领导能力。不一定会读书识字，年龄在 30 岁以上，有一点社会经验。挨户子的头儿一般通过自荐产生，没有机构任命。挨户子的头儿主要是负责去县上说明情况，"俺这个地方受灾了，俺得出去讨饭去"。然后找县里开证明，当时称为"关防"。关防上会说明当地受灾，生活无着落等实际情况。凭借关防，走到哪里都没有人敢拦着挨户子。挨户子到谁家就可以在谁家吃饭，有个规矩是只准吃不准拿，吃完便走。

根据任城区志记载，清光绪二年（1876 年）发生特大旱灾，民大饥。据老人回忆，大约在清朝末期发生灾荒，军王村王姓村民中继字辈儿往上四辈的一位王氏先人，去县里要了证明，领着村中一群年龄在 20—50 岁之间的成年人，大约 30—50 人，形成挨户子。他们到了外县，外县一查时，他们有"关防"，就知道是政府允许的，所以外县的不会打骂挨户子。

（二）村民自发的外出逃荒

进入民国时期，每逢遇到灾荒，灾情严重时，村民便自发外出逃荒。虽然每年都有农户外出逃荒，但没有逃荒不回来的情况，因为家里还有房子和土地。

1. 灾害情况

据任城区志记载，民国年间，境内共发生水灾 9 次，特大水灾 4 次，其中 1935 年 7 月发生一次。1947 年 7 月 6—7 日，连续两天，运河、府河、泗河泛滥成灾；7 月、8 月，济宁县三分之二的土地被淹。村民王世习回忆："那年的受灾面积相当大，不论岗地、洼地都没有收成。"

以中农家庭王万亮家为例，见表 4-7，按照正常年份，王万亮家小麦大约可以收800斤，高粱大概可以收 2 400 斤，豆子可以收 1 000 斤，红麻可以收 1 200 斤。1947年因连发水灾，小麦只收 600 斤，其余粮食颗粒无收，于是，王万亮家在 1947 年 8 月底 9 月初开始逃荒。

表 4-7　1947 年中农家庭王万亮家耕种及收成情况

种植作物	种植亩数	正常年份亩产（斤）	1947 年亩产（斤）	1947 年收成
小麦	4	200	150	600
高粱	12	200	0	0
豆子	4	250	0	0
红麻	4	300	0	0

资料来源：根据王万亮老人口述整理。

不仅中农家庭收成不好，地主家庭在灾害严重时土地也减产严重。1947 年夏天因水淹，王世习家的麦子虽然收获但有减产，是其他的庄稼的一半。由表 4-8 可知，1947 年王世习家豆子没有收成，"淹得干净"。正常年份，王世习家小麦大约可以收5 250 斤，高粱可以收 2 400 斤，豆子可以收 4 200 斤。因发生严重水灾，当年麦子只收3 500 斤，高粱收获大约 1 200 斤，豆子颗粒无收。于是地主家庭也于 1948 年春天开始出去逃荒。

表 4-8　1947 年王世习粮食种植情况

种植作物	种植亩数	正常年份亩产（斤）	1947 年亩产（斤）	1947 年收成
小麦	35	150	100	3 500
高粱	20	120	60	1 200
豆子	35	120	0	0

资料来源：根据王世习老人口述整理。

2. 逃荒准备

一是逃荒地点的确定。逃荒之前，可以先确定逃荒地点，确定的原则为哪里收成好、哪里好要饭，就去哪里。得知逃荒地点有两种途径：一种途径是在逃荒之前，在庄上打听哪里收成好。第二种途径是在逃荒的路上打听哪里好要饭。有的村民甚至逃荒到离本村有 200 多里的大明府。

二是逃荒行李及家中安排。逃荒时，村民需要带上衣裳、被子、要饭篮子、要饭棍，吃饭的物件儿也得带上，用小红车推着。逃荒时，要准备路上吃的口粮，一般准备够吃两三天的。剩下的口粮留在家中，给家里人吃。例如王世习的家人，当时逃荒时，家里留了半圆子[1]谷子，大约有 20 斤，此外，还有 20 来斤高粱和剩下的一点芋头（红薯）。逃荒前原有的房屋，上把锁就行，因为家里没有值钱的物品，没有粮食，更没有值钱的家具。

3. 逃荒人员

逃荒不分男女，家中爷们儿去逃荒，妇女也去逃荒。从年龄来看，家中年长的老人不逃荒，同时还需要分配另外的家庭成员留在家中照顾老人。三岁以内的小孩要去逃荒，因为一般妇女会去逃荒，孩子太小，留在家中无人照顾。

中农家庭王世亮家当时逃荒的人主要是他的哥哥、嫂子、母亲和年纪最小的弟弟。最小的弟弟离不开母亲，所以母亲带着弟弟出去要饭。家中留下了他的奶奶、一个七八岁的弟弟，他的父亲以及他自己。地主家庭王世习家当年是他的父亲和母亲、弟弟、小妹妹出去逃荒。因为小妹妹很小，所以要跟着母亲。王世习没有去逃荒，因为家里有个 80 岁的奶奶，还有一个八九岁的二妹妹需要照顾。

4. 逃荒单位及规模：几户联合，各自乞讨

逃荒单位一般是联合几户一起逃荒，相互之间有照应。一起逃荒的农户中，有邻居，有近门子的亲戚，有种二八粮的。都是本庄上的，没有亲戚、朋友一起逃荒的。以王世习家逃荒为例，与他们家一起逃荒的农户有世昌家、万光家。世昌家种他们家的二八粮，万光家和他们家是邻居加近侄。从逃荒规模来看，当时庄上有 80%以上的农户都去逃荒，举家外出逃荒的农户达到一半以上。

5. 逃荒时间：农闲逃荒

农闲逃荒成为当地村庄农民流动的一个显著特点，对于地主、中农户家庭而言，一般是灾情严重才会出去逃荒；而对于村中的穷人而言，逃荒已成为常态。军王村王万坤家，当时除了家中老头子不去，其他人都去逃荒，基本上是年年逃荒，不逃荒的时候很少。一般春天出去逃荒，等到农历四五月收麦子的时候回到村子，收割麦子。灾情严重时，考虑到粮食不够吃就会出去逃荒，逃荒时间在 2 个月以上。王万亮家逃荒是上一年 8 月底 9 月初去逃荒的，到第二年 4 月份左右才回到军王村。

6. 逃荒生活

一是在逃荒路上的生活。逃荒时，会带干粮，走到 30—50 里外就开始要饭，走到哪里要到哪里。留下老人小孩儿看车子，其余的都去要饭，芋头、萝卜、干粮，能吃的什么都要。要回来的吃食，好的就给小孩儿吃。当别人给的吃的是热的时，拿回来

1 圆子：当地方言，是用柳条编制的器具，有点像簸箕，但形状是圆的，并且装水都漏。

就可以直接吃，冷的话，要再支锅温温。当别人给的是干粮时，便存起来，等一段时间过后，带回家里给家里人吃。

二是定村以后的生活。到一个村庄，就说自己是从哪里来要饭的，向村民们打听村里的闲屋，借主家闲屋居住。之后也会靠手艺讨生活，妇女帮助做针线活儿，爷儿们就帮忙干农活儿、打零工。当地人不会排斥逃荒要饭的。刚开始去的时候，逃荒农户在村中没有熟人，一旦在村中待的时间比较长后，逃荒农户便与村中的街坊邻居熟悉了，同时也跟街坊邻居关系比较好。在日常生活中如果需要借点用的小工具，当地村民也愿意借。

三是留在家中人的生活。收的粮食都给家里不去逃荒的人吃，他们吃粮食时掺和其他的杂粮一起吃，大约能吃 1—2 月。到春天了，就出去挖点野菜。用点粮食，压点面儿节约着吃，盼望着外出逃荒的人能带粮食回来。有的农户家中粮食实在不够吃，还把家中的牛卖了，用卖牛的钱买粮食吃。

（三）逃荒至军王村

不仅村民出去逃荒，也有外面的村民逃荒到当地来。一是举家逃荒至此落户。在1949 年以前，李家大约有 10 口人，劳动力 4 个。因为灾荒，从河北逃荒到这里，当时家里很困难。刚到村子时，他们家就住在场院屋。过去场里有用于搁置工具的棚子，没有门，三面是墙。

二是个别定居于此。存在两种情况，第一种情况是逃荒到军王村，然后嫁入军王村。王世习老人说："黄河北要饭的不少，妇女落嫁到咱这也不少。"王守业的兄弟王守余，没有结婚，当时有从河北逃荒的来的，就给了他们 2 斗麦子，他们的闺女就跟他结婚了，村民便笑称这个姑娘为"二斗麦儿"。第二种情况是逃荒到军王村，被家中无子的村民收养。王鲁堂，原本有两个儿子，大儿子出去就没有音信了，二儿子喝药死了，之后儿媳妇、孙子也死了，就剩下他一个老头子。后来王鲁堂收养了一个从河北逃荒来的孙女，这个女孩当时大概 14 岁，天天都帮着他割草喂牛。

四、其他因素与人口流动

传统时期，除了因政府政策、市场影响、水旱灾害威胁而形成人口流动，还存在其他因素引起人口流动。

一是人丁繁衍。军王村先祖在清朝光绪年间，因人丁繁衍，便从军王张屯迁出，在军王张屯的南边建立军王村。

二是婚嫁迁移。因婚嫁引起的人口流动主要体现在个人，而不是人口的整体搬迁。军王村村内妇女均不是来源于本村，皆来自外村。最远的是王守道的妻子，她娘家距离军王村有 35 里。

三是在外求学。一类是学兵,国民党时期,在日军还没有入侵济宁时,当地成立了学兵连,大概百来人。学兵学文化,学数学,也下操,穿着一身统一的黑制服,在长沟训练。王世习的叔叔就在长沟当学兵。另一类是去城里求学。1944 年左右,王世习和他二哥在城里上学,当时学校名称为北关第一模范小学。刚开始是租赁房屋居住,后来王世习的爷爷决定接收别人典当房屋。当时典当的时候要跟街长讲,去街长那里报到,挂个临时户口。王世习回忆这段时说:"我们那个院子有 3 家人,都是住的典当的房子。当时别人当给我们 4 间堂屋、4 间西屋、2 间南屋。"

五、流动中的惯行与关系

(一)家庭内部关系

1. 当家人决定家户流动

在家户整体的变迁、家庭成员的婚嫁、在外求学、职业的选择等方面,家长有绝对的权威。逃荒是当地村民常见的流动方式之一。在逃荒时,是举家逃荒还是部分成员逃荒,哪些人逃荒,哪些人留守家中不去逃荒,都由当家人安排。

当家人在人口流动中的决定权还体现在朋友来家中常住。当常住的朋友是当家人的朋友时,当家的直接可以做主。如果是子女的朋友,得跟家长商量。如果不给当家的说,当家的不买菜,就没办法招待朋友。如果当家人同意,其他人不同意也可以住下来。如果妻子同意,家长不同意,此时要看妻子的能力。如果妻子有能力有本事,就算家长不同意,朋友也可以住下来。

家长的决定权不仅限于单家独户,其亲族中也有部分体现。嫡亲成员外出需要向嫡亲中年长者请假。

> 俺爷爷有两兄弟,大爷爷和他,大爷爷家有三个儿,分别是俺大大爷、二大爷、三大爷。俺大大爷无论上哪里去,都会头天来跟俺爷爷说,跟请假似的。他家在家南,离俺爷爷家有 200 多米。回来了还得销假,就跟爷爷说"叔,我回来了"。二大爷、三大爷出门,比如进城,也要给俺爷爷请假。[1]

2. 因"买兵"流动,成员自主决定

在因征兵制带来的人口流动中,即在农户遇上买兵时,家里的家长不当家,由儿

---

1 根据对军南村王世良的访谈整理。

子当家。根据自愿原则，决定谁去。如果家里没有人愿意去，家长不会答应卖兵。如果等了50多天，还是没有人愿意去，庄上会加钱，2石变成2.5石，2.5石变成3石。那个时候挣钱很难，穷人都愿意去。当愿意去的人多了，会通过抓阄儿决定。

（二）个体流动与集体流动关系

个体流动与集体流动的关系主要体现在以下三个方面。

一是个体流动频率高。军王村的地理位置促成了个体流动的发生，另外距离城区与集市均比较近，受市场因素引起的个体流动比较多。同时个体流动也表现出流动时间短，流动频率高的特点。

二是集体流动具有组织性。从清朝时期政府允许的"挨户子"，到民国时期村民自发组织的逃荒，都具有组织性。"挨户子"的组织性主要体现在受政府允许，有自己的行为规矩，如只准吃，不准拿农户家东西。同时"挨户子"还有一个领头人物进行管理。而在群众自发的逃荒中，虽然没有领头人物，但也是几户联合逃荒。在逃荒之前，几户联合逃荒的农户便会聚在一起商量逃向何处，何时动身等。

三是集体流动、合中有分。在民国时期，村民自发形成的逃荒中，虽然大家是集体出去逃荒，但逃荒要饭是各家要各家的，在集体行动中也有分离的成分。

（三）阶层关系：穷人流动多，富人流动少

穷人家庭几乎年年都外出逃荒，逃荒几乎成为他们生活的常态。富人家庭一般是灾情严重时才会出去。从流动程度上来看，穷人家庭中举家出逃的比较多，富人家庭即便逃荒，家中也会留人看守。

（四）农民与国家关系

一是政府鼓励流动。明朝初期，在政府人口迁移政策的鼓励下，军王村王氏先祖开始了迁移。二是政府保护流动。在清朝时期，村民外出逃荒，有政府"关防"作为通行证，保证村民在流动中，不受外县人欺负。三是农民自发流动。民国时期，村民逃荒时，不跟县里打招呼，也不跟村长、保长等村庄治理者打招呼。如果长期待在这个村庄，就找个闲院子住下。

第八节　分化与群体关系

传统时期，由于职业、财富、血缘关系等不同，军王村村民出现了较为明显的阶层分化。本节主要探讨在小农经济基础上，军王村的职业分化、财富分化、血缘分化等社会分化与群体之间的关系。

一、职业分化

（一）职业概况

根据村中老人们的口述，本村村民有从事手艺活的；有外村人来本村行医和教书的；还有地牙子的农户；做小买卖的生意人也不少。此外，村中还有做"扛活儿的"，也有农忙时节吃工夫粮、"打短儿的"务工者。

（二）职业与社会地位

1. 财富地位：职业与家庭经济条件正相关

在军王村村民职业中，当医生的村民家庭条件最好。村民王守虔为村中的医生，土地在100亩以上，家中牲口有2犋子，有2处院子。其次是当木匠的，村中木匠为王万庆，他家人口多，会请人种地，庄稼在全村是种得最好的。本村木匠为村民做木活不收钱。教书先生的家庭条件，在村中属于中等水平。

而地牙子、小买卖、"扛活儿的"、吃工夫粮、"打短儿的"等职业都是穷人来做。例如穷人王善堂，家中大约6亩土地，用挑子卖点糖和小孩儿玩的鼓、哨儿等。

2. 社会威望：先生和木匠威望高

一是木匠与教书先生生活待遇最好。当时藕仅比肉便宜一点，1斤藕要4—5斤麦子，除了木匠、教书先生的家庭会买，其他人家都不买。另外平常人家只有觅木匠、教书先生、来的客人的时候才吃藕、鱼。

二是生活中行医先生和教书先生威望高。在军王村，村民称呼医生为"先生"，文气的人会称医生为"大夫"，但没有人称呼村里的医生为"郎中"，村民认为郎中喊着不好听。医生在村里很有威望，表现在：一是村里有人东西被偷，绝不会怀疑是村里医生偷的；二是村民见到医生会和医生打招呼，不在医生面前说脏话。对待教书先生以"贵客"待之，每次请客得把教书先生叫上。结婚时，还要请外村教过自己的先生喝喜酒。教书先生不用随礼，就算随礼，主家也不会收，因为教书先生来自远方，不好还礼。另外主家都会安排其和上岁数的坐一桌，以表尊重。

二、财富分化

根据土地占有量、家庭生活条件等情况，村民将村中的村民分为"荣户儿"与穷人两类群体。在"荣户儿"中又分为"老财主"和新发户儿。

（一）"荣户儿"与穷人

在传统时期，过得好的农户，即中农以上的家庭，村民称之为"荣户儿"。从土地占有情况来看，虽说在军王村，90％以上的农户都有土地，但土地多少、土地质量大有不同，村民土地在 10 亩以下便位穷人之列。打更人的工资，由中农以上的"荣户儿"家出。在出夫上，也是荣户儿"挑大梁"，派人出夫。

"有给日本鬼子跑腿儿的'地方'，他通知村子应出的名额。村里直接派，地亩数多就摊多，可能摊一次，也可能摊两次。第一次就找地最多的派，后再找中农户子，很穷的不派。地多的要是有人，就出夫顶人，让没有出夫资格的穷人去，然后富人给钱。"王世良说道。

（二）老财主与新发户儿

村子里的富户分为老财主和新发户。村子里的老财主有 5 家，土地最多的有 120 亩，最少的 100 亩。老财主家有屋子住，每年都有存粮。老财主因为人少不分家，土地就越来越多。如王守立家是财主家庭，8 口人，2 个儿子，2 个媳妇，2 处院子，12 间屋，大约有 80 亩土地。新发户就是靠自己的本事发财，最多的土地达到 180 亩。例如王世良家，其爷爷给老财主家当长工，后来由于家庭人口增加，劳动力增多，再加上勤俭节约，持家有方，后来逐渐有了 100 多亩地。

三、血缘分化

（一）"辈分不能乱"

在军王村，血缘分化主要体现在同一血缘关系内部的分化。村子里绝大部分都姓王，并且都是从同一个老祖先繁衍而来。村中王姓村民提到王氏家族的老三支，即虽是同一老祖先发展而来，但随着人丁繁衍，代际增多，便形成了血缘内部的分化。

血缘内部分化最明显的标志是辈分，辈分确定了血缘顺序。1949 年以前，村民取名大多严格按照辈分，称呼便按照辈分相应地称"哥、叔、大爷"。即使年纪再大，也不能逾越辈分。王姓村民有辈分字诀，据王氏族谱记载"为使吾族支派有序，现将世代序字印志，不准乱用他字，嘉庆二十二年六月先祖议定世序二十字，现重印志：永传相继守，万世可敬从，木宗常有序，昭穆自得名。今由二十世族人继洪续拟二十字经，到会族人议定，诗礼立家远，金玉兴广洪，福禄祯祥寿，春秋乃道统。十七世为永，三十六世为名，三十七世为诗，五十六世为统"。

辈分低的族人在见到辈分高的族人时，要先向辈分高的人打招呼，以示尊重。在调解纠纷上，辈分高的人有权威。在请客宴席中，辈分高的坐上首。

（二）"分门儿不来往了"

民国时期，军王村村民以本人开始往上五代为近门子。按照常理，五服以内为"近门子"，近门子之间有红白喜事应该来往。事实上有的分支代际繁衍速度快，人丁兴旺，于是在血缘分化上出现了"分门儿"。"分门子就没有喜忧事儿。俺的邻居北边儿万谟家，没出五服，但是分门儿了，没有来往了，按照辈分我应该叫他大爷。分门儿后，喝喜酒、喝豆腐汤就不来往了。人多了就分门儿。"王世良老人说道。

四、群体关系的建立与维持

军王村村民因职业、财产、血缘的差异，划分为不同的群体。而同一群体内部、不同群体之间关系亦有差异。

（一）群体关系建立

同一血缘关系群体，其群体关系属于自然形成。受户族生存和发展的需要，族人之间联系紧密。随着户族繁衍，内部分化血缘群体——近门子，近门子成员之间联系更加紧密。

在财富分化上，荣户与穷人两大群体之间形成"荣户出钱，穷人沾光"的相处模式。主要体现在出夫、买兵、读书及打更费用的支出上。在职业分化上，同一职业群体，例如木匠、泥瓦匠等职业，主要以亲连亲、户连户、师傅带徒弟等方式建立职业小群体。

就个体而言，在不同的划分标准中，同一人可能具有多重群体身份，属于不同的群体。在不同的群体中，有不同的交往关系建立。

（二）群体关系维持

群体关系的维系主要体现在以下几个方面。

一是同一血缘群体关系的维系。主要通过宗族活动、红白喜事来往、日常互助来维系。每逢过年，村中王姓家族会举行集体给老祖先拜年的仪式。同时还会修编族谱，将族人信息记录在谱，令族虽繁而不乱。同姓族人红白喜事，近门子成员必须参加，分门儿的近门子成员除外。族人之间的小矛盾，由辈分长的人调解，以促进族人之间和睦相处。

二是同职业者以合作维系关系。1949年以前，济宁县的个体木匠、泥瓦匠、石匠、铁匠多以亲连亲、户连户、师傅带徒弟的方式形成作坊。遇到大的工程，会几个作坊联合施工，工完即散伙。以木匠为例，当农户家中有老人去世，急需赶制棺材，木匠少完不成，于是木匠师傅头儿就跟另外的师傅头儿联系，共同完成此项"热活儿"。两帮人完工后便散伙。此外，村中外请的刘老师和高老师两人同为教书先生，两人关系很好，会互相出题，相互切磋。务农者之间的合作主要体现在牲口的喂养、耕地时的互助上。

三是相同利益关系者的维系。利益相同者群体维系的方式比较多，有的是基于共同的利益需求而形成组织，例如白会。

四是不同财富群体之间关系的维护。在军王村已经体现出比较明显的财富分化，但穷人和富人之间并不是敌对的关系。穷人通过"派灶君"、卖公坑、在富人埋老人时收取过路费等方式，让富人出银子、"破点儿财"。富人也愿意出钱财，以此维护双方和谐的关系。

五是不同群体之间关系的维系。在军王村村庄内部，不同职业、不同血缘、不同利益群体，多形成本家、邻居、亲戚的关系。在日常生产生活中，互帮互助，共同娱乐，其乐融融。例如，过年时节，穷人与荣户儿会一起打牌、喝酒。不同姓氏的村民也会一起晒暖儿、聊天。

第九节　冲突与冲突关系

传统时期，总体而言，军王村内部比较和谐，但冲突也在所难免。家庭内部冲突、村民之间的冲突都有不同的表现形式和纠纷调解机制。村民之间不同的冲突类型亦有不同的调解方式、调解人员等。

一、家庭内部冲突

（一）本家内部纠纷

1."一般的矛盾，老的一说就压下了"

在传统时期的军王村，村民家里有小矛盾，家里老的就能当家。兄弟之间纠纷少，当弟弟有不良嗜好，比如打牌，哥哥们会说他，嚷他一顿。当家庭中发生矛盾时，家中老人一说就压下来了。

2. 家庭代际纠纷，长辈就"自围"

在家庭代际纠纷中，军王村父子之间的矛盾不多，有矛盾都是小矛盾。当子女的行为不让父母满意时，父母便会骂或者打孩子。例如王世良小时候自己做主，买了一只口琴，大约花费1斗麦子，事后也没有告知自己的父亲，父亲知道后便要打他。当自家孩子与邻居家孩子"硌气"时，父母便会嚷他："你怎么跟人家硌气了？"当"硌气"情况严重时，街上长辈见了可以直接教育和打孩子，称为"打盘头子"，孩子被打后，回家还不敢告诉父母，告诉父母便还会挨打，因为其父母认为别人管自己的孩子是好意。在养老方面，军王村的养老纠纷很少，如果发生儿子不给老人粮食的情况，老人会告他忤逆不孝，找家族中问事儿的劝解一下。

家庭代际纠纷都是自己"一大窝子"中上岁数的调解。例如，前街都是一窝子，前街的家庭代际纠纷都是前街的上岁数的调解。一发生矛盾，家族中的长辈就"自围"。因为一发生纠纷，长辈就都知道了。"吵架一咋呼，全庄都知道了。"不吵架但家庭有矛盾时，大家也知道，晒暖儿或拉呱儿时听来的。

（二）亲戚间的纠纷少，"矛盾大了断来往"

在军王村，村民常说"亲戚能担事儿"，所以亲戚间的纠纷比较少。当村民与亲戚之间产生的矛盾大时，就与亲戚断来往。虽然村民在借钱借粮食上，首选亲戚家，但亲戚之间因为经济问题而发生纠纷的比较少，大的矛盾多体现在礼节上。当村民在与亲戚的交往中，感受到严重不受尊重时，便有可能断绝来往。例如红白喜事的来往上以及待客招待的细节上。

二、村民之间冲突

（一）冲突类型

从纠纷的类型来看，村民之间的纠纷主要为边界纠纷、交易纠纷。1949 年以前没有发生过医生和病人之间的医疗纠纷。例如陈玉环曾针死一位妇女，这位妇女的家人直接来把妇女拉回去了，没有和医生吵闹。土地买卖过程中如果发生买卖纠纷，找中间人解决，纠纷达到打官司的程度就找保长。村民在酒馆儿发生纠纷，一般酒馆儿的主家就能调解下来。如果打闹比较严重，老板调解不了，找邻近的、比较有威望的、上年纪的人去调解。如果在牛市上发生纠纷，谁家的人数多，谁占优势。羊市上没有纠纷，因为买卖小，小庄怕大庄的人。

（二）冲突调解对象的选择

1. 调解纠纷的普通人

村民之间的小矛盾，普通人便可以调解，例如一家之长、街坊邻居、熟人等。不过村民之间发生矛盾纠纷，教书老师不会充当调解人，村民也找不到他。一般的纠纷，有的村民会主动帮忙调解。

2. 家族中问事儿的

家族中问事儿的。"我记事儿的时候，俺爷爷管老爷爷以下的本家。下边儿的年轻人都听他的，他说怎么办就怎么办。"王世习对此说道。家族中问事儿的首先得在家族中有威望，否则别人不会听。然后考虑辈分，最后考虑年龄。除要有统筹安排能力，还要有指派能力。问事儿的通过推举产生，从同一个家族中每户的家长中产生。比如这个家族分支有 100 人，有 15 户，这 15 户的家长一起来选，从 15 个家长中推举产生问事的。家族中问事儿的职责：一是家族内部纠纷调解。二是在丧亡喜事中招呼喊人。大执宾只负责孝子以外帮忙的劳动力，孝子们由家族中问事儿的管理。家族中问事儿当选后，等到他的年龄大了、脑子糊涂了、没有能力的时候，才接着选举下一代。

3. 村庄好事儿的

据老人们回忆，传统时期的军王村村中好事儿的人不少。所谓"好事儿的"，又称"无事儿忙"，即此事本来与他无关，但他帮忙出面处理。好事儿的调解纠纷一般是自己主动去处理，不用别人请。军王村的王守昌，号称"评事员"，什么事儿他都喜欢评论。家南王维成也被村民认为是"好事儿的"，号称"天爷爷"。每当军王村谁家跟哪个庄有矛盾时，他就喜欢出面调解。在 1949 年以前，南陈的庄子大，经常欺负小庄子的村民，王维成就自己去骂南陈村村民。

4. 村庄"问公益的"

1937 年以前，军王村称村长为"问公益的"，即过问对公共有益的事情。村长主要负责村庄公共事务和行政事务。村民一般不找问公益的解决私人纠纷。

（三）不同圈层冲突的调解

家庭与其他家庭的矛盾少。日常生活中发生矛盾后，邻居百舍来人就解决了。街上一旦发生矛盾，就围着人，现场评道理，谁的不是就说谁。

一般邻里之间不发生纠纷。如果是小矛盾，两边的家长一商量就好了。如果出现打伤人等大事儿，就需要把两家本家的老人，即家族中问事儿的找来，两位本家的老人劝和，两边儿都认错。

家庭与外村的纠纷。和外庄有矛盾时，由家族中问事儿的出面调解。与外庄发生纠纷时，除了请两方问事儿的、两方的家长，还可以将本庄外庄的有威信的人都请来。三四个人一起商量，出结果后，问问当事双方，反反复复确认，使得两方心甘情愿和解。

第十节　保护与保护关系

传统时期的军王村村庄凝聚力较强，除了家庭、亲戚保护，还存在村落内部的族内救济、富人保护、村民之间的保护，而政府的保护相对而言比较微弱。本节将从家庭保护、亲戚保护、村落保护、政府保护等四个方面去考察小农经济基础上的保护与保护关系。

一、家庭保护与保护关系

（一）以男性保护为主

对于家庭成员的保护，主要是一家之长出面保护。家庭内部矛盾由家长调解，家庭成员与其他家庭发生矛盾时，由家长出面调解。家里困难，需要向外借钱时，一般也是家长去借钱，无论是向同族、亲戚、朋友借钱都是如此。

军王村家庭保护以男性保护为主，个别家庭存在女性保护的情况。例如在传统时期的王守荣家，王守荣的父亲当时健在，但是他们家什么事情都是王守荣的娘当家。因此，向外借钱时，王守荣的娘可以去。

（二）保护内容有选择

家庭是基本的生活单元，也是重要的保护单元。家庭为家庭成员撑起了保护伞，但家庭的保护不能面面俱到，保护内容也存在选择性。

当家庭成员借钱是用于整个家庭时，就以当家人名义借钱，同时家庭负责还清账。在一个大家庭中，兄弟成家后可以私下向自己的岳父岳母借，但这是跟他自己的亲戚借钱，不跟整个家庭相关，还与不还都不关整个家庭的事情。

当家庭成员以个人名义借钱，钱用于正道上，家庭也会给予保护。儿子经过父亲的允许，可以借钱，借钱还不起的时候，父亲可以偿还。

（三）对外嫁女家庭的保护："住老人家"

在传统时期，在军王村，家庭保护还包括了对外嫁女家庭的保护。当外嫁女家庭条件变差，或者生活有困难时，女儿可以回娘家，通过"住老人家"得到家庭保护，并且可以长期定居在娘家。例如民国初期迁居而来的赵保善家。

二、亲戚保护与保护关系

（一）亲戚保护

村民常说"穷有三门富亲不算穷，富有三门穷亲不算富"，可见，亲戚保护在军王村村民的社会保护关系中扮演着重要的角色。提供亲戚保护的主体主要是由血缘关系形成的"近门子"亲戚以及因婚姻关系形成的姻亲。当村民家发生天灾人祸时，近亲都会主动前去看望。

（二）保护结果及影响

在村民心中，遇到困难时，亲戚提供保护是理所应当的事情。当对方实属能力有限而未能保护时，村民不会怪罪于他，也不会因此而断绝往来。当对方有能力帮助却不能帮助时，会受到舆论的谴责，甚至有的村民可能会采取极端行为。

> 王发敦是田家表弟。过年了他到田家。"我过年了我啥也没有，你得给我东西。"老表就说他，把他说生气了。"你看着吧，我哪天用火来烧你。"然后王发敦就走了。结果到了他说的那天，王发敦果然拿着火把去烧他老表家。

老表家的村民就出来拦截，结果他从西南边穿过去，把表哥家房子烧了。此后他被村民称为"火圣爷"。

三、村落保护与保护关系

（一）族内救济

一方面，村民主动寻求家族救济。军王村王氏村民，患有重大疾病，医治不起时，可以向本家敛粮食。不是向全部王氏村民敛粮食，而是找中农户以上的人敛粮食，不管麦子高粱豆子，都可以。村庄中很多"好事儿的"也帮助其敛粮食。

另一方面，家庙也有救济功能。庙屋除了打更人住外，王氏族人谁家没房子时，也会去住。据老人回忆，村民王开堂卖牛肉，家里穷，没有房子，住在庙屋。王红兵、王万阳家也在家庙的院子里搭着一个棚子住。

（二）富人的保护

一是富人主动提出的保护。"年年防贱，夜夜防贼"，财主每年都要防止粮食歉收，晚上还要防贼，于是请打更人保护村庄。

二是富人被动提供的保护。村中懒惰的穷人或者绝户头儿，没钱花了，想办法要钱，看着谁富裕，就去找谁卖公坑。实际上是以卖公坑为由，找财主拿钱。村里有两个人卖过公坑，有土地但土地少。跟卖地不同，卖公坑的人不会去测量公坑，不会明确四至，而是指坑就卖。卖公坑要写契约，不用找买卖土地的中间人，只需要请人写一个契约，然后拿着契约去找财主要钱，财主一般会给。如果不给他，他可能就放火烧富人家的房子。

（三）村民之间的保护

村落保护除了族内救济、富人保护，还有普通村民之间的保护，即村民的邻里、朋友保护。

抗战时期，本村村民王万宽租的文家在本村买的土地，大约3—4亩。租佃时，没有写租佃契约，口头约定，租期是一直租下去。由于家中人口多，粮食不够吃，于是请本村村民王万顺帮忙说情减免租金。

此外，朋友之间的保护也很重要。王世良家与邻近村庄张右珍是朋友关系，相互帮忙耕地，借钱缓急，危难时刻救助等。

（四）村落保护组织

除了个体层面上的保护，军王村还成立村庄防卫组织来保卫村民。如前文所述，村民因担心土匪"架户"，为了保家成立大刀会。在大刀会师傅的教导下，入会的学徒学会了拳脚功夫。外村人也因军王村人多会武术而不敢随意欺负村民。

四、政府保护与保护关系

除家庭保护、亲戚保护、村落保护，政府也会提供一定的保护，但保护有限度甚至可以说比较微弱。

一是国家政策救济。据军王村老人们回忆，传统时期，当发生严重水灾时，国民党政府有下派官员到村庄来负责查验水灾的。当时下派官员大约 3—5 人，由"地方"领着，坐着船来到村子里，当官员确定村子确实发生水灾时，当年会减免税收。此外，如前文所述，在清朝时期，对于外出逃荒的"挨户子"，政府也出具证明灾荒的官文——"关防"，以保护这些逃荒的村民不受外县人的欺负。

二是政府救济。济南的韩复榘，民国时期任山东省主席，在济南开饭场。无论谁走那里，他都管饭。据军王村村民王万坤回忆，他当年逃荒时就去领取过韩复榘那里发的救济。

三是政府引导的抗灾。村民一旦发现蝗灾，马上向村里的问公益的汇报，问公益的会立刻向政府报告。发生蝗灾时，打蚂蚱均是政府引导，但政府不会派官员前往抗灾一线。政府会指定一个集合的地点，向大家说明集合时间，比如吃完早饭就集合。提前一天由"地方"通知各庄上问公益的。抗击蝗灾时，全村全部劳动力都出动，有多少出多少。不用政府动员，家家户户准备好打蚂蚱的工具。大家认为这一件功德事儿，蚂蚱从哪个庄上过，哪个庄庄稼就一点儿也不能收，所以要齐心抗灾。

第十一节　军王村社会变迁

1949 年以后，随着国家权力的触角延伸至乡村，军王村发生了巨大的变化。在土地改革时期、集体化时期、改革开放以后等三个阶段都有不同的社会表现形式。本节主要从 1949 年以前的社会形态、1949 年后的社会变迁两方面介绍军王村的情况。

一、1949 年以前的社会形态概况

第一，以扩大家庭为主的家户单元。1937 年以前，军王村以扩大家庭为主。随着日本人的入侵以及纳税负担加重，大户家庭选择以分家的方式减轻纳税负担，扩大家庭开始减少。村民对血缘关系比较重视，常说"一窝子""近门子""本家"。

第二，社会分化明显。一是财富分化明显，村庄内划分为荣户儿与穷人。二是血缘分化明显。有的分支代际繁衍速度快，人丁兴旺，于是在血缘分化上出现了"分门儿"的情况。

第三，社会交往紧密。从村庄内部交往来看，除了因生产、生活产生的交往，还会因欠人情而产生交往。村民的社会交往也有整体性的一面，人情往来时，即便分家了，只要家中老家长还在世，只通知老家长就可以。在穷人生活困难时，穷人与富人之间便会产生交往，富人帮助救济穷人被认为是合情合理的事情。

第四，村庄社会事务依靠个人权威管理运行。1949年以前，军王村行政事务比较少，税收等行政事务由村长负责，而大量的社会事务则是由拥有个人威望的村民来管理。例如，互助性社会组织红会、白会的会头，村庄负责红白喜事的大执宾等。

二、1949年后的社会变迁

（一）土地改革时期的社会状况

1951年军王村全面展开土地改革。在土地改革运动过程中，军王村经历了翻天覆地的变化，主要体现在以下几个方面。

一是部分社会组织消失。随着国家政权的介入，传统时期的大刀队等村庄防卫性组织开始消失，红会、白会等互助性质的组织随之消失，村庄内的看青人员也消失了。

二是社会关系平等，平等分配土地。在土地改革运动中，地主财产被分配，中农、贫农翻身做主人。扛活儿的、吃工夫粮的农户也分到了土地，并与地主解除了雇佣关系，实现了关系上的平等。

三是社会联系变化。除了血缘、地缘、业缘关系产生的社会联系，这一时期嵌入了阶级关系。

（二）集体化时期的社会状况

在集体化时期，军王村是一个生产大队，村民每天干完活上面都会根据干活的进度进行评分，并根据工分分配粮食和现金。

集体化时期人口流动主要表现为地主成分外流。集体化时期人口流动少，因兴修水利，增强了抵抗自然灾害的能力，村民便不会大规模地外出逃荒。此外，人口流动也受到限制，村民出远门需要得到公社干部批准，所以这一时期主要表现为地主成分的农户的人口流动。王世良老人在土改复查时被划定为地主成分，1960年反右运动，因地主身份被斗，在薛口小学教书的他，离开薛口小学，回家种地。1961年独自一人去了沈阳的苏家屯待了半年，1972年去黑龙江谋生，直至1982年才回到军王村。

这一时期的社会交往主要表现为干群关系和社员之间的关系。干群关系主要表现在社员与公社干部、社员与生产队干部的关系。从社员与公社干部的关系来看，社员一般很少跟公社干部打交道，除非开证明、借粮食等情况才去。开介绍信、申请户口等事项必须得找公社干部，只有他们能办。就社员与生产队干部的关系而言，村民与生产队干部交往主要是生产交往。因为生产队干部都是带头积极干活，社员看生产干部干活，也都积极干活。就社员之间的关系而言，村民回忆，当时社员关系很好，相互都认识。地主富农改造完，跟普通百姓一样，村民也不歧视。村民跟外生产队交往，主要是农事上的，其他没有联系。

（三）土地包产到户以后的社会状况

1982年当地开始实行包产到户的家庭承包责任制，结束了以生产队为单位的集体经营、集体分配模式，重新回到了以家户为单位的生产单位，由此，也带来了村庄社会结构的变化。

一是产生了新的社会分化。在从事以家户为单位的农业经营的同时，家中剩余劳动力开始兼职从事其他行业。此时军王村开始出现从事运输业、个体经营的农户，到20世纪90年代，出现了从事批发零售、服务业的农户。

二是减少了生产联结。土地和生产工具都是家户所有，再加上机械化生产方式的逐步运用，传统时期因伙养、请锄子、摔锄子、绑牛腿、耕卖地以及扛活儿的、吃工夫粮等雇工形式产生的生产交往不复存在。村民的生活交往仍然保留，红白喜事仍然由大执宾负责指挥操办。

三是行政权威参与管理村庄社会事务。与传统时期调解纠纷相比，改革开放后，村民习惯有什么事情都找村委会解决。当村民遇到家庭内部纠纷、村民之间的土地边界纠纷、生产纠纷等问题时，都请村干部帮忙调解。

第十二节　军王村社会实态

当下，军王村仍然以农业为主，机械化的农业生产为村民节省出许多时间和劳动力。国家社会保障力度不断加大，村民日子也越过越好。吃穿不愁的村民们有更多闲暇时间娱乐，有机会拓展交往空间。与传统时期相比，当下的军王村村民社会流动性不大。

一、社会人口现状

2011年，军南村总户数为172户，共615人。乡村劳动力资源数为496人，其中劳动年龄内劳动力资源数为440人。乡村从业人员数为486人。乡村从业人员中，男劳动力278人，女性劳动力208人。

2015年军南村有240户，总人口为715人，其中男性389人，女性326人。2015年军北村有175户，总人口为648人。其中男性330人，女性318人。

2015 年军南村劳动力总人数为 490 人，其中男性劳动力人数为 289 人，女性劳动力人数为 201 人。连续外出务工 3—6 个月的人数为 20 人，近 3 年来，长期外出务工人数为 5 人。在外出务工人员中，务工人员文化程度以初中为主，没有小学文化程度的劳动力。

二、社会组织现状

传统时期有大刀队等防卫组织，在新世纪，军王村在社会组织方面有继承也有发展。传统的红白喜事大执宾被保留下来。军南村成立了红白理事会，军南村理事长由村书记王敬涛担任，副理事由村会计王可年担任，成员有村两委成员、村民代表、老党员，现在的红白理事会成员有王可理、于汝娥、王可伦。凡是村民办红白喜事一律由村红白理事会操办，提倡喜事新办，丧事减办。倡导以集体婚礼、"爱心"婚礼、植树婚礼、旅行婚礼，组织联欢会等形式举办结婚仪式。村庄内年龄在 18—65 岁的男性村民有无偿为红白喜事帮忙的义务，具体如何帮忙，听从红白理事会的安排。此外军南村还成立了 24 个治安联防小组。每个小组设置有小组长，成员有 3 个。

表 4-9　军南村红白理事会

职　位	姓　名
理事长	王敬涛
副理事	王可年
成员	王可理、于汝娥、王可伦

资料来源：根据对军南村村干部访谈整理。

三、社会交往实态

一是生产交往少。随着经济发展、科技进步，村民均进行机械化农业生产，传统时期丰富的生产合作形式，如请锄子、绑牛腿等农业生产合作形式已经消失了。2017 年军南村新增 33 眼机井，由村委会负责打机井，村民不用出钱出力。当下村民灌溉土地，有较完备的水利设施可供使用。浇地时，一个人就可以完成，按照用的电进行收费，现在是 1.1元/度，由一名村庄内的电工负责收浇地的电费。村民耕地、耩地也都是花钱雇

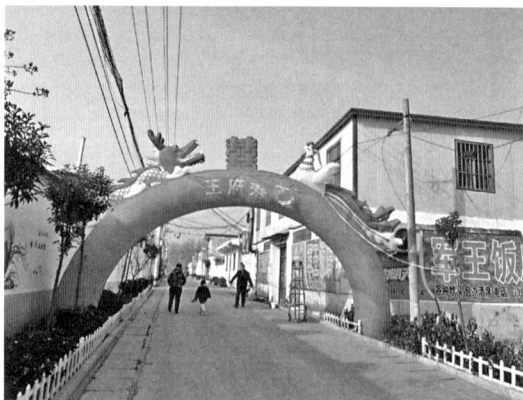

图 4-2　军南村村民在军王
饭店宴请宾客
资料来源：笔者调研拍摄。

别人家的机器，进行机械化生产，播种小麦收费标准大约是 20 元/亩，耕地大约是 60 元/亩，收割大约是 70—80 元/亩。锄草采用除草剂，也不用像以前那样专门请人锄草。

二是日常生活中往来较多。采用机械化耕种，为当地农民节省了不少时间。闲暇时，村民会在当街聊天或者在家看电视，也有打牌的。一般是和街坊邻居聊天，找和厚的打牌。

三是人情往来。在人情往来方面，村民主要和本家"一窝子"亲戚、姥娘家、姑娘家、姨家以及和厚的人来往。村民随礼依然遵循"看账随礼"，即以别人向自家随礼多少为依据，从而决定自家随礼多少。

四、社会流动

当下，村民的流动性不大，都选择就近务工。从务工地点来看，87.77％的军南村外出务工人员选择南张街道以外、济宁市内进行务工。济宁市外山东省内务工的比重为 9.35％，1.8％的村民选择了山东省外务工，选择国外务工的有 3 人，占比为 1.08％。就务工年龄段而言，年龄段在 21 岁至 49 岁之间的劳动力是外出务工的主力，50 岁以上的妇女没有外出务工的情况，50 岁以上的男性也仅有 40 人外出务工。1949 年以后至今，军南村住户户口迁出的共计 15 户，多因家属在企事业单位工作。有 20 户住户户口在村，但不在村居住，这些农户多是因为在济宁市做生意，少数因为子女上学而长期居住在市区。

表 4‑10　军南村外出务工人员情况

性别	务工人数	按文化程度分			按年龄分		
		小学及以下	初中	高中及以上	20 岁及以下	21 岁至 49 岁	50 岁及以上
男	159	0	248	24	12	107	40
女	119	0	113	6	8	111	0

资料来源：根据对军南村村干部访谈整理。

表 4‑11　军南村外出务工地点

外出务工地点	乡外济宁市内	济宁市外	山东省外	港澳台	国外
人数	244	26	5	0	3
占比（％）	87.77	9.35	1.8	0	1.08

资料来源：根据对军南村村干部访谈整理。

五、社会分化实态

随着经济的发展，当下村庄内部也存在分化现象，主要表现在两个方面。

一是职业分化。2009 年军南村 169 户农户中，劳动年龄内人口数 498 人，劳动年龄内上学的人数为 10 人，劳动年龄内丧失了劳动能力的有 4 人，不足或超过劳动年龄而实际参加劳动的人数为 44 人。乡村从业人员中，职业种类丰富，有农业从业人员 160 人，建筑业从业人员 53 人，交通运输、仓储及邮电从业人员 5 人，批发与零售业从业人员 20 人，从事其他行业的人员 250 人。

当下，军南村、军北村在家种地的，多数是上年纪的人，年轻人都进济宁市务工，农忙时会回家帮忙干农活。2015 年军南村外出务工人员中，没有从事第一产业的，从事第二产业的有 246 人，从事第三产业的有 32 人。从外出从业形式来看，外出务工的有 275 人，外出经商的有 3 人。

表 4-12　2015 年军南村外出务工从事行业及从业形式

外出务工总人数	外出从事的行业			外出从业形式		
278	第一产业	第二产业	第三产业	务工	经商	其他
	0	246	32	275	3	0

资料来源：笔者对军南村村干部的访谈。

二是财富分化。外出务工人员的收入差距较大，月收入在 3 000—4 000 元的外出务工人员占比较大。如 2015 年，军南村外务工总人数为 278 人，其中月收入在 1 001—2 000 元的 10 人，占比为 3.6%；月收入在 2 001—3 000 元有 40 人，占比为 14.39%。有 218 人月收入在 3 000—4 000 元，比例达 78.42%。月收入在 4 001—5 000 元的外出务工村民有 2.52%。月收入在 5 000 元及以上的外出务工人员有 3 个，占比为 1.08%。

表 4-13　2015 年军南村外出务工人员收入情况（月收入）　（单位：元）

外出务工总人数	1 001—2 000	2 001—3 000	3 000—4 000	4 001—5 000	5 000 及以上
278	10	40	218	7	3
占比（%）	3.6	14.39	78.42	2.52	1.08

资料来源：笔者对军南村村干部的访谈。

六、社会保障实态

（一）国家提供的社会保障

在医疗方面，军南村、军北村分别各有 1 个卫生室，军南村卫生室内配有病床 6 张，军北村卫生室有病床 4 张。军南村、军北村现在各有医务人员 3 名。军南村村庄内部没有私人诊所，军北村村庄内部有 1 家私人诊所，两村均设置有卫生服务站。

从参加保险的情况来看，2015年军南村参加新型农村合作医疗240户共634人，每人每年缴费金额150元，没有农户参加城乡居民医疗保险。军北村全村每户农户都参加了新型农村合作医疗。2015年军南村参加"新农保"农户数为240户，参保人数为594人，已有140人领取养老金。参保老人除了领取养老金外，国家还给予高龄补贴。年满80岁的老人，国家给予每年每月30元的高龄补贴；年满90岁的老人，国家每年每月给予50元的高龄补贴。

针对村中无劳动能力、无生活来源、无法定赡养扶养义务人或虽然有法定赡养扶养义务人，但无赡养抚养能力的老年人、残疾人和未成年人等，国家以低保户、五保户等形式直接给予现金救济。2015年军南村有低保户12户，共计24人；有五保户1户2人。2015年军北村有低保户12户，共计15人；有五保户3户3人。国家给予低保户每人175元/月的补贴，给予五保户每人285元/月的补贴。2015年政府共向军南村、军北村低保家庭发放补助金81 900元，向军南村、军北村五保家庭发放补助金17 100元。

表 4 - 14　2015 年军南村社会保障情况

项　　目	单　　位	数　　据
（一）医疗保险		
参加新型农村合作医疗户数	户	240
参加新型农村合作医疗人数	人	634
每人每年缴费金额	元	150
参加城乡居民医疗保险户数	户	0
参加城乡居民医疗保险人数	人	0
每人每年缴费金额	元	
（二）养老保险		
参加"新农保"户数	户	240
参加"新农保"人数	人	594
参加城乡居民养老保险户数	户	0
参加城乡居民养老保险人数	人	0
目前已经领取养老金的人数	人	140
是否有高龄补贴		① 有（标准：起始年龄 80 岁，补贴 360 元，90 岁以上，补贴 600 元）② 无
（三）低保情况		
1. 低保户数	户	12
2. 低保人数	人	24

项　目	单　位	数　据
3. 低保标准	元/人·月	175
（四）"五保户"情况		
1. "五保"户数	户	1
2. "五保"人数	人	2
3. "五保"标准	元/人·月	285
（五）社会优抚情况		
1. "三属"人数	人	0
2. "三红"人数	人	0
3. 残疾军人数	人	1
4. 复员军人数	人	1

资料来源：笔者调研期间对军南村村干部的访谈。

（二）家庭提供的社会保障

除了国家救济保障，村民主要靠家庭养老。当家中老人能生活自理时，由儿子们平摊生活费用，每月给老人赡养费。当老人生活不能自理时，则是儿子们轮流照顾。

第五章　村落文化形态与实态

村落文化在村落空间场域下规范着村民的行为，调试着村落运行状态。受当地自然条件、经济条件、社会条件的影响，军王村形成了自己独特的文化形态。

第一节　先人崇拜与崇拜关系

军王村以王姓这一大姓为主，在传统时期，村民的祖先崇拜表现明显，具体体现在宗族建筑、制定族谱、集体性的家族祭祀与以家户为单位的祖先祭拜相结合。在对先人的崇拜中，寄托着对先祖的哀思，也凝聚着人心。

一、宗族建筑

在传统时期，军王村的王氏家祠除了有对族人的救济功能外，更重要的是它是王氏族人对祖先崇拜的重要载体，是王氏族人祭祀祖先的重要活动场所。

（一）祠堂

1. 祠堂在村中心

村民一般将军王村的王氏家祠称为"家庙"。从位置上来看，家庙位于村子的中心位置。就地势而言，属于村中地势较高的地方。庙屋共有三间，形成一个独立的院子。家庙里有祖先的牌位，但不是全部的祖先牌位都在家庙里面。据王氏族谱记载，民国二十一年（1932 年），家祠日久损坏，重修大殿山门园墙影壁盘路，共计花费大洋

1 243元。据王氏族谱记载，"祖庙地基二亩二分，柏树三十五棵，老四支合办军有各聚资财三十元，存于老庄石头园，传法永阁、相贞管理，公议放出，以予后用，周年寒节香烛祭品完粮当差，拮补庙宇，均从此款支消，不准滥用。"而王氏家族在山西的老祖祠堂的修缮，则由族产支付。

2. 有钱人出资修建

在传统时期，村民有种说法"穷人沾光"，在家庙的出资上表现得淋漓尽致。家庙是村中有钱的人家修建，穷人没有钱不出资。据老人们回忆，军王村的家庙修得晚，大约是在王氏祖先根爷迁居此地后，子孙繁衍，人丁兴旺，在一二十代左右才修的家庙。据村中王世习老人推算，家庙大约是在宣统的时候修建的，当时修建的目的是怀念祖先。"从前家庙里有个石碑，上面写着什么时间修建的，哪些人出钱修建的，什么时间修缮的，哪些人出钱修的。"王世习回忆说。

3. "祭祀的时候才打开"

祠堂供奉有祖先牌位，是族人怀念祖先、朝拜祖先的圣地。但祠堂不是随便开放，只有到祭祀的时候才能打开。军王村的王氏祠堂是一个独立的院子，有大门，祠堂平常都锁着，不用专人负责看管。通常到了除夕才打开，因为过年期间，当地有集体拜祖先的习俗。

4. "庙屋是草房子，村子无瓦房"

村民对于先人的崇拜还表现在房屋修建上。在传统时期的军王村，村民房屋的屋顶修建有讲究。家庙老祖先住的是草房子，所以村民们盖平房行，盖草房子行，但是不能盖瓦房。

（二）祖坟

当地村民称呼祖坟为"老陵"。军王村王家有一个总的老陵，即埋葬迁来祖先的坟地，该坟地位于王明斌家附近。以村中东西大街为界，东西大街以北的王姓村民有一个共同的老陵，位于村西。杨树陵属于王世良他们这"一窝子"的祖坟，王维成家在八里屯有一个陵，王者香家在白家东北角有一个陵。在祖坟的修缮上，主要是在上陵时，由族人负责垒土修缮坟墓。

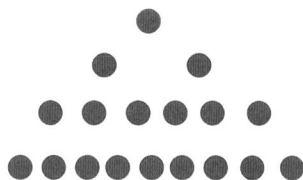

图 5-1　军王村祖坟坟墓位置示意图

坟墓的位置也体现出族人对先人的崇拜之情。在军王村，老人去世下葬时，坟地的位置有讲究。当坟地的位置选择在老陵时，新坟地必须在老坟的下面，不能在老坟的上面。而且排列上也有讲究，需要按照辈分，一层层排列下来。

二、族谱与上谱

1949 年以前，军王村王氏村民有族谱，族谱主要记载祖宗的迁徙、族中分支、族人姓名等信息。王氏族谱序言中就写道："尝观大家巨族，人文蔚起，子孙繁衍，莫不以始祖为之基，祖德凉则子孙衰微，祖德旺则子孙昌炽。"族谱是族人承袭祖宗血脉的证明，同时也是族人对先人崇拜的载体。

男性族人才具有上谱资格。据军王村王氏族谱记载："使我族后裔按谱稽查，严尊谱示，不准乱用辈字，谱序有规勉之。"上门女婿也可以入族谱，因为在传统时期，养老女婿都要改姓，所以称之为"倒插门儿"。此外，通过过继方式的族人也可以上族谱，因为过继时，村民首选近门子的孩子过继，都是自家人。对于"仁兄弟""干儿子"这类拟血缘关系，则不在上谱范围之内。

由族中问事儿者管理族谱。军王村虽然没有族长，但是族中事务可以由族内威望高的人来主持。在传统时期，整个军王村王姓村民内部的族中问事儿的人是王守虔。王守虔行医不收村民钱，在村民心中有威望。对于族谱，本族中无论男女都可以查阅，外姓人也可以查阅。

三、祭祀活动

村民以祭祀活动缅怀祖先，求得祖先护佑。在传统时期的军王村，从祭祀频率上来看，集体性祭拜祖先的活动比较少，以家庭为单位的祖先祭祀、拜祖活动比较多。

（一）集体性的家族祭祀

1. 男爷们儿齐出动，供品各家买

家族祭祀一般只有在过年时才举行大型的祭祖活动，主要由男性去墓地祭拜祖先。祭拜的费用，比如买供品、鞭炮等是各家管各家的。初一早上，整个军王村的男性都一起出发。过年要买三挂小鞭，除夕中午放一挂、初一放一挂、陵上放一挂。

2. 辈分由高到低，人数由多到少

过年集体上陵时，族人先去辈分最老的老陵，全庄人都去。然后再去村西的陵，整个前街的王姓村民都去。接着再去大杨树的陵，就王瑞堂、王维成、王明书、王者印、王者香这几家前去拜祖。王维成家在八里屯的陵，就只有他家去。王者香家在白家东北角有一个陵，他家的先人就埋在这里。他们家的人会去，本村其他王姓村民也可以跟着去两三个。

（二）家庭单位的祭祀

1. 过年以祭祀男性为主，寒食节以祭祀女性为主

除夕在家里神龛上烧香，从早到晚都是男的烧香。以王世良家为例，"俺家给祖先

烧香都是俺父亲烧，俺叔没有烧"。除夕当天早上妇女起来就下饺子做饭，家中其他男丁负责祭拜。过年给老祖先烧香，供品一般在头天夜里摆好，一家人都有资格摆供品，习惯上为家中的男丁摆供品。

在鬼节、寒食节，各家各户买纸烧香祭祖，大部分是妇女，占比为 90%。鬼节时家中媳妇和出嫁的闺女会去，未出嫁的闺女不去。男的也可以去，但是这个时候还是农忙时节，秋粮正在收割，豆子、谷子等正在打场，所以男的一般不去。女方的母亲去世后的前几年，闺女应回娘家给母亲上坟哭祭。当坟地离村子很远时，在寒食节、鬼节祭祖时，才由家中男子去祭拜，此种情况比较少。

2. 每户舍得烧香，中农户以上才有供品

香加火纸，大约要花费 50 斤麦子，尤其对穷人来说是一笔不小的开支。为了表达对祖先的敬重，家家户户都舍得烧香。但在供品上贫富分化就明显有差别了，供品应该是半生半熟的。在传统时期，家祭的供品主要有油炸丸子、山药、鱼、猪肉炖粉条。当家里买有果子时，供品就摆 5 个碟子。据老人们回忆，中农户子以上的家庭，家祭时都有供品，很穷的人就没有供品。

3. 家祭：天帝大于祖先

村民在家祭时，祭祀顺序也不同。先祭拜天帝，然后祭拜观音菩萨、财神等神仙，最后才是祭拜自己的祖先。村民家祭时，当家人先在天井的位置给玉皇大帝搭个棚子，摆上供品，供品会一直供到正月十五。然后当家人端着烙饼的铁熬子，放在天井里，首先要给天帝烧纸，烧一张火纸和金元宝，然后烧香，点上好酒，接着就是给天帝磕三个头。拜完天帝，接着是"拜四方"。即给天神烧了以后，再去堂屋烧，东屋、西屋、南屋、北屋挨着排，四面都有神。每次烧香都得烧一张火纸和金元宝，最后才是给堂屋的祖先烧香磕头。

4. 墓祭：主要祭拜近祖

以家庭为单位的墓祭一般发生在寒食节和鬼节两个节日。除了大部分参与者是妇女这个特征，祭祀的祖先主要为近祖，村民不会去最老的陵祭拜。凡是在同一个坟茔地之内的祖先都要祭拜，从爷爷辈往上数三代一般在同一个坟头。分家后，就各家上各家的陵。

四、孝道

军王村紧邻曲阜，深受孔孟之乡的影响，提倡忠孝。在传统时期，尤其强调对老人的孝道。

孝道主要通过言语和行为两方面来体现。在言语上尊重家长、尊重老人，不惹老人生气，服从老人指挥，就被认为比较孝顺。具体行为主要体现在日常生活中、祝寿、丧葬三个方面。在寒冷的冬天，村民们晚上休息的时候要伺候老人入睡，待家中的老人睡下后，晚辈的人才睡。伺候老人入睡，主要是给家中的老人烤被子和准备烫壶儿。"因为冬天冷哦，得给俺爷爷烤被子，还有一个烫壶儿，伺候得好，等爷爷睡了，才算是完心事儿了。"王世习老人对此回忆道。此外，若家中老人爱打牌，晚上出门打牌时，家中大门不能插上，待老人回家后晚辈再插上入睡。在传统时期，物质条件不好，有条件的子女，在父母65岁生日的时候买块肉，斤两不论，庆祝寿辰，或者在父母73岁时，子女买鱼给父母炖着吃，这样的子女被认为是孝顺的。在父母去世后，有能力发丧的多地家庭，会卖2亩地为父母发丧，"落个孝顺名儿"。

如果儿子不愿供养老人导致父母单独生活，会被认为是不孝顺。晚辈不能直呼长辈姓名，否则也会被认为忤逆不孝。在人情往来中，兄弟分家后，父亲仍然健在，而儿子在随礼时分开上礼，则会被认为是对父亲的不孝顺。

第二节　信仰与信仰关系

前文从社会形态方面介绍了军王村的信缘与信缘关系，本节侧重介绍军王村的信仰文化，并对信仰文化带来的惯行进行分析。

一、信仰对象

（一）神灵

1. 庙里的神

总体来看，村民信仰神比较多，尤其是上岁数的妇女。每年正月初一到正月十五，村民们会拜神。平时一般是遇上香火会，会去寺庙拜神。

2. 村里的神

一是麦王奶奶。军王村没有土地庙，村民信奉麦王奶奶，在村头麦地里的一个角或者在军王村东坑的边沿给麦王奶奶烧香磕头，然后念叨"保佑村庄风调雨顺和平安。"

二是"杨大仙"。外村来拜祭的村民称大杨树为"杨大仙"。有烧香磕头的，有上供的，不过上供的比较少。村民口中念"杨大仙，请你下仙丹"，所谓仙丹就是烧的钱纸灰。

（二）家神

村民在家中除供奉祖先，还信奉灶君、天帝、门神、菩萨。有的农户家中会有佛像。

（三）鬼怪

鬼怪之说由来已久，村民对此深信不疑。家中有人生病，村民会认为是有鬼怪在作祟。家家户户有人曾患疟疾，村民就认为是有疟子鬼作怪，所以才会患疟疾。每当家中有人发疟疾时，村民首先请教书先生"打鬼"来治疗疟疾。村民找到教书先生说："先生，你查查黄历，查查这个疟子鬼。"教书先生一查黄历，然后回复道"你家堂屋西间的窗户，疟子鬼在那里，你扫扫抹抹。"

> 我记得当时我发疟子，俺叔还是俺大就去找教书先生看看黄历，私塾先生就问是什么时候发的疟疾，然后就说疟子鬼在磨屋里，让父亲他们去扫扫干净。[1]

二、信仰关系

（一）信仰次序

军王村村民最信奉家里的神、庙里的神和贴的神画像，其次是祖宗，最后才是鬼怪和下神的。村民最敬重天帝，过年要请天帝，拜神时，先拜天帝。结婚时，不拜高堂，只在家里的天井拜天爷爷。去庙里拜神主要是去许愿，村民都是专程去拜神。村民最不敢随意得罪的是鬼怪。

（二）信仰中的交往关系——庙会

军王村因无大庙，所以村内没有举办过庙会，但周围的村子有庙会，军王村村民也喜欢去参加，称为"赶庙会"。矿山会有佛爷庙，四月初八举办香火会，距离军王村8—10里；长沟有龙王庙，二月初十举办香火会，距离军王村12里；二十里铺的胡坑土地庙，于二月初六举办香火会，距离军王村12里。

1. 凤凰台香火会

凤凰台香火会，因距离军王村最近，是军王村民去的最多的香火会。凤凰台香火会于农历二月十九举办，因为传说这天是观音菩萨的生日。凤凰台香火会一年一次，有会头，都是大地主张罗，刘文秉担任过会头，他是这里的区长，有100多亩地。凤凰台香火会有唱戏的，有卖吃的，此外，凤凰台还举办晾禅。

对神明没有请求的人也去烧香，只要去了香火会都烧香。一般香火会是女的参加，凤凰台香火会男的也去，看热闹，因为凤凰台有楼，看得远。军王村十五六岁以上的

---

1 源于2016年12月20日对军南村王世良老人的访谈。

能跑的孩子都去。未出嫁的闺女，也可以去凤凰台，但是得搭伴儿去，不能单独去。以前凤凰台有大戏，后来就没有了。

2. 于家寺院的庙会

于家寺庙里供奉药王孙思邈，每年举办为期四天的会。凡是家里有病人的都去许愿，当时吃一服药要花 1 斗麦的钱，村民到药王大殿烧香，口中念叨："药王老爷爷下仙丹"。

于家寺有个戏楼，戏班子由庙首请，请戏班的钱来自庙首向各村敛的钱。戏班有班主，班主不一定是师傅；有台柱子，唱戏的主角儿，唱得越好工资越高。旧社会，戏班唱戏不交税。村民就是图热闹，主要评论戏班子唱得好孬。

3. 蔡家堂季家庙的香火会

村民们参加蔡家堂香火会，不是去买东西，都是为了去看热闹。看哪家的闺女长得好，好给庄上的人找对象。男的去的很少，附近村子的闺女去的多，能跑的孩子去的多。也有去蔡家堂许愿的，一年四季都可以去许愿，不一定是在香火会的时候。蔡家堂季家庙离军王村较远，这里的香火会，村民去的次数比较少。

4. 矿山村的古会

矿山村平时没有集市，但有会首组织管理的矿山古会，古会上商品繁多，比如日用品、农具等等。烧香一般是妇女去。

（三）信仰与职业关系

1. 算命

军王村村内没有村民担任算命先生，算命先生一般是走街串巷的。1949 年以前，算命先生分为三种：第一种是六爻算卦的；第二种是瞎子；第三种是牵骆驼相面的。

六爻算卦是根据相关书籍来算，需要文化人才能担任，否则看不懂相关书籍。六爻算卦的一般春天和秋后来村里比较多，农忙的时候就不来了，八月、九月，平均每个月来村里 1—2 次。算卦后会收卦礼，收费比算命先生高。

算命的瞎子先生走路拿着一根 2 米长的明杆子，有一个堂锣子，走的时候发出"当当当"声音。谁家有病人、谁家有闺女儿子订婚、谁家要盖屋子了、谁家的人出去没有回来、谁家干什么好不好等等，会找瞎子问"月令"。算命的瞎子先生的技术是跟着瞎子老师学的。平均一个月来村里四五次，日军入侵的时候就不来了。找瞎子算卦，得一个小时，瞎子不收粮食，只要现金，差不多 5 块钱。

牵骆驼相面的，村民又称呼他们为"看麻衣相的"。看麻衣相的，不让说生辰八字，光看脸算命。牵骆驼相面的一来到村里，村民们一围就是一大圈子。命好的要钱，命不好的，他不收钱。说得对的，大家就听他的，说得不对的，大家就不听了。王世习的三奶奶算了一卦，相面的一看直摇头，说她"五男二女，但是绝户头命，临死的时候，跟前没有人"。王世习的三奶奶是地主，给算命的钱，人家就不要。

2. 下神的

请巫婆看病被称为"下神"。得给巫婆东西，一般是家中无钱看病才会去请下神的。军王村虽然没有人专门负责下神的，但外庄有下神的。男的生病找男下神的，女的生病就找女下神的。赖兵详就是男下神的，住处离本村有七八里路。

> 万元的嫂子生病，18天没有吃饭，只喝白汤。村子里有中医，她看不起，因为要花费几石麦子。最后请外庄的下神的，是个妇女，大约40岁，天天来，用一个香炉子烧上香，不摆神台，跟唱戏似的，跟念经似的。[1]

第三节　思维与思维关系

平原地形与麦地生产，塑造了军王村村民独特的思维模式和思维习惯。思维指导人们行为，形成了一系列思维关系。在军王村，思维及思维关系主要表现在经验、务实、循环、中庸、平均等方面。

一、经验思维及思维关系

（一）生产经验概况

从粮食种植的经验来看，当地耕地、播种、收割等一系列生产环节都有经验总结，形成了一系列丰富的农事谚语。主要包括以下几个方面：

一是锄地和耕地。关于锄地的古话有"头遍高粱，二遍谷，三遍棉花下深锄"，意思是头遍锄高粱要锄好，得把高粱的苗儿给定出来；谷子第二遍得锄好，留好墩儿；棉花锄第三遍的时候得锄深一点，棉花一晒，长得快，否则棉花会黄。还有"湿锄高粱，干锄花，不干不湿锄芝麻""冬耕划破皮，强势春耕深一犁""鲜麦不长，不犁不耩"等谚语，给当地村民很好的经验指导。

---

1 根据军王村王世良老人口述整理。

二是播种。在播种方面，根据不同的作物，有不同的经验总结的农事谚语。对于小麦何时播种最好，"秋分早，霜降迟，寒露种麦正当时""霜降麦，鸡爪墩儿""五天早，九天迟，七天耩麦正当时"。意思是耩麦子如果五天就发芽了，说明种植时间过早，九天发芽，说明种植时间过迟，七天发芽说明刚刚好。对于何时种高粱，"杨树叶，哗哗响，庄稼老汉耩高粱"。对于何时种豆子最好，有谚语"夏至耩豆，不前不后"。对于何时种植红薯，有谚语"谷雨栽上芋头秧，一根能收一大筐"。对于棉花何时种植，有谚语"杨叶钱大，要棉花"，意思是杨树的叶子有铜钱大小时，就可以种棉花。除了有总结何时播种的谚语，还有总结怎么播种的谚语，例如，"稠倒高粱稀倒谷""赶晚茬，种明垡""豆子种浅，麦子种深""一锄三高粱""挖得深，盖得薄，结的棒子像牛角"。

三是收割。有对于何时进行收割的经验，"麦收短秆，豆打长秧""小满葚子黑，芒种割大麦""四月芒种后，五月芒种前""立了秋，遍地揪"以及"高粱卧倒牛，麦子去了头"，意思是在春高粱地里看不见牛的时候，麦子就可以收割。还有对庄稼收成好坏预测的经验，"夏至端午前，庄稼老头儿泪涟涟；夏至端午后，提着猪头又卖肉"，意思是夏至在端午节前就是荒年，夏至在端午节后，就是丰年。对于棉花收成预测的经验有"收花不收花，但看正月二十八"。

除了粮食种植的经验，也有蔬菜种植经验。"头伏萝卜，二伏菜。"不过军王村村民种植蔬菜比较少，所以相关的谚语不多。

（二）生活经验

除了生产经验丰富，军王村村民生活上的经验也很丰富，主要体现在气象与生活、时间经验两方面。

一是在气象与生活方面的经验丰富。主要分为气温、降雨、降雪、干旱等方面的经验。在气温变化方面的经验，如"惊蛰断凌时""头伏连连，二伏热，三伏一定送大姐""立秋十八天，河里无澡洗"。关于天气晴朗方面的预测经验主要有"太阳倒照，晒得猫叫""清早下雨，一天晴""清早上霞，晚上恲麻""今天瓦盖云，明天太阳晒死人""朝蛙阴，晚蛙晴，半夜蛙子撑不到明"。在降雨方面的经验，例如"早上下雨下不大""关门雨下得大""东虹出来，西虹雨，南虹出来卖儿女，北虹出来动刀枪"。"乌龙大坝，不阴就下"，意思是一看乌云叠起来了一个大坝，不是阴天就是下大雨，此外还有"燕子低飞撒锅灶，鸡晚飞窝蛤蟆叫，盐坛出水烟叶潮，不出三天大雨到""长虫过路狗吃草，一场大雨跑不了"。传统时期，当从东边来几道海须时，就跟电棒子打的似的，遇到这种情况，村民们就说"有海须啦，快下大雨啦"。"东北风不倒，别嫌雨小""早下落，烧不开锅""江猪子过河，两三天下大雨"。关于下雪的经验主要有"腊月初一下黑雪[1]，来年拉空车"。关于干旱的经验，例如"八月初一下一阵，旱到明年五月尽""先旱后淹，两手抓天"。

二是时间经验。根据动物叫声获取时间，如"五更鸡叫，三更驴叫"；根据太阳位置获取时间，"太阳公公是个表"；根据星象确定时间。王世习老人对此讲述道："以前没有钟表，人们以生门的位置确定时间。比如，什么生门在哪个位置，村民就应该喂养牲口了，这个时候喂养牲口，刚好合适，喂养早了，还没等下地，牲口就饿了。"

（三）生产生活经验的习得

一是先辈流传，主要是先辈总结的谚语、古话、诗歌等。1949 年以前，村民们按照节气吃饭，从农历的十月初一（或者八月中秋节）开始到寒食节，村民每天吃两顿饭。过了清明节开始吃三顿饭。

二是父辈言传身教。例如在待人接物上，家中来客人时，小孩子不能上桌，14 岁以上才能上桌吃饭。父辈言传身教，会让孩子学习礼节，学习对长辈的尊重，对客人的尊重，学习如何待客，如何让酒，如何让菜等。

三是与亲近人"拉呱儿"。当亲朋好友有好的生产经验时，会在"拉呱儿"时相互传授。

四是在实践中掌握。生产生活经验的最终获得还是要通过实践锻炼。例如种地，每块地的土质、土壤肥力、透气性、黏性等等都有不同，适宜种植的庄稼也不同，庄稼需要的肥料的多少也有所差异。

（四）经验思维中的权威性

1949 年以前，对于村长说的话，村民们不敢反对。村长叫出工，大家就出工，但在村民心中村长并没有官架子。村子里年纪大的人说话，中年人也不敢反对，如果反对就站不住脚，也丢人。另外有学问的人说话，村民们也不会质疑，因为村民们认为读书人多少会比自己懂得多一点。规矩习俗，都是从老辈儿传下来的，村民们对老祖宗传下来的都不质疑。

（五）因固守习惯而坚守经验

在军王村，村民的经验思维还体现在不轻易改变种植习惯上。例如种棉花，村民习惯留一块老棉花地，每年都种棉花。在作物种植制度上，村民也有经验，如果是好地的话，今年秋收种小麦，明年小麦收割后，种晚秋，种植制度为一年两茬。此外，

---

1 黑雪，当地方言，应当下雪的日子下雨，此时下的雨就称为"黑雪"。

村民们也不习惯改种作物，引进新作物。1949年以前，受地形影响，村庄水量多，但是也没有种水稻等其他作物的。如果市场上棉花价格比较高，村民们不会放弃种植小麦而去种植棉花。因为种植棉花费工夫，而人们已经习惯了种小麦流程。

二、务实思维及思维关系

（一）"做事儿踏实的人"

在传统时期，村民招倒插门儿女婿的标准之一就是找做事儿踏实的人。因为招倒插门儿，不仅得不到东西，男方还得享受一半家具。在请长工方面的首要条件是品行上老实可靠，同时一般需要请中人介绍才可信。此外，也要求吃工夫粮的为人老实可靠，这样才能做事踏实。

（二）勤劳致富

"冻的闲人，饿的懒人""人勤地不懒，同心土变金""人哄地皮，地哄肚皮"这些是当地广为流传的俗语。据村民王世良介绍，1949年以前，90％的村民都比较务实，相信勤劳致富。比如收麦子的时候，自己的麦子割完了，就去给别人家割麦子，去挣工钱。割了麦子以后，有麦秆，地多的麦秆多，地少的麦秆少，家家户户就抢柴火。村民受一年四季影响，春天尽量想找活儿干，即使是管饭不给钱也干。热天没有闲人，直到地尽藏光的时候，村民才没有那么忙。但冬天也有冬天的活儿。

（三）先顾眼前利益

军王村村民的务实思维还体现在利益选择上。1949年以前，由于村中经常发生水旱灾害，逃荒村民比较多。村民读书目的，蒙学阶段是为了认个字，不会"吃瘪子"，而不是为了金榜题名。读私塾有固定的期限，家里需要劳动力，读到能干活时，家长就不让读了。

三、循环思维及思维关系

军王村村民的循环思维主要表现在季节循环与生产、季节循环与生活两个方面。从季节循环与生产方面来看，每个节气都有相关的谚语指导生产，立春有"春日春风动，春江春水流，春人饮春酒，春官鞭春牛"；春分有"青梅如豆，柳如眉，日长蝴蝶飞"；清明有"雨洒清明节，小麦豌豆收得多，清明前后，种瓜种豆"。接着是"立夏麦龇牙，一月就收啦，立夏天气凉，麦子收成强""小满麦渐黄""芒种割大麦""夏至耩豆，不前不后"，大暑时"头伏萝卜二伏芥三伏头上种白菜"，"立了秋，遍地揪""立秋十八天，河里无澡洗""寒露两旁，看旱麦"和"立冬不倒股，不胜土里捂"。

循环思维还表现在人们的生活遵循季节循环。日常生活安排跟随着《数九歌》进行：一九、二九不出手；三九、四九凌上走；五九、六九杨花柳；七九六十三，行人把衣宽；八九桃花开，九九加一九，耕牛遍地走；九九八十一，家里做饭地里吃；九九再九九，麦子吃到口。"九月九，歇九阳，封了口。"意思是过了九月九，虫子就少了。

四、中庸思维及思维关系

中庸思维核心是不争、不冒尖，但求刚刚好的一种思维模式。在军王村中庸思维主要体现在以下几个方面。

（一）"有么儿的装穷，穷的谝富"

1949年以前，军王村村民中庸思维最突出的特点是"有么儿的装穷，穷的谝富"。据村中老人回忆，在传统时期，村子里家里"有么儿的"，即家庭条件比较富裕的村民都喜欢装穷，不喜欢显摆自己。比如，位于村子西边的王守荣家，他家实际收获了100口袋麦子。但当邻居问他："守荣，你今年收了这个数儿（100袋）麦子吧？"王守荣会用手比划七八十袋麦子，往低说，不喜欢显富。

"穷的谝富"，即穷人会在邻居面前显示自己家还是有东西的。例如王守庆家，他家吃一顿好的，就端着到外面吃去，白饼加上鸭蛋，他也会端着朝着当街走去，让当街的村民都看到他吃好吃的。而吃得不好时，他就在自己家里吃。

（二）不愿当头

村子里选村长的标准不是村子中威望最高的人，而是老实人，同时有时间的闲人。王世良的爷爷在日军还没有进村时，担任村长。据王世良老人回忆，他的爷爷当村长，是当时村里的人推举的，而不是他爷爷主动提出的。并且还是当时有威望的人来家里给王世良的爷爷做工作，他爷爷才答应的。此外，在邻村刘前村有这种情况，村民不愿当保长，并把保长称为"受罪的保长"。因为保长没有工资，公粮交不上还会遭受上面的捶打。

（三）别人的夸赞，谦虚回应

村民的中庸思维还表现在对别人夸奖的谦虚回应。当遇到有农户夸赞庄稼长得好，夸赞他家的孩子有教养、教育得好，夸赞他家生活条件不错等等情况时，这家农户都会谦虚地回应。

（四）对冒尖行为的反应

面对"有么儿的装穷，穷的谝富"这类人群时，村民们的反应是无所谓的态度，因为大家都是同一个村子的人，内心其实都清楚实际情况。对于装穷的人，村民们也不会去揭穿；对于"谝富"的人，村民们也不会嘲笑他。村民自己村子里没有很冒尖儿的人，没有同等身份，而主动去冒尖，就会被人笑话。

五、平均思维及思维关系

（一）村落内部平均

在生产合作上，村民们讲究平均；在辖犋子、伙养牲口等时，讲究平等。比如两家牲口、土地都差不多，耙、耧子、犁头等农具基本上有，于是两家就辖犋子。在伙养耕牛时，购买耕牛的钱平均。在村落内部，村民的人情往来遵循"看账还礼"的对等原则。

在村庄公共事务上，村民追求相对平均。在出夫上，分前街、家东、家西三个单元轮着平均出人。受平均思维的影响，村子里的富人有帮助穷人的义务。

（二）家庭讲究平均

平均思维在分家时彰显得很突出。分家时，土地基本上平均，把亩数搭配好，好地和孬地基本差不多。当遇到儿子的家庭人口很不均匀时，分家则讲究数量平均分配，质量相对均衡。例如，王世习家的人口比他的大爷家人口少，比如分10头牲口，数量平均分配，质量上，大爷家分好的牲口，他们家分的就相对要孬一些。

家庭分工平均。在家庭内部，男的负责干地里的活儿、场里的活儿，妇女除了做饭就是做鞋和衣服。

（三）对不平均的反应

在生产合作上，土地亩数相差太多，便不会产生合作。例如，农户 A 有 10 亩地，农户 B 有 12 亩地，两家相差 2 亩，差距不大，他们就可以辖犋子，农具也是搭伙用。土地亩数相差在 10 亩以上，便很难进行辖犋子了，因为土地多的农户认为不划算。

分家时，注重平均，当有人对分家方案有意见可及时提出来，直至大家都满意。在土地分配上讲究平均，但当按块分配时，土地亩数会相差 2—3 亩，在这个范围内，大家不会有意见。在日常家庭消费中，消费不均，有可能会导致家庭分家。

第四节　态度与态度关系

传统时期，在生育态度上，村民倾向于多生，重视生育男孩。在生产上，主要表现为个体性与合作性相结合，家户生产的自主性与墒情的支配性并存，村民相信"人勤地不懒"。在生活上，日常开销谨慎，节日请客大方，村民倾向于安定的生活。

一、生育态度与态度关系

（一）生育概况

根据王世良老人回忆的村中子女情况，笔者对军王村村民养育子女的数量进行了不完全统计。在1949年以前，由表5-1可知，军王村村民只有一个孩子的家庭有13户，有2个孩子的家庭有19户，3个及以上孩子的家庭占比达近五成。生育子女最多的为7个，最少的为0，村中有5户，村民称之为"绝户头儿"。

表5-1 生育状况

生育子女总数	户 数
0	5
1	13
2	19
3	12
4	12
5	2
6	5
7	1
合计	69

从性别上来看，见表5-2，生儿子的家庭总共有64户，总数为130人。生女儿家庭有45户，生女儿人数为64人，比生儿子人数少66人。

表5-2 生育状况

家庭生育儿子数量	户 数	人 数	占比（%）	生育女儿数量	户 数	人 数	占比（%）
0	5		7.81	0	5		11.11
1	20		31.25	1	21		46.67
2	18		28.13	2	16		35.56
3	12		18.75	3	1		2.22
4	6		9.38	4	2		4.44
5	2		3.13	—			
6	1		1.56	—			
合计	64	130		合计	45	64	

（二）生育倾向

1. "多生保险"

据村民回忆，1949 年之前村民们就想多生孩子。在村民们眼中，人是宝贝，生一个孩子，就像种庄稼，独苗不保险。村民担心遇到生病或者其他事故，孩子死亡率偏高，所以要多生，长大了还是帮手。家里孩子多的，有穷人有富人。穷人家孩子多，尽受罪，愁吃愁穿。"过去生育孩子没有限制，一般的妇女都生七八个。不分穷有，过去要饭的，背着一个，抱着一个，后面跟着一路。"再加上外部环境没有限制，所以村民倾向于多生。一般生孩子多了，有送人的。当生育了三四个闺女，家里穷养不起，就给人家养。也有把孩子丢在路边的，这样的情况很少。

2. "儿多了命好"

由于受孔孟伦理之道影响较深，过去，每个家庭在儿子结婚后就盼早生贵子。1949 年以前，军王村村民重男轻女思想也表现得比较明显，村民们倾向于多生儿子。村民在日常生活中，习惯称儿子为"孩子"，称女儿为"闺女"。村民们认为"儿多了命好"，所以多生儿子不分穷有，连逃荒的人无家可归时，也想多生男孩。第一个原因是接续香火，传宗接代。"1949 年以前，村民们想生男孩儿，因为男孩儿能传宗接代，能顶家立户，能光宗耀祖。"第二个原因是人多能发财。男孩是劳动力，劳动能致富，还是自家人，女孩儿始终是别人家的人。

（三）生育与社会地位

1. 多生儿子，"在街上敢说话，不受气"

在 1949 年以前，家中有儿子的家庭及儿子多的家庭，其家庭成员感觉自己的社会地位比一般家庭要高。在街上敢说话，不受外人欺负。因为在村民的逻辑中儿子多了以后，人口就旺，小家族发展壮大后，自家人就不受气。

2. "绝户头儿"社会交往少

没有生儿子的家庭被称为"绝户头儿"。村中无子女的家庭，基本上没有需要其他村民前往随礼的理由，所以社会交往较少。

（四）生育对婚姻的影响

生育会影响婚姻状况。在 1949 年以前，休妻一般是因为妇女不正派；或者结婚3—5 年都没有生孩子；或者男的有外嗣，娶小媳妇，但休妻这种情况军王村没有发生过。休妻一般是"大家"，财主家才有的事，因为把妻子休了他们还能再找对象。休妻有舆论压力，在村民眼中休妻是不好的兆头。休妻后，邻居会给予不好的评价，外人会觉得休妻的家庭不团结。"农村休妻的很少，城里的大家休妻的比较多。俺这里有这么一个规矩。'休妻断子到不好'就是说休妻不显好。"

（五）生育仪式中的交往关系

1. 过百天

婴儿出生百天，当地俗称"百岁"。给婴儿过"百天"是一种庆贺和祝福的礼仪，含有圆满、祝婴儿长寿之意。

第一，"有么儿"的给孩子过百天。一般家庭不会给刚生的孩子过百天，过百天的家庭主要是"有么儿的"家庭。第一种情况是当"有么儿"的家庭认为小孩子比较娇气稀罕时，会给孩子过百天。例如，当前面生了三个孩子都是女儿，第四胎才生的是儿子时，就会给这个儿子"过百天"。第二种情况是第一胎就是生的儿子，因为家里有钱，于是会给儿子过百天。

第二，请本庄的人"过百天"。过百天，一般主要是请本庄的人参加，近亲也可以参加。但跟吃喜面请的亲戚不一样的是，要至亲才来，并且每个至亲只派代表来参加。姥娘家来个代表，姑娘家来个代表，姐姐妹妹家可以来也可以不来。对于本庄的人，也不是每户都参加。主家会敛钱给小孩打百家坠儿，是通过向庄上的街坊邻居敛钱来打的。所以成席时，只要出钱打百家坠儿的都可以参加，拿多拿少无所谓，每户中也不是所有家庭成员都参加。

2. 吃喜面

第一，报喜分男女。报喜时分男孩儿和女孩儿。如果生的是男孩就拿单数红鸡蛋去报喜，比如3个、5个或者9个。如果生的是女儿就拿双数红鸡蛋去报喜，比如4个、6个或者8个。报喜时，亲戚一看拿的鸡蛋个数就知道生育的是男孩还是女孩了。

第二，男的担任报喜人。一般是男的担任报喜人。也可以请关系不错的邻居去报喜。年轻的去报喜，年龄大约15—25岁，结婚或者不结婚都可以；或者儿女双全的岁数大的人。帮忙报喜的人到主家的亲戚家，主家的亲戚会管饭。请别人帮忙报喜时，不用带礼物。报喜人去给娘家人报喜时，告知吃喜面时间。吃喜面时间一般为孩子出生第9天，或者第12天、第16天、18天的好日子。报喜时，只给生孩子妇女的父母报喜，然后由其父母再给其他近人报喜，比如生孩子妇女的叔叔、大爷，报喜时也会送鸡蛋。

> 我去报过喜。我和俺庄上生孩子那家关系不错，俺跟他是邻居，他就叫
> 我去。去给他娘家人报喜，娘家人请我吃饭。报喜的人到主家的亲戚那里，

主家把鸡蛋收下，会请报喜的人吃面条，寓意孩子百岁长寿。报喜的人不一定参加吃喜面宴席。[1]

第三，主要是近亲参加。吃喜面的参与人员主要是亲戚，关系好的邻居也可以参加。在亲戚中，主要是近亲戚参加。如果村民跟保长是亲戚，保长也会来。本家内部同一个老爷爷的，走得近就吃喜面，出了五服，远了就不吃了。

第四，大办吃喜面才请邻居。吃喜面大办的话，把街坊邻居也带着一起请。但一般街坊吃喜面，主家会赔钱。因为买几斤鸡蛋和两包糖就可以领着四五个孩子去吃喜面，所以一般情况下，村民不请街坊。

第五，"吃喜面不是男的事儿"。根据当地习俗，在1949年以前，吃喜面一般是妇女去，男的一般不去。如果男的去参加，主要是因为男的要负责挑东西。村民认为"吃喜面不是男的事儿，喝喜酒男爷们儿可以参加"。妇女吃喜面时，可以带上家里的小孩子一起。

第六，送礼必送双数，贫富有差别。俗话说"好事成双"，根据当地习俗吃喜面送礼必须送双数。吃喜面必带的物品为红糖、小米和鸡蛋。不同层面的亲戚，吃喜面时送的礼物的数量也不同。由表5-3可知，一般亲戚吃喜面送红糖2包，鸡蛋50个，小米2包；姨家、姐姐妹妹家送红糖6包，鸡蛋50—100个，小米6包；娘家送红糖最少4包，鸡蛋最少100个，小米最少4包。

表5-3　不同亲戚吃喜面随礼统计

	一般亲戚	姨家、姐姐妹妹家	娘家
红糖	2包	6包	最少4包
鸡蛋	50个	50—100个	最少100个
小米	2包	6包	最少4包

第七，回礼：给得多回得多。吃喜面会有回礼，回鸡蛋或者糖。回礼的原则是给多的就回的多，给的少点儿就回的少。回礼比送礼少，因为不能白吃主家的宴席，但最少也得回1包糖、1包米或者4个鸡蛋。具体回礼多少，由主家自己决定，比如姨家拿的5包糖、5包小米，那么回礼就回2包糖、2包小米和4个鸡蛋，没有统一的标准。娘家去的人，回礼时还得回钱，用一个红盒子，把租赁盒子的钱压在红盒子里，然后装上回礼的物件。这样娘家人用完盒子就拿这个盒子里的钱去还。

---

1 根据王守银口述内容整理。

第八，吃喜面后付清接生费用。给产婆的接生费用，有的多给，没有的少给，但是必须要给一定的接生费用。一般是给米、糖和鸡蛋，具体根据家庭情况而定。最低的标准也得 3 包糖、3 包小米、8—10 个红鸡蛋；有钱家给 10 包红糖、10 包小米，最少给 20 个鸡蛋。在吃完喜面的时候给，因为吃完喜面后就有糖和米，不用再去买。

（六）过继与过继关系

1949 年以前，过继被称为"过嗣"，过继的孩子被称为继子或者嗣子。

1. 过继资格：本家男子过继

1949 年以前，村里存在过继现象。过继一般为同姓男子，不过继外姓人，因为有过继需要的主要是有宅子有家业有土地的家庭，但没有儿子。即使是有闺女，也不能将家业传给出嫁的闺女。爹娘在世的时候，可以给闺女东西。但爹娘死后，宅子、土地，闺女没有资格继承和卖掉，所以需要找人本家的人过继，来继承财产。

2. 过继顺序：亲兄弟的儿子优先，同辈长者先

过去过继顺序有讲究，主要兄弟儿子优先，同辈长者先。例如，如果三个兄弟，老大没有儿子，老二有两个儿子，老三有一个儿子。堂兄有三个儿子。老大得过继老二的长子，不能过继老三的儿子或堂兄的儿子。

如果三兄弟，老大没有儿子，老二有一个儿子，老三有一个儿子。堂兄有三个儿子。老大得过继老二的儿子。

如果三兄弟，老大没有儿子，老二有一个儿子，老三有两个儿子。老大想过继，也得过继老二的儿子。

如果三兄弟，老大、老二、老三都生了闺女，没有儿子，堂兄有三个儿子。过继时就选堂兄的儿子。

3. 过继的决定权

过继的时候，一般是遵循双方家长意见，不经过对方家长同意也可以过继，按照过继顺序来进行。即使两家有矛盾，应该过继谁还是得过继谁。过继没有仪式，写契约的时候吃顿团圆饭就成了。另外写过继书的时候，除了过继双方，还得请本家户主们，让他们都知道，否则分财产的时候，他们会争。关于以后如何给老人养老送终等问题都需要讲清楚。

4. 正常过继、"给未过"和"空过的"

过继有三种情况，一是正常过继，王守勋是老二，老大是守荣，他父亲叫继真，守勋没有儿子，过继他哥的孩子。二是"给未过"，本应该过继某人，某人死了，就过继他儿子。三是"空过的"，没有宅子、土地继承，只给过继的父母戴孝发丧，碎个盆

儿。如果一个农户的财产比较多，但是他最近的兄弟只有一个儿子，不能写过继书。他的这个侄子可以不过继，但孩子平常要照顾这个农户。他有病有灾，侄子要负责，没有劳动能力的时候要养他，最后给他送终，继承他的财产。虽然没有过继书，但是需要写遗书，如果不写就容易产生纠纷。

5. 过继时间

一是老人没有去世的时候就过继，过继的孩子离开亲生父母与过继的父母一起住；二是待老人去世后才过继。一般是老人去世后，再过继。

6. 过继后的称呼

过继的孩子，大多是本家，过继后不用改姓，也不用改口，以前喊什么就喊什么。过继外姓的就不称为过继而是称收养。对于以前的父母，还是称呼父亲、母亲，因为是近门子亲戚过继的。如果是跟着过继的父母吃住，一般不用管亲生父母那边的事情。

7. 过继后的义务

过继给谁，谁就负责这个孩子娶媳妇、盖房子。到老人临死的时候，这个孩子负责养老送终，养父母的遗产全部归过继的孩子。

> 王继书的父亲是单传，他也是单传。有个（关系）最近的人叫王守真，在济宁市下桥住，以卖茶为生。王守真家也只有一个儿子，没有过继给王继书，因为过继出去，他自己就没有了。过继方最少得有两个儿子。王继书过继的他本家的五服以内三代以外的堂哥的孩子王守兴。王守兴管王继书喊叔。过继时，王守兴已经20多岁了，老头子也已经60多岁，有七八十亩地，还喂着一头小牛儿。[1]

对于以前的父母，过继的孩子没有养老送终的义务。如果以前的父母家过得不行，过继的孩子可以提供帮助。如果以前的父母生病了，过继的孩子不需要承担医药费。

8. 过继后的财产分配：带产过嗣和不带产过嗣

根据是否带财产，可分为带产过嗣和不带产过嗣。绝大多数为不带产过嗣，除非兄弟关系特别好，父母也同意带产过继。

> 俺三个老爷爷，大老爷爷有两个儿子，二老爷爷有三个闺女，没有儿子，我老爷爷是老三，有两个儿子。他们兄弟三人分家时，平均分配。当时过继

---

1 源于 2016 年 11 月 26 日对军南村王世习老人的访谈。

时，我记得奶奶跟俺爷爷说，让大爷带产过继。大爷和父亲平均分财产，然后大爷带着他自己的一份财产过继给二老爷爷。大约带了20亩地，那时候地不值钱，不保收，也没谁争。先分家后过继。按照传统，俺大爷过继出去，是不应该得财产的。[1]

对于以前的家庭，只要过继了，过继的孩子一般没有权利分享亲生父母的财产。父母想留给他一份财产，剩下的兄弟不同意也就不能分。如果亲生父母特意留了一份财产给他，兄弟关系好，兄弟同意，他可以拿到，这种称为"带产过嗣"，带产过嗣的情况很少。

（七）抱养及抱养关系

村落里有抱养现象。例如，王万全的爷爷是要来的孩子。

1. 抱养条件

一般是自己没有生育能力，又没有过继的对象，同时条件比较好的家庭才会想着去抱养孩子。一般是向外边逃荒的抱养或向孩子多的穷人家抱养，除此之外，也有抱养私房孩子的。

2. 抱养对象来源

抱养对象分为两种：一是别人家没有结婚的大闺女生养的私生子，这样的不花钱，很早就给抱养家说好。二是外边逃荒的或者是当地的穷人孩子较多，家庭情况困难，心甘情愿送给别人喂养，给粮食或者不给都可以。抱养过程偷偷进行，不能公开。

3. 抱养孩子的年龄

1949年以前抱养孩子在年龄上有三种情况：一是抱养刚出生的孩子，孩子长大了能孝顺，因为孩子不知道自己的亲生爹娘，与养父母感情深厚。二是抱养七八岁大的孩子，三是抱养十六七岁的孩子。一般选择抱养七八岁的孩子占一半多，因为抱养婴儿有风险，婴儿容易生病。

4. 向亲戚、逃荒者抱养

抱养婴儿的情况，一般是发生在亲戚之间，孩子的父母认为给亲戚放心。逃荒者的孩子给别人抱养时，就不管是否亲戚了。抱养七八岁大孩子的，养父母与亲生父母一般有亲戚关系。亲生父母认为跟着亲戚家生活过得好，可以上学，儿子长大了还能继承那家的家业。没有亲戚关系的，抱养就会给钱，如果家里摊上什么祸事，把家里孩子抱养出去会给对方要钱，外人知道也没有谁笑话他。

---

1 源于2016年12月11日对军南村王世良老人的访谈。

5. 不签抱约，亲戚当介绍人

抱养不签抱约，因为不想让外人知道，一签抱约大家都知道了。虽然不写抱约，但抱养需要亲戚当介绍人，很贴心的亲戚朋友才能当抱养孩子的介绍人。抱养的父母须向孩子的亲生父母保证孩子不会受罪，保证孩子今后的生活。

6. 抱养以后的义务

孩子抱养过来后，要给孩子起个新名字。抱养孩子的养父母如果活着，孩子不能回原生家庭；如果抱养父母去世了，他可以随他本姓，也可随他养父母的姓。但是只有随养父母的姓才能入家谱、入陵。

二、生产态度及态度关系

生产态度主要包括农民的生产观念、生产逻辑以及这些对生产行为的影响。

一是农业为主。在 1937 年以前，村民基本上是务农，很少有农户从事务农以外的行业。在 1949 年以前，村中只有 1 户农户种植蔬菜，园地的面积也不是很大，大约 2 亩。此外，如前所述，军王村的手工业并不发达。

二是生产上的个体性与合作性结合。1949 年以前，军王村以家户作为生产单位，表现出生产上的个体性。尤其是富裕家庭，单家独户能够实现生产的全过程。对于劳动工具不足，牲口不够的家庭而言，生产上的合作是必须的。合作形式主要有绑牛腿儿、辩犋子、请犋子、耕卖地等等。

三是家户生产的自主性与墒情的支配性，墒情，即地里情况。军王村 90% 以上的农户都有土地，在农业生产过程中，村民具有较高的自主性。外界一般不会干扰，例如宗族不会过问生产情况，村长不会关心各户的农业生产。农民想种什么以及什么时候种，受到墒情的支配，要遵循一年四季的种植规律。

四是对待勤劳的认知与评判。在生产上，村民将人分为两类：勤快人和懒人。整体而言，军王村村民勤劳善良，在农业种植上更是如此，一年四季都在忙。农忙的时候，村民们在清早太阳不出时就都起来去地里干活，晚上打着提灯在场里干活儿的情况也不少见。农闲的时候，太阳一出，大家也都起来了。因为地里活儿少，但是家里活儿还是多。

村里有俗语"人勤地不懒""有挨边儿的地，没有挨边儿的庄稼""紧连的庄稼，消停的买卖"。村中也有因懒而贫的例子。

　　王守立家本是老财主，家中 8 口人，2 个儿子，2 个媳妇，劳动力丰富，两处院子，12 间屋，大约有 80 亩土地。因家里人懒，地种得不好。到土改时连当地主的资格都没有了。而他的邻居王守先家，庄稼是全庄种得最好的。

王继岱家以前是财主，因老辈儿懒，家庭条件就变成贫农水平。靠其母亲拾麦穗生活。

三、生活态度与态度关系

（一）开销谨慎

1949 年以前的军王村，村民家中很少有现金，家庭消费情况取决于家中可支配粮食的多少。在日常吃饭中，也是量入为出，勤俭持家，谨慎开销。村民平时很少吃鱼和藕，只有在请教书先生和木匠干活时才会吃。军王村村民平时不会去集市买菜，当家里来客人或者买青菜、水萝卜、葱等蔬菜及买鱼买藕买肉时才去集市。

（二）节俭与浪费

一是吃饭节俭。1949 年以前，当时地主家庭王世良家在日常生活中是很节俭。冬天就吃白菜、萝卜或者芥菜、咸菜、青椒。主食也不是白面，而是用白面、高粱面、豆子面等掺在一起，蒸卷子，也蒸窝窝（圆子）。二是穿衣服节俭。家里衣服破了，就缝补而不是购买新衣服。只有没有衣服穿的时候才购买新的。三是少有零花钱。儿媳妇不敢要零花钱。四是妇女看病节俭。在传统时期，妇女有病的情况很少，小病不放在眼里，不会花钱医治。

1949 年以前，村民认为浪费行为不好。第一是吃饭要吃干净，不能剩下。掉在桌子上的饭菜也要捡起来吃，否则会被家长"嚷"。第二是剩菜剩饭不能倒掉，否则会被认为是浪费行为。

（三）面子观："过日子不得不省，请客不得不费"

1. 三天请女婿是件面子事儿

在当地，女婿被称为"贵客"。女儿结婚后，有"三天请女婿"的习俗，一般的中农户子就得请女婿，这一件面子事儿，很荣誉的事儿，只有很穷的才不请。请女婿要大摆三桌酒席，酒席非常丰盛，一般情况是"三四两大件儿"，有的是 17—18 个菜，讲究的还会摆上糖疙瘩、栗子和桂圆，4 个馃盒子。一桌席至少得花费 1 石麦子。有钱的大财主会有"六六席"，36 个菜。如果送客的酒量不好，会单独请一个酒量大的人陪客，酒量一般在 2 斤以上，这样显得有面子。

2. 待客讲究面子

来客人时，吃饭有讲究。如果来的客人是男的，由家里的男性陪客，待客时讲究"满杯茶，半杯酒"。如果只倒茶半杯，别人一口喝完了就很尴尬，会让别人丢面子；

而如果把酒倒得很满，别人容易把酒洒了，也会让人丢面子。

3. 红白喜事也有穷讲面子的

红白喜事一桌席菜钱就得花费 1 斗麦子，不包括烟、酒，同时要配上 10 斤馍馍，一般是大财主和中农户中比较富裕的才能兴办。一般讲面子的会每桌配上烟和酒。有的穷人穷讲面子，虽然没有钱发丧但会去借钱发丧。

4. 烧香祭祀都舍得

如前文所述，祭祀用的香蜡钱纸、鞭炮对于穷人来说，也是一笔不小的开支。穷人宁愿吃的差一些，也不会在祭祀方面省钱，该买的祭祀用品还是会买。

四、人生态度与态度关系

当问及"什么样的人生才是理想人生"，老人回答道，在传统时期，生育 5 个男孩，2 个女孩才是理想人生。而对于普通村民而言，只要每年春天不用出去逃荒要饭，这样的日子算是好日子。

第五节 习俗与习俗关系

受历史积淀、自然环境、经济社会条件的影响，军王村村民在日常生活和生产中形成了丰富且独具当地特色的风俗习惯。习俗的传承和发展反过来也规范和制约着人们的行为，影响着村民之间的关系。本节从婚嫁习俗及习俗关系、丧葬习俗与习俗关系、节庆习俗与习俗关系、日常习俗与习俗关系、习俗的认知与执行五个方面介绍军王村习俗情况。

一、婚嫁习俗及习俗关系

（一）婚姻圈与熟人圈

婚姻圈主要是指以某个村庄为中心，此村落内的成员与周围远近不同的村落之间的通婚情况。旧时采取包办婚姻，讲究父母之命，媒妁之言。专业媒婆、亲朋好友介绍是旧时婚姻圈形成的重要条件。1949 年以前，如表 5-4 所示，在统计的 29 户农户中，婚姻里程在 10—15 里范围内的农户数量最多，有 14 户，占比为 48.28%，婚姻里程在 5 里及 5 里以内，有 9 户，占比次高，为 31.03%，婚姻里程在 5 里（不含 5 里）至 10 里和 15 里以上的农户分别为 3 户，占比均为 10.34%。最短婚姻里程是 2 里，最大婚姻里程是 35 里。据上述统计可以发现，军王村近九成村民的婚姻里程在 15 里之内。前文所述，军王村村民熟人范围广，3—5 里内的都算熟人。王世良家的熟人最远，在村子 30 里外。由此可见，婚姻圈与熟人圈存在一定的一致性。

表 5-4　军王村婚姻圈户数情况

婚姻圈	户　数	占比（%）
5 里及 5 里以内	9	31.03
5 里（不含 5 里）至 10 里	3	10.34
10 里至 15 里	14	48.28
15 里以上	3	10.34
合　计	29	

表 5-5　军王村婚姻圈里程概况　　　　　　　（单位：里）

婚姻圈最小	婚姻圈最大
2	35

（二）结婚条件

1."同宗不繁"

1949 年以前，村民遵循"同宗不繁"的规矩，没有村内通婚的情况。在 1949 年以前，若是触犯"同宗不繁"的规矩，会被处死，不过在军王村没有出现过此类现象。

2."财主家结婚早"

1937 年以前，村民 15—16 岁就订婚了，20 岁左右结婚的占多数。1937 年以前，男的结婚最早的 15—16 岁，都是财主家庭。中农户以上的家庭，女方一般比男方大 3—5 岁，因为这样，把女的娶进门就能做饭、做针线活儿。

3. 中农户以上喜欢"坐家女"

中农户以上（家有 30 亩地以上）男方选媳妇倾向"身体好，长得俊，知理懂法"，会做针线活儿，几代人都很老实的人家，这样家庭的闺女被称为"坐家女"。

4. 讲究门当户对

农村大部分是包办婚姻。女方选女婿标准，首先得有土地，其次是老户人家，男方本人读过几年私塾，家中兄弟少的更好。男方一般找门当户对的老户人家，即女方家里没有吃喝嫖赌的，没有土匪、汉奸，没有当过官的正派人家。总之，第一是品行正派，第二是家产平衡，这样就是门当户对。

（三）婚前仪式与社会关系

结婚前准备主要有以下几个阶段：一是媒红介绍，换庚帖；二是换书；三是媒红传话，确定婚期。

1. 媒红介绍，父母决定

在 1949 年以前，男娶女嫁自己无权做主，必须遵循"父母之命，媒妁之言"的规矩。

媒婆，当地称为"媒红"，村民认为直接称媒婆不大好听。苏家有位苏大娘，外号"苏大牙"，专门担任媒婆，跑遍了附近十几个庄。媒婆很受村民欢迎，苏大娘经常到村里来，无论走到附近哪个村子都被围着水泄不通。围着的全是要请她吃饭的，大家抢着管饭，"你跟俺吃饭去吧，你跟俺闺女说说媒"。她说媒讲究门当户对，从双方子女的长相、人品以及双方家庭条件等方面考虑，大家都相信她。

媒婆会主动拿着庚帖到女方家里，向女方父母介绍男方长相、年龄、上学与否以及家庭条件，如有多少地，多少屋。男方的庚帖上写着"乾肇年 某年某月某日某时"，女方的庚帖上写着"坤肇年 某年某月某日某时"。女方家长若是允许提亲，则将其女庚帖交媒人带给男方，进行合八字，八字相合便换庚帖。由两方的家长找私塾老师写庚帖，写好庚帖后，通过亲戚托亲戚传庚帖。

在换庚帖以前，是"一家有女，百家问"的局面，换庚帖以后就没有了，因为换庚帖以后，就意味着婚约定下来了，即定亲。男女双方一订婚就要换庚帖，男的庚帖上写上年龄、属相、出生日期、还会添上几句格言，"幸蒙不弃，得结良缘，此笺未通，姓字先传……"，在庚帖的右下角下面写上家长名字。在传统时期，十四五岁就订婚，可能得等到十八九岁再结婚。

2. 正式确定成婚关系：换书

换书比换庚帖更正式，是男女成婚的正式手续。换书，即交换红书大柬，相当于家庭信息簿。红书大柬用木头盒子装，称为"拜匣"。拜匣里面还装柏树树枝，用红线把染红的花生串起来，然后系在柏树树枝上，也可以装栗子、桂圆。寓意"立生贵子，圆圆满满"。

换书人选有要求。将拜匣装好后，找两个文气人，稳重心细，能说会道的，比较有派头，四威仪的人，即行、起、坐、卧都有相，或者是近门子的，或者是庄上的名气人去换书。不用特意请，不用带礼物，直接说一声就可以。换书的人都跑着去女方家，没有车。来到对方家，闲聊 1 个小时后，双方交换红书后再走。

3. 大日子男方定，小日子女方定

大日子，指娶亲月份由男方确定。一般要在几个月或一年之前就得依照女方的属相确定迎娶月份，其根据为"正七迎鸡兔，二八虎和猴，三九蛇亥猪，四十龙与狗，牛羊五十一，鼠马六腊求"。月份确定后，由媒人通知女方，由女方确定结婚的具体日期。

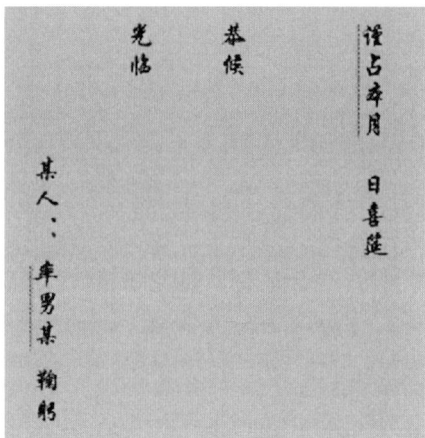

图5-2　根据老人口述回忆，笔者整理的1949年以前的红书样式

4.男方下红书请自家亲戚

当婚期定下来以后，村民碰见亲戚会口头说一声，然后亲戚间互相传话。红书用于通知结婚的消息，即用红纸糊一个信封形状的红纸兜，以显示尊重。封面写上亲戚家户主的姓名，例如赵姑父、张老爷、王老爷，称呼大人。红纸兜里面有一张单帖，写上"谨占本月×日喜筵　恭候光临　某人率男某　鞠躬"。红书至少是在结婚前两三天就下书，这样别人好提前准备添香钱和磕头钱。下红书没有先后顺序，按照顺路原则下书。

（四）婚庆仪式准备及行为关系

1."不论穷有，得请厨子"

婚期确定后，不论家庭贫富，都必须请厨子。厨师也会根据家庭条件进行收费，家庭条件好的多收一些，家庭条件差的少收一些。一般可在结婚前30天请厨师来开菜单，亲戚多的话可能需要30桌到50桌，亲戚少，可能就十几桌，大部分是二十几桌。饭桌上的饭菜大多为"四六"，条件好的会用"四六"加案酒。厨子开完菜单后，就去市里买菜，在婚宴前一天粗加工，置办配菜，第二天等客人都来了就直接炒菜。

2.下帖请吹拔啦吭的

请拔啦吭的请帖上面会写着"今请古乐六名，某年某月某日××庄××（名字）"，名字为家长的名字。一般提前四五天下帖子去请吹拔啦吭的，价格有标准，按照天数算。如果古乐当天来当天走，价钱是6个人100元；如果要请两天，就得150—170元，大部分为2天。当吹拔啦吭的答应后，家里再派人去送请帖。有时不止请一班拔啦吭，可能请两三班，对着吹。结婚的头一天要把轿子抬来，旧社会时用两个花轿，女的坐一个，男的坐一个，4个人抬轿，轿子需要花钱租赁。

3.上陵告祖先

根据当地习俗，结婚前一天的上午就上陵。由吹拔啦吭的领着，一个人拿着一米见方的红毡布，到陵上去给祖先烧锡纸，烧香放炮。其含义是给祖先捎信儿，"你的后人结婚了"。

4.演里告街坊

上午上陵结束后，下午就演里，演里就是顺着街磕头。村民认为结婚是喜事，一个庄上的人都得知道。也由一个人拿着红毡，然后由吹拔啦吭的带着，挨家挨户磕头，不管是否同姓都磕头。不管家里有没有人都磕头，家里有人就在当院子磕头。从村东头磕到村西头，一家也不落下，场面很是热闹。结婚的前一天，新郎家人见着庄上的人就会说"明天喝喜酒去？"不管别人是否去，都会对他们这样说。

5. 至亲用车接

当地有结婚接客人的习惯，在正式结婚仪式的前一天去接客人。不是所有客人都需要去接，主要是去接至亲家中的老人和小孩。例如，新郎他姥娘和他姑娘家的老人和小孩儿等走不动的人。

6. 吹戏，亲朋拿钱

晚上复席完毕后，大概七点，拔啦吭就吹起来了，要吹 2—3 个小时。这个钱不归主家拿，由问事儿的向亲戚敛钱，然后由大执宾交给吹拔啦吭的。"你当老人家的拿多少哦？""10 块。"

7. 送嫁妆的坐一桌

送嫁妆的人要单独坐一桌。嫁妆在结婚前一天运到男方家摆好，有的是用车拉来，有的是用人抬过来。

（四）婚庆仪式及行为关系

1. 大执宾统筹

在 1949 年以前，结婚一般办两天。大执宾在整个婚礼过程中负责统筹，不负责主持仪式。

2. 近亲"大盖锅"，远亲朋友就男的去

姑姑家、姨家、姥娘家"盖锅"，亲戚全部都来。有接到红书亓米的，有只添香亓来人的，也有派别人去的，还有虽没有接到红书也来参加婚礼的。这样的人都是新朋友，下书要添香，新朋友听说了，没有书他也来。村长一般不来，但如果结婚这家跟他有关系他也来。

3. 娶亲及其关系

一是抬亲队伍构成。1949 年以前，结婚分为大娶、小娶。一般大娶的抬亲队伍要有 1 个陪客的，由庄上文气的、有点名望和身份的人担任。1 个抱鸡的（用一个白菜篮子装着公鸡，公鸡的腿上用红布拴着），抱鸡的一般由新女婿的小叔子或者侄儿担任。抬亲队伍多是按"小登科"或"状元及第"安排，最前边 1 个炮手，然后依次是 2 个拿铜锣的、4 个拿拐子灯的、4 个拿纱灯的、4 个拿旗子的、1 个打掉瓦的，还有 1 个鼓手。娶亲的队伍凌晨 3—4 点就出发，起身时，炮手要放 3 个炮。炮手背着褡裢，里面装着山药和青龙帖，所谓青龙帖，是用红纸写上"青龙"2字。炮手遇见石头就用山药擦青龙帖，然后贴在石头上，一直贴到女方的村子。一进女方的庄子再放3声炮，女方就知道男方娶亲的来了。来到女方家，将拐子灯、金瓜钺斧在女方家门口摆成两边。陪客的就领着新女婿进入女方家，抱鸡的也跟着进去，女方家会出来一个人迎接，被称为送客的。新女婿把公鸡放在女方家的堂屋，女方家再放入一个被红绳子拴着的母鸡，配成一对。

二是进入女方家的座次关系。女方堂屋的八仙桌上摆着4个果碟子，糖和茶窨，还有锡壶。新女婿坐桌子北边，男方陪客的坐桌子东边，女方送客的坐在桌子西边，抱鸡的坐在桌子南边。然后吃着茶点开始聊天，这个时候新媳妇在化妆，换上新媳妇的那一套衣服。女方送客的有2个人，分为男送客的和女送客的。男送客的一般是由女方庄上的文气人、比较懂礼的人担任。女送客的，由长得比较好看、个子高、能说会道的近人担任，或者是女方的嫂子或者是女方的婶子。

三是新娘上轿过程中的关系。当用红布把新娘头盖上后，新娘手里抱着一个锡酒壶，酒壶用红绳子裹着。之后把新媳妇领上轿，女方有2个穿着新衣服的年轻人把轿，陪客的会领着新女婿上轿。2个把轿的是新媳妇的至亲，新媳妇的弟弟或者侄儿，年龄一般在14—18岁，长得俊的男孩子。新媳妇的轿子在哪里，他们俩就在哪里，不让他人看新媳妇。新娘上花轿后，抱鸡的、陪客的、送客的、把轿的也坐着牲口拉的车，其间轿子不能落地。出发时，拔啦吭吹着，炮手放3声炮，等到了男方的村子时，又放3声炮，大家就知道娶亲的回来了。

4. 婚礼仪式中的关系

抬亲队伍回到男方的村子后，主要有以下几个婚礼仪式：先是轧街、燎轿，然后才是拜堂、新媳妇磕头，接着是撒帐、挪挪窝，最后是闹洞房。

（1）轧街和燎轿。轧街，即抬亲队伍回村后不直接走最近的路线去新郎的家中，而是围着庄子尽量多转，要转2—3个小时，然后才开始回新郎家。燎轿是到了新郎家后，由两个妇女拿着干草裹着的把子，把子缠着红头绳子，然后点燃把子围着轿子转，称为"烧五鬼"，也称为"燎轿"，村民认为可以辟邪。燎轿后，由一个"全面的"妇女，即有儿有女的妇女，领着这个新媳妇进家门，进去以后才开始拜堂。

（2）拜堂先在天井给天爷爷磕头。然后由两个妇女领着新媳妇进堂屋门，堂屋摆着马杆子和一个火盆，新媳妇要一步跨过去。如果新媳妇跨不过去，两个妇女就夹着她过去。拜堂磕头时，新娘站在北边，新郎站在南边，两人一起磕头。夫妻双方都对着北边一起磕三个头，不给父母磕头，磕头时也不喊"一拜天地，二拜高堂，夫妻对拜"。

（3）拜完堂，新媳妇就开始向亲朋磕头。磕头原则是从近到远，从大到小磕头，具体说来即先给本家磕头，然后是亲戚，再是朋友。新媳妇向谁磕头一次，那位亲朋就要拿磕头钱。新媳妇磕头是在堂屋，堂屋有一个香台子，用砖垒的，1 米见方，用石板压着，上面用一个兜子盛菜，还有一个烧香的香炉子。会有两个人一同陪着磕头的，一般情况是新郎的哥哥或者弟弟担任。一个人拿着单子喊，另外一个人收钱，新媳妇站在下面听从指挥。

（4）撒帐。撒帐的人不用请，到时候他自己就来了。一同赴宴就行，不用随礼。每个村都有撒帐的人，大部分是男性，不一定是有学问的人，但是要会撒帐歌。用一个木托盘，里面放着福纸、枣子、桂圆和纸钱，摆得满满的。撒帐歌分为三种类型，四个字的，五个字的以及七个字的，加起来共有 100 来句，例如："撒帐撒帐，文官武将……"

撒完帐子后，由撒帐的人用红头绳子把秤裹上，开始挑蒙头红，"小小秤儿，一条龙，挑挑新人的蒙头红"。这时，屋子里里外外尽是人，就准备开饭了。

（5）"挪挪窝。"吃完中午饭，就有人把新媳妇接回娘家。如果娘家远，就在本村找一个亲戚家，当天去当天回来。老百姓称为"挪挪窝"，意思是新媳妇要解手，在家里不方便，新媳妇上茅房，会让人笑话。所以准备出嫁这天新媳妇要少吃少喝。

（6）闹洞房，都是 20 多岁的人去闹洞房，会让新媳妇给点烟、糖，甚至拿灰往新媳妇身上撒灰。

5. 婚礼座次中的关系

一是无上下席之分，但有"开桌"。据村中老人介绍，1949 年以前，村中婚宴没有上席下席之分，每桌宴席饭菜都一样，但有"开桌"之别。婚宴中，堂屋只摆两桌席，一桌男席，一桌女席。开桌是男席，位于堂屋中间，由两个送客的、一个陪客的、新女婿、两个把轿的还有村里出名的人坐一桌；另外一桌为男方家的小姑子、弟媳、嫂子，陪着伺候娘家来的女性亲戚坐一桌。

二是教书先生与上岁数的人一桌，其他人不优待。不论热天还是冷天，至亲、上岁数的就请到屋子里，以表示尊重。有钱的亲戚朋友也不优待的。不用单独谢媒，提前请媒婆参加婚礼，媒婆与男方父母坐一桌。

6. 磕头钱与"添箱"

一是磕头钱宣告不登记。新媳妇磕头时，两位陪着磕头的人当中，一人负责喊磕头对象的称呼，一人负责报出亲戚给的磕头钱金额。例如负责喊的人说"新媳妇磕头啦，给你爷爷磕头"，新媳妇就给新郎的爷爷磕头。磕头后，新郎的爷爷会给磕头钱，磕头钱用红纸包着，负责收钱的人拆开后会将钱的数目大声报出来。亲戚给的磕头钱不会记在人情账簿上。二是添箱钱登记不宣告。在 1949 年以前，喝喜酒随的礼称为"添箱"。客人来到主人家就添箱，专门有一个账桌子，用红纸切的一个本子，写上客人的姓名及礼金，添箱的礼金不会公布。

二是磕头钱归新媳妇，添箱钱归家庭。亲戚朋友给新媳妇的磕头钱，是用红纸包着的。磕头结束后，收钱的人把磕头钱交给家长临时保管。婚礼结束后，磕头钱便归新媳妇所有。而添箱的钱归家庭所有，对于随礼而本人未到场喝喜酒的人，主家不会回礼，事后也不会请他吃饭。

7. 婚礼中的邻里关系

1949 年以前，婚礼由大执宾统筹，大执宾负责请以及安排邻居帮忙干活。婚礼第一天，主家要管干活儿的一天的饭，吃的是便席。便席一般是 4 个菜，讲究一点的家庭会有 8 个菜。婚礼需要用桌子板凳，在自己庄就可以找齐全。借桌椅板凳时，不用主家出面，也是大执宾安排。

8. 婚礼中的亲戚关系

一是按远近亲疏送礼，在前文中提到平肩的亲戚拿一般多的随礼。还要指出的是远近亲疏不同的亲戚朋友随礼多少也不同，地理距离的远近对随礼没有影响，村民在乎关系远近。姑娘家的闺女跟姨家的闺女算是一个层级的，比如，姑娘家拿 500 元，那么姨家也拿 500 元。1949 年以前，不论是喜事儿还是忧事儿，本家白吃，不拿礼金。姥娘家、舅家、姑娘家、姨家、爹的老朋友属于一档，给的多些；远一层的姑娘家的、姨家的和妗子的闺女属于第二类，街坊也属于二等，给的不能很少。除了给礼金，姥娘、舅、姑姑、姨还要给新女婿买帽子、皮鞋、大褂以及绫条喜对，绫条喜对即买好的绸子缎子或者质量好的布，颜色红色，大约 2 米。整个院子用红布裹上，绫条挂得满满的。

二是穷亲戚可以少交随礼甚至不给。亲戚如果家里困难不添礼金也行，给记账的人说："你给我挂个名儿，我内交了。"记账人就写上，某某内交，交钱时向主家说明情况，账上的数额跟实际的钱数不对等。

9. 悔婚及其关系

换庚帖后，也可以退亲。在村民眼中，退亲 90％的情况是男方家主动提出，有的是嫌弃女方不会做活儿，有的嫌弃女方不生养。没有因此打官司的，女方家觉得丢人。换红书以后，村民就认为婚事已经定下来，一般情况下不能悔婚。在村民眼中悔婚的话说出去丢人，如果男方没有缘由想退亲也是退不成。男女双方结婚2—3年，相处不和，女的不愿意到男方家，认死也不跟男方，这个时候可以要求退婚。女方不出面，让亲戚通知男方，然后这段婚姻就可以宣告结束。

（五）婚后仪式与行为关系

1. 新媳妇做饭请安

新媳妇婚后起来就得去做饭，做饭之前得去给老婆婆说话，问做什么饭。

2. 中农户子以上才会"三天请女婿"

俗语说的"三天请女婿"，实际上时间不确定，也可能是一两天。一般的农户请不起，中农户子以上才会"三天请姑爷"。会请新女婿、陪客的、新媳妇的叔叔、哥哥等亲戚，大约六七个人。不止摆一桌酒席，也会请很近的亲戚、知己的朋友，所以一般请女婿都置3桌席。

（六）其他婚嫁形式概况

1. 续弦——"伤家"填房

在传统时期，丈夫的妻子去世，村民便说这个人"伤家"了。军王村把妻子去世后，丈夫再娶的老婆称为"填房"。

（1）家庭条件好才填房。在军王村，续弦的家庭一般是中农户子以上的家庭。一是家庭条件好，娶了妻子但是没有生育，为延续香火而填房。二是家庭条件好，有儿女了也有填房的。续弦的男性在年龄上30多岁，40多岁，50多岁的都有。

（2）填房以闺女为主。在军王村，填房大多为闺女，即未出嫁的女孩。愿意填房的闺女认为在条件好的家庭不受气，对方已经有儿有女，不用伺候。此外闺女作为填房，去到夫家能当一部分家，因为夫家一般有家业。

（3）"伤家"可做主。在军王村，续弦可以经过父母同意，也可以不用经过父母同意。军王村没有出现父母不同意儿子续弦的情况，一般男方父母都乐意让自己的儿子续弦，会主动给儿子介绍。如果续弦的是未出嫁的闺女，自家的亲戚会主动找媒人，外人便不会管。

（4）寡妇填房程序简化。在1949年以前的军王村，当村民续弦娶的是闺女时，续弦仪式跟第一次娶媳妇相同，结婚仪式和程序不会简化。当续弦娶的是"二开花"的寡妇，仪式就比较简单，寡妇直接来夫家，夫妻两人也拜堂，但仅仅磕头点礼即可。在隆重程度上也不能和第一次婚娶相媲美，夫家不用专门请厨师，自己在家做一些菜。参与的人数也大为减少，只是附近的亲戚邻居前来参加。

2. 纳妾——娶小婆子

（1）首先经大婆子同意。纳妾主要有三种情况：一是第一任妻子没有生育而纳妾；二是第一任妻子生了孩子但生的是女儿，丈夫也可以娶小婆子，大婆子一般也不会阻拦；三是第一任妻子生了儿子和女儿，丈夫如果再娶小婆子，就不能在一起过，得上城里单过。当丈夫想要纳妾时，首先需要经第一任妻子的同意才可以纳妾。讲明纳妾理由后，正妻一般会答应丈夫，有的没有生育的正妻还特别支持丈夫纳妾。正妻若是不答应丈夫纳妾，丈夫会要挟妻子，让她回娘家去。

（2）妻妾地位相同。纳妾的仪式跟第一次娶亲的仪式和程序是相同的。村民参加娶小老婆的宴席时，送礼标准也不会降低。军王村村民一般是因为妻子没有生育才娶小婆子，所以妻妾在家中身份是相同的。

3. 入赘——倒插门儿

当地村民称呼入赘为"倒插门儿"或者"养老女婿"。

（1）穷人入赘。家里有困难，弟兄们多，不好说媳妇，这种情况下当倒插门儿情况最多。倒插门儿是一件丢脸的事情，不到万不得已父母不会让自己的孩子倒插门儿。

（2）倒插门受歧视。入赘的女婿过去会受歧视，家里老人一去世，其他家庭成员始终认为他是外姓人，近门子也歧视他，还存在隔阂。

4. 童养媳

村子有童养媳，村民称呼童养媳为"团圆媳妇儿"或者"团养的"。村庄有两家人有童养媳，分别是王万典家、王继忠家。

（1）童养媳结婚遵循当时习俗，十五六岁就可以结婚。结婚时，仪式比较简单，不下红书通知亲戚朋友。在天井院子，给天爷爷磕头，附近的亲朋好友都去参加。

（2）童养媳成婚之前不能回原生家庭，同时也回不去，因为凡是儿子不好找媳妇的人家才找童养媳，所以男方家庭不会让童养媳回去，担心童养媳回去后就不回来了。此外，他娘家人不来接她回娘家。童养媳结婚后，就能回娘家走亲戚，因为此时童养媳的身份已经发生变化，和男方是一家人。

（3）童养媳自身的社会交往很少，军王村村民自家的闺女会满庄串门，例如村南的闺女可以跑去村北玩，但童养媳则只能去附近的近门子亲戚家串门，其他的村民家里都不能去。童养媳成婚之前跟本庄的闺女没有搭伴儿玩的。

（4）童养媳与男方家人关系。童养媳来到男方家庭，在干活方面相当于一个妇女干活的量，重活除外。童养媳要做饭、拾柴火、扫院子、做针线活儿等等。在男方家里，童养媳所有的吃穿用度都是婆婆负责，一般不给童养媳气受，一家人倒是很疼她，当闺女养，但是童养媳没有闺女自由。

5. 抢亲

妇女死了丈夫后，如果在婆家就不能改嫁，只有回到娘家了才能改嫁。改嫁的妇女在出嫁时，当地有"抢亲"的习俗。即改嫁的妇女在从娘家到改嫁的丈夫家的路途中，其他人如果想抢是可以的，谁抢到就跟谁结婚。

> 军张的张又真，在1949年以前的一天，跑到我家来，对我父亲说："万刚，我找了一个女人，你去几个人路上给我帮忙吧。"凡是"二开花"，在路上被抢了，谁抢了跟谁。从古到今都这样兴。正常结婚的有媒人，没有谁敢抢。[1]

二、丧葬习俗与习俗关系

（一）老人去世时的行为关系

在当地，男性老人去世，称之为"寿终正寝"，老妇人去世则称之为"寿终内寝"。

1. 穷人烧纸钱，中农以上买落魂轿

孝家在老人身体快不行的时候，要提前买好寿衣。寿衣包括上身衣，下身裳，褐敞，还有嗑口鱼、鞋、袜。要买去世老人手里拿的棉团，还有锦被、锦褥，锦被为银色，锦褥为黄色，寓意"铺金盖银"。中农户以上的家庭会去买落魂轿，死者灵床前会摆放一张小供桌，放陶盆，在老人断气时，家人便开始烧落魂轿。穷人买不起，就临时用钱纸烧。

2. 老街世谊闻哭声主动吊望

一听到丧家发出哭声，老街世谊就拿着两刀纸来吊望。平时与老人关系不错的人、经常与老人打交道的人，如经常赶集聊天，有共同嗜好的邻居闻哭声便赶来。妇女中问事儿的人听到哭声，不用孝家去请，自己也过来。老街世谊前来吊望只是哭，不磕头。孝子贤孙均在去世老人跟前儿跪着。

3. 给闺女第一个"送信儿"

当老人去世时，需要通知他的至亲，即闺女、老人家、姑娘家、姐姐妹妹家这四类亲戚，本家不用通知。在告知老人去世消息时，第一个会给闺女通知，因为就亲疏关系而言，村民认为闺女是老人最近的人。当去世老人的闺女得知老人去世消息时，便哭天抢地，有的甚至不能走路，需要用小推车推着来到孝家。有时闺女知道老人身

---

1 根据王世良老人访谈资料整理。

体不好，一般会提前守在旁边。对于老人家、姑娘家、姐姐妹妹家，在告知老人去世消息时，没有先后顺序，送信儿人由大执宾直接安排。但当去世的是老妇人时，则由长子或长孙到死者娘家磕头送信儿，意为侍奉不周，恳求宽恕。老人的闺女、老人家（娘家）、姑娘家（姑姑家）、姐姐妹妹家接到信儿后就要赶到孝家。一般上午接到信儿，上午就来，下午接到信儿，下午来，不能超过当天。

4. 闺女回婆家讨孝

大执宾安排一人领着闺女回去讨孝，到闺女婆家后，闺女由娘家的人领着，先给自己的公公婆婆磕头，再给近门子的叔伯大爷磕头。然后是给婆家的其他人通知，或者是兄弟或者是侄儿，一般来一个代表参加，来时会烧一刀纸。

5. 长子领头操办丧事

不论父亲、母亲去世，丧事都由长子负责领头操办。长子领头操办但不是说丧事完全由长子决定如何办。在如何操办丧事的问题上，由长子、近门子亲戚2—3个人、大执宾负责商量，主要商量饭席的规模和档次以及确定发丧日期。

6. 近亲观殓方可封棺

老人去世后1—3天可以成殓入棺，当地称为"搁三天"。入殓前，棺材内用灯草或草木灰铺垫平整，由儿媳为去世老人擦眼睛。入殓时，至亲要哭泣。入殓后，男丧由舅家近人观殓后方可封棺，女丧由娘家人过目后，确定不是非正常死亡后方可盖棺。由观殓人砸第一锤，俗称"引钉"，最后由木匠逐一钉钉封盖。

（二）报丧中的行为关系

1. 大执宾安排报丧者

确定发丧日期后，便开始报丧。主家写报丧名单，由大执宾确定报丧人数，一般是3—5人，具体根据孝家的亲戚多少、远近而定。确定报丧日期后，报丧的人由大执宾安排，都是本庄的人。大执宾会在头一天通知安排好报丧的人，那时候没有车，跑着去报丧，远的就报1—2家，近的3—4家，谁去的早就去近的地方报丧，谁去的晚就去远的地方报丧。

2. 富裕农户"下书"报丧

富裕中农户和大财主家发丧，一般还会"下书"。有点类似请柬，有3—5页，用的是黄色的纸张，抬头写着"讣告"，内容是某某人哪天发丧，下葬时辰也写得清清楚楚。然后用文言文简单写上去世老人一生的经历，去世老人的姓名、去世时的岁数。最末的部分写去世老人的儿子、孙子、兄弟等的姓名，按照由近到远的顺序书写。姑娘家就只给一份，然后姑娘家给她的本家说，老人家也给一份。虽然之前通知过闺女和娘家人，但是报丧的时候，还要给闺女和娘家人报丧。

3. 顺路通知亲友

报丧的人拿着报丧名单就去报丧，单子上写着报丧对象的姓名及其居住的村庄。

4. "下公书"通知本庄

下公书就是在一张白纸上用客气的话告诉军王村的村民家中有白事，希望大家来照望照望，大家伙儿都来帮忙。写好后便将公书贴在当街，村民一看便知晓。

（三）吊丧中的行为关系

1. 财主头发大丧：请点祖官

请点祖官一般是村中财主头家发大丧。在发丧以前，财主家去城里买牌位，称之为"请牌位"。牌位分为单牌位和双牌位，男性去世，而妻子还在世，则请一个牌位。夫妻先后去世，则请双牌位。请牌位后，就需要请点祖官举行点祖仪式。王守元家、王守立家、家西王继和家都请过点祖官。

（1）有学问才能当点祖官。在清朝时期，点祖官必须是秀才以上的人才能担任。民国时期，因取消科举制度，秀才难找，可以请附近有名誉、有学问的、出名的人点祖。

（2）跟点祖官有亲戚关系的人去请点祖官。请点祖官需提前几天将点祖的具体时辰告知点祖官。一般是与点祖官有亲戚关系的人去请，称为"先行官"。去请点祖官的时候，还得带着炮手，到点祖官的村庄时，要放三声炮。然后先行官说一些客气话，把点祖官领上轿。等点祖官到孝家时，轿夫喊一声"前后"，就落轿，炮手又放三声炮。

（3）绿围子轿请秀才点祖。绿围子轿因轿衣是绿色而得名，是有身份人的象征。请秀才当点祖官需要用绿围轿前去迎接。雇一个人和一顶轿子大约花费两斗麦子，只雇一个轿子就得用一斗小麦，还得在街上找四个人抬轿。一般去前王村租赁轿子，因为这里离军王村近，大约五里。

（4）文人相迎，陪客相待。一听炮声，就知道孝家来人了，会有四个文明人来迎接，铺上红毡子，领着点祖官进家门，给点祖官磕头。然后去堂屋，点祖官坐上位，两边各安排两位陪客陪着他。牌位放在长子堂屋的条桌上，按照辈分排。先让点祖官看写的牌位格式是否正确，牌位上都是毛笔写的。"某某某神祖之位主"其中"主"字上有一点，点祖官用毛笔蘸上朱砂把这个点儿点上红色就结束了。点祖结束后，就用大桌子摆席，开始吃饭。吃完饭后再抬着轿子把点祖官送回去。

2. 长子"守灵"，女眷"陪灵"，其他男孝子"跪棚"

死者去世后，盛放老人棺材的屋子被称为"丧屋"，一般在北屋，即堂屋。屋子里会铺上小麦秆子，一般是长子俯跪在丧屋大门的右侧，谓之"守灵"，女孝子，分别为儿媳妇、闺女、附近的侄儿媳妇，均服孝在侧，谓之"陪灵"。

丧屋门前院内搭着一个灵棚，摆一张桌子设供案，桌子北面放灵楼，供灵位，摆供菜、供果、陈香案、烛台，案前置奠酒，两旁竖雪柳，站童男童女形状的纸俑，立招魂幡，其他男孝子跪列棚内两侧，谓之"跪棚"。

3. 姥娘家、亲家来时要相迎

去世老人的亲戚来吊唁时，次子要带着孝子贤孙们去迎接。向长辈磕头，长辈不用回礼。只有在长辈跟晚辈磕头的时候，晚辈要回一个。儿媳妇的娘家来人也要上去迎接。吹拔啦吭的走在最前面，儿子辈的，孙子辈的，重孙辈儿的依次跟在后面。通常男的走在前面，女的走后面。

4. 吊唁顺序：先街坊后亲戚

吊唁时，棺材摆放在堂屋，两边是女孝子，分别为儿媳妇、闺女、附近的侄儿媳妇，棺材前摆放一个长明灯。长子在堂屋大门的右边，门外搭着一个灵棚，摆一张桌子，桌子上摆着供品以及童男童女。左右两边站着一个忙爷们儿，负责传香。在桌子两边分别跪着孝子贤孙，次子和长孙跪在最外的位置，进门后第一眼见到的就是长孙。

发丧前一天来吊丧的一般是本庄的人，不限人员，愿意吊唁的都可以去。本庄的人大约从早上六点到晚上八点这段时间都可以去，人们一般是在吃完晚饭的时候去吊丧。本庄的人一去，拔啦吭就吹起来。亲戚吊唁一般是在发丧当天早上，要先交礼，如钱纸、帐子、供品等，然后再去吊唁。

5. 磕头有讲究

第一，男女有别。女客和女客一起去拜灵磕头，男客和男客一起去拜灵磕头。女客去堂屋里磕头，由主家的女性回礼；男客在场院磕头，由主家男性成员回礼。

第二，亲疏有别。至亲的男性客人与去世的人是平辈或者低一辈儿的，如去世人的外甥、老表、亲家、哥哥等来吊唁时，先在灵棚的桌子前磕头，然后再去堂屋进行内吊。辈分长的不在外面磕头，直接去堂屋内吊。一般亲戚就在灵棚磕头。女婿或女丧娘家近人则行三拜九叩礼，还插入主哀（致哀），其他至亲等则行四拜礼，四拜礼得磕七个头。亲戚走到灵棚里的灵桌前，先磕头三个，然后不站起来，直接往前一步，灵桌右边帮忙的忙爷们儿就传香给这个亲戚，亲戚将香往上举，然后把香传给左边帮忙的忙爷们儿。接下来是传酒，在跪拜的亲戚面前摆着一个奠池，是一个木槽，传酒时，将酒高接后就倒在奠池里。传完香传完酒，退回来磕头。站起来磕头一个，再站起来磕头一个，连续四下，拜礼结束。其他一般亲友只"一跪三"即可，孝子还礼致谢。

第三，"孝子头，满街留"。其他儿子可以离开丧屋，但是长子不能，长子跪在丧屋的西边，进门的右边，得一直守着老人。去世的老人的兄弟也在丧屋。

有人来吊丧，丧屋的人就得跪着，不用磕头。如果老人的儿子在街上遇见了来吊丧的人，就在街上给人磕头；如果是在院子遇见了来吊丧的人，就在院子里磕头。如果老人没有儿子，孙子磕头，如果孙子很小，就不用磕头。如果没有儿子有义子，义子顶亲儿子用。磕头只磕一个，当别人磕头时，孝子贤孙也要随着磕头。

（四）丧服中的行为关系

孝服中也体现着人与人之间的亲疏远近关系，分斩衰、期服、大功、小功、缌麻五等。整体而言，孝子们头戴孝帽，腰上拴着孝布，脚上穿白鞋。女性是头戴孝帽，身披孝衣，脚踝处拴着白条，脚上穿白鞋。孝子们的孝帽有以下区别：

一是颜色显亲疏。孝子们戴着孝帽，帽子上会有白疙瘩，如果是去世老人的兄弟和长子，小疙瘩就是白色；如果是去世老人的儿子，这个疙瘩是蓝色；如果是去世老人孙子辈儿的就是黑色；如果是去世老人的重孙辈儿的人，帽子上的小疙瘩是红色。同时腰间所拴着的布的颜色也要跟头上疙瘩的颜色一致。

二是造型有区别。本家的和老人家的亲戚戴的帽子不一样，老人家亲戚带着两个尖儿的孝帽。

（五）出殡下葬中的行为关系

1. 长子负责碎盆儿

灵柩离家当地称之为"起灵"，一般由长子摔"老盆"。当长子不在时，由长孙担任。若是没有儿子，则由过继的儿子碎盆儿。对于村中的绝户头儿，谁给他碎盆儿打幡，财产就归谁。当地有老俗理"碎盆儿打幡请过物"，意思是谁碎盆儿打幡，老人的遗产给谁。绝户头儿的碎盆打幡人选由老人生前决定，邻居百舍公证。

2. 路祭

（1）老亲参与，女性不参加。发丧当天，收完礼后，在灵棚吊望结束后就开始路祭。把棺材抬到路上，仪式跟在灵棚里一样，孝子贤孙分别跪在棺材的两边。参与路祭的大部分是老亲，去世老人最近的亲戚。

（2）磕头顺序：先至亲后远亲。首先是至亲磕头，然后是表亲磕头，最后是其他亲戚磕头。而至亲中，首先是姥娘家磕头，然后是姐姐妹妹家磕头，最后是闺女家磕头。

3. 发丧

（1）发丧参与者。发丧参与者主要有以下几类：一是亲朋好友。亲朋好友都可去，有的亲朋好友因年龄大，行动不便可以不用去。二是大执宾、"请重的"及其他帮忙人员。三是拔啦吭队伍。发丧的时候，本家的长辈要参加，其他的长辈不参加。亲戚随礼，忙爷们儿跟着吃饭。

（2）队伍按服孝轻重、男女性别排序。发丧队伍有严格的排列顺序，总体按照重孝在前，轻孝在后，男孝子在棺椁大杠前，女孝子在大杠后的原则进行排序。具体而言，至亲领丧，一般是去世的人的孙子搀扶着逝者的长子走在最前面，长子手里拿着灵幡，然后是拔啦吭队伍，之后是抬棺材的人。男孝外甥会服孝抱斗，沿路撒纸钱。

（3）孝子执安棍子，粗细示亲疏。安棍子的作用是维持治安，如果在发丧期间，有谁捣乱，可以用安棍子打人。用安棍子打人被认为是合法的。在送葬队伍中，孝子们各自手执1根安棍子，即大约30厘米长的柳树枝，重孝子拿着粗棍子，关系远一点的就拿细的。埋葬棺材的时候，都放在棺材的前面。

（4）抬棺材人数显贫富之别

抬棺的大杠人数代表贫富的差别，有六抬杠、八抬杠、九抬杠、十二抬杠、三十二抬杠不等。巨富者多用龙头凤尾杠，抬杠人数最多达六十四人，军王村没有出现六十四杠的情况。

4. 牌位传长子

发丧结束后，会将幡插在坟头上，牌位放在家中堂屋的神龛上，不进家庙。第二天趁着圆坟烧纸时把灵牌一起烧掉。家庭成员不会每天给神祖烧香，当家庭有红白喜事时才会向牌位烧香。分家时，放有祖辈牌位的神龛传给长子。例如，王世良的父亲是长子，他家的牌位有他的老爷爷的、他爷爷的。

（六）葬后的习俗和行为规定

1. 男孝子圆坟

发丧完第二天，太阳未出，男孝子便去茔地圆坟。所谓"圆坟"就是对埋好的坟地重新进行全面的修整。男孝子全部参与圆坟，没有女孝子参加。圆坟当天，男孝子均拿着锨去筑坟，给坟墓加土，进行垒坟。

2. 女孝子祭七

不论去世的是老头还是老妇人，都是女孝子去坟地烧纸祭七。祭七即在老人去世后，每逢头七、二七、三七、四七、五七去坟地祭拜。祭七的参与者主要是逝者的闺女、儿媳妇、孙媳妇等女孝子。祭七时，女孝子一同前行，在坟地祭拜时，逝者的闺女每次都要哭泣，以表达对逝者的追思之情。有的家庭会在头七和三七上供，摆上鱼、肉、丸子等供品。

3. 供品有贫富分化

过年、寒食节、鬼节等节日祭祀时，一般的家庭是烧纸、烧香、供酒。而富裕的大家庭除此以外，还有果供品和纸货，其中纸货是富人家才有。纸货包括金桥银桥、金山银山、赌具、童男童女。

4. "看戴孝就能知道谁近谁远"

在逝者五服以内，无论男女均有资格戴孝。当家族因人口众多而分门，虽在五服以内，也没有戴孝资格。不论家庭条件是富裕还是贫穷，一般重孝子都戴孝三年。戴孝期间，重孝子的单衣裳和棉衣裳都是白领子。闺女戴孝名称为"髽衰"，妇女服丧用麻扎成的发髻。五服的丧服名称分别为斩衰、齐衰、小功、大功、缌麻。斩衰为儿子穿戴，服期 3 年；齐衰为孙子或者兄弟穿戴，戴孝时间为 2 年；小功是侄儿穿戴，戴孝时间为 1 年；缌麻是重孙穿戴，戴孝时间为 3 个月。穿的孝衣一样，戴孝的时间不一样，但一般的家庭不懂就不会这么细致。

儿子都得戴孝。戴孝期间可以结婚喝酒、吸烟。剪头发要过五七之后，其间也可以去串门儿。

（七）丧葬习俗中的其他惯行

1. 丧葬习俗中的请人及其关系

（1）请写讣告的。下书要专门请会写下书的人写。讣告一般由两人共同完成，其中一个必为本村人，因为只有本村人才清楚孝家人的姓名及关系。军王村没有会写下书的人，于是得去周边的文郑村或者南陈村请人写。

首先，依亲戚"连上线"。一般是由亲戚与会写讣告的人连上线。如果发丧的农户与写讣告的人没有亲戚关系，需要找一个与写讣告的人有亲戚关系的人领着去，显得郑重其事。

其次，由重孝子去请。重孝子去请下书人的时候，不用下帖，也不用带礼物，但要给写讣告的人磕头。

最后本庄的下书人主动来。本庄的就不一定是长子去请，有时本庄的主动会来。本庄写下书的人热心，王守恭每次都给村民出主意请谁。打好下书稿后，还得去石印局印书。这样下书的很少，能办十大荤宴席的家庭才会下书。

（2）由大执宾安排请重的。丧夫，当地称之为"请重的"或者"抬丧的"，由大执宾安排，去请的时候不用带礼物，不用管饭。一般的棺材需要 8 个人抬。

（3）下帖请拔啦吭。请焗匠的和请拔啦吭同时进行。由大执宾请，需要用红纸写帖，大多数情况下，都是下帖请。因为一是表示尊重人家，二是有帖子好记准日子。

除了带请帖外，还需要给拔啦吭一张孝布。吹拔啦吭的人不戴孝布，而是将孝布系在乐器上。

（4）请"好说话"的焗匠。由大执宾去请厨师，告知厨师发丧日期，与厨师商量大致安排饭席的桌数。当时军王村村里没有大厨师，需要去外村请，村民习惯请南白家的厨师王延洲。主要有以下几个原因：一是他比较好说话，可以指定菜，好的孬的都能做下来，不论穷人还是富人发丧，他都能做得来；二是他收的钱少，大执宾给他多少他收多少，不过给钱的也心中有数，财主家多给点，穷人家少给点；三是他脾气比较好。

（5）请亲戚中不专职的风水先生。风水先生分为两类，一类是专职的风水先生，即以看风水为职业的人；另一类是不专职的风水先生，懂风水，但是不以看风水为职业。村民请专职的风水先生，必须给钱。专职的风水先生会根据孝家的身份和家庭条件进行收费，如果发丧家庭条件好的就多收一些，一般情况给1斗麦子。不专职的风水先生一般不收钱，而且一般只给亲戚家看，不给外人看坟茔地。村民认为不专职给亲戚看坟地还收钱是一件丢人的事情。在1949年以前，军王村村民王世良大爷的仁兄弟吴庆恩是个不专职的风水先生，文郑村的文开羊是个专职的风水先生，村民一般是去找吴庆恩，因为可以跟他搭上亲戚关系。

2. 丧葬费用

丧葬费用主要包括做棺材、请焗匠、酒席、丧事用品等。在有儿子的情况下，丧葬费用一般由儿子出。若是分家，则由几个儿子平均摊。也有闺女承担丧葬费用的，根据自己的经济条件而定，一般是承担拔啦吭或者是纸货的费用。如果是儿子家里穷，确实出不起丧葬费用，可以不出，由其他兄弟姐妹给他"抬了"，即其他兄弟姐妹帮他出这一份钱。

三、节庆习俗与习俗关系

（一）春节

1. 小年不拜祖先，只祭灶君

关于春节前的准备，军王村流传着这样一句俗语，"三祭灶、四扫屋、五蒸馍馍六杀猪，七儿八瓣儿啪"，言简意赅地概括了村民为过年所做的准备。旧历的腊月二十三为小年，村民认为从这一天开始就有年气儿了，春节也是从这一天开始算起。

过小年的时候不祭拜祖先，祭灶君是这一天的重要仪式。1949年以前，村民将买灶君画像称为"请灶君"。祭灶君是家中妇女和小孩儿负责，男家长不会参与。每年腊月二十三这天晚上，村民祭拜灶君时，会首先熬好比较黏的灶糖，然后把贴在厨房灶前的旧的灶君画像扔进灶里烧了。在烧灶君的像的时候，同时要给灶君烧一个手工扎的马。一般是主妇领着小孩儿烧。最后再贴上新的灶君画像，贴好画像后，妇女用手抹一把灶糖在灶君画像的嘴巴上。

2. 年前准备，家务活男的也参与

农历腊月二十四，老少大扫除，当家人也参加。平时不打扫的地方，在这一天会全部清扫，当院子由男劳动力扫。一家人都动事儿，长工也扫。一般自己的屋子自己打扫，明堂不固定是谁打扫，厨房是儿媳妇打扫。农历腊月二十五蒸馒头，所蒸馒头要够吃 20 多天，一直吃到元宵节，平均每人每天 1 斤面。因为蒸很多馒头，家里男的也帮忙。腊月二十七、二十八剁饺子馅儿，"七儿八，噼儿啪"，噼儿啪就是剁饺子馅儿的声音。二十九包饺子，家中男子也参加。

3. 过年家户防卫："拦门棍"与芝麻杆

除夕前一天，家里的门都搁放一个棍子，粗细都可，称为"拦门棍"。只要屋子有门，门前都得搁，都是男的去放。放好拦门棍后，在当院里还得撒芝麻杆子，大约 10 斤。因为人踩上去有动静，家里来人就知道了。

4. 穷人买纸袆，富人买春联

当地也有过年贴春联的习俗。对于贴春联，富裕家庭或者自己写或者赶年集买。而有的农户因为家里比较穷买不起，自己又不会写，找人写的话，还要欠人情，所以不贴春联。不贴春联的农户，家里的门上就会贴纸袆。过节的时候贴在门上，寓意吉祥幸福。用很好的纸做的纸袆，有 3—4 厘米长，4—6 厘米宽，纸上面绞着花。

5. 过年祭祀：先天帝后祖先

除夕在家里神龛上烧香会先给天帝烧，然后给观音菩萨、财神烧，最后才是自己的先祖。只烧香，不烧钱纸。过年当天，妇女早上起来就下饺子做饭，家中其他男丁负责祭祀。除夕这天，东西南北屋所有的门都得打开，所有屋子不论是否有人居住，晚上都会点上蜡烛，搁上香炉。

熬岁，是坐在那里不睡觉，图吉利。三十晚上上陵，上陵回来就在柏树上取下一些柏树枝，带回家，然后用柴火把柏树枝点燃，因为是新鲜的柏树枝，所以会冒烟，称为"抠岁"。除夕这天，所有的农具都要贴旺兴纸。

6. "团拜"中的行为关系

在传统时期的军王村，过年拜年采取"团拜"的形式，即全庄的村民互相拜年。

(1) 拜年时间。拜年活动从正月初一吃完早饭就开始。

(2) 谁参加拜年活动。妇女拜年就只拜附近的十来家，不拜全庄。小孩儿拜年随便跑，不用大人领着。家里的老人一般不出去拜年，辈儿长的坐在家里等着别人来给他拜年。

（3）拜年顺序。正月初一起床后，不管是否洗脸，先给家中长辈爷爷奶奶磕头。因为过年高兴，爷爷奶奶会给7—8个铜钱作为压岁钱，10个铜钱可以就买1斤糖。然后再给神龛灵位磕头。家中拜年活动结束后就开始吃饭，吃完饭就去给全庄人拜年。先拜有服孝的，自己一窝子的本家，由近及远。如果家里没人，磕头时，不喊名字，直接去堂屋磕头，称为"磕哑巴头"。堂屋的神龛摆着供品——摆着花糕、饺子、肉、鱼等供品，供在哪里就在哪里磕头。

> 过年我起床后，先给俺爷爷磕头，爷爷在床上还没起呢，我就说："爷爷啊，我给您拜年啦！"给爷爷磕三个头，然后是给奶奶磕头。然后是给爹娘、叔婶子口头说着就磕头。俺叔跟俺父亲起来也得跟俺爷爷奶奶拜年。早晨起来，俺大大爷就来了，到爷爷跟前："叔，我给你拜年了。"然后给爷爷磕三个头。有在床前磕头的，也有在堂屋磕头的。俺大爷在的话，得先跟俺大爷磕头去。给大爷家拜年时，就说一句"大爷、大娘我给你磕头了。"跟神祖一起磕了。外面碰见老爷爷，不磕头，直接说一句"老爷爷我给你拜年了。"[1]

（4）拜年范围。初一当天，只要在军王村有户头儿的，都得去拜年。外姓也拜年，一块儿挨着磕头。初五以后就自由行动了。王明斌家就他一个人，一个庄的也得给他拜年，但他不一定给大家拜年。拜了仁兄弟的，过年也互相拜年，尤其是在拜仁兄弟的头几年比较隆重。如果医生在村子里住，村民也给医生拜年，跟其他人一样。学徒不给师父拜年。

（5）有病患到医生家里拜年，跟一般的拜年活动没有什么差别，也会带礼物，但带的礼物与走亲戚不一样。

7. 春节走亲戚

姑姑家和舅舅家亲戚一般近，也不过破五就得去拜年。如果奶奶在世，姑姑会回来给奶奶拜年，不一定带礼物，空手也可以来。村民到姨家走得比较少，不一定年年都去。姐姐妹妹家去也可以，不去对方也不责怪。朋友之间，年龄小的给年龄大的拜年。给朋友拜年不在乎东西多少，空手也能去，朋友能担事儿。

正月初二、初三、初六是走亲戚的重要日子，80%—90%的农户会选这三个日子

---

1 源于2016年12月18日对军南村王世良老人的访谈。

上姑娘家、舅舅家。如果年前去舅舅家，过了年就得去姑娘家。头年没有去舅舅那里，过了年得去舅舅那里。不能超过破五，否则舅舅会责怪。村民给舅舅拜年会带礼物，舅舅会喝酒的，就提1—2瓶子酒，给妗子或者姥娘拜年就提着2斤馓子。外甥小的时候，舅舅会给外甥压岁钱，能买2斤糖果的钱，相当于2斤麦子。如果外甥长大了，给舅舅拜年的时候还可以给舅舅钱。

8. 长工拜年只是个礼性

春节期间，如果长工在主家过年，该拜年还是得拜，那是个礼性。初一早上还没吃饭就开始拜年，拜完年后，大家一起吃早饭。如果是在自己家过年，就不会拜年。

9. 过年的请客制度

过年不过初五，家里来客人了，需要在主家堂屋的当门磕头。不一定对着主家磕头，不能在当街见着主家就磕头，因为村民们认为在当街磕头是家里死人了才那样磕。过年的时候，把肉腌上，来客人了，就切5—6片儿，配上点别的菜，每个人一片。

开春接客，接闺女，也放鞭炮。新娶的媳妇儿，娘家来人接，正月初六、初九、十二接闺女，老闺女过了正月十六接。

过年请客（请男爷们儿）。过年兴请客，一个庄上起码得中农户以上的家庭，会请一个人置办菜，大部分请本庄的张广友做菜，至少做10个菜。村民吃席不用给钱，因为是自庄的人。主要请一个庄上，比较和厚的、沾亲带故的、出名儿的、平时关系好的人来做客，不一定请村长，关系好才请。因为过年家家户户都有菜，客人有拿酒去的、有拿菜去的，凑在一起喝酒，不带也行，请客这几个人得轮流每家吃一遍。

"请媳妇儿。"中农户以上的家庭才会请媳妇儿。过年当天，庄上同一年娶进来的新媳妇，会把亲戚的闺女、朋友闺女单独叫来，再找几个人陪客，就是自己一窝子里找几个女陪客。陪客来家里不用带礼物，吃饭的时候，辈分长的坐上首。请外人的很少，都是自己庄上的轮流请。

10. 春节娱乐活动

（1）过年与打牌。军王村有6家牌场。村民过年在王继书、王守业、王继符、王守昌家斗牌，在王明斌家、王腾云家搁宝。初一上午拜完年就开始去斗牌，初一到十五，白天晚上都有人斗牌，晚上除了关系好的会在一起喝酒，其他的都去打牌。

（2）踩高跷表演。踩高跷，有敲锣打鼓的，大约共计一二十人，敲乐器的有七八个，踩高跷的十来个，有领头儿的。领头儿的不是保长，也不是有钱的，是好事儿的担任，在社会上活动能力比较强的。踩高跷的人员有穷的有富的，各庄都有踩高跷的，这个庄踩到那个庄去。村民王守发就领着大家踩高跷，他自己也踩高跷，万庆负责弄帽子，用纸和彩色布扎成帽子，再向各家要几件花衣裳穿着。

（3）好事儿的表演唱戏。王守玉爱好唱戏，还有个扬琴。一到过年，他就摆个桌子敲扬琴唱戏，万奇拉弦子，唱《马前泼水》，也有村民去听。

（二）元宵节

村民们最开始称呼过农历正月十五为"过小年"，后来才说过元宵。如果过了十五，亲戚来拜年，村民们就会说："正月十五还来拜什么年，年跑啦。"军王村民会在每年正月十五看烟花，万齐家自己准备，全村都去看。中农以上的家庭还会给小孩儿准备一个红灯笼。

（三）二月二

军王村村民在二月二这天也要吃好吃的，同时还要"围囤"，祈求丰收。在当院子围一个大囤盛粮食，一圈一圈地撒出去，在圆圈的中间搁一把杂粮，然后用砖头或者土盖压上。场有多大，囤就有多大，一般是家户中男劳力负责"围囤"。除了"围囤"外，村民还会在这一天炒蟹子爪。将黄豆剔干净，撒把面，装点水，给豆子和上一层面，然后往锅里放上油，加点盐或者糖。家家户户会炒2—3斤，可以吃1—2天，小孩儿吃得多些。

（四）寒食节

寒食节这天，每个庄上都有十几个年轻人到城里去看城隍老爷出群。不关乎家庭条件，自己带着干粮去看热闹。在祭祀方面，寒食节主要是烧纸。烧纸规矩是"前三后四"，即在寒食节前两三天或者后三四天烧纸都可以。寒食节这天要禁火，但只是说说，没有不做饭的。

（五）端午节

村民们称之为"五月节"，五月节门上插艾。家家户户都打粽糕，由麦仁子和枣子做成的。不会请客吃饭，也不会赛龙舟。

端午这天家家户户得改善生活，比平常吃得好。端午节地位仅次于中秋节。

（六）六月六，晒龙衣

六月六这天，天气热，村民会将所有的衣裳、书都拿到当院晒。在饮食上这天要吃炒面，有的时候也炒麦子，然后去碾上压来吃。

（七）七月七

相传牛郎织女搭鹊桥会面，在葡萄架下能听到牛郎织女的对话。未出嫁的闺女会在当院里摆个案板，祈求牛郎织女，希望自己能找个好对象。

（八）中秋节

中秋节当天晚上会弄些好菜上供，在当院儿里给月亮上供，供品是月饼以及临时吃的几样菜。只是上供，不用磕头、烧香、烧钱纸。

（九）十月一——鬼节

人们在农历十月初一前后三四天内，到祖先坟墓前摆供品，施烟酒，烧纸钱哭祭，以寄托哀思。会进行墓祭，大部分是妇女，媳妇和出嫁的闺女都去，未出嫁的闺女不去。出嫁的闺女要从婆家买纸张赶回来，说是回馈和纪念老人。主家主事的妇女陪着姑娘们（老姑娘和少姑娘）带着供品去。供品一般是果供，有苹果、香蕉、橘子、梨子这一类的。还带着纸钱，不烧寒衣，意思是一年得给老人送点零花钱，添坟扫墓。过去的坟头，被雨水冲刷得有缺的地方或者是种地有不完全的地方，就用锨去扶扶土，意思是给祖先见见新。陵地相隔较远的话，妇女不去，由男性去。

在 1949 年以前，大约吃完早饭，各家各户便去上坟，给亡故的老人烧纸钱。凡是在这个坟茔地之内的都要祭拜，从爷爷辈儿往上数三代一般在一个坟头。分家后，就各人上各人的陵了。

> 比如，我大爷故去了，他自己单独埋在一个地里。上坟的时候，他家里的老姑娘少姑娘就单独去。再比如，我家已经分支了，我伯父的子女就上伯父的陵，我父亲这一支就上我父亲这一支的陵。爷爷的陵由父亲的姐妹们去上坟。太爷的陵由爷爷辈儿的姑娘们去上坟。[1]

保长不管鬼节的事，都是各家各户主动去，没有不去的。因为谁家的坟头上没有灰，就意味着这家没有人了，这是忌讳。

（十）腊八

相传农历腊月初八是释迦牟尼的成道之日，后腊八节逐渐演化为民间节日。在军王村，村民们都知道腊八节喝腊八粥。1949 年以前，村民们会按照节气吃饭，菜不讲究，家家户户老早就准备好谷子，没有的就去换点。

四、日常习俗与习俗关系

（一）过寿

1. 一般家庭置办家宴

一般家庭不过寿，不大宴宾客，但一般家庭家中老人满 66 岁，会置办家宴，闺女

---

1 根据王世习老人口述整理。

会提着2斤馓子，回来看望父母。在传统时期，过寿的很少，子女孝顺的，家里有么儿的，家庭宽裕的外嫁女，会在父母66岁的时候给买块肉，3—10斤不等。父母73岁时，子女买鱼给父母炖着吃。俗称"六十六买块肉，七十三买个鱼串一串"。

2."有么儿的"大户人家庆八十

在1949年以前，村民能活到60岁，就可以说"活埋了"，活到80岁的人很少，同时活到80岁还有能力的庆80岁的就更少。"有么儿的兴过80，庆祝80大关口。""庆八十"对于主家来说是一件比较光荣的事。

（1）贺寿者。一是下书请贺寿者，一般是提前五天下书请，这样可以给亲朋好友准备贺礼的时间。根据顺路原则下书，没有先后。二是所有的亲戚都邀请。拜老人三代都可以走，是近亲的男女都去，是远亲的就男的去。如果主家特别富裕也可以"大盖锅"，请亲戚全部参加。三是"歇席"。庆八十、发大丧，专门有歇席的人。他不是亲戚，也不是朋友，他不随礼就去赴席，而且大执宾不会撵走他。

（2）贺礼。一是随礼中的惯行。就亲戚随礼而言，第一，男方的亲戚随礼多于女方家的亲戚；第二，至亲多于一般亲戚；第三，女儿必须拿重礼。不仅至亲给的贺礼多，而且朋友给的贺礼也多。与其他随礼事项相比，庆八十随礼要比喝喜酒随礼多一些，也根据自己经济条件。整体而言，人们送礼的多，给钱的少。二是娘家人买寿桃、八仙人子。寿桃有大有小。用冰糖熬化做成桃形，有1尺多厚，然后用洋红洋绿染色，就跟真的桃子一样。自家的表弟、闺女婿、外甥等亲戚买，都是比自己小的或者是晚辈买。八仙人子，一般是订做，平常都没有。

（3）磕头。庆八十又称"活发丧"，在寿星家的堂屋贴满喜对，堂屋神龛前摆一张桌子，桌子上摆满供品。寿星坐在神龛的左边，寿星的儿子、孙子、侄子、侄孙等分别跪在两侧，长子一定要跪在堂屋门内偏东的位置。亲戚磕头在堂屋，先去给神祖磕头，然后再给寿星磕头。一般是"一跪三拜"式磕头。亲戚在磕头的时候，两边的孝子贤孙也跟着磕头，妇女不在堂屋跟着磕头。亲戚对着哪里磕头，他们就跟着一起磕头。

（二）风水与住房

村民建房，划定地基后，择吉日才开工。修建房屋上梁时，由领线的说一段上梁歌。此外，还写一些吉利话，如"姜太公在此，诸神退位"。正式上梁时，会用红布缝制一个布袋子，然后找两双筷子，用红头绳系上，袋子里面装上半斤粮食，都是五谷杂粮，拴在梁上。

建房后，每间房屋的具体功能按照《大游年歌》"震延生祸绝五天六，巽天五六祸生绝延，离六五绝延祸天生，坤天延绝生祸五六，兑生祸延绝六五天，乾六天五祸绝延生，坎五天生延绝祸六，艮六绝祸生延天五排布"进行分布。例如厕所、厨房、老人居住的房屋以及鸡舍位置等。此外，房屋修建讲究吉星、凶星。建房时，无论盖什么屋，南边都得留出阳光，屋外得躲开坟头子，躲开晦气的脏东西。

（三）看病习俗

1. 大夫在村中的威望

医生在村里有威望，表现为：一是村里有人东西被偷，绝不会怀疑是医生偷的；二是村民见到医生都会和他打招呼，不在医生面前说脏话。也有走街串巷的乡村医生，被称为"铃医"。1937年以前，村子里每年春天会有铃医来村子看病，通常铃医都会有至少一门绝活儿。

2. 大夫内部之间关系

（1）外村大夫依亲戚关系而来。在张广元到来之前，王者贤的父亲是村里的医生，专门看病，家里有地，本人不种地。张广元是王万祥的舅舅，王万祥的父亲王守虔为了提升王万祥的医术，就请了张广元来到村里。

（2）各凭医术，各有所长。军王村本土村民的大夫主要有王者贤的父亲、王守虔、王守虔的长子王万祥。王者贤的父亲主要医治内科，王守虔家主要医治外科，张广元是全科医生，世代行医，祖上大约六七代都是医生。

表 5-6　1949 年以前军王村医生统计表（部分）

	医生姓名	职业技能
本村村民	王者贤的父亲	主治内科
本村村民	王守虔	能开药方，主治外科，者贤的父亲去世后，开始兼顾内科
本村村民	王万祥	主治外科
外村人在本村	张广元	全科医生，世代（6—7代）从医，医术高明
外村人在本村	张开基	比张广元医术差些，但医术也不错

3. 医生与徒弟关系

医生收徒弟，徒弟被称为"拉药抽抽"。可以医生自己主动收，也可以他人来拜师。一般是外人才兴起拜师，需要介绍人介绍才能拜师，介绍人由与医生和徒弟都有关系的人担任。拜师的时候，要家长一同前往，徒弟要给师父磕头三个。

医生收徒弟有学历要求，至少是半篇学问，读5年私塾，写文章能写4段的人，正如"秀才学医，如泥脱坯"。年龄要求15岁以上，30岁以下，即"年过30不学医"。大多数医生是收自己的儿子或者孙子为徒弟，外姓可以做徒弟。徒弟要很能吃苦才行，不用写"师徒帖",不收学费,至少在师父跟前学 3—5 年。学医要 7—8 年才可能会号脉开方,学徒要学药物管理,背诵药书,如《汤头歌诀》《伤寒论》《本草纲目》等等。

4. 医生与村民关系

(1) 请大夫出诊。如果家里人生病了,就骑着毛驴或者马去接看病的大夫,本村的大夫就走着过来。医生到家后,村民不会刻意招待,不会给医生烟。那会儿的医生没有架子,病情严重才会让医生出诊,出诊和坐诊收费一样,不会另外收费。

(2) 村民与医生往来。如前文所述,由于本村医生医者仁心,看病不收钱,也有病人在病好后,在过年时节给村落的大夫拜年。

5. 村民的就医习惯

(1) 村民不舍得花钱看病,能拖就拖。村里王者香得了黑热病,家里死了 3 个人。济宁市有医院,是村民称之为史大夫的医生开的,是一位美国人,医院距离村庄 18 里,但村民很少去市里看病。

(2) 就医决策。1949 年以前,由家长领着去看病,儿媳妇看病不用向家长请示。如果一位兄弟或者媳妇生了大病,分家的时候不会少分家产。

(3) 医疗上重男轻女。妇女有病的情况很少,轻病都不放在眼里。家中男爷们儿有病,会单独给他吃细粮。

(4) 对于重病。先就医,后请"下神的"。村民请不起医生时,同时病人病情很严重时会请"下神的",费用比请大夫便宜。

五、习俗的认知与执行

村民认为规矩习俗,都是从老辈儿传下来的,于是对此都深信不疑。对于节日,村民比较重视,每逢节日都会比平时稍微吃得好一些。对于不讲究习俗的人,主要是因家里穷,不具备过节条件,所以村民们不会说他。

虽然有的老人没有读过书,但通过听书、看戏等积累了这方面的知识,同时还具有丰富的社会经验,因此村民们不会质疑。有些老头子对习俗上的事情很清楚,比上私塾的孩子们还清楚。此外,村民认为"隔里不同俗,十里改规矩"。不同的村落共同体,习俗也有差异。

第六节 规训与规训关系

本节将从军王村的家庭教育、私塾教育、官学教育、各村联合办学教育等几个方面,着重考察在教化与规训中形成的人与人之间的关系。

一、家庭教育

（一）家规内容

军王村虽有大家族，但没有形成文字类的族规，也没有成文的家规。家族中不成文的规矩主要是家庭成员名字需按辈分来取名。习惯上形成的家庭规矩主要有以下几个方面：

儿子的规矩。在外面不能跟他人"干仗"，不能欺负他人的小孩。在家里边得尊重家长、尊重老人，不惹老人生气。不只见到自己的老人要尊重，见着外边的老人也得和颜悦色，不然会被说不懂规矩。不能随便乱花钱，不能随便吃零嘴。儿子出门必须得告诉家长去哪里，想从事其他职业需要经家长同意。例如，王世习的大爷想学医，需要经过王世习的爷爷同意。

儿媳妇的规矩。家里儿媳妇不能随便乱串门，妯娌之间也要经过房间主人的同意后才能进去。当家里有老人时，儿媳妇早上得给老人整理床铺、倒夜壶。女儿出嫁前，女儿可以端。老人不能穿衣服时，儿媳妇需要帮自家的老人穿衣服。

女儿的规矩。女儿 14 岁以上，成大闺女了，就不能到处乱跑。女儿 14 岁以下，还是小孩儿，可以赶集、赶会。

家庭成员对老人不尊重，违背家庭规矩就是逆子。在用钱方面，家庭成员必须告知家长，不能随便用家里的钱。

（二）教育方式

家规教育方式主要有三种。

一是口头传习。王世习家晚上喝完汤以后，就点着灯拉拉家常。由王世习的爷爷给家庭成员讲家训。有活儿的家庭不参加拉家常。妇女晚上要做针线活，所以一般情况下妇女不参与。

二是实践锻炼。一个家庭中，有客人在时，10 岁以下小孩子不能上桌。小孩子一般在读几年书后，14 岁以上，才能上桌吃饭。因为孩子此时有一定知识，懂得礼节，懂待客规矩，让酒的规矩，让菜的规矩等等。

三是建立奖惩规矩。如口头激励："我当时小，让我耧麦子，奶奶说，'你好好耧麦子，过年给你做新衣服'。"

二、私塾教育

据任城区志记载，清道光二十年（1840 年），任城区内的教育组织形式为私塾和义学。军王村没有义学，以私塾教育为主。

（一）私塾教育概况

军王村的私塾学校办学时间不固定，最短为 1 年，最长 4 年。办学地点也随之变化。1945年以前，办学规模最大的是王世良三老爷家的私塾，学生数量为15个。王者香的私塾最小，教蒙学，只有三个学生，有王者香的二儿子、王者香的侄儿和王世良。

表5-7 军王村私塾学校数量

学校位置	教师数量	教 师	学生数量
王者香家	1	王者香	3
王守虔家	1	本村王守恭	5
王守元家	1	邹县刘茂廷	不详
王守荣家	1	李营庙的孔祥典	不详
王世良的三老爷家	1	本村王守恭	15
王世良家	1	邹县刘景隆	8
王守道家	1	邹县孙老师	大约5—6
王喜堂家	1	河西的高老师	6

（二）私塾类型

从私塾类型来看，1949年以前，军王村的私塾分为村塾和家馆两类。村塾属于数家合资成立，聘用先生教书。例如王世良的三老爷家举办的私塾，通过前街8位农户集体出资请外村的教书先生，学生主要来源于军王村前街，王世良家有4个，他的两个哥哥，叔家的兄弟以及王世良。

家馆是富裕家庭设立的，聘用教书先生教自家子弟，本族或近亲子女也可入学。例如王守虔家的私塾，他家的私塾先生有5位学生，分别为有王世习以及王世习的堂哥、姐姐、堂姐、表哥。后来家里扛活儿的孩子因为读不起外面的私塾学校，于是经过王世习家的当家人——他的大爷允许，扛活儿的孩子也到家馆读书。

（三）读书目的：不为做官，只为不"吃瘪子"

在传统时期，读书率达80%以上，没有为了当大官而读书的，富裕家庭读到"满篇儿"的时候，就不读了。一般农户家庭的孩子读4—5年也不读了，开始为家里干活儿。家里弟兄多，一般让老大和最小的孩子读书。

（四）学费

蒙学阶段的学费一般是一年1小斗麦子。请外庄的老师，一般给老师5石麦子。

1."自己拿多少学费，不是自己说了算"

村民通过"对对头儿"的形式，民主商量各户学费出资。所谓"对对头儿"是指想让子女读书的家长，在请教书先生的前一年聚集在一起，商量学费问题的会议。

首先，确定"对对头儿"的日期。开会头一天，有人通知"明年咱还是让守恭给咱看孩子吧?""我的孩子不上。""不上就不去。""谁的孩子要上学,明天去×××对对头儿吧?"

然后,家长们到齐后,根据各自的家庭情况,先各自报自己认为应该给的学费数目。等所有家长自报完,再将每位家长自报学费金额进行汇总。一般自报学费的汇总结果会高于实际需要的金额。

最后,"自己拿多少学费,不是自己说了算"。每户最终出多少学费,不由这户的家长决定,而是由其他家长决定实际出资。村民回忆,在自报学费阶段,家长之间都互相谦让,有条件的都愿意多出。"我的孩子大,老师教着费事儿""你孩子大,但你日子不行,你不能拿1.5斗,你拿1斗。"

2. 交付方式:年底结算与分期付款相结合

学费按照年数给。有的一年交一次,每年年末的时候给私塾先生,由家长给私塾先生送去。也有的私塾先生的工资不是一次性付清,例如村中教书先生刘老师,一年回家三四次,回家一次村民就要支付一部分学费,等到放年学的时候就全部付清。

(五)教学内容

读私塾分四个阶段:第一是蒙学阶段,学生们学《百家姓》《三字经》《弟子规》;第二阶段开始学《论语》《诗经》《易经》等;第三个阶段开始学《左传》《尔雅》《幼学》;第四阶段的课程就是开讲,由学生把所学的东西讲出来。

(六)教学方式

一是学生开讲以前以背诵为主。在私塾教育的前三个阶段,学生都是死记硬背,并不知道文章的具体含义。

二是半篇或者满篇"送外课"。一个主题能写2段文章,称为"半篇",能写4段文章,称为"满篇"。当地话语"你上私塾上成了吗?""上成了"意思是满篇了。土喜堂家请的高老师教书,外庄的学生比较多,很多学生能写半篇或者满篇的。很多学生会"送外课",送外课,即学生不整天待在学校,在家里作文,然后将作文交给老师指导,大约有五六个"送外课"。

三是以口头教育为主,很少体罚。除了王守恭打人,其他老师不打人。因为那些老师是外地的,同时教的学生年龄也要大些。

三、官学教育

(一)初级小学

据任城区志记载,1912年,任城区内才开始有初级小学,这所初级小学所在的南陈村与军王村属于邻村。虽然以前只有南陈有洋学堂,但村民对这所官办学校的态度是"不上你的洋学堂"。

（二）公立小学

日本人投降时期，国民党在军王村建立了一个学校——军王小学，学校创办时间不长，有差不多一年。一位姓晋的老师在这里教书，是城里人。晋老师主教小学，用的白话教材。当时学校设置在王世恭的南院，因为他家有闲院子。政府和村民不用给王世恭钱，因为对文化事业村民都支持。有10—20人在这里上学，大部分是读启蒙洋学，都是民国时期的新书。学校的办学经费国家提供，老师的工资也是政府发，军王村不出资，学生读书也不交学费。

四、各村联合办学：学兵学校

在民国以后，七七事变以前的这段时期，当地成立了学兵学校。村民称之为"老百姓的军校"。办学地点位于长沟政府驻地长沟村。

（一）入学资格："中上户子才可以参加"

不是所有人都有资格当学兵，一般是中等偏上家庭才有资格入学。穷人没有入学的，因为穷人子弟需要在家干活，如果去当学兵，家里没有收入来源。

虽然地主家庭的儿子都有资格入学，但也不是所有的地主子弟都去。有的地主愿意"拿东西"，即出粮食或者钱，也不愿意自己的孩子去当学兵。王世良家选择的是让其二叔去当学兵。在年龄上，学兵年龄要求在17岁至25岁之间。

（二）教学内容：下操训练与文化课兼有

学兵以军事训练为主，每天会下操训练。在下操时，学兵需要统一身穿黑制服。除了一般训练外，学兵还会学习使用手枪。每位学兵都需要买一把手枪，手枪是学生自家出钱买。学校会给学兵分发教材，不用学生自己出钱买。每学期会通过考试进行考核。

（三）学费缴纳：各村"敛学费"

学兵的学费不用家里负担，由各庄凑钱来养这些学兵。一是根据村子人口多少。"比如，你这个村子小，100人，就拿100元，你这个村子大一点200人，就拿200元，村子再大一点300人就拿300元。"二是根据村庄纳粮多少。比如有的村庄大，但是地孬，纳税少，交的学费就少；村庄小的，但是地好，纳税多，交的学费也多。

五、规训中的行为关系

（一）家庭经济与规训

1. 穷人少交钱，"荣户儿"多出钱

1949年以前，过得好的农户，村民称之为"荣户"。军王村村民不论穷富，都可以读书。穷人读书时，学费交得少，富人子女读书时学费会多交。例如，村民王世祥在本村教书先生王守恭处读书，因家庭困难，只交大约0.5斗高粱，学费还没有荣户家庭的一半多。

表 5-8 军王村王守恭私塾学校学费情况

序 号	学生姓名	学 费
1	王世成	小于或者等于 1 斗麦子
2	王世良	小于或者等于 1 斗麦子
3	王世善	小于或者等于 1 斗麦子
4	王万英	小于或者等于 1 斗麦子
5	王世祥	0.5 斗高粱
6	王万分	小于或者等于 1 斗麦子
7	王万方	小于或者等于 1 斗麦子
8	王守栋	小于或者等于 1 斗麦子
9	王万廷	小于或者等于 1 斗麦子
10	王守柱	小于或者等于 1 斗麦子
11	王世文	小于或者等于 1 斗麦子
13	王世章	小于或者等于 1 斗麦子
14	王万鹏	小于或者等于 1 斗麦子
15	王可夫	小于或者等于 1 斗麦子

对于富裕家庭来说，学费随所学阶段有所差异。阶段越高，学费越贵。不是根据学生年龄收费，而是根据家庭情况收费。交不起学费的，教书先生不让读书。

1943 年，军王村王世良的父亲托人请来外县的刘景隆老师，在他们家后院儿的牲口屋教书。刘老师日常的一日三餐由王世良家、王万谟家还有王维成三家地主家庭负责。按理说王维成家的两个孩子王守民、王守会只是蒙学阶段，学得浅，学费应该少交，但他是"有么儿"的家庭，学费还是会多出。在私塾教育上，如下表所示，"穷人少出钱，荣户儿多出钱"体现的很明显。

表 5-9 1943—1945 年军王村王世良家私塾学校学费情况

序 号	学生姓名	学费（斗*）	负责先生一日三餐
1	王世良	6	万顺家
2	王世善	6	万顺家
3	王世江	5	
4	王守民	6	维成家
5	王守会	6	维成家

序　号	学生姓名	学费（斗）	负责先生一日三餐
6	王可义	6	万谟家
7	王世成	6	万谟家
8	文贵友	8	

＊斗以麦子计。

2. 孩子上学顺序："头生稀罕，老生娇"

家里多个儿子想上学，不论家庭富裕还是贫穷，一般首先是让长子上学，然后再让小儿子上学，最后是其他儿子。应了村民那句俗语"头生稀罕，老生娇"。分财产的时候，读书的儿子和没读书的儿子没有区别，不会因为某个儿子上学了花的家产多，分家时就会少分。

俺大爷，有四个孩子，先让老大上学，老大上了四五年后，老二老三干活儿。后来老小读书，读了十来年，当了局长。其他三个儿子都出力挣钱。[1]

3. 读书年限受家庭情况限制

读私塾有固定的期限，因家里需要劳动力，孩子读到能干活儿了家长就不让他读了。有条件的家庭大部分以结婚为期限，结婚了就不让孩子继续读书了。还有就是让孩子读到满篇了就不读了。

4. 男女教育不平等

在民国时期，虽然男女都有读书的权利，但是在军王村，男女教育并不平等：

一是村塾不收女学生。如王世良的三老爷家的私塾，属于村民合办，招收了 15 个学生，但无一女生。二是家馆只收少量女学生。王世习家的家馆，虽然招收女生，但只是至亲的女儿在那里读书，例如王世习的表姐和堂姐。三是官办学堂村民不愿意去。南陈村的官办初级小学接收女学生，但如前文所述，村民对南陈村的官办初级小学充满排斥，不愿意让子女去学习。

（二）规训的遵循与反抗

在家庭和学校中接受的规训教育，村民普遍接受，并在接受的过程中逐渐外化为行动中的一部分。在家庭规训教育中，辈分低者要尊重辈分高者，辈分高者不论是否是一个小家庭的人，都可以教育辈分低者。辈分低者不能回家向家长哭诉，若是哭诉

---

1 源于 2016 年 11 月 11 日对军南村王世良老人的访谈。

还会被自己的家长骂。小家庭进行辈分观教育，从而形成宗族内部人与人之间的长幼尊卑的关系，进而形成尊老爱幼的好风尚。

对于传统的家训和学校教育的内容，村民很少反对。军王村没有出现集体反对规训的行为和事件。

（三）规训中的人物交往

1. "请"教书先生

在村民眼中，遇到比较文气的事儿才能称为"请"。请教书先生主要分为请本村的和请外村的。一是本村教书先生，家人上门推荐。本村村民王守恭是教书先生，私塾年限大约5—6年，一般教蒙学。王守恭奶奶，村民称之为"大太太"。1937年，"大太太"对王世良的爷爷说："你的孩子们多，叫俺忠子给你看孩子。"军王村前街的适龄儿童开始在王世良的三老爷的堂屋里学习，由王守恭教学。二是外村教书先生，托熟人请。

2. 学校规训一视同仁

无论是私塾教育还是官方办学教育，教书先生不会因为学生的家长是村长或是富裕之人而特意给其孩子"开小灶"，或是在犯错后额外对待。"老师一视同仁，不问穷有，不会因为交钱多，就认真教，交钱少不认真。对村长家的孩子也不会开小灶。"对此王世良表示。

3. 老师之间的来往

一是与关系好的来往。刘景隆老师教书教得好，画画也不错，山水、人物、虫鸟都在行。村民从13里外的河西高庄请的高进恩也是学识渊博。刘景隆老师在军王村教书3年，高进恩老师在军王村教书4年。在此期间，刘老师跟高进恩两人关系很好，两人还会互相出题，让对方作诗。

二是与游学的陌生文人交往。有文化的文人，专门向村子里的学屋要饭，哪个学屋出名就去哪个地方。王世良老人就曾见过游学的来讨教，当游学的来到私塾后，先拜孔子，穿着比较干净，一进门就说，"同学们上着课呢，我给老夫子拜拜"。私塾先生一看就知道是游学的，马上招呼他前去上座，教书的位置也让给游学的坐。然后私塾先生开始和游学的讨论，谈古论今，全说些文气话。中午游学的跟着私塾先生吃饭，与私塾先生一样的好待遇，游学的人临走时，私塾的家长还得给他凑点钱，相当于现在20—30元。

4. 私塾先生教书不受村长管束

私塾教育因是私人办学，与政府没有上下级的直接关联，也不用政府出资，所以一般不与政府发生联系。例如，村塾一般是家中有适龄学生的家长相邀在一起，从外村请教书先生来本村教书，不用跟村长打报告。本村教书先生王守恭教书办学，也不用经过村长的同意。

5. 师生之间往来

（1）过年来往。一是过年请客要请教书先生。如前文所述，当地有过年请客的习俗。如果村里有教书先生的话，每次请客都得邀请教书先生。二是过年拜年。对于外村的老师，学生逢年不给老师拜年，也不给老师带礼物。外村的老师过年都回家，过了正月十五才回到军王村，正月十六开学。对于本村的老师，学生会拜年，因为本村有团拜的习俗，但是不会单独给老师磕头。有的学生会因为害怕本村的王守恭老师，而不去给老师拜年。

（2）人情来往。学生结婚时，本村的老师会根据亲疏关系决定是否参加婚礼。村民会请外村教过自己的先生喝喜酒。入席时，教书先生跟年长者坐一桌。

（3）日常来往。所有的老师家里都有地，但老师本人不种地。本村的教书先生会在自己家吃饭。外村的教书先生在教学地点所在地农户家居住，并由"荣户儿"轮流提供饭食。对于外庄来的老师，学生很"重器"，学生见到老师后，会和老师打招呼。

6. 村民与老师往来

在婚配方面，村民家中有子女需要婚配时，会请老师写庚帖；在疾病方面，村民遇到疟疾时，首先是请教书先生"打鬼"；有堂号的家庭，其堂号也请教书的先生取。

第七节　娱乐与娱乐关系

在长期的生产及生活中，军王村村民形成了丰富多样的娱乐活动。对于勤劳的军王村村民来说，娱乐活动一般在农闲的时候开展。本节重点从打牌、喝酒、拉呱儿、看戏四个方面，考察传统时期军王村的文娱活动及其在文娱活动中体现的关系。

一、打牌及其关系

打牌在当地被称为"合局"。打牌的种类有搁宝、推牌九、打麻将、斗牌等。

（一）打牌时间

军王村村民大多是在正月打牌，集中在正月初一到十五这段时间。大年初一上午拜完年，村民们就开始去斗牌。关系好的晚上会在一起喝酒。平时村民很少打牌，都忙着农活儿，不过在冬天，老头子们会斗牌，一直斗到晚上七八点。

（二）打牌的地点

1."绝户头儿"举办"合局"

军王村有6家牌场，分别是王继书家、王守业家、王继符家、王守昌家、王明斌家、王腾云家。军王村办"合局"的农户，大部分没有后人，是绝户头儿，家中也很贫穷。卖牌的人一般是瞎子。除了在牌场打牌，村民家庭内部不打牌，家里也没有牌，因为在村民眼中打牌不是好事儿。

2.**按类别和就近原则选择地点**

首先，村民按照打牌的类别圈定可选牌场范围。村民们过年斗牌一般是选择王继书、王守业、王继符、王守昌家；玩搁宝一般是去王明斌家或者王腾云家，因为只有这两家才有搁宝。其次，村民根据就近原则选择具体去哪家牌场。过年期间，王继书、王守业、王继符、王守昌家四家牌场都营业。

3.**女的在院子里，男的在屋里**

王守业家没有墙头儿，是个老牌场。一到过年的时候妇女都去他那里，在当院儿斗牌，一围十来个，一般不熬夜斗牌。男的在他那儿打牌，都在屋子里，一般六七个人。

（三）打牌的人

1.打牌人数

大持和、麻将是四个人打；推牌九也是四个人，一个人推，三个人押；搁宝，有5—10人不等；斗八和儿全是老妈子，人数不受限制，5个人行，10个人也行；斗持和得4个人，中老年人参加，比较费脑子，一般人斗不了。

2.打牌资格

一是男女皆可打牌。过年时，家里的大人都可以去斗牌，10岁以上的孩子也可以去斗牌。母亲打牌，女儿可以替她打，但媳妇不能替婆婆打牌。

二是过年大多数人打牌，平时老头子打牌。1949年以前，从大年初一直到正月十五，家庭中除了中年以下妇女不斗牌，其他人都会出去打牌，这时走在村子里会经常遇见打牌的人。而平时一般是60多岁的老头子打牌，年轻人不打。老头子们没有事儿做，有空就去打牌，白天打牌少，夜晚打牌多。年轻人要是平时喝酒、吸烟、打牌，会被笑话，被认为是败坏名声的事情，不好娶媳妇。

（四）打牌的规则

1.打牌邀约："喊三次，得去一次"

邀约打牌时，也有被叫去打牌但是不想去的，不过"喊三次，得去一次"。如果不去，不显好。

2. 男的与男的打，女的与女的打

旧时打牌规矩，一般是男的跟男的打牌，女的跟女的打牌。只有个别老妇女才跟男的一起斗牌。"俺庄只有王守恭的奶奶会与男的一起斗牌，她已经80多岁了，岁数大、辈分长，村民称之为'大太太'。"

3. 打牌不聚餐

牌场不免费管饭，村民打牌都是回自己家吃饭，因为开办牌场的家庭也穷，招待不了。如果搁宝的人饿了，还想继续打牌，牌场会有老板卖油条、烧饼和馓子，谁买谁拿钱。因此村中流传一句俗语"省个赌博鬼，烧饼果子喂了嘴"。牌场也提供茶水，打牌的人喝茶水不花钱，围观打牌的人喝茶也不花钱。

4. 赢家给"打头"

所谓"打头"，即打牌的人给合局的这户人家的牌钱。谁合局给谁，谁出钱买的牌给谁。合局的人一般是家庭条件最差的，合局不是光荣的事儿。规则是每局的赢家要从所赢的钱里拿出十分之一来给"打头"。给"打头"钱，不分男女，女的赢钱也要给"打头"；也不分贫富，穷人赢钱也需要付"打头"。

（五）"看透相"的惯行

围观打牌的人被称为"看透相"。"看透相"也有规矩。

一是"看透相"可以随便看，不能吱声评论。因为"看透相"的一吱声评论打牌，容易泄露打牌人的牌局信息，产生矛盾。冬天不斗牌的人也喜欢去牌场，因为屋里暖和，一般是男的去。赌博的有座位，"看透相"没有座位，一站就是半夜。

二是男女皆可为"看透相"。当斗牌的人是男的时，那么"看透相"的全是男的，当斗牌的是女的时，"看透相"的全是女的。

三是"看透相"有外村人，也有地主。过年的时候，没有外村来"看透相"的，平时会有外村"看透相"。地主会和穷人一起斗牌，有时也"看透相"。

（六）搁宝中的贫富关系

搁宝是打牌中的一种。平时没有村民玩搁宝的，只有正月初一到十五这段时间才有。过年斗牌，输赢小，而搁宝输赢比较大，大约200—300斤小麦。搁宝的1人，宝官1人，传宝的1人，其余人称为下宝的。

1. 搁宝的人得是中农户以上

搁宝的一般是中农户以上的人，穷的人搁不起，而且穷人搁宝也没有谁愿意押，大家都知道穷人没钱。

2. 搁宝和宝官的分成

"看堆的"又称"宝官"，由脑子灵活的聪明人担任。王学勤，是搁宝的"宝官"，他很聪明，记忆力好，负责临时记录谁输谁赢打码子。搁宝结束后，"宝官"与搁宝的人分成。搁宝的人如果赢了100块，"宝官"分10块钱。

（七）打牌纠纷

村民打牌输钱多的时候，心里会不舒服，但不恨别人，只认为是自己的运气不好。老头子打牌一般没有纠纷。过年的时候，年轻人打牌偶尔会出现矛盾。比如，牌掉在地上了，如果赢了，没有事情；如果输了，输的人就拿这个掉的牌当借口说事儿。如果牌场出现打架情况，斗牌的人和看牌的人会把打架的两人拉开。

（八）与牌友关系

平时老人们打牌的牌友基本上是固定的。过年斗牌，穷人也会跟富人打牌。在日常生活中，牌友之间算是熟人关系。牌友不算朋友，交情不深。

当遇到牌品不错，为人也不错的牌友时，村民会称之为"老博友"。"老博友，后店子有个老头子，斗牌很厚道，输赢很公道。"

二、喝酒及其关系

（一）喝酒的人

一般是闲着没事的、上点岁数的人去村里的酒馆喝酒，没有年轻人去村里酒馆喝酒的。

喝酒的人家庭条件中等偏下。村里喜欢喝酒的人主要有王继之、王相坤、王万寅、王万玉、王会堂、王万福、王善堂、王守业。从经济条件来看，爱喝酒的人没有一位是地主家庭出身，以中农家庭为主；从职业来看，以种地为主。村里最爱喝酒，经常去酒馆儿的是王万寅，是个中农，以看坡为职业。他喝酒一般是喝闲酒，每次喝酒不多，但一喝就醉。

表 5‒10　1949 年以前军王村爱喝酒的人统计

姓　　名	家庭经济条件	土地（亩）	职　　业	是否识字
王继之	中农		种地	否
王相坤	中农	35	种地	识字不多
王万寅	中农	30	看坡	否
王万玉	中农		看坡	否
王会堂				否
王万福	中农	60	种地	识字不多
王善堂	贫农	10	种地	否
王守业	贫农	3	种地	

酒馆儿卖零酒，每家酒馆儿只有一张桌子。有的农户买酒回去喝；有的农户在酒馆儿喝完一两酒就走了。有时，老板把酒递给买酒的人后，还没有把打酒工具放好，他已经一口把酒喝完了，然后给钱就走了。也有在酒馆儿聊天的，都是些上岁数的、去买东西的村民。

（二）酒馆的选择

村民们喝酒一般选择老板威望高、离村中心位置近的酒馆。1949 年以前，村子里有两家小酒馆。一个是离村子中心地大约 200 米的王桐顺家的酒馆，另一个酒馆离村子中心位置大约 100 米，酒馆老板是王继符。两家酒馆相比，王继符家的酒馆生意更好。王继符在村子的威望比较高，村民对他的评价是"在庄上也是人物，出头露面也问街上的事儿，谁家闹乱子啦，他辈分长点，他说说就完了"。王继符在村子里的威望也使酒馆变为人场，此外他家的酒馆还举行"合局"，经常有人打牌，推牌九。

（三）对脾气的一起喝酒

据村民回忆，1949 年以前，村落爱喝酒的人，隔三差五地便会聚在一起喝酒。其中关系好、对脾气的经常一起喝酒。在座次上，村里酒馆儿座次没有什么讲究，村长和其他人一起时，村民也不会让村长坐上位。外村人进酒馆，可以和本村的人坐一桌。

（四）酒钱

酒馆喝酒的杯子，有点像茶杯，最多装 2 两酒。一个纸钱能买 2 两酒。按照当时的物价推算，1 个现洋大约能买 15 斤麦子，1 个现洋大约能买 3 斤酒，1 个铜板换 4 两酒，1 斤酒大约需要 5 斤麦子。酒馆儿不需要交税，也不交地方保护费。如果村长去喝酒，老板也不会给优惠。因为老板进酒的成本较高，卖价低，一旦优惠，老板就没有利润了。

（五）付酒钱

村民在酒馆争着给酒钱的情况比较少，两个人比较对脾气的人，喝酒的时候碰到一块儿了才会争着给酒钱。例如，农户 A 和农户 B 关系好，这次农户 A 给了酒钱，当两人再次遇见时，农户 B 就会抢着给酒钱。如果农户 B 超过三次不给酒钱，总是让农户 A 出酒钱，会被认为是"骗酒"，是毁坏名誉的事情。在村里碰着三个人一起喝酒的情况比较少，并且人多就给不起酒钱了。军王村没有村民争着给村长开酒钱的习惯。

（六）赊账

酒馆可以赊账，外村的人也可以赊账，不过外村人须跟老板是认识的。酒馆老板会主动要账，一般是直接去欠账农户家中要账，"某年某月你赊的酒钱"，因为有时别人也会忘记。老板去要的时候他就无法拒绝了。也有赖账的、有赊酒的情况。王继符跟人见着赊账的人，就用膀子拐一下赊账的人，"给酒钱吗？""慌什么？还没有呢。"赊账的人回答。

（七）纠纷调解

酒馆发生纠纷的情况比较少。老板与客人一般不会发生纠纷。客人之间发生的纠纷也比较少。酒馆儿发生纠纷，一般的酒馆儿主家都能够调解下来。如果客人打的比较凶，老板调解不下来的，就找邻近比较有威望、上年纪的人去调解。

三、"拉呱儿"及其关系

（一）"拉呱儿"地点

1. 自然形成的公共场所：庙坑崖

在冬天，村民有晒暖的习惯。庙坑崖上坐了人以后，还有空地可以走。村民都喜欢在庙坑崖晒暖儿，拉呱儿。

2. 人为设置的公共场所：牌场、茶馆、酒馆

1949年以前牌场、茶馆、酒馆等也是汇集人流的公共场所。有人就能"拉呱儿"，在牌场里，主要是"看透相"的"拉呱儿"。

（二）与知根知底的熟人"拉呱儿"

村民的聊天对象主要为亲戚、朋友和邻居。在村内的庙坑崖聊天"拉呱儿"，主要是相熟的本庄人。在酒馆、茶馆、牌场聊天也多数是熟人。

（三）"拉呱儿"的内容

1. 打牌中聊天："莫谈国事"

打牌的人一般情况下专注打牌，没时间聊天。"看透相"的会在旁边聊天，聊天不谈国事，一般谈论家务事，如谁家来了亲戚朋友、谁家的庄稼收成好等。也不敢谈土匪，担心惹祸，说国民党或者汉奸队不好，就会被抓，最轻的也会被打一顿。

2. 喝酒聊天：家长里短

酒馆里有小凳子，于是喝酒的人搁那里一坐，就开始唠嗑了。一般会聊家长里短。

四、看戏及其关系

（一）唱渔鼓

1. 唱渔鼓者

1949年以前唱渔鼓的人一般为男性，1949年后有女性。唱渔鼓的人必须得识字

儿，有口才，家庭条件一般在中农以上，这样才有钱读书。富人也有唱渔鼓的，一般是因为兴趣而唱渔鼓。唱渔鼓者不用交税，唱渔鼓者家里也有地种，闲时唱渔鼓，忙时在家种地。

唱渔鼓的能力可以通过两个途径获得：一是自己看书说，这种途径对自身的能力要求高，要资质聪明的人才可以看一段说一段；二是拜师学艺，一般拜师学的比较多。因为在1949年以前，无论从事什么行业都需要拜师。不拜师，会有"盘道"的，不让没有拜师的人唱渔鼓。拜师时，要请同行的人和学徒的父母在场，不用请学徒的亲戚，师叔、师大爷、师兄等也会在场，拜师后，大家互相会有照应。

2. 唱渔鼓类型

唱渔鼓的主要分为两类，一是在集市上表演，二是下乡进村表演。1949年以前，军王村村民没有从事唱渔鼓的，但邻近的南薛村有。南薛村距离军王村10里，其村民薛文照就是唱渔鼓的。

集市上有唱渔鼓人，他们也会到村里来唱渔鼓。集市上的唱渔鼓人一般是在羊市西边的空地上。收钱方式是听众自愿给钱。在集市上说评书，说一段儿，敛一段儿的钱。每一段有一个总金额，收齐后，就说下一段。

3. 村里唱渔鼓的规矩

唱渔鼓人一般是农闲的时候进村，即从前一年的十一月到第二年的四月，一般是一个人下村唱渔鼓。首先要在庄上唱一两段，然后再说一段客气话。说得好的，最多会来两次，说不好没有村民听，也就不会再来村里。

唱渔鼓表演地点因季节有所不同。冬天唱渔鼓者下村，一般是村子里哪里暖和便去哪里表演。夏天则是哪里凉快去哪里表演。

4. 唱渔鼓者进村：不找村长，找派官

唱渔鼓人进村，不用跟保长报告，只找派官。所谓"派官"，即给唱渔鼓人敛粮食的人，一般由1—3人组成。由唱渔鼓者去找村里好问闲事儿的人担任。唱渔鼓者不会给派官钱，也不会请派官吃饭。派官拎着口袋去帮唱渔鼓人敛粮食，派官说："交点儿粮食吧？"然后村民就用升斗随便一舀，舀三下也可以，舀两下也可以。能拿得出粮食的村户就必须给，因为派官都是本庄的爷们儿，不给的话，就会说难听话。

下村唱渔鼓的人吃饭，都由派官安排，一般安排在有吃有喝的人家，即中农户以上的农户家中。

5. 唱渔鼓者与村民关系

下村唱渔鼓人如果说得不好，村民们不用给钱，村民会推辞说："俺忙，不得闲，你挪庄吧。"说得不好，也没有谁听，唱渔鼓人就会走。对于唱渔鼓的内容，村民不能自己点，都由表演者决定。

6. 唱渔鼓者之间的竞争与合作

两个唱渔鼓的人甲、乙，同时去了一个集市，如果甲有师傅，乙没有师傅，那么没有师傅的这个人没有资格唱渔鼓。如果两个人同时都有师傅，都是经过拜师学艺的，那他们都有资格唱渔鼓。是分开竞争还是合作共赢，就得看集市上人的多少。如果赶集的人少，两位唱渔鼓人就会合作，最后平均分钱；如果赶集的人多，就分成两个场。遇上赶古会人多，一般会分成两堆。如果是外边来的唱渔鼓人，得先去跟当地的唱渔鼓人叙上，拉些行里的话儿。

（二）卖艺的

1. 卖艺的内部关系

（1）卖艺者。表演硬功、耍花枪的卖艺人一般是3—5个人。有的是熟悉朋友之间的搭伙，有的是一家人卖艺的，混口饭吃。一般是外边来的，周围村子没有卖艺的。卖艺人在农闲时表演，因为农忙时节，没人去看表演。

（2）卖艺的住宿。天冷的时候在比较暖和的小店住宿，小店一般有4—6间小屋。按照现在的价格来算的话，如果用店家的被子就10块，不用的话就5块，一般卖艺人会自己带被子。店家管饭，下店吃饭被称为"起火"，"客，你怎么起火啊？"大多数卖艺人都选择吃面条。

（3）卖艺人的社会地位。村民认为卖艺人比要饭的强点儿，凭借技艺吃饭，练好了大家给钱，练不好不用给钱。卖艺人开场会说"各位师兄弟老师，我练得不好，来到贵地，给我一分我不嫌少，给我10块不嫌多"。旧社会兴铜钱，村民就哗哗地往里甩，然后卖艺人自己捡。

2. 卖艺的外部关系

（1）卖艺人的管理。在小集上，卖艺人表演不用向官府报告，遇到有人盘问得说两句，说明在此表演的原因。过去集上也有头儿，在古会上表演得先去给会头儿报道。卖艺人有时也会遇到驱赶，称为"踢场子"，坐地户找事儿比较多，一般是恶霸和二流子，想讹人，不让人敛钱。

（2）卖艺人拜师。卖艺人在拜师之前，有一个考察期，师傅主要考察：第一品行是否好；第二看骨头是否好，体格是否好；第三看是否有病。拜师时，需要烧香磕头，学徒负责请客吃饭，老师负责请同行的人。要花枪的学徒，花枪一般情况下都是师傅送的，花枪不值钱，也有自己买的。学徒有学 3—5 年就出师的，有学 10 年的，也有一辈子跟着师傅的。也有学会了以后，在外面遇见困难了，二次学艺、三次学艺的。

除了卖杂耍卖艺的，还有来村子里表演玩提线的人，村民们称之为"走猴拉头儿的"。一般是过了年来到村子，只有表演者一个人，带上一个空架子和三种乐器，搭一个小戏台作表演的场地。比如演孙悟空三打白骨精，有带唱的，还需要敲锣打鼓，全都是一个人完成。此外，村民除了在村里听唱戏，还会通过赶会去外村听戏。

第八节　军王村文化变迁

在经历了土地改革、集体化、改革开放等几个不同阶段后，军王村的村落文化也受到了冲击。随着时代发展，产生了新的村落文化。

一、1949 年以前的文化形态

1949 年以前，军王村的文化形态主要表现出以下几个特点：习俗丰富多样、家族观念强、在文化教育方面尚武及注重教育的实际效用。

第一，习俗丰富多样。军王村不仅有娱乐、节庆方面的文化习俗，而且还有丰富的生产文化习俗。生产方面的文化习俗多与信仰有关，表达了村民对美好生活的期许。如村民每年在麦王奶奶生日时祭祀，期待当年麦子等粮食能丰收。又比如，天旱少雨时有举行祭祀来求雨的习俗。

第二，家族观念强。在传统时期，军王村以王姓为主，村民家族观念强。过年时集体祭祀祖先，全庄进行团体拜年。家族也提供部分救济，家庙可供无房穷人住，庙地也提供给家族中的穷人种。家族内部生产互助文化比较浓烈，本家"一窝子"的亲戚有义务帮无劳动力的家族亲戚种地。

第三，在文化教育方面尚武、注重教育的实际效用。作为军屯，军王村村民有习武的传统。在传统时期，有大刀队的师傅教授村中青年男子习武，不仅强身健体也能保卫村庄；在民国时期，当地也有兴办新式军事——学兵学校，该学校除了军事训练外，还传授文化课知识，受当时经济条件限制，只有家庭条件比较好的农户子弟才有可能去接受训练；在传统私塾教育中，村民读书的目的不在于金榜题名，而主要是进城不迷路，算账不被人欺骗等。

二、1949 年以后的文化形态

（一）祖先崇拜与信仰变迁

1949 年以前，军王村村民家族观念比较强。祖先祭祀不仅有集体的祭拜活动，还有以家户为单位的祭拜活动。同时村民信仰也比较丰富，虽然没有寺庙，但不同范围内形成了不同的信仰圈层。

土地改革运动时期，上谱、修谱、修祠堂、修祖屋等活动不再开展，庙地通过土地改革运动进行了重新分配。20世纪 70 年代开始平坟头，推行火葬，王氏家祠在"文革"中受到严重破坏。家中堂屋的祖先牌位、家神、灶王爷不再供奉，庙会活动也受到影响。

（二）生育观念的变迁

在传统时期，军王村村民倾向于多生，而且倾向于多生儿子。集体化时期，只要出工，无论男女，都可以挣工分。虽按劳动力计算工分，也存在差别计算工分的情况，所以此时重男轻女的生育思想还未完全转变过来。20 世纪 80 年代后，推行严厉的计划生育，但没有生育儿子的家庭仍然会感觉不圆满。

（三）教育观念的变迁

图 5-3 平坟头后被随意搁置在角落里的王氏先祖墓碑
资料来源：笔者调研时拍摄。

1949 年以前，军王村八成以上的男性接受过私塾教育。通过私塾启蒙教育，基本实现了认字和计算的教育目的。有的条件好的家庭比较重视教育，会送家中男孩去城里上学，如王世习老人当年在济宁市的北关第一模范小学上学。在传统时期，只有财主家的女儿才有机会接受私塾教育；其他普通人家的女儿只有学针线缝补，做饭打水等方面的技能。1949 年以后，政府提倡男女平等。不过在中华人民共和国成立初期，仍然更重视男性的教育。改革开放以后，随着义务教育的推行，男女教育趋向平等。

20 世纪 50 年代，军王村成立了军王小学。1964 年推行"两种教育制度"，提倡办简易小学。1964 年 8 月，简易小学被改名为工（耕）读小学，办学形式多样，有整日班、半日班、早班、午班、晚班，适宜多子女的家庭的儿童上学。1967年工读小学停办，学生全部转入全日制小学就读。1968年年底，小学下放到生产大队来办，由贫下中农管理学校。此外，集体化时期的扫盲班教育，拓展了农民受教育的渠道。20世纪90年代后军王小学撤销，村中学生都去南张上小学。

（四）村落习俗的变迁（婚丧习俗）

1949年前婚姻是父母包办的，中华人民共和国成立后提倡自由恋爱，不过部分青年结婚仍需要媒人介绍。婚姻程序删繁就简，取消换庚帖等繁琐环节，保留订婚仪式。订婚过后，逢年过节，双方相互看望。在嫁妆彩礼、宴席方面，规格明显提高。中华人民共和国成立初期嫁妆以桌、柜、橱、盆架等为主；20世纪50年代后，逐渐以马车、拖拉机和汽车代替了传统时期的花轿，用扩音喇叭代替传统时期的唢呐；到了20世纪70年代，富裕家庭的村民开始送自行车、收音机、手表等；20世纪80年代后，逐渐有农户陪送冰箱、彩电、洗衣机、组合家具。特殊婚姻形式——童养媳，在中华人民共和国成立后取消。1949年后，提倡再婚，中年妇女改嫁比较普遍。

1949年后，政府提倡丧事简办，一般情况下，老人去世，买口棺材举行简单仪式埋葬。20世纪60年代坟头逐渐被铲平；20世纪70年代，全面推行火化，以骨灰盒代替了传统的棺材，开始流行花圈和举行追悼会，繁琐的丧葬仪式有所减少；20世纪80年代开始，以生产队为单位成立红白理事会，生产队长代替传统时期操办红白喜事的大执宾，统筹管理村庄内部婚丧事宜；2000年后，开始以村委会为单位成立村一级的红白理事会，并进行制度化建设，详细规定了红白理事会的功能职责。

（五）思维与态度的变迁

合作化时期，生产合作比较多。人民公社时期，保留有自留地，村民先干了集体的，晚上回来了才去自家的自留地里干活。1949年以后，生产经验的获得，除了通过父辈口口相传等传统形式，还通过政府组织培训等方式，这大大增强农民的务农能力；在生活经验上更多地依赖科学技术，如气象上更多地根据天气预报；时间观念也有所增强。1949年以后，经验权威受到冲击，村委干部能者优先，村干部越有能力在村民心中越有威信。改革开放后，村民思想观念更加开放，外出务工、经商的人逐渐增多，村民始终坚守勤劳致富的观念。

第九节　军王村文化实态

进入新世纪，随着社会的发展，生产生活水平的提升，虽然村内传统文化形态受到一定冲击，但优秀的传统文化仍有所传承。

一、祖先崇拜与宗教信仰

祖先祭拜。当下的军南村、军北村没有一座祠堂；在农户家中北屋没有供奉祖先牌位及家神；在厨房也没有供奉灶神；但在十月一鬼节这天，村民仍然保留去坟地上坟的习俗。外嫁的闺女若是其父母有去世的，清明节和十月一都需赶回娘家上坟烧纸。过年当天，吃完午饭，属于"一窝子"的男性族人一起去上陵。上陵时，会带着鞭、香、烟、酒，如村中王军海家过年上陵时，便是和自己"一窝子"的 4 家农户一起前去。

修家谱。1988 年，在王万恩的组织下，村内开始续修《王氏家谱》，当时成立了续谱委员会，有王万恩、王万江、王万合、王万法、王世峰、王世生、王可年、王可俭等人参加。20 世纪 80 年代以前，村中的王姓村民均按照字辈取名；而现在，新出生的孩子逐渐改变了按字辈取名的习惯。

宗教信仰。1949 年以前，村内只有 1 位村民信仰基督教，当下就没有了。村内也没有新建庙宇，距离村庄 8 里的凤凰台进行了翻新和修建，现已成为当地的风景名胜及香火圣地。每年农历三月或者八月，天气暖和，凤凰台都会举办庙会，一般举办 7 天或 18 天，由负责管庙会的人组织。村内上岁数的人，一般是 60 岁以上的老年人，喜欢逛庙会。有的中老年人认为庙会的商品不好，也不去参加。年轻人就不喜欢去了。现在赶庙会跟赶集差不多，吃、穿、用、玩的商品都有，摆摊的村民要缴纳摊位费给凤凰台的负责人。村庄内上年纪的老妇人，大约有十几人会去烧香。每月初一、十五在自家的北屋烧香，北屋供着菩萨、财神爷或者关二爷。有的会摆供品，主要是苹果、香蕉等果子。

二、生育观念

村内设有计生服务站，2016 年军南村出生人口为 9 人，其中男性 5 人，女性 4 人。传统多生的生育观念正在改变，村民不再相信生育"五男两女"最好，一般倾向于生育两个孩子，一男一女最好。"重男轻女"的思想也没有以前那么重，只有儿子的家庭有时还会羡慕有女儿的家庭。在教育方面，也不再像以前那样只有男孩才能读书，女孩过早辍学在家，如今不论男女，都平等接受教育。

在生育仪式方面，吃喜面时，会请双方的近门子亲戚朋友，及村内和厚的人参加；报喜方式上，随着现代交通及通讯的发达，已经不像传统那样要步行去报喜，而是直接电话传递喜讯；办喜宴不是在自家办，一般是去村内的军南饭店或者南张街道的饭店举办。

图 5-4 作者参加的军南村王世良老人
曾孙的喜宴
资料来源：笔者调研时拍摄。

三、文化娱乐

一是集体娱乐场所较多。军南村、军北村内部均没有经营性的娱乐网点，如网吧、录像厅、桌球室、农家乐、茶馆、棋牌室、歌舞厅等，但村庄修建有文化广场，有健身运动区，还有篮球场等集体娱乐场所。村民打牌都在农户家进行，老年人玩老人牌，年轻人喜欢打麻将。农闲时玩牌、打麻将也成为一项集体的娱乐活动；不喜欢玩牌的人，则在自家看电视或者在当街聊天。

二是广场舞成为新型娱乐方式。除了拉呱儿、串门子外，每晚跳广场舞成为村中妇女主要的娱乐方式。参与跳广场舞的妇女年龄不限，有 60 多岁的老人，也有 20 多岁的姑娘。村庄内建有文化广场，此地成为妇女跳广场舞的最佳场所。跳广场舞的音响设备由村民自己提供。广场舞舞蹈队有一个队长，每晚"喝完汤"[1]，队长便带着设备来到村庄的文化广场，其他妇女随后到达，一般跳到九点便各自回家。

三是过年时村集体组织春节晚会。笔者调研期间跳广场舞的妇女已经在筹备村里的春节晚会节目。

四是不定期的文化下乡活动。南张街道会不定期组织文化下乡活动，如 2016 年 11 月 5 号，千戏进农村之任城区文化惠民文艺演出在军南村顺利举行。戏曲是老人们最喜欢的节目，军南村、军北村的老人都前来观看戏曲表演。2016 年举办有"千场进农村"文化惠民活动。2016 年 11 月 14 日，南张街道以"文化惠民，和谐南张"为主题，邀请济宁演艺集团、济宁市杂技团的演员们为村民送来了精彩的文艺演出。除了文艺

图 5-5 晚饭后军南村练习跳
广场舞的妇女
资料来源：笔者调研时拍摄。

---

1 当地方言，指吃完晚饭。

演出，当地政府还会组织送电影下乡活动，这都在极大程度上丰富了村民的精神生活。

图5-6　军南村村民观看戏曲（一）　　图5-7　军南村村民观看戏曲（二）

图5-8　军南村村民观看杂技表演文艺演出

资料来源：图5-6、图5-7、图5-8均为笔者调研时拍摄。

四、教育

在军南村、军北村内部都没有修建幼儿园及小学。村庄周围学校比较多，如南张就有3个幼儿园，学费分别为7 000元/年、6 800元/年、6 600元/年；前王村有1个幼儿园，收费是6 000元/年。根据军南村村委会、军北村村委会提供的数据，2016年，军南村有幼儿园学生人数15人，小学生人数36人，初中生人数21人，在读高中生（包括中专、中职在内）10人，在读大学生人数（包括中专、研究生在内）2人。2016年，军北村有幼儿园学生人数18人，小学生人数40人，初中生人数19人，在读高中生（包括中专、中职在内）8人，在读大学生3人。

表5-11　当下军南村、军北村教育情况

项　　目	军南村	军北村	合　计
幼儿园学生人数	15	18	33
小学生人数	36	40	76
初中生人数	21	19	40
在读高中生，包括中专、中职在内人数	10	8	18
在读大学生人数	2	3	5

在教育观念上，村民非常支持子女多读书。为了给子女创造更好的读书环境和读书条件，有条件的村民会将自己的子女送去市里或者周边其他县市更好的学校就读。村民认为孩子读书将来才有出息，对知识分子也比较尊重，有的村民还会另外花钱给孩子报辅导班、才艺班。

五、文化习俗

随着人们生活条件的改善，文化习俗方面既有传承也有变化。主要体现在两方面，一是过节，二是婚丧习俗。

在过节方面，村内主要的节日有春节、清明节、中秋节、十月一。村民最重视的还是春节。春节是一家团圆的日子，至今还保留贴春联、吃团圆饭、给老祖先拜年以及正月走家拜年的习俗。除夕夜当天，村民不再"团拜"，而是观看中央电视台的春节联欢晚会。走亲戚还是会带酒，1949年以前带2瓶或者4瓶酒。现在生活条件好了，走亲戚都是整箱送酒。其他节日，村民一般做一桌丰盛的饭菜，家人都齐聚在一起庆祝。

在婚嫁方面，提倡"喜事新办"，其基本流程与传统时期相比，简化许多，只保留订婚和结婚仪式。结婚仪式时间为1天，一般选择在饭店举办，上午迎娶、中午举行典礼就餐。在礼金上，姥娘家、舅、姑娘、姨、爹的老朋友都属于一等，礼金给的多；远一层的亲戚、街坊属于二等，略微少一点。旧社会，不管喜事白事都在本家白吃，不送礼金。王世良老人说："从前这些亲戚都是全来。现在人不得闲只拿钱。旧社会钱稀罕，人不稀罕；现在人稀罕，钱不稀罕。"

在丧葬习俗中，虽还保留很多传统习惯，但现在都提倡"丧事简办"。如大执宾主持丧葬仪式；本庄帮忙的不用随礼，主家管吃管喝，只能帮忙的去吃喝，其家里人不能去；如有拐着弯的亲戚关系，要随礼。大部分客为去世老人的家中的亲朋好友。穿戴方面，在发丧之前，长子戴的帽子两边会垂着两片白布。发丧时，长子头戴白色疙瘩的帽子。孝帽也有区别：一是颜色；二是造型。本家的和老人家的亲戚戴的帽子不一样，老人家亲戚会带着两个尖儿的孝帽。随着移风易俗的推进，从2017年10月1日开始，军南村开始正式实施丧事简办。

图5-9 军北村某农户家丧葬仪式中的送葬队伍
资料来源：笔者调研时拍摄。

第六章　村落治理形态与实态

第一节　政权治理与治理关系

在传统时期，国家政权对军王村治理直接干预不多。村庄内部治理体系经历了三个阶段的发展。从清代的首事制度到民国时期的村长（庄长）制，再到临近解放时期的保甲制。历史上曾为军屯的军王村，在纳税上享受普通村庄没有的政策优惠。在国家对村庄资源汲取的过程中，也经历了从缓和到过度汲取的发展阶段。综上，军王村的基层政权治理内容丰富，治理方式多样。

一、基层政权治理概况

（一）首事制度

据济宁县志记载，在清代，济宁直隶州各乡（地方）设总首事，村有首事，负责调解民事纠纷、督导田赋、差役、申报灾情、案件等事宜。

（二）村长制

民国时期，各区、乡（镇）、村（保）长兼理民政。1937年以前，军王村称管理村庄的人为"问公益"，后来称为"村长（保长）"。

（三）保长制

1947年国民党济宁县政府增设民政指导员，指导乡（镇）、村（保）办理户籍、工役、赈灾、选举及调解民事纠纷等。由于推行保甲制比较晚，军王村村民心中对保甲制印象不深，保长相当于原来的村长，而村民对甲长概念模糊，有的村民甚至已不记得村里是否有甲长。1949年以前，军王村没有村公所，也没有警察。

二、基层政权治理主体

（一）"地方"

村民认为"地方"是为县里跑腿儿的，"地方"的职能，主要负责信息的上传下达，催纳粮，以及带领上级官员查看灾情。有了"地方"这一职位，村长不用去县城开会，上级的通知都是通过名为"地方"的官员下来传达。此外，"地方"还负责督导田赋、差役，地方催粮在清末被称为"出签"。

（二）村长（保长）

1. 村长资格：举公道人与"闲人"

村长资格一是举公道人，二是举"闲人"。老人说："所谓'闲人'就是家里可以不用他干活，他可以有时间出去跑。"当时村长都没有工资，也不是村里有权势的人，可以从几届村长的简介中略知一二。

王万忠，家里土地大约55亩，以务农为生。家庭成员多且没有做买卖的，不是村里的大户。他为人老实，是个闲人，大约在1946年至1948年担任军王村保长。

王印彬，家庭土地大约30亩，以务农为生。不识字，村民评价其为人相当老实，没有口才，做事很公道，是推举产生的村长。他的老母亲相当有本事，在村里有一定的威望，谁家打架斗殴她能解决问题。王印彬的儿子王守恭，读过8年的私塾，是王世习的启蒙老师，在王印彬年龄大了后，就接替他当村长了。

王瑞堂，为王世良的爷爷。王瑞堂家当时大约有100亩土地，家中也无做买卖的，王瑞堂本人不识字，在村里属于"荣户"。在日军侵华之前担任了大约7年时间的村长。抗战时期，因病逝世，后村民举荐其儿子王万顺担任村长。王万顺当了大约3年的村长，不愿再担任，后由王守堂接替。

王守堂家土地亩数少，大约10亩，在村中属于少地农民，也不识字，担任村长在2年以上。

表6-1 历任军王村村长（保长）简介统计（部分）

序 号	历任保长姓名	土地面数	是否老板	读书程度	是否大户	任期（年）	担任职时间
1	王万忠	55	否	5年私塾	否	3	1946—1948
2	王守恭	30	否	8年私塾	否	1	抗战时期
3	王印彬	30	否	不识字	否	——	抗战时期
4	王瑞堂	100	否	不识字	是	7	民国
5	王万顺	100	否	4年私塾	是	3	抗战时期
6	王守堂	10	否	不识字	否	2以上	抗战时期

从以上几位村长的简历可以看出，家中土地亩数的多少、读书与否不影响村长的担任，村长的职业是以务农为主。不过从上表也可以发现，村民还是倾向于由大户担任村长。

2. 村长的产生

村长的产生有三种情况。一是举村长。这一时期，村长是村民推举产生，不是选举产生。由村子里中农以上家庭的人出面推举。

二是富户"觅村长"，即花钱雇人当村长。随着日本侵略中国，世道开始混乱，后来日军、伪军等都开始向乡村要粮。村民负担加重，此时谁都不愿意当村长，于是便开始出现"觅村长"的现象。富户集体出粮"觅村长"。一年给500斤粮食，粮食由中农以上的富户人家给，穷人不拿。"觅村长"有三个标准：第一，须是公道人；第二，须是家里不需要他干活的"闲人"；第三，须是自愿担任的人。

三是上级直接任命。1946—1948年临近解放，国民党在军王村采取保甲制，保长采取直接上级任命的方式。当时任命的保长是王世习的大爷，上级已经向王世习的大爷发了委任状，但是大爷不愿意当保长，"我不能干这个，干这个忒得罪人"。于是王世习的大爷就自己出粮食，找到王万忠，让他当保长。王万忠刚开始不愿意，"我家庭困难，我没工夫。""你没工夫没关系啊，我给你粮食，你替我干。"王世习的大爷劝道。所以村民说王万忠当保长是别人卖的。

3. 村长的社会关系

村民大多因村庄公共事务与村长联系，如出兵、力役、求雨、治蝗等事务。村民与村长间的冲突比较少，主要是纳粮冲突。

村民平时不会主动与村长联系，家中办红白喜事不会主动请村长参加，只有跟村长有亲戚关系才会请。在座次上，村长与其他人相比，没有特殊的待遇。在村子内部，遇到纠纷，大多不找村长调解。

三、基层政权治理内容

(一)征兵

1. 政府征兵制

清末民初实行募兵制，应征入伍者多为贫苦子弟或无业游民。招募程序比较简单，一般先在城内、集镇张贴布告，然后设点树旗招募，在招募过程中仅仅登记姓名、年龄和籍贯等。1933年6月，中华国民政府颁布《兵役法》，开始实行征兵制。《兵役法》规定男子18岁服役，45岁除役。1946年9月，国民党开始在济宁实行抽丁制。

2. "荣户"出兵、买兵制

村民将民国时期的征兵称之为"要兵"。穷人不出兵，村子里的"荣户"出，即谁有钱谁出兵，从财主头儿算起，从高到低依次分配。如派兵名额为 2 名，就是村子里最富裕的两个人出兵。如果他们不愿意自己的儿子、孙子去当兵，就花钱买兵。买兵可以买本村的，也可以买外村的，且要找有 2 个兄弟以上的家庭买兵；同时买兵还需要介绍人。社会活动的积极分子才能当介绍人。买兵不需要签约，口头说好就行，大家都会遵守这个约定，当时的人比较讲信誉。保长不会干涉买兵。交兵的时候，由保长领着本村的兵上交，不会捆绑；交兵后，如果兵逃跑，只要国民党军队不追回来要人，就不用管了。

3. 卖兵决策——家长不当家，由儿子当家

对于农户来说，如果遇上卖兵这种情况，家里的家长不当家，由儿子当家。卖兵根据自愿原则，如果家里没有人愿意去，家长不会答应卖兵。

（二）纳粮

1. 赋税概况

据老人讲述，1949 年以前的军王村赋税情况可分为两个阶段。第一个阶段是 1937 年以前，田地税收比较轻，尤其是对军王村的村民而言更是如此。一方面，军王村土地贫瘠，西坡的大量土地都不是大粮地，不需要纳税；另一方面，因村中有军地，军地赋税负担要比一则大粮地低，有的农户家里还有契银，契银可以免交部分田赋。因此，在这一时期，普通家庭所要缴纳的赋税，用村民的话来说就是"还不够一顿饭钱"。

表 6 - 2　民国十六年（1927）年以前各等级田地的征税

田地类型	亩　　数	每亩征银数	总共征银数（两）
一则大粮地	515 009.65	五分七毫	25 970.82
二则大粮地	542 013.74	二分五厘三毫	13 760.89
荒田地	2 686.00	三分	
军地	29 990.33	三分四厘三毫	800.91
契银地		不交税	

资料来源：相关数据来源于《济宁县志》（丁卯孟春，1927 年，邓际昌署）。

第二个阶段是 1937 年以后，随着日本军队的入侵，村民们赋税负担日益加重。各路军队直接进村要粮。

2. 军屯特有现象——"地少纳粮多，地多纳粮少"

相传军王村村民最初家家户户都有契银，有多少亩契银就可相应减免多少亩契银的纳粮打差。后来随着贫富差距的出现，村民开始卖契银。于是就出现了有的村民契银多，七八十亩地也不纳粮的情况，使得村子呈现出"地少纳粮多，地多纳粮少"的现象。王世良老人讲述，"因为有契银，比如50亩地纳的税有可能比1顷地的纳税多。"

> 有个王老头子（王继学）卖契银，卖给另外一家，这家原来有100亩地，应该纳100亩的粮。王老头子说："我这个契银40亩，卖给你。"等契银过给买家后，买家就只纳60亩的税了。原先兴卖，假如我有20亩地不纳粮的契银，你有20亩地的契银。我卖给你，你给我钱，然后你就有40亩地的契银不纳粮打差。

村民们也不记得每家每户具体有多少契银。日本军队进村后，便没有契银了。

3. 税费缴纳

村民称缴纳赋税为"纳粮"。日军进村以前，收税标准不是按照人口，也不是按照土地面积多少，而是按照每户应纳多少银子来确定，每户应纳银子数目是以前就传下来了的。日军进村以前，收税机构为"房里"。刚开始税收很轻，随着局势的发展，后来税收标准一直在涨，最后超过了1000斤。保长给每户1张粮单，上面写着"××乡 ××庄 户主×× 应交粮食___斤"。虽然粮单上写着多少粮食，实际上，纳税不是纳粮食而是给银子，即将粮食按照一定比例，换算成银子。

4. 逾期纳税——"出签"

"出签"一词源于当地语言。村民没有按时交公粮，"地方"到村子里催缴公粮，称为"出签"。据村民回忆，日本军队进村之前，一顷地交50斤粮食的税。在1937年以前，凡是"出签"的家庭，都是纳粮食少的农户。某一农户没有纳粮，"地方"就会去找这个农户。"地方"是区里的跑腿催纳税的。保长领着"地方"到村子里，限期让村民交粮食，否则受罚。村民们听到受罚都感觉害怕，赶紧交了。

> 就拿我来说吧，当其他人都纳粮了，我还没有纳粮，这时候，"地方"就来找我了，对我说："你怎么还不纳粮？出签了。"我说："我去了排不上队，我又回来了。""你没有交，你名字还在那儿空着呢，你明天交去吧。"他不罚款。[1]

---

1 根据王世良老人访谈资料整理。

"地方"跑腿了，就会问村民要双鞋钱。邻居看见了，一般会对"地方"说："地方，都是老街四谊的，他生活很不好，将就这一下吧。"地方回："那我不能白跑啊，磨袜子鞋"，最后农户给"地方"两块钱，"地方"就走了。

5. 劳役派遣——出夫

外出给日本人做苦力的劳役派遣就叫出夫，不按银子，按人来；分批次去，上午去这一拨人，下午去另外一拨人。依据自愿原则，如当时日伪政府要求出夫上东北鞍山、抚顺修路，可以坐火车不花钱，村里就去了两个人挑土篮子，最后都没有回来。

（三）纠纷调解

1949 年以前，军王村村民之间发生矛盾纠纷，一般不找村长调解，习惯民间调解，只有涉及人命时才会想到去惊动村长。当军王村村民与邻近村庄的村民发生纠纷时，第一时间是请长辈调解，只有当两个村发生的冲突难以调解时，村长才出面调解。

（四）社会治安

1949 年以前，军王村没有专门的民间武装保卫村庄。因不属于镇驻地，在民国时期政府没有专门派兵驻扎。村庄防卫依靠村民自我管理得以实现，每晚有负责打更的人，此外还形成了大刀队民间防卫组织。

（五）村庄公共事务

1. 治蝗

在村民的记忆中，1949 年以前，军王村发生过 2 次令村民记忆深刻的蝗灾。一次大约在 1935—1936 年间，一次大约在 1943—1944 年。村民称呼蝗虫为"蚂蚱"，将治蝗称为"打蚂蚱"。

打蚂蚱发生在春天三月里，家家户户都要出人，不是按户和庄出，只要家里有劳动力都去。家有几个劳动力，就出几个人，可以说是从十七八岁到 60 岁全部出动。

> 打蚂蚱时就拿着二指粗的棍子，在棍子的一端，用铁丝把脚底板儿固定，"啪嗒啪嗒"地打，蚂蚱太多了，有三四尺厚。在家西的坑，撒一道沟，把打死的蚂蚱儿、不能飞起来的蚂蚱都埋在壕沟里。[1]

治蝗由政府引领，负责组织人员。当发生蝗灾时，政府部门不会派兵或警察，而是组织村庄的劳动力去"打蚂蚱"。政府不会规定劳动力的人数，村庄有多少劳动力就出多少，包括地主家庭也参加，村民形容当时的场景"就像救火似的。"

---

[1] 源于王世习老人访谈资料。

打蚂蚱都是政府领头儿，政府不派人，全部劳动力都出动，不是说一个庄出 10 个或者 20 个人，而是有多少出多少。不用政府动员，大家都听话。大家认为这是个公益，都愿意去，跑七八里路去李营庙打蚂蚱。蚂蚱从哪个庄上过，哪个庄庄稼就一点儿不能收，打蚂蚱是在做一件功德事儿。就是这么齐心。[1]

我经历过打蚂蚱，当时日本鬼子还没有来，我大约六七岁。蚂蚱连草房子屋顶上的草都吃。蚂蚱跟蚂蚱挨着一起，往天上看都看不到天。俺家南有块地 10 亩，种的谷子，正常年份，1 亩地能收 500 斤粮食，一年就能收 5 000 斤。蚂蚱从那里过去，没超过一个小时把庄稼全部吃光了。俺奶奶心疼得哭。[2]

发生蝗灾后，没有治蝗虫的药，也不用火烧，就靠工具打蝗虫，同时政府也没有救济。但庄稼没有收成，就不用交公粮。

我听俺爷爷说，大概是清朝末年民国初年，高粱都长到 1 米多高了，来蚂蚱了，吃得只剩下高粱秆了，从前俺西坡尽种高粱，麦子种不上。大家就商量该怎么办，如果是栽种高粱，晚了，就不能收了。但是没有叶子了，也不能收高粱了，怎么办呢？大家商量，谁的主意好就用谁的。有个人就出主意了，他说："别毁坏，毁坏了种什么的也晚了，也别要，怎么办，听我的。把高粱贴着地砍，让高粱发芽。"于是家家都听他的，把高粱平地蹲，从高粱的根部就发芽了，只留一个芽，后来高粱还长得挺好呢。那年高粱收得不孬。[3]

2. 拔河堤

京杭大运河是悬河，村民每年都会去修河堤。修河堤时，村干部带头，老百姓拿着锨，披着蓑衣，自发上山去拔河堤。河堤的外面是庄稼，如果河堤开口子了，河的水流出来就会把庄稼都淹了。当堵河口开口时，则需要堵河口子。堵河口子需要打桩，所需要的原材料则由各庄出。然后一个人喊号，喊声跟唱戏的似的，村民一起用力打桩。

---

1 源于王世良老人访谈资料。
2 源于王世良老人访谈资料。
3 源于王世良老人访谈资料。

3. 村落救济

村落对村民的救济主要是生活救济。若村民看不起重病，村子里好事儿的就出面向全村敛钱，然后给他看病；但娶不上媳妇儿的人，没有救济。弟兄多的人娶不上媳妇，就自己上外面去谋生路。

四、基层政权治理方式

民国时期的军王村，主要实行村长制。村长主要是闲人担任，村长的强制权威体现不明显，大部分时期对村庄治理表现为不作为。

（一）"无为"而治

1. 行政救济少

民国时期每年都有水灾，"只是大点小点儿差别"。而发生自然灾害时，国家没有救济。灾荒年月吃不上饭的人要么靠近门子亲戚或者邻居救济，要么就外出逃荒，自谋生路。

2. 不联合抗税，村长求村民纳粮

村民认为以前的村长是受罪的。因为国民党要找村长要粮食，村长交不齐粮食，就要挨打，所以村民们谁也不愿意当这个村长。老实人当村长，上面来要粮食的时候，村长就要给村民们说好话。"你们拿这粮食交了，我好交差。"村民们一般也都通情达理地交了。

（二）行政执行方式

军王村村长一般是由有威望的人担任，主要负责按上级要求传达指令。在1937年以前，每年纳粮开始时，村长负责下派粮单。不过村长只负责粮单的下放，不负责纳粮的催缴，这一时期，由地方"出签"催缴农民纳税。随着纳粮负担日益加重，后来村长需要通过打感情牌让大家积极纳粮。村民们也理解村长只是完成上级交代的任务，该缴纳的都会缴纳。

第二节　村落治理与治理关系

1949年以前，军王村是一个独立的自然村。村落内部治理中，既有代表国家行政权力的正式治理主体，也有许多民间的非正式治理主体，形成了独具特色的村落运行体系和治理逻辑。本节将从以下四个方面来阐释村落治理及其治理关系。

一、村落治理主体

如前所述，村落的正式治理主体主要是村长。此外，军王村作为一个独立的自然

村落，还存在许多非正式治理主体。

（一）村庄防卫治理主体

当地有句俗语"年年防贱，夜夜防贼"。由此可以看出，在日常的安全防卫和生产安全上，村庄防卫治理主体打更的、看坡的发挥着重要作用。

1. 日常安全防卫——打更的

打更人的选择，主要看能力。每天夜里 2 个人轮流打更，上半夜一个人，下半夜再换另外一个人。"收冬毕后，地净藏光，冬闲防盗"，打更从头年的九月到第二年的三月。打更人围着庄子转悠，同时敲着梆子，10 里路以内都能听见。1949 年，在邻近的长沟镇的天宝寺村，打更人自发组织，按照地亩数量轮流打更。家里有地，但不派人去打更的家庭，晚上负责做饭给打更人吃。打更人一般家庭条件不太好，没有房子住的可以住在王氏家祠。

2. 生产安全防卫——看坡的

（1）看坡人资格。一是比较穷，二是有点儿虎气，打架能"来现的"，三是壮年人，一般不能超过 50 岁。如果超过 50 岁，得家中有两个孩子的才能看坡，这样才有后备力量。如果跟外庄的人发生冲突，一个庄上的人都会去帮忙。

> 王万寅这个人吧，五大三粗，个人人品不孬，有地但不太多。一般偷庄稼的都怕他。打也打不过他，骂也骂不过他，他弟兄们多，侄子也多。[1]

（2）看坡时间：农历三月底至十月初，凡是庄稼成熟的时候，看坡人都在坡里。每年农历三月底到四月初，麦收时节，看坡人看麦子；十月十五前后至八月中秋时节，从高粱成熟一直看到收豆子；五月底到霜降，要看地瓜。每天看坡时间没有规律，主要是一早一晚去看。早上五更天就得出去，晚上八九点回家。在地里待的时间不一，别人也摸不着规律。碰着偷庄稼的就罚款，怎么罚款由看坡人决定。如果偷粮食的人不承认，就得找村长来解决。

（3）看坡范围。看坡分为里坡和外坡。里坡离庄子近，从家西到沟子桥称为里坡，80％的地属于军王村；外坡就是离村子远的，有外庄的地，与外庄混杂比较多的。看外坡时，比如南陈村的村民偷南陈村的粮食，看坡人不会管。外庄的人偷本庄的粮食他才管。里坡剩下 20％的外庄地，看坡人也会顺便看了。比如军王村西坡有南张的地、白家的地，只有 2—3 亩，且都是穷人家的，所以看坡人不会向外庄的人收取看坡费

---

1 源于 2016 年 11 月 30 日对军南村王世习的访谈。

用。如果外庄在本庄的地多，有一二十亩，看坡人就会去外庄敛粮食。

（4）看坡人之间合作。插花田，搭伙看；外庄地多，就外庄的人看，谁的地就谁给钱。看坡人之间没有领头儿的。

（5）看坡人与户主关系。如果户主的粮食被偷，看坡人不用负责。第二年还是会让这个人看坡，因为他熟练，什么时候有偷的，什么时候没有，该防着什么人，心里都有数。

（6）看坡人报酬。看坡人会在收冬毕后开始"敛粮食"，有地的农户那里他都会去。没有规定每家农户给多少，地多的多给，地少的少给。一年看坡人得收入几百斤粮食，够两个人吃一年。庄稼被人偷了 0.5 亩以上叫"丧大抢"。这种情况很少，如果发生了，看坡人就不能向"丧大抢"的农户敛粮食了。只要地里庄稼不"丧大抢"，看坡的人就有理由向庄稼的主人敛粮食。

（7）看坡与租佃关系。如果是租佃土地，谁种地谁出看坡费用，不用地主交，因为地主在城里。由于军王村村民租佃土地比较少，看坡的一般不向租佃土地的人敛粮食。典当出去的土地也一样，谁种谁出看坡费。军王村没有看坡会。

（二）村落民间综合事务的治理主体

1."荣户儿"

"荣户儿"在村落的治安、教育、医疗等方面都发挥着支撑作用。

在村庄防卫上，"荣户儿"主要在两方面发挥作用。一是"荣户儿"负责给打更人支付报酬。打更人的工资是 1 个月 1 斗粮食，打更人会主动找中农以上的农户，不找穷人"敛粮食"。二是"荣户儿"负责提供保卫村庄的武装。1949 年前，军王村有 7 杆枪，是由"荣户儿"出资购买的。虽然"荣户儿"买枪的主要目的是看家，但也对村庄保卫发挥作用。村民不对外招摇，自己庄的人知道谁家有，外庄的人不知道军王村内谁家有枪，所以也不敢随便闯进村民家门。

在村落教育上，如前所述，村民为子女教育所缴纳学费的惯行是"荣户儿"多出，穷人少出。"荣户儿"除了多交学费外，还要负责教书先生的吃住问题。

在看病治病方面，军王村也存在"穷人看病，富户出钱"的现象。例如，村中王守虔是村落的看病先生，同时也是村落的"荣户儿"，给村民看病从来不收药钱。"看疮，村民们都找守虔，连外庄的也找他，因为他不要钱。"王世良老人对此说道。

2."好事儿的"

所谓"好事儿的"，又称"问闲事儿的"，用村民的话说"就是他好晃晃，'无事忙'"。"好事儿的"作为事件第三方，帮助村民解决问题。"好事儿的"在村庄救济、纠纷调解、村民娱乐等方面都发挥着积极的作用。据老人回忆，旧社会好事儿的人不少。比如，说书人到军王村说书，饭食由"好事儿的"的安排，一般安排有吃有喝的中农户以上的家庭。村中有村民得了重大疾病而无钱医治时，村中"好事儿的"便帮助重大疾病家庭在村庄敛粮食。

> 谁家有病人帮谁家敛粮食。不全敛粮食，找中农户以上的人敛，不管麦子高粱豆子，都可以。很多"好事儿的"给他敛粮食。[1]

本村人与外村人发生矛盾时，"好事儿的"主动出面调解和解决。村落公共事务，如淘井也是由"好事儿的"发起并组织的。

（三）村落专项事务治理主体

1. 地牙子

地牙子主要是跟卖地人关系很不错，很对脾气。在 1949 年以前的军王村，地牙子都是穷人，中农户以上的没有人愿意当地牙子。在土地买卖时，请中人一个就行了。地牙子负责在买卖双方中说公道话。如果出现土地买卖纠纷，村民首先找地牙子调解。

2. 大执宾

大执宾统筹安排红白喜事，主要负责派活儿和买卖东西，不负责主持仪式。大执宾的职能：一是确定报信人数；二是负责统筹分工安排；三是负责指挥红白喜事期间的采购事宜。大执宾分片治理。东街与后街是一片儿，家西跟后街中间是一片儿，前街与西北街子是一片儿。

3. 挨户子头儿

挨户子头儿的资格：村子里的畅快人，口才好；闯势，即到哪里都能敢说话，有点领导能力；不一定读书识字，年龄在 30 岁以上；有一点社会经验。挨户子产生方式，主要是自我推荐。

军王村继字辈往上四辈的一位王氏先祖，他曾经领过 30—50 人组成"挨户子"。这位王氏先祖去县里要了证明，当时称为"关防"。关防上说明当地受灾、村民生活无着落等情况。村民到了外县有"关防"，外县人就知道是政府允许的，不会打骂"挨户子"。

---

1 源于 2016 年 12 月 11 日对军南村王世良的访谈。

二、村落治理内容

（一）县乡行政工作

村长主要协助县乡收粮和派兵工作。在收粮工作上，1937年以前，村长主要负责分派粮单，不负责村民的纳粮，村民去县里的纳粮机构"房里"进行纳粮。村长不见证村庄土地买卖，也不去县里开会。如果县里有事情需要通知或者让其办理，让负责跑腿的"地方"通知村长。在军王村，村长不负责村中教育的普及，村中的教育主要是"荣户儿"负责请老师来村里教学。

在与外村的交往中，军王村没有联合治安的情况，都是各村负责各村的。也没有联合建庙的情况。在联合求雨活动中，村长负责通知村民求雨队伍何时到村，其他事情就不用管了，村民自己会做好准备工作。

（二）村落公共事务

1. "好事儿的"牵头淘井

在1949年以前，军王村村民会清洗所有的砖井，每隔3—5年清洗一次。经常吃水的井都要淘，淘井时，由一个明白的人来安排淘井。淘井明白人由岁数大、淘过井、有经验、有权威的人担任。

> 我记事儿的时候，淘家北井都是王继书指挥。他是下中农，有经验，威望也比较高。只负责家北的井，家南的井他不负责。淘井是"义举"，自己主动为大家服务。
>
> 参与人数在20—25人，大家伙儿的井，大家伙儿都要吃水，王继书负责喊人，每户出一个人，没有成年劳动力的家庭不出人，不会受惩罚，也可以吃水。[1]

淘井需要的工具有大栲栳，木制的，重40—50斤，再装上泥巴，有100—200斤。淘井时，会支起一个高的三脚架，有3—4米，在三脚架中间挂上一个滑车，就相当于现在的滑轮，用粗的绠拉。

淘井分工。第一，下井挖泥巴的人需要是身强力壮的，大约2—3人，不直接指派，根据自愿原则产生；第二，选择1—2名有技术、有眼色的人把井口。泥巴上来的时候，要有1个人负责领栲栳，遇上技术不好的人，抓不住就会砸伤井下的人。另外一个人负责刨泥巴，把泥巴往外扒。第三，拉绠的有一二十人，人少了拉不动。

---

1 源于2016年12月3日对军南村王世习老人的访谈。

参与淘井的人都没报酬。不过那个时候会在井上放着 2 瓶酒。

（三）纠纷调解

主要有田地边界纠纷和房屋边界纠纷。一旦有纠纷，村民把四邻叫来，让别人调解。兄弟之间发生边界纠纷，找这一家中辈分最高的人来调解。

三、村落治理方式

（一）习惯法治理

军王村没有成文的村规民约，靠习惯法治理。在生活生产上形成了自己的行为准则。在治安方面，每晚有打更人值班；地里庄稼有看坡人负责看管；村里的公坑有看坑人看管；如果外庄人来侵犯，全庄人得出动；发生火灾，只要有人在街上一喊，村民就出动，端着水就去；不许偷盗，呼吁爱护公共物品。

（二）荣誉激励

1949 年以前，村庄中荣誉激励还有送匾额的形式。

> 俺爷爷在市里看好了一个老太太。那时老太太已经 70 多岁了，她当时腿瘸，俺爷爷给她治好了。她就送了一块 20 厘米宽、20 厘米的高的牌牌儿。家里还有一块匾额，但不知道从何而来，匾额上写着"岁进士"。

（三）惩罚：一致对外

在偷盗事件处理上，本庄和外庄的人差别对待。本家会先去偷本家，因为是本家的，外人不会管；然后偷财主，谁家富裕就偷谁的，其他人看见了装不知道。但是军王村不准外庄的人来偷粮食，如果外庄的人来偷，整个庄的人都会保护粮食。本村如果有人偷莲蓬，村民会吓唬偷盗的人，比如说"你再偷，我要打你"。因为如果不制止，其他人会继续偷。外村人不敢来偷军王村偷藕，会被打。

四、村落治理过程

（一）村民参与决策过程——打公议

在 1949 年以前，当涉及整个村庄层面的事情时，军王村村民便会以"打公议"的形式商量村庄公共事务，相当于现在的村民开会。公议不是每个人都参加，主要是中农以上的农户参加，因为公议的事情大多涉及出钱、出粮。

> 那个时候没有开会这个名词，就是大家到一起商量商量。一般一个庄上的事儿才会公议。上边儿要东西，要人，大家商量谁兑多少。比如庄上要摊 2

个兵，起码得中农户子以上去商量。不先说谁家去兵，先兑粮食，买一个兵2石麦子，两个兵4石麦子，就大家伙儿出，这样的就公议。[1]

（二）国家治理与村落治理关系

在军王村，存在双层治理体系，既有行政事务的村长，又有社会公益的好事儿的等等，构成了多层治理体系。问公益的主要负责村庄公共事务和行政事务，村民一般不找问公益的解决私人纠纷。调解纠纷一般是普通人，如一家之长、家族中问事儿的、街坊邻居、熟人、好事儿的等。一般的纠纷，不用专门去请人调解，有的会主动帮忙调解。这类人群不是由村民选举调解纠纷的人，也不是公认的调解人。

第三节　家户治理与治理关系

由血缘关系构成的权利是村落治理的基础。本节将从家户治理及治理关系来阐释军王村家户治理内在底色。

一、家户治理

（一）家户治理主体

1. 当家人资格

有外当家和内当家的说法。一般情况下外当家也称呼为男劳力，老妈子就是内当家的。对外而言，家户中当家人一般可以是爷爷、父亲、儿子，相应的家户中的内当家为奶奶、母亲、媳妇。如果是闺女填房，夫家一般有家有业，闺女去到夫家就可以当一部分家，妾不能是内当家。一个家户中，爷爷在世时，如果没有分家，由爷爷当家。在家庭对外借钱上，一般是男性当家。

> 俺家是俺爷爷当家。但是爷爷不怎么管事儿，因为俺爷爷年纪大了，就不能当地里活儿的家。家里活儿都是俺父亲跟俺叔叔商量了，然后跟爷爷一说就完了。大的事儿，比如买卖牲口，买卖土地等，都是父亲和俺叔叔商量好，再跟俺爷爷说，爷爷一般会答应。[2]

如果爷爷去世，当家人由父亲担任，此时的内当家仍是奶奶。如果爷爷奶奶均不

---

1 源于2016年11月11日对军南村王世良的访谈。
2 源于2016年12月1日对军南村王世良的访谈。

在世，则父亲当家，母亲为内当家。如果家里没有男的，那只能妇女当家。丈夫死后，妇女在婆家不能改嫁，只能自己当家。如果家里父母不在，但还有未分家的叔伯，那么叔伯优先当家。王万亮家其爷爷奶奶去世，二老爷跟他们是一家，没有分家，于是王万亮家就是他二老爷当家。

倒插门儿当家。当女方的父母上岁数了，没有支配能力的时候，倒插门儿就能当家了。刚入赘的时候是不能当家的，因为女方的父母会操心家里。

长工当家。如家西有一个老财主叫王守荣，他不干活儿，他的儿子不当家。扛活儿的在他家几十年，什么都是扛活儿的当家，其他家庭没有这样的情况。

2. 当家人产生

当家人的产生，一般是默认的。例如家里只有一个儿子，当家人就是这个儿子；如果有多个儿子，在分家之前，一般是谁有能力谁当家，谁愿意就谁当家，优先考虑长子。选当家人，第一要看家庭干活儿人的多少，有的当家的也要去地里干活儿。第二要看当家人的统筹安排能力。有的当家的不干活儿，只是口头指挥，王守荣的母亲当家就是口头指挥。

3. 当家人地位

当家人在家庭中的地位最高。一般情况下，当家人负责主持家中大小事务，家庭主要决策都是当家人来决断。涉及经济方面的决策，必须由当家人来决定。例如，土地买卖、租佃、典当、随礼、借钱、请中人、加入社会组织等。在经过当家人同意的情况下，儿子可以买卖粮食。交税通知家里人，粮单上写当家人的名字，由当家人去交税。公共事务一般是当家人参与商议。

请工的话，除了当家人去请，长工也可以去集市上请工。丧事一般是大执宾负责请帮忙的。请执笔人不一定当家人去请，但是当家人去请会显得郑重。请公证人要当家人去请。

4. 当家人职责

外当家主要是对外，社会交往、金钱往来、请工等。吃喜面是妇女去，若男的去，一般则是因为挑东西；喝喜酒由外当家的去；白事儿近亲男女都去，远亲就需要外当家的去；过寿的很少，也是近亲男女都去，远亲就男当家去；帮人都是男当家的去。

平时生活上，总体上是男当家安排，细节上的生活是女当家安排。比如一整个冬天总体上要买什么，就得男的安排好，具体哪天买，就女的来安排买。

5. 当家人更替

一是当家人主动提出更替。当家人或是因为上年纪身体不行而不能当家，或是因家庭成员提出分家，各个小家庭产生新的当家人。有的家庭不愿意分，老的不愿意当家，就让儿子当家。二是当家人去世。当男当家的去世以后，一般情况是儿子当家。如果女家长还在，有当家的能力，也可以当家。三是当家人外出逃荒。家里留下老人和小孩，一般是老人当家。

（二）家户治理内容（家长权）

1. 家庭经济与生产经营管理

（1）当家人与收入管理。收入由当家人全权管理，其他人没有支配权，不论是粮食收入，还是通过其他途径，如帮人扛活儿、打短儿，所得收入都归家长管理。借债只能是外当家去借，内当家不管借钱的事儿。内当家找别人借钱时，别人信不过，就怕"有钱借没钱还"。王世习说："俺家有个账本子，卖了粮食说是归俺爷爷管，俺爷爷把钱放在果盒子里。"

（2）当家人与儿媳妇个人财产。一是娘家陪送的嫁妆或土地。娘家陪送的东西，不论是钱财还是土地、物品，都属于儿媳妇个人所有，没有经过儿媳妇同意，公公婆婆没有使用权利；二是结婚时亲朋给添香钱，由儿媳妇保管，公公婆婆不能掌管；三是儿媳妇空闲时做手工挣的钱，可以归儿媳妇掌管。但由于家庭人口多，军王村的儿媳妇都很忙，大多没有时间挣私房钱。

2. 家庭公共事务决策

家庭成员的加入。在婚姻问题上，军王村村民遵循父母之命，媒妁之言，婚姻由当家人说了算。例如王世良家，王世良的父亲娶谁，是他的爷爷说了算。

当家人与家庭职业选择。家庭成员如果从事务农以外的职业，需要跟当家人商量，经当家人同意后才能去。王万亮说："父亲做粮食贩子要经过二爷爷的同意，当时是二爷爷当家。"此外，家中孩子什么时候上学由当家人说了算。

3. 家庭子女管理

如果家中小孩与邻居孩子发生纠纷，当家人会主动批评自家小孩，不会护短。从前父母打孩子的原因主要是孩子硌气，轻的时候会嚷他"你怎么跟人家硌气了？"父母都不护子，如果孩子在街上被"打盘头子"了，他们都认为别人管自己的孩子是好意。

4. 家庭其他事务

（1）外出规矩

儿子们上街，要让家里人知道。只要家里有老人在，儿媳妇不能去赶集，除非家里有急事儿，当家的指定儿媳妇去才能去。

朋友来家里常住，由当家人说了算。当家人的朋友来，不用商量，当家人直接可以做主。

（2）请客规矩

当家里有外人在的时候，如有客人来、有雇工请工时，则不在厨屋吃饭，在堂屋吃饭，堂屋有一张八仙桌，座位要分主次。主家安排座次。在客人来之前，座位就要摆好。主客最多2人。桌子的北边和东边坐客人，西边和南边坐陪客及主人。

客人吃饭有讲究，饭桌上夹菜时，不能因一道菜好吃，就一直夹那道菜，这样就没有礼貌。大部分是主家说夹哪道菜。一盘菜中，只能夹朝向自己这一面的菜。

（3）陪客规矩

一般情况下是能说会道、懂得礼节的人陪客。陪客要会说客套话，不能说陋词得罪客人，不同的亲戚来，说不同的话。开席时，主人不必要给客人夹菜，得让菜。

倒酒有先后顺序之分，得先跟客人倒酒，倒多少有讲究。孩子如果在饭桌上没有规矩，会被人笑话，说这孩子"没有家教"。如果客人中有女性，一般有三种情况。一是家里的男性先在堂屋吃饭，家里的女性再陪着女客人在堂屋的八仙桌吃饭，不过这种情况很少。二是在堂屋摆两桌，一张八仙桌，一张案板，家里的男性陪着男客人在八仙桌吃饭，家里的女性陪着女客人在案板上吃饭。三是如果只有女客，就得等家里的男爷们儿都吃完了，然后家里的妇女陪着女客在堂屋里吃饭。女客也坐客位，坐在桌子北边的左边。

（3）座位制度

家里日常座位制度。家中明堂屋中八仙桌左右两旁平日会放两把椅子。平常东边是一家之主坐，另外一边家里人谁坐都可以，但是奶奶坐的时候最多。爷爷奶奶在明堂屋里，晚辈就不能去坐两把椅子。冬天取暖的时候，老人优先靠近炉子或者火盆儿取暖。

来客访问座位制度。根据来客人的辈分决定座位。如果来的客人的辈分比爷爷奶奶低，则客人没有权利坐一家之主座位。让客人坐，他也不敢坐，会主动让给爷爷奶奶坐。如果来的客人与爷爷奶奶同辈，年龄比爷爷奶奶小，得礼让。如果来的客人与爷爷奶奶同辈，年龄比爷爷奶奶大，就可以坐。

家庭宴请座位制度。宴请餐桌有主次之分，以八仙桌北边的位置为上位。八仙桌北边偏东的位置为主客的位置，坐在这里的宾客最为尊贵。当客人主要为本家的亲戚时，则按照辈分来排座位。当客人中有奶奶的娘家人、母亲的娘家人、姐妹的婆家人、自己的儿女亲家时，先按照主次排座位，即按照奶奶的娘家人、母亲的娘家人、姐妹的婆家人、自己的儿女亲家的顺序进行排座位，然后再按照辈分排座位，谁的辈分高谁坐上座，如奶奶的娘家来的人辈分最低，按照主次，他应该坐上座，但是他年龄小、辈分低，这时他就自动推了，把上位让给辈分高的人。当客人是街坊邻居时，以街坊邻居的辈分安排位置。若是邀请当地的财主、村长等干部、乡绅等为客人时，乡绅坐上位，乡绅有官衔。

（三）家户治理规则

1. 家庭决策规则

家庭小事由内当家决策。家里若有老年妇女在，就由老年妇女当家。生产性事务主要由外当家决定。因为在 1949 年以前，女性几乎不下地干活。

当家人与家庭商议。白天大家都忙，一般是晚上商量事情，有的一边吃饭，一边商量，有的是饭后商量。卖土地，当家的要与家人商量，如果家人不同意就卖不成。儿子需同家长商议，可以推卸一部分责任；丈夫要同妻子商量，因为妻子当着半个家；父亲也得和成年儿子商量，跟儿媳妇商量的很少。如果大家争执不下，还得当家的来做决定。对于土地买卖，如果家里的大部分人不同意当家人的决定，也卖不成，因为卖土地大家跟着遭罪。如果当家人把土地租给别人，也得给家里人商量。如果借钱，得分干什么，比如急用、家庭使用，得跟家里人商量，如果是自己赌钱，得赌钱的自己想办法还。

2. 家庭治理方式

（1）教育为主

家庭内部发生纠纷时，家长对家庭成员有惩罚权。当家人在对孩子进行教育时，家中长辈可以插手。例如，王世良未经父亲同意，买了一个口琴，花费 1 斗麦子，买了后，不敢说。后来父亲知道了，就准备打王世良，其奶奶不让父亲打，最后王世良没挨打。军王村的孩子在街上调皮，街坊邻居也有惩罚权。通过"打盘头子"的形式进行教育。

（2）奖励为辅助

家庭奖励以精神奖励为主，长辈常常以口头的形式激励家庭成员。对此，王世良老人说："我当时小，奶奶都用'你好好弄麦子，过年给你做新衣服'这样的话来激励我。"

二、家户治理关系

（一）家庭成员之间的关系

家长享有很高的权威，即使家长不当家，在家中也有地位。吃饭时，如果家中爷爷是当家人，爷爷和大伯、父亲、叔叔一起吃饭，那么爷爷坐上位。如果父亲是当家人，还是爷爷坐上座。如果爷爷去世，奶奶在世，父亲是当家人，奶奶坐上座。冬天比较冷，没有客人的时候，村民一般在伙房吃饭。在伙房吃饭的时候，妇女不上桌，小女孩也不能上桌，小男孩可以上桌吃饭。

1. 夫妻关系：夫妻地位由能力决定

当家人一般由男性担任。如果家中男子没有能力当家或者不愿意当家，女的也可以当家。旧时，军王村夫妻之间，一般妻子比丈夫年龄大，娶进家门就帮家里可以干活。

2. 父子关系

在家庭内部，对于儿子做的事情，如果家长不理解，就不会认同；如果儿子是正确的，家长又能够理解，则会认同。但最终还是家长说了算。

> 他（绑牛腿）来找俺商量。那时俺爷爷不在了。商量的时候，我当时口头上没有反对，但我不愿意绑牛腿，就跟父亲说，不让他们绑牛腿儿。他给不了多少草，俺还得天天照顾牛。绑牛腿儿的沾光。俺父亲"面不拒人"，别人给他借东西，他都借，还不还的他不管。父亲没有接受我意见。因为就算不绑牛腿儿，到耕地的时候，因为两家关系好，他来找到咱家，我们家还得给他耕地。

3. 婆媳关系：做事不做主

对于家务活，在军王村存在这样的情况，家里内当家做主不做事，媳妇做事不做主。王世良家的家务活由奶奶安排，例如吃饭安排、制作衣服等。对于每天吃什么，家里人都知道，但是王世良的母亲在做饭的时候，还是得向奶奶请示。

4. 家长与长工

扛活儿的跟家里人吃饭是一样的。旧时，吃饭吃得简单，饭食一般为窝窝头、咸菜。在地里的时候，长工被称为"趟头儿"，干活儿的时候，有4—5个，有一个领头儿的，儿子和请的"打短儿的"都得听"趟头儿"的。每天干活儿的数量有一个标准。

（二）家户与成员脱离

军王村家庭成员脱离家庭主要是分家和出嫁两种形式。在当地流传着"休妻断子到不好"意思是说休妻不显好。所以军王村没有休妻的现象，也没有出现将家庭成员赶出家门的情况。分家后，若是老人还在世，对外人情往来送礼，仍然记家中老人姓名。家中有人遇到困难，家长要给予援助。

（三）家户治理与国家治理

家法在国法的框架之下，不存在与国法相冲突的情况。村民一般不轻易打官司。

村民认为民间调解更令人信服。在老人记忆中只发生过一起打官司的案例。

> 民国初年，俺老爷爷跟俺老爷爷的婶子闹意见，不知道为什么发生口角，俺老爷爷的婶子骂俺老爷爷，俺老爷爷一提她的名字，她就不愿意了，她就把俺老爷爷告了，她告俺老爷爷忤逆不孝，于是吃官司，老爷爷被衙役逮起来，关了1年。

第四节　亲族治理与治理关系

以亲人为纽带的亲族社会的自我治理，是小农经济社会治理的重要组成部分。1949年以前的军王村能够有序发展，除了家户治理、村落治理，还与村落亲族治理有关系。

一、亲族治理单元

（一）亲族关系单元

亲族是由有血缘或者姻亲关系的亲人组成。1949年以前，因为本村村民大多同姓，村民遵循"同宗不繁"的规矩，大多在村子周围15里范围内找媳妇。因姻亲关系不同，各家有自己的亲族治理单元。同宗内部也有分支，同一支系的更愿意居住在一起，如居住在军王村前街的村民都是"一窝子"的；也有插花居住的情况，如王万亮家周围居住的邻居，就不是他本家的亲戚。

二、亲族治理主体

家族中问事儿的职责，一是调解家族内部纠纷，二是在丧事中负责管理孝子们。大执宾只负责孝子以外帮忙的劳动力，家族中问事儿的能招着为家族服务的人。王世习老人说："我记事儿的时候，俺爷爷光管近祖的事儿。下边儿的年轻人都听他的，他说怎么办就怎么办。"

三、亲族治理内容

（一）内部事务

王氏家族由于没有族长，家族内部事务都是各支有威望的长辈负责张罗。需要管理的事情也不多，主要是过年过节祭祀祖先，平时王氏家祠的大门是不会打开的，只有除夕才打开。祖坟没有专人负责管理，村民上坟时会给祖坟垫垫土，垒垒坟。

族产买卖。老陵地是给家族中比较困难的农户耕种，农户只有耕种，没有买卖的权利。家户有老祖先留下的军地，军地可以买卖，但是买卖军地会被村民认为是丢脸的事情，败坏祖业。一般是吃喝嫖赌的败家子，家里没有土地可以卖，才会卖军地。军地是用来养家糊口的，一般情况下不会卖。过年时会有集体祭祀活动，村民一代代传下来的，不用组织，王氏家族中男子参加，他们一起去上坟，祭祀用品自家带，祭祀结束后各自回家，不会一起吃饭，不去也不会被惩罚。

（二）族内秩序的维持

家户分家不需要经过家族的同意。分家时，可以请家族中有威望的人参与。家户婚姻遵循父母之命，媒妁之言，主要符合正常程序就可以，娶亲仪式之前，新郎会上陵告知老祖先自己娶亲。土地买卖属于家户行为，不用向家族报告。抱养外子也不需要家族同意。丧葬只需向至亲和比较好的朋友报丧，不会向亲族报丧，近门子的亲族会主动参加。

在生产生活上，本家会互帮互助。军王村前街的村民都算是"一窝子"，家户之间借工具使用，直接拿都行。如果有农户因为穷没有牛耕地，本家会主动给他耕地，不收工钱。此外，老陵地产权归整个军王村王家所有。没有专门负责管理的人，谁家贫穷，就归谁种。

四、亲族治理关系

（一）亲族成员之间关系

亲戚之间如果矛盾小，不用调解，过些日子自动就好了。稍微大一点的矛盾，找熟人调解。当事人为同村同族，如果是小矛盾，两边儿的家长一商量就解决了。如果出现打伤人等大事，就需要两家本家的老人说和，两边都认错来解决。

（二）亲族与成员的关系

家族成员在过年时会去给问事儿的拜年，其他特殊节日不需要去拜访。拜年时要磕头，但不是对着人磕头，而是对着问事儿家的堂屋磕头。堂屋的神龛摆着供品——花糕、饺子、肉、鱼等，供在哪里就在哪里磕头。走亲戚有顺序。先走姥娘家，然后走姑娘（姑姑）家，接着走姐姐家，最后走姨家。家里人都可以去走亲戚，但是一般情况下，走姥娘家都是外孙去。走姑姑家得是姑姑的侄儿或者兄弟去。

治理认同与背叛。如果族人犯错，家族中问事儿的或者长辈的教育是必须要听的。家族中问事儿的在处理纠纷时，如果有意见可以提出，然后反复商讨，直至矛盾双方都没有意见，心服口服。教育以说教为主，没有体罚等惩罚措施。

（三）国家治理与亲族治理的关系——行为体现

1. 治理主体间日常交往

家族中问事儿的除了纳税、出兵，平时很少与保长联系。村庄与政府官员的联系主要是村长来维持，其他村民不管。官府对于亲族活动没有禁止，如果保长甲长不是本族人，在亲族活动中则不会被邀请。村民对待至亲、上岁数的老人，为表示尊重就会将其请到屋子里，但对村长就不会，村长也习以为常。

2. 对族亲公产的态度行为

宗族建设祠堂，政府不会阻挠。1949 年以前军王村没有出现过政府拆毁或者占用祠堂的情况。对于族亲的公地，村民不会买卖，如果买卖的话，政府也不会干涉，因为这些土地不属于公有。

第五节　其他类型的治理与治理关系

军王村村民因共同信缘而形成不同的信缘治理单元，不同的信缘治理单元有不同的治理主体，由此产生不同的治理关系。在生产经营中，没有形成专门的业缘组织，由行业人员自发进行行业缘治理。

一、信缘治理与治理关系

（一）信缘治理主体

家户信缘治理，主要由家中的男子负责完成。村庄信缘祭祀方面，祭拜麦王奶奶都是上岁数了的内当家，由有威望的人自发组织，主要负责敛钱和祭拜。他们都是义务祭拜，敛的钱主要用于祭祀。

庙会管理者称呼不一，有的称庙首，有的称会头。根据庙会规模大小，其治理主体职能有所不同。于家寺有个戏楼，庙会的庙首主要职责是请来戏班。庙首会提前向各村敛钱，然后根据敛钱的多少来决定是请大戏班，还是小戏班。矿山会的会头是由本村的村长推荐的有威望的人。若发生打架闹乱等事情，村民劝不下来时，找会头出面解决。如果贵重物品被偷，会头可以找回。

（二）信缘治理内容

1. 跨村求雨

四月底五月初，刚刚收完小麦，最需要雨的时候，若天老是不下雨，军王村会联合周围十多个庄共同举办求雨祭祀。

求雨头一天，村长就通知村民，有时不等村长通知，村民就知道了。家家户户都烧水。弄 3—4 个枣儿，放在锅下面烧，烧到半煳不煳的状态，就把枣儿掰开，放在装水的缸里当茶叶，水就会变成浅红色了。各庄的人都烧水，不拿钱。求雨的人来了，就请他们喝水。

求雨队伍有 70—80 人。敲锣的 2 个人走在最前面；后面骑马的 1 个人；帜饰有 40—50 人，其中有 4 个人拿金瓜，4 个人拿钺幅，4 个朝天灯；后面是抬关公的，有 8 个人，关公是个木头人，关公前面搁着 1 个香炉，1 个人打黄伞，有 4 个人打鼓，2 个人抬鼓，1 个人敲鼓。从庙里抬关公，季家庙的蔡家堂出发。求雨队伍要走十多个庄，每来到一个庄，庄上的村民就拿着铜盆，拿着葫芦瓢，舀水泼求雨队伍的人，嘴里念着"下啦下啦"，然后哈哈地笑。接着就开始烧香，用一个大火盆，成股成双地把香塞在大火盆里。每个村民都可以去烧香。求雨队伍在一个庄停下来喝水，有唢呐的求雨队伍就在村里吹。大家都是义务求雨。

（三）信缘治理方式

军王村内的信缘治理方式以教化为主。村落范围内，村民之间没有因为信缘问题发生过冲突。村民之间的矛盾冲突，多是日常生产生活中遇到的问题，一般不会与信仰联系。若是在香火会上有纠纷，先劝说，调解不了则找会头调解。不同信缘主体之间交往比较少，互不干涉。

（四）信缘治理关系

1. 国家对信仰主体和活动的管理

传统时期，规模性的信缘活动不用向政府报告。香火会的会头由村长推荐。矿山会有猪市、羊市、挑子市、百货市等等。去卖东西的商家要交钱给会头，去的时候按照行当交钱。有专门收钱的人。管治安的有 10 来个人。唱戏的、管理治安的队伍吃喝费用会从所收取的钱中支取。

2. 以信仰治理服务国家治理

明朝力历年间，由运河总河车军门刘东星倡导，集当地数村之力，在凤凰台上创建"观音堂"，又名"凤台寺"，供奉有泰山奶奶、吕洞宾、华佗、花花奶奶（村民认为她是能治病的神仙）。农历二月十九逢观音圣诞，凤凰台庙会凭借运河水运优势，集商贸一体，南北商贾云集，东西辐辏，热闹非凡——成为鲁西南春会之首。

二、业缘治理与治理关系

（一）业缘治理概况

在行业治理方面，军王村在 1949 年以前没有成立专门的行会，但是对于手艺人来说，出师要得到行业同仁的认可才行。在修建房屋方面，形成了以"领线的"为首的建筑小队伍。

在集市治理方面，没有专门管理集市的人。一般村民有些矛盾，就各个村找几个人解决就完了，打官司的很少。牛市有"隔耳朵"的牛经纪，羊市有羊经纪。到赶年集时，有收年集税的。不向附近几里的熟人收费，主要是向外边来做生意的陌生人收取。此外，因信缘形成的集市，由香火会会头负责管理。

（二）业缘治理关系

1. 组织与成员的关系

领线的基本情况。领线的年龄需要在 25 岁以上，识字与否都可以，但是脑子要灵活，家庭条件属于中等偏下水平，家里有地，一般领线的自己会种地。陈玉银 30 多岁就担任领线的，他侄儿陈德秀 20 多岁，毛笔字写得好，什么活儿都干，木工、瓦工的活儿都会，后来也做领线的。

领线的职责：一是跟盖房子的当家人商量房屋修建的整体安排，材料准备；二是负责安排瓦工、壮工等施工成员的伙食，负责请伙夫做饭；三是盖房子过程中负责安排瓦工、壮工等施工成员的任务；四是监督房屋修建质量，房屋如果质量出问题，由领线的返工或者赔钱；五是负责记录每个工人干活多少，负责发放工资。

领线的与工人关系。领线的和瓦工、壮工一般是同一个庄的。只是干活儿的时候在一起，平时没有社会来往。如果彼此家里有红白喜事，但领线的工人与领线的家庭私底下没有人情往来，就都不会去。

领线的与领线的之间的关系。大户人家有"大活儿"可能会同时请两个领线的带着人过去，这两个领线的就会有合作。这样的情况很少。平时，每个领线的都有一片服务区域，方圆三五里内，大约 10 个庄，领线的之间不怎么来往。各个领线的也有自己的绝活儿，有的灰厦盖得好，有的熟皮盖得好，如果下面的瓦工技术水平不一样，承包的活儿也就不一样。村民会根据自己盖屋需求选择领线的。

2. 业缘治理与国家治理

业缘组织多是自发形成的，不需要向政府部门登记，也无须缴纳组织费用。领线的去外庄盖房子不用跟村长打报告。当举办大型活动时，如举办大型古会时，由会头负责请人维持治安。

第六节　军王村治理变迁

1949 年以后，军王村经历了土地改革时期、集体化时期、土地承包到户时期三个阶段。随着国家政权的介入、国家政策的不断变化，村庄治理也发生着巨大变化。

一、1949 年以前军王村治理概况

本部分将从治理制度概况及治理形态特点等方面，对军王村治理形态进行总结。

（一）治理制度概况

军王村所在辖区范围古属东夷部落，夏（约公元前 21 世纪）属仍国或任国。秦始皇二十六年，设置任城县、亢父县，属于砀郡。西汉时，为任城、亢父、樊三县，属东平国。隋唐及五代前期属鲁，后周及宋元初期属济州，明代属济宁府。据济宁县志记载，在清代，济宁直隶州各乡（地方）设总首事，村设置首事，负责调解民事纠纷、督导田赋、差役、申报灾情、审理案件等事宜。民国时期实行村长制，由村民推举产生村长。日本投降以后，逐渐在村中推行保甲制，由于推行比较晚，村中事务还是主要由保长负责，至于甲长，村民大多不记得由谁担任过。

（二）治理形态特点

在 1949 年以前，军王村治理形态主要体现在以下几个方面：

1. 政权对村落管控程度较低

1937 年以前，军王村因属军屯，在纳粮政策上享受政府优惠，村民纳税负担较轻。国家强制权力在村落表现微弱，村长负责申报灾情、通知纳粮征兵，村民没有出现抗税不缴的情况。对于村内的公共事务，如淘井、水利灌溉、修路、村落纠纷处理等，村长基本不管。

2. 非正式治理主体对公共事务、公共生活的影响巨大

在村落综合事务上，军王村的非正式治理主体主要有"荣户儿"和"好事儿的"。在村庄防卫上，军王村的非正式治理主体主要有"打更的"和"看青的"。在专项事务上，军王村的非正式治理主体主要有"地牙子""大执宾""挨户子"。这些非正式治理主体主要在以下几个方面发挥作用：一是协调统筹各家各户家庭大事。大执宾专门分片负责统筹村落各家红白喜事。二是公共事务的牵头。军王村的淘井等公共活动的组织，都是村庄中"好事儿的"张罗，没有固定安排人员。三是调解纠纷，如当发生土地买卖纠纷时，村民首先找"地牙子"调解纠纷。

3. 灾害治理具有一定的整体性

由于集中居住，村落在灾害治理方面具有整体性。如当遇到蝗灾，需要治蝗时，是政府引领，村民全体出动。即使蝗灾没有发生在自己的村落，村民也会集体出动去周围其他村落抵抗蝗灾。拔河堤时，只要村长一喊，家家户户都主动去拔河堤。

二、1949 年以后军王村治理形态变迁

（一）土地改革时期的军王村治理

如《任城区志》（1999 年）记载："1951 年全面展开土地改革，3 月底基本结束。在土改中全县共建农会 512 个。惩治不法地主分子 493 人，处决恶霸地主分子 71 人。

将地主、富农多占耕地 81 088 亩、场园 7 112 亩、房屋 14 147 间、牲畜 1 792 头、犁耙等农具 13 251 件、大车 978 辆、水车 339 部、粮食 152 万公斤，分给贫苦农民。县政府共颁发土地证 68 271 份。"

土地改革运动期间，军王村成立了一个农会组织。根据政务院《关于划分农村阶级成分的决定》划定成分。农会主席等干部的产生方式已经发生变化，不再是根据以前的标准来产生，中农和贫农才具有选举资格和被选举的资格。农会对推进土地改革运动的开展起了核心作用。在土地改革运动期间，农会负责没收地主财产、土地等，然后分给贫农。土改后，家庙变成村办公场所。

（二）集体化时期的军王村治理

集体化时期，实行人民公社、生产大队、生产队"三级所有，队为基础"的管理体制，军王村曾经依次隶属二十里铺公社、南张人民公社、店子人民公社、南张人民公社。在大队这一级，军王村设置有大队书记、大队队长、大队会计、大队民兵连长、大队保管员、大队治保主任、大队委员等干部职位。在生产队这一级，设置有生产队长、生产队会计、生产队出纳、生产队保管员、生产队记分员等。

军王生产大队，下辖 6 个生产队。生产队队长由生产大队任命，生产队会计、出纳、保管、记分员由生产队指定。

表 6-3　集体化时期军王村干部职位

项目类别	职位名称	任职人数
军王大队	大队书记	1
	大队队长	1
	大队会计	1
	大队民兵连长	1
	大队保管员	1
	大队治保主任	1
	大队委员	2
各生产队	生产队队长	1
	生产队会计	1
	生产队出纳	1
	生产队保管员	1
	生产队记分员	1

（三）村民自治时期的军王村治理

1981 年，当时的村书记王万雨与大队队长王守荣意见不合，军王大队被分为了军

中国农村调查　黄河区域

294

南大队和军北大队。军南大队下辖四大队、五大队、六大队等三个生产队，军北大队下辖一大队、二大队、三大队等三个生产队。1987 年，军南大队改为军南村民委员会，下辖一组、二组、三组等三个村民小组。军北大队变为军北村民委员会，下辖一组、二组、三组等三个村民小组。

表 6 - 4　军南村村民委员会干部简介（1982—1987）

任职年份	职　务	姓　名	年　龄	文化程度	政治面貌
1982	大队书记	王万雨	43	初中	中共党员
1984	书记	王世生	44	高中	中共党员
1982	委员	王可年	30	高中	中共党员
1982	会计	彭振生	46	初中	群众
1987	书记	王万振	35	初中	中共党员
1987	主任	王世生	47	高中	中共党员
1987	会计	王可年	35	高中	中共党员

表 6 - 5　军南村村民委员会干部简介（2005—2014）

任职年份	职　务	姓　名	年　龄	文化程度	政治面貌
2005	书记兼主任	王可苓	55	初中	中共党员
2005	会计	王可年	55	高中	中共党员
2005	妇女主任	于汝娥	53	初中	中共党员

1997 年，军南村成立治保会，负责村庄治安巡逻。由书记担任治保会会长，委员担任治保会副会长。治保会下设若干治安巡逻小组，每个小组设置小组长一名，成员为 3—4 名。巡逻小组成员由军南村 18—50 岁的男性村民担任。巡逻时间为冬季，每到冬天的晚上，负责巡逻的村民从晚上 10 点开始巡逻，一直到凌晨 4 点。为了保证村民第二天有精力干活，实行两班轮换制。

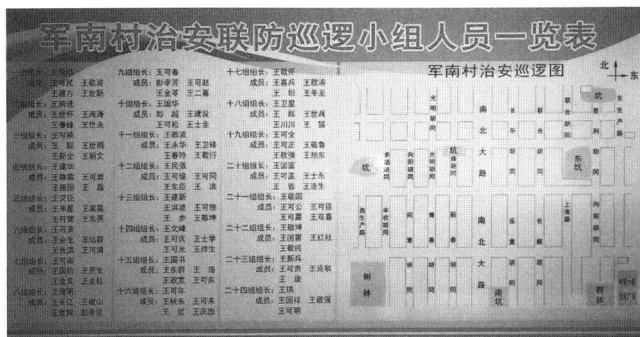

图 6 - 1　军南村治安联防巡逻小组成员名单

第七节 军王村治理实态

自 20 世纪 80 年代起，军王村被划分为两个村委会，军南村民委员会和军北村村民委员会，标志着进入了村民委员会自治时期。进入 21 世纪，村庄治理面临诸多困境，那么村庄是如何克服的呢？本节以军南村为例，从组织构成与村庄治理、选举与村庄治理及公共服务与村庄治理等方面展示军南村当下治理实态。

一、组织构成与村庄治理

军南村村干部情况如下，村干部人数共计 4 人，其中女性干部 1 人。实行党支书与主任"一肩挑"制度。2016 年村党支部书记年龄 40 岁，村干部平均年龄 57 岁，村民代表数量为 30 人。2012 年，军南村村委会领导队伍被评为"五好"班子；2016 年，军南村获得了"先进基层妇女组织"称号，同时被评为济宁市老年体育示范村（居）、为民服务创先争优先进基层党组织等。

表 6－6 军南村村民委员会干部简介（2015—2017）

任职年份	职 务	姓 名	年 龄	文化程度	政治面貌
2015	书记、主任	王敬涛	39	大专	中共党员
2015	会计	王可年	65	高中	中共党员
2015	妇女主任	于汝娥	63	初中	中共党员
2015	委员	王可理	63	小学	中共党员

图 6－2 作者与军南村村干部合影

当前，如表 6－7 所示，军南村由王敬涛书记全面主持工作，王敬涛书记年轻有为，虽然辈分在村庄中偏低，但村民对其认可度很高，村庄治理进行得井井有条。王可年会计负责财务、统计、新农保等多项事务。于秀娥妇女主任主要负责计划生育及妇女工作。

表 6-7　当下军南村村委会工作人员及分工

姓　名	职　位	负责主要事项
王敬涛	书记、村主任	党建及主持全面工作
王可年	村会计	财务、统计、新农保等多项事务
于秀娥	妇女主任	计生和妇女等方面工作
王可理	委员	协助书记工作以及负责村庄治安

从党员数量情况来看，军南村党员总人数为 27 人，其中 2016 年入党人数为 1 人。从党员年龄来看：30 岁以下党员 1 人，30—39 岁党员数量为 5 人，40—49 岁党员数量为 7 人，50—59 岁党员数量为 3 人，60 岁以上党员人数为 11 人。党员老龄化现象明显，村干部已有该问题意识。笔者调研期间有幸参与了一位 26 岁本村同志的转正大会。

二、选举与村庄治理

一是党支部选举。军南村党支部选举实行"两推一选"方式。最近一次的村党支部选举是 2014 年 11 月。当时选举村党支部，军南村具有选举资格的共计 624 人，其中实际参加投票的人数为 624 人，没有委托投票的情况。

二是村委会选举。军南村村委会换届方式是村民选举。最近一次的村委会选举时间为 2014 年 11 月，当时成立选举委员会，设置有 1 个固定投票点，没有设置流动票箱。村委会选举具有投票资格的共计 624 人，其中实际参加投票的人数有 624 人。有 40 人采取委托投票的方式进行投票，委托投票方式是书面形式。当时村委会换届选举，都是现场唱票并公布选举结果，并且建立了选举档案。选举期间，村委会并没有发放误工补贴。

图 6-3　军南村党员学习警示教育专题会
资料来源：笔者调研时拍摄。

三是村治活动情况。2015 年军南村召开两委联席会议 15 次，召开全体党员会议 12 次，召开村民代表大会 12 次，召开村民大会 2 次，民主评议次数为 2 次，村务公开次数为 12 次。

四是干群互动。军南村村干部主动向村民询问情况、征求意见的时候很多。军南村村干部在本村的威信很高，对本村村民也很熟悉，在村民心中威望高。

图6-4 军南村开展党员学习活动
资料来源：笔者调研时拍摄。

三、公共服务与村庄治理

2012年，军南村开始美丽乡村建设，随后开展了精准扶贫工程、四德工程等等一系列惠农政策。在上级的支持下，以及村书记及村两委的认真落实下，如今的军南村已大变样。2014年军南村顺利通过了山东省省级乡村文明家园的验收，村内建立了四德榜，即家庭美德户、个人品德模范、职业道德模范、社会公德模范。

2017年11月南张街道进行"气代煤"工程，此项涉及军南村、南白村、房家村3个村。刚开始村民有所顾虑，军南村村委会召开村民会议，解民惑、消民虑。军南村村委在大会上告知村民，此次气代煤工程，所需要铺设的管道、村民自家需要安装的壁挂燃气炉不用村民自家掏钱，由上级与济宁华润燃气有限公司合作。此外，还给每户村民每年补贴1 000元。截至2017年11月21日，军南村已经全部完成了安装改造工程。

军南村在村庄治理上取得了一系列可喜的成果。2011年军南村被评为精神文明先进村。2012年，军南村被评为"文明小康村"，在2012年度的农村环境综合整治过程中，荣获"一等奖"。在2012年度服务"三重"中，被评为先进村。2013年，军南村村委会领导班子再度被评为"五好"班子。2015年军南村被评为省级文明村庄。2016年9月26日，军南村开展邻里节活动。

附录一

军王村调查小记

2016 年 6 月—8 月我参与了新版中国农村调查长江流域的村庄调查，调查地点选择了我的家乡四川，而此次黄河流域的调查是我第一次独立跨省调研。未知的挑战让我对高质量完成调研的目标感到信心不足，不过好在有以往的调研经验，以及师友的点拨鼓励给我增加了底气和勇气，让我顺利完成了此次调研。回望这次在山东省济宁市任城区军王村的调研，感悟颇多，既丰富了学识，又丰富了我的人生经历。

一、回看黄河流域村庄调查

这次黄河流域村庄调查，是我独自一人前往山东调研。根据以往的调查经验，在调研之前，我要做足准备。在确定调查区域是山东济宁后，我开始查找当地相关资料，了解当地历史，熟悉当地风土人情。为此我特意多次联系山东的同学，请他们为我调研提供一些参考信息。崔杰对我的帮助很大，尤其是在如何与山东村民打交道方面，让我获益匪浅。出发前我请教了学院调研大咖华胤师兄，根据学院对此次调研的要求，初步列出了筛选村庄的一些基本条件，以便为选村做好准备，同时还对调研工作和生活所需物品进行了准备。我们山东调研分队负责人孔浩很给力，很快就确定了各个市县调研点的联系人及其联系方式。在得到济宁任城区老龄办杨科长的联系方式后，我便开始尝试与杨科长联系，但无论打她本人电话还是发短信都没有联系到她，最后通过网上查询老龄办的办公室电话才联系上了。电话接通的那一刻就感受到了杨科长的热情，后来得知原来杨科长的电话自动设置了拒接陌生电话，所以出现了这样的小插曲。我担忧的心情一下就好起来。一切准备妥当，10 月 18 日晚从武汉坐夜车前往济宁调研。经历了 13 小时的舟车劳顿终于在 19 日抵达济宁站。让我倍感温暖的是早上 6 点，还在火车上就收到了杨科长的指路短信，让独自一人到陌生地方的我十分感动。到达老龄办所在的办公楼，杨科长在办公大楼门前来接我，然后领着我去见了任城区老龄办关主任。

关主任是从基层扎扎实实一步步干起来的干部，基层经验非常丰富。对我到来表示非常欢迎，并表示会全力配合我此次的调研。听说我要进村入户调研，他耐心地传授我调研经验。关主任让我在选村时注意以下三点：一是对于敏感话题要掌握适度原则；二是选村时不建议我去村级领导班子不团结的村庄，担心我的安全问题；三是在村庄调研过程中不能当传话筒，引起村民之间的矛盾。为了让我对任城区村庄情况有大致的了解，杨科长主动帮我找资料、写介绍信让我去档案馆查询。杨科长还解决我选村期间的住宿问题。当天晚上受任城区秘书科长杨姐的邀请，入住她家，让我充满了安全感。之前充满各种担忧，这些举动都让我心里倍感温暖。

接下来的选村阶段，我调研了任城区所有麦作区域的喻屯镇、南张街道、长沟镇二十里铺、李营镇、安居镇等 6 个乡镇（街道），去过喻屯村、城南村、刘前村、文郑村、军张村、军王村、王府集村、天宝寺村等 18 个村庄。最后从村庄历史形态、村庄明白老人情况、调查目标等综合考虑选择了军王村。在任城区老龄办、南张镇老龄办的支持下，我顺利入驻军王村。军王村现为 2 个行政村，军北村和军南村。军南村王敬涛书记对我的调研工作给予了大力支持。王书记带我熟悉村庄，介绍老人给我认识，帮忙解决我驻村调研期间的吃住问题。

定村后，我便围绕 1949 年以前的军王村的历史形态正式开展调研。先对村庄内的老人进行试调查，确定了核心明白老人和辅助明白老人，并且对老人们作息及外出习惯进行了了解以便后面调研活动的开展。从访谈顺序来看，我从核心明白老人开始访谈，然后是辅助明白老人。通过访谈老人推荐的老人的方式，获得更多访谈对象。从调查内容来看，我首先了解村庄概况，然后从经济形态及其关系入手，然后再了解社会形态及其关系、文化形态及其关系、治理形态及其关系。在全部调研都过了一遍以后，再查漏补缺进行回访。整个调研一直持续到 12 月底。

二、团队合力支持

首先，得益于中农院老师的指导。中国农村研究院拥有扎实接地气的田野调查训练。在调研期间，学院老师每天都会在微信群进行指导。徐老师、邓老师的指导让我获益匪浅。在调研中后期，邓老师莅临我的村庄进行指导，让我感受到了"娘家人"

的关爱，同时在调研思路上得到点拨，帮助我进一步深挖村庄特色，把调研做得更扎实。

其次，团队调研员之间互相鼓励支持。调研中我们会遇到一些意想不到的难题。在调研期间，我也会翻看调研员的朋友圈，学习大家好的调研方法。我也会将自己的一些调研发现、感悟进行分享。在分享中与团队交流，得到老师指导。团队成员在朋友圈互相鼓励让大家能继续保持调研的热情、收获新的启发。我在调研期间，跟会芬师妹讨论比较多，调研结束后，我们结成了调研"革命"友谊。

再次，调研路上很多人给予我帮助。他们有的是政府官员，有的是村干部，有的是普通村民……他们之中有的我知道名字，有的是不知名的陌生人。特别感谢关主任、杨科长给予我的调研支持，感谢军王村王书记一直支持我在军王村做调研，感谢军南村妇女主任于阿姨、军南村村会计王叔叔给予我的帮助。于阿姨考虑到我去镇上访问村里的老人交通不便，主动借我自行车用。感谢接受我访谈和给我推荐老人的所有人。

最后，感谢家人朋友的支持。感谢照顾我生活的马阿姨一家。我之所以能在军王村顺利展开调研，离不开马阿姨的支持。马阿姨热情好客、勤劳善良，是个爽快人，特别好相处。调研期间，马阿姨把我当自己闺女一样看待，还教我一些为人处世的道理，让我更加积极乐观地面对生活学习中的挑战。她家家庭和睦、其乐融融，让人倍感温暖。

三、在调研中的收获

从对自身的历练看，一是体验到异地文化。作为四川人，我第一次独自一人深入到山东调研。我第一次长江流域村庄调查是在四川。在此之前，只去过山东东平。这次扎根调查，让我更加深刻体会到异地文化带来的冲击感。二是专业知识的增长。我博士研究方向是基层治理，此次调研让我对山东 1949 年以前村庄治理形态有了更深入的了解。三是调研能力的提升。更加深入体会"行为—关系"研究范式，在具体的实践中去学习掌握田野调查方法。相比以往的调研，更加注重挖掘纵向关系和横向关系。四是收获满满的情谊。我与村里访谈老人、照顾我生活的马阿姨一家、村干部……都结下了的深厚情谊。感恩此次调研路上给予我帮助和支持的人们，因为有你们，我才顺利完成调研。

附录二

军王村调查日记（节选）

2016 年 10 月 19 日星期三　多云

坐了 13 个多小时的夜车，于今早 8 点抵达济宁站。还没有到济宁的时候，就已经感受到济宁人民的热情——在火车上收到了杨科长的指路短信。这给了怀着忐忑心情，初到陌生地的我大大的温暖。大约过了一个小时，我终于找到了老龄办办公大楼，一幢九层的蓝色大楼。杨科长在办公大楼门前来接我，放好行李后，领着我去见了任城区老龄办关主任。

为了让我能对村子情况有所了解，杨科长积极寻找资料，主动给我写介绍信，跟档案馆那边联系。任城区档案馆不太好找，出租车师傅都找错了。导致我耽搁一个小时，赶到档案馆时，工作人员都快下班了。不过我说明意图后，任城区档案馆工作人员崔姐还是很热情。下午，我通过任城区区志和地名志了解了任城区的村庄。

晚上受任城区秘书科科长杨姐的邀请，入住她家，让我充满了安全感。之前充满各种担忧，这些举动都让我心里倍感温暖。

2016 年 10 月 20 日　小雨

今天独自一人前往喻屯镇，和喻屯镇老龄办梁姐沟通后，去了喻屯村和城南村。乘坐公交车到火车站，然后再换乘 52 路公交车抵达。出师不利，刚到喻屯镇就变天了，雨哗哗地下。晚上气温下降，还好出发的时候区老龄办杨姐提醒，于是我多带了一件厚衣服，这才感觉不冷。今晚入住城南张村农户家，村里的医生，就在村委会旁边。刚开始张书记安排我一个人住村委会，在村里医生家吃饭。后来在吃饭的时候，女主人留我在她家住，最后入住农户家。

图 1　入住农户家睡的床

今天调研到了喻屯村。喻屯村有李、魏、孟、廉四大姓氏，还有史、吴、武、秦、房、陈、郑、贾、王等小姓，1949 年以前，村里有关帝庙、村西寨门奶奶庙、东来阁（又称花花奶奶庙）、龙王庙，村中孩子得天花病，家人会去拜东来阁的花花奶奶。四眼水井分布在村子的东南西北四个角落，吃水用，不用做灌溉，庄稼都是靠天收，地势低洼，十年九涝。

1949 年以前村设置了一个保长，下设三个村长。地主 31 户，富农 26 户。最大地主有 2 000—3 000 亩地。副业方面有木匠、泥瓦匠、教书、裁缝、画匠，不过现在在世的老人当中没有从事这些职业的。村内有集市，农历逢三、八赶集。村里人称之为"赶会"。除李家酒馆，还可以去东边 8 里外的王屋屯，西边 12 里王谷堆，北边 25 里寺谷堆，南边 12 里谭口集。买油盐酱醋洋烟洋火就去财主家的铺子。村里无租佃关系，穷人都给地主打短工，没有长工。村里现在的老人基本情况是，85 岁以上老人的健康状况不怎么好，交流有困难。这对访谈造成了很大困难。

城南村张姓为大姓、刘、冯、王，桂各 1 户。村内有祠堂，1949 年以前 12 户地主，面积多的 70—80 亩地，面积少的 40—50 亩。有两户请长工，称为"扛活儿的"。短工称为"打短儿的"；富农 4 户。有和尚庙和土地庙。受访者 89 岁，其父亲是保长。当时的基层治理结构为：保长—村长—4 个排长。保长由村民选举产生。村中 10 眼水井，挨着近的农户一起打井，没有打井的人也能够用水。老人情况：80 岁以上老人 28 人，男性 12 人，可以沟通交流的 7 人。

图 2　南张镇喻屯村的老人

图 3　南张镇喻屯村张书记开着
三轮车送我离开

2016 年 10 月 21 日　小雨

　　早上六点半起床，收拾好，七点半从城南张村前往南张镇。城南张村张书记开着三轮车，淋着小雨送我一里多路至公路旁等公交车。转了三次车来到了南张镇，陈主任笑脸相迎，说话速度很快，有时不太听懂。顺便坐着管区的车来到了军南村，跟张书记交流，得知村里明白老人有两位，其中有位老人是地主后代，能交流，但不在村里。

　　在陈主任跟文郑村、军张村、刘前村会计联系后，下午 3 点过，陈主任送我来到刘前村。接洽好后，陈主任就回市区了。在田会计的带领下，我访问了 2 位老人。对 1949 年以前的刘前村有了初步的了解。

图 4　在刘前村接受访谈的老人（一）

图 5　在刘前村接受访谈的老人（二）

图 6　村民看电影

2016 年 10 月 22 日

　　上午访问了刘前村刘汝宣，老人 82 岁，精神好。我对 1949 年以前的刘前村的私塾教育、保长治村、茶馆、石碾使用、用工雇工规则等进行了解。同时还访问了军张村的老人，了解了军张村 1949 年以前的基本情况，比如保长当家、土地买卖（划地）、农闲逃荒。

　　下午刘前村田委员开车送我至军张村，非常感谢田叔叔。在军张村和四位老人进行了聊天，有位 90 岁的老人耳朵稍微有点背，不太能听懂他说话。与 83 岁和 80 岁的爷爷交流没有困难。晚上入住

图 7　我与田会计的合影

田会计家。刚开始田会计担心家里脏，不愿意让我入住，后来我通过多次做她的思想工作，田会计热情地招待了我。

2016 年 10 月 23 日星期日　　阵雨

　　今天访问了文郑村的一位老人，1949 年以前老人家里有 7—8 亩地，租种文继文 20 亩地。我向老人了解了当时租佃情况及租佃关系，老人说粮食不够吃，自己的亲戚有喜忧事儿，要拿钱。租种文继文家的 20 亩地，其中包含了文继文买的地。但是村中的地主及后人不在世了，对其他情况，老人就不是很清楚了，因此，没有可以访问的明白人。经过几天的试调查，感觉自己还是没有找到同时具备村庄形态好又有明白老人的理想村庄，心情非常沮丧。

　　在回城的途中，抱着试一试的态度，一路询问，走到了军南村王世良老人家，老人对 1949 年以前的军王村有了一定的了解。王爷爷虽然 86 岁了，但是还能看报，思维清晰，记忆力惊人。该村能聊天老人情况：92 岁老人 1 人，87 岁老人 1 人，83 岁老人 2 人，82 岁老人 1 人，83 岁老人（读过私塾）1 人。心中倍感欣喜。不过为了寻找理想调研村庄，还是准备按照预先设想的那样，把可能的乡镇都跑一遍，将军王村作为备选村庄。

图 8　与天宝寺村
张爷爷的合影

2016 年 10 月 25 日　多云

今天调研的是天宝寺村，天宝寺村 1949 年以前为十五保，1949 年以前有张、王、李、赵、刘、戈、毕、骆、陈、郑、周、魏、滕、段、崔、胡等姓氏的村民在此居住。土地分为岗地和洼地（蛤蟆坑）。农户拥有土地最多的为 120 亩。200 多年前，村里刘家土地上千亩。以种小麦为主，也种高粱，谷子。天宝寺村紧邻东刘村土匪窝，村里有借粮食的农户。

2016 年 10 月 30 日　晴

经过 10 天的选点，除了任城区的水稻区，我将剩下的麦作区喻屯、南张、长沟、二十里铺、李营、安居等 6 个乡镇 18 个村跑完，最后通过多方综合考虑，我还是决定选择军王村作为调研点。将整理的调研情况向邓老师汇报，邓老师也建议我选择此村作为调研点。军南村王书记带我熟悉庄里的老人。熟悉后，我便开始正式的驻村调查了。

图 9　军王村拉呱儿的老人们

2016 年 10 月 31 日星期一　阴

图 10　热情的村民送给我的辣椒

在去访问王世良老人的路上，遇见一位村民摘辣椒，我主动跟他打招呼，没想到，他竟然热情地送了我一把辣椒。今天与王世良老人聊了一下村庄公共土地及其使用规则，了解到村庄以前有公坑，还有看坑人，这让我这个四川妹子感到很新奇。老人还讲述了以前有卖公坑的情况，从中可以看出庄内穷人和富人的关系。今天还访问了王世习老人，世习爷爷 80 多岁还主动帮着家里干农活。我只能趁着他有空的时候访谈。采取漫谈聊天形式，看老人对哪些问题感兴趣，准备后面再深入问问。

2016 年 11 月 1 日星期二　晴

今天在王世习老人家与他进行访谈。老人家是地主，于是我向老人家了解了以前村庄里雇工、用工情况及生产工具使用及其关系。获得了一个新名词"二八劈股"。在生产工具使用方面了解到有"请犋子"这一说。请犋子原因：农忙时节，耕地的时候，自家的地耕不过来，得请犋子。向谁请犋子：优先考虑向亲戚请，但是向朋友请犋子的比较多，因为朋友之间很少开口求帮助，你向他请犋子，他不好意思不同意，而亲戚可以推。请犋子时间：一般是一天，顶多两天。因为牲口认槽，在别人家吃不好。如果待长了，会把别人的牲口饿坏了，牲口主人也不愿意。请犋子还情方式：不用给工钱，因为有人情。别人想用牲口的时候，可以借给他。别人如果不用自己的牲口，可以用别的形式换。比如在朋友有喜事儿的时候，村民在随礼的时候就多送礼。

晚上由马阿姨带着，认识了村里跳广场舞的大妈们。阿姨们每天都坚持跳。我也跟着参与到其中，这让我更快地融入了村庄。

2016 年 11 月 8 日星期二　多云

万明老爷爷 90 岁，但耳背，还好有 88 岁奶奶当"翻译"。临走时，奶奶说："一个人在外不容易，有什么事，吱个声儿。"听着奶奶的话，心里很感动。今天万明爷爷讲述了他吃工夫粮的经历，农忙的时候去帮地主家干活儿，一年挣 500 斤黑粮（高粱）。他们家还有一个扛活儿的，是河西的芒店的人。待遇：地主会给吃工夫粮的 1 亩至 1.5 亩的地，让吃工夫粮的种芋头（红薯），种了以后，五五分成。吃工夫粮的会分 500—600 斤粮食。工资给付时间：在请工夫粮的时候，雇主就会把粮食给吃工夫粮的，让吃工夫粮的接卜来为他干活儿。吃工夫粮的家里穷，等着吃粮食。"穷人砍高粱，两手抱个肩，不要衣来不要衫。"不给地主家干活，地主不管饭，管饭的时候，和地主同桌吃饭。扛活儿的一年得 1000 斤粮食。

2016 年 11 月 9 日星期三　多云

83 岁的彭爷爷耳朵很背，在交流后，我发现即使是用手写的方式，老人也不是很能说。1949 年以前，他居住在城里，八九岁来村子，后来当会计。老人对土匪这一话题比较感兴趣。来村里抢东西的土匪有楚贵轩、陈良子、黑老五，抢了王守荣家的东西。世溪爷爷今天身体不舒服，没法访谈，估计得等好几天才能去找他。来到万明爷爷家，爷爷倒是有时间，可是说不出多少东西。早上心情很沮丧，想着明天能和世良爷爷约上，心情稍微好转一些。约不上老人就整理录音吧。下午访问王万亮老人。

2016 年 11 月 10 日星期四　多云转晴

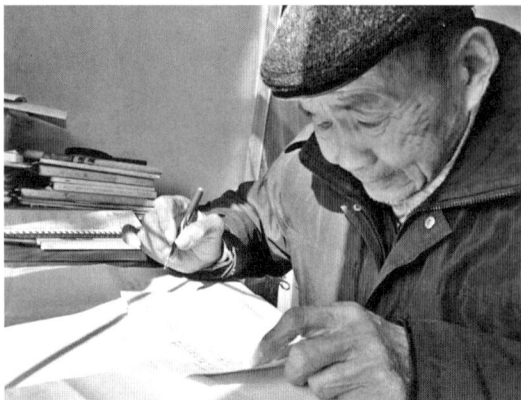

图 11　王世良老人正在手绘制 1949 年以前村庄平面图

受访者：王世良

今天跟老人了解到打平伙、吃社、求雨、红会方面的内容，同时对家务管理这一块的内容也有所提及。世良爷爷还帮我一边回忆一边画村庄 1949 年以前的布局图。每户农户的居住位置都被他标注出来了。

2016 年 11 月 12 日星期六　晴

王万坤 92 岁，王万良 80 岁。我给万坤老人买了点小礼品，老人可高兴了。村内以前有庙地，后来土改就没了，万前种过庙地。军王村的白社的发起人被称为头儿，白社的头儿是王继和。参加原则：自愿原则。白社管理：由头儿负责管理。

2016 年 11 月 15 日星期二　晴

上午整理访谈资料，下午去余阿姨家借自行车，没想到正好碰上余阿姨也去南张，于是搭着余阿姨的三轮顺风车来到南张镇上。来到王世良爷爷家，王爷爷正在扫院子，说"一叶能知秋，现在都落了好多叶子了。"待爷爷扫完院子，我们便开始了访谈。今天的主要话题是集市，主要谈了集市活动和流动商贩两个板块。五点过后，我结束访谈，准备明天再继续。临走时，王爷爷说："明天来时，你先唱首你拿手的歌，我也给你唱一首，然后我们再聊。唱歌起保健作用，可以锻炼精、气、神。"

2016 年 11 月 16 日星期三　阴转多云

早上 7 点起床，昨晚与肖老师交流，肖老师提醒我下周降温要加衣服，今天准备访谈一整天。早上吃完饭，马阿姨说她今天没有事，可以送我去南张，于是在马阿姨的陪同下，到了王爷爷家。昨天跟王爷爷约好，结果到王爷爷家发现正厅的门紧锁，心里咯噔了一下，担心爷爷不在家，结果到王爷爷住的屋子一看，爷爷正在看报纸。王爷爷笑着说："我刚刚刷完碗筷，收拾好，你就来了。"我们闲聊了一会儿，根据昨天的王爷爷的要求，我给王爷爷唱了一首老歌《小城故事》，王爷爷唱了一首他在抗美援朝时期学的歌曲《歼敌大精彩》，王爷爷的歌声嘹亮，中气十足。唱歌结束后，我们开始今天的访谈。继续昨天的话题——集市活动，王爷爷大致绘制了 1949 年以前村民常去的店子集的平面图。

2016 年 11 月 17 日星期四　多云

今天与世良爷爷约好访谈，感觉老是麻烦马阿姨不太好，于是准备走着去世良爷爷家。谁知在半路上遇见了军张村的女会计阿姨。我一眼没有认出阿姨，还是阿姨先认出我来。然后热情的阿姨主动提出载着我去南张。今天准备让王爷爷复原村庄农户基本情况、家庭总人口、婚姻圈、土地等基本信息。访谈一个小时后，老爷爷的儿子说他要去走亲戚，问老人是否去吃饭，老人说他不愿意去，中午做饭的重任就交在我身上了。给爷爷做了一个白菜炖豆腐，中午我和爷爷一起吃饭。下午了解了一下 1949 年以前抱养和过继惯性。

2016 年 11 月 18 日星期五　阴

上午整理村庄基本信息，感觉北方村庄比南方大户的人口要多些。下午访问王万良爷爷，刚去时，老人正在家里和其他人拉呱儿，正在聊发丧，得知村里有位 80 多岁的老人去世，农历二十二发丧。于是我将今天的访谈主题改为丧葬。临走时，万良爷爷说发丧那天带我去看看。

晚上邓老师在微信群的方法指导，让人获益匪浅。邓老师认为有三个深入调研的方法：一是纵向关系，从纵向上可以分为个人性、家庭性、宗族性、社会性、村庄性（公共性、治理性）、国家性。二是横向关系，长幼、男女、贫富、贵贱（是否读书人）、高低（职位）。三是四个关键词，资格、条件、形式、顺序。

2016 年 11 月 20 日星期日　阴

受访者：王万良

今天参加了村子里丧葬吊唁活动，军北村 80 多岁老人王世宏去世了。

吹拔啦吭的，要有客人来了才吹，来吊唁的客人每人手里都拿着钱纸。去世老人家亲戚来人，所有孝子得去迎接。吹拔啦吭的走在最前面，吹奏着乐器，然后是去世老人的儿子，长子不在队伍

图 12　村民办丧事中

中，长子在丧屋守灵。孝子们戴着孝帽、穿着孝衣去迎接。然后亲戚进屋去行跪拜礼。女性在丧屋行跪拜礼，男性在场院行跪拜礼。孝子要戴孝帽，腰上拴着孝帕，脚下穿着白鞋子。在场院，跪着孝子。吹拔啦呐的在1949年以前要拜师，拜师的时候，得把同行请来。一般是跟师傅关系好的同行。

2016年11月22日星期二　阴

图13　军王村雪中的麦地

今天是农历小雪，早上6点就醒了，在北方遇见了第一场雪，心情有些小激动，洗漱完毕，发现老师的温馨提示，让大家保暖和注意拍摄雪景，于是出门和雪来了一次亲密接触。一个人在村头的雪地里拍摄雪景，路边不时有上班的人、有送孩子上学的人经过。想起去年在四川老家也经历过一场南方的雪，天亮时白茫茫一片，不到10点，雪差不多就已经化完了。北方的雪和南方的雪不一样，到了晚上，雪依旧随处可见。北方的冷，是风吹着的冷。不禁想起歌词"风吹呀吹呀，吹不灭是我尽头的展望。吹呀吹呀，我赤脚不怕"。

今天主要访问了两位爷爷，世习爷爷还是那么忙，趁着他吃饭休息的时候，跟他聊了一个小时，补充问了一下家庭管理专题。老人兴起顺带聊了一下春节。在老人的葬礼上，看到万军爷爷担任大执宾，准备向他了解一下丧葬细节。

2016年11月23日星期三　晴

虽然今天是晴天，但是温度很低，真正体会到了什么是"下雪不冷化雪冷"了。晴天，也是大清洗的好日子。第一次去北方澡堂，刚开始不敢去，后来问了两个熟悉的阿姨都不去洗澡，于是自己向余阿姨借来了自行车，鼓起勇气骑着车来到了澡堂。运气还比较好，有单间，就是价格有点贵，20元一次。洗浴室比较简陋，有一个木桶，但是很暖和，这点让人很满足。下次要跟阿姨一起去体验一次搓背。下午访问王万亮爷爷。今天访谈的专题主要为逃荒，万亮爷爷家是中农，1948年逃荒。临近访谈结束时，脚趾头已经冻得僵硬，感觉快不是自己的了。回到马阿姨家，阿姨家正在烧着炉子，一股暖气扑面而来，让人倍感温暖。晚上阿姨做的油炸小虾、军海嫂炒的油菜金针菇炖豆腐。在马阿姨家，每顿都吃得好撑，感觉是要长胖。在寒冷的冬夜，喝上一碗热乎乎的汤，感觉是一件很幸福的事情。难怪村民们都喜欢喝汤。

2016 年 11 月 24 日星期四　晴

　　早起 6 点闹铃响，赖了一会儿才起床。早起的好处是可以看到与往日不同的风景。朝霞与远处的一排排树木映衬，图景妙不可言。草地里全是晶莹剔透的冰晶，原来昨晚下霜了。洗漱完毕后，准备整理访谈录音。整理了 1 小时录音后，阿姨把饭做好了，我开始喝汤。今天军海嫂做了双层夹心鸡蛋火腿饼。吃完饭，跟阿姨闲聊了一下，然后又开始整理录音，准

图 14　结霜的落叶

备待气温升高一点再去访谈。今天运气好，虽然万亮爷爷没有空，但是世习爷爷有空。趁着世习爷爷空闲的时候，赶紧跟他聊起来。世习爷爷讲了一下他们家的逃荒经历。原来地主家庭也有逃荒的情况。他们家当时是父亲母亲带着小妹妹去逃荒。原因是 1947 年先旱后淹。中午特殊情况，肚子疼得不行了，在床上躺了 2 个小时才慢慢好转。修改长江小农视频脚本到凌晨。

2016 年 11 月 25 日星期五　晴

图 15　军王村王世习老人

　　早上仍然有霜，只是没有昨天的大。昨晚熬夜改视频，今早仍然七点半就醒了，今天有幸能在世习爷爷一边晒豆子的时候，一边跟他聊天。访谈进行了一个多小时。吃完午饭，把上午访谈的内容整理了一下。万亮爷爷因上午弄了煤炭，下午比较累，想晒晒太阳休息，于是不便打扰。看着时间还比较早，于是准备去镇里访谈世良爷爷。给王叔叔打电话，不过他不在家，也不知道世良爷爷是否在家。找不到其他老人的我，准备去试试。幸好余阿姨家有人，叔叔热情地把自行车借给我了。世良爷爷在家，正在看报纸。得知老人有空，心里很开心，顺便预约了接下来几天的访谈时间。今天主要跟老人聊了拜神方面的问题。

图16　日暮时分的军王村一角

2016年11月26日星期六　晴

上午访问了世习爷爷，从拜神聊到香火会，聊了香火会上的唱戏。聊天时，爷爷拿出瓜子让我吃，我抓了一把，爷爷说我手太小，让我继续抓。世习爷爷说我再大，在他眼里也是小孩儿。从四川那么远的地方来，不容易。他再三叮嘱我别冻着。

昨天和世良爷爷约好下午去访谈，运气不好的是，今天余阿姨在用自家的自行车，我只能步行去南张镇找世良爷爷。还好今天是晴天，走路就当锻炼身体了。走了半个小时来到爷爷家。世良爷爷正在洗南瓜，准备晚上做来吃。于是我帮爷爷把南瓜切好。切好南瓜后，我们开始了访谈。接着昨天的拜神话题继续聊，又聊到生育。在聊天过程中，世良爷爷还给我布置了两篇文章，一是古风古韵古任城，二是调研感悟。我告诉世良爷爷，我每天都有写调研日志。回到村子里已经快天黑了。

2016年11月27日星期日　晴

上午访问了王世习爷爷，在场院里聊了一下倒插门儿。下午访问王万亮爷爷。今天村子里有人过寿，于是爷爷们聊了1949年以前的祝寿情况。以前老人66岁、73岁都是自家人庆祝，只有80岁的时候才兴大办。平时不兴过生日。在暖洋洋的太阳照耀下，老人话也变得比前两天多了些。整个访谈过程比较轻松，万亮爷爷不时发出笑声，周围偶尔有邻居过来听我们闲聊，还吸引了一位82岁的王爷爷。两个老人你一句我一句，让整个氛围更加适合聊天。

2016年11月28日星期一　晴

接连几天的好天气，让每天的访谈稍微顺利一些。上午按照昨天约定的时间来到世习爷爷家。世习爷爷家的电机坏了，叔叔维修，世习爷爷在旁协助，我提议去帮忙，他们都说不需要我去。等了10多分钟，世习爷爷休息了一会儿，我们就开始聊天了。从昨天的祝寿开始聊起，然后聊到了养老，最后聊到村里的保长。

中午吃完午饭，来不及休息，因为世良爷爷今天好不容易在家。可惜余阿姨不在家，借不了自行车，于是只有步行到南张镇上去找世良爷爷。走在路上的时候，眼睛有些干涩，睡意渐浓。于是拿出耳机听着歌。走了约半个小时，来到世良爷爷家。爷爷还在看报纸。跟世良爷爷闲聊几句后，他开始回忆 1949 年以前村庄人口，我将每个家庭的代际层级弄清楚了。

2016 年 11 月 29 日星期二　多云转阴

今天上午属于漫谈式访谈，当聊到村里的酒馆时，世习爷爷要去忙了。今天世习爷爷讲了村民信仰。村东北边儿的大杨树，树龄很久。村民有事儿的时候会去拜大杨树，比如家里有人生病的时候。祭拜时，会带着果供和香。老人说拜杨树时，不烧纸钱，只烧香，拜庙里的神仙时，才会烧纸钱。男女都可以去祭拜，但一般是女的去的比较多。外村也有人来祭拜。

2016 年 12 月 1 日星期四　多云

今天是 12 月的第一天，看着日子一天天过去，倍感时间紧迫。早上 6 点钟起，因为觉得在早上这段时间，精力最为集中，整理效率高些。洗漱完毕就开始整理录音，整理大约一个小时，马阿姨叫我吃饭。阿姨做的莲藕炒粉条，还有包子，都很不错。

来到世良爷爷家，他刚刚做好饭，正准备吃饭。世良爷爷招呼我坐下，问我是否喝水。我让世良爷爷先吃饭，吃完我们再慢慢聊。世良爷爷吃完收拾好后，打趣地对我说："那我们开始上课啦。"我说："王老师好。"于是两人都哈哈大笑起来，访谈也就在我们的笑声中开始。今天主要访谈了有关家户制度的问题。在使用权这一块儿补充了一些内容。

在访谈过程中，世良爷爷不时关心我，对我说："多穿点，离家这么远，别冻着了，你爹妈挂念你。"

2016 年 12 月 3 日星期六　多云

想着还有很多问题没有深入调研，昨晚失眠了。早上洗漱收拾完毕后，大约 7 点开始继续整理昨天访谈录音。上午访问世习爷爷，很开心。来到世习爷爷家，世习爷爷穿着白大褂，在家北的院子里筛黄豆。我走到老人旁边，见老人正要把豆子倒入口袋。我于是上前帮着拉口袋，方便老人把豆子倒入袋子里。接下来开始和世习爷爷聊天。刚坐下，世习爷爷就问我喝水不，我笑着说我刚喝过。世习爷爷对 1949 年以前的淘井情况比较清楚，今天收获比较大。

下午访谈万亮爷爷，了解以前的宅基地边界，万亮爷爷为我画出他家原来的房屋平面图。后来还聊到了典当房子。当时万亮爷爷家喂养牲口没有屋子，而村里另外一

图 17　军王村王万亮老人

家农户家有房屋空着。于是那位农户将空闲房屋典当给万亮爷爷他们家。当时还写了合同，被称为"活业"。房屋典当期间，屋主如果想要收回房屋，需要与承典人商量，如果承典人答应，就可以赎回去。超期以后还可以续典。典当不需要报告官府，不用去官府登记。

2016 年 12 月 7 日星期三　晴

上午访问世习爷爷，了解了 1949 年以前房屋修建的一些情况以及老人爷爷当年作为医生的一些情况。房屋修建分为以下几个步骤：垫地工，打地基，垒墙，上梁，处理顶面儿，做屋檐。

村里的医生有三位，张广元，王者贤的父亲以及世习老人的爷爷。1949 年以前，村民称医生为"先生""大爷""大夫"以表示尊敬。

2016 年 12 月 8 日星期四　晴

今天心情跌落到谷底，按照以往的情况，世良爷爷每周这个时候基本在家，今天我疏忽大意，没有提前给可生叔叔打电话，结果火急火燎地走半个小时到世良爷爷家，却发现爷爷不在家，去城里了。感觉像是晴天霹雳。叔叔说世良爷爷可能要下午 1 点才回来，于是我在那里等，结果等到太阳都快下坡了，老人还未回来。我只好灰溜溜地回来了，心里很难受，感觉时间越来越不够用。

2016 年 12 月 9 日星期五　晴

最近昼夜温差大，早上起来能看见白霜。早上吃饭的时候，给可生叔叔打电话，世良爷爷还未回来，于是打算整理之前的访谈内容。中午马阿姨家来人，以为我是阿姨家的客人，阿姨就说"是我闺女"，确实阿姨待我如同亲闺女。这段时间特别感谢阿姨一家。中午给可生叔叔打电话，说世良爷爷已经回家，心情顿时舒畅起来。感觉肚子里憋了好多话，跟爷爷聊不完。不知不觉中天快黑了，于是不得不结束访谈，跟爷爷约好明天、后天继续访谈。

2016年12月10日星期六　晴

今天上午整理资料到 9 点才吃早饭。吃完早饭，赶紧去找世良爷爷。在聊天中，补充了昨天的关于军地、契银以及医生收徒弟这一块内容。世良爷爷提到富人修建房子时，有"领线的"，即修房子的包工头。准备明天继续追问。中午给老人做饭，白菜炖豆腐。老人喜欢吃原汁原味，炒菜时，我没有放很多盐。临走时，听着爷爷唱着歌曲，与爷爷分别。明天继续访谈。

2016年12月11日星期日　多云

今天早上阿姨知道我要去访问世良爷爷，早早地做好早餐。大约八点半吃完早餐，于是步行去南张找世良爷爷，走在路上，遇见村里叔叔向我打招呼，聊了几句后，得知他也正好去南张，于是问叔叔是否能载我一段儿。叔叔欣然答应，只是车子有些小，我背着的书包有点沉导致整个人坐在车子上直不起腰杆，后来调整了一下，瞬间感觉舒服多了。中午给爷爷做了韭菜炒鸡蛋。世良爷爷、可生叔叔还有我三个人共进午餐。今天和爷爷访谈了一天，世良爷爷精神头很足，我感觉自己嗓子快不行了，回到住处，发现嗓子有点疼了。

2016年12月14日星期五

今天很激动，因为邓老师要来村中现场指导。我先跟会芬师妹会合，然后我们一起在南张街道上等邓老师一行的到来。见到邓老师那一刻，真的感觉像见到亲人一样，激动得眼泪都出来了。下车后，我先带邓老师去村里转悠了一下。然后邓老师开始现场指导访谈。访谈对象是王世良老人。世良爷爷刚开始还有点小紧张，后来便聊开了。在王世良老人家里，邓老师现场示范了如何从个体性及家庭性、家族性、社会性、公共性、国家性等方面进行口述访谈。同时还让孔浩同学学以致用，现场示范了一下。邓老师的示范教学，让我更深刻掌握访谈技巧，为自己接下来的补充调查提供了方法指导。

2016年12月15日星期六

今天我跟随邓老师来到了会芬师妹的调研点兖州。在兖州，邓老师也给我们进行了现场示范教学，并让我们进行现场学习、提问。通过这次现场学习，更加体会到我们在调研过程中，不能仅仅停留在问什么，更要注重问为什么，层层剖析，才能更容易发现隐藏在事实背后的逻辑、规律。通过比较研究，才可能发现被遮蔽的问题。

2016 年 12 月 22 日星期日　晴

调研接近尾声，今天继续访问世良爷爷，补充之前的一些细节问题。王世良爷爷在我临行时赠言：一是要写周记、日记；二是阅读方面，要阅读古籍原典；三是工作方面，工作时注意心理状态，注意生理状态；四是身体方面，要坚持养生健体，致力于身心保养，不追求名利。学会炼形（身体）、气（呼吸）、神（心意）三要素。最后世良爷爷还传授秘诀，说要做成一事先具备四个条件：法、财、侣、地。诚挚的话语寄托着世良爷爷对我关心，感恩调研路上遇见这么好的老人。

2016 年 12 月 23 日星期五

图 18　军王村马阿姨在凤凰台留影

调研即将结束。今天，马阿姨带我去看了凤凰台。凤凰台面积 10 000 平方米，凤台夕照是明代任城八景之一，曾吸引无数文人墨客前来吟诗作赋。据传北宋初年，兴修水利，开挖赵王河时，此地为河道拐弯处，于是积土成台，成为人类聚集地。凤凰台共三层，台高 11.5 米，底部为 4 000 平方米，顶部为 1 600 平方米，按照两仪、四象、八卦建造，甚为考究。暗合三才、天罡、地煞之数，台上殿宇雕梁画栋、金碧辉煌。石阶顶门楼为凤头，左右两边出水为凤耳，东西钟鼓楼为凤眼，南大殿为凤脊，东西两殿为凤翅，殿后一片紫竹子为凤尾，远远看去恰似一只展翅欲飞的祥凤。历史记载："任、宿、须句、颛臾，风姓也，实司太昊有济之祀。"经近代专家认证，凤凰台即太昊祭祀台。

晚上在马阿姨家聚餐，马阿姨的女儿女婿都回来了。知道我要离开，马阿姨很不舍。我们聊着天，后来我提议给马阿姨拍照留作纪念。阿姨很开心。饭后去村委会广场，跟村里跳广场舞的阿姨们道谢告别，谢谢她们这段时间对我的照顾。

图 19　我与马阿姨的合影

图 20　与广场舞阿姨们道别后拍照留影

2016 年 12 月 24 日星期六

本来上午打算就家户制度的新专题访问世习爷爷，前两天已经和世习爷爷约好，谁知村里的孤寡老人在敬老院去世了，今天发丧，于是世习爷爷要去帮忙，所以上午的访谈暂时不进行。会计爷爷有空，于是我对村庄的实态数据进行了解。今天世良爷爷家吃喜面，吃饭过程中，世良爷爷把他的外孙女介绍给我认识，还说让外孙女送我去车站。我不好意思麻烦他们，于是婉拒了爷爷的帮助。今天吃的宴席有 20 道菜。鱼最后端上来，村民们说只要鱼端上来了就意味着菜齐了。吃完饭，世良爷爷把我叫到一边，说让他的孙女送我去车站，和世良爷爷聊着聊着，我的眼泪就不自觉地流下来了，声音也有些哽咽，感谢世良爷爷这段时间对我的支持。

下午赶到世习爷爷的养猪场，跟世习爷爷聊家户制度，结束后我才从村子出发。王书记请他的朋友开着车送我去车站。在车站跟王书记告别，感觉很不舍。对王书记，我心中充满感激之情。

"户落"共生：

黄灌区村庄的社会联结与治理

——黄河区域渠中村调查

* 张鑫，男，河南封丘人，华中师范大学中国农村研究院（政治科学高等研究院）2018级政治学专业博士研究生。现为四川师范大学马克思主义学院讲师，主要从事中国政治与基层治理研究。

第一章　村庄的由来与演变

　　渠中村是宁夏回族自治区石嘴山市平罗县黄渠桥镇下辖的一个行政村。历史上，此地因处于惠农渠和官泗渠之间而名渠中堡，后来行政建制改革之后，以村为行政单位，改称渠中村。1949 年前隶属的行政区划是黄渠桥乡，其下辖管理地域是以官泗渠为中线，由东南到西北全长 4 到 5 公里，幅宽 2 到 3 公里。南起现今灵沙乡的光明村，北至现今惠农县东永固乡李岗村，总数包含有十数个自然村，1949 年后行政区划和辖区单位几经调整，最终形成了现今 7 个自然村，共计 11 个生产队（组）的行政村格局。

第一节　村庄的形成

　　渠中村之中最早定居下来的聚落及其具体的时间已经无从考证，但是根据《宁夏回族自治区平罗县地名志》上的记载：清代，在平罗东部滩地开惠农渠和昌润渠，招民垦种，人口猛增，村落遍布，农业得到突破性的发展，行政区划相应地扩展，全县先后设置基层行政单位六十五堡，[1] 渠中堡就是其中一个。在清朝雍正时期，开挖惠农渠垦种之后，就逐渐有了渠中地区的垦殖农户，管理单位也随之形成。

---

1 平罗县地名志编纂委员会编：《宁夏回族自治区平罗县地名志（内部资料）》，平罗县人民政府编印，1987 年版，第 20 页。

一、村名的由来

据有关文献[1]记载，黄渠桥周边的土地灌溉及开垦始于康熙五十年（1711年）修的惠农渠，此渠后于清雍正四年（1726年）重修，并且还开挖了接引惠农渠之水的支干渠昌润渠和官泗渠，至雍正七年（1729年）才完成。惠农渠素来有一渠二梢的说法，官泗渠即为其中之一梢，民间流传着一种说法"先有官泗渠，后有惠农渠"。因此，官泗渠又被称为惠农渠东梢或者东梢官泗渠。据传清雍正年间开挖惠农渠，因为东部垦植农户较多，于乾隆三年（1738年），将渠梢向东开挖，即为今官泗渠。后来，清朝嘉庆年间，贺兰山一带人口不断增多，必须西开灌溉渠，于是决定将惠农渠向西开一梢。但是因为当地地势是东高西凹，新开西梢势必会影响东梢灌溉，东西两梢村民经常因为争水而打架。后来经过官府出面与双方协商，决定每年灌水季节必须先为泗渠上三天官闸，先开东梢三日再开西梢，并将此公约写在牛皮文书上，故而后世称泗渠为官泗渠。当时清政府在编籍百姓的时候就将处于官泗渠和惠农渠中间的地界称为渠中，而此地设的堡就叫作"渠中堡"。

二、姓氏与村落

渠中堡的百姓是以家庭形式聚居于一处，并且以家庭为单位进行生产和生活。大型的家庭人口较多，会在自己占有的田地附近建房搭屋，并且在房子周围建立起寨墙，以防御匪患、野兽、风寒等入侵。小家户没有实力，于是就以临近大庄子附近的地方作为建房子的主要考虑区位，并且以多家聚居的形式，进行各自田地开垦和房屋建造。因此也就形成了以大庄子为核心，多姓氏和多家庭聚居的小村落。1949年前，老渠中地界主要包括现今万家营子的部分村落、唐家庄子部分村落、联丰村部分村落、吴家湾子部分村落，以及现在仍属渠中的唐家庙、谭家桥、肖家台子、圆善寺、叶家庄、谢家庄、三普庙子（何家庄）。

老渠中堡的村落各自散落在官泗渠的两旁，有的距离官泗渠较近，有的则是较远一些，主要是由于村落居民所占有田产距离渠岸有远有近。旧时建房主要是为了方便生产，因此房屋建在距离自家田地很近的地方才是最方便的，故而百姓田产的区位也就决定了村庄的居住格局，同时也就形成了不同的聚落。旧时渠中堡的人口较少，虽是被称为聚落，但实际上每个聚落内都是只有为数不多的几户人家。据老人讲，最多的也就是七八户人家的样子，人数则不一，因为有的人家家户大，人口就多，一般每个聚落最多有七八十口人。

几乎每个村落都有自己的名称，各个小的村落也就是当时的自然村。由于渠

---

1 杨占龙：《黄渠桥史话》，宁夏人民出版社2019年版，第47页。

中堡的村民都是清朝时期朝廷招徕垦种的，因此从整个渠中来讲，村庄内的姓氏是比较庞杂的，不过就小村落来讲，姓氏则是较为统一的。村民在日常的交往中，称呼居住地的时候也容易以村落内居住人家的姓氏来称呼，例如"叶家庄子"就是因为居住在此地的人家中有一户姓叶的。叶氏家庭人口众多，据该叶氏家庭中的老人讲，其爷爷辈有弟兄（包括堂兄弟）五个，后代子孙也较多，居住的地方是有寨墙的庄子，因此大家就称此地为"叶家庄子"。再如，村内肖家的居住地是一个地势较高的台子，这个高台子容易指认和被众人周知，成为标志性建筑，因此村庄内的百姓称当地为"肖家台子"。同样的还有谢家庄、邵家庄、何家庄、蔡家庄等等。

以寺庙名为地名的情况也是有的，例如东永固庙、圆善寺和唐家庙。东永固庙在1949 年之前并不属于渠中堡，而是属于李岗堡，1949 年之后才将此地划归渠中管辖。东永固庙内供奉的是关公龙王，但是由于其旧时属于东永固片区，而且当时庙宇建设较为大气，远近皆知，因此大家就以"东永固庙"来称呼该片区和作为指认该地方时的坐标。唐家庙是一个神庙，据老人讲其原本是一户姓唐的人家个人建设的庙宇，后来该唐姓人家绝户了，就剩下了这个庙，于是周围的人就将其作为神庙使用了，但是唐家庙的称呼流传了下来，成为此处聚落的代名词。

三、村民与村落

据《平罗县志》记载：清朝宣统元年（1909 年）渠中堡当时的百姓有 155 户，共计 738 人。[1] 据胡兆林老人讲述：1949 年之前渠中的老户主要有东永固庙的王姓、程姓、田姓；叶家庄的叶氏、殷家、吕家和唐家庙的沈家、李家、王家；谢家庄的谢家、李家；蔡家庄的蔡姓、王姓；谭家桥的杨家、李家、谭家；何家庄的吴家、王家；肖家台子的肖家、贺家、周家、李家、胡家。1949 年后陆续地又有外来的人口进入到各个小村落之中，例如肖家台子的李家、徐家和刘家。

在老渠中，老户之间也有不同的从业类型，其中多数以种地为主，间或有些小副业。或者自家农忙之后到别人田地里打短工挣钱或者粮食，或者在农业种植之外有专职营生，具体详见下面渠中村各聚落姓氏、土地占有量及从业情况表。例如东永固庙的王姓家庭，其家庭中王兴庆老人的二爷爷在种地之余兼职杀猪。每次村中有人请其杀猪，他不收费用，但主人家需要请他吃饭，并且要送两斤猪血脖子肉给他。叶家庄叶发卫老人的五爷爷曾经卖过煤炭，因为当时贺兰山上盛行煤矿开采，家中有大牲口可以驮运的人家就会到那里驮炭，然后卖给周围的人以赚取差价。其六爷爷是个木匠，

---

1 平罗县志编纂委员会编：《平罗县志》，宁夏人民出版社 1996 年版，第 38 页。

给人家做活儿，没有自己的专门店铺，是个有木工技术的手艺人。老人的三叔叔曾经做过豆腐，后来因卖豆腐的人比较多，做豆腐又太累人，就没有继续下去。叶家庄殷富贵老人的二爷爷与吕家合作，主要从事贩卖羊只的生意，从内蒙古收购羊只之后，一路赶到当地出手卖掉，赚取的钱两家分掉。唐家庙沈连山老人的父亲是个皮匠，家里常年雇佣人来做皮子处理等活儿，其家庭较为富裕，大牲口也比较多。农忙时就做地里的活，农闲季节就开始做皮子生意。唐家庙的李家与叶家庄的吕家属于姻亲关系，李家本来是平罗县头闸乡的人，后来入赘到了吕家，做了上门女婿承继了吕家的产业，自此生活在这里，并且给沈家做长工，可以使用沈家的大牲口耕作自家的土地。蔡家庄的王姓人家有个木匠铺，平日里就在木匠铺或者家中做活，主要是做棺木，也做家具等物件。谭家桥的李家有个豆腐坊，到了秋冬季节就开始做豆腐，夏天豆腐卖不出去容易坏掉，因此做的不多。何家庄的吴德忠老人家中曾经做过木匠。肖家台子的周家有个油坊，主要有香油、胡麻油等，百姓可以到油坊买油也可以拿东西来换油，一般是三斤半胡麻换一斤胡麻油。开油坊的人可以获得榨油之后的油饼子，喂猪或者当肥料都是很好的东西。

表 1-1　1949 年前渠中村各聚落姓氏土地占有量及从业情况

村落名称	姓 氏	土地占有量（亩）	副 业
东永固庙	王	60	杀猪
	田	20	无
	程	20	无
叶家庄	叶	50	贩卖
	殷	30	贩卖
	吕	20	无
唐家庙	沈	80	做皮匠
	李	5	无
	王	20	无
谢家庄	谢	60	无
	李	50	无
蔡家庄	蔡	20	无
	王	50	做木匠
谭家桥	杨	30	无
	谭	50	无
	李	10	开豆腐坊

村落名称	姓 氏	土地占有量（亩）	副 业
何家庄	吴	30	做木匠
	王	20	无
肖家台子	肖	30	无
	贺	15	无
	胡	30	无
	周	10	开油坊
	李	10	无

资料来源：根据渠中村老人口述整理而得。

第二节　村落的建制沿革

渠中村在近代的国家社会管理发展中不断地进行着调整，建制也随着调整而不断发生变动。自1963年再次划归平罗县管辖之后，渠中村由之前的七个自然村改编的生产队（组）构成，1981年包产到组、包产到户实施之后，又将原本七个生产组分为十一个组，延续至今。

一、1949年之前的村落建制

（一）明清变迁——游牧转农耕

明洪武三年（1370年）设立宁夏府（今银川市），属宁夏前卫后千户所管辖。嘉靖三十年（1551年），永乐初，设置平虏城（今平罗县城），后来改为"平虏守御千户所"。顺治二年（1645年）将"平虏"改为"平罗所"，并于清雍正二年（1724年）建平罗县。雍正四年（1726年）设新渠县。雍正六年（1728年）设置宝丰县，县城就在今宝丰镇，此时黄渠桥片区为宝丰县所管辖。乾隆三年（1738年），宁夏发生大地震，新渠、宝丰城在地震中被毁，两县并入平罗县，此后黄渠桥一直归平罗县所辖。

在清朝初期，开凿惠农、昌润二渠之前，平罗为查汉拖护地，据有关史料记载，在600多年前，宁北曾经是一片荒芜，人烟稀少，无人垦种，却是理想的牧场，为蒙古人所觊觎。清康熙四十七年（1708年）八月，康熙皇帝准许鄂尔多斯部在查汉拖护地暂行放牧。康熙五十二年（1713年）九月，宁夏总兵范时捷以"蒙古游牧，多致越界行走，与宁夏居民蒙混樵采，实属不便"为由，上疏要求皇帝颁旨，今后"以黄河为界，停止蒙古游牧"，康熙准奏，从此黄河以西蒙古不得越界放牧。到了雍正四年（1726年），命通智主持兴修水渠——惠农、昌润二渠。开凿通水之后，从宁夏各地招来民众前来落户、垦种，渠中堡的先民就是从那时候开始定居于此的。至乾隆四十五年（1780年），平罗县辖62个堡，渠中堡即为其中之一。

（二）民国时期

1927年，全国设特别市（直辖市）及28个省。省辖市、县，黄渠桥隶属于甘肃省平罗县辖。1929年，宁夏建省，黄渠桥隶属于宁夏省平罗县。1931年春，平罗县进行区、乡规划，黄渠桥属于二区，下辖的渠中堡改为渠中乡。1934年11月施行保甲制度，十户为一甲，十甲为一保。1936年，施行联保制度，两个保以上编为一个联保。1941年，全县共设16个乡，渠中村属于黄渠桥乡，乡之下设保、甲，当时已经施行"新县制"，撤销了闾和联保，每十五户为一甲，每十五甲为一保。同年，设立惠农县，县城在宝丰城，黄渠桥乡隶属于惠农县。

二、1949年之后的村落建制

1949年9月23日，银川和平解放，9月26日银北宣告解放。1950年2月，惠农县划分为6个区27个乡，乡改区，保改乡，甲改行政小组，此时黄渠桥属于第四区，渠中属于四区一乡。1952年3月，县区撤掉一个区调整后，渠中属于第三区，仍为渠中乡。1953年再次调整区乡建制，调整后渠中为第三区第六乡——渠中乡。1954年9月，宁夏省撤销，并入甘肃省，设银川专属，黄渠桥属甘肃省银川专属惠农县辖。同年10月，惠农县党政机关由宝丰镇迁至黄渠桥。10月15日，根据甘肃省人民委员会"撤区并乡"的指示，于1957年1月，将东永固乡与渠中乡合并为渠中乡。

1958年撤销乡镇，原渠中合作社与其他合作社合并在一起成立五星人民公社。同年11月，改名为黄渠桥人民公社，驻地黄渠桥。1960年1月，设立宁夏回族自治区石嘴山市，撤销惠农县，原惠农县辖区的渠中乡归属石嘴山市行政区域。1961年1月，实行政社合一，渠中地区属于黄渠桥公社下的红光大队管辖，同年5月增设大队之后，渠中地区独立成为渠中大队。

1963年6月，黄渠桥公社划归平罗县管辖，辖渠中在内的7个生产大队，63个生产小队。渠中划归平罗县管理之后，其下辖的有7个生产小队，分别就是7个自然村，后来直到1981年包产到户之后，又将渠中原来7个生产小队分为11个生产小队。1984年2月，黄渠桥人民公社改为黄渠桥人民政府，大队、生产队分别改为村民委员会与村民小组。自此渠中村改为行政村，下辖的11个生产队改为村小组，并且其建制一直沿袭至今。

第三节　村落当下概况

一、村落概况

渠中村隶属于宁夏回族自治区石嘴山市平罗县黄渠桥镇，位于黄宝路西侧，北面毗邻惠农区，东面与宝丰镇近邻，距离黄渠桥镇人民政府 3.5 公里。辖区内共有 11 个村民小组，村委会驻地渠中一队，全村行政区域面积大约 8.34 平方公里，耕地面积 538.6 公顷。村内有村庄道路 4 条——官泗渠柏油路、4 队至 7 队柏油路、5 队至 9 队柏油路等村级道路交错村内，南北通达直接与黄宝路、简宾大道，间接与 109 线相连接，交通较为便利。目前村庄 11 个村民小组共有居民 606 户，2 031 人，其中常住人口 1 216 人；土地总面积 12 638 亩，其中耕地面积 8 600 余亩。2017 年农民人均可支配收入 13 398 元，村级收入 10.8 万元。粮食结构以春小麦、夏玉米为主，其中小麦 146.67 公顷，产量 88 万公斤；玉米 306.67 公顷，产量 276 万公斤。其他粮食作物 85.27 公顷，产量 51.18 万公斤。全村种植大地蔬菜 6.53 公顷，蔬菜产量 63.7 万公斤，主要蔬菜品种有大白菜、莲花菜、芫荽。村内开展劳务输出，转移剩余劳动力 290 人，劳务收入 43.5 万元。发展第三产业，从事农副产品购销流通 7 人。

二、居民点

渠中村现在的居民点与 1949 年之前的居住点近似，只是在黄宝公路的北侧增加了一部分居民点，是因为近些年办了一个番茄酱加工厂。另外有几户人家依傍着公路做些买卖，开了副食店，供应村民日常生活所需的油盐酱醋、烟酒副食等。其他聚落基本延续了旧时的地理位置，只是由于人口的增加而向周围进行了扩散，并且之前不太相连的房屋，现在变得近邻或者已经紧挨着了。

各个聚落之中的人口数虽然增加了，但是姓氏基本上没有怎么变动，只有少数聚落在近些年有新迁入人口，其他并无变化。全村内的姓氏主要有肖、贺、周、李、徐、刘、胡、杨、谭、吴、蔡、程、田、谢、沈、叶、殷、吕、邵、陈、张、赵、何、郭等，共计 20 余个姓氏。主要分布的聚落如下表所示：

表 1－2　1949 年后，渠中村各小组姓氏分布情况

组　别	姓氏种类	具体姓氏
1 队	6	肖、周、李、胡、徐、刘
2 队	3	杨、谭、李

组　别	姓氏种类	具体姓氏
3 队	2	吴、王
4 队	4	蔡、王、郭、何
5 队	3	王、程、田
6 队	3	谢、李、张
7 队	3	沈、李、王
8 队	3	邵、谢、程
9 队	3	谭、李、杨
10 队	3	王、蔡、郭
11 队	4	叶、殷、吕、赵

第二章　村落自然形态与实态

自然环境为人类的生存提供基础条件，为人类生活和繁衍提供便利，在客观形塑人类生活的同时也被人们所驾驭。当地的人们在生产和生活中不断地摸索和顺应自然，不仅善加利用大自然的力量，同时也改造自然为己所用。渠中村地处宁夏北部平原，是黄河冲积贺兰山洪积的平原地带。当地人们通过引入黄河水得到了较为便利的水源条件，同时也因此形成了独特的田地分布格局，继而又形成了小聚居的居住形态。本章将从自然形态、旱作体系、居住格局等方面来呈现渠中村在 1949 年前的自然形态与实态。

第一节　自然形态概况

一、自然地理

渠中村地处宁夏回族自治区平罗县境北部，旧时称作渠中堡。村庄土地多数相对较为平缓，以平原为主，但是有洼地。西南较高，东北稍低。地形不平，耕地插花分布，耕地较高，荒地洼地较低。当时荒地较多，到处都是盐碱地。最高处在肖家台子，最低处在现今的蔡家庄附近，当时那里还有一道拦水坝，以防泄洪之后的大水漫灌到此处。"重灌不重排"，因此排水沟渠等设施基本没有建设，虽是平原但是沟壑纵横，条块分割，排水的沟渠都是随着地势而自然形成的，如地势低洼的地带会自然形成排水渠，雨水较大的时候极易造成内涝。20 世纪五六十年代，不断开挖排水沟渠，兴修加固拓宽灌水渠道，并且改良土壤和平整土地，逐渐形成了以各聚落为中心，四周皆是农田的分布格局。官泗渠两旁的田块地势平坦，土壤肥沃，灌溉方便，粮食产量相对较高。

二、气候特征

当地所处内陆地区，远距海洋，受东南季风影响不大，多受到西北来的冷空气控制，按照气候分布属于温带大陆性干旱气候。

（一）热量丰富，昼夜温差大

由于受到贺兰山的天然屏障作用，西北来的冷空气难以直接侵入，所以形成了热量丰富，日照充足，干旱少雨，蒸发性强的气候特点。此地春季干旱多风，蒸发量大，升温快，但是不稳定，常有寒潮来袭；夏热短，但是炎热，太阳直射少云，雨量集中，且多以暴雨或者阵雨的形式降落；秋凉早，晴朗天气居多，少雨；冬寒长，且多风干燥，空气干冷，降雪少，寒流频繁。相较于其他地区来讲，昼夜温差较大。每年间，1月最冷，其中极端最低气温达到零下 20 多摄氏度；7 月最热，其中极端最高气温达到 38 摄氏度。根据近几十年的观察和统计，当地气温正逐渐升高，天气逐渐变暖。

据县志记载，渠中地区晴天较多，日照时间充足且较长，年平均日照达到 3 060.5 小时，平均日照率为 69%，是我国日照时数较长的地区之一。5 月份日照时间最长，月平均为 300.9 小时；2 月的日照时间最短，月平均为 219.0 小时。夏季多有阴雨天气，日照百分率较低，6 月份平均为 68%，7 月和 8 月的日照百分率为 62%；冬季晴天较多，日照百分率较高，其中 11 月、12 月和 1 月的日照百分率为 76%。

表 2-1　历年各月平均日照时数及百分率[1]

月　份	平均日照时数	平均日照百分率	月　份	平均日照时数	平均日照百分率	月　份	平均日照时数	平均日照百分率
1	229.1	76	5	300.9	68	9	245.7	66
2	219.0	72	6	298.2	68	10	253.3	73
3	256.5	70	7	273.1	62	11	229.0	76
4	266.7	67	8	260.6	62	12	223.5	76
全年	3060.5	69						

1　平罗县志编纂委员会编：《平罗县志》，宁夏人民出版社 1996 年版，第 18 页。

（二）多风少雨，易蒸发

渠中村全年多风，大多数情况下是四五级，其次就是八级以上的大风。夏季多是南风、西南风，其他季节多是东北风，北风和西北风次之。北风和西北风的风速较大，平均可达到 5.5 米/秒，东南风的风速较小，大概为 2.0 米/秒。八级以上的大风多数是发生在初春，即 3 月、4 月和 5 月，其中尤以 4 月最多。因为这个时候多数是西北风和北风，风速可以达到 17.2 米/秒以上。据当地老人讲"过了白露就是野天了……"[1]，意思就是说白露过了之后，当地的天气变化较快。当地多风，导致土地水分蒸发较快，土地易风化沙化。受大风裹挟沙土等侵袭，当地的妇女出门都是人手一条纱巾，既可以挡风沙，还可以保暖。旧时期，家户会将纱巾送给女性长辈或者作为产婆、媒婆等的谢礼。

渠中地区的雨水主要集中在夏季，年平均降水量为 170—270 毫米，其中多数还集中在每年的 7、8、9 这三个月份，以降雨形式为主，少有冰雹。根据资料[2]，从 1960 年至 1986 年监测，27 年之中平均各月降水量是：1 月 0.8 毫米、2 月 0.8 毫米、3 月 4.7 毫米、4 月 8.0 毫米、5 月 14.0 毫米、6 月 15.8 毫米、7 月 46.8 毫米、8 月 49.8 毫米、9 月 24.0 毫米、10 月 11.3 毫米、11 月 3.6 毫米、12 月 0.6 毫米。冬季降水量占全年降水量的 1.2%，春季降水量占 14.8%，夏季降水量占 21.7%，秋季降水量占 62.3%。

渠中常年的雨水量虽然很少，但是每年的农历二月，人们不希望下雨，此时下雨就会加大春潮，低洼田地地表汪水，造成土壤板结，对小麦等作物出苗造成极大影响，因此当地有"二月雨，卖儿女"的谚语。

根据《平罗县志》记载，当地年平均蒸发量为 1756.8 毫米，其中蒸发量最大的月份是 5 月，平均达到 280.7 毫米，次之为 6 月，平均为 257.2 毫米。蒸发量最小的月份是 12 月，平均为 32.9 毫米，次之为 1 月，平均为 36.7 毫米。

表 2-2　历年各月平均蒸发量一览表

月　份	蒸发量	月　份	蒸发量	月　份	蒸发量	月　份	蒸发量
1	36.7	4	227.5	7	236.4	10	110.7
2	57.4	5	280.7	8	191.2	11	56.2
3	127.3	6	257.2	9	142.7	12	32.9

1　王兴庆老人口述。

2　平罗县志编纂委员会编：《平罗县志》，宁夏人民出版社 1996 年版，第 19 页。

（三）种植制度

1949 年前，渠中村的气候适宜种植春小麦、玉米、糜谷、胡麻、甜菜、油葵等作物。但是小麦和玉米的种植面积相当少，人们普遍将田地大面积种植糜子，只有少量土地种植一些麦子，以便磨成细粮调节口粮结构。春小麦收割之后基本不再种植庄稼，极少数人会在自家部分麦地种下荞麦、小糜子、油葵等，基本上是一年一熟制。即春天时候种下麦子或者糜谷，七月底的时候收获春小麦，之后田地闲置，或者种上少量蔬菜。据老人讲，当时不种蔬菜是因为会生虫子，虫子太多没法治，土法用麦秸秆儿烧成灰撒一下，但是止不住虫吃。糜谷也是在春天种植，收获却是在秋季，之后天气逐渐转冷，就无法种植作物。因此有牲口的人家开始耕地、耙地，没有牲口的就等到来年简单整理一下，就地播种即可。

中华人民共和国成立之后，一年一熟制逐渐向一年两熟制转变，间复套种的面积也逐渐扩大。中华人民共和国成立之前，百姓多是以小麦、扁豆混种，大麦、扁豆混种为重点的"和禾"面积较多，同时，还有胡麻和蚕豆混种，高粱套种大豆。在复种方面，主要是小麦、大麦收获之后复种荞麦、小糜子和秋菜。另外，在中华人民共和国成立之前，老百姓普遍采用歇茬——耕地一年种植，一年闲歇，采用翻晒的方法恢复和提高地力，当时有这样一个说法叫作"歇田如放账"。中华人民共和国成立之后，实行农作物轮作倒茬的方法来解决田地倒歇问题，例如小麦种植三四年后，轮种甜菜、蔬菜或者胡麻、瓜果类。

三、土壤特征

渠中的土壤形成主要是黄河通过上游冲刷，携带大量泥沙流缓沉积而来的。由于多年垦种，沉积物被灌水淤积物覆盖，以中壤土和轻壤土为主，当地百姓称之为黄土和五黄土。当地的土壤类别主要有灌淤土和盐土，灌淤土在土层剖面中形成了一个大于 30 厘米以上的灌淤熟化土层，该层土壤质地适中，多为中壤土，结构较好，没有淤积层，而且疏松多孔，有机质含量高，适合种植各种粮食或者经济作物。盐土主要是分布在低洼地带，属于荒废的土壤，插花分布在农田之间的低洼处，地下水埋深一般在 50 至 180 厘米之间，盐地表层含盐量平均为 2.96％。地面上植被稀少，一般只生长盐生植物或者耐盐植物，例如芦草等。不经过改造，是不能用作农业种植的。当地将土地分为四等：一、二等土地土壤肥力较高，盐渍化轻，属于旱涝保收稳产高产田地；三等田地，土壤肥力较低，盐渍化较重，杂草多，单产水平不高；四等地一般就是滩地，吸水保水性较差，容易起碱，庄稼不好生长。

据老人们讲，当初也有百姓自己改良土地的情况，但是 1949 年前都是单家独户地各干各的，相互不联结。改良压碱的方法一个是弄碎烧过的煤灰撒在田里；另一个就是把麦草铡碎，然后翻耕埋下面。这些方式在旧社会时期并没有什么显著的效果，而且需要耗费大量的人力和物力，只有那些田地较少新开荒的人，急于改良土壤时才会如此做。

四、自然资源

渠中村属于平原地带，距离贺兰山大约有四五十公里。有官泗渠穿村而过，较为平坦，但是自然资源相对贫乏，只有简单的土地、水利资源。村庄之中除了一些滩地和洼地，多数是可以种植的田地，或是后期改良的良田。当地植被资源较为丰富，据老人讲述，1949 年前自己曾给地主家放牲口，当时八九岁的样子，可以看管百十只羊，四五头牛和驴马。当时放牲口都是骑着马，虽没有马鞍，但是小孩子身体矫健，腾空可以翻上马背，马吃饱了之后，就可以骑着它赶上其他牲口回去。当时放眼望去随处可见荒滩地，长满了芦草，大家都是在这些草甸子上放牲口。每逢灌溉季节，官泗渠都会有足够的水供应，可以满足人们浇灌之需。1949 年之前，村庄内多数种植杨树，也会有家户种植枣树等果木树。家畜主要有牛、马、驴、骡子、羊、猪，家禽以鸡、鸭、鹅为主。

五、交通状况

（一）村内交通

渠中村的地理位置较为优越，距离黄渠桥街上只有五六里地。旧时渠中堡的地界主要是以官泗渠为南北纵轴，以黄宝（黄渠桥到宝丰镇）大道横切位置为中心点，后来经过行政区划等调整，形成以黄宝公路以北沿着官泗渠两旁聚居区为所辖地界。村庄之内没有官道，只有村民生产行走的土路。据老人们讲，当时村庄内可耕作田地较少，随处可见荒滩，因此道路基本上就是以最方便和离家最近的方向行走踩踏而出的，并没有专门地去修整。道路有大有小，大的可以使用老牛车拉粮食，小的只有三五个人并行那么宽，大路或者小路的形成，都是以人们生产和生活的需要以及便利程度而开拓的。村庄的居住格局基本上也就形成了道路的格局，因为百姓平时的生产道路是将家和田地联系起来，而生活交往过程中形成的道路则是将小聚落之间连接起来，是村庄与外界交往的活动轨迹。村庄道路没有专门的人进行维修，大家都是自然地行走，没有特别的使用或者遇到行走驮运困难的情况，村民一般是不会主动修整的。

（二）大车道

清代建立黄渠桥集镇之时，就已形成了由平罗城辐射到全县各堡，以及各堡之间连通的大车道，其中就包括黄渠桥到宝丰镇的大道，该道路在旧时期穿过渠中堡的地界，基本从东到西一分为二，并且横跨官泗渠。1949 年后在原来大车道的基础上，先后于 1956 年、1964 年、1973 年三次改线，修成简易公路——黄宝公路，起自黄渠桥镇，终点是宝丰镇，全长 9.1 公里，由平罗县养护。1975 年重新测线，建成石砂面公路，1988 年投资 152 万元建成 7 米宽的沥青路。

（三）桥梁

渠中村内有一座民间建设的桥梁叫作"谭家桥"，据当地老人讲，此桥并非谭家出资修建的桥，而是该桥修建的位置距离一个姓谭的人家较近，而且谭家这个地方又是比较集中的聚居地。因此大家在陈说地名的时候，往往用谭家桥来指代这一片地方，渐渐地桥和民居就成了一体，并且成了一个居住地的名称。另外，1949 年之后修建了第五排水沟，而黄宝公路需要从排水沟上面横跨过去，因此 1973 年修路之时就又架设了桥，并编名字为第五排水沟桥，地点在万家营子旁边，采用的是钢筋混凝土结构，全长 27.3 米，宽度 7 米，载重量为 15 吨。

渠中堡隶属于黄渠桥乡，而黄渠桥乡这一名字正是由桥而得名的。黄渠桥始建于 1726 年，距今已有近 300 年的历史，清雍正四年（1726 年），时任大理寺卿的通智奉旨在宁夏沿着黄河以西地带兴修一条大干渠，沿渠架桥 22 座。雍正七年（1729 年），大干渠工程完毕，雍正钦定为"惠农渠"。惠农渠建成之后，为表彰通智修渠建桥的功绩，沿渠新建堡寨均以"通"字命名。当时黄渠桥所在地区被命名为通润堡，故此处通智所建 22 座桥之一，便被命名为通润桥。开闸放水之时，老百姓感念皇恩将惠农渠称为"皇渠"。惠农渠之水引自黄河，裹挟泥沙较多，水呈金黄色，当地百姓便称之为"黄渠"，继而将通润桥俗称为黄渠桥，久而久之通润桥的原名便逐渐被淡忘，黄渠桥这个俗名却越叫越响亮。此桥是惠农渠上最古老且保存最为完整，也是唯一的一座三孔石拱桥，完全使用大块条石，严丝合缝筑砌而成。条石与条石之间，都是错缝压榫，互为锁钥，合为一体。桥分为三拱，相互依靠互为支撑，拱顶砌成半圆形，可以将过桥车辆的压力向拱的两边传导，增加桥的承重能力。当年造桥之时，人们为了祈求渠

图 2-1　黄渠桥"石龙"龙头

图 2-2　黄渠桥"石龙"龙尾

水充沛，水流畅通，在桥拱立面两侧分别镶嵌一对石龙，桥前的龙头微微扬起，桥后的龙尾高跷，以此驱魔镇邪。

第二节　干旱与水利

渠中村地处宁夏北部平原地带，属于黄河冲积平原，是典型的大陆性气候。日照充足，干旱少雨，蒸发强，春暖快，夏热短，秋凉早，冬寒长，昼夜温差大。这里水网密布，主干、斗渠交叉纵横，水利异常发达。惠农渠和官泗渠就从其旁边经过。特殊的地理条件和水利条件形成了渠中特殊的水利合作和使用关系，本节就以水利为切入口，展现旧社会时期村庄内的各种关系和社会活动。

一、干旱社会与自然底色

渠中村百姓的土地虽然大多数能够使用沟渠引渡黄河中的水源进行灌溉，但是有些新开垦的荒滩地是不能得到浇灌的。随着祖辈间不断地传承，后世又不断开垦改造，田地也在不断地增加和扩展。一些新开垦的土地因为距离已经成型的水道体系和渠道等较远，并且其地势也较高，即使有水也很难淌进田中，故而这些土地只能是靠天吃饭。一般这种田地都是开垦之后种上两三年，待到盐碱浮上之后就再次摞荒。

当地的百姓不曾遭受过干旱的影响，即使天气再怎么干旱，黄河中的水量总是可以满足各渠使用，只是水量稍微小些而已，但是并不会因此而造成大面积的干旱甚至绝收。据村庄内的老人们回忆，在他们记忆之中从来没有因为干旱而导致庄稼不能灌水的问题，而且也只发过一两次大水，勉强算是淹过田地，但是并不严重。另外，据村庄老人讲"我们这儿的人都不去外地讨饭，只有这里抓兵的话，才会逃到外地，一般是到口外——内蒙古，跑出去的人都是有亲戚或者是有熟人的，我们这儿就是闹饥荒，一般也不往外面跑，因为我们这儿就是边远的地方了，去外地没亲没故，人生地不熟，倒是有外面的人到我们这儿来讨饭的……"[1]

二、水利社会与村庄特色

（一）水利概况

明清以来，唐徕渠末梢伸入黄渠桥镇的高庄一带，惠农渠、官泗渠和昌润渠流经黄渠桥的大部分地域，并且官泗渠又起源于黄渠桥（该渠系惠农渠的分支，其分水的永治闸在黄渠桥），惠农渠宁北段有水文监测管理站（时称文水宫，现为惠农渠第五管理所）。官泗渠在惠农渠永治闸分水。中华人民共和国成立之后，宁夏新修的西干渠和

---

1 叶发卫老人口述。

5 条排水干沟，大都从黄渠桥境内流过。其中，西干渠浇灌着燕子墩一带上宝闸、汪家庄的土地；第三、第五排水沟和五四支沟、五二支沟、五五支沟也从黄渠桥境内流过，灌溉着黄渠桥 14 个行政村的 7.2 万亩耕地。

而今形成的惠农渠由宁夏青铜峡河西总干渠原唐三闸引水，傍着黄河西岸略平行，流经青铜峡、永宁、银川、贺兰，经过贺兰县清水堡进入到平罗境内，至黄渠桥镇流出平罗境内，进入到惠农区境内，并且在其所辖尾闸乡进入第三排水沟，全长共计 139 公里，是宁夏平原引黄灌溉主要渠道之一。

（二）水利管理

中华人民共和国成立之前，渠中村以及整个平罗和惠农地区的灌溉管理都是以官督民办为主，以渠养渠的方式进行。灌溉受益区每年三次用水，头轮是在立夏开水灌溉夏季作物；二轮用大水灌溉秋季作物，泡麦茬地；三轮水为冬灌，寒露开水，小雪停水。灌溉采用的是封俵制度[1]，从上到下，先高后低，集中用水，间断轮灌，要求均衡用水，即在开始灌水的时候，给一些高口、灌溉地多、流程长的支渠口，酌情留适当水量灌溉。例如官泗渠就是官方规定用水时，优先供水三天，并将此规定写在牛皮文书上，形成后世传承的规定和章程。但是这样对于那些处于引黄灌溉渠末梢和下游的渠道不太友好，用水高峰的时候经常是水量不足，到了大家都用完之后，这里又多有大水，而且旧社会时期排水系统相当不完备，两岸沟渠倒塌现象时有发生。

据老人们讲，当时大部分的分支斗渠口，都建有房子以便看水人在行水期食宿使用。看水的人在当地被称为"段长"，晚上会提着灯笼护岸，手持一个木棍，一头是八字形的木杈，另外一头带有铁捞钩，长度大概有六尺，开关斗口、车水的时候使用。据说在渠里开始上水的时候，要召开看水员会议，提前分配好用水时间和用水次序，以便通知农户按时用水。

据《惠农县志》记载，"民国三十年（1941 年）惠农建县之后，以渠设局，设有惠农渠管理局，下辖段，各段设段长一个。全县 46 个堡，各聘请一名熟悉水利的人组成委员会，每堡再出一人当基层管水员"[2]。每条渠都有自己的渠长，每个区分段都设置有段长，段长负责日常行水过程中通知村民用水时间，以及为所管辖区段内的灌溉地开口浇灌。渠长属于政府部门职务，段长则是属于政府部门下放权力的水利管理员，不属于政府人员，是一个具有权力的村民。惠农和官泗渠等都是属于官督民办，并且每年都要修渠和清淤，而这些也需要一定的花费，因此就采取以渠养渠的方法，具体

就是灌溉渠的受益百姓按照田亩的多少，于每年的秋季向政府交纳一定的用水费，当时称为"收八料"，即为收水费的意思。水费是先交给段长，由段长交给渠长。段长也就是村子中的普通人，并不是保长之类的人物，但是家庭条件要比一般人好些，段长的选择并不是由百姓自选的，而是由保长推荐或者指定。据说当时需要交的水费并不多，大家都有能力交上，也没人拖欠。据王兴庆老人讲，当时泗渠这一段一直归一个姓杨的人管着，1949 年之后也一直是由他管着的。当时是否有工资并不清楚，但是1949 年后管水是由国家发工资。管水的段长主要就是负责在行水期巡游渠堤，防止有人偷偷打开水闸放水，影响渠梢的供水。对于要用水的人家，段长用工具为其开闸口，用完之后又要用工具将闸口关上。

（三）水井

旧社会时期，渠中堡的每个聚落内都是有水井的，水井的深度并不是很深，深则最多七八米，浅则五六米。水井都是各家庄子或者各家户自己打的，一般来讲只有那些大庄子的家户才有水井，小家户或者是人较少的聚落都没有。因为打井本身就是一个比较大的工程，并且需要定期清理和维护，小家户的人数少，打下一口井是不划算的。而对于那些大户人家来讲，家人众多，吃水用水的地方较多，必须有一口自己的水井才能解决基本的生活用水问题。另外，要是使用地下水的人较少，井里的水就会相对不活泛，都是死水，味道怪异且水质不好，必须一直使用，让水流动起来才好。水井一般是在庄子或者家户居住地外面，并不在庄子内部，水井虽然是家户的私有财产，但是由于上述种种原因，故而在使用方面其实是对外公开的，一口水井可以供给很多人日常使用，一般情况下多数人会选择到附近两三百米的地方打水，而不是自己开凿一口井。

据王兴庆老人讲："当时我们王家大庄外面就有一口水井，在大门旁边，石磨也在那边，水井跟前儿的人都可以用，谁想用谁用，井水用的人越多，水就越好吃……我们跟前的陈家，还有好几家都是到我们这来打水吃，距离我们家也就是 100 来米，有的距离有 300 来米，再远的也就不过来了，人家那边也有自己的水井或者跟前儿有水井，不用到这边来。水井坏了或者要清淤的话，都是我老父亲修，不用跟前儿的人修理，要是跟前儿的人在这，喊他帮个忙也是可以的，不过一般是父亲自己修"。[1]

（四）水沟

据老人们讲，当时村庄内没有专门的排水沟，但是有很多洼地。下雨之后或者有大水水退以后，就会在洼地存着。现今渠中叶家庄那里之前有一道天然的大沟，1949

---

[1] 王兴庆老人口述。

第二章　村落自然形态与实态

337

年后兴修水利之时，刚好利用上那个大沟，将其打通串到了第五排水沟上，当地人称之为"五排"。"五排"是在1957年冬至开挖的，据说当时冬天天气寒冷，土地都冻上了，就用炸药开炸，然后男女老少齐上阵，用箩筐、背斗将土块背到地面。后来，于1969年在蔡家庄和邵家庄附近开挖了"五五支沟"。

三、水利灌溉与生产

（一）水利灌溉

经过数百年来的灌溉经验积累，当地基本上形成了"三轮两补"的灌水制度，即头轮水——夏灌，在立夏时开水，主要灌溉小麦、胡麻、蔬菜等作物。补水在小满与芒种之间，用于补灌夏作物及播种水稻。二轮水——秋灌，大暑开水，主要灌溉水稻、糜谷等作物，兼灌夏茬——伏泡。补水在立秋、白露之间。三轮水——冬灌，在霜降开水，至小雪停水。灌水的时候一般是在水渠中来水之后，打开闸门大家集中用水，也有人家地里的庄稼或者田块没有整好，就不能打开自己地里的水道放水浇灌，但是水期主要是集中在这几天内，因此大家就会赶着抢收抢种。管理渠水的有渠长和段长，渠长负责整个渠水的调度等，段长则是负责自己辖段内的用水和巡视。每年的秋季灌水完毕之后，段长就会到各家收当年的水费，费用一般能交上，不会有拖欠的情况。水费的征收标准是以家户田亩数为准，田地越多收的水费相应就多些，反之则要少些。

（二）水渠维修

黄河水中带有大量的泥沙，因此渠道的梢段淤积就很严重，故而每年的秋季和春季都要举全县之力进行清淤和岁修。清淤主要是到渠首西河口子清理石结子。一年一度的岁修工程主要是以60亩地为单位，出民夫一名，做工30天。自带工具，食宿自理，于清明节前三天到达指定工程路段，开展清淤等工作。有违规者工日翻倍，不足60亩田地的人家可以多家朋夫，即多家联合按照60亩一夫的规定核算出夫人数和商议出夫家庭，除去出夫家庭之外的其他朋夫家庭需要向出夫家户出钱，以供其吃喝用度。出夫的家庭不一定是家中土地最多的人家，但是土地较少的人家是不愿意出去应夫的，因为家中全靠主劳力干活，外出一个月家中的活就没人干了，所以也多是田地较多的人家派人出去应夫。但这个人并不一定是自家的人，可以雇人，比如自家的长工，或者是市场上的短工。除了每年的岁修工，还有临时的渠工，又被叫作"热夫"。

（三）灌溉纠纷

村民在渠中堡的用水过程中也是有些纠纷的，这些纠纷多是因为用水的先后顺序而引发的，即为了争水而引发。据老人讲，当时有老地主会事先请段长吃饭，然后等到水下来了之后，段长就会给老地主开口子，让他先把地浇了，且其需要浇水的时候也比较好用到水。其他人也知道这些情况的存在，但水是由段长管着的，不好得罪他。要是有人说什么不好的话，段长就会说是老地主先喊他的，那么质问的人就等于将段长也给得罪了，因此大家都是睁一只眼闭一只眼。一般情况下，除了争灌水的优先次序，并没有什么其他的纠纷发生，而且这些纠纷一般是由段长调解下就可以了，并不会引起很大的冲突，但要是因为争水而形成械斗或者其他激烈的冲突，就会由保长出面解决，或者直接让乡公所处理。

四、水患与救灾

（一）水患概况

渠中堡虽然受到惠农渠和官泗渠的灌溉，但有的时候也仍会有水患的潜在威胁。旧时期主干渠渠道弯曲、险道较多，淤积严重，水流不是很畅，渠系配套设施简陋，灌水十分困难。当时只注重渠道工程的扩建和岁修，而对于排水工程涉及很少，有灌无排，致使灌区地下水位增高，地面返盐严重。

中华人民共和国成立之后，国家对水利工程非常重视，把干渠改造列入了主要议事日程，投入了大量的人力和物力实施水利工程建设。在加强灌溉设施建设的同时，注重"灌排并举"。在 1957 年冬到 1958 年春天，开挖总长 74.53 公里，控制面积 4.1 万公顷，纵贯贺兰县和平罗县的干沟——第五排水沟（黄渠桥处于该沟的下段）。1957 年到 1974 年间，先后开挖五一、五二、五三、五四、五五支沟，总长 78.8 公里，其中五二、五四、五五支沟从黄渠桥镇经过。

（二）水患影响

据殷富贵老人讲，在他自己的记忆中总共发生过两次水灾，但是这两次水灾并没有带来很严重的后果。而且这两次水灾都是在七八月份，天气比较炎热，水分蒸发较快，田地和庄稼恢复的也比较快，并没有导致绝收等严重后果。对于当年是否要遭受水灾，是无法预料的，因为每年的雨水量都不一样，要是雨量特别大，还要看水渠渠道是否通畅，通畅就没问题，但是一旦淤塞就很难说了。受灾的人家一般也不会逃荒到外地，因为在本地，自己还有一些田产可以种，但是到了外地就身无分文，举目无亲，生活更是没有着落。

五、人与干旱、水利的关系

由于有着得天独厚的黄河照顾，当地百姓引黄灌溉，解决了当地干旱和缺水的困境，并且曾经造就了"塞外小江南"的盛景。人与干旱本身就是一种抗争的关系，而水利则是人们对付干旱的有力武器。引黄灌溉水利工程的出现，使得大量的垦民前来种地，因此也就形成了聚落和村庄。而村庄人口的增加，又使得水利得到更大的开凿与扩展；水利的便利程度使得聚落蔓延，而且也使得村民逐渐开垦出来的田地变得更加辽阔。而庄稼所依赖和不可或缺的水则来自开凿的水渠，因此百姓就将官泗渠中的水引向它两旁更远和更广阔的田地上。

人口的增多，以及用水的增多使得百姓之间存在着用水的竞争，当然也因此而形成了很多的灌溉规矩和交往方式以及作业方式，例如：为了抢收、抢种和抢水，人们不得不开始并工，以提高劳作效率；老地主会请段长吃饭，以求得用水的便利；为了每年的岁修，百姓之间会相约朋夫。小户依傍大户家庭的水井；村民共用水井，互通有无；等等。

总之，干旱使得水利成为家户之间相互沟通和交流交往的一个工具，同时也催逼村民在生产和生活中增加了相互协作的机会。

第三节　平原与旱作

旧社会时期，渠中堡的百姓最主要的农作物是糜子，麦子只是种植很少一部分，当地流传着这样一句俗话"要饱吃糜子，要暖穿皮子"。宁北平原的气候条件与水利条件赋予了糜子良好的生长环境。种植糜子既是千百年来农民适应自然的结果，也是延续生命和开创文明的基础条件。田块分布不一，但也算是规整，间或有道路、沟渠、洼地等，土地较为贫瘠，主要靠天吃饭。本节将考察渠中堡的旱作情况。

一、田块分布

1949 年前，渠中堡所处的地理环境较差，荒滩和盐碱地等随处可见，虽然人口不多，但是适合种植庄稼的地方也是有限的。耕作的田地都是以各聚落为中心，环绕于四周的。多数情况下，地块都是成块的，一般十亩到二十亩是一块。但是也有散块的，散地属于是自己后来开垦的荒滩，因此跟自己之前的地块并不是近邻的，有的甚至在相距较远的位置，但是一般也是水渠能够浇灌到的，且距离自家相对较近的地方，否则自己不太容易控制，会被距离开垦地相对较近的他人给抢占。也就是说，之前的田地"插花"现象很少，家户的田亩是基本成块的，并且也很集中，即便是有散块，最多三两块，最小的地块儿也是有 5 亩以上的大小。对于那些田地数较少的人家，所开垦的荒滩就会较多，一般以一两亩的规模渐次开垦。

田地也是有好坏等级之分的：有的地势较低；有的地势较高；有的土地土质较好；有的则是土质较差，盐碱化严重，庄稼产量较少；有的地方距离水渠较近，灌溉便利；有的则距离水渠很远，偶尔能够浇灌，相对费劲；有的甚至是水渠都无法到达，只能是靠天吃饭，粮食产量随天而定。据《平罗县志》记载，民国初期的时候，土地分为上等地、中等地和碱地，高亢地以及下等碱田。后来民国二十四年（1935年）重新清丈土地，将土地分为了七等[1]，并且田赋税额按照田亩的优劣程度以及占有数量来计算。地势低的田块也不好，因为这里下雨或者发水的时候，经常被淹，水泡之后，盐碱容易出来，庄稼不好生长。高地势的地方，水分难以保存，并且水渠浇灌不方便，庄稼容易受到干旱的影响而减产。只有那些近邻水渠，并且旱能浇灌、涝能清排的土地才算是好地，这些土地多数是在地主手中，并且经过多年的转手和倒卖，也逐渐地稳定在那些富裕户手中，成为他们的主要种植田地。一般来讲，好地每亩能产三四百斤麦子，或者是四五百斤的糜子，而差点的地每亩勉强能够产两百来斤的麦子，或者是三四百斤的糜子。

渠中地势相对较为平坦，水利较为方便，但是囿于土质等情况，可耕作的土地总量还是较少。田地的总体分布趋势是以官泗渠为中轴线，渠两边分布较多。田地都是四方田，没有圆形或者弧形。面积一般较大，有的人家一个地块可以达到十几到二十来亩，最小的不等，有的五亩以上，有的则是三两亩地。距离水渠越远的地方，土地灌溉越不便利的地方，田块也就越不易成块。一般来讲，凡是成聚落的地方，其周围的田产基本上为这些聚落的农户所有，以聚落为中心，向四周扩散。而在渠中堡的聚落内，一般是同一家的亲人才会居住在一块，一个聚落内无血缘关系的人家最多就五六户。聚落内的田地多数是集中掌握在数个家户的手中。旧社会还没有分田到户，因此家户内部虽然分家，但田地始终是合在一起的，并没有形成插花现象。除此之外，本村落内的人无论是逃往外地或者是出售田地，一般是先问亲人，再问邻居，再向四周的外人询问或者是直接抛荒。因此无论土地的所有权归谁，田地总是集中在某些特定区域。

二、田块边界

（一）田地界限

各家土地之间都有着清晰的边界划分，例如田埂、地垄，或者栽种的树木，抑或者是立下的石碑等，也有的是中间公共的大路。由于当时宁夏地区荒滩等较多，而且地广人稀，先民在此开垦就是找一个无人居住、土质和地势较好的地方，建房开地，历经几代人的发展之后，原本不相连的土地就会逐渐地因为扩展而形成近邻或者紧邻。但是有的土地之间是天然的大沟或者高坡，又或者是无法种植的洼地，此类土地多是以自然的地理环境相阻隔。如果两家田地相邻，而且没有天然

1 平罗县志编纂委员会编：《平罗县志》，宁夏人民出版社1996年版，第336页。

的阻隔，就会由两家共同树立标识作为共同遵守的边界。除此之外，在官方管理层面上，也是会有一定的边界限定，例如在田契上面会写土地的亩数，以及四邻人家，还有所处的方位等，这些都可以作为边界纠纷之时的凭据。村庄与村庄之间是没有明确边界的，不同村庄之间的地块也没有特殊的标志和界限。旧社会时期，村庄等行政管理编制以及管辖区时常发生变动，家户的所属管辖区也因此时常发生变动，于是就会有本来是同保甲，后来又不同保甲的情况，但是不论行政管理单位和划分如何变化，家户总是能够记得自己田地与他人田地的界限，并且相互之间都是遵守规矩和约定的。

（二）边界纠纷

土地的边界一般是当事双方依照当地的规矩进行界定和划定的，偶尔也是会出现这样那样的问题，并且产生边界方面的纠纷。出现矛盾或者问题之后，双方就会各执一词，述说自己的道理，但是当双方都无法找到驳倒对方的强有力证据，或者各自的理论不足以使得对方完全信服或者认可时，就会产生纠纷。出现这种情况的时候，就需要寻找到双方都充分认可的证据和理论，才能够解决问题，平息纠纷和矛盾。例如寻找当事双方的长辈，因为长辈对于之前的边界有着足够发言权，如果老人能够说出一个明确的边界或者是找到实物证据，那么这种纠纷就会平息。但是如果没有这种实物的证据和前人的印证，就需要以地契来做出评断，不过这种情况仅限于当事双方在承接土地之后，没有向外再开垦荒地，如果自己开垦了荒地，那么自己的土地边界和面积就比地契上所记载的面积大，故而无法成为证据。这种情况下，当事双方的地界问题一般会悬而未决，双方会经过商议进而达成一个新的约定，并且重新订立一个界限，并作出界限的标识，如树立木桩、埋下石头或者立下石碑，抑或种上树木等等。

一般情况下，田地边界纠纷是不会惊动保长或者甲长的，由于甲长也是普通的家户，因此难免也会知道，但是并不会以甲长的身份介入，而是以普通的邻居身份从中劝解。如果涉及纠纷的田地数量巨大，那么也会有打官司的情况，不过在渠中堡的地界没有出现过这种情况。

三、田块距离

1949 年前，各家土地基本上就在自家居住地不远的地方，近一点的就是房前屋后的距离，远一点的估计也就是五六百米的样子，到自家田里基本上只有十分钟的步行路程，差不多是在自己视线范围内。有的家户土地距离自家住地稍微远一些，这些人家基本上没有什么土地，必须要到较远的地方开荒才可以。一般来说，距离居住地最近的田块土地最好，耕作、运输和打场等都会更方便一些。要是地块在距离家比较远的地方，庄稼熟了之后就得比别人先收割，以免被人偷了去。据老人们讲，当时老百姓是不看护自己庄稼的，即使有人看护也都是比较勤快的人去，如果地块儿距离自己家比较近，也有抽空看看的，但是村内没有组织专门的人去看青。

地块与地块之间的距离比较近，一般有条路在中间隔断，也并没有接壤。有的是以水路相隔断；有的就是中间隔着荒滩，但荒滩是没法种植庄稼的，只能用作公共的生产道路。要是两家之间的地块是紧紧相连的话，那么地块之间就会有一个比较大的田垄横在中间，以作为分隔的界限。除此之外，在地块的两头甚至中间的部位都会有明显露出地表的标识物作为界标。

通常来讲，一般家庭和地块的距离在两里地以内是最方便的，缺少工具的时候还可以随时回家去拿。对于距离家较远的地块，村民就只能在出门的时候把工具全都带上，回来的时候得全部都带回来，而且在路上还会耽误很长的时间。不论地块远近，村民上地干活都是走路过去的，需要用到牲口干活的时候，就赶着牲口过去，但是一般不会骑坐牲口上地干活的。到了收获的时候，穷苦人家或者家里没有牲口的人家，就用独轮的小木车运输粮食。条件好点的人家会用牲口驮运，要是富裕点的人家，如地主等就会用老牛车装运粮食，这在当时农村地区算是个很高档的交通运输工具，大户人家娶亲会用老牛车迎娶新媳妇。老牛车一车可以装很多的粮食，比起人力肩挑背扛或者小推车装运、牲口驮运的效率高很多。

四、田块耕作

据村庄老人讲，当时大多数人家种糜子，土地多的话就会稍微种上一两亩麦子，以供给自家人吃白面。种麦子也是要看地块的，麦子吃水大、吃肥多，没有牲口的人家就没有粪肥上地喂麦子，因此麦子的产量就会很低，同样一块地种植麦子和种糜子，在产量上就会有很大的差别。种麦子的田块要考虑三种因素：第一，家庭的实际情况。要考虑的是家中田地、人口及生活情况，家人要吃饱饭，就得多产粮食，糜子不挑水肥，而且产量高，因此最适宜人多地少，家庭条件较差的人家种植。第二，灌水便利程度。由于麦子在生长过程中需要大量的水分，因此如果没有充足水量的保证，麦子的产量会很低，每亩最多能产一两百斤。第三，肥料供应。麦子产出的面粉属于精细粮，而这些都需要麦子在生长过程中吸收充分的营养，也就意味要有充足的粪肥供应，要是家户之中没有一头大牲口，是没有办法供应田地肥料的，产量就会大打折扣。因此，当地的农作物也就形成了多数种植糜子，间或在少量地块有麦子"插花"的现象。而豆子或者花生等小类作物，则是在田间地头或者是房前屋后的小片地随意地种植一片，或者在地垄上种上一些，不成规模。在官泗渠两旁浇灌方便的地方，麦田出现的概率更大一些，较远处水利不方便的地方出现麦地的情况则相对较少，多是以糜子和胡麻为主。

堡内的田地耕作都是以家庭为单位的，民国初期多是以大家庭的形式进行生产，民国中后期就多以分家后的小家庭为主的形式进行生产，在单家独户无法完成生产时就会有多个家庭形成短暂的合作。田地的所有权都是各家庭所有，没有田地属于多个主体所有的情况，家庭间只在生产耕作方面合作而不是产权所属方面合伙。一般来讲，一个正常的家庭以两个劳动力来算，可以种植五六亩的土地，要是有大牲口辅助，可以耕作十到十五亩的田地。但是如果两家都有十亩左右的土地，且都没有大牲口辅助，就需要两家并工合作才可以完成生产。

据老人们讲，旧社会时期村庄内的百姓种地都是一年一熟，1949 年之后，逐渐向一年两熟制转变，并且套种的面积也逐渐扩大。随着生产技术和农业技术的提高，一年两熟、三熟的面积也逐渐地增加。春耕作物开始之前，百姓一般是从正月底就开始忙碌，要将土地多次耙、耱、耖、磙地，整平，打碎大土块，这样可以促进水分的上升，起到保墒保苗的作用。

五、麦作关系

渠中堡地理位置较为平坦，虽然有洼地和高坡，但适宜种植庄稼的土地还是较为集中的，因而百姓的土地也是较为集中。在村落整体单位下，所种植的麦田是集中并且相连的，在以家户为单位的情况下，麦田多是集中的，但也有略微的分散。由于当地灌溉水利较为方便，并且是集中时间段上水的，因此大家必须在上水时间段内，将自家土地耕作工序完成，否则水期一过，自家的田地就再也没法浇水，只能等到下一次集中来水时才可以浇灌，这样就注定了本年减产严重。到了农忙时节，大家都到田里干活，干活的工序和种类基本相同，只是投入的人力和物力不同。家户中人力较多，就主要以人力来进行土地的翻整耙磙等，但是有足够畜力的话，就会使用牲口进行犁耕耘碾等。由于水渠供水时段集中，因此大家的劳作时间都比较集中，田地少的人家做完自己的活后，就会到田地较多的人家里打短工，或者是家里田地较多的人家喊上自家亲戚帮助抢收抢种。在田地的集中分布，以及劳作制度和灌溉制度的限定下，也使得劳动力在短期内集中分布。

在旱作制度下，除了耕地和抢收，其他的劳作都是家户自己单干，并不相互并工。只有那种短期内需要很大的劳动力投入，或者劳动力的投入超过单家独户最大限度的时候，家户才会采取与人并工的方式，或直接采取市场交换的方式，雇佣短工帮助完成生产作业。如在收割时，由于时令、天气以及灌溉水期等因素的限制，家户在短期内完成作业任务，劳动力不足的时候，就需要以联合的形式提高作业效率。例如东家有头骡子，西家有头牛，但是单独任何一头牲口都不能使用一种叫作二牛抬杠的犁具，必须要两头大牲口才能拉动，而这个犁具的耕作效率是一头大牲口作业时的两倍不止，因此，两家就会采取并工的形式，共同完成生产作业。

传统时期，村庄都是由小的聚落组成的，小聚落内生存的人们都是以家户为单位的亲人，一个小聚落内多则七八户人家，少则三五户人家。户与户之间并不是紧密相连的，而是有着一定的距离，因为当时地广人稀。大户人家会将居住的房屋外围用泥土堆砌成围墙，形成庄子，庄子内居住的都是自己的家人，分家之前就是一户，分家单过之后就会形成很多小户。其他家户也是如此，但是有的家户人少，没有能力建造围墙。为不被强盗匪徒侵害，就得抱团聚集，并且还会趋向于住在人多的大庄子附近，因此大庄子附近就会吸引较多的小户居住。另外，1949年前家户的田地都是在自家居住地附近的，并且多数是比较成块的，少有散地，因此田地在地块数量和地块面积上都是较为集中的。后进入这片土地的人们，为了得到庇护，在空间选择上也会倾向于在距离大庄近些的地方开垦土地并在土地周围建房造屋。长此以往，就形成了以旱作地为外围，以聚落为中心的集居形态。

第四节　居住与空间

1949年之前，渠中堡的自然条件导致可耕作土地的分布不均，呈散状分布，并且当时人口也较稀少，基本上是以大家庭的形式聚居十一处，形成大小不一的聚落。此处虽是旱作土地但是灌溉比较方便，因此百姓沿着官泗渠开垦土地，并且随田建房，在村庄整体层面上形成散居的特点；后随着定居人口的增加，以及外来人口的迁入等情况，逐渐形成了以大庄子为中心，其他散户在旁边不远处建造房屋，近邻而居的小聚落。故而，渠中堡呈现出大散居和小聚居的居住形态。

一、民居与村庄

渠中所处环境常年缺少雨水，但水源是庄稼生长过程中所赖以生存的，没有水浇灌的庄稼很难生长和丰收。从老人口中得知，百姓农田主要分布在官泗渠两旁可灌溉之处，而百姓则是居住在自家土地的附近，由此形成小面积的聚居。

（一）沿渠种田

旧社会时期，村民选择田地都是以方便浇灌为首要的条件，因此最初定居的先民，都占据了有利的地势位置，并且从此开垦种植定居。逐渐形成了以官泗渠为中轴线的沿渠而分的农田趋势，距离渠水最近的两旁被占据之后，人们就从渠边开道，引水向两旁更远处，在距离渠较远的地方开垦种植，形成了以主干渠为中心轴线，以小干渠为分支，向左右延伸用水的浇灌道，继而就形成了渠道两旁渠水所到之处农田密集的格局。

（二）依田建房

据老人讲，1949年前村民建房子主要建在自家田地上或者是附近的位置上。一来是为了方便上地干活，二来是可以方便看护。旧社会时，多数家庭虽然也是分家单过，但整个家庭是居住在一起的，也就是说大家共同居住在一片庄的基地上，在这里建房盖屋，并且在外围建上寨墙，形成一个相对封闭的空间，当地人称之为"庄子"。由于当地地广人稀，居住空间较为宽广，两家之间虽是近邻但是依旧保持着百十米的距离，前后并不相互挨着。庄子内的房子都是建的四方屋子，至于朝向并不一定，主要是看庄子外面的大道的方向，一般情况下房子的朝向都是与大道垂直的，即出门就上大道，向左或向右走都是方便的。但是也有和大道平行着的，这种情况下就需要在庄子一侧留置大门，以备上道穿行。一般情况下，由于当地建房空间较大，因此多数房屋是坐北朝南，或者坐西朝东的。

（三）大"家"过活

1949年前，很多家户分家单过后，大家依旧是居住在同一个庄子里，因此对于人口较多的家庭来讲，一个庄子就是一个大家庭。也即是说，每个庄子就是一个大家庭过活的地方。庄子越大，就说明这家人越多，实力也就越强。庄子越大，其门面也就越大，都是土围墙，没有砖混结构等，内部的房屋也都是泥坯土块建筑的，并没有烧制的砖块等物。庄子越小，家庭人口也就越少。没有庄子的散户，家庭实力就更为单薄，而这些散户的田地相对来讲也少，其居于大庄子附近，一来是寻求一定的庇护，二来是在生活上能够得到更多的方便，例如大庄子有磨、碾子、水井等物件，相互之间可以借用。

（四）房屋边界

民国时期，不同大家庭之间的房屋界限并没有一定的标准，大家的土地都是从先辈手中继承，并且加上自己开垦而得的，因此田地的界限都是遵循着旧规矩和既有界限的，新开垦的土地则是有着明晰的界定，无须赘言。由于房屋是建在自家田地附近的，而且当时地广人稀的特征也是房屋边界较为模糊的主要影响因素之一。村民各自占据一片地方，开垦种植，建房搭屋，周围的土地还有很多，相互之间不会那么紧凑，除非两家是亲人，否则是不会将房子或者庄子建在很接近的位置。对于大庄子的人家而言，其建立的庄子基本上就属于对周围田地主权的一种宣示和管控，因此他人在附近建房也只能在其管控的田地周围。这一时期的房屋边界，其实可以笼统地陈述为"对田地的实际控制权下的不存在影响他人生活的自由空间的界限"。房屋之间的距离很远，不存在自我边界被侵犯的威胁，也就没有一定的标准。

当时的房屋或者庄子格局都是单独且分散的，因此在异姓之间不存在房屋边界的纠纷和矛盾，但是在同姓氏或者家庭内部则存在一定的纠纷，这些多是发生在分家时期，即小家庭与核心家庭或者另外分裂出的小家庭之间的关涉房屋产权的纠纷。这种家庭内部的纠纷多是由家庭内部人员参与和解决，家长——父母具有裁决的优先权，如果效果不佳的话，就需要请舅舅前来主持，一般情况下是不会请邻居或者保长等前来的，因为家事被人知道了总归是失面子的。周围的邻居们只会在家庭内部发生矛盾，吵架或者打架的时候前来劝阻一下，说解开后便不过多参与，以免拿捏不准，失了偏颇，之后还要被人埋怨。

（五）房屋格局

旧社会时期，村民建筑房屋用的都是泥坯砖砌墙，房梁使用木头作为主架构；再加上椽木；顶上铺上茅草或者苇子，封上一层泥土，泥坯砖里面可以加上点麦秸以增加黏着力等。据老人讲，每隔一两年就得修一次房顶，修的时候可以请专门的师傅，也可以自家修整，只要修好不漏水就可以了。院子外围一般是使用更大的泥坯砖砌成墙，据说当时的寨墙有两三米厚，高度能有四五米，顶上摆放有小块的泥坯土块，或者是大点的土坷垃，等到有匪徒前来抢劫的时候，人们就站在墙上，向外扔土块。内里一般是坐北朝南或者坐东朝西，保持基本的对称，即中间上头建三间或者五间房子作为上房，堂屋一般就是最中间的这间房，堂屋内正中间放置一个大桌子，中间放置香炉，摆放神灵菩萨等，两边放置供品。左上手位置放置一张桌子，桌上从上到下按照辈分从高到低的次序摆放神主牌位。

正屋的房间数一般是不一样的，家户大的人家一般需求大，并且也有建造的实力，可以多盖几间。旧时期，王兴庆老人家的庄子被当地人称为"王家大庄"，其院落房屋结构如图 2-3 所示。当时建房的时候其家中人口较多，因此也就建造了三间堂屋，但是两边各有三间较小的房子作为"耳附子"，往下走对称的位置各有三间一体房屋——其中两间房屋是连通着，一间有隔墙，这叫作"对庭"。再往下有两间一体，这两间屋子连通着，共用一个门出入，中间有一个隔墙。据老人讲，后来家里人口太多了，就又往下接上了一节，并且设了一个二门子，门子没有正门那么大。在二门子外面靠墙两侧各建了一个三间连通房，三间房之中的上手一间，中间用墙分隔，留有门通过，

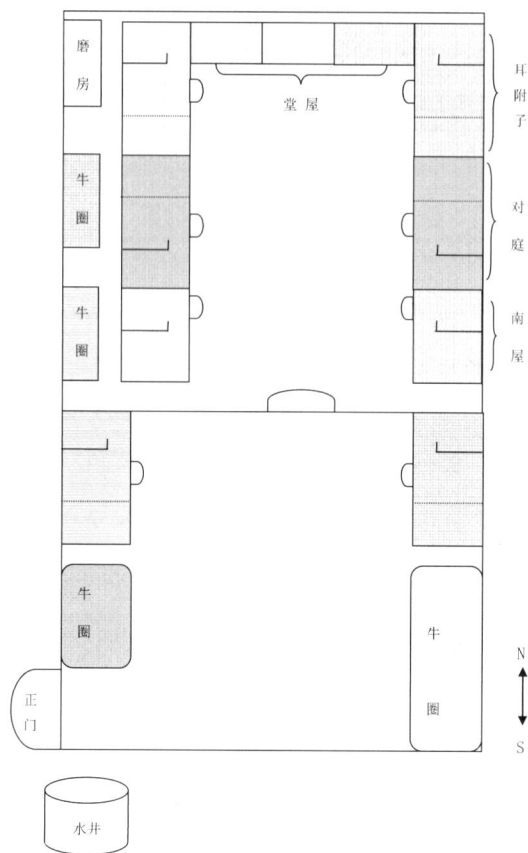

图 2-3　1949 年前后，王家大庄
院落房屋结构图

作为套间使用。院落的西北角建了一个磨房，石磨在那里以供磨面等使用。下手设置两个牛圈，正门旁边和对正位置各设一个牛圈。据老人讲，当时只要有庄子的大家庭基本上是这样的格局，只是房屋数量上不太相同。正屋、耳附子、对庭以及南屋都是一般高的，如果不一般高的话，其他房屋不高过正屋即可。

旧时期，大户人家多是建设庄子为居住地，在内部建设房屋，既可以防风保暖，又可以作为保卫的场所和防御工事。小家户人家无力建造庄子，只能借靠着大庄子的人气，在其附近找个高地建造房屋。1949 年前，一家人都是居住在一起的，有庄子的就在庄子里住，没有庄子的就在外面住，但总是紧挨着的，即便是庄子住不下了，再建房屋或者庄子的话，也是在旧庄子旁边地块就地建设，而不是另寻他处。对于不同姓氏或者不同血缘的人家，则不能居住在一块，相互之间是有一定界限的，界限就是自己土地的产权界限，比如先占有土地的人会以自然的沟壑或者人为的道路等作为边界，不准许后来的人在此界限内建房或者开垦土地，经过累世的传递，大家也都遵循着先人的传承和规矩。据老人讲，当初渠中堡荒地洼地多的是，并不像现在那么平坦，也没有很多田地，人烟稀少，除了田地上会有些纠纷矛盾，关于房屋没有闹过矛盾，相互之间都隔着老远的距离，串门都得走一会儿才能到，中间隔着荒滩小路，有的时候虽没有明确的界限，但是家户之间因为距离较远一般不存在生产和生活上的冲突与矛盾。

（六）房屋建造与防卫

旧社会时期，渠中堡的百姓在这片土地上勉力维持生计。百姓就是以自家人为单位，建造一个庄子以起到保护自身和家庭的作用，就像自然界中的其他动物一样，建造自己的窝以求繁育和保全后代。除此之外，在村庄层面上并没有共同的防御工事，而且当时地广人稀，田地分散，居住分散，难以形成连片成网的防御体系，故而只能够以家庭为单位进行自我保护。据老人讲，以前的匪徒也并不是很多，一次来的最多也就只有三五个，也不一定都有枪，那时候匪徒来了都是抢劫有钱的人家，像地主还有保长那些人，穷苦老百姓家里虽然没有庄子保护，但是也没有值钱的东西，也不怕抢。据说有一次一家地主被抢，土匪往里面扔了手榴弹，抓住地主之后还拿烧红的烙铁烫他的身体，逼迫其交出钱粮。由于匪徒手中有枪，村落层面没有公共防卫组织，周围的邻居也较少，没人敢上前与其对抗。

二、神居与村庄

1949 年前，渠中堡的百姓信仰主要是佛教和道教，1949 年之前有关公龙王庙、三普庙、圆善寺、唐家庙，周围还有圆佛寺、火神庙等，其中除了圆善寺和圆佛寺是寺庙，其他都是神庙，只在节日供奉，其他时间人们很少使用。

（一）神居与村庄位置

这些神居或者庙宇都是分散在渠中堡的，而且有的庙宇在 1949 年前并不归渠中所管辖，而是 1949 年后建立行政村才划归渠中管理。就如关公龙王庙，其之前归属东永固片区管理。庙宇的位置都是以村庄小聚落为中心，建立在村庄聚落的外围，但是整体还是处于聚落的范畴，距离村落最近的位置不足百米。周围是独立的，并没有被家户的房屋所围。渠中堡的每个聚落内基本上有一个庙宇，这些庙宇的建造时间已经无从考证，老人们只是说他们小的时候就已经是这样子了，老人们的先辈也是无法讲出其源头，只是说这些庙都是周围的人合伙建造起来的，共同使用，共同维护。神庙并不都有庙地，就如三普庙和唐家庙，两个庙宇只有庙主体，但关公龙王庙是有庙地的，并且还有专门看庙的人，据说是一对老夫妇，管理着三五亩的庙地，收成全归他们所有，但是要负责庙宇日常看管和打扫，两人就住在庙的厢房里，节日的时候还要为周围的百姓开门、打扫正殿等。

（二）庙宇的所有权

关公龙王庙的所有权归该聚落的百姓所有，据说建庙的时候，是由当地的百姓共同筹资兴建的，但庙宇是对外开放的，因此不论该聚落的村民还是外人，都是可以到庙内祭拜的。不过每个聚落或者村庄内都有自己的庙宇，因此大家并不会专门到其他聚落或者村庄内去祭拜，除非是很知名灵验的庙宇，例如圆善寺和圆佛寺。

圆善寺是村庄内的庙宇，与其他庙宇一样坐落在村庄内的小聚落之中，在百姓居住点的外围，四周没有被百姓房屋围住。圆善寺的内部居住有僧人和居士，僧人是和尚，居士则是信奉佛教的当地百姓，可以称之为俗家弟子。圆善寺有自己的田产，据说有60多亩地是归寺庙所有，平时就会雇佣两个长工种地，忙的时候还会到周围雇佣百姓打短工。据说之前圆善寺院内还有一个很高的墩——类圆锥体，中空，直径有五六米，内中有螺旋梯子，可储藏粮食，顶上还可以做瞭望、防御。

图 2-4　渠中村圆善寺正门

各个庙宇都有其明确的所属权，只不过所属人群有的是特定的人，有的则是按照区域划分的。一般来讲，庙宇需要维修的时候，一般是由聚落内的会首或者能够执事的人出面组织，让大家共同分担和出钱出力。至于圆善寺这类寺庙，有自己的土地，有着独立的收入，因此一般情况下都是由寺内自行维修。寺庙每年还会举办庙会，也会有人敬奉布施，因此基本无须再向村民化缘，不过要是需要的钱粮太多，也会向周围百姓化缘的。据说圆善寺曾经因为"文革"而被毁坏，于二十世纪九十年代重新在原址上修建，当时是由几个居士联合号召大家捐善款共同修建的。

（三）神居与人居关系

神居与人居是相辅相成的关系。神居是人们为了满足自己日常生活中精神层次的追求，而设置的寄托期望与哀思的地方。例如关公龙王庙就是人们为了祈求上天能够风调雨顺，粮食年年丰收而设的；圆善寺内的僧众会为周围百姓家的亡人做法事超度等等。从当地神居与人居所处的空间位置上来讲，人居点都有一个神居。神居在人居附近，但是并不被人居所围，而是单独地居于一处，一般是有百十米的距离。神居虽是为小众所有，但是面向所有人开放的。从建筑的规格上来讲，一般聚落点人口较多的时候，其神居建筑的面积和房屋也就更大、更多，有独立田地的神居其自我维护和修缮以及发展也会越好一些，例如圆善寺和东永固庙。

三、公共空间与村庄

旧社会时期，渠中堡的百姓没有什么特定和专门的公共空间。小聚落内部经常碰头照面、休息的地方，一般是在大庄子附近的石碾或者是大庄子的墙根底下。因为这些地方一般是小聚落的中心点，容易聚集人，同时这些地方面积较大，墙面可以挡风，晒太阳正合适。而石磨在旧社会时期并不是家家都有的东西，也是个稀罕的物件儿，只有那些家庭人口较多的人家，才会置买一个，小户人家只能是借助别人家的石磨或者碾子来磨面、碾谷子。据老人讲，一般家里的石磨都是在屋子里或者是棚子下面，因为外面风大，没有挡风的地方粉末就容易刮走，石磨放在外面就要搭个棚子，这样太麻烦了；碾子不一样，主要是脱壳使用，没有碾成粉末，不太怕风吹，因此一般是放在外面的多些。

一般来讲，石碾或者石磨等大型物件，并不需要一家一户一个，多数是以家庭为单位，或是以庄子为单位，整个大庄子就只需要一个就足够了。对于那些家户人口较少的来说，也无须自己单独或多家联合置买，只需要向跟前有的人家借用即可，还可以增加交往，跟周围的人处得更加融洽。石碾或者石磨的借用只需要向主人家说一声，一般只要家中有个人就行，旧时期妇女都是在家中的，不需要非得给当家的老爷子或者是儿子们专门说，没有那么严格。

另外，虽然水井的产权是归私人所有，但是水井里的水越使用就会越活泛，水质和口感也就越好，单独的一家或者几口人是使用不完的。水井对于百姓而言是不可或缺的，但水井的开凿需要很多的人力以及费用，因此相较于自己开凿水井，村民更愿意向别人家借用。

无论是水井、石磨或碾子，虽然都是私人物品，却具有一定的共享性，借用的过程其实也是交往和联系的过程，百姓的生活非刻意地单纯建立联系，抑或将联系与生活分开。据老人讲，"当时我们王家有一口水井，碾子、石磨也都有，水井就在大门南面，周围的人都到这儿来打水，他们那没有水井，也不需要打水井，水井这东西越用越好，他们距离我们这个庄子远的有三四百米，近的就是陈家，一二百米，他们也有庄子，不过比较小，寨墙很低……"[1] 另外据老人讲，"当时吃水用水都不需要专门给人说，一般是这附近的人过来打水，要是有外面不经常来的人打水，打个招呼就可以了，你比方说见了年轻的叫个大哥、嫂子，大一点的就喊个表叔、婶子，再老一点的叫个姨爷爷、姨奶奶，人家一听就觉得你懂事，心里也畅快……"[2] 若在使用过程中发生损坏，一般也无须使用人修理，但损害比较严重的话，使用人会主动赔付。水井、石碾这些物件都是耐用的东西，而且也都很坚固，故而一般只会在正常使用过程中有些消耗，而正常的维护，例如每年的水井清淤，或者是石磨、碾子需要重新钎道，主人家都不会要求使用的人去承担，自己家修补清理等就可以，周围的人要是看到了，也会前来搭把手。

---

1 王兴庆老人口述。
2 王兴庆老人口述。

四、村庄空间结构关系

从居住空间的分布来看，渠中堡的百姓是以家庭为单位，以庄子的形式进行聚居。不同姓氏和不同家庭之间的百姓，又因田地的占有区域相同，以及出于生活便利和共同防御的考虑，选择在保持适当距离的情况下小范围聚居。人们生产生活的开展，使得一些私人的物品可以为公众或者小范围内的他人所用，例如石磨、碾子和水井等。为了精神层面的追求，不同聚居片区的百姓依据自己的需求，建立不同的庙宇，庙宇虽是当地片区的百姓共同筹资建设，但可以为周围其他的人所使用。渠中堡的百姓虽然在此生活了数代，却因为其特有的地理位置以及迁居于此之后缺乏必要的生活迁延性，与外人的联系缺乏一定的发展基础，因此在居住格局以及庙宇等的建设方面，表现出许多不同之处。

总体来讲，渠中堡的百姓是以家庭聚居为单位，不同家庭之间小范围聚居为主，形成散居的村落格局。在各个不同居落之中，也因为不同的需求而形成了各自筹建的庙宇，对于寺庙而言，大家的需求和信仰都是一致的，由此而形成的习俗也是一贯的。在生产和生活层面上，各小聚落内家庭之间的关系既独立又互相勾连，各小聚落之间也是保持着一定的独立，但是从村庄整体上来看，这种独立是在共同的生活和生产基础网络上相对存在的。一旦将个人、家庭、聚落乃至村庄的层面拉远和扩大化，这种相互交往和依存的关系将立即凸显，而内部的界限也因为不断地融合而变得模糊不见。

第五节　村庄自然变迁与实态

中华人民共和国成立之后，历经土地革命、合作化运动、改革开放等历史阶段，伴随着村内人口的增长与经济的发展，村庄居住面积不断扩张连片，土地得到改良，水利设施建设基本完备。本节将从水利设施、旱作情况、居住格局几个方面来考察渠中村的自然变迁与实态。

一、水利设施

1949 年之前，惠农渠没有退水设施，渠堤较低，溃堤和渠坝倒塌时有发生。除此之外，险段较多，输水量较小，水量不足，灌溉困难，还因此时有发生争水的矛盾等。1949 年之后官泗渠、惠农渠、昌润渠等渠段都进行了维护和加固，而且还进行了加高培厚，建立了混凝土平板闸门，手摇螺杆启闭。官泗渠通过惠农渠的永治闸引水，经过渠中村之后进入到惠农县境内，在平罗县境内共计长 10.5 公里，渠上各类建筑共计

42 座：进水闸、退水闸各 1 座，涵洞 2 座，渡槽 1 座，桥梁 5 座，斗口 32 座。进水闸为钢筋混凝土结构，退水闸在渠中南面万家营子村内。1966 年新建石木结构一孔闸门，手摇螺杆启闭，泄水量在 1.5 立方米/秒，退水沟长 1.5 公里，向西排入第五排水沟。5 座桥梁都是钢筋混凝土结构，官泗渠跨越第五排水沟使用的是渡槽，1960 年改建为钢筋混凝土结构。官泗渠在黄渠桥镇内主要灌溉的耕地涉及泗渠村、万家营子、渠中村以及惠北村的部分耕地。由于渠中村处于官泗渠的中间地段，也有说渠中村的村名取自"官泗渠中段"的意思，不过大多数人认为是"处于惠农渠与官泗渠中间"而得名的。

旧时期重灌轻排，主要进行灌溉渠的建设，在排水方面做得较差，甚至于没有排水设施。1949 年之后为了加强排水设施建设，积极发动群众修挖排水沟，其中第五排水沟就通过渠中村，紧贴渠中西侧，穿过渠中辖区之后进入到惠农县境内。第五排水沟是由宁夏水利局设计的，在 1957 年冬天开工，涉及的各县境内各段同时开工。第五排水沟在渠中村的南面穿过万家营子村，从官泗渠大渡槽下面穿过，在惠农渠和官泗渠之间穿行，并且在惠农县园艺乡进入黄河，横穿贺兰县、平罗县、惠农县，排水量较大，属于银北地区受益最好的一条干沟。通过排水沟的修建，境内的一些湖泊和洼地内的水量得以排出，经过改良土地又可以进行农业生产了。后来在 1969 年，在渠中五队到三队的地方，开挖了五五支沟，向西连通第五排水沟，加大了渠中村境内的排水便利程度。

二、旱作情况

1949 年之前，渠中村百姓的耕作制度主要是一年一熟制，主要种植春小麦、糜谷、胡麻、甜菜等，小麦收获之后就将土地空置，晾地。1949 年之后，耕作制度逐渐变为一年两熟制，即种植春小麦之后，在小麦之中套种玉米，或者黄豆等秋季作物。而且百姓种植作物种类也发生了很大的变化，旧社会时期以糜谷为主要种植作物，小麦品种较差，而且产量较低，因此种植面积很少，只是维持家人的口粮而已，玉米的种植面积更少。到 1949 年之后，为了提高小麦和玉米的种植面积，开发和试种了很多小麦和玉米新品种，实现了粮食产量的新突破，目前粮食种植结构已经得到了很大的调整，以春小麦、夏玉米、豆子、油葵为主，耕作制度的调整，不光使得土地利用率得到提高，而且也使得土地的产量和人们的收入有了很大提升。

民国时期，小麦的平均产量是每亩 200 斤左右，而且种植面积相当少。1956 年新品种可以达到每亩 350 斤，实现了新的突破。"文化大革命"时期虽然小麦种植面积增加，但是 20 世纪因为管理等跟不上，产量并不高。1984 年，小麦每亩可产 600 至 700

斤，种植面积一度增加，人们的口粮也开始由糜子调和变成了以馒头饼子为主食。20世纪90年代之后，小麦逐渐成为主要的粮食作物。

1949年之前，渠中堡只是零星地在自家田间地头种植玉米，玉米产量虽然可以，但仍属于粗粮，品种较差，而且种植小麦或糜谷之后没有多余的土地种植玉米。1970年，平罗开始在小麦中套种玉米的试验，每亩平均产量为580公斤，其中小麦355公斤，玉米225公斤。从此之后，全县开始推广这一套运作模式，此后玉米的种植面积开始增加，新品种也在不断地开发和改进。

三、居住格局

1949年之前，渠中村的百姓居住分散，房屋多为土木结构的平房，安双扇门，木棂小窗，少数房屋建转基、土木结构的立木出叉式平房，没有一户砖瓦房，更没有楼房。直到1980年代，村庄内实行联产承包责任制以后，农业发展迅速，农民生活水平普遍提高，土房翻建改建成为一面红——前墙是红砖、侧墙和后墙用土坯，三面红——前墙侧墙用砖，或者是纯砖木砖混结构的房屋，室内均是使用白灰墙，红砖铺地或者是用水泥地。比较讲究的农户还会在房屋四周建叉雨棚，前墙水涮石，室内使用水磨石地面。1985年以来，村民建设楼房的也逐渐多了起来。

到了21世纪，有条件的村民不再像以往那样在村庄内建房，而是到平罗县城内买

图2-5　旧时期渠中村百姓居住房屋

商品房，住高层楼房，因为那里可以集中供暖，生活更加便利，特别是对于老年人来讲。有条件的家庭普遍在平罗城内有房子，新时期男婚女嫁的首要条件就是在平罗城中有一套自己的房子。一般到了每年的十月底，宁北地区就会降下第一场雪，风也变得较为凛冽，温度下降极快，温度低且日夜温差较大，这时在城中有房子的家户就会全部到城中居住，等到来年四五月份，天气转暖，开始种植庄稼之后才会回村。

从村庄整体的居住格局来讲，1949年之后的格局基本上是延续之前的格局，只是房屋变得更加密集了，并且居住区域向外扩张，原本不相连的地方现在连通了，或者两个聚居区域的房屋外围边界变得较近了。

另外，村内交通变得更加方便了，村庄内有7队通往5队的柏油公路、官泗渠公

路，还有简滨公路、黄宝公路等围绕村庄。因此村庄内部聚落之间的连通，以及村庄与外界的连通都是畅通的，交通工具的发展已经达到很完善的地步。村民虽然居住在村庄内从事农业生产，但基本上是依靠机械化，以往的人工劳作基本上由半机械化甚至全机械化作业完成。村庄内的牲畜等养殖，主要是为了利用牧区的自然资源发展养殖业，而非依靠其自身力量进行田地耕种。

第三章 村落经济形态与实态

渠中堡村民的生产方式是以农耕为主，土地归当地村民私人所有，各家村民的土地占有量不尽相同，以家户为单位进行独立的农业生产经营。传统社会时期，由于当时的自然环境较为恶劣，有大片常年浸水的洼地，往外冒白碱的苇子地——庄稼无法生长，无法浇灌的荒滩地，故而适宜种植庄稼的土地较为短缺，即使能够种植庄稼的土地也较为贫瘠，粮食产量十分低下。土地多数集中在大户手中，小户虽然也都有几亩田地维系生活，但是依旧需要在自己农忙之后给大户打工讨生活。由于军阀统治、自然资源匮乏、生存环境较差等外界客观条件的限制，村内贫富差距不是很大，因此人力成为当时家户发展的主要限制因素。家户人口较多的大户有能力在自家田地附近搭建庄台子，小户则是在自家田地附近直接建造房屋，外面没有土墙围绕作为保护。

在生计方面，除了土地经营，村民依靠零散的副业以维持自己生计，这也联通了村庄内村民的日常生产生活。彼此间的交往活动，如穷人与富户间的打工和借贷，村民间的换工和帮工，田地买卖，亲属间的救济、援助与交换，家户内部的分家与继承等，使得依靠单家独户无法完成的生产和经营能够顺利完成，从而实现家户与外界的互通有无，村民之间也形成了日常且稳定的经济交往活动。

因此，本章从人与土地及其生产能力、产权关系、经营关系、分配关系、消费关系、交换关系、继承关系等方面来考察渠中堡村民传统社会时期的经济形态，并在此基础之上，进一步考察和展示渠中堡的经济变迁过程与当下发展实态。

第一节　人与土地及其生产能力

传统社会时期，渠中堡的村民人数较少，可耕作的土地也较少，村民聚落较为分散且距离较远。土地是村民赖以生存的根本保障，劳动力则是生产生活过程中的人力基础，生产能力则是生产得以维系的关键。本节将从人与土地的关系、人与生产能力的关系等两个方面去考察传统时期渠中堡的经济概况。

一、人与土地的关系

人地关系是理解渠中堡传统小农经济形态的突破口，因此下面主要从土地概况、人地关系、生产规模三个方面进行展示。

（一）土地概况

1. 旱地为主，荒滩广阔

渠中村的土地绝大多数是旱地，只有少量滩地，这些滩地主要是家庭之中富余劳动力支撑，且家户内的旱地无法满足家庭生计的时候，才会到荒滩地去开垦。这些开垦出的荒滩地不多且一般无须缴纳税赋，主要是为了弥补家庭口粮不足之用。据老人们讲述，开出来的荒滩地一般至多种上两到三年，因为没法灌溉并且此地肥力特别薄弱，两三年后便不再有能力供给后面的庄稼生长了。也有些时候，这些地方还会因为当年的降水而被淹没，因此这些开发出来的荒滩地并不是长久稳固的生产用地。

2. 临地而聚，聚落分散

1949 年前，渠中堡的村民人数并不多，并且居住较为分散，一般是在家户土地附近的位置来建庄台子，并在此基础上以自家亲族为单位修建房屋。据村民讲述，一般先来到此处扎根生活的家户就会选择地势较高、土质较好、面积较为开阔，并且灌溉较为便利的地理位置作为迁居地。后来迁入的人只能在此附近选择余留下来较好的地理位置扎根耕作，繁衍传承。到了 1949 年前，这里的居民经过几世几代的传承之后，形成了土地优劣程度不一、居所地理位置高低不同、灌溉方便程度差异、地块集中程度有别等的村庄样态。

3. 祖辈传承，代代继替

渠中堡村民的土地都是原住民代代传递下来的，其中虽然有一些原因造成某些家户内的土地流入到其他家户手中，但是只要其仍然在村中居住，那么总会有些土地来继续维持生活的。传统社会时期，渠中堡的村民是集中的大家庭生活——一人当家，众人合过，因此土地占有格局会随着下一代的继承而重新延续下去，并且在很长一段时间内，这种土地的占有格局在村庄内部具有较强的稳定性。后来随着大家庭的破碎，表面上依旧是该姓氏占有的土地，其实际控制权已经是由每个小家庭掌控。家庭之间虽是保持着较为密切的常态交往，但生活的活动中心已经是围绕自己的核心小家庭展开。

4. 1949 年前各聚落内各姓氏土地占有情况

表 3−1　渠中堡各聚落点土地占有量

聚落点名称	各姓氏土地占有量（亩）				共计（亩）
肖家台子（圆善寺）	肖（30）	贺（15）	周（10）	李（10）	65
谭家桥	杨（30）	李（10）	谭（50）	—	90
三普庙子	吴（30）	王（20）	—	—	50
蔡家庄	蔡（20）	王（50）	—	—	70
东永固庙	王（60）	程（30）	田（20）	—	110
谢家庄子	谢（60）	李（50）	—	—	110
唐家庙	沈（80）	李（20）	王（20）	—	120
叶家庄	叶（50）	殷（30）	吕（20）	—	100
邵家庄	邵（30）	谢（30）	程（10）	—	70

（二）人地关系

1. 人烟稀少，可耕作土地不足

总体来讲，渠中堡的可耕作土地较少。1949 年前，渠中堡的村民主要聚于官泗渠的两侧，一般选择地势较高并且距离自家土地较为近的地方居住。每个聚落点一般有 3 到 5 个庄子，每个庄子最多有 20 人。根据老人的口述数据，以唐家庙沈、李、王三姓氏聚落为例，该聚落共有可耕作土地 120 亩，总人口数约为 80 人，人均占有土地约 1.5 亩。土地一般是在官泗渠两侧集中，两侧的土地较为平整，这些地方方便浇水，只要渠没有溃败那么两侧的土地就可以无虞水涝之患，守着泗渠更不用担心干旱之苦。除了泗渠两旁之外，其他地方一般可耕作的土地较少，因为有大片的荒滩存在，白碱地上除了芦草几乎不生长其他植被，只能放养牲口。

2. 农户之间土地占有差异不大

根据表 3−1 中各姓氏家户土地占有数据以及老人口述，在传统社会时期各姓氏是以大家庭的形式共同生活的，因此家庭成员数量较为庞大的大家庭往往也占有更多的土地。在大家庭的生活方式难以为继，分裂成数个小家庭之后，各家户保持土地占有量相对均衡，一般每家每户至少都会有 3 到 5 亩的土地，以保障自家的成员生活。

4. 聚落之间土地占有较为均衡

根据表 3-1 中所示以及老人口述，在中华民国时期，肖家台子（圆善寺）聚落共有土地 65 亩，谭家桥聚落共有土地 90 亩，三普庙子聚落共有土地 50 亩，蔡家庄聚落共有土地 70 亩，东永固庙聚落共有土地 110 亩，谢家庄子聚落共有土地 110 亩，唐家庙聚落共有土地 120 亩，叶家庄聚落共有土地 100 亩，邵家庄聚落共有土地 70 亩。从上面数据可以看出，各聚落之间土地占有量差别不大，分布较为均衡，聚落之间的"人地关系"的差异性不明显。

5. 田地不足，开荒打工过活

村民家中田地不足的时候，如果家中劳动力较为充足，且有耕牛的情况下，会在自家田地的周边荒滩进行开垦，开垦出来的土地归家户个人所有。通常情况下无须上缴税费，但是一旦被丈量进入到地册的话，就得按照缴税标准向政府缴税。一般情况下开垦的田地也不会很多，囿于人力、物力和畜力以及自然环境的客观限制，通常情况下至多开垦 3 到 5 亩，而且种上两到三年之后又由于土地肥力的限制，便不再能够继续使用。一般情况下，开垦的荒滩都是位于自家土地附近的，因为便于开荒且能够种庄稼的土地，大家都比较清楚，如果距离自家田地较远，在浇水的时候就会出现很大的麻烦，比如浇水需要从别人家的田地过水，别人是不会同意的。因此即便是自己开垦的土地，但是在实际的使用过程中也会引起诸多的不便，故而大家都会选择距离自己原有土地较近的周边地块，进行开垦种植。

另外，如果家户的土地不足以维持家人的正常生计，而周边也确无可开垦的土地之时，一般情况下，村民会选择在周边给那些土地较多的人家打短工挣钱或粮食，以维持家庭生活。据老人们讲述，通常情况下本地的村民是不会迁往外地的，即使土地不够也不会往外地迁居，会等自己挣到钱了以后，置买几亩地过活。

（三）生产规模

根据表 3-1 中所统计数据可知，中华民国时期，在唐家庙聚落中，农户耕地最多的是沈家，有 80 亩地，且全部是可以进行灌溉的旱地。李家家主名为李广中。他是外来迁入的，之前是同县头闸堡人，后来因为叶家庄的吕家招女婿而迁入到此。他家中田不足以养活家庭，于是便在沈家做非全职长工——这种长工的工钱较全职长工工钱少一些，但是他可使用雇主家的牲口为自家田地做活，只要雇主家中有活就会喊他，无须在雇主家中时刻守着，相对具有些自主时间。据沈家后人讲述，家中当时共有 80

亩地，其中上等土地 20 亩，中等土地 40 亩，下等土地 20 亩，地块较为分散，较大的地块有十几亩，也有 5 亩左右的地块数个。[1] 这 80 亩的土地并非自家固有的，其中一部分是其父辈从本村的一个王姓人家手中买到的，因为王姓人家当时家庭败落，家中后人将土地悉数卖给沈家之后，便迁到外地。在肖家台子聚落中，农户土地最多的是肖家，有 30 亩地，最少的是李家和周家，分别都只有 10 亩地。

在东永固庙聚落中，农户耕地最多的是王家，有 60 亩地。王家是个大姓，人口众多，王家在此地有一个大庄子，庄子周围有很大的围墙以做防卫，本村人将此地称为"王家大庄"。王姓虽然共计有 60 亩土地，但是其中单独的一个小家庭占有 40 亩地，其他 20 亩地为其他王姓家人占有的总数。这 40 亩地为王兴庆老爷子的爷爷所有。后来传给了王老爷子的父亲（王老爷子的父亲为单传）。因此其家中土地是这一聚落中最多的一家。据王老爷子讲述，在此聚落内还有几家小户，家中人数都较少，土地只有 5 到 6 亩。[2]

在渠中堡中，基本上每户都会有几亩田地过活，即便是外来户也会为自己置办几亩田地在此立足。在这些聚落中，土地最多的是唐家庙聚落，其中沈家土地最多，有 80 亩地。而同聚落中的李家土地最少，其属于一边自耕一边给沈家做长工维持生计，并非完全意义上的长工。在渠中堡内，村民在生产规模上的差异性比较大。

表 3－2　中华民国时期渠中堡土地经营规模

土地经营者类别	土地耕种亩数	经营方式	经营者名称	雇佣关系中的角色
最大户	80	非完全自耕	沈家	雇主
最小户	10	完全自耕	李家	雇工

二、人与生产能力的关系

生产能力的强弱直接决定了生产水平的高下，本部分主要从劳动力、劳动工具和劳动分配三个方面，考察渠中堡传统社会时期村民生产能力及其生产关系。渠中堡主要是以家户为基本单位的生产模式，兼有家族内联合互助。家庭从事农业或者其他手工副业的生产工具均为该家户所私有；1949 年前，村中的生产生活并没有很复杂，因此家户内的各成员没有详细的职业分化，主要是按照时令听从家长安排农业生产和日常活动。

---

[1] 沈连山老人口述。
[2] 王兴庆老人口述。

（一）劳动力

1. 劳动力观念

渠中堡村民并没有将劳动力的定义界定很细，也并没有具体指出哪一类人可以称作"劳动力"，但是一般情况下家户内有劳动需要的时候，都是全家齐上阵，"能干什么就做什么，都没有闲着的，小娃娃能放牲口了，就让他放牲口，能跟着下地就下地"。[1] 在村民日常的对话语境中，经常会将青壮年男性说成是"劳力""壮劳力""大劳力"，例如对话中会出现这样的语句"你们家的活干得快啊，你看你们家仨壮劳力，比我们家强太多了……""壮劳力"的意思是指这些人是家庭的主要劳动力，而并非指他们是家中全部的劳动力。"小孩""妇女""壮劳力""老人"，指他们皆为"劳动力"，只是劳动能力具有差别而已。在渠中堡村民眼中，"劳动力"其实是泛指能够在日常生产生活中做些力所能及事情的所有家庭成员。

按照性别作为区分特征的时候，也可以分为"男劳力"和"女劳力"。"以前黄渠桥镇上有个梁贡生，家里有很多地，会去周边雇用村里男的或者女的到地里薅草，女的会带上自己的坐垫，因为当时裹的小脚不好走路，一般就是坐着薅草，拖着地走……付给女劳力的钱一般比男劳力要少"。[2]

一般情况下，渠中堡百姓认为劳动力在年龄上是没有特别区分的，只是在评估该劳力的劳动能力强弱的时候，会将其年龄大小作为判定的依据之一，但并不是唯一的标准。因为雇主在雇工的时候，并不会因为其年龄较大就不选他来给自家做工。只要他们能够和其他壮年劳力一样干活，照样是一个好劳力。通常情况下，家里的老人也是要参加劳作的，如果老人体力尚可，那么也会与家中男性壮劳力干一样的活儿，只是大家不会要求他干活的进度与年轻人相同，进度都由其自己把握，歇息或干活，自行决定。上了年纪且体力较差的老人，则是其根据自身的体力强弱加上评估农活的强度后，自行安排。例如手提肩扛这种重体力活儿，一般由年轻人承担，老人不去做这些活儿。或者做这些活儿的时候，也会换一种变通的方法，例如年轻人使用大麻袋一次性装百十斤粮食运输，老人则是使用小口袋一次搬运三四十斤，就这样少量多次地参与到家庭生产生活中。年迈的老人如果身体较为硬朗，不会放下家中的农活不管，即使家人强调其不必参加到农活中，但是他们依旧会根据自己的身体情况做些自身力所能及的农活。例如当地里的庄稼收割完毕之后，老人便会自行带上一个口袋，到地里捡拾麦穗、谷穗、玉米棒子等等。

---

1 殷富贵老人口述。

2 王兴庆老人口述。

总之，渠中堡的村民只要没有离开土地，没有脱离农业生产，那么终其一生都是作为"劳动力"而辛勤工作着，只是随着年龄的增长，所展现出来的劳动能力和所输出的劳动量不同而已。

2. 劳动力概况

一是多子多福。传统时期，劳动力多是好事，但是劳动力多的人家并非就是富裕人家，"多生、多养、多子"这样的重男嗣社会观念依旧是强烈存在的。首先，村民认为多子才能多福。在当时由于生产力水平较为低下，只有少数富裕人家才有牛马骡子等家畜帮助户主从事农业生产，穷苦人家只能通过自身劳力的输出才可以完成日常劳作。另外，儿子长大之后可以有力气帮助自己从事生产。村民一时无法达到足够富裕可以购置家畜以获得帮助的时候，就会寄希望于家庭内劳力的增加，因此家户总是希望家中能够有更多的男丁。一般情况下，每家每户都会有三至五个孩子。当时宁夏地区自然环境和治安环境较差，时常会发生有人劫掠的现象，因此家中有了更多的男丁之后，家户才会变强变大，才能站稳脚跟，不会受到外人的欺负。据老人讲当年主要是靠人力，谁家人多就可以更安稳，因为当时宁夏地区居民住的是庄子，庄子周围是围墙，但是这些围墙只有大户或者有钱的人家才可以搭得起来，人多的大户有更多的人力可以投入到防卫工事上来，而有钱的人家则可以雇人来搭建防卫的围墙。

二是存在职业等级。当时的渠中堡百姓还是存在着一定的职业等级观念，村民会很崇拜读书人和做官的。但是，对于当兵村民极度恐惧，因为当时马鸿逵主政宁夏，经常会派人抓兵，据老人讲述，"当时的人最怕当兵，老怕了……当了兵以后要么就死了，要么就到老了也回不来……最怕当国民党的兵"[1]。村里的先生[2]很受村民们尊重，王兴庆老人的三爷爷就是一位先生，在宝丰镇上的一家诊所内坐堂给人看病。这家诊所并非他三爷爷的私人药房，而是别人家开的，这家主人请外面的先生在店内坐堂就诊，到时候给坐诊先生工钱。每月三爷爷都会从宝丰回到家中，之后就会有村民到家中请他诊治，他也不收诊费，只是将药方写下，让病人家属自行到药房买药。

三是手艺只是谋生手段。1949年前，渠中堡的村民并没有将手艺看作比种地更好的生计方式，一般情况下，只要家中过得下去，有几亩田地，村民就会以自家土地为主谋生，间或用自身的闲余时间和自身小手艺做点小买卖贴补家用。这些小手艺也并非是那些技术性很强的工作，依旧是需要以身体的辛苦劳作为基础，例如铁匠、木匠、泥瓦匠、卖豆腐和皮匠等，都需要投入不亚于种地所耗费的人工和体力。通常情况下，

---

1 殷富贵老人口述。
2 先生，旧时指代医生。

那些技术性较强且耗费体力较小的工作，如行医等诸般工作都是由家族内进行传承，轻易是不传给外人的，因此行医的先生多是医学世家出身，甚少有人是从学徒出身的。故而，在那些耗费体力较大的工种之中，村民一般也不会专门将自家孩子送到那里当学徒。一般是在自己家中，孩子在帮忙的过程中逐渐积累经验，慢慢地从一个从旁帮工的小孩逐渐成长为一个可以独自操作的小有成就的"老师傅"，就像老人说的那样"门里出身，不会也有三分"——意思是指，家户中有人会某项手艺的话，那么通过长期家庭生活的耳濡目染，其子女即使不甚懂得这项手艺，但是相较于外人来说，也已经是天然会上几分了。据老人讲述，工匠都是过自己的营生，谁也不会太高看谁，也不会太低看谁，都是为了过日子。即便是经商的人家，其家中也必定是有田地的，因为当时只要有了土地，就可以通过种地获得粮食填饱肚子，经商这个职业存在一定的风险，每天要走街串巷，早出晚归，路上还有很多不确定的情况。据老人讲述，"邻村曾经就有人贩布，天天早出晚归，后来有人叮[1]住他了，等到他快到这个地方，对方提前藏起来，到了以后直接把他杀了，把东西都给他抢走了……"村民对于那些当官的人，例如当地的保长和县上下来的官员都是很惧怕的，因为据老人回忆说，"当时一般情况下找你都不是啥好事，要么是抓兵，要么是交钱，交老多的税钱了……我们这里算是个牧区，家家得交羊皮子，没有养羊的你也得交，没有羊皮就交钱顶"[2]。

四是劳动力与家庭劳作。一般情况下，村民家中基本上会有两或三个劳力，通常是一个壮劳力可以耕作5亩左右的田地，单纯的人力就已经达到极限，如若还有更多的土地，只能是通过牲畜的辅助才可以完成生产劳作。旧社会时期，村民家中的劳动力和土地数量并不是很均衡，多数家庭以户为单位会有5亩左右的私田，以供给家人口粮。有的家庭内人户要多一些，劳动力相对也会较多，但是土地的量是有限的，故而可胜任的土地耕作量比实际占有土地多，就会出现劳动力剩余；而其他的一些家户情况则刚好反之，家中劳动力短缺，其占有的可耕作土地量远大于其劳动力胜任量。因此，村民家中劳动力富余的家户就会在自家工作完成之后，安排其余的劳力到土地较多的人家中打工。而那些家庭土地富足的人家，人手少，故而会在地里有活的时候，提前跟附近的人家打招呼，让其到时候就到自家干活，工钱一般是市场上定的，大家也都心中有数。有时候也可以单独同经常给人打工的人说一声，商定好价钱，由此人去拉拢其他做工的村民，等于说他就是一个小小的承包者。双方商定好做什么农活，多少价钱一亩，由其承包之后再自行找人做活，雇主一般也不需要再分散去找人了，

---

1 叮，宁夏方言，意思是跟踪并准备对人下手实施偷盗或劫夺。
2 殷富贵老人口述。

中间省去了很多的麻烦。一般情况下，如果家中土地不是特别多，雇的人通常是附近的，最多是邻村的，这些人都是跟村子里有亲属或者至少是熟人关系的。如果不是熟识的人，一般很少能够知道村子里的用工消息，同时雇主家也不会找他去做活。总之，给户主做工的人一般是附近的居民，或者是由附近居民招引介绍的周边村子里的亲戚和朋友。

当时的工钱一般是现金，但男工或者女工的工资是不一样的。后来物价不稳定的时候，也有给粮食的，如果是外村子的人则一般是收钱的居多，本村做工的一般是直接收粮食，这样既省了雇主到集市上把粮食换成钱的麻烦，村民也省了拿着钱到集市上讨价还价买粮食的劳累。雇佣的人一般是在雇主家中吃饭，不吃饭的情况下雇主会适当地提高雇工的工钱。雇主家一般需要给雇工管三顿饭，早上、中午和晚上。雇工早上一般是在天刚蒙蒙亮的时候先去地里干一会活儿，到了早上七八点就下晌吃饭，吃的一般是干饭或者面条调和[1]。雇主和所有的雇工均是吃的一样，同吃一锅饭，没有任何区分。雇工吃完早饭就开始下地，到了中午下晌吃午饭，午间休息一两个钟头之后再下地。如果天气着实酷热难当，便稍稍等到适合的温度再下地干活儿，晚上再回来吃晚饭，之后便各自回家即可。第二天又是依着这样的时间节点进行，但是具体的劳作活动则是由雇主进行分配调整。通常情况下，雇工是不需要带工具的，雇主会提前给每位雇工安排好工具，因为雇工有时候事先并不知道雇主家里要做什么工作，也无从准备。但是如果附近的村民事先知道要做的活儿，一般也会带上自家相应的农具，因为自家的农具使用起来更加顺手，一个不称手的家伙什有时候并不会让使用者偷懒，反而是更加劳累。大家一块干活的时候，雇主家的人一般也是同在一处，干着同样的活。要是雇主干活比雇工快很多，雇主会在心里有计较，即便是嘴上没有说破，也会把这个雇工辞掉。

（二）劳动工具

传统社会时期，渠中堡村民用于农业生产的工具较为落后，这也限制了当时的生产效率。总体来讲，当时的劳动工具可以分为两类：生物类和非生物类。其中生物类劳动工具主要是用于农业生产过程中，可以提高生产效率的家畜，如牛、马、驴、骡子等。非生物类的劳动工具主要是指器物，诸如镰刀、锄头、耕犁、耧子等。

1. 生产工具概况

一是生产工具的自有。根据老人的讲述，1949 年前，村子只有旱田，没有水田，且每家每户基本有三五亩的私田，否则无法养活自家。因此对于基础性的生产工具大

---

1 面条调和，当地村民日常饮食的一种，由面条和黄米混煮而成。

家或多或少都是齐备的，一些大型的和较为贵重的生产工具及其配件只有那些大户才有。基础的农用工具主要有诸如镰刀、锄头、木杈（两股杈、三股杈、四股杈）、耧子、犁、耙、簸箕、箩筐、铁锨、铁镐、筛子等。运输工具有老牛车、驮筐、背斗。脱粒用石磙、木锨、扬杈、耥板、刮板、扫帚等。粮油加工用石磨、碾子、木榨。这些工具或用于播种，或用于收割，或用于晾晒，或用于储藏，或用于运输，各有其基础而又实用的特性。在农业生产中或贯穿于整个生产生活过程，或只在生产中的一段时间使用，但这些都是家户从事生产时所不可或缺的基础性工具，缺少了这些工具，即便是人力充足也无法完成生产，同时借助于工具的辅助，生产效率可以提高很多。基础性工具之中，也有一些较为大型且价值较高的物件，如犁和耧子，这些大工具一般情况下并不是每家每户都有的，田地较多的人家会有一到两个用于播种，平常人家则由于土地较少，或者借用或者与自家亲人合买一个。其他基础性的小型工具，则是家家必备且随时可以补充的，这些工具在日常的生产生活中使用的机会很多。除此之外，如果家户进行分家，老人需要给每位儿子置买一套厨灶工具和这些简单的生产工具。

二是生产工具的来源。农户家中的基础性生产工具基本上是在集市上买的，因为这些东西基本上需要用到铁质物件，也只有铁匠才会卖。1949年前，虽然村子内有铁匠，但是一般的小物件是不需要专门去定制的，如果家里的镰刀、锄头等坏了，可以拿到铁匠铺修理，或者去那里直接折换个新的回来。耧子一般是木匠做的，这个可以进行定制，村子里就有一户王姓木匠，他那里可以定制很多东西，只要村民

图 3-1　旧时期播种耧

把自己的要求跟他说了，他就可以做出来想要的东西。受访老人说，"我们家的耧子就是从那里定做的，一个大的一个小的，小的摆耧可以用人拉着摆麦子[1]等，大的可以用老牛拉着摆麦子，两个都用了好多年……现在我这里还剩下个小的（如图3-1），还在那放着"[2]。

三是生产工具的共有。传统社会时期，村民有家户共有的生产工具，但是没有村

---

[1] 摆麦子，旧社会时期当地村民播麦子使用的耧子叫作"摆耧"，这种耧子需要操作人左右摆动才能保证麦子等播种时下籽的连贯性和均匀度，因此把这种播种麦子方式称为"摆麦子"。
[2] 王兴庆老人口述。

落共有的物件，家户私有的物件是可以对外人开放使用的，例如院墙外的水井和碾子等。家户共有的生产工具多属于较大型和较为贵重的器物，一般可以分为两种：其一是家户内老辈人传下来的，当初进行分家时由于某种主观或者客观原因没能完全分割开来归个人所有；另一种是家户分家之后由于单个小家庭不足以购买较为大型的农具或牲口，但是客观上又确实需要，因此各家户商量后共同出钱购买，产权归所有合伙的家户。其中合伙的家户均有使用的权利，一般情况下不会事先协定好使用规则和使用限制，至于具体的使用主要是依据当时的具体实际情况进行安排。通常是事情更为紧急的家户优先使用，并且使用者也不能一直占用，只紧着自家的事情做，不然别人也就不再跟自己合伙了。据老人讲述，"一般情况下，都想有个自己的物件，跟别人家合伙比较麻烦，就像我们这儿，大家都是种地，基本上做啥事也都是一块的，你种地的时候他也种地，你收粮食的时候，他家也收，用东西也就是在那几天，其他时候也并不咋用……他用的时候你就不能用，不方便……要是自己家有的话，那就方便很多，想用的时候也不用跟人家商量……要是自己家有能力置买的话，一般不愿意跟人家合伙"[1]。

2. 生产工具的借用

1949 年前，村民之间也会有很多生产工具的借用情况，借用较多的一般是较为贵重且较为大型的生产工具，例如耕犁、石碾、磨盘、大摆耧等。借东西都是先向和自己有某种直接关系的人去借，先向自家亲人借用，再向周边的邻居借用。例如沈家的一个长工——李广中，他在沈家是一个介于完全长工和自耕农之间的长工，其一方面可以进行自家农地的生产，另一方面兼顾沈家的田间劳作，且以沈家的事务优先为前提。沈家没有农活的时候其可以在自家劳作，并且可以借用沈家的耕牛、驴子为自家耕田播种等，但是其工钱略少于完全的长工。一些小型的家庭常用的生产工具，例如锄头、镰刀等工具一般就近借用即可，通常也是先向亲友借用，再向邻居借用。这种小型农具的借用时间一般不是很长，因为这些都是基本的农具，一来每户家庭都会有，能够满足自家劳力的使用数量，只是偶尔如临时损坏无法使用，临时增加劳力等非常规情况下，才会向亲戚邻居借用。二来这些物件的基础性特征决定了其在日常生活和工作中有很强的通用性，因此借出方也会不定时地使用。小型农具的借用基本就是帮助借方解决临时的短缺问题，并不会存在长久地借用和出借情况。

在村民的日常交往中，借东西都是互相帮助，讲究的是情分。无论是借方还是借出方，都是一种人情的交往，因此借东西是不需要付钱的，最多是自己家中有了某样

---

1 叶发卫老人口述。

稀罕物件的时候，为了答谢对方会给其送一些过去，但是这种行为也属于双方礼尚往来的范畴之内，并不是为了专门答谢出借工具这一件事。借来的工具如果在使用过程中受到了损坏，那就要进行修理，如果没能修理完好，或者修理好了之后严重影响别人的正常使用，那么借方一般需要主动承担责任并给借出方购置新的进行替换，否则就会受到别人的说道，并且以后大家也会对其为人有些不好的评价。

3. 耕牛

1949 年前，渠中堡有牛的家户很少，只有那些富裕中农的家才会有能力、有条件养牛。牛对于村民进行生产生活起到了很强大的辅助作用，有牛的家户可以更多地开垦和种植土地，如有能力去开垦些荒滩，可以把土地进行翻耕，有牛粪给地施肥。家户自耕土地的多少与是否养牛以及养牛的方式紧密相关，家中自耕土地超过了一定的数量，且家中劳动力不足以支撑那么多土地的劳作任务时，村民就会置买耕牛，帮助家庭进行农业生产，且在农忙之外还可以对土地进行开垦或者修整，使其更加适宜种植和增加产量。除此之外，越多的土地占有量就会使得家户购置圈养的耕牛数量越多，在当时缺乏机械设备的年代，人力和畜力的工作效率是很有限的，因此增加耕牛的数量是提高工作量的唯一办法。

耕牛属于大牲口，购买一头牛需要很大的花销，并且其日常的照管还需要固定的人力支持，因此小户人家很少能够满足这样的条件，故而耕牛多数属于大户人家才有的生产工具。但是有的时候小户之间也会通过合伙的方式，共同出资购买一头耕牛。一般情况下，合伙购买的人数不会太多，因为耕牛即便是比人力强出很多，其工作量依旧存在上限，据老人讲一头耕牛最多可以支撑十多亩地的活儿。多数是两家土地量相差不多的人家会选择购买一头耕牛，最多不会超过三家，否则到了需要用牛的时节大家的农活安排不过来，会导致合伙关系破裂。一般情况下，伙养耕牛的人家多数是亲属关系，据老人口述，"因为是亲人，所以大家也不会计较太多，好搭伙……"[1] 合伙养牛的家户一般是轮流养牛，有的时候某些家户家里的地方较小，没有地方可以养牛，会跟人商量自己不养牛，也不要牛粪，牛的喂养和牛粪等都归其中一家，其他依旧是两家合用。据老人讲，当时合伙买牛多数是骟牛，这种牛脾气更加温顺，而且可以减少很多麻烦。因为有的时候合伙养牛，如果涉及生育下来的小牛犊，就会容易引起纠纷，故而合伙购买的耕牛多是骟牛。合伙购买的耕牛大家都可以使用，到了大家都需要用牛的时候，就看两家之间如何商议，这个要按照具体情况进行判断，一般原则是"谁的事情更紧急，不能缺少牛，或用牛的时间更短，谁就优先使用"。合伙购买

---

1 叶发卫老人口述。

的耕牛也是可以进行出借的，不需要经过所有合伙人的一致同意。因为，一般情况下外人是不会向人轻易开口借用耕牛的，多数是自己家的亲戚借用，自己有这个权利将牛借出，但是借出期间如果合伙人要使用的话，就必须要合伙人优先使用。

1949 年前，如果家户内没有耕牛，就不再犁田耕地，秋天收了庄稼后任由它风吹雨打日晒，全都不管。只在来年开春的时候，用耙将地表上层土地略略地耙一下，让其略微疏散些，方便接下来种庄稼时使用。牛圈一般是在房子旁边，大庄户一般有围墙罩住，小家户则没有。有的时候牛也会被偷，多数是外地人过来偷，如果被偷了只能是自认倒霉，报官也没用，并且也没有人管这些。

4. 耕牛的借与租

在 1949 年之前，那些没有财力和条件置买耕牛的家户如果必须使用耕牛，则是选择向亲戚或朋友家借用。借用一般分为三种：一是道义互助上的借用，这个跟两家的交情有关；另一种是以"换工"的方式来借用耕牛；最后一种是作为雇工时的附属条件。

第一种道义互助上的借用耕牛，是指两家关系较好的情况下，户主将自家的耕牛短期内借给别人使用，一般情况下，二者之间的关系都是亲戚，其中以爷父子[1]关系居多，彼此之间的关系都属于叔伯堂兄弟或者叔侄。借牛使用都是短期的，如果自家没有牛，一般是不耕地的，借别人家的牛来耕地，别人也不愿意。通常借用不超过三天，多是当天就会归还，因为借方一般距离自家不远，甚至是住在同一个庄台子上，而且他们也没有牛圈可以安置耕牛。如果第二天还要继续借用，则只需要事先商量好就可以直接牵走使用。爷父关系借用是不需要给钱的，也无须专门给牛供给饲料，但是如果需要牛出大力气，则会事先适当地给牛喂点好料，如玉米等。

第二种以"换工"的方式借用耕牛，同样是需要两家之间的关系较为亲近，平时的来往也必须较为密切。一般情况下，借方会向户主说明自己要做什么活儿，需要借牛多长时间，然后自己打算从家里抽调个人来帮助户主家做些工作，以感谢户主借牛给自己。这种情况下，双方之间虽然是属于"换工"——以人工换牛工，但是并没有划分得那么细致，即并没有明确地界定出多少人工顶一日的牛工，基本就是用一日的牛，到时候过来帮一两天工即可。借用耕牛无须专门准备饲料，户主也不会说些什么。如果借方给牛带来点饲料或者送来些草，户主会十分高兴并表示感谢，但是这种情况一般是外人居多，自家爷父之间不会这么客气。

第三种是作为雇工的附属条件，这种主要是发生在雇主和雇工之间，且一般是在

---

1 爷父子，宁夏方言，同一个太爷下的叔伯与子侄之间的关系均可称为爷父关系。

地主与长工之间。地主家雇佣一个长工，但是并不需要这个长工常年在家中做活，只是在自家有事安排的时候过来即可。长工并非全职长工，他也有自己的土地、家人，不过土地量较少，平时依旧可以做自家农活，但是需要以雇主家农活儿为先。这样的雇佣关系下其可借用地主家的牲口——耕牛和骡马，为自己田地做活儿。一般情况下，由于其家中的土地不多，基本上借用的时间都是很短的，最长也不过是三到五天。借用期间无须喂牛，但是可以适当地为牛增加些精饲料，让牛获得更充沛的体力干活。借用完毕之后，雇工一般会带些好草给地主送过去，以表示感谢。

（三）劳动分配

1. 劳动分工

男女分工。旧时期，渠中堡的劳动力一般主要是男性，女性一般是在家中干些家务活，农忙时可以做些不太费力气的细活儿，例如薅草、割麦子。平时没事的时候也可以做些手工活贴补家用，或者给家人做些衣裳鞋子等针线活儿。由于自家土地较少，农忙时节男的做完自家农活儿之后，有空余时间就会去地主家打工挣钱。农闲的时候，由于家中没有牲口，故而土地也就不去翻耕，直接晾置一旁不管。但是地主家里有牲口，他们在秋收之后往往会套上牲口把地翻耕一下，然后开始往地里盘牛粪羊粪等，把这些堆在地里再撒上一层土让它自然发酵。等到泗渠里的冬水来了以后，给庄稼灌上冬水就不再管，来年开春再把土地给盘一下，撒上粪肥耙一下之后就可以种地了。在这些过程中都离不开人力的支撑，而且这些活儿都是重体力活，即便是地主家里有大牲口等畜力支撑，在装卸和运输过程中人力依旧是不可或缺的条件，因此就必须雇佣附近的村民，帮助自己家完成土地生产。

农地生产的活，基本上是男人在管，由男人出力劳动，妇女因为裹着小脚，故而无法胜任外面的重活。如果家中没有男劳力，到了农忙季节一般是雇佣短工到家里做活儿，在平常的时节也会托人招一个半长工，每年在自己家里帮着做活。这种半长工也不是全年在家做活，而是随着季节或种庄稼或收庄稼的时候才会过来帮着做活，其他情况自己可以随意做事，并且在雇主家里只需要做些农活，不用给雇主家里做杂活儿。如果家里男劳力不足，也会在农忙时候请几个短工帮助家庭收庄稼。有时候会请家里的亲戚，请亲戚帮工不需要给钱，但是要管饭，吃的东西一般比自家平时吃得要好一些，多是干饭，至少是面条调和。请亲戚的话，一般是优先请自家的兄弟、堂兄弟、叔伯，之后再请舅舅、姨夫、姑父，请人帮工的次序一般是以亲疏关系为主。以并工为主，即大家将各家劳动力安排在一处，集中干其中一家的农活，之后按照协商的次序再做下家的农活。

长幼分工。传统社会时期，渠中村的百姓基本上是一辈子劳作不休，从小到老，在家中都要做些力所能及的事情，为家庭分忧。老人和小孩干的活都是一些较为轻便又不着急的，让他们慢慢地做。那些笨重且紧急的事情，一般需要耗费大量体力，则主要由家中的壮劳力去完成，例如抢收麦子、秋苗、玉米等等。诸如剥玉米等较为轻便的农活，一般是由家户中的老人、小孩和妇女完成。尤其穷人家的小孩子从很小的时候就要学着做活，随着年纪和力气的增加，会逐渐干更多农活。地主家的孩子因为要上学所以一般不干农活，只是偶尔到地里干点活儿。叶发卫从小就在富裕中农和地主家给人放羊、放牛、放马，据老人讲述，"我小的时候，有七八岁就在周边寇家放羊，他家是富裕中农，那会我放四五十只羊……放了两年就到了沈家放牛放马，又放了两三年，后来就解放了……那会子给沈家放牲口，也就是十岁左右……地主家的小孩儿要上学，也到地里干过活儿，不过都是很少的情况，他家里有长工干活，地里还有雇的短工，也没有啥活给他干了"[1]。

农忙为主。传统社会时期，村民在地里干活一般是全家老小齐上阵。在农忙时节，全家都是围绕着地里的农活儿，不做与其无关的事情。上地干活的时候，一般是一块上地，一块下晌，并没有安排家庭中的某个成员先行回家做饭，都是一块回去。到家之后，一般是家中主妇做饭，女儿等则帮助其做饭。男孩则帮助家里壮劳力打场，或者干些其他活。农忙时节的日常家务一般还是由女性来做，不过所有的家务都是因为农忙而引起，因此只要将农活做完，这些家务也就不再存续，故而在这期间，女性也是做农活的主力，不存在专门分配家人做日常家务的情况。

除了在学堂读书的小孩，一般家庭中的人以务农为主，间或在农闲时节依靠自身手艺做些小买卖，但是只要到了农忙时节就全部停止，回到农业生产根本上来。例如沈家就是做皮匠生意的，不过到了农忙，其家中也不再做皮子，专门做地里的农活儿。

2. 劳动时间

一年之中，村民的农忙时节基本上集中在农历的三月到九月。三月种麦子，四月种糜子，这时要翻地、播种，还要浇地。待到麦子、糜子长到了一定程度之后，还要下地里薅草，中间需要灌溉三次左右。麦子一般是到了农历的六月多开始收割，糜子一般是八月十五前后收割。收割之后，土地一般是晾置一段时间，对于穷人来说则是更简单，因为没有畜力支撑，索性就等到来年三月简单耙一下便开始播种种子。富裕户一般依靠畜力来辅助做些农活儿，例如在九月将地深耕一下，平整好了以后开始往地里上粪肥，开春之后再将地给耙一下，撒上粪肥种上庄稼。

---

1 叶发卫老人口述。

农忙的时候，一般情况下村民都是天刚蒙蒙亮，就开始起床上地里先干一会活儿，等到了七点多回家里吃早饭，吃完就又上地，干到中午下晌回家吃午饭。下午上晌时间主要是根据农活的紧凑程度和当天的天气变化来定的，要是天气酷热就稍微缓缓，等到三点钟左右再下地；要是活儿很赶，那就忍耐一下两点多就过去；如果天气不太热，就稍微休整一下，即可投入到农活中。村民干活的时候是不惜自己体力的，唯恐赶不上下一茬的时节，影响出苗导致作物减产。春天播种之前基本是闲月，土地是上了冻的；夏天除了薅草，一般没什么事情，空余的时间也比较多些；秋季最忙；到了冬天就是一年之中最为闲暇的时间，村民大多窝在自己家中。

3. 劳动活动

农闲的时间一般从农历的九月下半月一直持续到来年的二月份，闲暇时候由于村民不太做活，因此也就改成了一天吃两顿饭，早上吃得晚些，中午就不再吃饭，直到下午四五点钟再吃饭，晚上天黑了之后就早早地睡觉。会点手艺的人也会做点小买卖，例如村中有家户会做豆腐，便开个豆腐磨坊，每天在村里叫卖豆腐，并且挑担到附近和黄渠桥镇上卖。皮匠和木匠也会趁着闲暇时间，雇用会做皮子和有木工手艺的人到家中打工做活。这些做小买卖的人也不是很多，村子里也就有那么一户，最多有个两户而已。没事情做的村民，会聚到一起玩花花子[1]，妇女则是聚到一起或者在家中做些针线和手工活儿。

第二节　产权及产权关系

土地产权是理解传统农村经济形态的基础。1949 年之前，渠中堡的土地主要为私人所有，土改时期划定的地主不多，只有几户而已。渠中堡地主的土地占有量并不多，未出现大规模的集中和两极分化现象。本章将从土地性质与土地所有类型、土地买卖典地与置换等方面来考察 1949 年之前渠中堡的产权及产权关系。

一、土地性质与土地所有类型

（一）土地性质

渠中堡的土地主要分为私有土地、共有土地和国有土地三种类型。由于此处的土地只有旱地和荒滩两种，故而村庄内的土地性质较为简单明了，其中已被开发占有的旱地均为村民私有或部分人共有，而荒滩则是归国家所有。

---

1 花花子，渠中村村民玩的一种卡牌。

1. 产权所属

首先，村民占有的私田归其个人所有，都是旱地，这些土地有地契作为凭证，产权单位属于家户。其次，私田之间的道路为公有，官道属于国有土地。乡间道路错杂，在荒滩中由众人长期踩踏而来，与荒滩一并属于国家所有。1949 年之前，这里到处都是大片荒滩，地上水分蒸发之后，随处可见冒出来的白碱地，这些地方不能种植庄稼，但是可以生长芦草。据老人们说，到了秋冬季节，这些芦草就是最好的牲口饲料。荒滩产权虽然归国家所有，但是家户有人力和畜力的支撑，通过开垦荒滩的方式是可以将国有土地改变成自己私有土地的。一般情况下，只有荒滩距离自家土地较近且能够浇灌上水的地方才好开垦。据老人讲述："荒滩也不是想开哪里就开哪里的，得离你地方近些才可以，你要是挨着别人家的地方开滩，别人不愿意啊……他也想自己开滩。穷人家没有劳力，没有牲口，根本开不动，富裕人家也不差这一两亩荒滩……这开出来的地方一般不好，要么是不好浇水，要么是雨水大了就把这里淹了，地力薄得很，种不上两年就不行了，我们三叔就开过一片地，后来种了两年就不种了……"[1] 老人还说，"开垦荒滩之后一般是不需要交税的，只要县上不来丈量地，没有上册子，就不用交粮食交税，但是一旦把地丈量到里面，上册了，那你就得往外交粮食了……不过当时交的也不多"[2]。

最后，村庄内各姓氏的共有土地只有各家埋葬亲人的墓地，这里不准种地，也不允许他人开垦。没有村庄集体共有的土地，除此之外，村庄内有归各聚落内庙宇所有的庙田。

渠中堡的田地都是旱地，但是不缺水浇灌，因为临着官泗渠，只要渠内有水就可以浇灌田地。因此，田地内无须再打井用以浇灌。井都是在家户庄台子附近，大家户一般会有一口自家的井，位置在庄子围墙的外面空旷地方。井的产权归家户私有，大家都可以使用，不排斥任何外人。一般情况下，每年会清洗一次四周坍塌的泥土，但是也要看当时的情况，如果井的四周没有太大破损，当年也就无须进行清洗维护。水井平时无须看顾，但是只要有人在附近聊天，就会对那些意图破坏或者搞鬼的小孩进行制止，而且大人也会教导孩子不能破坏井。

官泗渠里的水是归国家所有的，但是流经各村子的村民都可以使用。干旱季节难免会发生一些争水的问题，如果发生争水矛盾，一般是由周边地邻从中解劝，不管用的话还会请管理渠闸的段长解决。调解的规则一般是按照老辈流传下来的灌溉制度，

---

1 殷富贵老人口述。
2 殷富贵老人口述。

即"从上到下，先高后低"的优先顺序。官泗渠的维修清淤和加固等工作由县内渠管理局制定，各段长负责组织管理，每堡内的管水员负责告知和核定每堡内出工量。当时惠农全县分为9个段，每段一个段长，县内共计46个堡，每个堡内出一个对于水务管理较为熟悉的人，村民称之为"管水的"。段长主要负责集中用水期间的水闸开放和管理，"管水的"每年向当地用水受益的老百姓收钱，收费的多少与家户田地的多少相关，地越多则交得也就越多，水费一般是在每年的秋收之后进行结算。"管水的"在看护和管理用水的时候，手提八字木杈，一头是铁捞钩的六尺木棍，用来开关斗口，还要通知村民到了开口用水的时候按时用水，过了这个时间的话，就要将此段闸口关闭以便保障下游用水。

2. 产权认定

1941年至1949年，惠农县政府设立有田粮处，内设田一科、田二科和地政科。县辖各乡，乡配土地员，办理乡民开垦土地或买卖土地的土地证。田粮处和地政科专管全县的农业税款征收和土地发证工作。因此渠中堡百姓的土地都是由当局政府认定的，会发有田契文书给各家户保存，田契上书写有"土地的坐落、四至、地名、编号、面积以及所有人姓名何堡何甲人氏"。如果发生产权纠纷，只需要拿出地契，让周围四邻评理，或者让甲长、保长裁定即可。

村内只有两种共有的土地，其中一种是家族墓地，这种土地只归该姓氏的子孙后代所有，只用作墓葬之地，后人和他人不得挪作他用，更不准许他人侵占。另外一种共有土地是各聚落内的庙地。这些庙地归该寺庙所有，一般是由寺庙的管事人或者是居士管理，例如圆善寺是由居士在此管理，庙地的产权归他们所有，并且不会分给外人。平日里，居士们像普通百姓一样耕作生活，圆善寺还会雇佣长工和短工帮着做农活，据老人讲，当时圆善寺有土地六七十亩左右。东永固庙管事的是一对老夫妻，年岁超过60岁。当初的庙地属于周围村民捐赠出来或者是最初建庙时化缘买来的地，大约有五六亩，由这对老夫妻负责管理，粮食产出全部归他们所有以作为回报。管事人平日里要负责管理庙宇，并且到了庙会或者节气时候，需要给庙里烧香。

旧时期，村庄内长久无人种植的抛荒地，村民可以拿来自己种庄稼，收成归自己所有。但是这些抛荒地变成私有需要先向当地的土地管理局报备，管理局会给村民一个地契，从此将地划归此人名下，与土地相关的一切税费等皆由此人承担。对于那些本就是荒滩的土地来说，村民开荒之后往往选择不向上报备，因为报备之后过了前三年要给政府缴税，自己就会少收一部分粮食，而且开荒地的粮食产量本来就不是很多，大家往往都是藏匿不报的。除此之外，荒滩地往往地力薄弱，改良土壤需要花费很长时间，并且需要投入很大的人力和物力，一般是种上两年庄稼，等到地里透支之后就不再耕种，因此只要土地管理局的人不下来丈量土地，村民就不会主动选择向上报备开荒地，用以躲避田赋。

3. 产权边界

土地的产权边界主要分为田地边界和宅基地边界。当村子的先民刚来到这片土地上时，产权所属都是先占原则，由于人比较少，因此自己占据哪里，那片地方就属于自己的。后来，政府为了收缴田赋，对迁来的民众土地和宅基进行测量并登记造册，此后颁发地契并按照地契上的地块位置、大小、等级征收赋税。故而，田地边界一开始是村民们之间约定俗成，后来有了地契，加固了实地边界凭据的稳定性和可操作性。

田块之间主要是依靠村民之间做的老田埂为界，据老人讲：老田埂一般较宽，旧时一般不存在两家田块紧紧相挨着的情况，都是稍微有点距离的，有的甚至可以过老牛车，最小的田埂也有一尺宽。如果两家的田地间紧紧相挨着，基本上属于兄弟分家而形成的。这个时候一般是在保留老田埂的基础上，在地下埋下基石作为以后地界的凭据，一旦由于田地的翻整而造成界限不清晰的时候，双方就会照面寻找基石，基石的位置就是当初订立的边界位置，以此作为纠正的标准。田地之间的间隔——田埂或者是运输道路，属于公共位置，任何人都不能去垦殖，不得破坏。一旦有人破坏，或者想去侵占路边作为自家田地，大家从其他家户土地的边界线就可以一眼看出这块土地与左右相邻的地边不一致，就会说他不道德，因此大家是不会轻易单独垦殖边界线的。

一般情况下村庄是没有明确界限的，但对于村民田地会有所界定，例如其四至、面积大小等会在地契上有罗列说明。如果互邻的双方因为边界的移动而造成矛盾，双方会自行辩解，并且会各自找出依据，例如当初埋下的基石或者是依据当年栽下的树桩、树木等，如果还是不行的话，则会拿出自家地契或者上缴田赋时的派单，上面有关于地块的等级、面积大小信息，以此作为裁断的凭证。一般情况下，边界的破坏意味着原有界限的偏颇和不明朗。如果边界线是无意中破坏的，大家就相互知会一声，随后纠正过来就行，并且自己也会时常注意，看对方是否作出了纠正；如果对方是有意为之，讲明之后依旧拒不改正，事主就会自行前去将边界线修正过来。一般情况下，如果在自家地边或者是田边栽树别人是不会有意见的，但如果树木长大之后，确实影响到了对方庄稼的生长，协商后事主也会将树木伐掉。

村民的宅基地是有边界界限的，一般情况下很少发生争端。因为 1949 年前，渠中堡每个聚落内生活的人口都是很少的，每个聚落基本上最多有五六户人家，每家人家都会住在一块，人口多的大户人家会在自家土地边上搭个大的庄台子，四周用泥搭起来一个很高很厚实的围墙用以防卫。小户人家由于家庭人口少，因此就距离这些大户人家不远处，就地建房，当时建房的地方基本上是荒滩地，不属于任何人，也不会有人管。其他的小户人家也是会选择在大户的周围空地上建造房屋，因此基本上这些家户是不会发生宅基地产权纠纷的。只是随着人口渐渐多起来，需要向外扩展的时候才有可能发生宅基地的纠纷。一般情况下，旧时的宅基基本是建在自家土地上的，这些土地也是当初自己开垦的，然后在土地管理局登记造册后受到认证，因此宅基地也是通过如此的程序得到认证。宅基地和房屋可以出售，但是由于旧时渠中堡的村民都是大家庭居住在同一庄子上，如果有哪个小家庭想出售房屋，那买家就得到卖家的院里和别人一同居住，这是很不适合的，因此只有将整个庄台子一起出售给别人，没有那种小家庭单独将自己的房屋卖给其他人的情况，而且别人也不会去购买单独的某一个小家庭的房子。即使是往外出售也是优先出售给自家的兄弟等亲属，如果没人购买，就闲置在那里，或者是借给兄弟等居住使用。一般情况下，土地可以单独出售给别人，但庄子是不会单独卖给别人的。如果土地要出售的话，一般是优先卖给自己的本家，其次是周围的邻居，只有那种举家外迁的家户，才会连同所有的土地和自己的庄子一同出售。

村落之间是没有明确边界的。一般情况下，其边界是随着村民的田地和庄子来界定的，即村落的界限是政府为了便于进行田赋等事务管理，在界定管理单位后而形成的边界，有时候这些村落物理空间上的界限只是大体上的，没有很细的划分，村民也只是以某个大致的实物地标来标识两地的界限。例如叶家庄和唐家庙的界限就是以当初的一条沟为界限，沟这边是唐家庄，沟那沿儿就是叶家庄的地界。但是对于其中村民来说，叶家庄村民的地块有些还是在唐家庙的附近，而唐家庙村民的地块有的也延伸到叶家庄周边。因此，村庄之间的物理界限其实是不规则的、笼统的，甚至是有交叉的，有些共识的界限也只是大体上的约束和地界区隔而已。村庄之间的村民关系和村庄认同还是区分很大的，比如村民们对于本村的百姓都很熟悉，知道他家的祖上来历，知道这家的家底历史，清楚他们家的亲戚朋友关系圈，了解他们的土地，还知道他们家的家庭琐事和纠纷等等。村民对于外来的人都较为排斥，担心他们来了之后会对自己家的生活产生影响，争夺资源等等。通常情况下村落的边界都是固定的，并不会经常随意地变动，而且也只是一个笼统且大概的界限。村庄内农户的迁出和迁入一般也无须特别的条件，但是要想成为当地人，就必须得有自己立足的土地和房屋才可以，只有这样才算是落了户。不过村民还是会对其存有芥蒂，即心里总是觉得他们是外来户，而非老户——原住人。如果边界的土地卖给了邻村，边界也无须进行更改，只要当事双方自行界定清楚即可，并且在事后向当地的土地管理局换领新的土地证，更换田赋承担人即可。

1949 年前，村庄内的人口不多，都是一个大家庭的人一同居住在寨子里。这些家庭成员都是自祖上迁居于此之后，一直在这里居住并且一直是以大家庭的形式居于一处。因此，同一家族的人基本上是居于同一个堡的同一个聚落，甚至居于同一个寨子，只有寨子内的房屋不足以供给家户所有人口居住时，才会因为分家等原因从老寨子内分出来几户，或重新打个庄台子或者重新买别人的庄台子建房打寨墙。1949 年前，村民没有祠堂，但是有堂屋，堂屋内的供桌上会专门摆放历代过世家人的牌位——当地人称之为神主。除了本家族的人，其他人过世后是不能摆上神主的，嫁过来的媳妇儿可以算作家人，因此嫁过来的女性过世后是有神主的。

渠中堡境域以官泗渠一分为二，即官泗渠从渠中堡的中间由南向北纵穿而过，这渠是清朝官府为招徕内地农民前来戍边而开挖的，因此其产权是归官府所有，但是沿渠两岸渠水可以惠及的地方，百姓都是可以使用的。

4. 产权纠纷

1949 年前，渠中堡百姓人口数较少，并且每家占有的土地都是众所周知的，宅基是建立在自己家土地周边，很少与周围的邻居紧邻，因此较少引起宅基纠纷和冲突。而在土地纠纷层面上来讲，主要是涉及土地边界和田间地头的过水方面。一般情况下，当涉及两方田地地界纠纷时，村民往往会各自说出或者寻找支撑说法的明证；当双方举的物证不足以明辨时，往往也会寻找人证，但是作为中间人一般是不肯给别人当人证的，怕从中得罪了另外一方，故而只有在家庭内部发生地界纠纷的时候，才会寻找知晓情况，并且可以做出裁断的长辈当证人或者裁决人。如果双方各执一词，不能说出令对方信服的明证，还可以拿出自家的地契，通过地契来进行纠正。据老人讲，"当初我听说我们这附近的村子里，有个老太太很有本事，他们家当初有几十亩地，后来被人侵占了，大概有 30 亩，要不回来了，地契上也没有说明，周围的人都知道那是他们家祖传的，不过也没有人作证……后来那老奶奶就去告官，县里告不赢就去了银川，在银川待了有一个多月……那会老太太还是小脚儿，走不动路，就骑着毛驴儿一个人到银川告，最后告赢了，就把他们家的地又要回来了"[1]。

（二）土地所有类型

1. 土地类型

渠中堡的土地全部是旱地，没有水田。其中可耕作土地四周皆为荒滩所包围，据

1 王兴庆老人口述。

老人们讲当初有很多生地，全都是荒滩，不长庄稼，只长芦草。从土地的所有类型来看，主要分为私有地、庙地、墓地三种类型。

表 3-3　渠中堡部分土地所有情况

类　　型	所属对象	总数（亩）	性　　质
私有地	贫农	250	私有
	中农	500	
	富农	400	
	地主	200	
庙地	各聚落庙宇	70 亩左右	共有
墓地	各姓氏家族	不详	共有

2. 地主土地

渠中堡当年的土地并没有集中在地主家中，地主手里的土地也并不是很多，由于旧社会时期村民手中有钱之后，多用于置买田地，因此有余钱的村民往往也会购置土地希望多收粮食。据村民讲，当时定成分的时候，只有两家是地主，一个沈家一个李家，后来复查的时候定成分不再以田地数量为标准，而是以是否有雇工来定，因此又将一个土地不甚多的王姓木匠划定为地主成分。如表 3-4 渠中堡部分地主概况所示，堡内的地主除了以农业生产为主业，有的还有兼业。当地的劳动力较为充足，并且村民多数也有自己可以维持家计的少量土地，因此无人租种地主土地，并且土地的耕作也颇多仰仗畜力的支撑，如果没有畜力帮助精细耕作，土地产量十分微薄，地主也不愿意将田地出租出去，而是选择雇佣长工和短工，帮助进行农业生产。堡内的地主都是在家居住，没有在黄渠桥镇上做生意的，沈家和王家的生意也是以自家院落为生产作坊，生产的东西都是村民日常所需用的物品，逢黄渠桥和宝丰镇上有集的时候，也会去那里摆摊售卖。王家木匠由于自家木匠铺的扩大，租用了同村一户的庄台子，并且雇用了几个木匠一同做工，后来在复查时期将其定为地主成分。

表 3-4　渠中堡部分地主概况

姓　氏	耕地面积（亩）	兼　业	生产工具	雇　工	备　注
沈家	80	皮匠	有牲畜	长工、短工	村内居住
王家	50	木匠	有牲畜	短工、雇木工	因雇工而被定为地主
李家	50	无	有牲畜	长工、短工	村内居住

3. 自耕农土地

渠中堡的土地以自耕农私有土地为主，其中偶尔会有人家雇用短工，帮助家庭抢收抢种。1949 年前，自耕农的土地占整个堡内土地的绝大部分。村民的土地都是祖上一代代传承下来的，相互之间都知道对方大概的地亩数量、土地位置以及地块质量。村民的土地一来是靠着祖上自有土地的继承，二来是靠当代的购置，三来是靠当代的开垦。绝大部分能够开垦的荒地都已经被村民发掘，只有那些距离村庄较远、地力更差的荒地依旧存在着，因此当代人奋斗之后的购置，就成了土地增加的关键。一般情况下家户举家搬迁时，往往会将其土地留给本家，或者是出售给近邻，或者干脆直接抛荒，这样就给了周边的邻居机会来拓展自己的土地数量。王兴庆的爷爷在与上代人分家之后，就从周围的抛荒地中开垦出来 40 亩地，为自己小家庭单独所有。

由于土地的来源不同，因此一般不是集中在一块，而是稍微分散，但是距离自己家也不会太远。村民当初建庄子的时候，就将庄子的位置规划在距离土地较近的宜居地点，而不是选择远离土地的位置。1949 年前，村民并没有专门的菜地，自家吃菜一般是选择距离庄子较近的田地里种上一两分地的蔬菜，够吃就行了，不会拿到集市上去售卖，因为大家都有土地，都可以种菜。距离自家土地较远的农户，就会在自家庄子周围的空地上，开出一小片地，种上些蔬菜，蔬菜种类也不多，都是些简单的家常菜和调味配菜而已，以黄瓜、豆角、萝卜、白菜、大葱、香菜为主。

自耕农占有土地最少的在三到五亩，最多的差不多有 40 亩，但一般这些农户在农忙的时候，需要雇用些短工帮助做活才可以。1949 年前，堡内没有土地出租的地主，也没有租人土地耕种的自耕农。地主家做活都是雇用长工和短工，而自耕农在做完自家农活之后，就会选择到大户人家打工。自耕农在农忙的时候如果自家忙不过来，也是会请人帮助的，但是一般是请自己家的亲戚。也有与自己周围或者自家叔老子或者堂兄弟并工的，即两家合伙干活。例如耕地的时候，一家有头牛，另一家有个骡子，这样两家就会选择并工，将两家的牲口合于一处，用一个大的耕犁——二牛抬杠来耕地，以加快耕作效率，节省人工。一般情况下，自耕农请人到家里帮工不需要给钱，但是需要管饭，有的时候要是家里的活比较少，也有不吃饭就走的，具体要看实际的情况来定，并不是很死板的规定。通常情况下都是管三顿饭，并且远路的亲戚过来帮工，村民还会给他安置个住的地方，这样一来可以省下来往路上的麻烦，还可以节省出更多的人力和时间。

4. 宗族土地

从严格意义上来讲，在 1949 年前渠中堡的百姓是没有宗族土地的，因为各宗族除了有一片共有的祖坟地，并无任何的公共土地。祖坟只能够作为埋葬自己家族内合乎规定的亡人棺木，对于那些不合规定的亡人是不能埋进祖坟，需要自行找片土地埋葬，成为孤坟。当地的丧葬风俗是：没有儿子的男性死后不能进祖坟，没有生养孩子的女性也不能进祖坟。一般情况下，百姓的祖坟并不很大，位置也都是在自家土地的周围，或者是在自己田地里，坟场的大小规模主要是看埋葬人数的多少，已经埋葬的人数多了，祖坟的面积自然就大，不过最大也就是一两亩地的面积。

5. 村落公共土地

1949 年前，渠中堡的公共土地也只是局部的共有，因为受益和产权都只是归部分人所有，这种地就是庙地。庙地是用当初建造寺庙化缘等得来的钱买的，或者是周边的百姓作为信众自愿奉送的。这些地有的庙较多，有的则较少，彼时主要是看庙的知名度和用处。有的庙属于神庙，即庙内供奉的是神仙。有的则是寺庙，内里虽有神佛供奉，但是主要由僧人和居士在内主持。神庙也并非都有庙地，只有那些信众较多的聚落才会愿意布施出来一些钱粮或者土地，因此神庙的庙地并不是很多，庙地主要是给负责管理庙的人耕种，管理人负责照看庙宇，在年节之时负责上香并打扫院落，庙地的收成则是报酬。寺庙与神庙不同，寺庙内有居士和僧人，这些居士平时可以各自成家立业，但是到了一定的日子需要到庙内举行念经等活动。寺庙土地当时也是通过布施和化缘得来的，并且其收成全归寺庙所有。据老人讲当时圆善寺雇有短工帮助做农活，还养有牲口等帮助进行农业生产。据说圆善寺在 1949 年前，由佛教弟子李明空主持寺务二十多年，其间弘扬佛法，十里八乡善男信女都会前来拜佛诵经。据王兴庆老人讲述，"圆善寺在每年农历的三月二十、七月十五，还有九月初九这几天办庙会，我们这儿叫办会。办会这一天，寺里会做点面食和汤水，跟前的人过去上个香，上点布施，可以在那吃个饭，最后再烧个纸"[1]。

二、土地买卖、典地与置换

1949 年前，渠中堡百姓之间的土地买卖并不多，土地所有人相对稳定，只是少部分的农田在较小的范围内权属有所变动，总体来讲，土地所有权的流动性不强。一般情况下，只要不是迁入的新户都是有几亩土地维持生活的，只有那些新来的农户土地才会较少，需要依靠打工逐渐积攒资本，置买些田产土地过活。除此之外，据老人们讲述在渠中堡内没有租佃这一生产方式，只有雇佣这一生产关系。因此，这里从土地买卖、典地和土地置换方面，展现渠中堡旧时期的土地变动情况。

---

1 王兴庆老人口述。

（一）土地买卖关系

1. 土地交易

（1）土地交易概况

首先，渠中堡的私有土地属于老百姓个人所有，各自的私有土地可以自由买卖，无须经过村落或者是政府的许可。售卖土地的一般是那些土地较多的富裕人家，或者是急需用钱的穷苦人家，抑或是举家迁往外地，不再居于村中的家户。其次，通常情况下，售卖土地的时候往往具有一定的习惯和规则，习惯上先问本族人，再问亲戚，再问邻居，最后才广而告之。也就是说，卖土地之前一般是先向本家的人进行询问，看看他们是否有意愿购买自家田地。旧时卖地等于失去了可以依赖的生活基础，一般是遇见较为困难的事情，才会做出卖地的选择。如果卖主急需用钱，他会先向本家亲戚借钱，无法筹措到钱的时候才会选择变卖家产。如果亲戚没有借钱，反而出钱将土地买去，两家会就此结成仇怨，同样户主也不会因为急需用钱而卖给本家。故而，将土地卖给本家或是亲戚，一般属于就此搬离本村的村民作出的选择。

1949 年前，渠中堡的百姓居住较为疏散，同姓之人往往居于一个庄子，庄子之外除了姻亲，几乎再没有亲戚。外村亲戚购买本村的土地也是较少的，因为其家庭居于较远地方，购买本处田地之后无法完成农业生产，是不明智的。往往都是邻居或者地邻将要出售的土地置买回来，将本来区隔的田埂等就此拆除，小块变大片，方便此后的灌水操作等生产活动。

此外，外来人口一般也是购买田地的主要人群。因为，外来人口要想在本村扎根生活就必须要有土地，单靠给地主家当长工是不长久的，并且一般情况下，迁居过来的外来人一般拖家带口，必须置买田地才能维持家人生活。因此，就会向当地人购置一些土地。最后，有闲钱且较为富裕的村民也会积极购买土地，一般情况下，田地较多的富裕户都有牲口作为辅助，家庭也不缺劳力，就需要更多的田地以达到生产能力和土地规模的均衡。

（2）土地买卖程序

第一，散布信息，找"中人"。农户要是想卖地或者买地的时候，一般会向外界探听并散发消息，好让大家知道自己的需求，以便为自己尽快搜寻到好的买家或者卖家，其实中人只是在其中起到一个连接作用。当户主有了买卖土地的意向之后，就会在村庄里找那些对于土地比较熟悉且与其他人联系较多的人，简单地说出自己的想法，这种告知不一定是很正式的，有可能也只是上地劳作同行时提及，而且中人也不一定是从事买卖土地的专职人员。在渠中堡，中人就是指在土地买卖中为双方牵头，做介绍人的中间方，任何起到这种作用的人都可以被称作中人。中人可以是今后签订约法的保人和证人，也可以不是。中人只是负责向买卖双方推荐对方，从中传递双方想法，并不一定会一直为双方做到买卖成交。

第二，看地，商量价钱。户主散出去买卖土地的消息经人传播后，如果有人有意买卖的话，就会通过中人传递想法。一般情况下，卖方通常是坐等别人找上门来，买方一般是属于比较着急主动的一方，即一般是买方托人找到卖主家里进行商议，并且在议价方面也多是卖方占有一定的议价主动权。对于一个要进行卖地的户主来说，他只需要向外界表达出自己出售土地的意愿后，就会有人主动上门前来商议。而对于那些买主来说，他们则需要到处跟人告知自己意欲置买一块地的想法，以尽快解决土地问题，以免错过了节气种不上庄稼，要再等一年。待到买卖双方通过中间人的介绍见面之后，就会明确告知将要出售的地块具体位置，买方一般也会向户主询问地块是否好浇水，以往产量多少，四周的邻居是谁，地块大小多少，属于几等土地，是否有与其他人牵涉纠纷等等情况，事主也会一一解答，否则对方会犹豫不决，耽误双方的交易进程。

通常家里的土地是由当家的长辈进行管理，一般是爷爷或者是父辈中管家的叔伯，如果已经分家，就由父亲做主。除此之外，其他人是没有权力售卖土地的，并且别人听说户主有买卖土地的想法之后，也会在私下里打听意欲购买土地或者售卖土地人的身份——是否有当家作主的权力，否则对方会怀疑买卖成交之后是否有别的牵扯不清，甚至是否有效等。因此，事主在购买土地的时候，往往会与对方的当家人直接对接。看地的时候都是会有中间人在场的，一来是缓和气氛，在商谈不融洽的时候打个圆场；二来是从旁做个见证，日后即便是有了纠纷，此刻也算是有个明让。

一般情况下，任何的买方都不会愿意购买那种有纠纷的土地，因此看地的过程，其实就是互相试探价钱和了解土地背后是否有纠纷的过程。一般来讲，有纠纷的土地，也可以拿出来买卖，但是要纠纷的当事方都同意，不过由于涉及诸多的不便，购买方往往不会选择购买这种土地，以免日后麻烦。自家的祖业也是可以售卖的，但是要看售卖时候的当家人是谁，是否有这种权力，或者这种权力是否足够当家作主进行土地售卖。如果不能的话，不论买卖是否做成，都是一种不稳定的情况，有可能会引起官司。祖业一般是由大家庭里的长辈做主处置，如果大家庭已经分家单过，那么小家庭的男性家长或者户主就可以做主将自己分得的祖业进行售卖，他人一般是无权插手的。祖业一般也是优先卖给本家的人，因为祖业多是房屋宅基和庄子，外人一般不易搬迁进入，多是给本家的人买去。

土地买卖的时候，村落不会插手，也不会收税，但是在进行产权界定的时候需要验契，这时候是需要交上一些钱的。看地其实就是从口头上了解土地各方情况，并不是实地勘测，双方针对土地情况进行评估，好为下一步商量价钱做铺垫。据老人们讲，当时一亩上等地的价钱相当于一个长工一年的工钱，大概在七十块左右，中等地在六十块左右，下等地在五十块左右。土地由各乡村土地管理员负责管理和测量，每块土地都进行了评定等价，分了三定九则来确定田赋，并且土地所有状上面也都有记载。等级越高的土地代表土质和条件越好，交的田赋也就越多，等级越低的土地代表土质和条件较差，相应地交的田赋也就少些。因此，土地等级也就是双方议价的重要标准，除此之外，同等级情况下如果浇水更便利，其价格相应地会比其他高出一些。

在土地买卖中，一般是直接付现钱，也不用付定金。因为凡是售卖土地的人家，基本急需用钱，故而大家都会想要直接拿到现钱，允许别人欠账的情况是极少见的。如果卖家反悔，只要没有签订地契，还没有改土地状也是可以要回去的，这个要看当事双方关系如何，以及如何请中人进行说合。不过反悔的情况基本是不存在的，因为土地售卖历经的时间一般会很长，足够当事双方进行充分的考虑，一旦买定之后即便是反悔也是无效的了。

第三，实地勘验，签订契据。通常即便村民相互之间都知晓土地位置、面积和四至邻居等情况，但是在土地进行出售时，依旧需要当着各位地邻的面，将四至边界进行重新指认，以免日后大家对于交界不太清楚而引起纠纷。一般情况下近亲和较近的邻居购买田产时，无须再进行测量，因为土地状上面已经标定土地等级以及地块大小。但是如果土地状的测定日期较远，为避免日后纠纷，买卖双方还是会请人再进行简单丈量，这种丈量一般也不是请官方来做勘验，而是请村子中或者黄渠桥上的人过来做个测量即可，双方心里都有数之后，大家也好再次核定心理的预期价格。

实地勘验完毕之后，基本就已经认清楚土地的位置、大小以及周边四至，这时就可以由中间人或者其他会写字据的人代笔，写下契据作为凭证。一般情况下契据上要写明买卖双方姓名，出售土地位置大小，是否有随附物件等，在自愿的情况下以多少价格出售给买方，还要写明土地的四至。最后落款的时候还要中间人签字，买卖双方也要签字，有时也会要一两位证人，一般是请保长等公众人物作为保约人，代写契据的执笔人也要写明名姓，最后各人都要画押确认。最终这个契据由购买人自行保存，并且事后还要拿着契据和原来卖主的土地状，到乡上土地管理局更换新的土地状，今后改换产权人和田赋责任人，交税等事务皆由购买人承担。

2. 土地买卖产权确定

根据老人的讲述，卖主将原来的土地所有状交给买主，买主与卖主到土地管理局去换领新的土地所有状，并登记在册，土地管理局会对买卖双方立的契据核准，验定契据之后盖章，并收缴一定的验契费。这些费用一般也不多，主要由买方承担。通常情况下，除了买卖双方刚开始接触时，中间人需要作为介绍人出现，勘验土地和签订契据时到场签字，之后中间人也就不再参与，由买卖双方自行解决后续的过户问题即可。有时候，中间人就是周边的邻居等，大家都是熟人互相帮衬。而且据老人讲，那会大家都过得穷，没有啥好吃的，勉强过生活，也就不再请吃饭了。

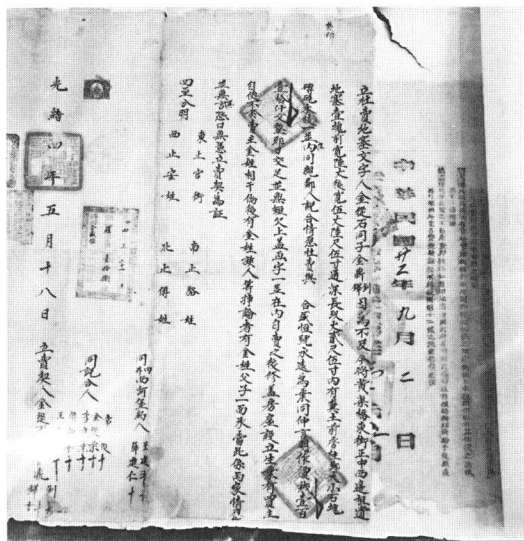

图 3-2　旧时土地房产买卖契据

土地买卖属于比较大型的事情，村民都不会马虎，并且都会留有字据和契据作为依凭。因此即便是亲戚邻居等购买土地，这些该走的必要程序，即当面勘验土地、丈量、指明四至、付清现钱、签订契据、换领新土地状等事情，依旧是必须做的。事后如果双方的关系较好，也会请人到家中吃酒，但是这也都是那些家庭生活较好的人家，对于普通的家庭来说，就不再请人吃饭了，只是以后别人家做事有需要帮忙，自己力所能及地帮衬着点就可以了，其余的并没有那么多讲究。

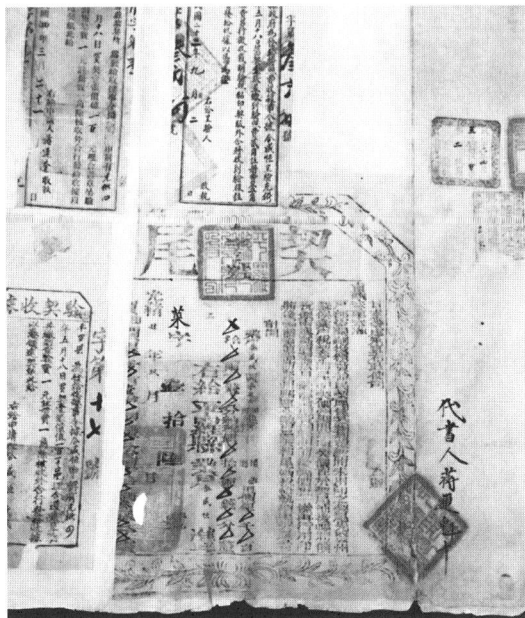

图 3-3　旧时土地产权确定尾契

3. 土地买卖频率

旧时期，渠中堡的土地买卖频率并不高，甚至于很少有人买卖土地，因为各家的生活都相对地较为稳固，都是在保有现有土地的基础之上，想要重新入手一些，没人愿意放手自己原有土地。除此之外，一般情况下各家也都有三五亩地勉强维持生活，村民当时的生活虽然艰苦，但是没有破产到卖田卖地的程度，这样一来也就没有土地进入买卖市场。王兴庆的爷爷当年从周围一户搬离此处的人家那里得到四十亩地，其接收时那里已经抛荒，于是王兴庆的爷爷就到土地管理局申请变更了土地所有状，将土地划归到他名下所有。沈连山父亲那一代曾经购置过一些土地，量也不大，加上自己用牲口不断地开垦生地，故而土地逐渐积累成规模。地主家庭购置土地一般是为了扩大自身的生产规模，积累财富。新进来的外来户为了能够在村庄内落户立足，必须得有土地才可以，因此购买土地也是必须的。本村落之中没有强买强卖的情况。富裕人家占有的土地数量较多，并且土地质量和地理位置也较好；而穷人家的土地数量较少，散落不成块，灌溉等条件也相对较差。因此并不存在富裕人家强买穷人土地的情况，而穷苦人家由于实力不如富裕户，故而也没有能力强卖给富户。

本堡内土地主要是被距离最近的几个聚落的村民买去，再远的话别人买走种地不方便。土地的买卖边界是不限制的，只要价钱合适都可以。不过买卖土地主要是为了种庄稼，因此最后做成买卖的也主要是周围的家户。周围邻居和亲人都想买地的时候，以最高价优先，如果亲人和邻居出的价钱相差不是很多，会优先卖给亲人。

4. 土地买卖规模

土地买卖时都是以亩为单位，在测量的时候是以弓步为计量方法测算。当时土地的售卖本就不多，并且出售的土地多是将最次的一亩三分地给卖出去，其他的留着给家庭过活。即便是举家搬迁的家户，家中最多的也不过一二十亩地，一次性地低价卖给本家。渠中堡的地主不多，只有三个，其中最大的地主是沈家，其家中有地80亩。地主相较于富裕户的土地数量并不高，主要是这些人当时从皮货生意中得到些利润，年复一年开垦和收买一些散碎的土地，经年累积之后便形成了当时的量。他们收买的土地其实不多，又经过整饬开荒，渐渐地就形成了大片土地。故而地主家的土地，主要是在牲畜和人力的辅助之下，逐渐地开垦加上收买小块地累积而成。据老人讲述，"当时我们家的地也是散着的，80亩地分了好几片，不过都离得不太远……就在庄跟前……最大的一块有20多亩，小的也有5亩以上，没有太细碎的"[1]。渠中堡的地主都是在当地居住，以耕地为业，土地都在本村。

---

1 沈连山老人口述。

（二）典地关系与土地置换关系

1. 典地关系

据老人们讲述在渠中堡没有典地的情况，但是在黄渠桥的周边是有这种情况的。所谓典地就是将自家的土地先抵押给富农或者地主，但是土地的所有权还是归户主本人。在典当期间，承典人有土地的使用权和收益权，到期的时候可以协商续典，也可以按照原价赎回，过期不赎回去或者绝赎，土地所有权即归承典人所有。据说，当时典当的价格不尽相同，大约一般是低于正常卖价的三到五成。

典当只能是由家中的长辈和当家人做主。土地所有状上写的是户主的名字，因此典当的时候必须经过事主同意才可以。典当周期一般是两到三年，当时都立有典契，上面注明着典当的时间、价格、数量、位置、典期，还需要签字画押。典当出去的地由承典人自行处理，可以转租也可以自留。自家田地典当自由，只需要家户自行做主即可，无须向村上或者政府上报。据当地百姓讲，旧社会要是过不上日子了就卖地，并没有将自家地典当出去的，而且那些地的位置也不好，不会有外边的人来这里收买。

2. 土地置换关系

土地置换在渠中堡也比较少见，因为本村的土地基本上是以自家庄子为中心，向周围扩散，当初刚到这里扎根的先民，各自占据一片地方，并不是聚居在一起，都是分散的。因此庄子在中心，田地就在以庄子为中心的地方向周围开垦，刚开始开垦的地方有限，后来由于人力的增加和畜力的支撑，渐渐地向外围进行扩张，但是也较少与他人土地形成交叉，因此渠中堡村民的土地很少有进行置换的。土地置换一般是由于购买别人土地之后，形成了不可控制的地理位置的离散，为了便于管理等，村民会选择将土地与同样有需要的村民进行交换。

第三节　经营及经营关系

1949 年前，渠中堡的生产经营是以家户为基本单位进行的，内部由家长负责掌握。在生产经营的过程中，家户内部有着较为清晰的男女分工、长幼分工。家户之间则是互相帮忙、共同合作。在村庄层面上则有市场雇工等方式，满足家庭生产的同时也体现了村内的经营关系。

一、经营主体

（一）经营单位

1. 家户经营

传统社会时期，渠中堡的百姓都是以"一家一户"为单位进行土地生产，有的时候"家户"可以是一个集体意义上的大家庭，但这个大家庭必须是没有分过家的，即大家庭依旧是一人主事，其余各小家庭或成家或没有成家，都听从于一家之主的安排，为整个家做事。有时候，"家户"指代的是核心小家庭，即从大家庭中分出去单独过活的小家庭，这些小家庭多是只有父代和年幼的子代组成，没有更多的旁系亲属加于其中。一般情况下，大家庭中的人数不等，例如王兴庆家中，当年太爷爷就有五个弟兄，爷爷辈也是五个弟兄，爷爷那代还没分家时，就是大家庭一块生活，家中事务刚开始是由大太爷进行管理，后来交给了大爷爷管。由于当年家中人口众多，住的庄子也比较大，外人往往称他们家的庄子为王家大庄。其家中在爷爷辈的大家庭时期，有三十多口人，劳动力至少有十人。后来，在爷爷那代分家形成了小家庭，此后就是各家单独过活，独自经营土地。

一般情况下，十亩田地只要有三四个劳动力就足以支撑麦田生产的所有环节，如果有畜力支撑就更加轻松。1949年前，村民家中劳动力不足或者家中没有畜力支撑，就会简单地将土地进行修整，不会投入太多的人力翻整。其生产环节简单，只在开春之后开始：耙地—播种麦子/糜子—灌溉、薅草—收割，每年如此反复。对于那些家中劳力尚可，又有畜力支撑的家户，则是在秋收之后即开始投入大量的人力翻整土地，程序大概有：犁地—耙地—碎土块—平地—晾地—灌冬水。到了开春就又开始耙地—上粪肥—种麦子/糜子—灌溉—薅草—收割，每年如此反复。一般情况下，每个环节需要投入的人力是没有固定测算的，但是诸如犁地、耙地这种重体力活，只有家中有牲口的村民才会做，否则人力是难以达到的。其他环节劳作的时候，如果家中的劳力不够，就会视劳作量的多少以及家庭情况而去采取行动，如果家中经济条件不太好，多会向亲戚请求帮助；如果家中经济条件较好，便会向外雇工帮助。村民的劳作生产过程，基本上是可以实现独立完成的，只是生产效率不是很高。比如犁地的时候，小犁的生产效率远远不如二牛抬杠的耕地效率，但是二牛抬杠需要两个大牲口才能使得动，单家独户很难满足这样的条件，因此就会有条件差不多的两家进行合作生产。例如张家有头牛，李家有头骡子，两家便会合伙，套上两家的牲口拉着二牛抬杠去犁地，两家先后使用即可。

2. 独立经营权

在家户生产经营的过程中，农户不受任何的限制，在土地的经营方面完全地自由，都具有独立自主的经营权利。可以想种什么就种什么，没有来自官方和村庄的任何限制和约束。

（二）经营分工

1. 家长负责制

通常情况下，家中的事务都是由家长管理，家长安排什么就做什么，如何安排就如何去执行，一般是不会有人违拗的。因为在农事生产方面，这些都是经验总结出来的，家长既不会乱指挥也不会出现大的差错，只是在实践安排上有些不同罢了，如果家人中有不同的意见，也可以提出来，大家一块商议，谁说得对就听谁的，家长只是负责拍板决断，并不是绝对的威权，不容他人说出自己意见。家中的各个生产环节并不是由家长独自完成的，而是在家长的安排之下家中各成员集体劳作，至于具体的工作安排和分工，是由家长根据时令和自家庄稼情况决定的。如果家庭劳作事务比较多，而家中劳动力又不足，家长就会向亲戚请求帮助或者是直接雇工从事农业生产。

一般情况下，家中是由男掌柜当家并掌管财物，妇女是无权的。但是如果家中男性家长早亡，则是由母亲当家并掌管财物，或者母亲不当家但掌管财物的情况也是存在的。如果小家庭和大家庭尚未分家，那么小家庭是不能有自己私房钱的，小家庭所从事的事务都是大家庭当家人安排的，因此产生的效益都是归大家庭所有，并由家长进行管理支配。如果小家庭从大家庭中分离出来，则由小家庭中的男性自行管理支配，可不再与大家庭进行混合。旧时期，当时物质条件较为匮乏，家中都是减少不必要的开支，通常开销都是由父亲来决定。很少有儿女主动向父亲开口要钱的，即便是有需要花钱的地方也都是由父亲决定是否支持。如果儿女确实想要用钱，必须向当家人进行申请，父亲不给也没有办法。老人的话必须得听，否则就会挨打挨骂。没有当家人许可，家中成员不能保存自己的独立收入。但是旧时期大家庭生活，各家庭成员也是很少能够有私房钱的，因为家中如果没有什么其他非农业收入，基本不可能有私房钱的来源和途径。只有那些当学徒和外出做生意的人才能有些收入，这些人虽然没有分家，但一般也不会完全将自己收入如数交给家长，而是私底下留一些以备他用。

2. 男女分工

1949 年之前，渠中堡的思想相对是较为保守，平时里女性基本不太出门，但是农忙季节也需要下地干活。由于女性裹着小脚，行动诸多不便，并且力气较小，因此主要从事一些轻松点的农活儿，那些较为笨重的体力活，都是由男性承担。在具体的农业生产中主要是犁地、耙地、翻地、种田、修整水路等等，主要由男性操作。男女从事的工作虽有不同，但是工作之间都是有交叉的。女性虽然难以帮助男性做重度体力活，但男性可以和女性一起做如薅草、割麦子等农活，这些并不是女性专做的农活，因此在家庭生产经营中不存在"各自为政"的情况，而是相互串联帮助的，并不会存在一方做完农活就自顾去休息的情况。

除了土地生产经营，如果农户有一技之长，还会从事些副业以挣钱养家。据老人讲，当时男性会用红柳条编织筐子，女性则是用麦秸秆编织草帽子，等到了夏天等收获时节使用。其他非农副业也并没有明显的男女分工，主要是以劳动能力的差别自行安排的结果，比如女性重体力活无法胜任，就会主动选择低层级体力的工作。总之在生产经营过程中，劳动力的安排和使用是各得其所，做的事情都是力所能及的。

二、经营关系

（一）生产合作

1949年之前，渠中堡的农户一直都是旱地种植，虽然各家土地不是很多，但旱地的劳作有时也需要多人才能完成，穷苦人家往往选择不去精耕细作，富裕人家则选择雇工完成。村落内虽然有生产合作现象，但也并不是很多，主要是自己家人劳作，间或人力不够的时候，会直接雇工，少数时候才会请人或者并工。

1. 换工

据村民讲述，1949年前村庄内的换工现象并不多见，但是在自家内还是会出现的。一般情况下，男工与男工相换，女工与女工相换，不存在以男工换女工的情况。换工多发生在本家之中，多数情况下是以借的名义，即在借用别人家牲口的时候，自己家出人为其做些活以作补偿。例如王兴庆讲述，"叔老子用我们家的牛耕地，他就过来给我们家做点其他活，算是顶替这个牛工……用一天牛基本上就是做一天活，算是换了，一个牛工顶几个人工，但是我们都没有分那么细"[1]。有的时候换工并不是即刻兑现的，而是晚些时候再兑现。比如本家内借了户主家的牛使用，但是户主家现在并没有事情可做，借牛的农户就会自己记下这个"亏欠"，等到户主家里有需要帮忙的时候，就会过去给他们帮几天，即便是超过了当时借牛的工数，也是不会计较的。

2. 并工

有时候农忙时节大家会一起并工，而且并工的范围并不仅仅局限于自己本家之中，可以拓展到邻居。并工主要并的是牲口，当时的生产工具较为落后，因此大家犁地等主要依靠畜力支持，但是一头牲口的力气总是有限的，要想提高生产效率只能使用较为大型的生产工具，犁地的时候就可以使用二牛抬杠以提高耕地效率，但是对于那种家中只有一头牲口的农户来讲，只能向别人借用。因此两家情况相似的农户，便愿意用并工的方式提高生产效率。

---

[1] 王兴庆老人口述。

3. 生产合作关系

换工是不需要支付报酬的，但是一般需要给人管饭。并工一般是本家内的人力并工、邻居之间的牲口并工。当本家内的人力并工时，在哪家做事，这家就要管饭，并且吃的要比平时好些，起码得有面条调和，不能只吃黄米干饭。如果是邻居之间的牲口并工，则无须提供饭菜，牲口在自己家里干活的时候，只需要供给充足的草料，稍微加上玉米等精料饲喂即可。在本家内多数是以借代换，而邻居之间多数是平等地进行合并和交换。

通常情况下，在换工和并工的时候，如果需要用到一些必要的工具，多数是由户主自行预备或借用。做的是谁家农活，就由此家准备工具，要是自家工具不够，也可以请前来并工的人自行准备。但是如果工具发生了损坏，则户主有责任对其工具进行维修或者折换个新的。如果前来并工的人，使用户主家的工具或者户主借用的工具发生了损坏，也是由该户主进行承担，与并工的人无关。

4. 用水合作

渠中堡位于官泗渠的中部地区，泗渠水源是从惠农渠中引流的黄河水，其由南向北贯穿渠中堡的中部，水力资源丰富，无须担忧灌溉问题。在灌溉方面农户无须进行合作，只需要在渠中有水的时候引流到自家田地浇灌即可。村庄的水利设施也并非个人维护，水道都是历史上遗留下来的，无须重新开辟，只需在灌溉自家田地的时候注意延边水道不要漏水到别人田地即可。浇地是以各家各户为单位，各自管理自己的田地。是否浇地，灌溉多长时间，都是由自家决定，但是必须在一定的开闸时间范围内，因为按照当时的灌溉政策规定，每个闸口的开放时间都是有限的，到了截止时间，就会将闸口关闭，以为下游的农田保障用水供应。

每年官府都会选择时间组织村民兴修水利，只要是各渠延边受益的农田都要应召前去。据《平罗县志》记载：民国年间，唐徕渠、惠农渠、昌润渠等渠水费"以渠养渠"，所需工料视各渠本身工程的繁简而定，由受益田亩负担。旧时以 60 亩田出工一份，不足 60 亩的则由数户合棚一份，出夫一名，做工一日。春秋所需麦草、芨芨、柳桩、石灰、胶泥、料石等，均以现金购运工地。全部物料按照市价总计所需款数，确定当年应征税费若干。在每年的春分节前一天，征用部分的民工集中到渠首，用柴土卷埽堵塞住渠口，把渠水弄干，便于岁修施工，工期差不多有半个月，多数是挑挖渠首段的卵石渠槽，名为埽工。清明节至于立夏，组织受益的民工对全渠进行为期一个月的清淤培堤，做护岸码头，维修桥闸等工程，名为春工。春修竣工之后即开始夏灌。

秋工为半个月，在寒露之前停水进行施工，加固险段，进行重点清淤，秋工结束后即开始冬灌。[1]

渠中堡百姓主要参与每年春季的挖沟渠，当地人称之为"迎夫课"，一般是 60 亩地出一个民夫，不足 60 亩地的就由几家共同出夫一名，做工 30 天，民夫自己带工具，食宿自理，在清明节前三天到指定的工段，违反的人要接受数倍罚款。几家合出一个民夫的时候，一般是由地最多的那家出人，其余两家出钱供给出民夫这家的开支，出的钱也不多，按照几家均摊的方式进行支付即可。

(二) 市场雇佣

1. 请工

1949 年前，请工的现象在村落内很常见，不过百姓在生活中遇见专业的活才会到外面请工，因为请的主要是一些有技术的人，例如杀猪的、泥匠、铁匠等。请工一般是到别人家里当面说，请人之前会先打听谁的手艺好，问清楚之后就选定一个手艺和工钱等各方面都比较合适的，派家里的人或者当家人亲自去请。请工是一个市场活动，任何人都可以过去请，只要对方觉得时间和工钱合适就可以。本村的工匠或者外村的工匠待遇都是一样的，只要做得好都是可以的。请工的工钱需要事先说好，商定好之后先要付一部分的定钱，事后再付清余下的全部尾款。请工期间主人家要管工人一日三餐，通常情况下，不管工钱如何，都是要管饭的，不能让人家饿着肚子干活。做工的工具一般是由户主自己准备，但是有些专业工具需要工匠自己带来，如果这些专用工具在使用过程中有了损坏，主家不需要赔付，由工匠自己担负。但是如果工匠在使用户主准备的工具时发生了损坏，都是由户主自行承担，与工匠无关。

2. 雇工

1949 年之前，渠中堡在生产生活中多有雇工，只要是家户内的农活等忙不过来了，一般是靠雇工来解决。雇工一般没有固定的聚集地点，家户想要雇工，一般是告诉经常给人家做工的人，由其负责牵头找人。雇主只要告诉这些人自家想要做什么工作，需要几个人即可，剩下的就由这些人过去寻找。一般这些雇工之间也都是有联系的，互相都会给对方介绍活。雇工干的活儿也不尽相同，主要是看主家有什么需要，有的家户在农忙的时候请工，这时雇工主要干的活儿就是收割庄稼，并进行运输。如果是农闲的时候，则是做一些技术性的工作，例如雇佣木匠做活。一般情况下，家中劳动力不足才会去雇佣短工，与家中土地的数量不是特别相关。雇佣的工人，有的是长期有联系的，即只要雇工就会喊他们。也有不是长期稳定联系的，但是经常需要雇工的

1 平罗县志编纂委员会编：《平罗县志》，宁夏人民出版社 1996 年版，第 131 页。

家户，一般有一两个周边的邻居作为联系人，家里有活的时候就会喊他帮助寻找人，或者直接将农活折价承包给他。据老人讲，在黄渠桥街桥头位置那里有一片树荫，到了农忙时节也会有好多人在那里"拉闲呱"[1]。那里聚集的闲人多，也可以到那里说雇工的消息，就会有人出来跟着干活或者介绍其他人去做工。一般情况下，渠中堡的农户都是雇佣自己村子里的人帮助做活，临近就可以解决用工问题，没必要去外地找人做活。

雇工的工钱一般是日结，有时候用的是钱，有时候用的是粮食，如黄米或者麦子，也有用玉米的。雇工的工钱多少不等，主要是根据当时的市价来定。雇工每天可以在雇主家里吃早中晚三顿饭，雇工用的工具一般是雇主准备的。如果雇工是附近的邻居，而且雇主事先也打过招呼，提前告知哪日来家里做什么农活，或者明确告知需要带上自家工具，是可以由雇工自行携带工具的。雇工使用工具的时候如果发生损坏，不管是谁家的都由雇主进行修理或者赔付。

3. 长工

旧时，并不是只有地主家才会请长工，有的富裕户也会请一个短期的长工，此类人并不是完全的长工，而是比短工的工作周期长，比长工的工作时间要少，且是间断的，主要是因循着农忙时节做工。比如王兴庆家中，当年自家有 40 亩田地，父亲在其10 岁的时候因疾病过世，家中只剩下大自己两岁的姐姐和小自己几岁的弟弟和老母亲，劳动力不足，因此经人介绍过来一个青年，当短期长工。这人在农忙的时候过来，忙完就回自己家里，做农活的时候吃住都是在王兴庆家中，和家人一起吃饭，晚上和王兴庆一床睡觉。

地主家里有长工，也有半长工。长工是指常年吃住都在地主家里，只在很少的时间里回自己家，其工钱按照年来结算；半长工是指并非每天都在地主家做工，只是在地主家需要的时候才会过去，平时没有农活的时间里，他可以给自己家里做活。半长工可以使用地主家的牲口和工具耕作自己家的田地，但是半长工的工钱要比长工少一些。

通常情况下，不论是雇短工还是请长工，大家都希望找那种人品可靠，身体结实有力的人，可以是年轻人，也可以是中年人。旧时渠中堡内的劳动力较为充足，因此这些长工多是自己本堡内的人，以熟人居多；也有外村的，外村的人一般是经过亲戚邻居介绍过来的。聘请长工的时候，不论其是经人介绍还是本村本堡内的农户，都需要雇主亲自到长工家里询问，对方答应了之后就商定日子。据《平罗县志》记载：民

---

1 拉闲呱，当地方言，意思是闲谈、聊天。

国二十二年（1933），老户地区长工工钱：大长工每年银币 60—70 元，中长工 40—50
元，小长工 20—30 元，牧童 7—8 元。民国末年，长工工钱改为实物，大长工每年小
麦 12 石，合 900 公斤；中、小长工 8—10 石，合 600—750 公斤。[1]

　　一般情况下，长工住的地方会比自家人住的差一些，主要是住在外院，铺盖什么
的都是由长工自己准备，地主家不提供。平时吃饭，长工与地主家的儿子同吃，没有
什么讲究，长工吃的与地主家人并无差别。在雇主家里做活的时候，如果长工生病了，
地主家需要给其治病，但是如果一直医治不好，地主家可以辞退长工，并且工钱是按
照长工实际工作时间结算。在雇主家里干活的时候，如果长工家里有事要办，也是可
以请假的，但是时间不能太长，时间太长地主家要减算工钱的。一般情况下，长工是
从农历的正月初过来干活，干到十月初，前后差不多十个月。也有干十二个月的，这
种长工多是光棍汉，无家无地，无亲人。但是渠中堡的长工多是有家的，只是自家的
土地比较少，不够家人过活才出来给人打长工。这些长工都回自己家过年，并且也不
会去给地主拜年，因为渠中堡的百姓只给自己的本家亲人拜年，除此之外不给外人
拜年。

　　地主家里有红白喜事或者长工家里有红白喜事，双方是不会互相通知参加的。因
为二者之间并没有人情交往，只是雇佣关系。村中有红白喜事，如果跟长工有很近的
关联，别人是会通知他的，但是并非以地主家的长工身份，而是以该长工与事主的社
会关系而定。一般情况下，地主家亲戚如果有活需要帮忙，也是可以让长工过去给人
家帮忙的，这个主要看地主自己的安排，长工只是听从于雇主的安排行事。

第四节　交换与交换关系

　　市场交换是传统时期渠中堡百姓日常生产生活中不可或缺的基本活动之一。小农
经济虽然可以满足家户的基本生活，但是通过简单的市场交换活动可以更好地满足小
农生产与生活的各种需要，如村落内的各种作坊买卖、农户之间的交易、集市上的交
易等，都体现了传统时期渠中堡百姓的交换与交换关系。

　　一、交换活动

　　（一）村内交易

　　1949 年之前，渠中堡村落内并没有固定的市场，也没有固定的集期，村庄内只是
有少许人员依凭自身手艺，或以家庭作坊的形式生产简单的工具，或者以自身劳力充

1 平罗县志编纂委员会编：《平罗县志》，宁夏人民出版社 1996 年版，第 129 页。

当货郎等，从而满足村民日常生产和生活必需品、农产品与粗加工品之间的交换。例如村庄内卖豆腐的磨坊、卖油的油坊、铁匠铺、木匠铺等，这些都是以自己家庭的房子为基础，以小作坊的形式进行生产。以卖豆腐的为例，整个堡内有两家做豆腐的。据老人讲先后有叶家庄的叶家和谭家桥的李家做过豆腐。做豆腐很辛苦，工序繁杂而且吃力。一大早就要起来磨豆子、煮豆腐等，做好了豆腐之后，一般是由家里的男人挑着担子循着村民的居住点挨个游走，走到街上就会喊上几声，沿街叫卖。如果当天打的豆腐没有卖完，就会到其他村子的聚落沿街叫卖，一般情况下外村的多是以现钱交易，自己村子里的村民也有用钱买的，也有用豆子换的。

（二）村外交易

1949 年前，渠中堡周边的集市有两个：其一是五公里外的黄渠桥街上的集市，另一个是四公里多的宝丰街上的集市；其中黄渠桥街集市是每月内逢农历的三六九日子，宝丰街是每逢农历的二五八日子。黄渠桥街上的市场比宝丰街上的市场大，分为东街和西街，其中东街主要售卖粮食、煤炭等生活中使用的物件，且以行商流动摆摊居多；西街以店铺形式居多，例如药铺、裁缝店、布店。一般情况下，村民都是步行前往，以一个成年人步行的速度来算，大概不到一个小时就可以到达。据村里的老人讲，黄渠桥和宝丰街自古以来就是人口比较集中的地方，而且处于交通要道之上，渐渐地那里就形成了集市。

集市上除了一些特别的行业使用物物交换，其他都是使用货币现结。麻油店一般使用现金和胡麻两种方式，既可以使用现金购买胡麻油，也可以使用胡麻来换胡麻油，交换的规则是"三斤半胡麻换一斤油"。据老人讲述，"三斤胡麻可以出一斤油，开油坊的人还可以落下点榨过油的油饼子，可以喂牲口"[1]。通常情况下，集市上都是使用现金结算，不进行赊欠，大家出售东西基本上就是为了获得现钱，然后去购买自己需要的，或者是需要筹得一笔钱去做什么事情，因此基本上不会接受赊欠。偶尔也会有人由于现钱一时短缺，进行短暂的赊欠，一般出现在经常来往的熟人之间。亲戚之间是不会赊欠的，因为亲戚之间往往为了避嫌，会有意避开不去购买对方家的东西，以免别人按照进价给自己之后，被其他人说占便宜。

旧社会时期，无论是黄渠桥街上还是宝丰街上的集市，都是以物品的售卖为主，没有其他形式的服务，并且集市上也没有政府等进行管理和提供服务，都是老百姓进行自由地交易。

---

1 王兴庆老人口述。

（三）赶集

旧社会时期，渠中堡的百姓一般是在黄渠桥街上有集的时候才会去赶集，很少去宝丰街上赶集，一来是那里属于回族聚居地，生活习惯不同，容易引起纠纷；二来是回族人赶集的地方，汉族人一般不太去那里。每逢阴历的三六九的日子，黄渠桥街上就会有商贩聚集，而且多是汉族，也会少量的回族人在做买卖。一般情况下，家户每月会去街上五次左右，多数是去卖粮食，并且顺道采买一些家用物品。村民早上吃了早饭之后，大约七八点钟出门，走路一个多小时就可以到达。通常情况下，并不是家里的所有人都出去赶集，到街上买卖东西其实也是各家户的分工安排，并不是到街上纯粹逛街，都是家里的壮年男人或者家长乘坐牲口到集上。旧时期，女人都得裹着小脚，行走不便，因此女人多数不上街，偶尔上街也主要是采买布匹等物件，并不会采买大型物品。一般情况下，到街上买东西的人只要买到了想买的东西之后，就会返回到家里向家长交差。对于那些卖东西的人来讲，如果买卖不顺利，就会一直等到太阳落山下集为止。

赶集的人如果是由家里长辈派出来采购，那么要买的东西基本上就已经说定了，采买什么都是经过家里的长辈或者当家的授意过了，赶集的人基本上只是在价格波动范围内进行选择，不能自行临时决定或者更改原来的计划，也不能擅自买卖其他不在计划之列的东西。一般情况下，赶集的人买来的东西基本上是家里的公共用品或者器具，很少单独给私人置办，除非是确实需要才会置买，例如年节置买些布匹给家人做件新衣服之类。除此之外，几乎很少给家人专门买东西。赶集的时候基本是家里派一个人就可以了，家户一般也很少会相互邀约，但老年妇女有时也是会一起上街的，只是这种情况并不多见，因为到街上采买或者贩卖也还是需要些力气的，只有那些家中有牲口的且家中没有男劳力，妇女才出门。如果赶集的途中遇见了熟人，也是会一块同行的，相互之间无须避讳，即便大家都是去卖粮食的也不会分开摆摊，到了街上挨着摆卖就是了，别人愿意买谁的就买谁的，相互之间不会有什么怨言。

据老人讲，买东西的时候一般不太愿意到熟人那里，这样子不好杀价，但是也不会到太生的人那里去买，因为有时候别人要价太死，不好做成买卖。因此，买东西的时候往往选择那些只是面熟，但又不是很熟悉的人。熟人之间基本上是相互避开的，也并不存在同村人买同村人粮食的情况，因为如果有意购买，就用不着到街上买，而是直接在其家中进行交易。一般情况下，除了买东西，赶集的人基本不做其他的事情，置办好或者卖完东西，办好事情就回家。如果赶集的人是家长，办完事情之后愿意在街上逗留闲逛，也都是由其自己决定。但是如果赶集的人是家中派出来的，那么他回家晚了会受到家中长辈的责备。

黄渠桥周围的村子都没有集市，只有黄渠桥街上有，因此周围的百姓都是到这里进行交易和采买，这里的街市可以满足百姓的日常所需。平罗县城距离黄渠桥街上太远，只要是没必须要办的事情，村民是不会到平罗县城的。一般情况下，如果在黄渠桥街上有亲戚，赶集前后会顺便走亲戚。据王兴庆老人讲述，"我们姑奶奶[1]家就在街上，每回跟我老母亲到街上赶集卖粮食，我都要去她们家……用骡子先把我老母亲还有粮食送到街上，她在那里摆摊，我就牵着骡子到我姑奶奶家拴着，叫她们喂点草料，她们家也有个骡子，拴的时候还得分开，不然它俩爱打架——争食槽。中午的时候我就到她们家吃饭，再给我老母亲带点过来，卖完粮食也买过东西了，就牵着骡子驮着老母亲回家"[2]。

（四）农产品交易

1949年前，渠中堡生产的粮食主要是麦子和糜子，麦子是细粮，而糜子则是粗粮，同时也是主要的口粮。因此在黄渠桥街上售卖的粮食以糜子为主。家户在赶集的时候，一般是自己家内部决定是否前往，不会事先与外人进行商量和沟通，更不会进行邀约。如果路上两个熟人碰到了不会相互避开，不论是买东西还是卖东西都不会觉得面子上过不去，故而顺道的时候都是一同前往街上。到了街上之后，如果想要采买的东西相似，可以自行选购，也可以结伴同行。卖东西也不会相互远离，而是挨着摆摊。

当时村子里老百姓的生活比较艰苦，麦子收成低下，大家都是以种植糜子为主，市场上流通的基本也是以糜子和黄米[3]居多，麦子和面粉则比较少见，因为家户多是种植少量麦子预备自家食用，几乎不往外售卖。如果到集市上主要是为了售卖粮食，那么家户来赶集的人都是男人为主，少数情况下如家里没有男人，寡妇也会套着毛驴或者骡子，驮着粮食到街上摆摊。一般情况下，正常壮劳力步行的时候，可以扛四五十斤的粮食，走走停停可以在一个半小时左右到黄渠桥街上。要是家里有牲口帮助驮运，一次可以携带100斤的粮食进行售卖。家户卖粮食也是有季节规律的，一般情况下新粮下来的时候，基本上不会去卖粮食，因为这时候大家都不太缺，而且此时粮食价格也比较低。但是到了过年前或开春后，大家的口粮也都消耗得差不多了，街上摆摊卖粮食和买粮食的人也就多了，粮食容易出手，并且价格也还比较理想。

据老人讲，当时是没有那些小商贩直接批发粮食再转手售卖的，来买卖粮食的基本上是个人，买了粮食也就是为了家庭吃饭。周围除了黄渠桥街和宝丰街，就再没有

1　姑奶奶，孙辈对于爷爷姐妹的称呼。
2　王兴庆老人口述。
3　黄米，即脱了壳的糜子。

其他集市，而且宝丰多以回族人为主，百姓不敢和回族人杀价，更不敢跟他们起冲突。因此即便是黄渠桥街市上的价格高了一些，村民也会在这里买。在当地没有卖青苗的情况，青苗就是口粮，卖了青苗就意味着断了自家的口粮。即便是卖地，也要等到收了粮食以后才结算。家户出村进村完全是自由的，无论是做买卖还是逛街买东西，都是依据自发形成的规矩，街市上没有任何官方的单位或者是人员进行秩序维持和冲突调解。

（五）流动商贩

村庄里经常会有外面的流动商贩进来售卖小物件，有收破烂的、卖豆腐的和卖针线的"呼啦子"[1] 等等，这些小商贩都是本地人，有的是本村的，有的是外村子的，但是距离都不远。每一到两天就会到村里走一遭，沿着村子内的聚落走一遍，边走边吆喝或者敲打着自己的梆子之类的东西，以提醒村民出门买东西。外村的流动商贩进村是不需要给任何人进行报备的，直接进入就可以。本村的村民和保长甲长也不会管理，更不会收费，随他自己沿街叫卖即可。

一般情况下，流动商贩的家庭都是不富裕的穷苦人家，以人力挑着扁担运输货物，村民买东西的时候可以使用现钱结算，也可以使用物物交换。例如，卖豆腐的会收些豆子，呼啦子也会收些家户手中的物件。据老人讲述，"我们村以前有个人叫作邓从子，他们家条件不太好，地比较少，老两口加上一个儿子，老的就挑着担在周边村子里换针换线……他们家条件不太好嘛，做的这个营生也不太赚钱，地位也就不太高"[2]。

村子里卖豆腐的总是一大早就起来，做好了豆腐之后就挑着担子沿着村庄聚落叫卖，先从本村开始，走完了本村，就到周边的地方走一走，一般一两天就会走一趟。如果豆腐在本村不好销售，也会直接挑着担子到周边村子去卖，逢集的时候就不下村子了，直接到黄渠桥街上摆摊卖豆腐。在村子里买豆腐可以用钱来买，但一般是以豆子交换为主，外村人更多地使用钱买，因为换了豆子之后还得费力担回来。到黄渠桥街上卖豆腐也多是收现钱。

（六）村落借贷

1. 借钱

一般情况下，只有家中遇到预料之外的事情或者超出自身能力又急需要用钱的时候，才会去借钱，例如遇到红白喜事、疾病、兵匪威胁等。1949 年前，堡内借钱的很少，多是以借粮食糊口为主，当时粮食本就很少，钱只是在进行交换粮食和其他物件

---

1 呼啦子，当地人对货郎的称呼。
2 王兴庆老人讲述。

时才起到一些作用。因此绝大情况下，家户都是以粮食的储存为主，鲜以金钱积蓄为主。多数情况下，家户遇到了丧葬，向本家或者关系较好的邻居借点钱粮，以将死者入殓和为死者举行仪式为主，互相之间以小钱的出借为周转。一般情况下，丧葬多是借用粮食以供给前来吊唁人饭食，并不会借很多钱来置办其他过多的物件。借钱的时候一般是先向关系亲近的人借，再向本家、亲戚借，接着是邻居和朋友。即先依靠亲人之间相互帮扶的亲情关系进行周转，再依靠朋友和邻居之间的信任关系来借钱周转。据老人讲，当时借钱都是不多的，一来是因为大家都不富裕，拿不出那么多的钱；二来是家户借钱来应对的并非特别大的事情，也都是日常生活中的平常事，诸如婚丧嫁娶，治病买药，缴税缴款等事项。因此，需要借钱的数量也并不是很大。借款多是发生在熟人之间，当地人觉得借钱就是相信当事人的为人和为了帮助别人渡过难关，故而无须让别人再拿东西等来做抵押。同样，出借方和借钱方之间多是以亲友和邻居等以亲情关系和信任关系为基础，故而借钱也不需要有人做担保，纯粹是道义上的接济和救助。由于借钱主要是为了缓和某一阶段的紧急用度，借款的期限一般较短暂，并且多发生在庄稼青黄不接的时候，还款一般是在新粮下来之后，有按照市价折合粮食还的，也有将粮食卖了之后再还现钱给人家的。通常情况下，熟人之间的借款是不需要利息的，但是如果发生在穷人和地主之间的借款，则是需要有一定利息的。

2. 借粮

1949 年前，在渠中堡内借粮食的情况还是比较普遍的，借粮食有的是为了保证家庭的生活口粮，有的则是为了作为种粮播种使用。一般情况下，要是家里的粮食吃光了或者是不够维持接下来的生活，就会向亲戚和地主借粮。如果是日常借，那么家户一般是跟住在一处的本家借粮食，要是本家的生活也不宽裕，则需要向地主借。本家借的粮食是没有利息的，但是借地主家的粮食有利息，一般是借一斗还两斗。借粮食不需要有典当或者质押任何物件，但是向地主家借粮食要有人介绍才可以，不是熟人不借。如果日后借粮的人还不上，介绍人也并无义务代还。介绍人只是起到了桥梁作用，至于借方能否借到粮食或者能否还上，全由双方进行协商判断。

自家亲戚之间如果借粮较少，基本上不需要归还，算作是亲人之间的接济，等到别人家需要帮忙的时候，借方会更加尽力地帮助，相互间的帮扶可以使亲情变得更加亲密。如果借的较多，事后还粮食也只需足数即可。如果亲戚关系较远，则会在还粮食的时候备上些白糖或者红糖之类的，以示答谢。邻里朋友之间借粮基本很少发生，并且借的量也很少，属于临时性的周转。例如先向邻居家借碗糜子吃，等自家的粮食打下来之后再给人家还上，一般会还得多一点，比如别人借给你一平碗，还的时候会冒出些头，别人心里也会很高兴，也说明借粮这方懂得感恩，比较通情达理。

二、交换关系

（一）买卖关系

无论是村内还是黄渠桥街上的集市，买卖双方都是平等自愿的，并不存在强买强卖或者欺行霸市的现象，在买卖之中买方的农户既不是弱势群体也不是强势群体，与其他的卖方也是一样的普通人。卖粮食的时候，无须联系别人，自行前往集市进行售卖即可。一次一般带上百十来斤，卖不完也不会降价贱卖，带回家里下次赶集再接着卖。买卖双方都是不固定的，集市上的东西都是被其他人散买而去，并没有优先买卖的地方和人群。一般情况下，到集市上卖东西的农户，到了集市之后摆下地摊，会向周围的人打听下行情，别人的卖价基本上就是自己的卖价，除非自己的物品比别人家的更好，否则不会抬高很多价钱。买东西的农户到了集市上之后，并不会一下子就选中并且付款，而是要到处走动一下，询问下各家的价钱，看下东西的品相。直到最后，选出来那些物美价廉的，才会付款。

通常情况下，买方是熟人，卖方也会优惠一点，但也只是在最后的总价上抹除些零头，在单价上是不会有所变动的。集市上的交易一般是当场以现金结算为主，很少有赊账的，但有的时候对于一些熟人和常客会有例外，不过多是发生在那些有门店的坐商那里，例如裁缝铺子、药铺等，对于在街上临时摆摊的流动人员来讲，是不会轻易赊欠的。因为人群都是不固定的，赊账之后容易收不回来。

做买卖的时候一般是自行交易，不需要中人，但是在特定的行业交易时还是需要有中人参与的，例如牲口市场上的"牙汉"[1]。"牙汉"专门负责牲口市场上的交易，为买卖双方从中说合价格，并依据对牲口齿龄、体格以及成色的评价来促成生意，并从中收取抽成。据老人讲，"牙汉就是卖牲口时候的中间人，他在中间给'打价'[2]，牲口口小卖的钱少，口大卖的钱要多些……牙汉的抽成主要看牲口卖的价钱，价钱高了就抽得多，价钱少了也就抽得少些。牲口要是有问题了，牙汉跟户主都不负责任，就怪你没有当面看好，买牲口都得当面看好，牵走了，转场人家就不管了……好赖就得自己认"[3]。

---

1 牙汉，当地人对于牲口交易市场上中间人或者经纪人的称呼。
2 打价，估价的意思。
3 王兴庆老人口述。

（二）交易价格

农产品交易价格是由市场决定的，农户则是参照上次集市的价格，以及本次集市周围卖家的价格来定的，价格的界定不是那么严格，跟周围人差不多就可以了。别人的价格一般也是通过这些途径得来的，并没有一个专门的机构或者专人进行通知。一般情况下，大家都是只对自己经营的货物价格较为熟悉，得靠打听才能得知。不买卖东西，一般是不会关心市场上各类物件价格的，等到自己需要的时候，才会主动去关心市场价格，向别人打听消息，或者自己到市场上采买或者询问得知。

（三）其他活动

到黄渠桥街上采买的农户，并不会到街上的饭店吃饭，因为距离家比较近，而且手里又没有闲钱。要是中午没办法回家，最多也是在街上找个摊子随便吃点东西，填饱肚子而已，不会到别处喝茶吃饭之类的，更不会参加聚会之类的活动。家里要是有亲戚在黄渠桥街上住，也会临时到亲戚家停歇。到亲戚家中的时候是否要带礼物是要分情况的，如果经常会过去，就无须带上礼物，就像串门一样随便；如果两家亲戚之间不经常走动，并且关系不那么近，就会带上礼物，一般是白糖红糖之类较为常见的东西，凑着赶集顺道走个亲戚。

第五节　分配与分配关系

传统社会时期，渠中堡百姓的家庭分配以家长分配为主，分配的内容包括家庭主事权、日常消费支出、家庭成员活动安排等。当时堡内虽有家族存在，但是家族规模较小，并且其存在的形式及特点不甚明显。除此之外，家族共同分配的内容较少，仅限于坟地等，分配关系略显简单。因此，本节从产品分配和分配关系两个角度着手，主要涉及支配权、产品支配、现金收入分配、分配次序和分配结果五个内容。

一、产品分配

（一）支配权

旧社会时期，在家中具有当家做主权力和对家庭的农产品有支配权力的，一般是家中的男性长者。如果男性长者不在世或者是由于其他某些原因无法料理家中事务，可以由女性长者安排。对于分家之后的新生小家庭来讲，一般是由家中的男人进行支配和做主，女人是不能直接插手的。除了当家人之外的其他人，是不能随便对家中的重要所有物进行支配和裁决的，对于价值较大的物件和较为重大的事件，必须告知且经由当家人商议决定后才可以处置，否则即便是其他人作出了决定也是不被家庭认可的，同时也不会被外界认可和承认。比如当有外人来家中借牲口使用时，必须得向当家人询问，向其他家庭成员问询是不行的，不能得到有效的答复。其他家庭成员在未得到当家人知情和许可的情况下，将牲口借出，轻则会招致训斥，重责会被打骂，且借出的牲口也要被找寻回来。相较而言，如果外人借用的是家中较为普通的小物件，当家人暂时不在场，其他家庭成员也可以行使一定的自由裁量权，将物件借出，事后将此事告知当家人即可，例如在非农忙时节外人来借家中的镰刀或者锄头等物件，这种情况下其他的家庭成员是可以决定的，等当家人回来之后，口头向其说明情况即可。有的时候当家人并不全是家中的长辈，可以是家中的长子或者小儿子。但是家中老人的支配权其实与当家人相差无几，并且老人有实际上的控制权，儿子有名义上的控制权，无论是儿子当家还是老人当家，双方都尊重对方对于家庭的支配权力。老人在处置物品时的考虑是出于对家庭的负责，儿子处置时也是为了家庭的生计，但是如果老人和儿子的决定相左，那么一般是按照老人的决定执行，因为当时的社会规范是"不得忤逆老人，不得悖逆老人的决定""得听老（人）的话"。

1949 年前，一般是妇女在家中做饭，吃什么由老人决定。家里的年轻媳妇做饭之前，要先询问下家里的老人。无论老人是否是当家人，都是要由老人做主，而且有的时候需要给老人单独专供饭食，这是大家共知、共同遵守和共同执行的，单独供应的饭食相较于家人共吃的饭食来说，一般是细粮——白面馒头、米饭、面条等，或者是带有某些肉蛋补品的食物。

> 那时候家里头都很穷，其实没啥好东西吃，一年到头吃几回肉，过年才能吃点好东西，也不像现在这这会子……那会子吃饭都是调和——面条和黄米混合，只有老爷子或者家里谁身体不好的时候，才能单独有点面条吃……家里头的事一般是由老爷子说了算，不能不听他的，他说要咋着就得那么办……旧时候家里穷，没啥能送人的，要是确实有事情要接济亲戚的话，都得经过老人点头同意才可以，借多少也得老人说得算，比如说媳妇家的人过得不行了，想借点粮食或者媳妇看她娘家过的艰苦，想送点粮食过去，必须得经过家里老人同意，如果要是偷偷地送过去，是要闹矛盾的。但是，要是分家过的就不碍事了……串亲戚提点白糖或者黑糖就算是了不起的了，别的也没啥。卖东西的时候也是老人说了算，他安排拿出去多少卖，喊家里哪个人

到街上，卖得完就卖，卖不完就带回来，卖东西的价格一般也不会变动太大，随着市价卖就可以了。[1]

（二）产品支配

1. 种植选择

1949 年前，渠中堡的百姓以种植耐旱作物——糜子为主，小麦则很少种植，一来是小麦品种不好，不耐寒，不抗病虫害；二来是小麦需要管理太多，例如浇水等工序太多，吃肥量大，需要投入更大的人力和物力。一般情况下，种植麦子较多的人家，基本上要满足三个条件：地块浇水便利，土地占有量较多，家中有牲畜等可以提供足够的肥料。据老人讲，"当时种麦子很少，麦子吃肥多，家里没有牲口的话，你没有肥料喂麦子，产量就不高。家里种点麦子主要是为了自己家吃，配着糜子吃，那会儿麦子最多产个 300 来斤，少的只有 150 多斤，糜子一亩地能产 500 多斤，比麦子多很多……种糜子还能给牲口弄粮食，我们这种地主要就得靠牲口，家里牲口越多，种的糜子也就越多，糜子秆儿可以给牲口当饲料喂，牛不太吃麦秆儿，就爱吃糜子秆儿"[2]。

2. 卖粗留细

旧时期，渠中堡百姓基本上有自己的田地，所以没有租别人土地种植的情况。而且民国时期交税，每家每户都是可以按时按量上交的。收获的粮食除去自家人要吃的口粮，绝大多数是拿到集市上卖出去，麦子主要留着自己吃，卖的多是糜子，或者黄米——脱了壳的糜子。每家每户留下的口粮和种粮不等，视自己家的人口数和食量而定，这个决策权主要是由家里的老人或者小家庭的当家人来决定，无须再跟其他人商量。

3. 种粮

种粮一般也不是很多，每亩地预留三五十斤足以应付。由于当时的条件限制，村民并不种植其他品种的粮食作物，还是以小麦和糜子为主。村民基本上无须购买种粮，只需要自己从当年新粮中预留下来即可。但是，有的村民见到别人家的粮食产量比自家得高些，或者长势等情况较好，也会留意来年种植的时候与其交换一些，以便获得更多的产量。换种子无须以更高的数量交换，按一比一的比例进行。一般情况下，换种子都是在近邻之间或者是亲戚之间，因为只有相熟的人才会在一起谈论收成，并且

---

1 王兴庆老人口述。
2 殷富贵老人口述。

有机会查看到别人家庄稼的长势和产量。两个无关的人之间进行换种，需要有一个共同的熟人作为中间人，而且这种时候的换种是由中间人代为进行，双方有可能根本就没有接触过。

4. 各种税费

民国时期，尤其是马鸿逵主政宁夏之时，各地的税费普遍偏高，并且名目繁多。据老人讲当时要向各家征收羊税，当地人俗称羊皮钱。每家按照人口的多少上交羊税，没有养羊的人家也要交，没有羊皮可以用钱来顶。粮食税比较少，据老人们讲大家都可以交得上去，一般没有人拖欠，也不敢拖欠，拖欠会被保长打。抗日战争之前，正常年亩征水利费为国币一角稍多，最高两角左右。1941年之后，货币贬值，物价逐步上涨，税费征收，随当年物价而定。后来中华人民共和国成立之初，每亩收黄米2.5公斤，征工日半个；1951年旱地亩收0.5元，水稻田每亩收取0.7元，征工日半个；1956年以后，亩征工日1个；1982年以后，每1.5亩地征工日1个，或折价1.5元。[1]

不论是哪一种税收都是以户为单位的，以人口为准，或者以地亩数为准，各堡由保长和甲长核算当地村民人口和应缴粮食数量，下发到各家户手中，届时催促和监督上交税费。当时收缴税费都是各自管各自的。如果某一农户家没有钱或者粮食交税，别人也不会替他代交。一来是当时大家都特别贫困，上交之后剩下的粮食只够勉强维持一年的口粮；二来是弟兄等分家之后，顾着自己的小家生活，虽然生产生活上可以互助，但也不会为兄弟做出很多牺牲。当时分家之后，每一个小家即是一户，完粮纳税都是由这一家的户主进行认领。保长和甲长也只是找该户的人催交，不会向其亲戚朋友等寻求代交。

旧社会时期，保丁只听从保长的命令——抓人或者打人，但其不具有单独执行的权力和能力。老百姓虽然怕这些人，但论起道理来他们也是不敢胡乱来的。据老人讲，交不上税的人就跑出去躲，躲不了，还是得想办法补上，不然就得被保长打，抓住之后会打的更厉害。当时的税费都是宁夏地区政府定，老百姓只是听从安排，税费的多少都是听保长和甲长的通知，不敢也不会向上反映，更没有可以向上申请免交或者少交的门路。对于长期欠税的人，保长会带上保丁，让甲长带路到家中催交，如果不交的话，就会带走值钱的东西来顶，实在没有就把人捆起来打一顿或者带走，以逼迫其家人交税。

5. 摊派

村里的摊派主要有两个：一个是挖沟渠，当地人称之为"迎夫课"。据老人讲每年

1 平罗县志编纂委员会编：《平罗县志》，宁夏人民出版社1996年版，第188页。

到了春天的时候，各家就要按照土地的多少分摊工数去参加挖渠清淤。出的人力叫作"民工"，民工需要到渠口（一般是指惠农渠的渠口地方）参加清淤工作，一般是干上一个月的时间才能完工。民工并不是家家都出的，而是每个堡按照土地的多少分摊民工数，最终分下来的民工数由各堡内再按照各户的土地数进行分摊，"比方说50亩地出一个工，你家地要是到了60亩，那出一个人就可以了，要是不够，就把好几家分到一块，叫一个夫，地最多的那个户儿当夫头，要出一个人去应民工，干上一个月，其他地少的人就按照自己家地的多少出钱给这个出夫的人，因为干这一个月所得的吃喝，上面是不管你的，都是自己管自己"。[1] 另外一个摊派就是摊兵费，是指当时政府派发征兵任务，如果谁家的人被应征当了兵，其他户就得交兵费给保长，由保长交给出兵的那一家人手中。对于这种情况下的摊派，每家每户都是可以交上去的，因为这些本身并不是很多，并且都是自己必须要出的，不会有交不起和不愿意交的情况，在当地百姓观念中这些都是应尽的责任和义务。

6. 荒地税赋

只有记录在地册上的地块儿才需要交税费，村民自己开荒的滩地一般是不需要交税的，因为没有登记造册。但是一旦丈量土地时登记入册了，就需要向政府上交赋税。除此之外，开荒地并不是随处都可以的，必须得挨着自家地块儿才可以。因为荒滩靠谁家的地近，谁就有优先占有权，在原田主附近的荒地开垦，一般情况下主人是不允许的。

（三）现金收入分配

1949年前，渠中堡内的百姓在外经商的很少，基本上以在家种地为主，土地少的家户就会搞些副业，或者靠给土地较多的人家打工，以维持家计生活。据《平罗县志》记载：民国二十二年（1933），老户地区长工工钱：大长工每年银币60—70元，中长工40—50元，小长工20—30元，牧童7—8元。民国末年，长工工钱改为实物，大长工每年小麦12石，合900公斤，中、小长工8—10石，合600—750公斤。[2] 不论哪位家庭成员挣的钱，都必须上交当家人保管，当家人一般是父亲。若是父亲不在了，就由母亲来处置和管理分配收入。如果已经分家，就由小家庭中的男性当家，收入由其进行管理并且决定如何处置。

一般情况下，现金收入其实很少，村庄里的人多是以实物为主，间或以少量的现金作为交换的便利。现金的花销一般分为生产分配、生活分配和家庭积蓄。

---

1 王兴庆老人口述。
2 平罗县志编纂委员会编：《平罗县志》，宁夏人民出版社1996年版，第129页。

1. 生产分配

在生产分配上主要包括：购置农具、牲口等生产辅助工具，在使用的过程中不可避免地要有耗损和更换。例如镰刀、锄头、斧头、板车等工具在使用过程中的频度较大，并且使用时间也较长，属于快消农具，时常要进行修理和更新。耕牛等生产辅助性工具是大型支出，往往一个较为贫困的家庭需要联合另外一个甚至两个同样条件的家庭才可以伙买。田地是老百姓心目中最为稳当的财产和保障，只要有了土地就等于有了生存和发展的基础，村民也将田产的多寡作为判断家庭是否殷实和富裕的标准。但由于气候等自然因素的限制，庄稼产量较低，村民只能以增加种植面积来增加总产量。多数人是买进土地，少数破产或者向外搬迁的家户才会售卖土地。据说当时地价普遍偏高，要想置买一亩土地需要花费很多的钱和粮食才可以。其他零散的小型消耗品，主要包括一些生产上的小农具，这些农具一般是由走街串巷的手艺人例如篾匠等到村里制作的。

2. 生活分配

1949 年前，村庄里的百姓生活分配方面主要可以分为日常生活消费、人情费用、教育支出和房屋维护四个方面。

其中日常生活消费占据的比例较多，例如针线、棉布之类，到了年节的时候村民还会买些肉食等，和家人过个好年。

在人情方面，主要涉及自家与其他家庭之间平时交往费用和置办红白喜事的花费。据老人们讲述，当时的人情支出其实比较少，相互之间的往来也就是围着地转，要不就是谁家没粮食了，稍微借个一两碗粮食，新粮打下来之后就会立马还上。亲戚之间除非在年节，或者是有事的时候才会交往。远亲更是没那么多交往，并且远亲之间登门是需要带上些礼的，至少是一斤白糖或者黑糖。在置办红白喜事方面，每家的花销其实也不大相同，但无论对于哪家来讲，都是一笔不小的开支。富裕的人家爱讲究排场，就会产生较多的花费。对于较为贫穷的人家来说，即便简单的丧事置办，也已经是负担了。丧事需用物资都是事主临时置买，一时间就需要很多的现金。因此红白喜事之时，也往往是邻里亲朋之间借钱的高峰时段。

渠中堡的百姓在教育方面的投入并不很多，据说当时读书的人不多，1949 年之后才陆续有人进入学堂念几年书。读书的花费较大，如果家庭的收入较少，孩子年龄逐渐增大，力气见长的时候，家长基本不再允许孩子继续读书，孩子需要开始参加劳动生产。在家庭之中，往往是长子有条件读书，后面的孩子由长子教学，这样可以省下课本、笔、先生的费用。

在房屋维护方面，渠中堡百姓的屋子是以土坯砖块堆砌而成的，屋顶上以苇草等和着泥浆作为盖，通常过几年就需要修葺一下屋顶，以免漏水。一般情况下，砌墙盖屋需要专门的师傅才可以，但打土块既可以自己制作也可以是师傅来做。据说当时师傅的工资都是现结，也有的要粮食。

3. 家庭积蓄

对于渠中堡的大多数老百姓而言，种地做工就是为了糊口，养活家庭，生儿育女，颐养天年，有时候一年到头也能够节余下来些碎钱。对于那些土地较多的村民来说，除了每年收获粮食后交地赋、留口粮，加上日常开销之外，还是有些微薄的收入，但是这些小钱根本禁不住花，也禁不住有事。对于多数人家来讲，"就是填饱肚子，就是为了吃，连吃饭都顾不住，哪还来闲钱啊……卖了糜子买面，买布……都花进去了，留下来糜子也是存着当粮食，防着灾荒"。[1]

二、分配关系

（一）分配次序

在家庭产品分配上面，农户将土地赋税放置在第一位，人情排最后一位。渠中堡的百姓基本有自己的土地，不存在租赁别人土地的情况，因此无须缴纳地租。在村民的计划和安排中，地赋大于自家消费，自家消费大于人情。交完地赋之后，剩下的粮食都归家户所有，预留出自家一年的口粮和种粮之后，如果还是有剩余，就拿到市场上去卖钱，供给家中日常开销，或者作为储蓄以备不时之需。如果农户交不上地赋，保长就会带着保丁和甲长到家里，催促甚至于打罚。家户实在交不上，就会逃跑，等保长甲长走了之后再回来。如果实在过不下去，就会直接举家远走他乡。据王兴庆老人讲述，自家曾经有次没交上当年的赋税，一次和老母亲到黄渠桥街上赶集，被保长带着保丁撞见后扣下，需要补交赋税才会放行。后来得到亲戚的帮助，垫付之后才得以脱身。当时的地赋其实并不很高，基本上可以交上，只是各种苛捐杂税名目繁多，搞得老百姓家中难存口粮。但即便是当局政府再怎么压迫，也没有任何家户进行反抗，因为根本没有任何实质的力量与保甲长和保丁抗衡。

（二）分配结果

农户将自家粮食分配完毕之后，大户人家会有很多余粮，但小户人家就没有那么宽绰了。每年打下来的粮食并不是固定的，有时候年景不好，糜子至多收到300斤，上交地赋之后所剩无几，根本不够家人一年的口粮，更别说其他开支了。因此到了农闲的时候就得靠给地主家打工挣些粮食。除此之外，平时的吃喝也得节俭才行，日常

---

[1] 殷富贵老人口述。

家里吃的就是调和——面条和糜子的混合食物，只有到了年节或者是家人生病需要特殊照顾，才能吃到面条之类的细粮。

第六节　消费与消费关系

整体上来讲，1949年前渠中堡村民以家庭为单位进行消费，一般情况下子代成年娶亲之后，即与父代分家单过，之后进入到以核心小家庭为主的生活和消费活动中。村民在生产上基本实现自给自足，少数自己无法生产的物品则是通过市场交换得来。本节主要从消费活动和消费关系两大方面入手，在微观情境下展示传统社会时期家户的产品和收入如何消费，谁来决定，谁有更大的支配和决定权以及家户是如何与外界进行交互和发生联系的。

一、消费活动

（一）消费单位

渠中堡百姓的消费单位以一家一户的核心小家庭为主，少数家庭以多代共居的形式生活和消费。一般情况下，以核心小家庭形式生活的多是不太富裕的人家，只有少数的富裕户才会以多代共居不分家的形式过活。到了1949年前，村庄内已经没有不分家的农户了。据老人讲，在当地只要儿子们结了婚，过不上两年就会分家，独立出来的小家庭与老家在生活上各自进行消费，自行决定售买，有时候在大型农具和牲畜的购买上会进行联合，但需各自出一部分钱。

（二）消费权

传统社会时期，家庭内的成员天然具有均等的消费资格，大家都享有消费家庭劳动成果的权利，但是在消费的计划、安排以及实施上则必须听从当家人的。虽然每个家庭成员在消费权利上没有差别，但是在具体的消费内容之上，还是会显现出来明显区别的。而这些消费内容的区别，则来自当地的风俗习惯和当家人的个人决策。例如家中的孩子是否读书，一来受到当时和当地的风俗习惯影响，是否有教书先生和学堂，二来也得看当家人是否有让孩子读书的意愿，二者缺一不可。1949年前，村庄内的女儿不能读书，就在家里跟着母亲做些家务和简单的农活儿，帮助料理内部事务，做些手工等。儿子念书是否能够长久下去，既取决于家庭，也取决于孩子个人能力。如果家庭比较清苦，一般情况下只需识个字，会算个账就可以了，不需要再多学什么，也不需要有多大的学问。要是儿子读书比较差劲，就会更早离开学堂。但是如果家户的家庭条件可以支撑孩子读书，并且孩子的能力较强，那么家长还是会支持孩子读下去的。

　　家庭消费一般是老爷子掌权，即家中男性长者。男性长者当家截止时间与家庭分家时间是重合的，也就是说一旦分家后形成了新的核心小家庭，男性长者的权力就会削减。他不再能够像之前一样，管理核心小家庭的消费活动，消费管理权只能在自己的主干家庭中使用。分家之前家庭要用钱时，必须经过老爷子同意才可以，并且钱也都经由老爷子管理。旧时期钱和粮食一样的短缺，家户中的余钱很少，所以花钱要有正当和必须的理由，才可以进行申请。如果家人拿钱去吃喝玩乐，断然是不被允许的。一般来说，除了维持生活和生产的公共开支，并没有太多的个人花销。家中孩子的衣服一般是接续着穿，即老大小时候买的衣服穿不下了，就等到老二长大了穿，老二穿不下了就给老三穿，依序接替着流转。实在没有衣服了，家人才会去街上买些布匹，找个裁缝或者家里的女人做件衣服。分家之前，家庭成员的个人收入悉数归家庭所有。如果家中有人在外面打工或者做生意，回来就得把钱交给当家的，否则会被训斥，不能够有私房钱。但分家之后，小家庭的收入都归各自家庭所有，不再上交。

　　（三）消费内容

　　1949 年前，渠中堡百姓日常生活中的消费并不多，主要是围绕着吃饭和穿衣进行。少有些人情往来，几乎没有教育投入，节日的开销也以改善伙食为主。生病花销占比较少，因为对于长期病，村民选择忍着挨着，短病则是投入很少即可医治妥当。日常生活中的开销大块就是买布做衣服，吃的东西基本上是自己种的，家中也是可以供给的，因此不需要交易购得，也就无所谓花销。但是，布匹并不是自家可以胜任制作的，需要到集市购买。据老人讲，起初大家穿的布都是用自家种的棉花，或者买点棉花自己弹出来，然后纺成线织成布。一部分自己用，一部分再拿出去卖，但后来有了洋布之后，就再也没人纺纱织布了。因为洋布更便宜也更结实好看。生产性投入主要是涉及大牲口的置买，以及少量的雇工投入。当地都是旱地种植，一年只能够种植一季，粮食产量也不是很高，因此要想置买一个大牲口，需要花费很多的粮食才可以。土地多的人家，种地需要很多的劳动力投入，而人力是有限度的，就必须借助于大牲口才能完成生产环节的劳动力投入。除此之外，当需要短期投入较多人力时，就必须得雇工才可以完成，一个短工一天的工钱大约是十斤粮食，因此雇工也是一项较大的投入。这些费用需要一定数量的土地才可以支撑，不是一般家庭能够承担的。

　　（四）消费方式

　　1949 年前，渠中堡百姓日常花销多数是使用现钱结算，而且商品多是从村外市场购买的。但是也有一部分是以实物的形式结算，这主要涉及村内市场。例如卖豆腐的人家会在村内，或者方圆几里内的村庄以实物——黄豆代替现钱结算。这样自己也不用再到集市上购买黄豆，从村民手中获得即可，挑回家可以再加工成豆腐。另外，在雇工市场中，很多情况下短工或者长工的工资都是以粮食而非现钱结算的。原因大概有两种：其一当时国民党统治之下货币购买力经常变动，通货压力巨大，现钱贬值较快；其二粮食是人们生活所必需的，无论是否有钱，其生活的根本就是以粮食来养活自己。因此在用工市场中，人们更倾向于接受实物。

总而言之，无论是以现钱作为结算方式，还是以实物为结算方式，前提都是基于双方的需要和共同的认可。也就是说，以实物为支付方式的做法之所以能够行得通，是因为卖豆腐的人需要黄豆，而买豆腐的人不用到集市上将黄豆卖了换成钱，再支付给卖豆腐的人。对于雇工来讲，之所以其接受粮食作为工资，也是因为其需要粮食，并且得到的粮食可以为自己直接所利用。

二、消费关系

(一)家户内部消费关系

1. 家庭消费

据老人讲，1949年前家庭中的消费基本很少，大家都很节俭，除非自己没法做的东西才会到集市上购买。而且能修的东西就会自己修，凑合着又可以使用很长一段时间。就连家人穿的衣服，都是破旧到无法穿着才会买新的。因为手头上的不宽裕，生活上都是节衣缩食。日常中的开销多是买布，除此之外就是买盐巴等。以前的人用不起蜡烛灯油，就用食用油点灯，后来有了洋油就多使用洋油，再后来就是使用蜡烛。油灯也不是一直都点着的，只有晚上才点上一小会儿。天黑了就开始睡觉。家里的食用油多是自家种植的油料作物——胡麻。村上有个油坊，可以用胡麻子换胡麻油。

一般情况下，家庭生活中的消费基本不会出现入不敷出的情况，因为村民基本的生活依靠都来自土地，而粮食是主要的生活保障。只要有了一定的粮食可以果腹，加上打短工基本上还是可以维持生计的。另外，村民的消费基本和自己家庭的承受能力是成正相关的。也就是说，穷苦人家的消费一定不会超过自己的能力限度。到集市上买东西基本上是不会赊账的，只有很少极个别的情况下才会赊账。例如一时没带够钱，或者是自己有余粮到集市上出卖，但是一时没卖掉，且对方是熟人，不会怕他赖账。但是最基本的一点，赊账的对象一定是具有短期内偿还能力的。旧社会时期，大家的生活都是艰苦的，除了富裕人家能有些闲钱，其他人家都是勉强度日。故而非亲戚关系之外的欠账，基本不会拖欠很长时间，短期内就要还上，属于临时周转救急。

据老人讲，旧社会时候人们主要就是忙着生计，以多打粮食吃饱饭为主，需要用钱的时候就把家里的粮食拿出来到市集上卖，卖了以后再去拿钱买想要的东西。当时大家手里都没钱，除非是买地或者买大牲口，其他用到钱的地方着实不多，所以借钱的情况是很少的。但是，当时粮食产量低，家家户户都是勉强生活，粮食不够吃的情况多，所以借粮食的情况比较多，而且多是在春天。王兴庆老人家就曾向宝丰镇上的地主借粮食当种粮，按照"借一还二"的借贷利率，在当年秋后粮食打下晒干之后还上。

2. 生产消费

在小麦种植上最大的消费就是种子，因为一亩地需要投入 40 斤的种子，可以收获大约 300 斤的小麦。除此之外，其他的并没有什么投入。当时使用的播种工具叫作"牛斗子"，要使用一头牛来拉，有三个孔下种子。一般情况下，各家都留有足够的种粮，实在没有粮食，就会到亲戚邻居家中借粮。他们也没有余粮借用，就得向周边的富裕户或者地主家借。有的地主家借粮食不需要给付利息，但是要和地主有一定的关系才可以。

旧社会时期，一般是到了冷天的时候才会到黄渠桥街上卖粮食，每次带的粮食不一定很多。没有牲口驮运的人家基本上是靠人力，一般扛上 50 斤左右，卖了就回来，卖不了就再背回来。有牲口驮运的也不一定很多，基本会有 100 斤左右，卖不完也不会降价处理，依旧是驮回来下次再卖。

收获的小麦或者糜子都是自己储藏，糜子一般带壳储藏，这样不容易生虫子，也不容易发霉，等到要食用或者需要出售的时候才会提前脱壳处理。麦子则是不做加工，以完整颗粒出售。自家需要吃的时候，才会磨成面，平时也是以颗粒形式干燥贮藏。

3. 家户养老

据当地的老人讲，"我们这里一般是儿子养老，跟着最小的那个儿子过，跟他就不再分家了，不过也有跟着其他儿子过的情况……跟着谁过都是老的自己选，想跟着谁就跟着谁过，不过多数选小儿子，因为习惯"[1]。1949 年前，甚至到现在为止，当地的百姓养老以跟着某一个儿子过活为主，一般是以小儿子居多。因为在不论是在旧社会时期还是在近些年，当地都流行结婚后即分家单过的传统。随着儿子们逐渐地从老家分离出去单过，老人的年龄也逐渐大了，直到最后小儿子也长大成人。老人与小儿子相处的时间最长，这种共同的生活也是最为习惯的。由于其自身年龄的限制，也没有能力再进行单独的生产和生活，所以就会将留置的养老田单独给小儿子或者是负责日常养老的儿子负责种和收，老人不再过问。如果老人身体条件较好的话，也不会在

---

1 王兴庆老人口述。

家闲着，而是会积极主动地帮助养老的儿子干活。

老人养老的过程不需要所有的儿子交"公粮"，儿子们分家一般是一个个单独分出去的，因此老人会提前将自家的财产和土地进行预算，要给儿子们每人都留下一份基本相等的产业才可以。除了要分出去的均分产业，自己还要留置几亩田地作为养老田。

分家之后，老人的日常养老就由养老儿负责，但是遇到如果老人生病等开销较大的时候，所需的花费仍旧是由所有儿子共同承担。逢年过节的时候，儿子或者女儿都是需要过来看望的。

4. 子女婚育

旧社会时期，儿子们结婚是需要很大花费的，很多家庭就是因为承担不起这项开销，而导致儿子们打光棍。据老人讲，"当时村庄里打光棍的很多，一般情况下一家有四五个弟兄的，至少都要有一两个打光棍。一开始是家里没有钱，等到家里条件差不多的时候，孩子年龄也大了，不好再说亲，别人也不愿意嫁了"[1]。儿子们结婚的花费多是在彩礼上，当时流行的彩礼虽然不很多，但对于平时温饱都尚难保的家庭来讲，所有的积蓄远不足以为儿子谋一门亲事，因此多数也就是在拖着。为了解决婚嫁问题，当时有"换头亲""童养媳""亲上加亲"等方式。由于结婚彩礼花费以及酒席等花费较大，家家都会面临着很大的压力。穷人家结婚的宴请一般是一切从简，婚宴只开一天即可。吃的东西也都比较简单，花费上面是能减就减，但是一定要有白面馒头。一般人家办喜事也是能省则省，办席一般不会超过三天，有的就是一天两天，吃的方面稍微好点。富裕人家的席面和排场就会大很多，一般人家和穷苦人家接亲的多使用驴马等驮着新娘，但是富裕人家就会使用老牛车把新媳妇接过来，而且酒席一般是摆满三天。前来贺喜的人更多，而且也更加热闹，酒席的饭食和花费也同样更多。1949年前，女儿出嫁时的陪嫁也是不多的，一般能添置几件新衣服，再陪送个柜子两把椅子，就算是条件很好的人家。

家户内每个子女的出嫁和结婚，家长都是平等对待的，如果不平等就会引起家庭内部失和，引发纠纷和矛盾，以致造成隔阂。村庄内其他农户的子女结婚时，与自己家庭关系较亲近或者关系较好的，也是需要参加的，但是必须在别人已经邀请的前提下。一般情况下，一家去一个人道喜就可以了。如果没有分家就由老太爷——家中男性长辈派人参加，要是分家就由各家的主事人——男性过去即可。同村的邻居或者关系较好的人参加婚礼，只需要带上点钱。旧时期的随礼钱不多，事主家的亲戚一般是稍微送点钱，然后再送些新人今后生活所必需的物件，例如被面、床单，或者是结婚

---

1 殷富贵老人口述。

当时就要使用的物件、特定的风俗物品等。一般为事主置办这些的都是家庭内的至亲，例如姑舅姨等。

5. 老人丧葬

1949 年前，渠中堡的百姓比较重视丧葬，讲究让老人走得风光一些。但是，由于家庭条件的限制，风光也只是相对而言。有钱的可以修个大坟墓，用好的棺木，丧礼的场面较大。穷人家也会尽力而为，经常有人为了办理丧事而负债累累。一般情况下，棺木的花费是最大的，其次就是丧葬期间的开销。人咽气了之后就要及时清洗身体，穿上事前准备好的寿衣，还要找居士做法事，并且通知亲戚邻里帮助完成丧事等等。人亡故之后会在家中停放三到七天，不过也有穷苦人家停放一天就下地掩埋的。一般人家都是停放三天，办理完后事之后再入土为安。还有的大户人家会在家中停放七天，其间大肆操办，还有请戏班子等等活动，出殡的时候更是使用八抬乃至十六抬。

丧葬期间的花费并不是由老人跟随生活的那个儿子单独承担的，而是由所有的儿子一起承担。同样，收到的街坊以及亲戚的礼金也是由所有的儿子共同均分。但是，有的时候是由赡养老人的小儿子或者其他某一个儿子承担，此时收受的所有礼金也就有由其一人获得，其他儿子不能占有。女儿是不用出钱分摊老人丧葬费用的，但是女儿需要上一份礼金，该礼金由负责办丧事的儿子获得。如果有人过世了，但是其家中并无后人，例如流浪汉或村庄内的光棍等，就由保长喊上村庄内的几个人，找个地方用苇子或者草席卷上将其埋掉即可，不会有墓碑石刻等，只是简单有个坟包而已。

（二）家户外部消费关系

1. 人情消费

1949 年前村民的人情消费是比较少的，一来是周围交际的人群多是自家亲戚，或者是周边的邻居等。二来是当时以办事为主，并不太看重钱的多少，事情办完即可。因此，办理白事的时候，周围的邻居以及亲戚以送白面馒头为主，只有红事上会送点钱，至亲会给新人添置点物件。一般情况下，赶人情的都是自家亲戚或者是周边的邻居。亲人都是在一个庄子上住着，或者是在一片住着，除了姑、舅、姨之类的可能在外村，其他距离都是很近的。添置物件时，大家都是有多送多，有少送少，并没有一定的规矩。家户的人情观念、面子观念还是比较重的，人情主要是在交往中互相欠与还，面子都是互相地捧场。对方只要跟自己家有人情来往，等到对方家中有事的时候，自己也会前去照应。如果对方有送礼金，自己也会以礼金的形式送上人情，而且礼金最起码不比对方送的少。

2. 节日宴请

节日宴请主要是春节、端午节、中秋节等较为重要节日时的宴请。春节，即过年，是最为隆重的节日。人们从腊月，特别是吃过腊八饭之后，就开始准备过年的东西，收拾家里的东西。里里外外打扫一遍，迎接新一年的财运。旧时过年，贫富差距较大，因此各家都有差异，但是总体来讲要比平时的吃穿好一些，吃的东西要更精细，不会全部吃粗粮、糜谷等，会吃些面条等面粉食物，还会炸油饼子等。春节过后的第二天就开始走亲访友，一般是先去姥姥家、姑家、舅家、姨家等，其次才会依照关系的远近去其他亲戚家。较远的亲戚就不去了，因为平时来往本就不多，相互之间的关系也就淡薄了。中秋节也是一样，中秋节第二天要去姥姥家。新女婿第二天也要去岳母家，家户还要到亲戚家拜访。过后对方也会到自己家中看望老人，相互串亲戚都是要供应对方饭食的，来人一般不会空手的，会带上些礼物如白糖、黑糖、点心等。主家一般也不会全部取走，而是稍微取出一两样，以示收下心意之礼。旧时期，百姓的物质生活都不是很丰富，大家过的日子都是比较清苦的，走亲戚也是没有什么好的吃，但是来亲戚的时候还是优先置办些细粮食物，例如面条、油饼子等物。

3. 共同消费

旧社会时期，大家的共同消费项目不多。在众多访谈的老人中，只有王兴庆老人生活的区域有一种共同消费的项目——"献牲会"。献牲会其实就是在每年的农历五月十三和六月二十四这两天，在关公庙、龙王庙内做的献牲祭神活动。当天会在庙内摆设祭坛，一只白羊当做祭品，用水洗净四蹄、头颈等处之后，拉到正殿门前，待到白羊甩头抖身之后，即意为神灵享用已毕，仪式完成。由在场的人拉下宰杀，周围参与献牲会的人每人可以按照自己的经济能力买下一两斤羊肉回去，剩下的羊头、羊腿、羊杂等物，由众人在庙内支一口大锅，乱炖成羊杂汤。参与献牲会的人家可以来一到两个人，喝羊杂汤吃羊肉。该献牲会是由当地十户人家组织起来的，家庭条件都是一般往上，能够买得起羊肉的人家。用来献牲的羊只一般是从当地百姓手中买来，所需的钱由参与献牲会的人均摊。所有花销都是透明的，无须专门进行公示。

第七节　继承与继承关系

继承是家庭积累财产实现代际之间传递的重要方式。在旧社会时期的渠中村，分家和继承是维系家户延续和发展的重要方式。传统社会时期，只有男性后代才具有继承权利，女子一般没有继承权。本节将从财产继承、继承关系两个方面来考察渠中村的继承关系。

一、财产继承

（一）继承权

1949 年前，只有男性后代具有继承和分得家庭财产的权利，女性后代是不能参与到家庭财产分配中的。无论女儿是否出嫁，都没有分得家庭财产的权利，即便是弟兄们分家，也不会将姊妹纳进来，而是只以兄弟为基数进行均分。除了家户内亲生的男性子孙，倒插门的女婿以及过继的儿子也有分得财产和继承财产权利。但是如果老人没有立养老儿，也没有儿子，就会优先由本家中的侄儿继承，侄儿要负责老人的丧葬等事宜。如果也没有侄儿等男子，外出嫁的侄女等女子是不能继承的，只能由本家内较近关系的人家优先继承。

一般情况下，如果家户内有儿子且儿子较多，会在儿子们成家时将家庭财产进行分割，按照平均分配的原则进行分家。但是如果家户内只有一个儿子，就无须分家。因为老人今后养老等问题，都是由他一人承担。同时老人的所有家庭财产等也皆是由其一人承接。如果家户内没有儿子，但是有女儿，家户就可以选择多样的继承方式将自己的财产进行代际传递。其一，让女儿养老，但是要给女儿招一个上门女婿。百年之后，家庭内的财产尽皆归女婿所有。女婿上门之后无须更改自己的名姓。并且，女儿生下的子女也无须跟随女方姓氏，仍随男姓，只是女婿要为岳父母养老送终。其二，过继子侄。旧社会时期，如果没有儿子，死后是不能进祖坟的。但是过继子侄也有分情况的。有的是在子侄很小的时候就抱到自己家中来养，孩子长大也知道自己的亲生父母，依旧喊养父母为爹娘，按照家庭辈分喊亲生父母为大爹或者小爹等。还有的是并不将子侄抱过来养，而是在自己过世之后，随便过继一个子侄到自己名下即可。这样自己也不用养育小孩，并且死后也可以进入祖坟。对于那种从小就将子侄抱养过来的，主要是家庭完整，但是夫妇双方没有办法生育或者没有生育男孩的。而死后才过继子侄的情况，则是因为其一辈子未婚，家庭不是完整的，因此只能通过这种方式来过继子侄。其三，抱养外人的小孩。但这种情况在渠中基本上没有出现，因为当时都是大家庭一块居住，如果家户没有子嗣，都是先从自己家族内过继子侄。如果家族较小，也没有子侄可以过继，就会招个养老女婿。要是这些都不能满足，才会去抱养别人家的小孩。抱养的小孩一般要从很小的时候就开始养，以买来的居多。买来之后就再不与亲生父母联系，有的时候就连买家也不知道买的哪里的小孩，无从知晓孩子生身父母身份。

（二）继承物

家户内可继承的物品基本上囊括了家户内所有的东西，一般情况下分家的时候老人会将家中的物件都分为均等份，或者置买或者以其他等值的物体替代。只要是家中的物件，各个儿子都具有一份均等的所有权，只是父母健在的时候还需留给父母使用，待到百年之后，依旧是由弟兄们平分。但是母亲的首饰、衣物、箱子等，则可以由女儿继承一部分。在可继承的物件中并没有什么特定的东西，也没有什么特定的继承规矩，都是按照"诸子均分""女儿无权"的规矩。其实分家就是继承的一种形式，只是分家一般比较早，而继承则是在老人身故之后。比如家中的牲口，如果大牲口较多，就会给儿子们一人分一个。或是以不同的牲口辅之以其他的物件。如果家中的牲口数量不够每人一个，就放置一处大家共同使用即可，而且产权也是归大家所有。诸如土地和房屋等可以进行析分的资产，按照平分的原则，一人分得一块。但是，今后和老人一块过活的儿子可以多分得几亩田地，因为其要负责老人的日常生活。在分家之时，会将老人的养老田单独列出数量以及土地位置，这样待到其他田产均分之后，负责老人日常生活的儿子就可以得到这几亩田地的所有权。

（三）继承方式

一般情况下，分家析产的时候都是要有娘舅等亲人参与到其中的，既是从中帮助调解，也是做个见证。一般情况下，请来的人也不必多，就一两个舅舅，然后再请个叔伯过来就可以了。分家的时候无须写下分单，都是口头上协议。只要大家都认可，没有人提出分家的异议，就算了结，要是有人提出异议，不同意这样的分家方式的话，就要重新商量，议定之后执行即可。财产的继承，最忌讳的就是分家不公。因为一旦分家不公，没有一碗水端平就会受到后生的嫌弃与隔阂，今后会心生怨怼的情绪，甚至于要闹成小家庭之间以及小家庭与老家之间的矛盾与纠纷，造成家庭失和。因此，在分家的时候，不管是老人自己还是娘舅，抑或是叔伯都必须秉持公平、均分的原则，否则分家是分不下来的。娘舅、叔伯等前来帮助家户分家的时候，家户需要请其吃饭，吃饭也无须很铺张，只是要比一般的饭食好些即可。

二、继承关系

（一）家户内部继承关系

1. 分家

儿子成家之前是不会分家的，儿子成家后，如果生活和睦没有什么摩擦，或者生活上没有感觉不方便，也不会提出分家。但是反之，则会将分家提上日程。一般情况下多数是由媳妇撺掇或者儿子主动提出分家的，老人一般很少会主动提出分家。分家的原则就是公平，也就是说能否顺利分家，主要在于儿子是否觉得公平。

在分家的过程中，如果有人提出分家方案不合理，并且不接受分家，就必须调整分家方案，直到大家都觉得公平的时候，才能顺利进行。如果有儿子尚未成年，既可以参与分家，也可以不参与分家。未成年的儿子由父母先照顾着，并且一般父母的养老也就是小儿子承担。如果当下只有一个儿子成家立业了，那么就按照均分的前提，长子先取走一部分家产单独过活，等到其他儿子长大之后，家长也给其等值的家产帮助其成家立业即可。如果分家之前，儿子没有了，但是儿子有媳妇和孩子，还是要按照儿子在世一样对待，分家的时候照样需给其等量的一份家产。如果自家的儿子过继给了别人，那么这个孩子一般是不再参加该户分家的，因为其有自己过继的家庭产业可以继承，就不需要再争夺原生家庭的产业了。

家户内如果只有独子，就无须分家了，因为无论家产的多少，最终都是其一人得用，而且父母的养老责任问题最终也是由其一身承担。据老人讲，以前分家的时候也是比较讲究的。首先得选个好日子，并且把这个分家的日子提前告诉舅舅。一般是儿子或者是老爹去请，到分家这天舅舅会提前过来。有的时候也会请上叔伯一起，然后把家中能分的东西都一一列出来。老人还得提前给分家的儿子一人准备一套锅灶等。由舅舅或者叔伯将物品按照基本等量的原则分成均等的几份，然后看看大家是否有意见，如果没有意见就由他们挑选自己的那份。如果有意见，就重新调整分配方案。对于那些没法均分的物件或者大牲口，一般是大家合伙拥有，共同使用即可。家庭中有着明确归属的物品一般是不参与分家的，例如各家媳妇结婚时候带来的嫁妆，以及娘家陪送的土地等，这些都是针对媳妇或者小家庭的，只能由小家庭所有，旁人不能占用。分家之前可以集体使用，但是分家之后就有着明确的产权所属。

1949年前，渠中的百姓都是集中住在一个庄子内，因此即便是分家也只是从大家庭之中析分出来几个小家庭，大家吃饭干活有着自己的独立自主性和选择性而已。其居住的地方依旧是同一个庄子，只是居住的房屋、使用的器具等有了更为详细且明确的产权所属。分家之后，弟兄们之间以及弟兄们与老人之间的关系依旧照常，只是生产和生活更加私人化和个人化，但是如果某些生产活动单人无法完成，弟兄之间依旧是会相互帮助，相互照应的。

2. 继承纠纷

1949年前，因为分家而闹矛盾的不在少数，但无非也就是分配方案上的问题，以及生活中鸡毛蒜皮的小事。闹矛盾，就由舅舅前来说和，或者帮助更改分家方案。也有爷父——叔伯前来说和调解的，但是分家的时候是不会请外人来的，凡是请来的都是自己家的人或者比较近的亲戚。一般情况下，这些矛盾和纠纷都是能够调解开的，即便是一时半会难以消解，时间久了总是可以化解的。另外，分家等闹的矛盾和纠纷，不论怎样都是属于家事的范畴，绝对不会闹出很大的事情，也从来没有因此而打官司的。

（二）家户外部继承关系

在渠中堡的百姓认知之中，除了儿子之外的其他任何人，都是没有继承权利的。如果女儿在出嫁或者成家之前，父母身亡，那么其生活需要由弟兄们负责照顾，并且其出嫁的时候随附的嫁妆也是由弟兄们为其置办。如果父母去世之后，家中仍有未成家的孩子，孩子的成家责任就由长子负责。旧社会时期结婚是一件大事，如果长子有能力是会帮助弟弟们成家的。对于那些孤寡老人或者膝下无儿无女的人家来讲，晚年如果有人愿意养老送终，其会将自己的财产送给这人，也就是给自己找个养老儿。如果近亲之中没有子侄，只能向外甥中寻觅，自己百年之后就由外甥受了自己家业。就渠中堡而言，村庄内并没有那些身故之后没有人继承财产的情况，据老人讲要是哪户人家人口很少，且几乎快绝户的时候，他就会搬到有熟人或者有亲戚的地方，不会等到孤身一人没法动弹的地步。走之前如果家产可以变卖，就将其卖掉，卖不掉也就不再管，住的房子也没人占用。土地如果好是可以卖掉的，如果地理位置和土质不好就直接撂荒不管了。

第八节　村落经济变迁与实态

1949 年中华人民共和国成立之后，渠中村的经济形态发生了巨大的变化。村落经历了合作化运动、集体公社、承包到户等一系列政策变更，在不同时期呈现出不同的形态和特征。

一、1949 年前传统经济形态状况

一如前些章节中所讲述，1949 年前渠中堡百姓的经济形式属于典型"一家一户""自给自足"的小农经济。具体来讲，渠中堡的传统经济形态主要表现为以下几点：

首先，"一家一户"式的以家庭为生产和生活单元。1949 年之前，渠中堡的村民基本上有几亩薄田，除了一些流浪和专职给人打长工的光棍汉，并没有严格意义上的无田产人员。从田产的占有上可以分为自耕农、雇农和地主，没有佃农。自耕农的土地基本可以供给自家人的吃喝，很少在外给人打短工，甚至自家经常在农忙时节雇佣短工。雇工则是田产较少的人员，除了给自家种地，还需要给田产较多的自耕农或者是地主打工。地主则是家里田产较多的人，有的还有一两门手艺。家中除了种地之外，还会在农闲时节做些买卖等。雇农需要经常给人打短工或者当长工挣钱来养家糊口，

自耕农基本实现自给自足，偶尔雇用短工帮助进行生产活动。地主常年雇佣一两名长工，农忙时节雇佣短工，农闲时节做些生意等，生活基本富足无虞，但是依旧无法实现很多的财富积累。

其次，以家庭为基本单元决定开支。旧社会时期，村庄内的消费基本上是以家庭整体的生产生活为主体进行安排的，很少有家庭中的个人能够有自己可支配的零用钱，或者是能够在个人身上进行花费。旧时期，在渠中堡很少有孩子能够进到学堂读书，就连地主家儿子也并不是全部都有机会到学堂读书。家庭的生计由家长进行掌管和安排，因此家中的开销也由家长支配。而且家庭面对外界之时，也是以户为单位进行对外交接，例如上缴地赋、水费以及各种税费还有兵役，也就是说家庭是最小独立生活单元。故而在分家单过之后，面对税费以及开销时，即便是兄弟姐妹等也都是无力帮助，因为大家都是面临着同样的困境，无暇他顾，只能是各自想办法应对。

最后，在经济活动之中，特别是面向村内的经济活动，以实物为交换的情况比用货币更多。1949年前，村民的生活重心都是以维持一家人的生计为主，填饱肚子是最大的事情。因此粮食是第一重要的，大家打短工或者是打长工时，所订立的协议或者商定的工资都是以粮食来结算的，只有面向村外市场才以货币为单位进行交易。

二、1949年后传统经济形态变迁

（一）土地改革运动中小农经济状况

根据《惠农县志》记载，"1951年9月惠农县土地改革委员会发出了《关于土地改革宣传工作指示》，为了保证土改工作顺利完成，土改分为四个步骤进行。第一，宣传调查，了解情况，整顿阶级队伍阶段；第二，正确划分阶级，确定敌我界线，组织说理斗争阶段；第三，没收、征收与分取胜利果实阶段；第四，总结验收，转向生产阶级"[1]。当时是没收土地、耕畜、农具及其多余的房屋、粮食等五大财产，废除农民所欠地主的一切债务。保护富农经济，没收半地主式富农和工商业兼地主用于剥削部分的土地（其他财产不动），征收富农、小土地出租者多余的土地，以及寺庙的多余土地，分给贫农、雇农，并调整了农民之间的租佃关系。土改运动自1951年开始，1952年2月全部结束。土改之后，贫农和雇农都有了自己的田地和财产，人均耕地占有4亩左右。

据老人讲，当时定成分的时候，只有两个地主，但是后来在复查的时候，又将另外一户富农定性为地主，因此渠中前后共计有地主三户，其他都是中农和贫农以及雇农成分。

---

1 惠农县志编纂委员会编：《惠农县志》，宁夏人民出版社1999年版，第96页。

（二）集体化时期村落经济状况

1951 年，渠中村开始发展互助组形式，当时政府采取的是"自愿互利，典型示范和国家扶持"的原则。刚刚经过土地革命，虽然各家各户都分到了田地，但是生产工具和生产资料确实相当缺乏，而且各家保有和分得的生产工具也不相同，因此为了不耽误生产，就采取互助合作的形式进行生产，确实有了明显的效益。

1953 年党中央《关于农业互助和做运动的决议》下发之后，县人民政府开始推进在互助组的基础之上，试办半社会主义性质的农业生产合作社，此时坚持"入社自愿、退社自由"的原则，土地、耕畜等主要生产资料所有权归个体所有。土地、大型农具折价入股，耕畜按照强弱、使役天数计付报酬，合作社统一经营管理，劳动力统一支配。民主研究分配办法，比例一般为"劳七地三"或者"劳六地四"。大农具社修社用，小农具自己准备自己携带使用，男女同工同酬，促进了生产的发展，也显示了合作社的优越性。

1955 年的时候，由于惠农县全县基本上实现了农业合作化，因此就出现了以土地和其他主要生产资料集体所有的特点，规模更大的高级农业生产合作社出现。此时的高级社取消了股份分红，废除了生产资料个体所有制，统一经营核算。年终收入除去上缴农业税，扣除当年生产费用、公积金、公益金之外，其余部分实行按劳分配。渠中村有自己的高级社，也是依照这一规则进行分配的。

到了 1958 年，惠农县从 9 月开始推行人民公社，到 10 月底全县农村实现人民公社化，渠中村的高级社也转变为了渠中人民公社。此时渠中公社的土地集体经营所有权仍旧属于集体所有，各种生产由公社统一经营，生产投资、收益分配和经济问题由公社统一决定。据老人讲当时刚开始的时候，讲究的是"一大二公"、工农兵学商"五位一体"，实行统一经营核算，三级管理。当时把村民按照军事体制变为班、排、连、营、团，实行组织军事化、行动战斗化、生活集体化、管理民主化。后来渠中公社与其他公社合并成立了五星人民公社，渠中成了大队，归属红光主管。渠中村的各个自然村分别按照连队建制，归属于渠中大队统筹。当时大队上办公共食堂，全部取消村民自留地，废除了定额劳动管理制度，由公社统一核算分配。

到了 1961 年之后，渠中公社改为渠中大队，解散了集体食堂。此时归属于五星人民公社统筹管理，并且实行人民公社、生产大队、生产队三级所有，队为基础的体制。此时规定土地、耕畜、农具、劳力"四固定"，生产队有了自主权力，实行劳动定额管理和社员基本劳动日制。此时也可以发展自己的家庭副业，口粮以人定量，分配方式"多劳多得，按劳分配"，采取记工分的形式算工。

集体化时期，虽然生产形式和分配方式有所不同，但是在农业经济发展上有了很大的改观。村民联合起来修建了很多的沟渠，还开挖了很多的排水沟，将田间地头的灌水水路全都修通，并且都是成网格连通的。除此之外，还通过集体的力量改善土壤，开垦荒地，将原本不能种植的荒滩地开垦出来，经过改良之后，现在已经成为可以种庄稼的田地。并且，将传统的农业耕作制度，由一年一熟变成了一年两熟甚至三熟。

（三）家庭承包到户之后小农经济状况

1980 年的时候，平罗全县开始实行生产责任制：分组作业，包产到组；分组作业，小段包工；定产、定工、定投资。直到 1981 年底，渠中村全面施行包产到户，此时全村划分为 11 个生产队，施行家庭联产承包责任制，牲畜、农具等折价按人口分给农户，施行以家庭为单位的分户经营，自负盈亏。完成国家征购粮和集体提留之后，其余农副产品与收入全部归承包户所有。村庄内施行联产承包责任制之后，部分农户向专业化生产发展，到了 1990 年，村庄内有很多种植和养殖的专业户。1990 年人均粮食产量达到了 945.7 公斤，人均纯收入达到了 773.3 元。

除了种植和养殖，到了 1995 年左右，大量的劳动力外出打工，打工经济开始崛起；在进入 21 世纪之后，打工经济变得更加流行。

三、村庄当下经济形态实态

包产到户之后，渠中村的百姓在市场经济中也逐渐开始发展自己的家庭生计和村庄企业。依凭着自身南北通达，直接与黄宝路、简宾大道相通，间接与 109 线相连接的交通便利，渠中村的村庄经济逐渐盘活。因此在改革开放之后，渠中村粮食作物主要有玉米、小麦，近几年制种梅豆、制种菠菜、韭葱籽等种业凸显发展势头，以番茄（村内有番茄酱加工的优势——伊禾春公司）为主的各类脱水蔬菜也销售良好。村庄百姓有的以自己的土地为依托，种植经济作物，或者种植蔬菜等。有的则成为经纪人，并以此为依托贩运农产品，村内市场很是活跃。据村庄内统计，2014 年全村人均纯收入为 9 232 元。

目前全村土地占地面积 12 638 亩，耕地面积 8 600 余亩，在粮食生产上已经基本实现机械化，粮食的收储以及运输都无须使用人力，全部由市场或者村民自有的机械完成收割。全村 11 个村民小组，606 户，人口 2 031 人，常住人口 1 216 人，进城买房350 户。打工经济也是村民收入的重要组成部分。

在家庭消费及生活分配方面，虽然历经时代的大转变，但是家庭依旧是渠中村百姓最基本的生产、生活以及分配单元。家庭内人口数普遍在 4 至 8 口之间，多数是三世同堂，鲜有四世累居的情况。在家庭分配中，占比最大且最为优先满足的顺序是：

教育分配、日常分配、人情开支、疾病开支，这与旧社会时期相比有了很大的变化，尤其是在子女的教育方面。旧社会时期，许多男孩尚不能进入学堂读书，而现在对于每个家庭而言，保障孩子接受教育，甚至是更高质量和水平的教育才是每个家庭所优先考虑的事情。

在市场交换方面，渠中村的交通较为便利，村中有五队到七队柏油路、官泗渠柏油路等，村外南靠黄宝公路，北依简滨公路，加上改革开放之后家用交通工具较为普遍，村民出行以及与外界的联系更为便利。村庄内有两到三家小超市和小商店，满足人们日常的生活购销。距离村庄 6 里地的黄渠桥镇上商店、超市、饭店等到处都是，每逢农历的三、六、九就是黄渠桥镇上的赶集日，售卖各种蔬菜、肉类、瓜果等，基本满足人们的日常需求。其中黄渠桥集市还具有文化传播、娱乐以及教育多元于一身的功能，外围是市场区域，内里有镇上大舞台，还有黄渠桥革命纪念馆。

村民主要的种植作物依旧是小麦、玉米和油葵，庄稼收割之后可以自己拉到收粮点出售，也可以在家中屯起来。粮食储存不会超过一年，存粮食并不是为了囤积，而是为了等到合适的价格，因此可以看出村民其实并不是在存粮食，而是存钱，这也与旧社会时期大不相同。旧社会时期，村民习惯于将粮食看作富裕的标准，而在新时代下，货币才是村民判断富裕的准则。

第四章　村落社会形态与实态

　　旧社会时期，渠中堡的百姓以血缘关系和居住地为中心形成地缘关系，向外扩展协作活动，增进彼此间的关系。在实际生产生活过程中，村民通过交往、流动、分化、冲突和保护的形式展现出渠中堡村落社会形态和实态。

第一节　血缘与血缘关系

　　血缘关系是人类发展至今最直接也是最初的联结纽带，是社会形成的最初基础，对人们的行为选择有着最为直接的影响。渠中堡地域范围较广，当初聚落较多，并且也是杂姓村落，每个聚落内都会有一到两个大姓人家，但是随着时间推移，人口的分布也逐渐发生着变化。

　　一、血缘主体

　　（一）家庭

　　旧社会时期，渠中堡的百姓多是以核心小家庭为主要家庭结构单元，往往只有少数的大家庭能够保持内部不分家的生产生活方式。当时地理环境较为恶劣，生产和生活环境较差，人口并不兴旺。在家庭聚居式生活前提下，有能力的大户人家往往建造一个大型的庄子——四周用土作为围墙，并在内部建造房舍。家庭人力和财力不足以支撑建造大庄子的人家，有的会建造一个小型的庄子，也有围墙等，但是围墙的高度和厚度不及大庄子，防御工事会差一些，不过防风护院也足够了。对于那些人口更少的小家散户来讲，往往只是三五家在相距不远的地方一起建造房屋。或者是以大庄子为中心，尽量地距离大庄子近一些，以图人气，防止野兽或者是匪患。由于人口稀少，加之客观环境等的限制，家户都是居住在同一个庄子，或者是在老房子不够居住的时候，在周围重新建房搭屋子。因此，同姓氏或者同家庭的人多是居住在同一个聚落。由于受到土地所有权的限制以及耕作便利的需要，建造房屋的时候只能是在自家土地之上，并且房屋距离自己田地很近。在土地田产没有很大变化的情况下，都是以核心家庭为中心，随着人口的增长逐渐向外围扩展，整个村庄逐渐地由点成片，聚落也慢慢连接起来。

根据老人们陈述，渠中堡的百姓由大家庭分裂为多户小家庭，多数是在老人们的爷爷或者父亲这一代成长起来之后开始的。根据时间推算，渠中堡百姓在民国初年之后，更多的大家户开始分裂为小家庭，分家逐渐形成大的趋势。而在此之前，都是以一个大家庭的形式生活在一起。当家人都是从整个大家庭中挑选，一家人一块过活，一块参加生产。

据老人口述，"我们家老太爷，就是我爷爷的父亲，总共有 7 个孩子，他们又生养了 8 个儿子，其中老二养了 5 个儿子……我爷爷排行老三……我父亲排行老五"[1]。又如老人口述，"我有 5 个太爷，这 5 个太爷都是不是一个爹娘生的我也不知道……大太爷没有儿女。二太爷就是我亲太爷了，养了 3 个儿子，就是我大爷爷，我爷爷，还有三爷爷。我三太爷和五太爷都没有儿子，四太爷有两个儿子，是我的四爷爷和五爷爷。到了我这些爷爷这一代他们总共生了 8 个儿子，大爷爷没有生养，没有结婚。二爷爷——亲爷爷生养了我大爹和我父亲，三爷爷没有儿子，四爷爷和五爷爷生养了 6 个儿子。我们王家家户很大，当时也是个大户，建了个大庄子，这个庄子我小时就有的，这跟前儿的人一说起来都知道，叫'王家大庄'。我们这一大家从我爷爷那一代都分家单过了，不过还是住在一块，都在这个大庄子里住着。后来人多了，住不下去了，我四爷爷家人多，就在外面又盖了几间房子，距离大庄子不远，就在跟前儿，不过没有打围墙"[2]。另外，据老人口述"我们家爷爷辈有弟兄三个，我亲爷爷是大爷爷，生养了一个儿子，就是我父亲。二爷爷没有儿女，三爷爷有一个儿子，当时我们家是三爷爷管事，后来当家的时间也不算长，就分家了……分了以后也都在一个庄子里住着，不过各过各的，都有自己的锅灶吃饭"[3]。

---

1 叶发卫老人口述。
2 王兴庆老人口述。
3 沈连山老人口述。

当时村落之中的家庭人口数普遍较多，大家庭一般是十数口，小家庭多是三五口。但在对外的时候，即便是已经分家，小家庭依旧是将整个大家庭中的所有成员都认作是家庭成员，因为这个"家"是相对于外人而言的。分家之后，就算是单独过活，形成了独立的小家庭。虽然仍旧可能居住于同一屋檐之下，但是灶火已经分开了，小家庭也开始了经济上的独立。一般父母会跟随最后一个从核心家庭中分开的儿子居住。媳妇也是家庭成员，但是嫁出去的女儿以及女婿就不能算作家庭成员。家庭成员的身份是由天然的血缘以及姻缘关系来界定的，是一种先天继替的自然属性。

（二）亲属

对于一个小家庭而言，其亲属以本家人为主，向外则是有姻亲关系的姑舅姨等。但是对于一个没有分家的大家庭而言，其亲属范围则是有限的，多是与该家庭有着姻亲或者姑舅娘姨等血缘关系的亲人。

亲属也分为近亲和远亲。其中近亲一般是指与父亲或者母亲有着直接关系——上下数两代，这些人统称为近亲。远亲则是由近亲的基础之上发展而成的。对于渠中堡的百姓而言，近亲都是很亲近的人。首先，其人情来往较为密切，红白喜事都会优先通知。其次，年节时期，近亲之间都会相互拜访走动，增加感情联络。最后，近亲之间的称呼都是以最直接的血缘关系发展起来的，例如爷爷、奶奶、姑舅、姨娘等等。

相较于近亲而言，远亲在实际生活中的联系并不多。从地域上来讲，距离也更远。一般而言，办理红白喜事是不通知远亲的，一来是关系较远，二来是怕麻烦别人。过年的时候，一般是由儿子代为拜访远亲，有的关系更加疏远，也就不再走动了。

（三）姻亲

1949 年前，渠中堡百姓的婚姻圈基本上是在本堡内，跟外堡人联姻的还是比较少的。而对于那些既往和外面有联姻的人，更容易与外村的人联姻。因为嫁到本堡内的女性，对于娘家周围的人和家庭情况较为清楚，因此有合适的姻缘也会给自家或者熟悉的人拉红线。姻亲一般是指以父系为中心，向外扩展的父代的姑、舅、姨，以及子代的姑、舅、姨。姻亲也是较为直接且密切的交往关系，有时候姻亲之中也包含着血缘关系。因为在旧时期讲究"亲上加亲"，以前人口较少，娶亲不容易，并没有同姓氏之间不能通婚等限定。同一村落，同姓氏之间只要没有直接的血缘关系，或者是没有本家的关系，都是可以成婚的。成婚与否，与哪家进行联姻，都是由双方的父母进行决定，当事人是没有权利进行干预的，并且家庭中的其他人也只能建议，而不能代替父母做出决定。

二、血缘关系

（一）年节走动

传统社会时期，渠中堡百姓之间通过"走亲戚"的方式来加强亲戚之间的联系。因为旧时期外出全靠脚力，故而到亲戚家拜访，就叫作"走亲戚"。当然走亲戚并不是只靠走，要是路途遥远或者家中有脚力好、走得快的大牲口，例如骡子、驴子、马都是可以骑乘的。尤其是家中有女性要出门的时候，其小脚不能行远道，因此只能骑乘牲口出门。

一般而言，走亲戚也是有规律的，基本上是在年节的时候比较集中，家家户户都会走亲戚。走亲戚也是有选择，首先走亲戚的对象基本上是"近亲"的行列。近亲在平时是联系比较紧密的，到了年节的时候，互相拜访加深感情。对于小辈来说，到了年节都是要到长辈那里去看望，并且还必须带上礼品。据老人讲，当时过节看长辈或者平时到长辈家中，是不能空手的，带的东西一般是实用的，例如一两斤黑糖或者白糖，这都是很好的礼品了，实惠又有分量。

一般来讲，外母（丈母）、舅妈、外奶奶（外婆）、外爷爷（外公）、姑妈等，这些近亲都是要去看望的。走亲戚的时候也不需要全家都去，一般是晚辈前去，但是去外奶奶和外爷爷家中时必须全家都去。除此之外，八月十五中秋节和五月端午，只有近亲会走动。一般是嫁出去的女儿会到娘家送月饼以及其他吃食礼物。过年过节亲戚来了要有酒菜招待，平时不舍得吃，不舍得买的酒菜，这个时候也会奢侈一把。平时吃面条调和，这个时候一般会换上白面馒头和面条等细粮。对于生活的不富裕百姓而言，过年过节有时候也是一种压力，因此大家走亲戚的时候一般不太讲究吃的东西。主要是为了维持亲情，亲戚之间的感情不能淡化。

（二）红白喜事

红白喜事一般是本家的人，还有自家的近亲前来。有时候事主周围的邻居也会前来帮忙等。当事主家中有白事的时候，丧主周围的邻居还有本家不需要喊就会主动过来帮忙。有的帮助报丧，有的帮助招待宾客等等。需要请的一般是近亲，也就是需要报丧人前去通知的人。这些一般是亡人的姑舅姨或者娘家人等，被通知的人如果与事主关系很亲近，那么这家就得由事主自己家的人前去报丧，因外人不熟悉家庭位置，这家人也会觉得不受重视，影响两家关系发展。

如果事主家中是喜事，那么一般是由事主父亲或者是事主本人前去通知，并且近亲都需要专程到家中去请。一般提前一个多月通知才可以，因为有时候亲戚会专门做些结婚需要使用的物件，要给人家充足的时间去置备。除了近亲，就连本家也得事主亲自去说，否则也会被认为是礼节上的不尊重。另外，周围的邻居以及关系好的朋友，也需要事主亲自到家中去请才可以，俗话说"白事到，红事叫"就是这个道理。

（三）祭祀

据老人们讲，旧社会时期百姓会在清明之前、春分以后挑选一个日子，到自家的祖坟上去清除杂草，为坟茔添把新土，塑一下坟头。上坟这天只有家中的男性才会过去，女性是不参加的。一般情况下，前去祭拜扫墓也是要带上供品的，当时带的供品多是白馒头，烧的香纸则是必备的。另外，每年农历的七月十五和十月初一，家人也是需要祭拜先祖的，但是一般情况下不再去坟茔中烧纸祭拜，都是在家门口的道儿上，望着坟茔的方向烧些纸即可。大年三十以及大年初一到初七这些天，每天都要给神主烧香，烧香都是家中的男性家长进行。年初一的时候，所有人起床之后的第一件事，就是到家中的正屋对着神主磕头，向已经逝去的先祖们叩头祈福。正月初七的这一天，晚上还要吃长面条，俗称"扯魂魂"，意思是过年时候先祖们的魂灵会到外面去，到了初七的这一天，需要家人把魂灵再扯回去。

（四）互助与纠纷

在日常生活中，具有血缘关系的本家和亲戚之间的互助是最常见的。一般这种互相帮工，可以解决家庭生产中劳动力不足的问题。另外，帮忙是不需要给付工资的，只需管饭。因此家庭既可以完成生产，还可以节省下一笔较大的用工开支。亲戚之间的帮助一般存在于近亲之间，以帮助亲戚解决困难为出发点。请亲戚帮忙一般得提前说，因为当时大家的生活都不富裕，自家农活做完，村民会到田地多的人家去打短工。田地较多而劳动力又不足的家户想要获得亲戚的帮助，就得提前告诉亲戚不要出去打工，先帮助自己完成劳作。今后亲戚有事的时候，自己也需要尽心帮助，否则这种单方面的人情支出是不会形成长久而又稳定的互助关系的。

亲戚之间如果发生纠纷矛盾，一般不需要请外面的人帮助解决。首先百姓比较看重面子，信奉"家丑不可外扬"。因此本家内发生的纠纷矛盾，就是由本家人出面解决。有时候两家人闹别扭，只要没有出现很激烈的冲突，是不需要介入的。因为说不定一段时间以后，经过其他事情的磨合，两家又和好如初了。亲戚之间发生矛盾，一般是由共同长辈居中调解。据老人讲，"当时亲戚之间的矛盾，多数是在礼节上有点挑礼，并没有啥大的矛盾。都过得很穷，也不借钱。地也不多，也不借粮食，借粮食也都是借的不多，过后都能还上，或者不用还。有矛盾也都是些鸡毛琐事和磕磕绊绊，没有啥深仇大怨，过去了也就没事了，说开了就好了"[1]。

---

[1] 叶发卫老人口述。

此外据老人讲，当时要是家人需要用钱，一般是先自己家筹措，比方说是卖东西、卖田地。要是还不行，就得找本家的人借，再向舅舅、姨、姑姑借钱。借钱也不需要打欠条，更不需要证人。因为大家都不富裕，所以能借出去的钱都是不多的，都是大家在一起凑出来的。通常情况下，借亲戚或者本家的钱、粮食还是要还的，毕竟当时的生活都不宽裕。但是如果亲戚家条件尚可，自己的条件很是艰苦，经年累月都是入不敷出，大家也不会前去索要。因为索要就会因小失大，伤了两家亲戚的面子与和气，让外人知道了会笑话的。

第二节　地缘与地缘关系

渠中堡是由一个个小的村民聚落连片形成的大村落，各小聚落又是由地域关系构成的社会。在居住的共同地域空间中，百姓依循特定的自然环境和耕作技术，在生产和生活中相互之间联系较多，形成了相对稳定的地缘社会和地缘关系。本节将考察渠中堡的地缘与地缘关系。

一、地缘主体

（一）邻居

1. 邻居的定义与数量

渠中堡的百姓称呼那些与自己家居住在一块，或者和自己家距离较近的人家为"跟前的"，即和自己距离较近，关系较近的意思。当时宁夏地区较为荒凉，人烟较少，百姓往往将房屋建在自家田地附近，或者距离田地较近且地势较高的地方。因此邻居之间有时候并不是紧邻的，而是有一定距离。一般来讲，越是大户人家，其建筑和居住的庄台子也就越大。那些没有能力建造大庄子的家户，就会选择在大庄子附近建筑房屋，并不建造庄台子。慢慢地周围的人口也会越聚越多。通常来讲，小户的邻居较多一些，因为其房屋面积较小，前后通透，别人建造房屋的时候也就更容易紧邻形成邻居。跟前的有六七户左右就算是多的，少的则只有三两户。

2. 邻居距离与界限

一般来讲，渠中堡是乡村地区，所以居住空间较为广阔，故而邻居之间的相隔距离也就较大。相反，黄渠桥街上家户的邻居就要挨得紧凑一些。据王兴庆老人讲述，其王家大庄周围有五六户跟前儿的人，一家姓陈，一家姓王，还有田家、蔡家、高家。其中陈家有自己的庄台子，并且距离王家大庄有 200 米的距离。另外几家没有自己的庄台子，因此就在自家附近两三百米距离内的其他地方建房。如果相隔有一里地以上的，就等于超过了跟前人的界限。据老人讲，当时的人其实很少串门玩，基本上在那些大庄子外面的围墙边要要。每个庄子基本上有养的狗，用来看家护院。

当地的地理环境较差，遍地都是盐碱地，到处都有荒滩。邻居之间并不存在界限的纠纷问题，也不存在排水的问题。因为从这家走到那家需要一两百米的距离，而且这之间的空间都是荒滩公地，权属不属于任何人，大家随意行走。对于各自家附近或者房前屋后的地方，只要是荒滩而不是对方自己开荒的地，都是可以放羊或者喂牲口的，因为那些都是无主的公地。

自家田地与邻居家田地之间都是有界限的，界限的标识物一般是横亘于两家之间的田埂。田埂一般比较大，用以防止浇水时候浸漫或者塌陷等情况发生。也有的时候，田地的界限是中间共有的引水沟渠，还有的是以大家行走的道路为界限，道路的两边就是各自地界的边线。据老人们讲，"当时各家的地基本上是独立的，不是现在这样子紧挨着，这周围都是荒滩，长满芦草……能种的地不多，基本上是七不沾八不连的，两家的地块都是隔得老远了，当时的路不是现在这种直的，是从荒滩草地里蹚出来的。要是分家了之后，弟兄们就会在各自分得的田产之间设立一个田垄，作为分隔标记"[1]。

一般而言，要是一个庄子上的人想要把自己的田地卖了或者是想将房子卖了，必须得先问自己家的兄弟，再问邻居，其次就是其他的人。百姓多是多代的大家庭居于一个庄子，或者是居于同一屋檐之下。外人购置房屋之后，不可能进入别人家的庄子中，和别人住在同一屋檐之下。因此单人出售房屋并不能卖给外人，而是出售给自己家的亲人，也可以直接托付或者是送给亲人。要是家中的人都不在庄子或者房子里住了，那么就会先向邻居发出消息，看是否有人愿意购置自家庄子或者房屋。如果没人购买，就会直接放置在那里，也不再管它。据王兴庆老人讲，之前自己家附近的一户人家，家庭发生变故，故而将其庄台子卖给了附近的另一家人，而后就到其他地方生活了。

3. 邻居职业与家庭

传统社会时期，渠中堡的百姓以务农为主，少数会有些副业。例如农闲时节打铁、卖豆腐、做皮子、贩卖牲口，或者是用牲口驮炭贩卖挣钱。只有在黄渠桥镇上或者是街周围的人，才会在镇上有全天的买卖店铺。据方义兴老人讲述，当时梁贡生和何贡生在黄渠桥开有铺子。梁贡生是个武贡生，何贡生则是个文贡生，两家都是大户且富贵的人家。家中的店铺包括布匹店、药材店等等，土地也是自己种着，不租给别人。家中有固定的长工，到了农忙时节就再雇短工。当时的老百姓以务农为主，农闲时节

---

[1] 方义兴老人口述。

就打短工，或者是放养牲口，或者是翻整土地为下一茬的庄稼做准备。总而言之，农闲的时节是没有闲下来不做事的。村庄范围本来就不是很大，而且人口也是有限的，消费和购买能力总是有个顶峰。因此从事一种职业的一般在整个村庄内不会超过两家。一旦有很多人从事这个行当之后，要么是这个行当需求量很大，要么是大家都向外扩展，即生意的主要客源不在本村落。

通常来讲，以庄子或者庄基地为单位，周围的邻居基本上是外人，不是自家的本家，也不是自家的同姓人。或者即便是同姓的，也并非同宗。如果以小家庭为单位，四周住的邻居则基本上全是自己家的亲人。因为旧时期，庄子是亲缘关系的一家人搭建而起的，不是一家人是不会住进一个庄子的。不管是近亲邻居或者是无亲属关系的邻居，大家的生活都相差不多。生活来源和经济来源以种地和打短工为主。挣的钱粮与平时花销基本持平，有时还会入不敷出，年底的时候还要挨饥荒。另外，当时各家的人口也不多，由于宁夏地区抓兵很厉害，年轻人被抓走的抓走，逃跑的逃跑，村庄基本没什么年轻的壮劳力。家户一般有个五六亩田地，一年到头是围着地转，没有什么手艺，只能靠自己的力气种地或者是给人打工。

（二）熟人

1. 熟人的界定与情况

一般来讲，渠中堡的百姓将凡是认识并且有过交往，彼此都知晓对方情况的，都算作熟人。在村落范围内的熟人关系其实是很多的。熟人也可以是村庄外面的。村庄内的熟人多数是在生产和生活的过程中，有过共事或者有人情交往的。村外的熟人，多数是因为亲戚关系的勾连，而后又有过共事经历。例如双方有着共同的经营行当，或者是双方给同一家主人打工干活。

熟人的行当一般是以农耕为主，只有在少许闲暇时间才会做些副业，例如铁匠、篾匠、木匠等等。他们从事的职业都是上一代人传下来的，属于手艺人代际之间的传承。有的手艺即便是儿孙没有专门学，做起来也容易上手。

2. 熟人关系

熟人一般与自家不同姓；与自家有关系的同姓的或者异姓的人，一般是归为亲戚或者是本家之列。而熟人是在非亲属关系下，互不相识的双方因为交往而彼此了解对方情况之后，与自己关系较好。这些人一般是与自家家庭情况相差不多，大家有着共同的交往基础。例如都是务农为主，间或给人家打工挣钱。或者大家都有着同一门手艺，一起给人盖房搭屋，一同给人家做木工等等。据老人讲，双方之间家庭情况不很一致，也算是熟人。比如地主家和给其打工的短工家庭，这两家因为家庭居住地较近，以及经常性的雇佣关系等情况，也可以称作熟人。

熟人之间并不是没有你我之分，也是有着明晰界限存在的，只是熟人之间比其他人有着更多的交往和了解而已。一般而言，熟人的土地与自家的土地是不相邻的，但如果双方是紧邻着的，那么中间是有着明确的地标界限的。双方都明确地知道自己地界边线，不会故意侵占对方的田地，也不会随意去破坏双方的边界标识物。

（三）乡亲

1. 乡亲的界定

乡亲一般是指同乡百姓。只要是同乡的人员，不论是否住的临近，有无很多交往和交情，都是可以称为乡亲关系的。对于乡亲的定义还可以有更为广阔的延伸空间，但是这个空间范围也要看当事双方与第三方之间的空间关系。即当事双方只要比他们与第三方之间的关系更近，那么他们即便距离再远，也是可以互相称为乡亲的。比如，当两个同村的农户面对外村人的时候，其二人可以说是乡亲。但是普遍来讲，大家更愿意称之为同村，尽管称为同乡并不错，但无法更为精准和精细地表达二者之间的关系与亲近感。同乡不同村的两人到县城给人做工的时候，面对外乡人其二人可以称对方为乡亲。同县不同乡的两人到省城给人做工，面对外县的人，二人可以称对方为乡亲。同省不同县的二人到外省跟人做生意的时候，面对外省人，二人也可以称对方为乡亲。

2. 乡亲关系

乡亲的职业多种多样，几乎囊括了整个社会上的所有职业。上到县衙里的官老爷，下到走街串巷的阉猪佬，都是乡亲范围所包含的职业人群。据老人讲，当时黄渠桥街上有个很有名的阉猪佬，大家都叫他曹兽医。他在春天或者秋天到村上游走，因为每年的这段时间，新生猪仔刚刚长大到可以阉割。阉割的猪仔基本上是"牙猪"——即公猪，母猪一般是买来下崽儿的。有的时候村民也可以到街上，专门请他到家里阉割猪仔。乡亲的职业涉及各行各业，一般也都是普通的家庭，没有什么大富大贵的人员。

一般来讲，乡亲之中也是有不同的社会地位和社会关系糅杂着的。在乡亲的职业之中，先生——医生，是最受人们敬重且羡慕的。一来是因为其职业是救死扶伤，替人除去病痛；二来是其有着稳定的收入，又可以不经受种地等辛苦，生活让人羡慕。再有就是老师的地位比较高。旧时期读书人较少，有些文墨的人就会被富裕户请走，给自家子弟当老师，其资费令人羡慕。手艺人之中，皮匠是令人羡慕的职业。但是皮匠的工作十分辛苦，皮子要泡、洗、磨等，还要煮，还有臭气。除此之外还要有技术，而这些技术都是祖传的，因此皮匠不但要有吃苦的耐力，还需要有一定的家庭条件支撑。最下层的从业者应是阉猪的，其工作都是血腥且令人不屑的，因此村民在生活中虽然离不开他，但也不愿意与其有更多的交往。

二、地缘关系

（一）借用关系

旧社会时期，当农户家中急需用钱的时候，一般是先找自家的叔伯兄弟去借，借不到或者不够用就再向自家的亲戚，例如姑舅姨丈母等借用。如果还是不能筹措够，就只能将自家的田地或者其他值钱的牲口等变卖，以换钱使用。找亲戚家借钱是不需要有什么证人或者契约文书的，都是口头上的承诺。由于当时家家生计都是比较艰难，所以并没有什么余钱可以出借，即便是借到了，额度也是很有限的。如果找本村镇的地主借钱，是需要给利息的。一般是借一块钱，到期之后要还人家一块五，甚至是还两块钱才可以。

如果借钱都需要给付利息，那么老百姓一般是直接向地主借钱，到期按照利息给付就可以了。因为本家、邻居抑或是亲戚家生活本来就不宽裕，能借的钱非常有限，有的甚至需要先将粮食出售了，才可以拿得出钱。但如果不需要支付利息，一般是先借亲人，再借朋友、邻居，或者是平时关系较好的人。因为虽然地主家有粮食也有余钱，但平时其与其他阶层的百姓来往不多。地主向外借出钱也需要承担一定的风险，因此不是关系较好，且知根知底的人，地主家也是不会轻易地借钱给他的。

（二）日常交往与生产合作

在日常生活中，要是村民遇到自己无法单独解决的问题时，就需要周围的人来帮助。例如家户需要修建房子，除了要找专门的师傅——"抿事匠"，还要有很多劳力在旁边做杂工，而这些一般是小家庭无法一时供应或者应付过来的。据老人讲，要是不算打坯的时间和工序，一个人至少需要十到十五天，才能勉强单独盖个房子。但要是有人打坯，有人盖房这样有分工与合作，最多也就是三五天的时间就可以了。请人帮忙也是有一定的顺序的，一般是先请自家的亲人，例如本家的堂兄弟。要是本家的人少，就可以请周围的邻居前来帮忙。如果人还是不够，就需要请外亲，例如姑舅姨或者是"挑担"——连襟。除了专业的抿事匠，其他请来的人都不需要给钱。抿事匠一般是按天给工资，在家中吃三顿饭。请来的其他人也是在家吃饭，但是不给工钱，因为是来帮忙的，所以不要报酬，只要管饭就可以了。要是活特别少，临时请人过来稍微帮助、应付一下也是有的。这种情况下其实不必专门请人吃饭，以后别人家有事情，自己过去帮助就可以了。另外，据老人讲当时盖房子都是大活儿，平时吃的是一般的伙食，但是到了上梁的时候就必须吃好的——猪肉配上黄米干饭，羊肉配上面条。

平时到别人家串门一般不会走远，都是最近的几家。有找自家庄子里的家人串门的，也有到外庄子去串门的。不过当时每家庄子或者没有庄子的单户人家都会养狗，因此大家串门都是到比较熟悉的人家里去。串门的时候也不会专门带上什么东西，除非是有事情要求助于人，或者别人有恩于自己，带上点东西去感谢人家。日常生活中的串门是无须带礼品的，但是如果两家关系很要好，也是会给另一家端些做的吃的。

农忙季节一般是自家干自家的活，单干的比较多。要是自己干不过来，一般也不和别人并工，多数是到市场上请工。因为大家都要抢收，所以当时并工现象并不多。请亲戚过来收割也是有的。但是不能一直请别人干活，因为别人干完之后可以给人打工挣钱，不能一直给自己白干。还有的人家并工联合其实是出于交换，例如当时拉麦子回家都是用老牛车，这种车子拉得多，但是只有少数人家才有这种高级工具。因此没有车的人家就会主动向户主商议，帮人家收割庄稼，然后使用户主的车子为自己拉点庄稼。或者是借用其车子，之后也可以将自家的牲口或者小车借给对方使用。亲戚或者邻居家短时期的帮工是不需要给钱的，但是必须要请人家吃饭。干活期间一日三餐都是要供应的，并且餐食要比日常生活中好一些，至少是黄米干饭或者是面条调和，不能只吃稀的。

（三）办酒

家中有红白喜事时，需要请周围的本家、邻居还有关系较好的本村朋友等前来帮忙。本家、邻居以及朋友前来帮助办理事务，例如准备材料、接待事主亲人等等。请人前来帮忙时，一般是由家中的长辈或者是比较有担当的儿子辈出面，到别人家中当面去请。例如请人抬杠的时候，必须到人家家中亲自去说。亲戚之中的小辈可以帮着干点杂活儿，长辈是以宾客身份来参加的，不用干活。邻居、朋友还有自己人都是干重活儿的，办事期间管饭即可，事后也无须专门请其吃饭。办席余下的东西可以给这些人分点带走，丧葬的时候还可以给这些来干活的人发些白布，白布在当时也是紧俏物件。除此之外，就没有什么专门的酬谢了，日后别人需要帮助的时候，自己也尽力去帮助即可。

第三节　信缘与信缘关系

传统社会时期，渠中堡的各个聚落都有自己的庙宇，其中最为出名的就是圆善寺。当地的百姓普遍信仰神灵，对于修建庙宇、祭拜、庙会等都比较积极且热情。人们以信仰为媒介，在生活和生产中联系并组织起来。人际关系上体现出较强的信缘关系。

一、信缘主体

旧社会时期，渠中堡百姓的信仰较为单纯，没有邪教组织侵入，也没有外来的基督教徒等。民众信仰以佛教和道教为主，信仰的都是本土的神灵。

（一）庙宇

1949年前，渠中堡的各个聚落基本上有一个庙宇，例如周围较为出名的有圆善寺、三普庙、唐家庙、火神庙、白蒺墩庙、圆佛寺、东永固庙等等。其中火神庙和白蒺墩庙在其他的堡，但是距离渠中的聚落点较近，其他都在渠中堡辖区范围内。据老人们讲最有来源可查，并且也最出名的就是圆善寺。据传早年有一位姓夏的居士四方游说，募集资金，筹建了一座念佛堂，俗称下营子经堂寺。民国十二年（1923年），由宁夏佛协会冯光远法主大师前来经堂寺讲经说法，之后改经堂寺为圆善寺。1950年前，佛教弟子李明空主持寺务20多年，弘扬佛法，十里八乡的善男信女都会前来拜佛诵经。1949年之后，在圆善寺开办了初级小学，后来学校迁移，改为渠中小学。1966年，圆善寺拆除。20世纪80年代，在原址上重建圆善寺并且扩建厢房。

（二）庙宇筹建与功能

除了较为大型且出名的圆善寺，其他聚落内的庙宇都是神庙，没有僧人，并且都是由当地片区的老百姓自己组织筹资兴建的。这些神庙都是在各个聚落的居住区内，与百姓的生活联系紧密。庙宇虽然是当地老百姓建的，却是对外开放使用的。外人或者村庄内非本聚落内的其他百姓，想要进入参拜等也是可以的，没有任何的限制。庙宇一般是由居住在周围的村民使用，其他片区的村民也有自己兴建的庙宇，通常是不会舍近求远到别处地区庙宇祭拜的。除非别的地方庙宇被传说很灵验等，才会跨区专门去祭拜，否则日常生活中的祭拜，自己片区的庙宇足够承担一应活动。

据老人讲，平常日子里大家也不怎么去庙里，到了一些节日或者是过年的时候，住在附近的家户都会到庙里烧香。一般是男的过去烧香，年轻妇女是不出门的，但是老婆婆是可以进去祭拜烧香的。正月初一还有正月十五的时候，家户会到庙里烧香，一家去一个即可。据老人们讲，每年农历的三月二十、七月十五、八月十五和九月初九，圆善寺就会举办庙会。庙会一般持续一到两天，头天下午圆善寺就会开始布置讲经。第二天还要在大殿讲经布道，为前来烧纸的善男信女安排一顿饮食，吃的一般是大锅豆腐菜和炸的油饼子。寺庙办庙会的时候香客是不用带香的，但是要带上烧纸才可以。这些东西寺庙内是不卖的，边上会有一些人临时在此摆摊，但多数人是自己随身带纸过来的。

（三）庙宇的产权与使用

神庙和寺庙都是对外公开的，虽然产权归属于局部少数人所有，但是其祈福和保佑的作用是外向型的，没有本村或者外村之分。一般情况下，有特殊需求村民也会去到外地参拜礼佛，但平日里多数是到自己家周围最近的佛堂寺庙祭拜。至于大型寺庙或者神庙有年节盛大活动的时候，周围村庄的居民等也都会前来凑热闹。比如圆善寺办庙会的时候，方圆十多里的百姓都会到这里来凑热闹，还会有很多的流浪汉到这里蹭饭吃。因为这天善男信女上了布施，烧完纸之后，寺庙的僧众会向众人施饭。

另外，据王兴庆老人讲，"我们这边有个关公龙王庙，当时因为我们距离东永固近，又是属于那边管的，大家伙都叫顺口了，把这个庙叫作东永固庙……我们这个庙是跟前儿的人一块建起来的，大家伙一块用。谁想去烧香啥的都是行的，外面的人来烧香也可以，没有啥限制，也没有啥讲究……不过外面的人一般也不会来这烧香，他们那边也是有神庙的……不需要到外面的地界去烧香"[1]。

二、信缘关系

（一）日常生活中的信缘关系

在平时生活中，渠中堡的百姓是不太去庙里或者是寺里的。除非家中有人过世，需要到庙里请师父或者居士到家中超度做法事。或者是村民有些心头不舒服的情况，就会烧香礼佛以求平安。一般情况下，农户去寺庙内是男的或者女性长者过去，多数是单独活动，相互邀约的较少。

当时渠中堡的百姓信仰种类较少，且信仰的普遍性较强，多数是信佛和其他传统的神灵，因此大家的信仰都是保持较高的统一。不存在不同信仰主体之间冲突的情况，大家都是有事一块商议，一块组织，一块活动。

（二）信仰圈

渠中堡百姓在各自的聚落内都兴建有庙宇，其中东永固庙敬奉的是关公和龙王，百姓祈求风调雨顺，生活平安无妄。据说三普庙里敬奉的是女娲娘娘。圆善寺的正殿前面敬奉的是弥勒佛，后面敬奉的则是韦陀菩萨。这些庙宇供奉的神明虽然都不一样，但是其相互之间并不存在冲突。这些都是百姓信仰的传统神明，具有共同的文化背景和共识基础，因此是可以同时信奉的。

除此之外，村民可以到其他村民建的庙宇上香。虽然产权是归属于兴建者，建成之后则是大家共同使用和分享的。因为旧时人们认为神明对于世人是一视同仁的，况且建庙宇都是行善积德的好事，大家都很乐意去做。且前来上香的人多了，说明庙宇

很有名气，自己功德积攒也更多，神明会更加佑庇自己。

除了圆善寺有专门的僧众、住持等管理，其他的神庙都是由庙宇附近聚落的村民集体筹资等兴建的。当地组织者主动牵头筹资，兴建完好之后，大家共同在其中举行祭祀或者烧香拜佛等活动，使自己的信仰有了固定的朝拜空间，精神上也更加有了依托的实体。兴建庙宇的钱和物件都是各聚落村民自愿捐赠的，有时钱物不够的话，牵头人就会到外地找人筹资或者自己多出些钱。神明信仰也有了实体的归属——庙宇。

（三）组织活动

圆善寺的庙会是由寺庙住持和居士们组织举办的。由于寺庙名气较大，所以到了庙会这天，周围十数里的人家都会来这里烧纸，给庙里捐钱，再吃顿庙里供应的饭食。寺庙办会的时候会引来很多的人，因此就会有很多的生意人在这里摆摊。百姓拜过庙之后也会到庙会上去逛一逛，据老人讲他当时最喜欢看庙会上耍的灯影子。前来参加圆善寺庙会的人，一般会到庙里烧纸。单纯凑热闹的主要是小孩子，因为周围的生意人有卖小玩意的，还有卖吃的东西的。大人主要是男性和年长的妇女，年轻的媳妇儿是不出门拜庙的，烧的纸一般是家户自己带来的，庙里不供应。

第四节　交往与交往关系

在渠中堡内，每家每户都是一个既独立、分散，又相互联系、团结的最小社会交往单元。这种交往既发生在个体与个体之间，个体与单元之间，也发生在单元与单元之间。因为交往的空间位置、职业、财富、关系等的不同，以致产生不同的交往偏好、交往内容以及交往空间，形塑出了不同的交往关系。交往活动与交往关系二者前后互为作用，相辅相成。既影响着对方，同时又受到对方的影响，形塑着对方的同时也为对方所引导。

一、交往活动

（一）与谁交往

平日里与村民交往比较密切的一般是本家、亲戚和邻居。本家主要是涉及同宗的亲人。亲戚主要是指姑舅姨亲等，也包括亲家等姻亲关系。邻居主要是指在自家周围居住的人，一般是外姓人。村民与这些人交往的频度，主要与双方关系的紧密程度和关涉双方的事情类型相关。从双方关系的紧密程度来说，一般是与本家交往的频度大于亲戚，与亲戚的交往频度则要大于邻居。从关涉双方的事情类型来讲，一般居家日常且具体的事情，村民与邻居的交往频度较之于本家要高很多，与本家的交往频度，又要高出于亲戚很多。村民与不同人之间的交往是不一样的，有的属于天然关系下的自然交往，有的则是在后天生产和生活过程中扩展出来的关系。例如本家之间的关系就是先天自然形成的，一个人自其生下来之后，就天然地与其本家形成了一种稳固的血缘关系。但是亲戚关系有一部分是属于非血缘关系的，一般是以姻亲的形式联结形成的，例如姨夫、姑父、亲家等。与邻居之间的关系一般是由惯习中演化而来的，这主要是先辈之间关系的接续和延伸。同样的这种关系也无须中间人介绍，只需在生活中渐渐地引入和熟悉，是在生活中自然地过渡。

村民交往的一般是与自家家庭情况相似的人家。在距离上，多是住在同一聚落，或是附近相邻聚落，总之相距不是很远。在家庭经济状况上，相互交往的人家情况基本是相同的，尤其在姻亲关系和邻居关系上体现得最为明显。在姻亲关系中，旧时两家结亲讲究门当户对，即两家的经济和人力等情况基本相同，可以共同发展。旧时期的人力是家庭发展的关键所在，人多力量大。家户人多说明地多产业大，并且家户大就没人敢欺负，就能更好地相互帮衬和保护，形成强强联合。

在交往的过程中，一般是双方关系之中的弱者和小辈主动向较强者和长辈交往的情况较多。旧时期，由于物资等较为贫乏，村民在生产生活上不是特别充足。在正常的情况下，双方之间的交往基本是平等的，但是弱者相较于强者来说，更容易受到不确定性的影响，也更容易先受到风险的威胁。因此其会向强者寻求帮助或者庇护，例如当家户内的粮食不够吃，就会向那些家中有余粮的本家、亲戚、邻居甚至于地主家借粮食，以度过暂时的危机。

另外，在交往关系中，小辈较之于长辈更加地主动。旧时期崇尚礼仪和尊老敬老，到了年节时期或者老人身体有病之时，家中的小辈就需要主动到老人家中进行探望。例如出嫁女儿每年到了节日就得向娘家走一遭，送点吃的穿的。家中老人到了较高的年龄时，小辈就会共同给老人过寿。

总而言之，在日常生活中，村民更多的是与本村的、与自家情况大致相同的人家交往。相互之间的交往主要是围绕着生产生活和社会关系展开的。对于外村落的人，村民并不是经常性地交往，而是在某些特定的时间节点，例如节日、年集等才会进行短暂交往。

（二）为何交往

村民之间的交往其实并不带有很强目的性的，而是实际生产生活中所不可或缺的。例如村民往往与自家邻居关系较为亲密，且日常交往较为频繁，相互之间会经常借东西和串门儿。相互之间也会礼尚往来，俗话讲"远亲不如近邻"，邻居有的时候比亲戚起到的作用还要大。有的是以双方职业相近而联系起来的，例如王家以前有个木匠，家中有人会木工手艺，农闲的时候就做工，农忙就去地里干活种地。后来租了别人家的三间房子，然后又在本村内找了几个同样有木工手艺的人，一块给人做家具和棺材等。有的是因为双方家庭条件相似而缔结的，例如结为姻亲的人家多是"门当户对"的家户，家庭条件和家庭实力都对等。另外，家中土地较多的人，一般不再亲自下地干活，而是以雇工的方式进行生产。这样一来，穷苦人家多是以打工的形式和户主发生联结，其关系缺乏一定的对等性，故而双方之间不会有更多的生活交往，只是以雇工和雇主的关系进行。有的则是因着共同的爱好而连接起来的。在农闲的时节，村民会做些娱乐活动，例如男人们在没农活的时候喜欢聚在一起耍"花花子"[1]，女人们则是到邻居家中做些手工针线活儿，或者是找个凉爽透风的地方抑或是暖和有光的地方拉闲呱[2]，说说家长里短，纾解下苦闷或者是分享下自己的乐事。有的则是靠着双方互相帮助而紧密联结的，例如在农忙时节的换工和并工，主要是为了解决单个家庭的劳动力或者物力、畜力不足以支撑农活的问题，两家并工和换工之后能够更好地解决共同面临的问题，并且可以达到更高的生产效率。

（三）交往内容

村民与不同关系的人交往内容一般也不同，而且交往内容主要依循着当地生产和生活规律而变迁。例如在农忙时节主要是围绕着抢收和抢种，因此交往内容主要是农具的借用与归还，雇工与被雇佣，并工、帮工与换工等等。在农闲时节村民们主要的交往内容随之也发生了变化，以闲聊、串门儿、暖墙根儿[3]为主。有时候到了节日还会一块到庙里上香，进行祭拜活动等。一般来讲，村民与外村落人发生的交往多是短暂且较为正式的，并不具有常规且日常的性质，例如买卖东西抑或是介绍对象，或者是走亲戚。但是村民与家人、邻居和周边朋友的交往，则较为常规且具有较强的规律性。

总之，村民与家人的交往主要在生产和生活上，与邻居的交往主要集中在生产和娱乐上，与亲戚的交往主要集中在帮忙和亲情维系上，与村落外的交往主要在生产和生活的扩大化和边缘化上，主要是为了交换和补充家庭生产不足以解决的物资等。

（四）交往空间

一般来讲，渠中堡百姓交往的场所是较随机和不固定的。除了一些正式的事情，其他的交往并没有一定的规矩，也不需要专门的场地，因此在交往空间上没有固定规

---

1 花花子，当地的一种纸牌游戏，村民在闲暇时节会聚集玩耍。
2 拉闲呱，指闲聊，说闲话拉家常的意思。
3 暖墙根儿，指在背风且有太阳的地方晒暖。

律，且比较随意。但是多数情况下的交往是在家中，因为家是固定场所。不论当事人外出到哪里，他都要回来，因此到别人的家中进行询问是最直接有效的。另外，有些事由比较私密，例如说媒或者商量合伙并工等事情。有时候当事双方在开口之后，担心事情不一定成功，需要顾忌自己和别人的脸面，以免未能达成一致还被外人听了去，到外面断章取义地说道，对当事双方都是有影响的。旧时家中吃饭并没有那么讲究，并不是都有饭桌的。多数是一人一碗，自己端着吃，所以村民就会端着碗筷到自家门口或者某个凉快的地方吃饭。邻居之间碰头了，也会相互地说说闲话，但都是暂时的，且是随机相遇的。有时候家中的石磨房或者碾坊也可以成为大家短暂交往的地方。因为旧社会时期，并不是每家每户都有石磨和碾子的。一般只有那些大户人家才会有专门的石磨碾子，对于小户人家来说，自己是没有钱置办这些大物件的。因此只能到邻居家中借，有时使用碾子或者石磨的人多，大家就得排队等候，相互之间也会进行攀谈，交往的内容都是随机和非正式的。如果二者对于某个话题或者事情都有兴趣，就要约定到家中进行深入地商议。

总之，村民与他人进行联系的交往空间，往往是与亲属远近关系的变化相匹配的，并且也和所谋之事的公开程度相匹配，即越是内亲且相互交往密切的人，越能够与村民在家中进行交往。家是一个私密的空间，进入到这个空间里即表示与交往者之间的关系较近，所谋之事是私密的，因此家人和亲戚朋友多是在这里进行交往的。家外的公共空间主要是与周围邻居进行交往的主要场所。再向外扩展则是一般的同村或者同乡的乡亲，因为随着关系的疏远，这些乡亲既不与村民发生密切的联系，也不需要以亲人的礼仪——迎入家中进行招待，因此只需在公共场合，即可完成日常的普通交往。

二、交往关系

村民与不同关系的人交往时，所使用的方式以及维持关系的方式是不同的，但是总起来讲不论是哪种关系，人们在相处中都是遵循着互相尊重，和平友善与礼尚往来的基本规则。

与亲戚之间的交往主要是人情方面的往来，通过年节之时的互相走动，以及红白喜事时的出席和赶礼，来维持关系。朋友之间的交往，主要体现在日常的互相帮助与生产上的合作。关系更为密切的会在年节时候到对方的家中拜访，亦有在对方家中有婚丧嫁娶时，前去祝贺或者吊唁的。邻居之间的接触以日常的交往居多，例如闲谈、串门儿或者互相借东西等较为普通和非正式的接触。据老人们讲，大家在夏秋时节多是在自家田里做事，等到了冬天和早春的时节，地里不需要管理，天气寒冷又没地方可去，邻居们就会聚到一块拉闲呱，或者是找个暖墙根在那里耍花花子。平常时间里村民都在忙于生计，要么是管理庄稼，要么是给人打短工挣粮食，几乎很少有时间去跟亲戚打交道。但是每当到了固定的年节或者其他节日的时候，村民就会到自家的亲戚家中走动走动，例如到了清明寒食就得到自家老坟烧纸，父母亡故的出嫁女也得到父母坟上烧纸等。另外，当村民遇到自家无法解决，或者是一时无法解决的问题时，亲戚听说了也是会进行交往走动的。或者到家中宽慰一番，或者是帮助想办法解决实际问题。对于不同的交往对象来讲，村民讲究的是互惠自己人，维系周围人，即"睦邻亲友"。对亲人可以给予很大的恩惠和支持，并且这种恩惠会随着家人圈层的向外展开而变得逐渐淡薄。对待外人的时候只是为了维系双方之间的和平互惠的关系，并没有一种强烈的责任感和爱护感。不同关系的当事人，在聊天闲谈的内容上就有很大的区别。首先自家人聊天的内容更容易涉及个人的隐私，这种话题是不会让家庭成员以外的人知晓，并且也不会和外人提及的。在交往的过程中，不论对方是何种身份，家户基本"和平对等，礼尚往来"。如果对方对自己有恩惠或者有礼节上的往来，那么自己将来也是需要向对方还礼的。人情的交换与施受都可以作为维系关系的重要手段，如果只是一味索求，慢慢地双方之间的关系就会疏远，是不会长久延续的。

村民不太喜欢与那些品性不好的人交往，例如好吃懒做、喜欢搬弄是非、爱占便宜又对他人很抠门的人。例如农忙时节有时两家会并工或者是换工，并工干活一般总会有个先后。一般的情况下先后次序是大家商议而定的，但如果每次都是同一家以各种理由先行使用或者占得先机，那么对方就会对他家有看法，以后就不会跟他家进行联合并工了。即便是对方主动找上门来要求一块生产，事主也会以各种理由进行婉拒，或者直接与另外较为合得来的人联合。村民与人断绝交往的情况是很少的，除非两家是结了仇怨的。如果两家因为琐事拌了嘴或者是吵了架，多是双方不再互相搭话。断绝交往之后往往都是各自过各自的生活，相互之间并不会发生很多交往。有的人确实会在背后说三道四诋毁别人，但事主如果没有确切的证据证明是对方说的，也就无从发作。只能是当着别人的面指桑骂槐地敲打警示一下，也没有办法进行制裁。一般情况下，对于那种造谣别人中伤别人的家户，大家听到这些话的时候也并不是很在意。只是当作一些无关紧要的饭后谈资进行娱乐而已，并不会去深入地考证是否确有其事，或者求证是否言过其实。一般情况下，只要这些背后的流言没有对家户造成很大的伤害，事主只是在听到闲言碎语的时候做出澄清，大家也不会再进行传谣。但是如果对方的言语或者做法确实影响到了家户生活，家户也是不会轻易罢休的。要是双方因为某些原因起了冲突，就会牵涉到双方的本家。如果双方家人之中有明白事理的人出面调解，冲突一般不会激烈，最多是吵几句。但是如果没有人居中调停，而周围邻居也不足以从中调解，就会使得冲突升级，导致双方武力对决。到了暴力冲突的局面时，就需要甲长和保长进行调解，而保长等的调解一般是尽快地息事宁人，真正能把问题解决得很彻底的情况是很少见的。因为双方之间的仇怨并不是一时兴起的，而是逐渐地在积累，不断地蔓延，最终导致了冲突的爆发。如果双方产生了身体上的暴力冲突，那么这两家就会从此结上仇怨，不再交往只是基本的，如果后续又因为其他事情产生纠纷，就会很容易牵扯出之前的旧怨，使得冲突变得更加危险。

对于那些自己不喜欢的人，村民只是保持着"不亲近，不得罪，不招惹"的态度。对于这些人，村民基本上只是保持面子上的交往，这些交往仅限于见面时的点头之交而已。既不会与之有恩惠的施受，也不会有生产上的合作和借贷，更不会在日常生活中有更为亲近的聚会，甚至于串门儿都不会去。一般来讲，村民不会主动与自己不喜欢的人打交道，除非是不可绕开的时候。或者是在多人共同与这人打交道，自己并不是唯一与对方打交道的情况下，村民才会与之勉强交往，但是交往的时候村民也会刻意避开，不与之直接接触。

村民喜欢与那些热情大方、为人实诚的人打交道。因为交往起来放心也舒坦，不会担心着别人坑害自己，跟对方的合作与交往有着足够的信任基础。大家都是凭着对他人的信任和合作舒心来做事的，且会一直保持着交往。他们在生活圈里会经常地走动；在生产活动上也会互帮互助；在职业圈里一块给人打工的时候会相互照应；在人情圈里也会相互走动，如年节互相拜访加深情谊；在朋友圈里互相拓展人脉，遇事可以得到更多人的支持。一般情况下，合伙置买大牲口时，村民主要选择自家的亲人，例如兄弟或者叔侄。除非与自家人的合伙没办法达成，否则不会轻易选择外人作为合作伙伴。

第五节　流动与流动关系

传统时期，渠中堡百姓的生活空间相对较为封闭，对外交流也较为局限。但是在遇到一些生产生活上的变故时候，百姓自身也会不断地做出调整，调整的逻辑就是为了寻找更为稳定的生活，例如躲避战乱、灾荒，投奔亲人、躲避抓兵等。总体来讲，旧时期的村民社会流动的特征是规模小、频度低，并且以举家整体搬迁和个人逃难为主。本节拟从个体层面的流动情况映射当时的社会流动情况及流动中的关系。

一、社会流动

一般情况下，渠中堡的百姓是很少流动的，因为在当时的环境下已经可以说是地处荒蛮了，来这里谋生的人多是在内地无所适从且无以为继，才会到这里来。就像老人讲的那样，"我们这儿的人很少外出去逃荒，为啥？因为我们这儿已经是外来户迁到这儿的了，再出去基本上没啥地方可退了"[1]。总体而言，外出流动的人都是些走投无路的人，在这里无法继续维持稳定生活的人。

据老人讲，"当年吴家，就是我们家跟前的这一块儿，他们家绝户了……势力单薄了。后来剩下几口人就都搬走了，庄子卖给其他人了，地就荒在那了。后来我们亲爷爷，把那块地开了荒，就归我们了，有个十亩地多吧……因为那块地离我爷爷地块近，离家也近，所以说我们能占得住，其他人没法在那开荒，离他们远"[2]。另外，据老人们讲，流动到外地的人基本上是在本村实力比较弱的人，主要是单户人家，没有兄弟叔伯相互扶助。家中人口少，特别是男人少，一旦家中遭了变故，没有了顶梁柱，女人们是无法单独立足持事的。要是自己家中的男孩子多些，并且能够成长到顶门立户的年纪还好，如果不能的话，就会变卖家产投亲奔友去了。

宁夏地区较为偏僻，虽然当地的地势较为平坦，但是据老人们讲，当年到处都是荒滩和盐碱地，适合种庄稼的土地很少。虽没有遭过几回水灾，但是粮食产量特别低，靠天吃饭严重，只能广种薄收，勉强维持家人糊口。只要是眼前的生活还能够继续维持下去，就不会远走他乡。但是，一旦家里遭了灾害之后，就没法继续生活下去了。比如说遭了战乱、抓兵、各种税赋严重的情况，或者是家庭中的亲人去世或者离开，导致家庭正常生产生活无法继续。只是有的流动是暂时的，而有的流动则是长久的甚至于永久的。

据老人们讲，流动到外地的人一般是在外面有亲戚可以投靠的。有时候这些人可能是住在较远的地方，如口外——内蒙古，或者是黄河以东的陶乐县[3]。据说当时那些地方属于管理较为松散的地方，税赋较轻，并且抓兵也不严重。据叶发卫老人讲，其小时候就曾在陶乐县那里给姑姑家放过牲口。后来快解放了，自己也长大了些就回来继续种地了。

---

1 叶发卫老人口述。
2 王兴庆老人口述。
3 民国十八年（1929年）宁夏省在此设置陶乐设治局。绥远省反对，并于此年8月在此设置沃野设治局。民国政府内政部派员查勘后，于1937年裁定沃野设治局撤销，此地归宁夏省管辖。宁夏省于1941年将陶乐设治局升格为陶乐县，驻高仁镇。1945年，设置宁夏第三行政督察区，陶乐县归其管辖。1949年9月，陶乐县解放，属宁夏省。1954年9月，宁夏省撤销，并入甘肃省，陶乐县属甘肃省银川专区。1958年，宁夏回族自治区成立，陶乐县归属宁夏回族自治区。2003年，该县撤销。

二、流动关系

一般来讲，村民在向外流动的时候，只有少数情况下才会进行结伙，多数情况下都是单个儿家庭或者个人的行动。据老人们讲，碰到有抓兵的时候，大家会想办法把孩子送出去，有的人家实在找不到合适的去处，也会托人给自家孩子找个地方，也会有多家将孩子送到一处去生活的。一般这种情况，都是熟人甚至亲戚之间才会帮忙，要是关系生疏或比较一般，是不会答应帮助找地方安置的。

通常情况下，村民只有在庄子上住不下去，生活没有着落的时候，才会远走他乡，否则只要有一点希望是不会前往别处谋生的。村民外出流动不需要经过任何外人的同意，只需要自己家的家长同意即可。有的时候其实都是家里的长辈们主动将孩子送去外面，其一是让其到外面闯荡一下，看下能否在外安家。等到他们在外面站稳脚跟了之后，再回到家中将一家老小全都接出去。其二，当家中遭遇到不可抗力的影响，如抓兵等，家长就会将家中的男性送出去。这种时候送到附近村镇或者邻县也是不行的，还是会被抓兵的，只能送到口外——内蒙古。村民出村子也是不需要办理任何的手续或者进行登记备案的，只要自己做好上路的准备就可以了。至于说家中的老房子、田地或者是自己家的老庄子——即寨子等，一般是事先处理好的。如果庄子比较大，一般会有好几亩田地，因此对于这种还有点家产的人家，在出去之前都会将土地和庄子悉数卖掉。如果实在没人买，直接抛荒就可以了。对于那些家中没什么田地，也没有庄子的村民来讲更是简单，要是还打算回来，就不卖田地，也不用找人代种，直接抛荒即可，房子则用土块将窗户封住就行了。

第六节　分化与群体关系

1949 年前，渠中堡百姓社会分化的程度并不深，因此没有因各方面的分化发展而导致村庄的社会断层，也没有形成社会地位上的悬殊。村民在职业上存在着一定的分化，但是并没有形成很深的壁垒影响到与其他村民之间的交往，只是同一群体之中的交往较为密切。血缘分化是一种共识性的家族认同，同宗族之间的交往较他人更为密切且频繁。

一、社会分化

（一）利益分化

渠中堡百姓的利益分化主要表现在土地占有量的多寡，以及地方管理者与普通村民之间的分化。

第一，土地占有量直接决定了家户经济收入的多寡。当时宁夏地区的人烟稀少，适宜种植庄稼的土较为难得，而且当时的物质经济很是匮乏，市场上交易的多是粮食，因此家中有土地的家户粮食就多，也就较为富裕。渠中堡的村民几乎都有几亩薄田供给自家吃饭，只是在土地的优劣程度上有所不同。当时渠中堡的地主也并不向外租种自家土地，且也没有土地少的农民向其租种，农民一般在自家粮食收获之后的闲余时间到地主家打工。一般情况下，农忙时的打工人数较多。雇工与雇主之间的雇佣关系并非长久不变的，有的甚至是一次性的。在农闲时节的打工则主要由地主家的临近农户完成，这时候的两家雇佣关系则较为经常和持久，相对来讲也较为稳定。

第二，地方管理者与农户之间的分化。旧社会时期，保长和甲长一般是由村中较为富裕的人家来担任。因为这些人一般是土地较多的，且也较为精明能干，他们有更多的社会资源和财力支撑，也因为挣脱了基本的温饱问题的束缚，而有更多的空余时间和精力去管理村庄的公共事务。在地方管理者接触到上层和完成地方事务的过程中，其一般要享受到很多普通的村民难以接触和想象的利益倾斜空间，例如保甲长代替当局政府征收苛捐杂税、征兵（抓兵）等，具有一定的自我裁量权，而这个就给了他一定的牟利空间。总体来讲，他们因为旧有的社会地位和经济基础得以承继地方管理者的角色，之后又由于身份的加持，使其在农业生产和地方管理的过程中得到了更多的利益，而这些利益是普通的农户所无法获得的，至此原本就存在的社会分化更加深刻了。

（二）职业分化

在旧社会时期，渠中堡的农户是没有什么职业观念的，只是各自从事的生计方式不同，并且也各自有其赖以生活的门路。通常情况下，村民从事的生计多是来自长辈们的传承，对于那种专业技能较强的职业是很少有人专门拜师学艺的，并且即便是成功地给人家当了学徒，也只是接触个皮毛而已，并不能真正学到本事。对于那些专业技能不强的职业，例如杀猪、盖房、做豆腐、榨油等，相对来讲从业门槛较低，无须过多地学习即可从事这一行当。从事某一行当一般是当家人决定的，如果是孩子从业一般由家中的长辈进行决定。要是当家人想要从事某一行当，一般是自己决定或者是跟家中亲人进行商议后决定。据老人们讲，旧时期村庄内从业的人数也并不多，都是那些田地不是很多的人，为了养家糊口而找的生计活路。村庄内的百姓一般是以务农为主，在农闲的时节按照时令做些小买卖，或者从事些手工业。村庄内的职业基本上包含了以下几类，按照村民对于各职业社会地位的认同情况从高到低排序如下：教师、医生（先生）、接生婆、木匠与泥瓦匠（抿事匠[1]）、铁匠、磨豆腐和油坊、杀猪的。

在渠中堡，家户普遍非常尊重有知识有学问的人，对于教书的人大家称之为"老师"，对于行医的人村民都称之为"先生"。村民有着较强的"士农工商"的职业等级观念，崇尚耕读，重视农业和教育。一般情况下，有条件的村民会让自家的孩子到学堂去读书，富裕点的人家还会请来老师到家中教私塾。除此之外，接生婆也是特别为人所尊敬的职业。妇女生育是全家的大事。旧时医疗条件较差，生产过程相当危险且痛苦，必须有接生婆在旁协助和看护，否则一旦有闪失就是全家的大不幸。据老人讲，当时黄渠桥镇里有个会接生的老婆婆，具体的名姓大家都不知道，都只是叫她"梁姨妈"。经过她接生的婴儿多达几千名，有的人家全家儿女都是由她一人接生，还有的人家甚至是两三代人都是由她接生的。梁姨妈很受当地人的尊重，在 1989 年去世之后，前往其家中灵堂吊唁的人数在三天之内有 500 多人，送葬的这天前来送行的人跟在灵车后面长达两三公里。

木匠、铁匠和泥瓦匠属于村内的手艺人，这些人一般并不是村庄里很有钱的人，但是由于村民修房建屋、做床或者木质家具等都离不开他们，故而还是需要跟他们打交道的。油坊主和磨坊主都属于行脚生意，虽然没有特别的技能傍身，但是由于做生意要东奔西走，与各种人打交道，故而在村内的人缘还是比较不错的，也不会受人不待见或者不被尊重。

在村民的思想意识中，杀猪不是一个体面的行当，而且杀猪的宰杀猪羊，在人们看来还是有些残忍和不修善缘的，故而不会让自家孩子从事这个行当，并且对于这个行当的人略微带有些嫌弃。虽然从事杀猪这个行当不被人们所接受，有时也会被人歧视，但是对于杀猪的人，村民还是会与之交往的，毕竟大家都是同一堡上的人，相互之间都是很熟悉的。除此之外，对于杀猪的酬劳也是有一定的规矩的。一般情况下，家户在杀猪之后需要割下来两斤五花肉和猪尾巴，作为酬谢送给杀猪的。

（三）血缘分化

渠中堡的姓氏较多，1949 年前有王、沈、叶、殷、谢、李、蔡、谭、吴、邵、胡等姓氏。各姓氏依据血缘关系聚居在一起，共同建筑一个庄子，在四周打上围墙以防止土匪和挡风。同一个庄子上住的人都是亲人，基本上是同一个爷爷或者同一个太爷下一脉传承下来的。如果人口多了，可以适当拓展庄子的占地面积，同时也会将围墙向外同步迁移。有时候也会从庄子内自行迁出，到老庄子附近的地方再自行建个庄子，

---

1 抿事匠，渠中堡方言，指旧时期盖房搭屋子的匠人。

并打上围墙。有大庄子人家一般是家户人口众多，且土地较多，有一定的财力支撑。因此当时评判家户实力的一个外在表现就是庄子大，家里人口多其势力就大，土匪也不敢轻易抢夺。

村庄内虽然形成了各姓氏聚居，姓氏间散居的居住格局，但是村民的社会地位并没有形成比较明显的分化。大姓氏没有成为垄断的家族，只是比普通的家户多了几十亩地而已，且依旧是以种地为主。大家族在村庄内的社会地位一般是较为高的，因为家户大的人家在村庄内的实力就会较大，通过人力转化而来的物质占有量和生活水平也就相应地更高，而这些都是其他小家族所无法达到的，其主要原因还是旧社会时期对于人力的依赖。村庄内那些小家族的地位较低，例如前面讲到的"呼啦子"——邓从子，其家中人口少，田地少，生活较为窘迫，从事的职业也是村庄内较为边缘的行当，在村庄内的生活缺乏较强的根基和实力。

据说当时渠中堡的生活环境较差，先人来到此处之后就此扎根，建立庄子并随着人口的变化适当调整自家庄子的大小，但是人口的发展并没有达到需要独立分出去，单独成为宗族分支的情况。一般情况下，一个庄子内的家户关系是从太爷爷或者爷爷这一代开始，后代之间基本是同一个爷爷或者爷爷是亲兄弟关系。家户交往关系是：同一家族之间的交往较为频繁，且交往的内容和形式更加具有生活性和深入性；不同家族之间的交往关系则体现出交往频度的稀疏性，交往形式较日常，交往内容较浅表。那些经济条件和背景相同的家族之间的交往，则体现出一种互选和对等的特性——即经济水平相同或者相似的家族更加乐于与对方交往，并且交往的过程中也更加对等，不会存在相互嫌恶。例如在儿女的姻亲关系上，双方家族更容易也更乐于与实力相当的家族结亲。存在悬殊的家族之间，会有种天然的隔阂，正常的情况下是不会将对方作为姻亲选择对象的。

二、群体关系

（一）群体关系认识

一般来讲，村民所认可的群体是和自己生产生活紧密联系的一群人。紧密关系有时候是以血缘来界定，有时候是以其他的关系来界定。例如以彼此居住地的远近来定义，以庄稼地的毗邻与否或者位置是否相同，也有的时候是以从业相同或相近等等来定义。在家族群体里，大家有着共同的血缘关系，共同的先祖。在地缘群体中，大家因生活中共同的利益相接触。诸如邻居或者其他可以搭伙的人，相互帮助，彼此友善，互惠互利。在社交群体中，家庭条件和社会地位相似的村民平时喜欢集聚在一起，或是一块给人家做工，或是相互串门等等。同一群体的生活、生产以及娱乐是相似且勾连的，在相互的交往中就形成了此类人群的日常生活。村民认为与人"说得来"才会选择与其交往，有时候即便是亲戚之间，如果"说不来"，也不会与其有更多的日常交往，只是维持着一般化的亲戚关系而已。通常情况下，村民认为自家人或者是亲戚之间的信任度是很高的。因此家户较小的人家与亲戚之间都是保持着联系，互帮互助，以此来获得更多的生存空间和生存机会。

（二）群体关系选择

虽然不同职业、利益、血缘、组织的村民之间也有接触，但接触的频度则要视具体的情况而定。比如某家有红白喜事的时候，就需要街坊四邻和自家亲戚帮助张罗，还需要向周围的邻居借用很多的灶火器具。再者就是日常生活中的干活儿、并工、聊天等生产和生活活动，这些都是村民发生接触的因由。据老人们讲，当时的物质条件很不好，生活条件比较差，即使是大户人家吃的东西也都很普通。因此大家在一起聚餐吃饭的情形，基本上只发生在亲戚之间的节日走动，以及在某家红白喜事的时候。

村民们喜欢并且愿意与和自家情况相差不多的家庭接触，与这些人相接触的时候，村民觉得是互相尊重与互利的。村民在关系选择的时候，注重的是"说得来""平等""互帮互助"，这其中"说得来"是双方选择交往的基本前提。"平等"与"互帮互助"，则是双方交往深度和交往持久度的重要因素。只有双方在交往的过程中，感知到自己受到了平等地对待，才会愿意继续与之交往下去，否则便会停止交往，或者是交往频度很少。互帮互助是村民交往的基础保障，如果双方的交往不能够满足这一条件，那么单纯一方的付出在追求平等和物质较为稀缺匮乏的年代是不能持久的。同时大家在结伙搭伴的时候，往往会事先商量好互惠条件，故而互惠条件的满足是群体关系存续的基础。

（三）群体关系建立与维持

与其他村民相比，具有相同职业、血缘、利益、组织等关系的村民之间，其接触的次数和交往深度相对较高。例如1949年前渠中堡内有个王木匠，他有木工手艺，家里也有地方，因此就雇请村里会木工的人到那里做工。木匠之间的交往相较于普通村民来讲，就很频繁。除了做工合作，如果他们之间还有人情往来，一般会在红白喜事之时，请对方过来吃饭。不同职业、血缘、组织等关系的村民之间的交往，是不加限制的，自主交往即可。但是一般来讲，他们之间的交往活动仅限于市场交换和日常的点头之交。因为在当时只要有活干，或是有事情可做，或是要找一个合伙人，都是先本家，后亲戚，再四邻，最后才是向外宣传找人。因此即便是到了最后一个顺序才找到合伙人，也是很少有交流的。双方只是简单的合伙关系，不会有很深的交情存在。

总之，村民之间群体关系的建立与维护，都是通过个人来实现的。而个人关系的建立和维护，遵循的是伦理道德、社会准则和风俗习惯等，并没有专门的行业准则可以依循或者参考。除此之外，不论职业、血缘、利益、组织是否相同，当发生冲突的时候，在解决方式上依旧是先人情后法理。也就是说，先由当事双方的长辈或者熟悉的中间人从中进行协调和商量。如果不能解决，或者事态的发展超出了村庄可控范围，就只能依照当事政府的法理进行判定。多数情况下，是可以由家庭长辈，或是同村有权威的人居中调停化解的。

第七节　冲突与冲突关系

旧社会时期，渠中堡人烟稀少，且自然资源的划定和归属已经很明晰，百姓生活相对较为单调平和。一方面是由于长久的生活经历和经验的积淀，形成了较为稳定的生产和交往规则，另一方面，堡内百姓以老庄老户居多，较少有外来户迁居。因此对于旧有习俗和生活规则的维持和延续，也起到了很好地保护作用。堡内的百姓生活较为平稳，很少有冲突的发生。偶有的冲突也主要是一些小矛盾，这些小冲突都是日常生活中的一些琐事引起的。本节主要从地界冲突、房屋边界冲突和日常生活冲突来考察渠中堡的社会冲突及其关系。

一、冲突类型

（一）地界冲突

土地是当时百姓赖以生存的保障，因此大家对于土地的保有和占有都是很重视的。一方面不会让自己保有的土地缩减，另一方面也时刻想着在原有基础之上，再扩张占有一些土地。而在这一张一弛的过程中，也难免会引发一些矛盾和冲突。村民之间的地界本来是没有明显界线标定的，只是在地契上大概地标注了一个粗略的位置和亩数，以及指明的四邻。故而在使用过程中，就需要相邻两家进行自我标定或者理清位置，指认界点。通常情况下，农田之间的界线是靠田垄来划分的，在两家中间位置封堆田垄。但是经过长期的种植翻整，还有下雨灌水时难免的损坏，就容易引起田埂移位。故而为防止这一情况发生，村民往往会在田埂的两头做上明显的标记。有的时候是埋下一个石墩子、石桩子，或者是木头桩子。也有的时候会在自家地头或者附近栽种一棵树，还有的是在下面埋下灰线，待到日后产生纠纷的时候，两家就会当面挖掘下面的石灰，以便重新纠正田埂位置。

因为田地而发生的冲突，一般是两家田地接壤的情况较多，田块之间有耕作路发生矛盾就较少。当双方发生田地纠纷的时候，多数情况下是双方自行寻找依据。通常情况下，村民之间都是熟人，不会直接进行语言或者是肢体冲突，而是以各自知晓和掌握的情况和信息作为证据，向对方讲道理。因此，大家都是本着解决问题的目的进行对话，这种情况下的纠纷是常见的。那种打架、骂架的情况是十分少有的，因为即便是发生了这种激烈的冲突，到最后还是要通过事实和道理进行评定，才能真正解决双方的问题。如果双方发生激烈冲突，周围的人就会进行劝解，并根据自己所知道的情况对双方的依据进行评定。如果不能解决，村民就会找来村庄内更具有权威和更知晓内情的人来进行裁决。

总之，渠中堡村民之间少有因为田块而引发的冲突，而日常中的小矛盾基本是由两家私下解决，或者是按照当地的民俗规矩进行妥协，不存在激烈场面的冲突。大家的生活逻辑都是以安稳度日为首要，故而很少惊动保长或是更高层级的长官，更没有打官司伤和气的情况。大家都知道打官司就是花钱，要是因为这些日常的小事和矛盾就去打官司，是非常不明智和不划算的。

（二）房屋边界冲突

旧社会时期，渠中堡地广人稀，虽然适宜耕作的土地面积较少，但是对于建造房屋，这些土地是完全可以满足的，因此渠中堡百姓之间鲜有房屋边界的冲突。村民建造房屋一般是以自家土地为中心。房屋边界的冲突多数存在于弟兄之间，而异姓之间的纠纷则较少。因为渠中堡村民建造的房屋多是相互间隔的，而且间隔的距离并不小。家户人口多的大姓还会建造土墙，将自家的房屋围拢在中间。一是为了防风保暖，二来是为了防止土匪强盗和外人偷窃。故而，因房屋而产生的矛盾和冲突，多是发生在同一个庄子上的亲人之间。宁夏地区雨水较少，而且相互之间建造的房屋距离较远，因此建造房屋的时候无须考虑房屋滴水的问题，更不用担心自家屋檐的滴水流在别人家的地方去。

一般情况下，本姓之间因为房屋问题而产生冲突，都是由他们共同的长辈出面调解。如果双方有分家单子，或者有各自的地契凭证，只需要按照凭证内容理清即可。如果凭证只是模糊地记录着地界，就需要重新寻找其他证据。一般来讲，村民在分家的时候都会事先将涉及地界的当事双方叫到一处，将地界做个交代，并且会在界点的位置处做上标记。例如撒下白石灰或者是埋下一块方砖或者是青石板，或者是直接树立一个石碑等，以便于后世在地界变动的时候寻找依据。本姓之间的房屋地界冲突属于家事，外姓人基本不会参与。顶多是在场的时候说道两句，让双方暂时熄火，平心静气下来做个协商。之后依旧是由当事双方的长辈出面调停，并且依据双方都认可的标记和规则作出评定。

（三）日常生活冲突

日常生活中的冲突多是起因于一些鸡毛蒜皮的小事儿和日积累月的小矛盾，以本家内的纠纷和邻里纠纷为主。本家的纠纷与矛盾较为琐碎和繁杂，因为大家都是住在同一个庄子上，相互共用一个院子，共用一口井水。在没有分家的情况下还共用一口锅，共用碗筷等，因此产生摩擦的概率大大增加。比如婆婆嫌弃媳妇不洗衣服了，觉得饭菜不合口味，油放多了，菜炒多了，盐放少了等等。妯娌们爱经常说道其他媳妇的私事，有时候话没说对，传到当事人的耳朵里，一来二去就积累起了矛盾。一旦有其他事情做引子，就会导致两家吵架。有老人在世的时候，儿子们或者媳妇们有矛盾吵架，都是由老人出面进行劝阻和呵斥。一面说双方的不是，一面又会对他们进行安抚。毕竟老人更希望儿子媳妇们能够把关系处好，把家里的事情担起来。老人也以此来显示自己能够治家，显露出自己在家中的地位和威严，在外人面前可以给自己争面子。

邻里之间的矛盾，也多是交往过程中一些小事引起的。例如东家借了西家的米面，说好了秋后要还，但是都到了年末还没还上。东家就去跟西家提这件事，西家就用往年的陈米陈面还给人家，而且还没有按照当地规矩和礼仪，适当给人多还一些。这样就会引起东家的不满，东家就会在街上说道西家的不仗义和没有恩义。当这些消息被西家听到之后，又会反过来说东家借给自己的东西本就不好，自家还过去的已经是很好且分量超过了……这样一些生活中的小矛盾就将东西两家既有关系打破，自此在街面上双方见面便不会再像以前那样打招呼，也不会继续进行互惠互利的借还活动，更不会在生产和生活上有合作了。邻里之间吵架或者闹矛盾了，无须刻意地进行评理和请人出面解决。这些都是小事情，而且都是公说公有理，婆说婆有理的事情，难以给出客观公正的评判，更何况这些鸡毛小事也没有拿出来抻扯的必要。大家都是睁一只眼闭一只眼，吵一架，或者背地里向周围的人数落下对方的不是，而听众一笑之后不会走心。而且有的时候这种小矛盾会随着时间的推移逐渐淡化，过不了多少时日，两家就重归于好，就像之前什么都没有发生一样。

总之，邻里之间的矛盾都是一些鸡毛蒜皮不足挂齿的小事积累引起的，一旦那些单家独户难以完成的事情出现，当事双方会重拾旧好。即便当事人处于矛盾对立当中，也无须刻意寻找中间人调解，因为伤了体面就再也没有挽回的余地了。

二、冲突关系

在旧社会时期，渠中堡的百姓在有矛盾之后并不会产生很激烈的冲突，并且冲突化解方式也是很简单且实用。一般是由家庭内部的长辈进行调解，或者邻里调解。或者是由村庄内的权威人物，如德高望重的先生、教师等等调解。冲突上升到影响人身安全的时候，才会由保甲长以官家身份进行评定公理。也即是说，当矛盾发生在家庭内部的时候，往往只需要家庭内的同辈或者长辈进行调解；发生在邻里之间的矛盾，只需要由周围的邻居和村庄内的社会权威人物进行调解；但是，当这些矛盾的发展范围冲出了其发生的场域，向外发展且不断影响周围稳定的时候，就需要经由村庄的公共权威进行介入，解决的方式之一就是按照国家的法令执行。

据老人讲，旧社会时期大家都讲求安稳过日子，不想招惹是非，因此很少将小摩擦搞成大矛盾。两家拌嘴之后，顶多就是不再交往而已。要是引起纠纷，周围的人也会帮着劝和。通常来讲，被请来作为调解人的都是与矛盾双方相关，且明事理的。除此之外，请的人身份还和矛盾纠纷的大小和波及范围有关。请的时候，可以是家户当家人亲自去，但如果自己跟被请的人不相熟，或者是不好意思前去，就需要寻找一位与自己和被请人都熟悉的人前去。调解过程并不是很正式的，不用选择特殊的场合，但也不会选择在公共场合，一般选择某一方的家中。因为这些都是比较隐私的话题，让其他人知道了，双方多少都会觉得没有面子。调解的时候主要是由双方各自陈述底线，然后由权威人物或者长辈对其提出的要求和说法进行评定，评定的依据就是伦理道德和社会公义，以及当地的习俗规定等。只要提出的要求或者给出的说法让双方都感到满意，双方就会接受调解结果。如果调解不成功，可能双方就此不再搭话，也可能今后某个事情出现又激活矛盾，继而再次引发矛盾。但多数情况下是不会出现这种情形的，因为大家都是要过日子的，无论富裕与否都不希望过的不舒坦。据老人们讲，"过去那会子不会有很厉害的（冲突），打架的都很少，打破了头还得赔钱，两家还结仇……也没有听说过有啥对抗的事，我们这儿反正没有"[1]。

告官的情况更是少有。在村民普遍的认知里，"打官司就是花钱，谁花钱多谁就有理，你不花钱，有理也变成没有理了"[2]。另外，在村民眼中，告官是被逼到绝路无可奈何，或者自己背负莫大的冤屈，才会最后选择这种方式解决。上了公堂之后，两家就等于说铁定结仇了，自此就再无和解的余地，世代都会延续这种仇恨。

第八节　保护与保护关系

1949 年之前，渠中堡的百姓以本族的亲人为依靠，以亲戚为辅助，以村落内周围

---

1 殷富贵老人口述。
2 殷富贵老人口述。

邻居为帮衬，来应对天灾人祸和各种兵役税赋。面对的困难不同所求助的人不同，并且得到的保护程度也不同。本节将从保护主体和保护关系两方面，考察渠中堡百姓在1949年前的保护及其保护关系的实际情况与逻辑内涵。

一、保护主体

（一）自家保护

当家户遇到困难和危险的时候，往往都是家长和亲人进行保护。首先受到保护的，就是外界明确针对的人。例如面对抓兵时，家庭首先要保护的就是家中的青壮年以及未到老年的男性；其次要保护的就是家中的孩子，尤其是男孩子，因为涉及家庭血脉的延续问题，故而就会给出特别的安排；再次就是家中的女性，由于女性身体较弱，而且当时包裹着小脚，所以也是必须提前做出规划和安排的。

（二）亲人保护

一般情况下，当家户遇到了危险、困难、生病等问题时，嫡亲、姻亲、近亲，以及村庄内的邻居都是会给予一定帮助的。只是帮助的力度和持续度会随着关系的亲疏而发生明显的变化。面对困境时，并不是所有的人每次都会伸出援手进行保护的，但是一般情况下自己的嫡亲还是会视情况的不同而施以援手，毕竟大家都是同气连枝的关系。据老人们讲述，当家户帮助之后自身不会受到损伤，反而能够收到事主的感恩

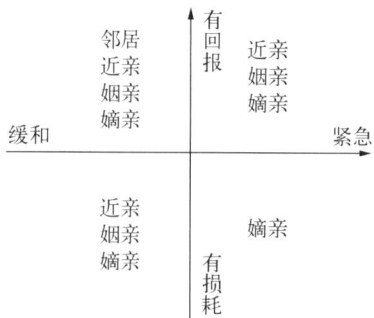

图 4-1　保护主体象限图

和回报时，嫡亲、姻亲、近亲和邻居都会给予帮助，邻居们会更喜欢在这种情况下进行帮助。如果不损伤自身，但是没有回报，此时还愿意帮助家户的就是嫡亲、姻亲和近亲。当事情是缓和的，但是有所伤及帮助者的时候，还会施以援手的就是姻亲和嫡亲。如果事情紧急且帮助事主之后，不光会给自身带来损伤，还会威胁到自家稳定的时候，仍旧会帮助事主的就只剩下嫡亲了（如图 4-1 保护主体象限图所示）。

（三）村落保护

一般情况下，当遇到危险的时候，村庄里的邻居会在一定的情况下，对家户实施量力而行的帮助。但是保长和甲长则不会管这些，每当有抓兵收税等事情的时候，他们就会带人到家里进行征兵、收缴。抓不到兵，保长和甲长就没有办法完成上面的任务，到时候他们就会受到上层的责罚和打骂。因此，每当家中有逃兵的时候，保长就会带上保丁到百姓家里。抓到就是一顿打，打完之后还要送到兵营里充丁。据老人讲述，"我们这儿以前有户人家，家里男人被马鸿逵抓兵抓走了，就剩下一个妇女跟娃娃

在家里。后来那男的当兵的时候跑了，保长就到他家里搜，没找到，就把那女的按住，把她的俩手放在板凳上打，打得都露白骨头了，保长才走了，这是我小时候亲眼见的，很瘆人"。[1]

总之，关系的亲疏远近，事情的轻重缓急，以及是否会对自己造成损害，都可以影响到保护主体的决策——是否对事主采取保护行为以及保护力度投入多少。

二、保护关系

（一）家人保护关系

通常情况下，当家户遇到危难、困难的时候，最先寻求家人的保护，与家人协商处理。一来是寻求家人的直接帮助，二来是想让家里人帮着寻找他人帮助。但是家人也并不是每次都会出面帮助自己，因为有的时候是由于个人一些不妥帖和不老实行为造成的。即由于当事人主观因素造成，并且这种主观情形是不被家人和世俗所认可的，故而家人不会与其共同承受这一不好的后果。如果家人不出面帮助，事主就只能选择向他人求助，但是多数情况下是不会有人愿意帮助他的。连家人都不管的话，今后此人很难翻身，并且很可能赖账等。

在正常的家庭保护方面，一般是父母保护孩子的较多，男人保护女人的较多，青壮年男性保护老人的较多。旧时期土匪强盗等较多，为了保护自己的人身、家庭及财产安全，百姓会在自家房子周围用土块堆砌成高高的土墙，以抵御风寒和土匪强盗的抢夺。土墙一般有两三米宽，五六米高，当地人把土墙围起来的地方称为"庄子"，土墙称为"寨墙"。建房子和围墙需要很多的人力才可以，这就需要家人的共同努力和协助才可以完成。一般情况下家里的人越多，男劳力越多，那么这家的寨墙也就越高越宽，围起来的庄子的面积也就越大。有的更加大型且家庭富裕的人家，还会在庄子的正中间建立一个圆柱形类似于炮楼的大建筑，当地人称之为"墩"。其直径有五六米长，内中是空的，并且通过四周螺旋状的梯子可以直达最顶层。顶层设置瞭望台，可以看到方圆数里的情况。里面可以藏身，还可以储存大量的粮食。一旦有土匪等侵入进可攻，退可守，是家户进行抵御和保护家人的很好方法。

然而面对国家税赋、兵役等情形时，家户的保护也是相当有限，甚至于没有。当家户无法按时缴纳地赋的时候，通常情况下分家之后的弟兄叔伯是不会替他交上的。但是一旦保长或者甲长要将事主绑走或者用棍棒等抽打，家人就会出面保护，且也会凑齐地赋帮助其交上。据老人讲，"当时家里人虽然都很'顾群儿'，但是那会子大家都过得不好，打下来的粮食都不够吃，也就顾不上帮你。要是交不上税钱的话，或者

---

1 王兴庆老人口述。

是遇上抓兵的时候，就是跑。只要跑了上面抓不到人，过几天就没事了，等过了这个抓兵的时候回来就可以了⋯⋯保长甲长抓兵也是有时候的，不是一直抓"[1]。

（二）亲人保护关系

据老人们讲，在旧社会时期并不是一遇到危难和困难就去找亲戚保护，也是有选择和有筛选性地进行。既要选择求助的对象，又要筛选出哪些事情可以求助于哪些人，这都是要视具体情况而定的。只有当自己着实没有办法，而且预估亲戚可能具有这方面能力的时候，才会有目的地去寻求帮助。一般请人帮忙的时候，都是家户的家长亲自过去说事，托人带话这种情况是极其少见的。除非是个人行动受到了限制，或者是家中着实没有可派遣的人员，否则被请求人是完全有理由拒绝的。有时候亲人也并不是都能够出面帮忙，比如当帮助事主之后，对于自己家庭会造成很大损失，或者是自己要亏欠别人很大一个人情，自己要费很大的周张才能解决，就会委婉拒绝亲戚的请求，推说自己无能为力。例如当保长或者甲长带人来收粮食等的时候，或者是来抓兵的时候，亲戚本身也是无力应付或者抗拒不了的。这种情况下，事主对于亲戚没有提供帮助也只能是半分失望半分无奈。因为其也知道亲戚无法帮助自己，故而不会对亲戚生出怨怼的情绪。

但是，如果当家户面对困难时，亲戚完全有能力施以援手，却用很牵强的理由进行搪塞和敷衍，就会引起事主的不满，甚至当场发作或者是回去之后向儿女或者家长说明情况，今后就会与亲戚断绝往来等。虽然不会对亲戚有报复行为，但是日后亲戚需要帮忙的时候，自己也不会给予帮助。

通常情况下，家户的姑舅姨表亲戚以及儿女亲家都是很亲近的亲戚，而且相互帮助的时候也更加肯出力。这些关系之间的保护是相互的，也非一次性的，而是持久且稳定地延续下去的。对方需要帮助，就会告知其他人，大家一起想办法。在这些关系之下的保护行为都是自愿的，如果没能帮到忙，也无须道歉。相反，如果确实帮到忙了，虽然自己不会想要任何的回报，但如果事主没有对亲戚的援助表现出感谢，亲戚心里还是会不高兴的。在日后相互帮助的时候，容易引发隔阂，导致良好和谐的互助氛围带有些不愉快的争端。

（三）村落保护关系

一般情况下，只有在双方互惠互利的情况下，邻居和乡亲才会帮助他人。一般是最需要帮助的那个人主动上门找别人提出请求，且只有在别人觉得帮助事主时没有风险，还可以帮助自己的时候，才会向其提供帮助。例如，旧社会时期经常存在抓兵的

---

1 殷富贵老人口述。

情况，因此家里有男孩子的家庭，就会在孩子长到快成年时及早送出去，以防被抓兵。孩子到外地人生地不熟，虽然有时候有亲戚的照应，但是难免一个人孤苦伶仃的。因此那些没有门路的家庭，就会请那些向外有门路输送孩子的人家帮助自己，将自家孩子也一块托出去。一个是缺少出去对接的门路，另一个是缺少搭伙作伴儿的人，因此双方就很容易互帮互助，而且被帮助的人家也会对对方感激不尽。

对于家户来讲，邻居和乡亲其实就是外人。因此与外人之间就没有什么责任和义务，故而在帮助别人和请别人帮助的时候，无论对方是否尽全力或者是否答应帮忙，都是无可厚非的。即便是没有尽全力，也不会受到威胁和伤害。本身帮助邻居或者乡亲就是出于道义，而并非不可拒绝的。无论最终事情成功与否，对方都会欠自己一份恩义，只是成功与否对于恩义的大小有所影响而已。

帮助邻居或者乡亲的时候，家户其实并不会有意地想要别人感激。只是在施加帮助的过程中，对方会心存感激，予以回报。这种回报对于家户来讲，是一种意料之外但又是情理之中的收获。如果被帮助的人没有心存感念，邻居就会觉得这个人缺乏恩义之心，以后是否会再帮助他，就是不确定的事情了。

第九节 村落社会变迁与社会实态

1949 年中华人民共和国成立之后，渠中村的社会随着国家经济改造和发展，也发生了适应性的变化。在土改运动、人民公社和土地承包到户三个时期中，表现出了不同的社会形态和社会关系。本节将分别考察渠中村在 1949 年之后的村落社会变迁以及当下的社会实态。

一、1949 年前传统社会形态状况

1949 年之前，渠中堡的传统社会形态关系主要表现为以下几个方面。

首先，家户是村庄最基本的社会关系单元。旧社会时期，渠中堡的农户以家庭为单位，以血缘为纽带，以地缘为基础，以信缘为联系，以业缘为扩张，在冲突、分化、保护和交往中，体现出了丰富的社会关系。在生产生活中，村民以血缘关系为纽带，建立家庭以及家庭居住场所，并且依靠家庭成员的力量形成防护，包括建立起来的防御工事——庄子等。庄子内只有自家亲人才可以居住，外人是不能进入居住的。其他人也会选择距离大庄子较近的位置盖房搭屋，以期能够获得些生活、防护以及交往上的便利，相互之间可以互相帮助，互相照应。生产上可以以帮工或者并工的形式，共同完成单家独户难以实现的工序。这些生产生活活动，都是以家庭为基本单元完成的。

地缘关系是以家户为基础的，人与人之间的复杂交往关系。信缘关系以及业缘关系也是如此。百姓以家户为单位建立庄子，庄子与庄子地域相近形成聚落，生产和生活中的交往造就了地缘关系。因为共同的信仰等，又衍生出共同的信仰组织。例如居住在周围的十数家家户因为共同的信仰——关公龙王保平安调风水，共同筹建了关公龙王庙，并且组成了献牲会。在每年的农历五月二十三和六月二十四举办献牲活动，且参加的人都是以家户为单位，而不是以个人为单位。

其次，村庄内社会分化较为明显。1949 年前，虽然渠中村的百姓生活都较为困苦，但是由于生产资料和生产工具占有量的不同，村民之中总有少数人能够实现财富的转移和流动，并且逐渐实现自身财富的积累。在村庄的社会分化上，有财富方面的分化，也有职业等方面的分化。例如在日常生产生活中，穷人与富人之间的交往就很少。即便是两家庄子相距很近，但如果没有什么事情，两家就是各自过活，互不联系。穷人家有红白喜事的，不会邀请富人，而富人家中办事，穷人也不会傍边。同一阶层的人民往往会有聚集和交往的倾向，例如穷人之间往往就会以互相帮工和并工的形式，来完成日常生活中的工作，如盖房搭屋，或者是生产中的牲口借用等。但是富裕户与穷人之间的联系，往往是通过用工市场来解决的，例如雇佣短工，或者雇佣长工等。除此之外，并没有生活上的交往。

再次，村落社会交往圈子小，流动性差。1949 年前，村庄内百姓之间的交往，基本上局限于自己的庄子以及庄子周围的几户人家。再向外就是自己的娘舅、姑姑等亲戚，除此之外的其他关系既难以开拓，也没有维持的必要。人情交往的圈子既有其结交的定式，也有其结交的地域限制。另外，由于除了这些人情的交际，没有其他开拓的必要性和动力，因此村民之间相互交往就变得更为局限，流动性很差。例如，老人们常讲，"当年都是各顾各的，各自种地各自吃。吃饭都还顾不上，基本上除了自家人还有亲戚，没有啥交往，跟前的人也就是平时互相搭个话。闲的时候，到一块闲谝……其他人也交往不到，也没啥必要"[1]。

二、1949 年后传统社会形态变迁

（一）土改时期

传统社会时期，村民普遍认为财富就是权力和社会地位的象征。富裕者不与穷人为伍，除了雇佣，不再与穷人之间有过多的交往。富人显示出了高人一等的姿态，而穷人则是社会地位较低的。土地革命运动在经济上将地主、富农与贫农拉平了，大家的地位相等了，但是在实际的操作中，则是将他们之前的社会地位倒换了，地主的社

1 殷富贵老人口述。

会地位降低了，而中下贫农的社会地位攀升了。一时之间，大家都害怕自己被定性为"地主"。

土改之后，大家都拥有了自己的土地，以往与地主共存的佃户、长工、雇农等也不复存在。大家都是自由的自耕农，村民之间互相帮助，不再有剥削与被剥削的关系等。在阶级关系的定性上，多少影响了村民之间的交往关系，甚至也影响了亲属关系。当时某家被定性为地主之后，基本大家就不再与其往来，即便是亲家，此时也是能避就避。相互之间不再借粮借钱，日常的走动或者婚丧嫁娶都会因为成分而介怀，甚至成为拒绝的理由。以前村庄内比较有权威的地主或者富裕户，此时一不小心就会成为村民打击和疏远的对象，家庭以及后代的生活也会因为自己的成分而受到很大的影响。此时，血缘关系、地缘关系以及业缘关系，都因阶级成分而受到巨大的影响。人们更倾向于与自己成分相同的人交往，并且坚决疏远成分不好的人。土改之后，农民均分得到土地，虽然每家都有地种，但是由于生产工具和生产资料的不足，很难完成一些基本的生产。之前由传统的血缘、地缘、业缘和信缘形成的关系和组织，也不再存续。一切都是以生产为主线进行，挤压了生产之外的其他生活活动的生存空间，同时也改变了之前由此生成的交往关系。

（二）集体化时期

土地革命之后，村庄内的百姓都分到了土地，并且由于客观的生产条件和现实的限制，村民走上了合作的道路。而后随着不断地试验和推广，合作不断地深化，最终形成了人民公社。集体化时期村民在田地产权以及生产主动权方面缺失，种植什么庄稼，如何安排家庭成员的劳动，如何分配等等都没有决定权。虽然家庭成员依旧是居住在自己家中，但是生产和生活完全分开了。生产上是由生产队进行决定，家庭的功能逐渐走向了单一化，而不是像以往传统时期的复合化。家庭成员参加劳作可以获得工分，家庭工分与劳动力数量紧密相关。农民参加劳作得到的工分不如工人参加生产所得。村民生活虽然艰苦，但是在同一村落之内，并没有贫富差距分化。在"三级所有，队为基础"的制度下，个人能力在集体中没有得到充分释放，人们缺乏劳作的动力和积极性。

处于集体之中的人们，在人情交往上"走动"减少了。以往家中还有点吃的，集体化时期，村民没有了自己的锅灶，都是吃食堂，走动亲戚也不方便。村庄内的红白喜事也渐渐地变成简办，有的受当时"革命情怀"的影响，提倡妇女晚婚、不要彩礼、顶撑半边天等，积极参与到生产之中。

集体化时期为破除四旧，将村庄内的寺庙等拆除，并将旧时期各家庄子的围墙拆掉，将土层投到地里改良土壤。虽然此时村民之间人人平等，一起吃饭一起劳作，但是普遍积极性不高。有的出假力，有的开小差。除此之外，也有新的一批权力阶层出现，就是大队的队长和工分记分员等。这是一批专门的组织管理人员，村民主要听从其安排、接受其监督。这一时期，村庄内的各种关系，如血缘关系、地缘关系、业缘关系等都退居其次。大家处在同一个生产队参加生产，生产组织将传统的生产从生活中抽离出来，这让现实生活中的交往变得缺少人情。交往中也缺少了共同面对和应对生活的基础，取而代之的是集体化、统一化的准则和安排。据老人讲："当时大家都是听队长的话，让干啥就去干啥，有时候正干这个活，就又被叫走干其他的了……回来以后就是各自回各自家，第二天还是听队长安排……干活的时候倒是有说有笑的，也挺好，不过也有人出假力"[1]。

（三）土地承包到户之后

1981年渠中实行包产到户政策，各家各户都承包了相应的田地，以"家户"为单位的生产单元又开始了，重新回归到家庭生产的百姓生产积极性很高涨。以家庭为本位的生产和生活又融合到了一起，因此村庄内的交往和社会关系以及社会结构又变得活泛且丰富起来。

首先，土地包产到户，村民生产积极性提高。包产到户之后，土地重新回到村民个人手中，农民可以自己决定种植什么作物，也可以决定种地或者是外出务工，或者兼而有之。最主要的是，分田到户之后人们可以获得更高的收入。干活是在给自己挣粮食或者挣钱，一切都是为了自己更好的生活，而不是辛苦努力地为别人的生活付出。村民收成的私人所有，唤起了人们的个人奋斗劲头。

其次，社会流动加剧。土地关系的变化，给村民带来了稳定的产量，吃喝不愁了，但是想要追求更高的生活水平，依旧需要更多的资本积累才可以。到了二十世纪九十年代，城市大范围发展而需求大量用工，农业天然的周期性，就决定了农民成为这一时期的主要劳力担当，大量的农民开始进城务工。同时百姓特别注重教育，孩子们都进入到学校接受教育。读了书之后也不再接手农业生产，年轻人要么在外打工，要么进入到了城市之中安身，村庄内多数是中老年人口管理田地。

再次，信缘关系恢复。集体化时期，村庄内对于信缘打击很厉害。当时将寺庙以及神庙都推倒，并且将拆除下来的木料等全都用于基础设施或者是农业生产上，为集体的发展做了贡献。村庄内有一个寺庙——圆善寺，在1966年被拆除，1980年由佛教弟子周明光、叶明西发起，在原址重建圆善寺大殿三间，土木结构，并塑佛像一尊，

---

1 叶发卫老人口述。

开光诵经拜佛。后来在 1989 年，又建成土木结构东西厢房十六间。每逢庙会，河东、银川等地的信教群众都会前来烧香拜佛。另外，渠中村的其他聚落也都在原来的庙宇基础上重新塑像建庙，以便满足群众的精神信仰。

三、村落社会实态

（一）血缘关系

在当下渠中村百姓的生活中，依旧是血缘关系占据主要的地位，"一家一户"是最基本的居住单元和生活单元。在日常的生产、生活以及交往之中，村民们依旧是与自己家的人合作最多。有事情的时候，一般是优先寻找自己本家的叔伯兄弟帮忙。当与周围人发生矛盾等情况时，第一时间也是自己家的亲人首先出面帮助解决。村民每年杀猪之后，就会请本家以及周围关系好的朋友或者邻居到家里吃肉。年下过节的时候，也是一大家子聚拢在一处，一块吃年夜饭跨年。另外，除了自己的本家，与娘家之间的关系也是很亲近的。旧社会时期，由于物质生活不宽裕，交通也不那么方便，而且还受封建礼教的束缚，女子出嫁之后回娘家看望次数很少。新时代妇女解放了，行动自由，交通便利，物质生活很是丰富。出嫁的女儿经常可以回到娘家小住，来回走动是常有的事情。婆家不会说什么，娘家也不会嫌。旧时只有逢年过节才会带上家人走亲访友，具有很强的规律性和季节性，但是现在走亲戚则是随心所欲，且也没有那么多的限制，完全是出于内心的想法，具有很强的自主性和便利性。

（二）地缘关系

现在的渠中村居住格局与旧时期相差不多，只是在居住规模上较之前大了许多。屋舍连接更为紧密，出现了紧挨和紧邻的现象，家家户户的寨墙都变成了现今红砖墙。与以往不同的是，现在村民们的互相帮工并不再是以人力或者畜力为基础，而是以机械设备的相互借用或者连人带机械一块借用。虽然帮工或者并工的形式有所不同，但其本质依旧是由地缘关系而建立起来的相互帮助关系。每当村民家中有红白喜事的时候，依旧和传统时期相似，由本家以及跟前的人帮助完成繁杂的事项，帮助照应客人，或者是去报丧，等等。帮忙结束之后，主家会将办宴席剩下的食物分给跟前的人带走，也会给前来帮忙的人一些小物件，例如毛巾、香烟和酒。日常或者过年的时候，凡是家户杀猪了，就会请杀猪的人以及周围的邻居和自家兄弟前去吃猪肉。

（三）信缘关系

"文化大革命"时期，渠中堡的寺庙尽皆遭到破坏，改革开放之后，各聚落重新建立起了庙宇。只是有的改变了原址，且扩展了下规模。逢年过节的时候，依旧有人会前往寺庙或者神庙进行祭拜，但是相较于旧社会时期少了很多人。日常时候这些寺庙都是没有人看管的，只有到了使用的时候，才会有人进行修整。

图 4-2　圆善寺正门

图 4-3　圆善寺重修的功德碑

1949 年前，村民家中有人过世了，就会到庙里请居士或者老师父到家中超度亡灵，诵经悼念。但是近些年来，由于庙宇等在特殊时期的破坏，以及和尚等在集体化时期转型改为普通农户、还俗等原因，现在村民超度亡灵的方式，多是到市场上请专门给人做法事的"莺莺"（音，具体写法不详）。其属于道教，日常之中不忌荤腥和女色，做法事需要收取事主一笔不少的钱。但是在 1949 年前以及之后的一段时间中，居士做法事是完全不收钱的，村民都是在寺庙办庙会的时候上些布施即可。而现在，大多数人家办事是请"莺莺"，请居士做法事的人少之又少。

（四）社会交往

现在与传统社会时期最大的不同就是，人们在交往过程中多以市场为调节和处理方式。例如旧社会时期，多数人是自己进行农业生产，或者以人情的方式请人帮助，或者以并工的方式合作生产。现在由于市场的开放性，人们开始追求更高的经济价值。大家都不再闲着，或是不愿做低收益的工作。请别人帮助自家做工，就会耽误别人出门挣钱，自己还要请人吃饭，又要供给烟酒，还需要欠着别人的人情。因此村民更多的是倾向于向市场买工，而不是优先请自家的亲人前去帮忙。请工多数是找个执事人，由其去招呼一帮子人，商定好工钱，弄明白干什么活之后，事主就不用管了，全部由执事人帮助协调，事主只需要到地里负责监督或者装车即可。

另外，在人情往来方面，随礼钱变得更多了。旧时期，只有红事的时候，才会稍微地随些钱，白事只需要送些白馍馍即可。现在村庄之内，不论红白喜事都是以送钱为主，很少再送新人实用物件。新人所需用的物件，全部是在婚前由男方家庭购置完备，而且还要经过女方家庭的审核，例如要"三金三银""一动不动"等等。如今谈婚论嫁时，娘家人还会要求男方在县城之中有自己的房子，而这已是当前不需明说的婚姻规则。

村民之间随礼的关系网变得更加密集，以前只有自己的亲戚或者周围关系较好的邻居才会随礼，现在随礼的则是遍布各地。有村内的，有村外的，各种关系纷繁复杂。有朋友、把兄弟、同学、师徒等等关系。总之能搭上关系的，且觉得关系还可以的，都是多少会随些礼的。同样，当别人家办事时，事主也需要按照"关系"送上一份礼金才可以。

（五）社会流动

当前渠中村，全村辖11个村民小组，606户，人口2031人，其中常住人口1216人。党员54名，后备干部1名，党员发展对象1名，入党积极分子3名。低保户83户，散居五保户4户，集中供养五保户1户，危房户6户，80岁以上高龄老人19人，四级以上残疾人34人。据统计，全村中进城买房的有350户，一半以上的家户在平罗县城购置房屋。冬天平罗县城开始供暖后，就进入城区生活。到了来年的春天，天气转暖土地开始耕种之后，才回到村中居住。

（六）社会冲突

当下村庄内的冲突很少。一般家庭上的矛盾是自己家庭内部成员参与解决，只要没有闹得不可开交，外人以及村委会等是不会轻易介入家事的，以免对方排斥和反感。如果家庭纠纷一直未能妥善解决，就会有村委会成员介入进行调解。涉及治安问题，如果村庄内部不能解决，就直接交由当地派出所进行处理。渠中村为了改变群众精神文化生活缺乏的现状，在农闲时节组织文体活动骨干小组，带村民学广场舞。开设农家书屋，面向群众，每个工作日开放，极大地丰富了群众文化生活。村上划分了11个网格，每个网格确定1名网格员，作为解决群众矛盾纠纷的重要力量。2007年，渠中村获得石嘴山市优秀村民调解组织称号。2011年，获得石嘴山市"明礼"创新社会管理先进集体称号。2014年，有1名村干部被评为石嘴山市"明礼"社会管理奖励基金年度优秀网格监督员。

第五章　村落文化形态与实态

　　渠中堡百姓在长期的生产与生活实践中，总结出了适宜自己生存的独特方式和技能，并且也形成了当地独特的村落文化。本章将从崇拜、信仰、思维、态度、习俗、规训以及文娱几个方面，考察传统时期渠中堡的文化形态。最后简要介绍 1949 年以来，渠中堡的文化变迁及其当下的发展现状。

第一节　崇拜与崇拜关系

　　传统社会时期，渠中堡百姓对长者的崇拜既可以从对已逝先人的祭拜中体现，又可以从其对在世老人的照顾中发觉。既可以从实物的建设与维护中体会崇拜的意义，又可以从日常和节庆的礼仪中，看到对先人崇拜的关系。本节将从神主与祖先观念、祖屋与祖坟、孝道与祭拜等几个方面来考察传统社会时期渠中堡百姓的崇拜与崇拜关系。

　　一、先人崇拜

　　（一）神主

　　1. 神主概况

　　渠中堡百姓没有供奉先祖的祠堂等专门建筑，而是在自家正屋内摆放上一个长方桌子，桌子上面放置神主——神主其实就是亡人的牌位，上书"某某（名姓）之位"。

据老人讲，人亡故了之后，在出殡这天就会请居士用黑墨水在一个神主牌上写上亡人的姓名，之后就会一直放在正屋的桌子上供奉。只要是家里亡故的人都是有神主的，并不分男女老少。神主的排放也是有规矩的，最里面和最中间的就是最为年长的过世长辈，然后两旁的分列依照长幼尊卑，最前排的就是辈分最小的晚辈。据老人讲，在自己很小的时候，家家户户正屋的桌子上都排放着先祖的神主。神主是不能随意乱动的，小孩子在很小的时候就被大人教导，可以自由出入正屋，但是没人敢动神主的位置。如果不小心动到了神主，甚至是打坏了神主，轻则招来家长的责骂，重则被施以身体责罚——或被抽打或被罚跪。如果是一大家子共同生活，小孩子犯了错误，大人特别是儿媳妇也是会被责骂管教不严的。1949 年之后，在"破四旧"等运动中，神主被当作封建迷信，一律破除掉了。

2. 祖先观念

对于渠中堡的百姓而言，知道先祖是谁，从哪里迁居过来的，具有重大意义，这就相当于知道自己的根在哪里。先祖对于村民而言就像是根一样，落在了渠中之后，就此生发枝芽。往深了说，能够知晓自己祖先的事情，也就对于渠中堡的历史愈加了解。对渠中堡的人物关系愈加了解，也就愈加能够在社会关系和生产过程中左右逢源，游刃有余。可以拿捏得住各种人物的交往尺度，从而也就愈加可能成为村庄中的权威人物。往浅一层来讲，能够记得住自己各代的祖先、各代先人的关系及其对大家庭的奉献和事迹，也就愈加能够受到别人的赏识。因为体现出了个人的孝义，而这在旧社会是非常看重的。一个人如果连自家的祖宗是谁，源头考证也知之甚少，就会被说是忘祖，而受到别人的轻视。对于祖先们打下来的基业，子孙后代是非常感念的。因为就像是神树一样，前人栽树后人乘凉，如果没有先祖的拼搏，后世是不可能在积累上有所发展的。因此对于先祖，村民是很感光荣的。每一家都有自己的奋斗史和光辉史，奋斗史拿出来给子孙后代励志，光辉史向子孙后代讲述。

（二）祖屋与家

1. 祖屋概况

每家每户都有一个祖屋，只是祖屋的年岁不同而已。对于那些几代之前就已经住在这里的家户来讲，祖屋早已风风雨雨几十年，甚至于百年。在这期间也不知道修了多少次，或部分修理或翻倒重建，或者是移位数次。但是对于那些刚迁居此地不久的新户来讲，多则三代，少则刚刚立户于此，其祖屋的年份自然相当之短暂。祖屋的面积不尽相同，也没有特别的统一标准。根据自己的人力、物力、财力和建筑面积的限制，各自作出适应性调整。但祖屋的样式基本是相同的，一般是至少有三间，多数是坐北朝南，或者坐西朝东。中间的房子就作为正屋，而正屋基本上就是祖屋。只要是老庄子没有更改过，正屋一般用来摆放神主，祭祀祖先，烧香礼佛。因此正屋或者祖屋一般不住人，两旁的房间可以住人。要是家户较小，父母一般住在东面，儿子住在西面，要是有女儿，女儿跟着父母住。

2. 祖屋管理与维修

祖屋一般不作为分家的财产，而是单独地作为公共财产。但是与祖屋相连两旁的房间，可以作为分家的财产，也可以不分，给老人和未出阁的女儿居住使用。老屋作为公共财产，维修必然要大家共同分担，但在具体的生活中是居住在里面的人自行承担。没有分家的时候，由当家人出面和出钱进行维修。如果分家之后，老人居住在这里，就是由老人出面维修。维修费用很高，就由老人的儿子们进行均摊。要是祖屋两旁的占有者是两个小家庭，那么就由两家共同分担，因为毕竟双方都是和祖屋毗邻的。

（三）祖坟

渠中堡的百姓每家都有祖坟，祖坟的位置都是在自家田地上或者是田地的附近。因此距离自己家中的位置也不尽相同，或者距离住的庄子很远，或者离得很近。祖坟没有什么特别的式样，比平地要略微高一些。四周也并没有什么特别的标识，一般会有一个正进口和一个后面的出口。一般情况下，祖坟周边是没有庄稼的，如果有庄稼也要保持一定的距离才可以，并且要将祖坟用高的土垄围起来，以免灌水的时候进水。祖坟的面积大小不一，主要是跟家户的人口和迁居的时间有关。迁居过来的越久，人口越多的家户，祖坟的面积也就越大，反之就越小。祖坟内埋葬的都是自家的先人，供奉的也都是已经亡故的先人。但是有些情况是不能进入祖坟的，例如没有成家的不能进祖坟，无儿无女不进祖坟，没有儿子不进祖坟，夭折的孩子不进祖坟。

对于村民来讲，自家的祖坟是神圣不可侵犯的。如果有人擅自毁坏或者砍伐祖坟上的树木，家户就会以很严肃的态度与人交涉。因为动了别人家祖坟上的东西，一则是对别人的先人不敬，二是对在世的家户不够尊重。破坏者必须要给出说法，否则别人是不会善罢甘休的。祖坟并不需要特殊的修缮，只需要在清明或者十月一的时候给坟头上除除草，添点新土即可。

（四）孝道

渠中堡的百姓很重视孝道，村民认为自己的存在就是长辈们给予的，因此将敬老和尊老作为对待老人的准则。在日常的生活中主要体现在：有好吃的先给老人端一碗，剩下的才给家里人分吃；老人家可以吃小灶，即专门给老人做的饭食。旧社会时期物质条件较差，大家吃的都是粗粮，因此就会特意给老人做饭，饭里面会多加点面。老

中国农村调查 黄河区域

462

人年岁大了，牙口和消化不好，只有吃点细粮才好咀嚼和消化。

对老人不尊重、言语冲撞、照顾不周等，都是属于不敬老和不孝的行为。在对村庄内有不孝行为的人的处理上，村民都是没有有效的处罚措施的。只是在道德上大家有所谴责，会说道他，但也都是背地里说，当着面是不能说这些的。百姓对于祖先的敬仰，与在世老人的孝顺是结合在一起的。每当到了节日或者老人生辰的时候，子孙们就会在给祖先摆供的同时，为在世的老人送去一些汤食饭点等物品，供老人食用。不敬老人的人对于祖先是没有敬畏之心的，对于不孝顺的人，外人也只能对他有点看法，但并不会与其断绝所有往来，只会在某些事情上与其保持距离而已。

二、崇拜关系

（一）家祭

渠中堡的百姓因为没有祠堂而只有一个堂屋摆放着各位亡故亲人的神主，因此没有那种集体的祭拜场地和仪式，只是由家里的大人在每月的初一、十五，以及清明、十月一和春节期间为神主奉香。要是到了哪位先人祭日，就需要烧纸。一般是由家里的男性长辈过去，如果男性长辈已经过世或者不便于前去，就由家中的子孙前去。如果坟地较远就只需要在家门口的空地上画个圈，面朝着祖坟的方向烧上一堆纸即可。过年、过节先人的祭拜，都是由家中的成年男性完成，女人是不能做这些的；小家庭自己单独祭拜即可，大家庭则是各自随意，并不太严格讲究这些。但在初一，给家里长辈磕头拜年之前，要先向神主磕头。大家庭在初一并不是一起去给家长磕头的，也是分拨分批的。

（二）墓祭

墓祭一般是在清明节进行，据老人讲，"我们这里清明扫墓其实不是在清明这天做的，而是在清明前三天左右。时间也主要看各家自己的安排，只要是清明前就可以了。扫墓一般是男的都去，小孩也跟着，妇女是不过去的……刚开始的时候，一大家子人先在中间对着碑面磕个头，先把最长的先人坟头给清了，然后就大家各自散开清理其他的，也不用再磕头了"[1]。参加墓祭都是自己家的人，如果家户较大，有可能本家的坟也是在一处的。

第二节　信仰与信仰关系

传统社会时期，渠中堡的信仰较为单一，主要是佛教，没有其他宗教信仰。当时人们生活普遍较为艰苦，信仰依存于生活现实，信仰行为折射出的是一种生活的实用

1　王兴庆老人口述。

性以及现实的祈愿。本节将从神灵鬼怪、信仰次序、灾害与信仰合作等方面，来考察渠中堡旧社会时期的信仰和信仰关系。

一、信仰对象

（一）神灵

1. 神灵概况

渠中堡百姓信仰的神灵较为常见，就是土地神、龙王、关公、弥勒佛等。其中土地庙主要是在各家的地头，龙王庙在现在渠中五队，之前叫作"东永固庙"，后来改为了"关公龙王庙"。唐家庙和三浦庙子都是神庙，供奉的神仙多是天地爷——玉帝等。圆善寺属于佛教的寺庙，内里有僧人和居士进行看护。这些神庙和寺庙的坐落位置都是跟人们的聚居地相接的，没有哪座庙或者寺是远离人群的。因为人们修庙的时候，就是本着实用和方便的目的建造的，为的就是满足人们在信仰方面的寄托和现实的祈愿。

2. 信仰表现

据老人讲，土地庙一般是各家各户在自家地头自行修建的，比如王兴庆老人家的土地庙就在距离庄子有十多米远的地头处。大概占地两平方米，宽度两米，长约一米，高度不到一米。土地庙都是各家自己修建，因此产权也只属于个人所有，只有自己能够使用。当地的习俗使然，也没人会使用别人家的土地庙为自己家的庄稼丰收做祈福，这样做既不吉利也不明智。因为村民认为各家的土地公只保佑这家的庄稼丰收，对他人是无效的。平时土地庙无须进行看管，只需每月的初一和十五，由家里的男性当家人到地里去给土地公烧个香即可。土地庙的规模较小，一般也没有什么维修的地方，即便是破败之后，也只需要简单的修理即可，家户内部就可以搞定，无须找专门的泥瓦匠进行修葺。

关公龙王庙（东永固庙）、唐家庙和三普庙都是神庙，平时大家都可以去。这些庙宇是共用的，庙里有专门的看庙人。这些神庙被不同聚落围聚着，相互之间的距离也不远。庙的最初由来已经无从考证，据说唐家庙是由之前一个姓唐的大户修建，后来这家人搬走了，但是大家对于庙的称呼始终没有再改口，依旧称它为唐家庙。神庙是大家共有的，因此使用也是大家共用，维修也是大家出钱。据老人讲，庙子其实是有一些地的，这些地都是附近的村民捐给庙里使用的。庙田的使用权和所有权是归庙里所有，但使用权是归管理者，即谁管理庙谁就种庙地。日常的管理主要是负责开门关门、打扫庭院、防火防盗、日常上香及平时小的维修费用等。但是，当庙有大范围损坏，就直接告诉周围的村民，由大家合伙出钱修理。据说当年圆善寺修庙的时候，还从平罗城里的大财主家化来很多钱。平时到神庙里上香的人多是周围的村民，如果庙的名气大，香火自然就多。像圆善寺就是香火不断，周围数十里的人都会慕名前来，甚至平罗城的人都有专门过来拜庙的。村民的一些公共事务会在神庙内举行，例如东永固庙在每年的五月十三和六月二十四，就会举行小范围的祭拜活动——献牲。

圆善寺属于佛教的寺庙，内里有专门看护的居士。居士之中有个老师父，老师父是受了戒的和尚，而居士则算是俗家弟子，仍旧可以娶妻，但是需要吃素向善。圆善寺有自己的田地，平时就由寺庙里的居士进行耕作，农忙时节会找附近的村民打短工，收获的粮食由居士们获得。据老人讲，圆善寺当时的土地很多，大概有百八十亩的样子，大牲口就有好几头，还有两个长工帮助种地。据传圆善寺的名气比较大，始建于清朝咸丰年间，原本是一座佛堂，俗称下营子经堂寺，1923年改经堂寺为圆善寺，十里八乡的善男信女前来拜佛诵经。后来在1966年拆除，于1980年在原址上重建。

3. 家神信仰

一般情况下，村民将灶神、财神爷、天地爷和亡故的亲人当作家中的神灵供奉着。这些家神并不是都要摆出来的，有的只是一个位分。例如，财神爷一般就是一个抱着元宝的石膏像。天地爷没有真身，在需要祭拜的时候，在庭院正中位置摆放一个香炉，上香即可。在家户心中亡故的亲人也是庇佑他们的神灵，村民们相信先人亡故之后并没有离开他们，而是以魂灵的形式守护在这里。据老人讲，每当春节的时候家家户户就会放爆竹，特别是腊月二十九这天，先人"亡魂"就会在这一天提前离开家到外面去躲一下。到了初七这天，家人要吃长面条，把亡人的"魂魄"给扯回来。灶神在渠中堡这里并没有什么画像，只是大家知道有这样的神灵存在于家中，保佑着这一家。

男性长辈在每月的初一、十五以及逢年过节，在正屋拜神。据老人讲，如果觉得家里有些不顺当，也可以请居士到家里来念经。念经时，家中所有门上都要贴对子，对子的颜色一般是头年丧事用白色，二年丧事用黄色，三年丧事用红色，如果觉得不顺当，就可以使用红色对子。居士念完经以后就将门上的对子取下烧掉，此为结愿。结束之后，户主需要请居士吃饭。一般使用素食招待，居士是不吃荤菜的，且不能喝酒。过年的时候，村民一般是年三十上午贴春联，妇女负责煮糨糊，家里的男人和小孩去贴。

（二）鬼怪

一般情况下，村民对鬼怪怀着敬畏之心，并非全然相信。大家抱持的态度就是宁可信其有，不可信其无。据老人讲，当时村子附近有一个地方叫作白树亭子。那里住着一位老太太，大家都叫她王神婆子，村民认为她会给人"叫魂"。王神婆主要给人看些医生医治不了的病症，比如人晚上睡不着觉了，孩子夜间总是大哭不止，久卧不起等等。这些病症偶尔是可以靠运气得以消除的，但是村民多数是抱着死马当做活马医的心态让她试下。神婆做完法事之后，主家就会送上辛苦钱，钱不是很多，神婆也不会漫天要价。有时还会神神道道地说上些话，交代户主些今后的注意事项。最后，就由户主将神婆送回去。村庄内是没有鬼怪组织的，也没有村民对于这些虚无的东西感兴趣。

二、信仰关系

（一）信仰次序

据老人们讲，村民最相信的就是佛教，最不相信的就是神婆。在人们的心中，佛教是教人行善，让人忍让，使人幸福和超脱的，信它能够让人的内心达到平和的状态。但是，神婆诊治绝大多数是不奏效的，因此大家请神婆到家中驱鬼看病，也是走投无路。在村民的认知里，庙宇的神是最大的，其次是家神，再者就是门神。有的时候对于解决不了的事情，村民就会归结于鬼怪狐神之力。比如在说张家长李家短的时候，会以鬼怪惩罚或者奖赏的话语，来解释事情原委。譬如"×××家一直没有生小子，算卦的说得多行好事才行。后来一家人行好，没过一年还真是生个了小子"等等类似事例。村民的信仰之中，最为虔诚的就是对庙宇中神佛的敬重。大家相信"举头三尺有神明"，自己的一切善缘一切善念，都是可以被神明所知晓的。自己不好的事情和想法，庙神也是一览无余的。因此大家都是积极向善，想为自己和家人求个福报。

（二）拜神

通常情况下，村民拜神都是专门过去的。比如初一和十五的时候，如天地爷家户中的男性家长就会到庙里烧香。烧香的过程是很有讲究的，一般是地位较高的神要奉上五炷香。小一点的奉上三炷香，其他的列位小神各奉上一炷香，门口的石狮子也要奉上一炷香，表示敬畏。除了上香，要烧点表[1]。

对于那些较为大型的寺庙来讲，一年之中总是要办几次庙会的。据老人们讲，圆善寺办会这天，总是会来很多流落在街的要饭人员，圆善寺的僧人会给他们油饼子和豆腐汤。这些流浪人员是不需要到寺庙烧纸或者上些布施的。圆善寺办会的时候周围会来一些卖东西的，主要是卖糖的，也有炸油饼子的，卖糕点的。男人来上香，一般是吃了饭就回去了。如果是老婆婆带着孙辈和媳妇过来，就会给孙辈买点糖果吃，媳妇也可以随处逛下，看看是否有自己合意的东西。

渠中堡的村民信仰的都是佛教等大教，而不是那种小众的教会组织，因此无须私下结会碰头。如果自己有需要，可以直接到寺庙中进香拜祭。再者，村民之间的交往，

---

1 表，旧时渠中堡当地祭拜时用的一种特殊样式的烧纸。

主要是依凭个人的关系以及生产和生活中的一些共事关系，与其信仰什么并无太多瓜葛。居士在村子里很受村民的敬重，因为每家都有老人，等到老人去世了以后，就需要居士念经做法事结愿，之后老人才能下葬为安。另外，除了居士，还有一个群体也是可以给死者做法事的，这种人群叫作"莺莺"（音）。据老人讲，"莺莺"属于道教，而居士属于佛教。"莺莺"没有忌口，可以吃肉喝酒，但是居士就不可以。"莺莺"和居士平时也是做农活的，在农闲时节除了打坐念经，还会向人传教，教人向善，"莺莺"和居士从来没有什么冲突。虽然人们的信仰有所不同，但是其交往方式和交往关系依旧是以村庄内的社会交往习惯和风俗进行的，并没有夹杂太多信仰的因素。

（三）灾害与信仰的合作关系

据老人讲每年的五月十三和六月二十四，在东永固庙——也叫关公龙王庙会进行小范围的"献牲会"，主要是为了祈求风调雨顺，庄稼丰收。每年的开春时节，或者是二月初二这天，渠中堡就会请端公到各个庙宇跳大神，一般是第一天先到关公龙王庙，第二天去李岗大庙，第三天去火神庙。仪式开始的时候，由两个人抬着楼子在中间。点上火之后，一身乌黑装扮的端公就开始围着楼子跳，手里拿着一红一绿两个面团搓成的虫子，一边跳一边念叨"老姨姥，开雨露，红虫绿虫落一地，雨露开"。之后"将面团虫子投进楼子中，这个仪式就是当地的'老乌收虫'。就是说乌鸦会吃虫子，保庄稼……端公一身黑，头上戴着高黑帽子，身上穿着宽松黑袍子"。[1]

第三节　思维与思维关系

传统社会时期，渠中堡百姓在生产生活中的行为及逻辑受到思维方式的影响，而这些思维方式的形成主要是村庄生活关系的形塑，以及前人经验的传递。村民的行动受到思维方式的影响，同时思维方式也随着行动不断改造。思维方式指导着村民的行动，而行动逐渐内化成为习惯，在不知不觉中又沉淀成新的思维方式。生产生活实践中的经验总结，加上先辈们的身教言传，使得渠中堡百姓的思维主要表现为经验思维、务实思维、循环思维、平均思维等几个方面，本节就从以上几个方面考察 1949 年之前渠中堡百姓的思维和思维关系。

一、经验思维与思维关系

（一）生产生活中的经验

旧社会时期，村民的生产与生活基本是相互融通的，生产的过程就是生活，而生

1　王兴庆老人口述。

活就是生产和社会交往的有机组合。村民在长久的生活中积累了一系列的经验，其中包括以下几个方面。一是有关于气象与生产生活。"二月雨，卖儿女。"二月天正是麦子出苗的时候，这个时候如果下雨，土地就会变黏，麦子拱不出来。而且下雨之后盐碱就会上来，到时候即使麦子出来了也要被烧死的。"九九加一九，耧铧满地走。"到了这个时节的，百姓把庄稼都收好了，该让地休息下了，就把地深耕一下，好好翻整，来年才能有更多的肥力养庄稼。"水罐出汗，阴雨出现。"每当阴雨天气出现，空气中的湿度就会加大，水蒸气遇见水罐表面就会凝结成水珠。因此看到这一现象，村民就知道要下雨了。"有钱难买五月旱，六月连阴吃饱饭。"这是说，五月的天气正是麦子收获的季节，而麦子是需要高温才能生长的。六月正是秋庄稼生长的时候，此时正需要大量的雨水，连阴天气就能很好地满足庄稼生产前期的水分供应。"好田三年又一丢，坏田三年有一收。"好田地种得时间长了，连番种植重茬之后，田地就会缺乏肥力，庄稼长得不好。坏田地因为前茬作物没有将土地肥力完全吸收，因此还剩下一些肥力可供给作物生长。只要抓住了苗子，遇上了好年景也是可以达到丰收的。"秫秫不出穗，白露不低头，寒露割了喂老牛。"这里主要是指秋庄稼在白露时候还没有压弯枝干，就是到了寒露也没有收获，只能把它割了给牛当作饲料。

二是关于耕作与生产生活。据老人讲，旧时期百姓很看重深耕，凡是有牛的家户在收了庄稼之后，都是要将老牛套上耕一遍地的。有的人家没有牛马，就是借也会很愿意将土地翻整一遍。"晒田如放账"，这句话是讲在收了庄稼之后，将田地晾晒几天，之后再进行翻耕，这样做可以将土地的肥力更好地恢复。"头遍犁破皮，二遍犁满犁""深耕一寸，强如上粪""伏天划破皮，强如秋后犁一犁""麦要好，地要倒，倒茬如上粪"，这些谚语是讲深耕和倒茬种植的好处。深耕可以增加土地的肥力，这样就可以不用上粪肥了。倒茬种植可以让土地的肥力不至于一次性揭空，为今后的土地肥力恢复打下基础，同时也可以通过换茬来获得更高的土地使用效率和利用价值。

三是关于选种播种方面与生产生活。"种子年年选，产量渐渐高""好种出好苗，好葫芦出好瓢""种田种埂，穿衣穿领"，这些谚语都是教导人们要提前选好种子。因为好种子才能出好苗子，好苗子才能结好的果子，好的果子才能出得了好的产量和品相。"谷雨前后，种瓜种豆""小满谷子芒种稻，夏至不种高山糜""头伏荞麦，二伏菜，小糜子种在头伏外"，这些谚语告诉人们农作物各有合宜的种植农时，顺时而为，不能延误农时，否则就难以获得好的收成。"惊蛰不在家，入伏不在地"，指的是人们需要在不同时节决定是否安排农活。"针扎胡麻卧牛谷，背着干粮找秫秫"，这句话讲的是胡麻需要密植，谷子由于分蘖较多，所以要给它留下适当的空间，让谷苗自己进行分蘖扩枝。而穄穄也是由于其强大的分蘖能力，需要预留下更多的扩展空间。因此老百姓就用针扎、卧牛这些词语来形容作物之间的株距，内里不乏有夸张成分，却是喻指作物的生长特性和提醒人们种植时候注意的要领。"深谷子，浅穄子，荞麦胡麻种到浮皮上"，这句农谚教导人们在种植谷子的时候要深播，因为谷子的根系较为细弱，深播才能防止后期孕穗时期的倒伏。浅穄子，指的是穄子不能够深埋，否则影响其出芽率。另外就是穄子的根系比谷子要强劲一些，不怕浅播，后期依旧可以扎根较深。荞麦和胡麻种子较小，苗子较小，因此其出土的时候顶破能力较弱，故而只能浅播，不能深种，否则就会导致苗子萌发之后无法破土出来，气温升高之后就会因为见不到阳光和空气而闷死。

四是关于施肥与生产生活。"庄稼一枝花，全靠粪当家""种地不上粪，等于瞎胡混""要想庄稼长，粪筐不离膀""要想吃个香的，就得拾个脏的""积粪如积金""家里的土，地里的虎""冬天看粪堆，夏天看麦堆""冷粪果木，热粪菜，生粪上地连根坏"，这些关于施肥的农谚，都是老百姓总结并流传下来的经验，其中还带有对于人们种地的指导以及鼓励。据老人讲，以前种地全靠天吃饭。一般情况下渠中堡的百姓用水灌溉还是不成问题的，但是由于盐碱地较为贫瘠，改良土地也全靠粪肥才可以。种地需要深耕，或者种上三五年就让地空闲一年，啥也不种，此为歇地。那些有牲口的家户，基本上每年都在忙。收了庄稼之后犁地之前，要将家里的粪肥拉到地里头去，放在一堆，然后用土把表面封起来。过上一个冬天之后，开春把这些经过一冬天发酵的粪肥均匀地撒在地里，然后套上老牛开始犁地。之后又要耙地，将土地平整好，以便于今后浇水的时候省去好多麻烦。据老人讲，旧社会，地主家里的地比较多，大牲口也比较多。因此秋收之后，就会将家里的粪肥用老牛车拉到地里上粪，这时候也会雇人，但是一般雇佣的都是自己跟前的人，即邻居。有时也会选择过冬之前耕犁，秋收之后先把粪肥散开，再套牛犁地。犁完地之后就简单地平整一下，灌上过冬水，随便晾即可。到了开春播种之前，就再套上老牛耙一遍，将大土块碾碎平整好即可种庄稼。老人们讲"以前种地没有化肥什么的，只能是靠上粪，家里没有牲口的就把自家厕所里的粪拉出来上到地里。没有粪不咋长粮食，特别是麦子，吃肥多……没有牲口的人家一般种的麦子都很少，勉强够自己家吃点就可以了"。[1]

五是田地庄稼管理与生产生活。例如"人哄田一时，田哄人一年"，教导人们不能在种庄稼上马虎。人对庄稼不下力，偷懒耍滑，等到了秋季收获的时候庄稼的产量就很少，像是哄人一样。"头水满，二水浅，三水洗个脸（小麦）。"小麦生长周期内一般

---

1 王兴庆老人口述。

至少要灌三次水，头一水要将整畦麦地灌满。第二水就是浅浅地浇上一次水即可，这时麦子吃水量不大。第三次水更少，就像是人洗脸一样，只需要让麦子稍微喝点水即可。这样到了收割的季节小麦不会因为高温炙烤而过早死亡。另外可以使得地皮不那么干裂，以为后期种其他作物留下较好的土墒。"糜子长得好，多多来除草"，教导人们对庄稼的投入和管理要下功夫。不能偷懒，要勤快，才能获得更多的粮食。"谷锄三遍饿死猪"，形象而又生动地讲述着对于农作物管理的经验。谷子多用锄头除草松土，谷粒就会长得更加饱满，而皮儿也就更薄一些，碾出来的麸糠也就越少，喂猪的饲料也就越少了，因此就夸张说成——饿死猪。"锄头底下三分水"，这句话包含了人们的生产经验。土地多锄一下就可以保墒，让土地保留更多的水分在底下，这样就可以供给庄稼生长周期内的正常用水。

（二）经验思维在生活中的排斥性

旧社会时期，由于受到当时社会文明及物质文明等发展的局限，渠中堡的百姓确实会有一些思想上的局限与对外排斥性。渠中堡因为距离黄渠桥镇较近，而黄渠桥在当时是有名的宁北重镇，很多管理局都在黄渠桥镇上设立，因此当地的经济文化等交流较为频繁，新思想和新风尚也较为容易传播出去，故而渠中堡的百姓，从那里得到了很多外界的新思想和新的生产生活经验。主要体现在日常生活中，村民并不是很难接受别人的观点和想法，而是尝试着变通，并且总结是否更加有效，还有没有改进的空间，他们并不是保守的。例如当时在镇上就有西医诊所，民国十八年（1929年），一位银川的医生就到黄渠桥镇上行医，使用西药诊治，当地百姓到那里看病的也较多。当地的一位女性村民莫如贤，在解放不久经过医疗卫生部门的接生培训后，成为古镇第一位新法接生员。此后的数十年里接生人数达数千人之多，有的人家两代人都是由她接生的。[1] 据老人讲，当时村里有人会木工的活，就到黄渠桥镇上租了门店开铺子。只要买家能够提出样式，就可以做得到，而且包对方满意。

（三）经验思维在生产中的守旧性

在生产方面，由于受到当时社会生产力的限制，渠中堡的村民还是比较保守的，并且在田地管理上有一定的固守经验，种植结构上也很单一。没有人专门种植蔬菜或者是棉花、大豆、芝麻等作物，村民都是在自家的小片土地上适当种植这些作物，以供家人使用。据老人讲，以前种地主要是为了吃饭和穿衣。因此种植的作物主要是糜子、谷子、小麦、玉米、高粱，间或种植一些棉花，以供给自家制作棉被和棉服时使用。村民的冒险意识很弱，不会冒着饿肚子的风险将地都给种上棉花，即便是棉花的

1 杜迁：《古今黄渠桥》，中国文史出版社2019年版，第30页。

价格很贵也不会放弃种植粮食，去种这些经济作物。除此之外，市场面向较小、村民需求量和交易量不足，也导致市场上流通的棉花等经济作物较少。只有少部分人偶尔才会需要少许的棉花等经济作物，因此买家少，卖家也少。

（四）经验思维中的权威性

旧社会时期没有太多的新兴事物出现，并且大家的生活同质性很强。平日里都是按照农时安排田间事务，日出而作日落而息，较少有匠人和小生意人穿插于乡村之间。因此所做的事情，基本是先辈们早就已经总结好了的。传下来的经验确实是行之有效的，大家都是沿用着既有的方法去种地，无须进行太多的改革和创新。对于村民来讲，这些旧有的方式和方法是自己赖以生存的根本，而掌握这些方式方法和知识的人，就是村庄里的老人和有学问的人，以及家中的家长。故而对于他们说的话，年轻人多是信任、服从与尊重，并且愿意去执行。这些掌握着经验、知识、公权力的人指导日常生活中的问题的解决，因此村民多数将他们奉为权威，并且对于他们的话不敢有所质疑。在村民眼中，尊老敬老是应该的，他们执行老人的决定，服从老人的安排。有的时候，当家长征求家人的意见的时候，家人也是可以自由说话的，可以大胆地说出不同意见，这只是家庭内部的协商，并不是对于家长权威的质疑。随着老人年岁的增加，以及年轻人阅历和知识的递增，老人的权威逐渐被新人所替代，但是家长的权威依旧是最大的。一般情况下，年轻人对于老人决定的质疑也是有的，当意见不统一的时候，年轻人是可以说出来的，但最终是否被采纳或者是否做更改，依旧要看老人的决定。也就是说，即便是年轻人当家了，老人的权威依旧在于年轻人之上。另外，如果大家庭分化为了若干个小家庭，小家庭内部的事情就由男性当家作主。当事情涉及多个小家庭时，依旧是主要由老人做决定，但是这些小家庭可以影响甚至改变老人的决定。

在一个村庄之内，保长的权威是最大的。因为保长不光是一个能够和政府搭上边的人，而且他在村庄内经济实力远大于常人。再者，还有暴力的加持。因此在一个堡内，保长的权威是无可置疑的。当自己家无法完成保长下达的任务的时候，村民多是选择逃跑或者是迁出。对于保长的权威，村民是不敢有异议的，只能是按照其下达的意思具体去执行，或是缴税，或是迎民夫，或者是交摊丁费等等。如果没能按时上交，保长就会派甲长催收，村民还是不能完成的话，保长就会带上保丁亲自过来收缴。

二、务实思维与思维关系

（一）务实表现

传统社会时期，渠中堡的村民虽然信奉勤劳可以使得自己过上好日子，但是由于受各种外界条件的限制，例如生产工具、土地拥有量、各种税费、抓兵等因素，老百姓还是偏向于勤劳过安稳日子的逻辑。在老百姓的思想认知里，人只要勤快了就可以有饭吃，有衣穿。而判断一个人是否勤快的标准就是——庄稼长得好，地里干净没有草。另外，在种地方面还有一些俗语谚语，例如"穷汉变富汉，秋后犁一遍""富汉变穷汉，秋后犁九遍""秋地都翻过，明年吃馍馍"，这些俗语主要是告诫人们既要注意勤快，又要注意勤快的度量。这些谚语指导人们劳作方法，注重劳作方式，并且还教育人们务实勤快。"地是刮金板，人勤地不懒"，这句谚语就是务实思维很明显的体现。土地就是人们赖以生存的基础，只要人们投入了足够的精力，做好自己的事情，土地就不会亏待人，给人以源源不断的收成。"人哄田一时，田哄人一年"，这句话讲的是在种庄稼做事情的时候，不能偷懒耍滑，要务实。有一说一，一板一眼，实打实去做，不然到了秋后庄稼收成就会很低。

（二）重利

1949 年之前，渠中堡的村民生活上比较艰苦，为了自家生计通常比较重视实实在在的眼前利益，而对于长远的利益则比较忽视。对于渠中堡的百姓而言，能够吃饱肚子，家里有些余粮，地里庄稼在长，这些就是保障，在这之上却没有其他的思量。例如，当时只有少数大户人家才会让孩子读书，对于小户人家而言，温饱尚不能完全解决，是不会让孩子读书的。旧时期，能够读书的都是男孩，对于女孩的教育更是无从谈起。男孩很小的时候就要帮助家里放羊看牛，或者是干脆给地主家里放牛、放羊或者放马，叶发卫老人当年就给沈家地主放过牛羊。女孩子则是跟着母亲在家里做些家务，学做些针线活等。当时黄渠桥镇上有兴办的新式小学，还有很出名的绥远师范。但是由于受到传统思想束缚和当下利益与长远利益对比，多数村民是没有上过学的。直到 1949 年之后，村庄内的适龄儿童以及年龄稍大的儿童才能读上三两年的小学——当地称之为完小。

（三）物尽其用，能省就省

旧社会时期物质较为贫乏，村民都是紧巴着过日子。因此老百姓对于能够使用和食用的物品都是十分珍惜的。比如地里的粮食和庄稼秆儿的利用就是极尽所能，粮食供人食用，秸秆饲喂牲口。

在庄稼种植方面，据老人讲，"当时种地粮食产量很低，地少的人就得给人家打工，才能吃饱肚子，供一家人的生活。种地就是为了吃饭穿衣，再难顾其他的了。粮食是不敢浪费的，一是家里人会吵你，二来是你也舍不得丢，吃还吃不饱，哪会浪费。种地多了，人就干不动了，只能靠牲口。牲口得养啊，庄稼给人吃，庄稼秆就喂牲口，不过牲口吃的料也有讲究。羊吃马蔺，骡马吃谷草，糜子秆儿就拿来喂牛和毛驴。我们这里种麦子很少，麦子吃水更吃肥料，要是家里头没有牲口的，根本就长不出多少粮食，不如种点糜子。糜子抗旱，只要年景好，一亩地就能收个六百来斤。麦子就是在好年景，缺了肥料也就是三百来斤的产量。再者我们这喂牛羊多，麦子秆儿牛羊不肯吃，羊吃的马蔺是地里长的野草，当时大滩多，就在那晒着，冬天的时候拿来喂羊"[1]。

在生活用具和农具等购买和使用方面，据老人讲："当时手里都没余钱，用钱的时候就是拿着麦子或者糜子先去卖了，再去买东西，买东西也不是啥都买，只有那些用得着的才会买，还得是非用不可的，要是这个东西能借着，也就省钱不买了，就借人家的用……"这种能省就省的节俭思想，使得村民在艰苦的旧社会条件下锻炼出了很强的生存韧性，能够保全自身的同时也为下一代的生活开展积攒了些物质基础，但是同时产生了一些阻滞作用，在一定的时期内，村庄内现代化设备的发展和思想进步是稍微迟滞的。

（四）利益次序与创新

对于村民来讲，当下的利益才是实实在在的，那些今后的许诺或者期盼是不足为凭的。大家在生活上过得很艰苦，缺乏投资和无私奉献的物质基础，图的是现报和互帮互助的对等关系。村民的利益收益期限，都是依附于日常的生活节奏的。例如东家借了西家的糜子，就会约定在秋后收了新粮，或者等量归还，或者以约定的利息增量归还，这就是以庄稼的生长为限。另外，村庄内一般也很缺乏创新，大家都被生活所束缚，个人的创新不足以改变整个时代的发展。而且对于年纪较大的人来讲，年轻人的创新有时候是不"务实"的，家长不允许他们胡乱折腾，而是教导他们安心种地，多打粮食。

三、循环思维与思维关系

农民的日常生活安排全都是按照农时和季节进行的，一年四季轮回，百姓的生活也是如此循环往复，按照季节安排农事，按照农事安排生活。由于生活和生产环境的固定不变，也无须进行太多的农事安排，大家全凭经验进行。既不需要培养新种子，也不需要更新种植技术。年复年，日复日，到了哪个节点就做哪样的事。就这样固定不变的四季农时，形成了稳定的农事，也就形成了人们稳定的生活节奏，同样造就了村民循环的思想。

在生活上，大家每天都是早起做活。女子收拾家务，喂养牲畜家禽，打扫院落，准备饭食，男子下地。吃了饭之后，男子开始田间劳作或者是为人打短工，妇女看护

1　王兴庆老人口述。

孩子洗刷衣物等。晚上，回家吃饭闲聊，天黑了就早早睡觉，节省灯油。到了某个节日，就提前准备下，串亲戚或者是上坟地等等。耕作方面种植的庄稼基本就是固定的。春季种少许麦子，再多种点糜子，夏季收麦子后种点菜或者直接晾着不种，秋天收了糜子后，开始犁地耙地，把家里的粪肥运到地里堆着。过了冬开了化后，就把粪肥散开，耙一下就开始种麦子种糜子。到了秋收之后，又开始新一轮的耕地犁地上肥等等。年年如此，循环往复。村民对于这种生活已经是习惯了，而且农事安排的周期和间隔其实较长，因此没有那种厌烦的情绪，并且村民很清楚自己这样做的目的——为了吃穿，为了自己和家人最基本的生存需求。

另外，村民对于循环思维的另一个表现层面则是关于孩子养育方面的，比如买衣服或者是做衣服，只需要给第一个孩子做件合适的就可以了。因为老大的衣服穿不上了可以给老二穿，老二穿不上了就可以给老三穿，而这时老二又可以穿老大的衣服。就这样循环着，既可以帮助家户解决穿衣问题，还可以节省材料和金钱。循环的思维帮助村民更加熟悉所处的生活和生产环境，但是同时也将村民的思想封闭在一个闭环之中，使其无法向外进行拓展。例如在需要做出改变的时候，村民往往是采用既有的模式和方法去调试，而不是大胆地去革新。就如当地开荒滩的时候，只是简单地开垦，两三年后又弃荒，而不是采用开垦—改良的长久方式。

（一）对自然的依赖性

旧社会时期，水利设施比较落后。只有在泗渠里面存有蓄水的情况下，才能浇得上地，而且当时的盐碱地土质较差，没有什么改良的好方法，因此只能将就种上粮食，靠天吃饭。村民种在地里的庄稼，遇到好年景勉强可以维持温饱，一旦年景不好，轻则减产，重则颗粒无收。据王兴庆老人讲，当年他们家附近有一个拦水坡，那边有一条很长的人为堆砌起来的土墙，用来拦截西北面来的水。因为黄河涨水之后，那边的地势较低，所以当时就集体建了一个拦水的土墙，具体是如何建造又是何人指挥建造的，老人并不知晓。

（二）交往中的循环思维

在农事安排的过程中，有时候需要进行互相帮助，互相帮助就需要对关系进行维护和发展，而关系的维护和发展的过程其实就是一个循环的过程。比如东家和西家是邻居，两家结伴搭伙耕地，今年东家先耕，明年就是西家先耕。今年东家娶媳妇西家随了份子，还过来帮忙，等到西家有事情的时候，东家照样也得随礼和过去帮忙。渠中堡的百姓深知"礼尚往来"的重要性，这是维护和发展关系的重要纽带。在纽带上维系关系的不光是亲人，还有朋友和邻居。一旦关系维系的过程中出现了断点，则会在短期内对交往的流畅性和频度有所影响。即交往中出现问题后，就容易产生嫌隙，交往的频率就会低于之前。总体来讲，村民交往的主要原则是人情的欠与还，并在欠与还的循环往复中不断地加深交往关系。

四、中庸思维与思维关系

（一）生产生活中的中庸思维

渠中堡百姓的生活是很俭朴的，并没有什么外显露富的人家，反倒是越富的人越是收紧腰包。一来是当时的物质较为贫乏，没有现今这么多吃的种类。二来是当时吃的东西，主要是种出来的粮食。地主和有钱的人家中存储的粮食比普通人要更多一些，并没有什么特别之处，只是他们没有饿肚子之虞。另外最关键的是因为当时治安较差，经常有偷窃和土匪来抢掠富人的情况发生。据老人讲，一般情况下土匪就是选择那些有钱的，还有就是庄子大的人家人下手。但是土匪来之前必须得先踩点，先看下谁是有钱的，因此一旦财富外露，就会很容易招引匪暴来抢夺。据老人讲，当时沈家田地有八九十亩，但是沈家老爷子还经常穿着破旧的衣服，背着篓子去地里捡拾牲口粪便，以备来年上地使用。不是熟悉的人，单从衣着上判断的话，根本无从知晓其家中生活是比较好的。

（二）权力与中庸思维

据老人讲，当时的保长都是上头指派的。保长指派与自己关系较好，并且愿意支持自己的人当甲长。保长都是些家庭实力较强的大门大户人家，而甲长则是很普通的人家，可能其田地稍微比普通人多几亩。保丁则是村庄内一些平日里不太受人待见的人，这些人一般是充当保长的打手和爪牙。当保长需要使用暴力时，就由其协助抓捕、捆绑、摁捺当事人。对于甲长而言，很多人是不愿意当的。因为甲长面对的都是些离他很近的亲戚或者邻居，有时候保长传达的命令就是有违村民利益的，这就使得自己很容易得罪人，因而多数人是不愿意当甲长的。在村庄内有其他事情的时候，多数人也是不愿意充当带头的。大家都懂得一句话"枪打出头鸟"和"法不责众"。也就是说，如果自己是带头的人，那么当需要有人顶罪和受罚的时候，他就更容易受到处罚。如果自己只是跟着众人一块做事，即便是有错，也是由大家一块来承担，而且人数越多，免于受罚的机会越大，或者是受到的损失也就越小，因为有众人一块承担着。

（三）日常行为与中庸思维

在日常的行为中，村民始终保持着中规中矩的态度。平日里，个人是不可能做出一些出头的事情的，以免受到别人的怨恨和责罚。只有那些被人推选的人，才愿意在小组织内部做出些协调和调度。比如东永固庙每年两次的"献牲"活动，就是当地聚落内的少数家庭聚合组成的小型组织活动。会长是王姓的一位地主，有较多的田地，个人也是会木工活的匠人，有一定的经济基础和个人能力，组织起来还是井井有条。

对于村庄里有人主动冒尖，村民对其态度也是不同的。如果此人心术正道，并且也有了一番作为的话，会说其胆大心细，有能力。如果其一事无成，混迹于街头巷尾的话，就会沦为他人茶余饭后的谈资、教育孩子时举的反例。对于那些耀武扬威的保丁和保长而言，村民是敢怒不敢言。表面上依旧是保持着恭敬和服从的样子，但是背地里对他们的为人处世并不认同，也并没有从心眼里对其尊重和拥护。

（四）生产生活中的中庸态度及评判

渠中堡百姓都不太喜欢太过招摇、炫耀，也不喜欢太冒尖。自己不喜欢这样，也不愿意亲人做出这样的行为。村民也不待见这样的人。因为这些人在为人处世的时候总是让人不舒服，"跟自己说不来，合不来"。村民就不会与其交往，即便是有所来往，也只是很肤浅的邻里关系，并不会与其有生产和生活上的合作关系，更不可能有联姻等关系。这些人在冒尖的时候，更容易出错出丑，也更容易成为村庄里的笑料。而这在村民眼中是极其丢身份和失面子的事情，大家都不想因为和这种人关系过密而被人指指点点。

五、平均思维与思维关系

（一）生产生活与平均思维

在渠中堡百姓的生产生活中，平均思想很是明显。大家都是不富裕的，因此都不愿意比别人多出力，多出钱物等。平均思想既是对分配规则的体现，也是公平公正的体现。在生产生活过程中具体表现为分家、修桥、修路、修庙、赶人情、并工、伙养耕牛等。这种平均的思想就是村民在家户内部相处和家户对外交往的准则，也是村庄内部处理事情和分配责任时候的公平准则与规定。如果出现不平均的情况，那么就是公平公正缺失的表现。在分家过程中就会有人不接受结果，拒绝执行，导致分家无法继续。在修桥、修路、修庙时，就会表现出当事人的不配合，不出钱物或者不出工出力，甚至有所阻挠。在赶人情方面，则会引起两家甚至多家之间的矛盾，导致亲情破裂，友情难再，邻里关系等失和。在并工和伙养方面，则会导致工作无法继续下去，自愿结合的小型组织解散，双方变成单干的困苦状态。

（二）平均的次序与认知

在村民的思想意识里，平均既是数量上的平均，也是质量上的平均，既是感官上的平均，也要是心理上的平均。这种平均既要息事——解决事情，又要宁人——当事人都接受并且愿意执行。例如在分家方面，一般是老人在给儿子们分家之前，将所有的必备物品分成几份，确保每个儿子都能得到一份相等的。如果确实无法达到质量和数量上的平均，就要在其他方面进行找补，直到当事人满意为止。在日常生活中，村民觉得不平均，或者是受到了不公平的待遇，是一定会表现出来的。如果可以理论，就会去找当家人说理。如果没有办法向当家人或者管理人说理，就会向周围的人诉苦抱怨，指摘不公。有时候村民要是不满村内的决定和处理的事情，也可以当面说出来，并且可以当场表示不接受，之后再进行协商。

（三）村落平均关系

在村落范围内，村庄内的交往规则都是一样的，就是对人一律平等对待。交往、分派、出丁等，皆是如此。当时的大环境之下，大家都是过着不富裕的日子。如果没有按照平均原则进行分配和划分责任，就会引起矛盾。因此大家在做出划分之前，就事先商定好了平分规定。各项税费、出丁、出工、水费等，都是按照家户人口或者是土地占有量进行均分的。例如挖渠沟出工，就是按照家户土地占有量的多少进行出工，没有出工的人家，就按照市价向代为出工的人买工。摊丁费是由划分的片区内未出丁当兵的人家拿出钱来给家里出丁的人家，费用的分摊方法就是均摊。

（四）家庭平均关系

在家庭内部，同样讲求平均，平均分配即代表着平等对待。如果没有做到平等对待，就会受到儿子们的埋怨，导致分家之后的妯娌、婆媳、父子等关系的不合，甚至拒绝赡养老人。在养老、分家以及丧葬出资等方面，都是讲求平均平等的。例如在分家的时候，家中的一应物品均等地分为几份，由儿子们选择或者抽签。在养老方面，老人一般是随着最小的儿子一起生活。在赡养的过程中，如果父母出现小的疾病，则由养老儿单独承担。若是有较重疾病的话，则是由所有的儿子共同承担。至于丧葬方面，可以由养老儿个人承担丧葬事务，收纳礼金，也可以所有的兄弟均摊丧葬所有花销，均分礼金。如果在家庭内部没能做到家庭成员的平等对待，就会导致关系失和，引起家庭矛盾，加速大家庭向小家庭分裂的发展趋势和进程。

第四节　态度与态度关系

态度既是人们人生观与价值观的表现形式，也是人们行为产生的重要先决条件。传统社会时期，渠中堡的百姓在生育观念上倾向于生男孩。在生产上，偏向于小家庭单独生产，勤劳苦干。在生活上，讲究俭省节约，量入为出，精打细算。在社会交往上，不关己事不开口。在政治权力上，怕官、怕事、怕收粮和收税。在对待人生方面，期盼一生操劳无怨，多劳多得，有牛有车，地多房多，儿孙多，多福多寿。

一、生育态度

（一）生育观念

1. 生育概况

在传统社会时期，第一个男孩出生后，整个家庭犹如吃了一颗定心丸。家庭自此后继有人。在村民日常生活中，生育有着非凡的意义。如果一对夫妻结婚之后一直没有孩子，其他村民就会在背后议论其不能生育，且年轻的时候，媳妇还会被婆婆骂，在家里的地位低下，不被人重视和尊重。除此之外，村民没有儿子，死后不能进祖坟。无儿无女的人死后更是孤苦，就连丧事都是很简单地了结。

生育对于生产具有扩大化和延续化的作用。首先待到儿女长大之后，可以帮助父母做些力所能及的事情，在家庭扩大生产的时候，能够起到关键的支撑作用。其次，生养儿女之后，家庭就会后继有人，儿子能够在自己老年之后将家产和田地悉数接管，这样子自己在年轻的时候打拼才更有劲。否则的话，由于没有后人，自己将没有扩大生产和财产积累的动力。再次，在自己不能劳动甚至生病不能动弹的时候，儿女可赡养自己。死后还可以安心地葬入祖坟之中，不至于孤苦伶仃地埋在野地里。

2. 生育倾向

在子女的生养方面，村民更倾向于生男孩。旧社会的传统认定男孩才是家里继承人，而且男孩能干活，能帮助家庭进行生产，能够传宗接代，女孩则不能，出嫁之后就是别人家的人，为他人传宗接代。一般来讲，村民家庭平均会有四到六个孩子，男孩两三个，女孩两三个。生男孩和生女孩在家中的地位会有所差别的，最明显的差别就是在生育之后坐月子期间吃的东西会不太一样。比如今年生的是个男孩，那么吃的东西可能就是细粮较多，还会有面条鸡蛋、白面馍馍等。但如果来年生的是个女儿，吃的细粮要少一些，而且鸡蛋和白面馍馍的供应次数明显减少。生男孩或者生女孩，对于家户在家族或者村庄里的地位不会有所影响。只是在双方交恶的情况下，别人会拿对方不会生养或者没有后人这件事情去做文章，说其是绝户。一般情况下，村民都是避讳敏感话题的，不会在交谈的时候提及不愉快的话题。旧社会时期，村民虽然更想要生养男孩，但是对于女孩，只有在家庭实在是无法维继的情况下，才会将孩子送人，否则在家里也只能活活饿死。但是这种都是平日里不勤劳，游手好闲的人，或者是染上大烟，家产败尽的人，走投无路时才会做的事情，村庄内的正常人家是不可能做出这种事情的。

家户生养孩子之后，就会在门上挂个红布条子，周围的人看了就知道这家添了孩子，也就不再到他家里串门。因为怕带了风气，伤了孕妇和孩子，等到了孩子满月之后才过去串门。生养男孩或者女孩之后，庆祝仪式上没有什么差别，都是在孩子出生后的第三天，周围跟家户有礼节来往的人家会送汤面到事主家。每家用一个大盘子，端着一盘手工做得生面条，事主则负责将面条煮了分给来人吃。据老人讲当时老百姓的生活都不宽裕，很多都是不给孩子过满月的。但是也有的人家会过满月，会请周围的邻居和家里的亲戚等过来看孩子。户主用长面待客，这就算是做了满月，很少情况是用宴席招待的。来看小孩的亲戚朋友，一般是送点布、面，或者小孩子鞋、衣服、帽子之类的东西。

（二）生育数量倾向

旧社会时期，村民普遍希望多生孩子，尤其是多生男孩子。村民对于生养孩子没有上限，男孩子多了，今后就会有能力改变生活。有劳力，才能过得上好日子，才能帮助自己光大门楣，自己也才会觉得幸福。对于家户来讲，至少要有一个儿子，继承家业，传宗接代，侍奉香火。家中儿女双全也是家户追求的一种幸福。在村民思想意识中，儿子多的家庭就能过得很好。儿子多家里不缺劳力，将来能干活能种地，能帮助自己家进行生产。除此之外，儿子多的户主在村庄里会觉得有面子，家庭势力大，没有人敢欺负。儿子多了还能挣下更多的家产，增强自己家的实力。

（三）其他生育表现

媳妇不能生孩子，丈夫是不会休妻的，那些休妻的情况只发生在大户人家里。据老人讲"当时黄渠桥镇上有个大财主，财主收了一个小老婆，但是后来嫌弃小老婆样貌不好，家庭出身也不好。大老婆也不待见她，经常打骂她，后来家里有个长工打工的时候，大老婆就半开玩笑地对他说，'你给我们家老爷磕三个头，我就把她送给你当老婆'。长工听了之后，立马走到财主面前，跪到地上连磕三个头。当时财主和大老婆都愣住了，但是话都说出来了，也不好收回，再说他们也不待见小老婆，所以就把她送给长工当老婆了……后来还生养了几个孩子，现在还在村里住着呢"[1]。大户人家休妻是不需要通知娘家人的，不需要征求他们的意见，要是娘家人的势力比较大，他们也不敢提出休妻。因为被休，娘家人也是很没有面子的。要是娘家人势力较差，是穷苦人家，媳妇就会被送回家中。如果媳妇只生养了女儿，并没有生养儿子，丈夫也不会将其休掉，而是继续过日子，只是丈夫心里不是很舒服而已。

（四）生育关系

1. 生育与生产

旧社会时期，妇女怀孕之后仍旧需要做活儿直到生产临近。传统时期的女子多是

裹着小脚，因此她们干活多是在家中，洗衣做饭，喂猪喂牲口，缝衣织布等。当时医疗水平较为低下，村民生孩子都是在自己家中，由产婆帮助接生。产婆一般是方圆五里左右的年长女性，有的时候要是一时找不到产婆或者产婆没及时赶到，同时也会请周围有经验的邻居帮助接生。当时邻村红光村有个专门给人接生的婆婆，其接生经验丰富，并且是中华人民共和国成立之后，全镇第一个接受新法接生培训的人员，其后来接生过的人有数千人之多。接生是有一定报酬的，但是钱很少。中华人民共和国成立之前，有时只需送产婆一条毛巾、一双袜子，或者是一方头巾即可。

2. 生育态度与评判

在渠中堡，没有生养孩子或者没有男孩的家庭，当地人称之为"绝户"，意思是指今后其家中再没有人继承香火，供奉神主。大家会觉得这个人不是一个完整意义上的人，没有完成作为常人应该完成的事情。并且在旧时期，人力是最大的资本，家户没有男人或者男性不多的话，那么难免会遭受到他人的排挤和打压。而那些人口众多，兄弟姐妹、叔伯兄弟一大堆的家户，在村庄里的势力是极其大的，不光是没人敢欺负，就连土匪都不敢贸然来劫。

3. 过继

在1949年前后，渠中堡都是有过继现象出现的，当地叫作"立儿子"。当地的习俗规定，没有儿子的人死后不能埋进老坟，因此没有生养儿子的人，只能过继个儿子回来养。或者说在死之前过继一个儿子到自己名下，以此达到埋进祖坟的条件。过继的儿子，一般是从自己亲兄弟或者是叔伯兄弟那里寻找，过继可以是很小的时候就抱过来养，小孩也知道自己的亲生父母是谁，但是要在过继后的家庭生活。过继之后称新家庭家长为父母，称亲生家庭长辈为叔伯。如果叔伯兄弟家没有儿子可以过继，也可以过继姑舅家的儿子。有的人不在早年过继儿子，而是在老年不能动的时候，直接过继孙子。这样就由孙辈给自己养老送终，并且继承家业，也可以满足进入老坟的条件。过继儿子或者孙子，都是要经过双方同意的。过继儿子或者孙子是不需要什么仪式的，也不需要有什么字据，只是单凭当事双方以及一个中间的亲戚或者邻居作为见证即可，双方都是口头约定的。毁约或者更换养老儿子或者孙子，也是单凭三方在场的口头约定即可。过继儿子或者孙子的时候，家中的长辈可以参加，也可以不参加，无须专门请保长或甲长参加。保长或者甲长参加的只是他们自家的过继活动。

4. 买卖孩子

据老人们讲，旧社会时期是有买卖孩子情况的。买卖孩子需要一笔钱，而涉及钱，就不是个人的事情了，就上升为整个家庭甚至于整个大家庭的事情。要是小家庭分出去之后，想要买个孩子来养，也是需要家长同意的。否则今后家长责难起来，小家庭的户主是无法承受的。一般情况下，买卖孩子多是发生在小家庭之中。小家庭的自主决定权相对来讲较大，因为没有很多长辈的牵扯，只需要户主与媳妇商议好就可以了。买卖的孩子多是男孩，男孩在生育习俗里担当着传宗接代的角色，而女孩则不是，因此女孩基本没有人买。另外，卖孩子的情况多发生在穷苦的人家。因为孩子较多或者家庭无法养活孩子，就只能将其卖给别人，让别人来养活他。

5. 抱养

旧社会时期，村庄内也是有人抱养孩子的。抱养的一般是外地的孩子，是外姓的人。抱养的多数是女孩，因为女孩在家里养活不了的情况下，就会送人，让别人来养。被抱养的女孩有的是给人作为童养媳，也有的是户主家里没有女孩子，想要儿女双全，就托人抱养一个。抱养一般是不需要给钱的，对于被抱养的人家来讲，基本是为了给孩子找个人家，并不是为了专门卖孩子。抱养过来的孩子，是要跟随户主重新换姓氏的，尤其是男孩子，需重新起个名字，好养活也好寄予新的希望。

二、生产态度

（一）生产态度

1. 独立自主

不论是 1949 年前还是 1949 年之后的一段时间里，渠中堡百姓种地都是独立自主的，即以个体生产为主。想种植什么就种植什么，不用和别人商量，也无须听从别人的安排，在种植选择上不受到外界干扰。当时的生产方式是以家庭为基础的个体生产，种植什么，什么时候种植，如何分配人工等等，都是家庭内部的家长进行安排。个体生产的好处就在于种植自由，不会受到群体意识的干扰。村民选择个体经营的原因，主要在于土地权属明确，且农户劳作积极性高，以及成果收获具有排他性。只要交上足额的地赋之后，剩下的就都是个人所有，无须再向任何人分配，可以自由支配和使用。

2. 合作为辅

在农业生产和生活当中，虽然小农生产具有独立自主的能力和特性，但是当时的生产力较为低下，单靠家户内部的人力和畜力是很难完成生产中的所有环节的。或者说，完成这些生产环节的家户内部投入，比雇佣和互助等形式的投入要高很多。因此在这种情形下，百姓会选择多家合作的方式完成生产作业。例如，当地主家中田地需要除草的时候，就会雇佣周边的村民去薅草。当单家独户或者家户内的大牲口不足以完成田间作业时，两家就会搭套并工，将两家的大牲口合于一处，使用生产效率更高的作业设备，以提高生产效率。还有的时候，家户内比较忙，会找来亲戚或者周围的邻居前来帮工。人情可以进行交换，例如这次东家来帮助了西家，西家就会记住这个人情，并且会在合适的时节主动还人情。或者说东家家里有事的时候，也会去请西家帮助，这时西家也不会拒绝。一般情况下，当事双方互相帮工的人情是否能够抵消，要看双方帮工时的难度以及劳作强度。因此双方虽然是彼此欠还人情，但是有时也有能否还完的差别。

3. 勤劳自足

旧时期，村民的生活质量普遍不高，除了上交的地赋，剩下的粮食多是家里人吃饭，根本没有多少余粮到市场上卖。村民信奉勤劳致富，相信只要自己勤勤恳恳地踏实劳作，就能过上好日子，过得富足。村民认为谁家的庄稼长得不好，地里的草多，就说明这家比较懒惰，不知道收拾田地。多劳才能多得，好逸恶劳，贪吃懒做始终是要不得的。渠中堡的百姓多数是很勤恳的，那些田地较少的村民，在自家农事做完之后，就会到地主家里干活打工，靠打短工挣钱养家，弥补自家土地不足。村民面对别人夸耀自己勤奋，是觉得有面子的，因为在当时勤劳是一个人难得的品质。除此之外，村民对于勤劳带来的辛苦也早已习惯和接受了。

三、生活态度

在平时的生活中，村民都是有计划和打算的，并不是盲目的。因为每年打下来的粮食是有限的，而每年的口粮在维持不变的前提下，还是要多一些预算出来，以免闹饥荒时供给不上。花钱的地方都是由一家之主——老父亲做主，虽然花钱的时候没有记账，但是每一笔的花销都要经过老父亲审核。家庭的成员是不准有私房钱的，并且也没有私房钱的来源。粮食的收成以及家庭物品的买卖，都是经过老父亲之手，而且事后都是要悉数上交的。因此要想花钱必须得先经过老父亲批准，如果老父亲觉得不划算，或者是认为不可以在这方面花钱，就不会给他钱，或者不允许其出卖粮食等。虽然家庭之中不记账，但是家庭中的收入项目、花销项目以及进账，或者是市场行情，当家人都是清清楚楚的，小辈要想糊弄也是行不通的。

村民的生活中，主要是围绕和体现着俭省二字，能省就省，因为粮食少且不值钱，所以钱就少，紧紧巴巴地过着日子。如果家里要想购买什么物品，除非是紧急且必需的，否则能稍微对付过去的话，就不会购买或者置换新的。村民对于自己勤俭的行为已经习惯了，每当看见后辈不知节俭时，就会斥责。村民的节俭态度既是环境限制的产物，也是主动适应环境所形成的自我约束。刚开始是迫不得已，后来就成了理所应当，慢慢形成习惯之后，就成了自己处世和教育后代的生活经验和生存技能。

对于节俭，村民是赞赏、支持和认可的。大家都会觉得这是一种美德，并且勤俭的人总是会成为外人口中“会过日子的人”。村民对其是赞赏有加，并且也会将其作为教育子女的范本。对于村庄内那些抽大烟，懒惰不成器的人，村民是厌恶的。大家都认为他们是败家的，不务实的，让人看不起的。对于这类人，村民既不会帮助他们，也不会借钱给他们。在那样一个物质贫乏的时代，家家户户只能勉强顾着自家温饱，不会有人愿意帮助一个不成器的懒汉。

四、社会态度

（一）重自利

旧社会时期，渠中堡的老百姓对于单家独户难以完成的公共事情的参与程度，主要取决于此事与自身利益相关度。也就是说，村民参加公共事务的缘由，有时是基于自身需求，有时候也带有一定的跟风和从众性质。例如渠中堡的西北面地势较为低洼，经常容易被水倒灌。尤其是在夏天，雨季旺盛的时候更是容易淹没庄稼和道路，因此附近受害严重的村民便组织起来，参与到这一局部公共事务中，大家合力建造了一个拦水埂，如今只能微微看到一点点凸起的土迹。据老人讲，建造拦水埂只有少部分的人家参与，那些离得较远的人家，受水害很轻，于是就很随意地出点力，应付一下。田地就在拦水埂旁边的那些人家，很是积极和卖力。因为水害对于他们的影响是巨大的，也是经受不起的，拦水埂的建造主要是由这几户人家合力完成，多数人家只是略微出力即可。

（二）各顾各的

据老人讲，当年家庭条件都不好，大家都是忙着自家的事情，根本没时间管其他人。当地各家族并不大，最多只是三四代人同住一个大庄子而已。多数情况下内部都已经分家单过，分成很多个小家庭，只是没有离开居住的庄子而已。只有到了生产上没办法单独完成的时候，才会跟叔伯兄弟等合伙，或者是请人来帮忙。一般情况下，都是自己产自己收，自己交地赋，自己交税。完不成的话，也没有人会去帮助代交。在村庄层面上，大家都是以家族聚居的形式分布，交往方面也是以家族内的亲人交往为多，最多是与周围的邻居较为熟识，其他人都是面上熟悉一点，很少有过密的交往。

据老人讲，村庄里没有什么公共的组织，大家都是各顾各的。例如在防止土匪骚扰侵袭方面，有钱有势力、家庭人口众多的人家，就会在四周建筑土围墙，将庄子围在其中，等到有土匪来犯的时候，就上到高墙上，用土块砸，防止土匪攻破。对于那些小家小户来说，大家都是尽量在与大户相邻的地方建房，相互壮胆，制造声势，让土匪不敢轻易来犯。但这种团结只是表面上的，土匪真来的时候，大家都是只顾自己的。比如西家遭了土匪围攻或者抢劫的时候，四周邻居是不会去帮助的，也不会联合抵抗。另外，据老人讲："当时大家都是过的清苦日子，天天就是为了吃饭穿衣，都是围着这个土地转，没有那么多其他的事，有事也就是这自己田里的事。最多就是自己家里的事，相互帮助下就可以了。周围邻居家的事，那都是各管各的，互相也都不掺和……出了事也就只有自家里的人才会帮你，其他人你是指望不上的……"[1]

五、政治态度

（一）不关心政事

1949 年之前，村民们每天的生活，就是随着一年的节气和农事安排的，百姓的眼中无非就是自己一家人穿衣吃饭问题。每年除了冬天和初春时节较为清闲，其他时候都是劳碌着的。村民更为关心的是今年的地赋是多少，不要再抓兵，今年雨水好些，少收些杂税等等。只要自己家的亲戚不是保长，那么这些税赋等，都是一项也免不了的，该交多少还是得交多少，一点也没办法缩减。据老人们讲，1949 年前当局政府制定名目繁多的项目，只是为了收敛钱款，对于老百姓的生活则是完全不顾的。只要交够了今年的税赋，完成了今年的派兵纳粮的任务，保长等是再不会管老百姓的，全是各自管理自家的事务和生计。保甲长的个人品质的评判，只是老百姓茶余饭后的闲谈。例如保长为了完成催兵纳粮的任务，有时候会施加暴力。周围的人就会觉得保长太过于绝情，并且表现出对于保长的理解——他也是被上级逼迫，完不成任务，其也要受到上级责罚等。因此村民只是对其所表现出来的非常规行为有愤慨和指责，但是从来没有其他更加深入的评判。

（二）怕官、怕事又想当官

对于那些保长、甲长和保丁来讲，普通百姓还是很惧怕他们的。这些人到家中就是为了执行当地政府的一些决定——收地赋、抓兵、要粮、派款等等。因此，当地老百姓在和他们打交道时，总是战战兢兢的，因为"没好事"。总体来讲，老百姓怕官和怕事是相辅相成的，怕官是因为怕其带来的事情，怕事也是因为其官家的身份是不可抗拒的。

那些家境好点的人总是会想跟保长搞好关系，而且保长是富人才能当的，保长的亲戚更加容易当上甲长。收粮派税等事务落在他们家庭时，也没人知道他们是否交了或者交了多少。总之，普通村民也很想当保长和甲长，欲望是随着自己的个人实力而增长的。比如在自己家境可以，并且家庭人口较多的情况下，自己也会想要当个保长，这样可以获得更多的田地和势力。对于村民来讲，当上保长和甲长，就等于说是有权

---

1 殷富贵老人口述。

力，有势力，可以不受气。普通老百姓也知道，自己的能力和实力是有限的，内心想当保长和甲长，但是当不上。

六、人生态度

旧社会时期，普通老百姓向往和追求的幸福生活就是家中有牛、有车、田产多、房子多、儿孙多、家口大。总体来讲，就是家大业大，田地广，什么都是以多为好。当地人以"多子多福"的观念为重，认为男孩是今后的主要劳力担当和实力担当，以及今后家庭的传宗接代继承担当。儿子多了，劳力才能得到保障，地里的活才能有人做，田地不够还可以给人打短工挣钱买地。今后儿子们成家，又会有更多的子孙，这样家里有势力才不会被人欺负。

村民一代代延续着前人的生活，日日辛勤劳作，为了家人的吃喝，为了穿衣，为了日子能够过得下去，过得好。村民认为要想改变当下的人生和生活，就得靠地。只要有土地了，就有了发展，今后就可以过上好日子。日复一日的劳作，既是村民辛勤的日常生活写照，又是村民实现生活转变的基础，也是村民实现幸福生活的根本保障，同时是其踏实生活的人生态度，也是整个乡村社会所推崇和信奉的生活态度。

第五节 习俗与习俗关系

在长期的生活实践中，渠中堡的村民在婚丧嫁娶、节日和生产生活中，自然地形成了一套固定的习俗和传统礼仪。这些规矩为人们所世代遵从并且沿用，展现了当地特有的文化特征。本节将从婚丧习俗、节日习俗和日常习俗三个方面考察 1949 年前渠中堡百姓的习俗与习俗关系。

一、婚丧习俗及关系

婚丧嫁娶是一个村民、一个家庭、一个家族事务中的重要事件，这些是关于人的改变——增加或者减少，而这些变化将会影响着家庭的变迁。多数家庭的变迁，又将影响着整个渠中堡社会生活以及人际交往的发展和走向，同时也是理解渠中堡百姓生活的一个丰富社会切面。

（一）婚姻习俗与关系

1. 婚姻概况

1949 年之前的传统社会时期，渠中堡百姓的婚姻圈比较小。因为当时的人口本就稀少。在当地不同堡内的村民，其交往并不十分密切，且在交往空间和时间上，也都是较少的。因此婚姻圈和熟人圈基本上是吻合的，只是婚姻圈是依附于熟人圈，但是会在空间上超出熟人圈一部分。介绍对象和适婚男女青年，并不会只集中在某一两个堡内，而是分散于多个地方，这些地方并不是单个的熟人可以知晓的，也是熟人托熟人这样的关系搭建起来的。故而渠中堡的婚姻圈发展趋势，是依从于熟人圈的发展而发展。

据老人们讲，"我们这儿本堡内人少，合适的也不多，基本上是娶外面的多，嫁到外面的也是一样……结亲最近的也就是自己庄子附近的人家，算是本村的。外村的一般是媒人说的，那会子你也见不到（适龄女性），女的都是不出门的，只能是熟人才会知道谁家家里头的小子或者是闺女到该说亲的时候了，旁人是不知道的。结亲最远的也就是 20 里地左右的，我们这有个头闸的，离我们这儿 20 里路，汉族的，我们这个地方的人都是汉族的，没有回族人住这里。这个媳妇是他们亲戚介绍的，不是媒人介绍的。一般远路的都是亲戚介绍的，媒人也没有那么多的媒茬子……谁都能当媒人，只要从中说合介绍的，都是媒人"[1]。

2. 结婚条件

第一，年龄匹配，男大女小。传统社会时期，渠中堡的男性村民一般 20 岁上下结婚，女性一般是 16 到 18 岁就出嫁了。通常情况下，男性到了十七八岁的时候，家人就开始张罗寻亲，找适婚的女孩，并且由媒人进行询问或者说媒。按照当时渠中堡百姓的生活认知，男孩 20 岁结婚是正常的，但是由于当时宁夏地区较为荒凉且抓兵严重，因此男性普遍结婚较晚，很多大龄男性是在家中打光棍的。

第二，媒人从中撮合。当时结婚也是要花费一些礼金，置办一些物件和房舍供新人居住使用的。对于不富裕的人家来讲，这些就是头等难办的大事。没有一定的物质和财力基础，媒人是不愿意给他们说媒的。一来是这种人家家庭条件较差，即使媒人勉强答应帮助寻门亲事，当把家庭条件说给女方家听的时候，对方往往是不会答应的。二来即便是对方同意姑娘出嫁到这家，以后小家庭的生活也会很艰苦，今后媒人是不好意思见女方家长的，因为相当于"坑了他家姑娘"。

第三，双方家庭条件相当。一般情况下，男女双方进行婚配的条件就是双方家庭条件相当——门当户对。也就是说，男方和女方无论是在家庭财力、势力还是社会地位上，都是旗鼓相当的，不会出现地主家庭嫁女到贫农家的情况。男女双方的长相一般来讲也是匹配的，但是这种匹配只是各自亲戚以及媒人的口中的匹配。因为当时的婚嫁习俗之中，男女在结婚之前是没法见到对方的，只有女方的少数亲戚和周围的邻居才知道女方的长相，直到新婚之夜新郎才知道新娘的长相，"是麻脸还是光脸，只能

---

1 殷富贵老人口述。

等到结婚了才能知道"。[1] 总的来讲，旧时期的婚姻是由家长决断的，并且成婚的条件就是双方家庭认为对方与自己的条件相当。当时是不对结婚的区域范围进行限制的，同村的人家也是可以相互婚配的，只要是双方同意即可。同村的人结亲，姻亲的关系使得双方家庭互为支撑，联合起来更能稳定自己在村庄内的地位。同姓氏的男女也是可以婚配的，只要是出了五服的适龄男女，在得到家长的同意下都是可以成亲的，并没有什么特殊的限制。

第四，跨村婚姻多，本村联姻少。旧时期渠中堡地区的人口还是相对较少的，村内的适婚男女数量并不是均衡的，因此很大一部分女性是来自外堡的。对于两个堡来讲，如果相互之间结成姻亲的家庭较多，那么双方认识对方堡内的人就较多。也就是说，双方在对方堡内的熟人数量增加了，两个村庄的关系也会变得更好一些。例如，双方会将自己所熟识的适龄男女介绍到对方的堡内，嫁入对方堡内的女性也很乐意将自己熟识的侄女等介绍到本堡。

3. 婚前仪式

其一，议婚。议婚也叫提亲。男方年龄一般是在 16—17 岁，女方则是在 15—16 岁，父母就要开始为儿女考虑婚事。男方家托人到女方家里提亲，如果女方家长同意，就会开庚帖（生辰八字）送至男方家里，请阴阳师"合八字"。如果两人的庚辰有冲犯，这门亲事就此作罢。如果两人庚辰没有冲犯，那么可以"合婚"，便由两家商定是否确定联姻。

其二，订婚。双方择定吉日，男方请媒人、自家亲戚，将事先说好的彩礼和衣料装进红盒子里，包在红包袱中拿到女方家中，女方在家设宴招待来客。结婚之前，男方还要将之前议定好，但是还没有送完的彩礼、衣料等送到女方家中，这个叫作"抬礼"。结婚的良辰吉日一般是由两家择定的，通常是由男方和女方各自找人选定一个日子，或者是男方先请阴阳先生批几个日子，然后告知女方，如果女方无异议，敲定一个即可。成婚的日子一般是在农历逢三、六、九的日子为佳。订婚之后，对男女双方也并没有什么特别规矩和要求。男女双方家庭照样跟别人接触，且也会向外人告知儿女已经订婚。一般情况下不论是男方家庭抑或女方家庭，都不会轻易提出毁婚。除非是打听到了一些严重的作风问题，或者是双方之间生起了仇怨等等，否则婚事都是要按照规划，一步步有序进行的。如果订婚之后，有一方因为意外去世了，就不再成婚。双方家庭也不再存在实际上的联姻，相互之间仍旧是高于熟人之间的关系。订婚之后，在结婚前的节日，男方要到丈人家中拜节的，男方家中的长辈则不用一同过去。虽然

---

[1] 殷富贵老人口述。

是到了女方家中，但是小子依旧是不能见到姑娘的。只能是等到了结婚这天，掀起盖头才能看到真容。

其三，娶亲。结婚的前一天，女方家会设宴待客，曰"待添箱"。这天晚上，新婚女子不能住在自己家，要到亲友家中去住，叫作"躲灰"。女子出嫁时，除了穿着打扮化妆，还要用线将脸上的汗毛勒净，这个叫作"开脸"。把发辫绾髻盘在脑后，叫作"冠戴"或者"上头"。发上别簪子戴花之后，头脸蒙上红巾，叫作"盖头"。女方陪嫁的嫁妆有衣服、化妆品、箱子、柜子等，必陪的一个瓷盆，叫作"子孙盆"，其实是尿盆。娶亲的时候男方是不到女方家中的，只去一男一女，男的叫作"催妆人"，女的叫作"娶亲人"。女方送亲的人少则几个人，多则十数个，都叫作"喜客"。娶亲的时候，男方必须带上 20 个白面馍馍，叫作"离娘莲花馍馍"。红包袱内裹着内衣和棉裤，有"金银满库"的意思。猪肉羊肉各要一方——每方大约两公斤，白酒两瓶，还要有一些妆奁等。有钱人家娶亲使用的是轿子或者乘坐轿车子，一般的人家坐的是马车、牛车、驴车，车厢搭成篷子，上面用红色毯子遮起来。穷苦人家则是直接骑乘马、驴，只在马、驴的头上挂上红彩子即可。新娘启程时，要由同辈的哥哥抱上车或者马，途中如果遇到娶亲的，双方新娘要交换红裤带，以免冲喜。

4. 婚庆仪式

新娘到来之后，男方的亲戚朋友和新郎要上前迎接，并且要放鞭炮。男方家中的水井、碾子、磨、大石头、大树等等，都要贴上红纸，以免冲喜。新娘下车的时候也是忌讳脚上沾土，一般是在地上铺上红毯子走到庭院，或者是由新郎直接背到庭院。接到新娘的时候，要先经过洗尘，之后吃下马饭。当时娶亲都是在早上进行的，路途远还要出发得更早些，因此新娘是没有时间吃饭的，故而下马饭既是一个礼仪，也是给新娘吃点东西。拜天地一般是在庭院内进行，一张八仙桌摆在正庭院内，上面摆一个装满粮食并且用红纸封口的大斗，叫作"宝斗"，旁边放一个烧香炉。新娘新郎在"说早饭"[1] 的指引下，行跪拜礼：一拜天地、二拜祖先、三拜父母、夫妻对拜。新人进入洞房时，需用五色粮食撒向新娘并撒向四方，进入洞房之后，新娘坐帐——炕上铺枣子、核桃，上面铺被子，新娘在上面默坐一会儿。新郎挑下新娘的面巾，两人才第一次见到对方，之后行合卺礼——一杯酒两人各喝一半。拜堂之后一般是无须再祭拜祖先的。新娘的嫁妆在当时根据家庭情况可多可少，但是有几件是必须的——即一对儿喝水用的瓷缸，一个盆子（子孙盆，作便溺之器使用）。新婚之后的三天里，新娘一般少吃少喝，不出门。因为有的大户人家需要宴请宾客三天，三天之内都会有宾客在家中，因此为了避免尴尬，新娘就会少吃少喝，尽量少上厕所，如果有需要就用自己带来的子孙盆——尿盆。但多数人家是苦寒出身，一般只在结婚当天宴请亲朋好友即可。

一般情况下，事主会在选好结婚的日子之后，提前一个月左右通知自己的亲朋好友。越是至亲，一般通知的也就越早。因为有的时候，至亲会给孩子置办一些婚礼要用到的物件，通知的时间太晚了，人家是难以一时准备的，而且也会觉得消息通知得太晚，有一种疏离感。据老人们讲，一般情况下就是先紧着那些路途远的人进行通知，路途近的人家一般通知的比较晚一些。从亲属关系上来讲，一般是先通知儿女的姑舅姨等，多是由新郎的父亲去通知各方亲戚，也可以是新郎自己前去。当地人讲究的是面子，因此没有被邀请的人是不会到场的，而且如果两家一直有人情来往，此时却没有请对方过来吃酒，那么今后两家就算是断绝来往了，日后甚至会结成仇怨。被通知的人也并不是全部都来，但是至亲和来往较多的人是必须到场的，即便是自己没法到场，也会派家里的人到场。有的实在是脱不开身，也会请人将礼金等带到，这种一般是自己家的亲戚。对于送礼金的人，虽然本人没能到场，但今后这家有红白喜事的时候，事主也是需要按照礼节到场或者是送礼金的。

担任婚礼主持的人一般是自己本家之中能够担事的人，大家都认为他是"能掌事的人"。要是本家之中并没有这样的人的话，那就请本村能够担得起的人帮助。这种人一般是村庄里比较有威望的，村民请其帮忙无须花钱，只是请其吃饭即可，事后也会送些点心、烟酒等等，以示答谢。

一般情况下，村民办事是不会请保长或者是甲长的，但是如果保甲长等出现在了婚礼之上的话，或是因为保甲长和事主有礼节往来，或是由村庄内的血缘勾连起来的。保甲长的到来一般是不会影响到事主家送亲人的坐席的，送亲人也就是娘家人，依旧是上宾，与普通宾客是分开坐的，并且有专门的人陪酒。其他宾客的坐席一般是由长到幼，由尊到卑，不再一一赘述。宾客一般是带着礼金和物件，还有的会送来食物。通常情况下事主请的主管会安排专人在门口收受礼金，负责这块的人一般是事主家的至亲，以免当中有人私自侵吞礼金等。结婚这几天，事主的本家以及街坊四邻，都会来帮忙。帮忙都是义务的，不收受报酬，事主要负责帮忙人的饭食，并且今后他人办事的时候，自己家也要出人和出物件，帮助别人完成红白喜事的宴席等事务。但是对于媒人，事主是需要单独进行拜谢的，一般是在结了婚之后，事主会给媒人送去些烟酒以及肉之类的。

5. 婚后仪式

结婚当日送亲的人多数会离开，但是会留下一两个女性喜客，一般是新娘的舅母、姨母之类的。第二天早上的时候，送亲的喜客需要将带来的油馃子、糖茶等摆上桌子供大家食用，以示答谢。男方家庭则请客人吃"长面"，之后由男方将留下来的喜客送回女方家中或者其自己家中。结婚的第二天，新娘就要跪拜长辈，认大小。第三天新娘回门，新人在第三天的早上吃了早饭之后，就带上礼品去新娘家中。当天就回来，不在娘家过夜，因为当地有一月不空房的习俗。

结婚之后的第二天，新娘就得早早地起床，到婆婆公公的房门口询问早上做什么饭，冬天的时候还要给婆婆公公烧上些水，以便供其洗漱使用。除了公婆，对于家庭之中的其他人也无须多做礼仪，见面打个招呼即可。新娘无须再正式地拜祖祭祖等，结婚之后就自然地属于这个家中的人，在生活上慢慢地融入即可。在村庄内，也无须向保长或者甲长进行汇报，成为事主家人的同时也就自然成为本堡内的人了。

6. 其他婚姻形式

（1）续弦

妻子过世之后，再娶妻叫作续弦。续弦无须经过儿女的同意，因为旧时期一直是家长权威最大，晚辈是不能左右长辈的思想和决定的，只能贯彻执行家长的决定。续弦一般无须经过家长和家族长的同意，并且前任妻子没能生养男孩，在条件允许的情况下，家长是非常支持儿子续弦的。因为他们不允许自家无后，甚至会主动地跟儿子商量再娶妻填房。除非儿子想娶的对象是不合家长心意的人，否则都是会允许的。如果家长不同意儿子再娶妻，那么儿子是很难达成心愿的。因为违背家长的意愿，是要遭受责罚并且被人说道的，就没人敢说媒，也没人愿意出嫁到不和睦的家庭中。

如果娶亲的人已经和父母分家，自己当家作主的时候就无须再向其父母征求意见，只需要通知一下就可以了。小家与老家已经分开单过，因此父母也就不再多管，只要没有出什么乱子，没找什么不好的人家，能在一块过安生日子就可以了。续弦娶的人，有离异的，有多年的寡妇，也有头婚的黄花闺女。只要是双方说好都是可以嫁娶的，续弦没有什么特别的仪式。要是对方是头婚，还是要好好办一场的。但如果对方不是，婚礼程序就会很简单，场面也没有头婚那么大。例如通知的人不会那么多，只是通知下亲朋好友即可，远方的亲戚甚至就不通知了。除此之外，大家带来的礼金也相应的会少一些，至少是比头婚少。

（2）入赘

入赘在当地老百姓的口语里叫作"招女婿"。一般情况下，家庭条件好的人会招女婿，还有就是家中只有女儿的也会招女婿，其他人家的女儿都是外嫁即可。家中女儿较多的时候，一般也是只招一个女婿，以便今后为自己养老。入赘的女婿不需要改自己的名姓。婚后生下来的孩子还是随着男方的姓氏。据老人讲，只有那些家庭中儿子多，家庭条件差的人家才会同意孩子去给人家当上门女婿，而且那些小子也才愿意给人家当上门女婿。被人招作女婿之后，一般情况下还是和自己的父母家庭有联系的，但是父母今后的养老问题则需要另行商议，没有定论，按照老人的话"全在自己商议"。[1] 即便是管自己父母的养老问题，也是没有其他的弟兄们管的多，今后丧葬出资等皆是少于其他的弟兄。

（3）纳妾

在渠中堡的百姓认知中，纳妾都是富裕人家的事情，在普通的老百姓中是没有的。据老人讲，"纳妾都是人家大地主家才有的事，我们这里也就是勉强顾着一家人的吃穿……不过离我们这儿不远的地方，李岗那边过去有个财主，是在黄渠桥开药铺的，有俩老婆。大老婆在黄渠桥，小老婆在李岗，他经常骑着个大骡子来回跑……那骡子可大了，肥实得很"[2]。纳妾一般是不办婚礼的，只是请人用轿子抬进门就可以了。通常只有大户人家才有娶妾的，普通人家根本养活不起，也没人愿意给自己做妾。对于穷人家庭，只有在老婆没了之后，才会再娶妻，娶过门之后的媳妇就是正室，没有当妾的情况。大户人家的妾室，是不能当家的，除非今后扶正了，否则依旧是偏房。

（4）童养媳、"换头亲"

据村庄老人讲，当时童养媳现象还是比较普遍的，当地称作"团圆媳妇子"。一般情况下，只有那些家庭条件很差的人家，孩子多，养活不了才会送人做媳妇的，一般送出去的时候年纪都比较小。团圆媳妇或是送或是买，都由两家商议之后决定。团圆媳妇是要干活的，也不能回到自己家。其实这种媳妇是很少知道自己家在哪的，因为来的时候比较小，后面又没办法出门，渐渐地也就忘记自己家在哪里了。团圆媳妇一般到15至19岁就可以和家里的小子结婚。结婚的时候一般也不会大操大办，最多就是在家中摆几桌酒席，走个仪式让媳妇和小子拜堂完婚即可。一般情况下，只有那些穷人家才会讨来团圆媳妇，条件稍微好点的人家都是在孩子到了适婚年龄，才找合适的人家结亲。

"换头亲"是指双方家庭分别让自己家的女儿们与对方家的儿子们结婚，这种情况多是发生在姑舅姨等亲属关系之间。据老人讲，当时老百姓以这种方式结亲的很多，

"远近都是有的，我们家的堂哥就是换头亲，娶的是他们姨家的女儿，他妹子没过两年也就嫁过去给他们姨家当媳妇了"。[1] 换头亲成婚等仪式与正常人家之间的结婚是一样的。

（二）丧葬习俗与关系

1. 报丧形式

人过世之后，一般是由死者的亲人——兄弟、侄子，以及周边的本家或者是周围的近邻前去外面报丧。报丧一般是告知死者的近亲——除了娘家人，还要向姑、舅、姨等报丧。越是向关系亲近的人报丧，派出去的人也就和死者关系越紧密。例如死者的娘家、姑舅、姨等，就必须由家中的儿子或者是至少是本家的子侄前去报丧。其他远房的亲戚等，就由关系较远的本房本家前去报丧即可。一般情况下，当本村内有人死亡的时候，消息传递是很快的，周围的本家以及邻居等，不需要事主专门通知就会前来帮忙打理事务。人死之后是不需要向保长或者甲长上报的，家人直接安排丧事即可。

另外，如果事主要想请同村的邻居等前来帮忙，就需要亲自到家中请。请的时候一般是要磕头跪请的，下跪的人都是比被请人辈分低的人，辈分高的人下跪是不合礼仪的，而且也会觉得丢面子失身份。丧事请人帮忙的时候，先到人面前磕一个头，然后抬头说出要请帮忙。被请的人自然懂得是丧事，就会立马答应，不会有任何迟疑。请的人多是属于本家之外的人，但是这些人又是丧葬不可少的，因此就需要去专门请。那些本堡或者本甲内两家关系较近的人家，只要听说消息之后就会赶紧过来，看看有什么需要帮忙的。平日里关系平平的人家，一般是到了出殡那天带上些烧纸等物件，前去吊唁一下即可。

2. 丧葬的参加者

通常来讲，村庄内事主的本家、外面的亲戚，以及本村内的亲朋，都是会来参加葬礼的。这其中既有事主的同姓本家，又有外姓的亲戚，还有本村异姓的亲朋好友等。只要是事主的至亲都是要来的，死者的子侄是要带重孝的。远房亲戚可来可不来，但是如果没来，今后两家的人情来往更少。村庄内有人亡故之后，保长或者甲长等并不需要过来，只有事主与保长或者甲长有关系，保甲长才会前来吊唁送葬。在渠中堡百姓的认知中，死者为大，吊唁的时候无论是长辈还是晚辈抑或同辈人员，都会前来祭奠的，但长辈不参加送葬。即在出殡时，长辈不去坟地，而是在家中送殡即可。

一般情况下，丧葬的安排以事主家的决定为主，旁人只是从旁协助和指导，具体

的标准都是由事主家中当家人决断的。不论是谁，都只能影响事主家的决断，而不是代替或者阻碍事主家做决定。一般情况下丧葬的规模以及花销，都是由儿子们进行商议的，兄弟们做出初步商议之后，向长辈进行汇报，有意见就再进行商议。如果没什么大的出入，就依此决定进行。

3. 丧葬与借钱、借贷

旧时期渠中堡的百姓办理丧葬，全靠家庭与家庭之间的帮助。家庭条件好就无须借钱，但是一般家庭都是较为困难的，会向周围的亲人、邻居借些钱或者物，进行临时的缓冲和周转，之后会在较短的时间内还上。实在没钱办丧事的情况下，一般是缩减丧葬的开支，尽量压缩花销。比如降低丧葬的规格，使用较为便宜棺木等等。据老人讲，当时老百姓使用的棺材也是有差别的。好棺木一般使用松木，还有双层盖儿。一层盖儿的棺木是普通的，如果用料也不太好，在地下的保存时间较短，过不了几年就会腐朽，导致坟墓塌陷。另外，穷苦人家为了节省花销，多使用柳木做的棺木。用料的量也只是半方的木头，是两层盖儿棺木用料的一半。通常情况下，村民会在老人身体不太好，或者上了年纪的时候，提前将棺木准备好。准备好的棺木不用钉子钉，全部用胶弥缝隙，先放在家中。而且要专门盖个房子存放，下面用木棍或者板凳支起来，以免潮湿腐朽，四周窗户全部封起来，不能见光，否则也会坏得快。等到老人过世之后，才会将其取出使用。入殓之前需要用石蜡、香油和松香熬制的胶刷洗一遍棺木内部，以免虫子进入，并且还可以起到防潮的作用，可以在下葬之后保存得更久一些。

借钱一般是先向兄弟叔伯借，再向本家人借，之后再向娘家人借，最后向邻居和朋友借。一般情况下，能借到的钱也是不多的。并且，随着关系圈向外扩展，能借到的粮食和钱也是递减的。即邻居和朋友借出的钱，一般是没有兄弟叔伯和本家人借出的多。在这些民间借贷之中，是不需要有什么字据的。大家都是一时的应急，多则百十斤粮食，或者是一些不多的现金，即便事后没能还上，也不会影响到出借方的正常生活。哪怕是今后不再还，借出方也是不会主动提出来的，因为第一是碍于人情，第二是由于借出的钱粮确实不多，即便对方没还，也没有什么大的损失。

渠中堡的老百姓是不借高利贷的，因为高利贷的利息太高了，借得起但是还不起。除了向村庄内亲人和朋友借钱，事主是没有其他方法的。当时渠中堡地区人烟稀少，大家都是勉强度日，各顾各的，没有形成丰富的社会组织。相互之间的来往和互助也仅限于本家之内的活动，向外拓展的异姓活动和互助组织几乎没有，更没有类似于老人会等丧葬互助组织。

4. 吊丧仪式

当外人前来吊丧的时候，一般是孝子孝孙以及亡人的侄子外甥等在旁跪拜行礼。有人前来吊丧时，有专门负责喊礼的人，家属并没有专门的答礼程序，而是随着来人一起在灵前磕头。在各种礼仪之中，长子和长媳以及长孙并没有特别的礼仪，只是有时需要单人执行某项礼仪的时候，会选中他们完成礼仪。一般情况下，儿子、侄子以及姑舅外甥，都穿着白色孝衣和孝裤。女的则穿一个长白褂子，一直到腿弯子。同村中只有本家的人才会来灵前磕头，外姓亲戚中的晚辈也会到灵前磕头，其他的则不需磕头。本村的邻居只是过来帮忙，因为没有什么辈分之差，无须行礼。

5. 丧葬仪式

汉族旧的丧葬礼仪也叫"白事"，亡人在咽气之前，或者咽气之后的一小段时间内，家人就得给其洗手、脸、脚。如果儿女在身边就由儿女为老人擦洗穿衣，如果儿女不在，就由本家的人为老人擦洗穿衣。男的要剃头，女的要梳头，穿上未沾过身的新衣服，忌讳穿皮衣和装毛的棉衣。咽气时嘴巴里含上一枚硬币，叫作"口含钱"。咽气之后家人还要给亡人整理遗容，让口眼闭合，然后头向门厅躺在铺有谷草的高床之上，脸上蒙白纸，身上盖着白纸。头前设置一个小桌子，摆上一碗白米饭，上面插上一双筷子，叫作"倒头饭"。摆上馍馍、水果、菜蔬等供品，还要有五个小面饼子，叫作"打鬼饼"。另外，还要设烧纸圈、烧香炉、点上长命水灯等。

孝子守灵，即在尸体旁边铺上麦草，孝子昼夜趴跪在上面，一来是陪着尸体，二来是向前来吊唁的人叩头还礼。亡人抬下地之后，事主家庭要派人到亲戚家中报丧，并请阴阳师或者和尚、居士批殃，也就是讣告类的文书，张贴在门外。除了这些，还要有一个知客事，一般这个人是从本家里面挑选一个有能力又知礼节的人担任。要是本家里面找不到一个这样人，就得由事主到外面找一个。给人当知客事是没有报酬的，事主只是管饭而已。有时事后主家会给知客事送点烟酒之类的，权当答谢礼。一般情况，前来帮忙的人都是本家的人，有的则是关系较近的邻居等，这些帮忙全都是义务的，今后别人家有事情，事主也需前去帮忙。亲戚朋友远到为客，并不参与帮忙，娘家人是尊贵的客人，更是不能参与到这些忙活当中。到家里帮忙的人，有的是专门请的，有的则是自己主动到来的，一般越是亲近的人就越不需要请，凡是去请的和需要请的人，都是关系亲近程度不如主动到来的。厨师并不是一个专门的职业人，而是从前来帮忙的人中选出一个大家公认饭食做得好的人，让其掌勺做主厨，其他人围着帮忙即可。因此厨师和其他前来帮忙的人都是一样的，是没有差别的，只是大家的分工不同而已。

抬重人也不需要专门去请，也是在前来帮忙的人中选出来的。挑选那些个子匀称并且身体健壮的人来担任抬重人。另外，抬重人也是有条件限制的：没有结婚的人不能抬棺。一般情况下，抬重人也是挖墓穴的人，挖墓穴是有讲究的。当地人称挖坟坑为打坑，打坑的人不能从别人手里接过工具，只能是前一个人累了之后，将物件工具放置在地上，接替者再从地上捡拾起来。打好的墓地里面不能留下脚印，打坑人在挖好墓穴之后，要将自己的脚印扫除干净，不能被棺材压到，否则是不吉利的。一般是不需要给抬重人准备谢礼的，但需要管饭，有条件的人家可以送个毛巾之类的。

旧社会时期，渠中堡当地的风俗是人死之后，由阴阳师或者和尚、居士批殃。居士念经做法事一般是从下葬的前一天下午开始，念经到当天晚上。第二天一大早开始念经，到下葬回来，基本是到第二天的下午结愿之后才算结束。旧社会时期大家都是请居士来完成法事，改革开放以来村民请"莺莺（音）"的居多。墓地的位置是由居士选定的。据老人讲居士手里拿着罗盘，找到方位之后，开始选地，选好之后抬重人开始打坑。居士定位置也是根据风水学来的，由阴阳划墓穴。结发夫妻合葬，坟墓成圆锥形。送葬这一天一般是以素席来待客的。春夏秋冬入季前十八天不埋葬亡人，叫作"土旺"。要先在地面厝起来，土满后再择吉日埋葬。居士前来做法事是不要钱的，但是主家要管饭，吃的都是素食。

6. 戴孝

据老人讲，老人死后其儿子、侄子以及外甥都是要戴孝的。其中儿子是大孝，众侄子和外甥都是重孝。儿子戴孝要戴够一百天才可以除去，女儿则无须戴这么长时间，一般在老人下葬之后即可除去，媳妇也是如此。儿子穿全身的孝衣孝裤，头上还戴着孝帽。女儿没有孝裤，只是上身的孝衣要长一些，到达腿弯处即可。女儿一般没有孝帽，用一方白布方巾蒙住头。一般来讲孙子是不戴孝的，只是头戴一个孝帽，中间有一个红色"十"字布条缝着，当地人称作"花花孝"。

在服孝期间，孝子不能摘除孝帽，要戴够一百天方可摘除。戴着帽子的时候是不能进出别人家的，也不能参加别人家的婚礼等。服孝期间家中一般不办婚事，如果赶巧婚期定在了孝期内，就由两家进行商议，往后延期即可。

7. 出殡与丧后仪式

出殡一般是在人亡故之后的第三天或者第五天中午，儿子、女儿、外甥、侄儿以及媳妇和孙儿都要参与下葬，跟随着队伍将棺木送到祖坟。长子在前引领一众男亲，后面是棺木，最后是长媳引领一众女亲。长子抱着神主，每人手里均拿着孝棍。一般情况下，只有亡人的亲戚和本家中的晚辈才会送葬到坟地，朋友、邻居以及娘家人等则是留在家中，同辈人可去也可不去，长辈只在家中送行，并不会去到坟地里送葬。据老人讲，新社会时期还增加了一个形式——"孙子抱着一个罐子，里面装满了凉粉，一般是让老人生前最心疼的孙子抱着"。[1]

丧事办完之后，就会将亡人的神主按照辈分次序放置在堂屋的供桌上，亡人走后的七天内，每天都要烧香和烧纸。烧完七天之后，每过七天就要到外面给亡人烧一次纸，一直到过了"七七"。纸一般由养老的儿子烧即可，其他弟兄也可前来堂屋为老人烧纸，其他的亲戚朋友则无须前来，烧百日的当天女儿会来。烧完百日之后，孝子就可以解除服孝了。亡人走后的三年之内，全家春节不拜年，也不贴春联。如果贴春联只能贴紫色的春联，不能贴红色春联。

二、节庆习俗与关系

传统社会时期，节日节庆是当地民风民俗重要的表现形式。虽然这些节日过得较为简单，但是依旧可以看出在生产力低下和物质贫乏的情况下，人与人以及人与自然相处的关系。因此本部分主要从春节、元宵节、清明、端午、中秋节展现1949年前渠中堡百姓的节庆习俗与习俗关系。

（一）节庆类型

1. 节庆概况

1949年前，渠中堡的百姓生活相对较为艰苦，生存环境也较为恶劣，因此逢年过节面对物质并不宽裕的生活，仪式上做得也并不丰富。但是，简单家庭节庆活动依旧能够体现出人们对于传统文化以及传统意识的继承，以及对新生活的渴求与向往。通常百姓过的节日，有春节、元宵节、清明节、端午节、中秋节。据老人讲，当地并没有关于鬼神的节日，也没有地方性的祭奠或者纪念意义的节日。

2. 春节

旧时期，村民迎接春节要做很长时间的准备。一般是从腊八就开始进入前奏，不光是准备吃食，家里也要进行修理，里外都要整饬一下。年后不久就要开始春耕，需要翻地等，但是过年期间家家热闹，都没有时间管这些，因此得提前做好些准备工作。据老人讲，百姓是在腊月二十三开始打扫屋子，这天还要吃麻糖，当地人吃的是类似于瓜形状的芝麻糖，叫作"糖麻瓜"。小孩子特别爱吃，黏蜜但是又不粘牙。年货的准备并不限定时间，只要年三十之前准备好就可以了，一般是持续和贯穿整个腊月期间。置办的年货一般有猪肉、羊肉、糖、瓜子、花生等，还有当地的一些特色小吃和糕点，以及各家根据自己口味，将食材等加工成成品以备家人享用。渠中堡的百姓多是在年

---

1 殷富贵老人口述。

三十的上午贴春联，贴完春联之后还要放上一挂鞭炮。

春节期间一般只在自己的本家之中拜年。本家多是居住在同一个大庄子上，或者是居住在距离不远的多个庄子。拜年时一般先到堂屋给神主磕头，之后到爷爷奶奶屋里磕头，然后是自己的爹娘。初一早上大家要相互端饺子，每家都要给老人先端一碗下好的水饺，然后再给其他本家各端一碗。来来往往，相互端饺子，大家都尝一尝相互的手艺。当时渠中堡的百姓人口不多，而且自家人多是居住于一个庄子或者相距很近，因此拜年走访的空间半径很小。村民不给外人拜年，相互之间都是在自家过年，并不出去。要是和保甲长没有亲戚关系，是不会给其拜年的。

过了大年初三，家户就开始走亲戚了。一般是先走姑舅姨，然后再根据自己家亲戚的亲疏关系和距离远近适当调整。走亲戚一般是当家的过去，家里没有分家，一般是老掌柜出去。老掌柜不愿意出去，可以派儿子出去。年节走亲戚的时候，必须要带上礼物，不能空手去。一般至少是要带上两斤白糖或者黑糖，其他的礼品则视自家的家庭情况而定。过年期间，要是亲戚来到自己家之后，自家也得派人前往来人家中探望，来回走动都是需要带上礼物的，不能空手来回。带的东西一般要略微好于来人带来的，至少也得与来人所带物品持平，否则是要被人说道占人家便宜的。

3. 其他节日

旧社会时期，村民最注重的节日就是春节。春节过后，其他节日都是可过可不过的。在生产和生活上，其他节日对于村民行为的影响远没有春节的影响大。

（1）元宵节

正月十五为上元节，又称元宵节。历来有吃元宵、挂彩灯、燃花炮、耍社火、打铁花等习俗。当时渠中堡的村民生活和娱乐文化活动较为贫乏，但是正月十五这天还是会买元宵吃，并且烧香供奉先人。到了 20 世纪 80 年代后，元宵节增添彩灯笼、灯谜会、放焰火等内容。元宵过后，新春气氛转淡，人们就要开始投入到农业生产和其他工作、事务中。

（2）清明节

清明节之前，家户会选择一天到自家坟茔中祭拜。祭拜时只有家中男性才可以过去。节前家户祭拜、清扫的都是自家的祖坟，而到了清明当天，家户还会到家附近的野坟、孤坟处，为其打扫清理杂草，为坟茔添置新土。据老人讲，这是老辈上一直传下来的习惯，自己也说不上来缘由。

（3）端午节

五月初五是端午节，也叫端阳节。这天小孩子能够吃到粽子或者粳糕，家户门上要插上柳条、艾叶、沙枣花，喝雄黄酒。除此之外，并无太多其他特殊行为。

（4）中秋节

农历的八月十五为中秋节。旧时，家家烙大月饼，即直径约 40 厘米、厚度 10 厘米左右的大锅盔。晚上在庭院中摆上月饼、西瓜、水果等供品，谓之"献月"。一炷香之后，献月仪式完毕，家人们坐在庭院之中，共同享用。

三、日常习俗与关系

（一）日常习俗内容

在日常的生产和生活中，渠中堡百姓通过口口相传的方式，一代一代地传递着习俗，在生产生活中指引和规范着人们的行为。虽然有人会打破这些规矩，但更多人还是会维护和遵守的，其中包括禁忌类、愿望类、敬老习俗以及病患习俗等。

1. 禁忌类

由于某些不好的现象经常发生，与此现象相关的话语，一般是不能够直接说出来的，甚至是不能说的。例如当地人有"七十三、八十四，阎王不叫自己去"的说法，因此老人达到这个年岁的时候，会特别忌讳别人问起自己的年龄，也很忌讳别人说这个年龄如何危险等话语。结婚之后，人们很忌讳说无后、无子等话语，尤其是在新婚两口子还没孩子的时候更是忌讳。还有就是忌偏房高于主屋，忌下午看望病人，忌月子期间出借东西，忌讳腊月动土，忌讳二月、六月动土等等。

2. 愿望类

愿望类的有很多，比如每到初一十五的时候，就会给神主上香，祈求祖宗保佑家业兴旺，代代富足。婚嫁的时候拜天地，入喜房，坐帐等。新婚时期，会将大枣、花生、桂圆、瓜子放置在炕上，以此讨个好彩头——早生贵子，乔迁新居之后需要选个好日子请客吃饭等等。平实又普通的生产生活习俗，代表的是人们对美好生活的愿望。

3. 敬老习俗

1949 年前，渠中堡的百姓到了 60 岁才会做寿，在这之前是不做寿的。另外，在丧葬之中，若是亡人未满 60 岁，棺材上是不能钉木钉子的，那钉子叫作"寿钉"。做寿的规模和场面主要看个人的家庭情况。一般人家只做正寿，即 60 岁、70 岁、80 岁、90 岁……并不是过了 60 岁就会每年做寿。做寿一般是家庭内部人员参加，外面的亲戚是不来的。只有外嫁的女儿和外孙等会过来，其他的亲朋好友是不需过来的，而且家户也不会邀请。做寿一般就是亲人聚在一处，在中午的时候大家一块吃个饭即可。这天要是有舅舅等客人的话，一般是客人坐正北方靠东的位置，老爷子挨着舅舅坐北方，然后东上老大坐，西上老二坐，东下老三坐，西下老四坐，南靠东是陪客一，南靠西是陪客二。要是当天没有来客人，就是老爷子单独或者和老太太一起坐在北面，然后其他人依次序坐于下首即可。菜食方面一般没有特别的讲究，但是一定要有鱼和鸡，有时还会有一个面食做的寿桃。

4. 病患习俗

村民生病之后，一般是先请先生过来诊治，或是到其家中或是到堂上去诊治。王兴庆老人的三爷爷就是个先生，其在宝丰镇上给人家坐堂问诊。一般情况下，每当王的三爷爷回到家时，就会有人趁着这个时间向其问诊。通常情况下，家人生病了都是要先让先生进行诊治的，要是先生也找不出病灶，病人以及其家属就会"驱邪"治病。有时候巫婆等偶尔治好病，但多数情况下也是无能为力。"驱邪"只是一时去除家人心理上的焦虑，起到暂时安慰人的作用。

（二）日常习俗关系

旧社会时期，渠中堡的百姓以生产和生活中的习俗作为个人行为的指导和约束，同时也将此作为判断他人行为和规轨的标准。对于不讲究这些日常习俗的人，大家认为其不道德，不守规矩。对于不遵守规矩的人，除非是触及到自己切身的利益，一般情况下大家碍于面子并不会当场发作，只在背后向他人述说其不规矩之处，使其名声受损。

旧时期的习俗有着强大的约束力和适用空间，这些习俗是渠中堡百姓共同遵守和维护的。它将村民的生活生产联系起来，大家依规而行，以规为序，这样才能有条不紊地安心生产和生活。日常的习俗就是共同行动的指南和标尺，同时也是监督，使得个人不能胡乱地打乱次序，只有这样才能共同有序生产，安定生活。

另外，习俗发挥的作用是较大的，但也有所区分。例如当地圆善寺办会的时候，方圆数十里的人们都会到这里来上香烧纸，祈求福愿。因为圆善寺的名气比较大，办的会也会吸引很多的人前来，这依靠的就是人们对于佛教的信仰，以及对于住持法师的尊敬等。

第六节　规训与规训关系

1949 年之前，渠中堡的百姓主要通过家庭教化、社会习俗以及学校教育对个人进行教化和规训。百姓为人处世的行为准则，一般是来自家庭的教育、学校或者私塾的教育。本节主要从家庭和学校两个方面，来考察渠中堡百姓在传统社会时期如何规训，以及所展现的规训关系。

一、规训主体

(一)家庭教化与规训

旧社会时期，渠中堡的村民在教化子弟时，并没有形成一些固定的章程或者是规矩，也没有形成一些文字记载的家训等，却以最朴实的日常生活指导规训着每一位家人。例如当家的会用身教和言传教导子弟。继而子弟长大之后，也会以此为规，以此为则，不逾规矩，方得长久。在平日里的闲话之中，老人总是教导孩子"不能偷盗，人穷不能志短，不能干坏事……"。

一般情况下，家庭内的教化都是由尊到卑，由长及幼，最主要的教化主体就是父母以及爷爷奶奶。通常情况下，父亲主要负责教导儿子，在教育方面拥有绝对的权威，母亲主要负责教导女儿，例如教女儿做家务、做鞋、做衣服等等。父亲则是在儿子能够做事的时候，安排他做力所能及的事务，帮助家庭分担工作，抑或带其到外面给地主做工，例如放牛放羊、打草等等。祖父母一般不太管理孙辈，但依旧会在生活中向孙辈传授些生活的经验和技巧，也会起到一定的教化作用。

家庭的日常教化以及事后的训斥与惩罚等方式，可以使得孩子从小就能够明白，什么样的事情是可以做的，什么样的事情是不能做的。孩子从小就有一种规矩意识，在今后的成长中，也能认识到自己行为所处的边界，在心理上会有一种自我约束和评断的标准。家庭的教化通常是分为几个阶段的，不同的阶段教化的效力也不尽相同。首先是在子弟较小时，此阶段的教化最为关键，同时也是效力最强的时候，几乎就起到立竿见影的效果。其次是在子弟少年的时期，这个时候的教化比较具有引导性。例如大人会教导子弟一些为人处世的大道理，并不会像小时候一样以禁止和呵斥为主，而是以指导为主。再次就是在子弟成家独立之后，这时候家庭的教化以说服教育为主，并不会出现强制性地指导和禁止性的决断。在这些时期内，小时候的教化所起到的效果是最强的，成家之后的效果有时候较弱，但是也要视具体情况而定。

总体而言，家庭的教化贯穿于百姓生活的所有场景，也包括其生命过程的整个历程，只是村民有的时候是被教化和教育的对象，有的时候则又是教化和教育的施受方。家庭或者家族的教化，仅限于自己的家庭或者家族，向外延伸的时候几乎没有效力，而且在私人区间划分上，向外延伸属于逾规的行为，这在旧社会时期是不被自己和他人所容许的。

(二)学校教化与规训

据百姓介绍，当时渠中堡的人不太重视教育，在黄渠桥街上有小学，在渠中堡也有一个完小。但是家里人为了生计，一般不会将孩子送到学校读书，且当时能读得起书的人家都是大户人家，起码是富裕户才有能力供给孩子读书。一般的穷苦人家根本就没法上学堂识字，或者即便是勉强能读一两年，后面也是难以为继。除此之外，随着男孩子年龄的逐渐增长，力气也逐渐变大，有能力可以为家庭分担农活的时候，就再也难以回到学堂识字念书了。

当时有一个渠中完小，限于师资故只开设国文和数学两门基础主课。1949 年之后，在联丰那里成立了学校。据沈连山老人回忆，当时的学校里有个姓张的老先生，大约有 70 岁的样子，留着一撮山羊胡须。学校距离居住的庄子大概有个三四里路，当时联丰那里的学生各堡都有，辐射方圆五六里。学校里有 30 来个学生，不分年级混在一起上课。因为老师太少，没法分班，就由一个老师站在台上给不同的班级学生上课。据老人讲，当时村子里能上学的人并不多，跟自己同路去上学的只有两个人，其他的孩子要么是跟着自己家的大人下地干活儿，要么是给地主家打工，给人家放牛、羊、马。一般情况下，他跟那些孩子是不在一起玩的，自己回家之后，也是要干一些活，大多是在家里面搭把手，多是干些零碎的家务活。平时吃饭的时候，虽然跟在家中打工的大小工人一块吃饭，但相互之间也是不搭话的，吃完就去上学。

当时能识字的百姓不多，能送孩子读书的人很少，读书的目的也并不是想求得个功名，而是想让孩子能识得几个字即可。当地人并不重视读书，因为能读书的都是男孩，而男孩又是主要的劳动力，在家可以顶上半个人工。只有那些很有钱的人家，才会一直让孩子读书，从完小到初中。因为其家中的活不缺人干，大活儿有长工，小活有家里的大人干。女孩从小就要跟着母亲学习做家务，做针线活等，根本没有机会读书。

二、规训关系

（一）规训方式

家训、家规和家教一般没有成文的规定和记载，是长辈在日常生活中以身教和言传的方式，向晚辈后生传达为人处世和待人接物的道理和做法。孩子一般是从小就开始进行教育，如果不听从长辈的话，就会被施以严格的管教，例如训斥甚至打骂等。传统社会时期，长辈的权威是绝对的，不管长辈如何教导，晚辈都是要听从的，不能有任何的反抗行为，并且事后还要按照长辈的指示去做。对于村民来讲，乡里的社会习俗也都是靠长辈通过日常生活逐渐地讲解和说教来传授的，这些习俗既是他们所要遵守的，同时也是需要大家进行维护的。有人触犯或者不按规矩做事，就会受到其他人的制裁。

学校里的教育多是诗书礼仪，孝悌之义等，以教人行善，让人尊重师长为主。学校里对于不听话，不好好上课的孩子也是会有处罚的。这个处罚都是由教书先生自己裁定和执行，处罚方式一般是以体罚为主，轻一点的是打手心，重一点的是打屁股，也有直接打头的。

（二）规训结果

在儒家文化的影响下，渠中堡的百姓同样形成了强烈的等级观念。无论是在家庭教育还是在学校教育之中，首先所依赖和支撑的就是长幼尊卑的家庭伦理，长辈对于孩子的教育和规训是天经地义的。例如当地老百姓中会流传"子不教，父之过"之类的话语，表明在家庭教育中，长辈对于晚辈的教育是担负很大责任的。而父亲则是很高的权威，例如在旧社会时期，父亲的话是必须听从的，说让干什么就得干什么，一般是不能有所质疑。但是随着孩子的年龄和知识等的长进，在成家之后，父亲也会与其有所商量。家庭教育给百姓的训诫，就是必须尊老敬老。据老人讲，以前都是老人当家作主，家里人从街上回来之后，必须得先到老爷子屋里交账，然后才能回去到自己屋里。

第七节　文娱与文娱关系

传统社会时期，渠中堡的百姓在漫长而又单调的生产活动中，慢慢生发出自己独特的娱乐方式和娱乐文化，具体可以分为节庆娱乐和日常娱乐两种。当时宁北地区政府管理松散，官方层面并不组织民众进行娱乐活动，故而多是民间组织进行文娱活动。其中节庆文娱活动的场面较大，参与的人以及凑热闹的人很多，娱乐项目也较平时有更多花样。日常的娱乐活动，多是在闲暇时间里，百姓为了打发时间而随机发起的，小到暖墙根闲谝，大到招引戏班开戏等。

一、文娱活动

（一）文娱活动概况

传统社会时期，渠中堡的村民一年之中最忙的季节就是夏季和秋季，夏季的时候需要收割麦子，秋季的时候需要收割胡麻、糜子等作物。农闲时节一般是在每年的农历十月、十一月和十二月，以及正月里的前半截儿。正月底土地开化之后，就要开始翻地春耕了。不忙的时候，老百姓并没有什么特别的娱乐活动。一般有打牌，当地叫作"花花子"，还有的会到附近有戏场的地方听听戏，有的去看个庙会等等。但是日常生活中最普遍的就是闲谝——聊天，就是大家找个暖墙根儿，坐在那里晒晒太阳，聊聊天，抽几口烟。女人们坐在一起聊聊家长里短，在一起做些手工活，例如给家人赶制件棉衣棉裤，做个鞋子等。据老人讲，当时村子上的人基本是四五十岁左右，因为年轻的人都被抓兵抓走了，剩下的都是些老弱病残，胳膊腿不好或者有残疾的人。

（二）娱乐活动

（1）耍花花子

花花子是宁夏当地人玩的一种纸牌游戏，可以玩钱也可以不论输赢，只图取乐。但是即便是玩钱也都是图个乐子，一下午打下来大家基本是不输不赢。打牌的时间多数在冬三月里，因为在这个时候大家都在家里待着，地里没活儿，不需要出去。憋闷的时候就会到外面走走，晒晒太阳，碰到人了就地玩起来。在一起玩牌的人都是比较熟悉，且相互之间比较对脾气的人。就如老人所言，"人对事了，就到一块去玩，聊聊天"。[1] 一般情况下，大家都不爱跟人缘不好的人在一处。因此当农户看到自己不喜欢的人在场的时候，会有意地避开，或者是自己组织牌局的时候直接喊名拉人，而不是没有选择对象的进行邀约。打牌的时候一般是随意地选地方，不过一般不去别人家里，都是选在背风又暖和的地方进行。打牌其实不论多少人都能进行，一般三到五人均可，有时候光围观的人都能达到七八十来个，大家一边说着笑话聊着天，一边注意着牌场的局势变化。据老人讲，入冬之后大家都不干活了，因此饮食习惯也就由一天三顿改为了一天两顿饭。早上不吃饭，到了上午大概十点多的时候吃一顿，然后下午四五点钟的时候再吃一顿饭就可以了。晚上天黑了就去睡觉，节省蜡烛或者灯油。

（2）听戏

旧时期，渠中堡的百姓没有几家有能力请戏班子，偶有大户人家在家中遇到重大事情，才会请戏班子过来摆场。例如家中有人娶亲，或者是长者过世，或是喜添新丁等等。一般情况下，老百姓都是到黄渠桥街上去听戏，或者到有戏的临近村寨凑热闹。据老人讲当时的戏类属于秦腔，自清代以来老百姓就喜欢看戏，尤其是喜欢秦腔和眉户戏[2]。据说，当时很有名的唱曲的是一对父女，叫作"六六红"，他们一般是流动着卖唱，或者有人请过去唱戏。父亲拉二胡，女儿唱曲，到了庄子上唱完之后，每家就会凑出两碗粮食给他们，他们属于江湖卖唱的。

（3）逛庙会

旧时期在黄渠桥镇上办会，或者渠中堡聚落内办会的时候，总是会有一些表演项目，也有的属于祭祀项目，祈求富贵保佑安宁。打铁花就是其中的一种，一般是当地

---

1 王兴庆老人口述。
2 眉户戏，也叫作曲子戏、迷胡子，是广泛流传于山西、陕西、宁夏、甘肃等地的一种民间戏曲。

的铁匠在老君庙前的大树底下，开始炼钢铁，把铁汁倒入沙盘里挂在树上，伴着鼓乐，用长铁棍边打铁汁边唱。铁水星子上下跳蹿，从树上落下来，闪着火光很是壮观，每次都会吸引很多外面的人观看。抬楼子是庙会上的一个很盛大的表演。楼子是用竹木扎制的门楼，装裱用七彩色的纸或者彩绸子制作，两边有抬杠，一般是四个人一块抬一个楼子。楼子的大小就如方桌一般，比较轻盈。里面放置有一法器，人们边走边舞。据说有的抬楼子高超的艺人，可以在地面上舞出"二龙治水，风调雨顺，五谷丰登"等字样。

（三）村落公共场所

村庄内并没有专门的娱乐和休闲场所，当时人们都喜欢去大一点的庄子那里碰头闲聊。有什么事情也都喜欢在那里说道，因为那里人多。旧时期石磨和水井并非家家都有，多是人口众多的大庄大户才有，但是大家都是可以借用的，因此便会时常聚集人群打水或者磨面等。一般情况下，一个聚落之中，普遍会有一到两个大庄子，例如王家大庄、叶家大庄、沈家大庄等等。这些都是家庭人口多，庄子大。虽然都称不上整个村庄的中心，却是各自聚落附近的中心点，大多数人建房或者是闲谝，都是到庄子那里。

据老人讲，"当时叶家庄子比较大，庄子前经常有人，在暖墙根儿的地方那里谝一谝，那会女的都不出门，冬天就在家里做鞋，做个衣裳啥的，一般不在庄子外头晒太阳，要是出来也是在自己家门前头……妇女们一般也不串门，也有个别会串门的，但是很少……男的都是在庄子外头站站，也不会到别人家里去。到了饭点都是回自己家，没有啥特别的事也都不请客吃饭，除非是有事了，请人吃饭也是应该的"[1]。

二、文娱关系

传统社会时期的渠中堡，老百姓生活相对较为拮据，基本的娱乐活动也就是相互之间打牌、闲谝，或者是到黄渠桥镇上听听戏，有庙会的时候大家都去凑个热闹。据老人讲，1949 年之后才有外来的人到当地唱排戏，有样板戏还有秦腔。当时都是以乡或者是村子为单位的，后来是以生产队或者公社为单位。

渠中堡百姓生活中的娱乐活动，除了节日活动，其他时候都是个人为了打发时间而小众地举行的娱乐活动，没有常规性，也没有稳定性，纯粹是为了娱乐。如果是在节日中举行的娱乐活动，则需要遵循伦理纲常，敬老、爱老，体现出尊卑有别，相互的走访也彰显出当地待人接物的风俗习惯。

在老百姓的娱乐活动中，有一套当地人都明白的规则。规则其实就是游戏本身的

规矩，如果在娱乐或者游戏的过程中，有人触犯了规则，就会影响其他人的娱乐体验，大家就会当场让其改正，耍赖多了，以后就没人再跟他玩耍。在一些节庆的活动中，有一些是属于小众范围的自组织，例如东永固庙周围村民组织的一年两次献牲活动，参与其中的农户都是要买些羊肉的，这样才能名正言顺地在一起吃羊杂汤。大家都明白规矩，明白自己的责任和义务。

在渠中堡百姓的娱乐活动中，基本上是农户参与到他人或者外面组织的活动中，真正让农户自己组织和发展的活动，并没有很多。如果在自组织的活动中出现了意见分歧，一般是会首从中主持评断，然后周围的人跟着打个圆场，说句公道话，自然双方也就化解矛盾。至于说今后是否继续往来，就是当事双方的事情了。总之娱乐之时，并没有什么大不了的仇怨，真正有仇怨的当事双方是不会出现在同一场娱乐活动中的，起码不是以共同组织人的身份参与其中。至于庙会等活动则是公开的，任何人都可以参与其中，没有门槛限制。但是有的活动也确实因为其有一定的门槛，而使得参与其中的人们是小众，例如献牲会。参与其中的农户需要分担购买羊肉的义务，一般是一两斤，一两斤肉的花销对于普通家庭而言还是很奢侈的。因此就只有家庭条件稍微好些的人家，才有可能参与到其中。

第八节　村落文化变迁与文化实态

1949 年之后，随着土改运动、合作化运动以及集体化运动的不断发展和改革的影响，渠中村的文化形态也几经变迁，发生了明显的变化。但是沿袭和顺承的关系是显而易见的，在变与不变之中体现出了文化形态与时代的适应与契合。

一、村落文化变迁

（一）崇拜与信仰的变迁

中华人民共和国成立之后，大力倡导信仰科学，反封建迷信等，村民的思想得以解放，并且在信仰和行为上有了很大的变革。当时政府鼓励大家实干，勤恳劳作才能致富，打击当地邪教组织等。将寺庙等地当作临时驻地，和尚道士、居士等都归为平民，不再从事寺庙活动。村民也都不再到寺庙之中进行祭拜，也再没有组织庙会等活动。集体化时期、"文化大革命"等政治文化运动之后，村庄内的寺庙、神庙等全部被拆除，村民家中的神主也都尽皆撤除，不准摆设。而后逢年过节家中祭拜，村民只是在心中默默祷告祈福。

20 世纪八九十年代左右，为了开拓更多的耕地和兴修水利设施，政府将村民墓地等进行迁移，将村庄内的坟地进行开垦利用，转化为可耕作的田地。丧葬的习俗一直都是以一至三天为主，集体化时期丧事简略，到了1980年代分田到户之后，村民的生活水平得到了提高，为老人祝寿和办丧事时，在花费和礼仪上皆有所提高。与此同时，村庄内的信仰也逐渐有回潮的趋势，并且政府也开始支持。当地在原来寺庙的旧址之上，开始兴建寺庙。在1990年代之后，政府开始投入到村庄文化信仰的建设上来，为村民兴建神庙等。如今渠中村的每个小组几乎都有一个神庙，供村民烧香祭拜。

（二）生育观念的变迁

1949年之前，渠中村的村民子嗣延绵、多子多福、重男轻女的思想占据主导地位。村民普遍以多子为荣，但是在多子的基础上，再有一两个女儿的话，就是更加有福——儿女双全。旧时期，女子多是在家中做些家务，很少到街上行走，即便出门也是到田中做些力所能及的杂活，例如除草或者帮助男人做些辅助工作。但是土改之后，新思想的灌输以及妇女解放运动等开展，女性开始普遍参与到农业生产和工业加工中，手工业则更是妇女施展自身才能和彰显价值的行业。进入到集体化时期后，不论男女，全部要参加到生产活动中，只是男性要比女性多拿到些工分。

传统的观念依旧深植于每一个村民的心中，大家依旧认为只有男孩才可以传宗接代，死后为自己立碑供牌。20世纪80年代之后，家庭联产承包责任制和计划生育政策的强势推行，在一定程度上起到了减少人口的效果，却依旧不能使村民对于男孩传宗接代这一思想意识有丝毫改变。虽然村民家中的子女比以往少了，但只有已经有了男孩的家庭，才会愿意少生或者不生。还没有男孩的家庭则是暗地里偷偷生产，直到生出男孩为止。近些年来，村民的思想虽是有些改观，但依旧希望有个男孩，儿女双全则在其次，少生优育观念也在不断凸显。

（三）教育观念的变迁

在教育方面，1949年之前渠中村的百姓普遍不太重视，而且也没有供给孩子读书的能力和条件。当时只有黄渠桥街上的富裕户，才能够有实力请先生教授子弟习文识字。村庄内的绝大多数人家是无此能力的，即便是村庄内的地主家庭也无法供给孩子读书。村庄附近没有可以送孩子读书的地方，如果自己单独请先生，没有那么大的财力支撑，又没有可以合伙请先生的人家，因此难以为孩子请先生。另外，当时的社会是以农耕为主，很少有做生意的，而且重农抑商的社会思想也深深地影响着当地百姓。村民以种地为主，以多种地，多打粮食为目的，加上当时劳动力短缺，因此家中大小家庭成员，尽皆为劳动力。

1949年之后，渠中村周围的村子开办了完小，但读完小要收取不少的费用。这时候也只有那些地主和富裕户，才能将孩子送到学校念书，普通家庭的孩子则依旧是以自家生产和为他人做工挣钱为主。再到后来合作化时期、集体化时期，村庄内上学的孩子逐渐多了起来，以读几年完小为主。有的甚至是勉强读几年，完小都不一定完整地读下来。特别是对于女孩子而言，村民基本上还有"女子无才便是德""男子才能读书"等旧思想的残余。女孩子长大点之后，需要为家庭分担家务，或者是需要照看年幼的弟弟妹妹等，因此就不能再去学校读书。

20世纪80年代之后，随着村民的生活水平逐渐提高，以及国家相关教育政策的落实，男孩女孩都是可以实现适龄即入学。而且渠中村也成立了渠中小学，地点就在渠中村的中部，在渠中村六队附近。当时村民对于孩子读书的态度是，男孩必须去读书，让女孩读书是为了不至于做"睁眼瞎"，但是并不太支持其一直往后读。对于男孩则是竭尽全力地去支持，并不太愿意其早早地到社会上打工挣钱。

（四）文化娱乐的变迁

1949年以前，村庄内的文娱活动很少，集体举办的文艺活动以寺庙办会为主。或者是节庆日的一些祭祀活动，例如抬楼子、燎骚干。燎骚干是在农历正月二十三的时候，家家户户都会捡拾蒿草等野生植被或者农作物的秸秆。到了夜幕降临之时，家家门前都堆放一堆柴火和当日院内清扫的杂物，点燃之后，门前都是火焰闪动，一堆堆的火把院落乃至村落照得红彤彤的，火光和鞭炮声相互交织。有的还会在火堆上加盐、加醋，之后人们都在火堆旁跳来跳去"燎疳"，希冀消灾避祸，燎去以往的陈厄和晦气，让年在红红火火中过完。自家的火堆熄灭后又赶到另一家去，如果住得集中，邻里之间往往都会事先把柴火堆在一起，大家合在一起跳，烈焰照彻天空，场面热闹，氛围浓烈。

最后待柴火烧尽，主人或者大家请出有经验的老农，由他们用铁锹把燃剩带火星的灰烬轻轻地扬起，在半空中洒下。火花随风飘飞，在黑夜里闪出点点亮光，像空中飞舞的荧火。人们依据火星的大小、形状来预测当年五谷丰稔。火星多，小而圆的，卜麦子成咧；火星小而不规则的，卜荞麦成咧；火星大而圆的，卜豆子成咧；大而不规则的，卜玉米成咧……扬花者一边扬，一边高声说"什么花"，围观人群齐声叫"××成咧"。扬花结束，并未收场。四处落下的火星，则要娃娃们一一用脚踩灭，谓之"踏蚂蚁"。当地上没有一丁点火星了，这时"燎疳"活动才宣告结束，村民各自回家。

1950年到1960年期间，眉户戏盛行于黄渠桥地区。眉户戏《梁秋燕》在露天剧场演出之后，引起了当地的强烈反应，连续出演多场，场场爆满。到了20世纪60年代中期，社会主义教育运动前后，常演的眉户戏有《小两口算账》《夺印》《审椅子》等，都给广大群众留下了深刻的印象。1976年的时候，当地大搞农田基本建设，渠中村的邻村——万家营村自编自演的眉户戏《选麦种》《推迟婚期战荒滩》，参加全县文艺汇演还获得了奖项。

另外，当地村民爱听秦腔，但是由于请戏班子演出的费用太过昂贵，大家都是到黄渠桥镇上去听戏，或者是凑着邻村办事的时候，前往凑热闹。也有庙会有戏班子搭台蹭场子的。据说当时黄渠桥集市西大街就有一个专门的戏楼，从1950年到1960年一直存在着，在开物资交流会的时候，戏班子就会在戏楼上演秦腔。

（五）村落习俗的变迁

1949年以来，渠中村百姓生活中传承着农耕社会沉淀的许多风俗习惯，但是随着经济社会的发展，人们的思想观念和生活方式发生变化。诸如春节、元宵节、清明节、中秋节等节俗礼仪，在继承传统的基础上，有的被破除，有的则是增加了新的内容。

例如春节就是农历正月初一，俗称"过老年"。当天凌晨，大家起早，在神龛和祖先牌位前上香磕头，祭祀完毕按照先自家、再本族、后邻里的顺序拜年，对长者行跪拜礼，同辈互相问候。长辈给孩子压岁钱，各家都备上烟酒糖果等物品。早上之后，开始吃饺子，本家之内互相会端饺子，请大家尝尝。从初二之后便开始走亲戚。初五为"五穷日"，天不亮就将清扫的尘土倒在十字路口，谓之"送穷土"。中华人民共和国成立之后，祭祀和跪拜习俗以及送神、送穷土等习俗逐渐消失。

端午节的时候，大家会吃粽子或者粳糕，门上插柳条、艾叶、沙枣花，喝雄黄酒。现在则是不再插柳树枝、艾叶等，但是仍旧保留着吃糕和饮酒的习俗。中秋节的时候，家家都会烙上一个大月饼。晚上在院子里摆上月饼、西瓜、水果等作为供品，谓之"献月"。中华人民共和国成立之后，"献月"的仪式逐渐消失。现在过中秋节，基本是老人们在做简单的仪式，院子中简单摆放水果和买来的月饼，有的则是直接在家中摆设酒宴，以供家人团圆时享用。

在习俗上发生变化最大的则是婚嫁，中华人民共和国成立之后，旧的婚姻制度与习俗逐步被革除。男女婚姻自由，婚礼习俗日渐走向简化和健康。到了1980年左右，男女自由恋爱成熟之后，经介绍人牵线，男方到女方家中相亲，女方再到男方家中看家，举行订婚等仪式。结婚日期一般选在农历的三、六、九日，逢年过节或者双休日的时候也可以结婚，还有的甚至采取旅行结婚的方式进行。

二、村落文化实态

改革开放之后，渠中村虽然有所发展，但由于区域位置的限制，村民多数是依靠农业和少许的养殖业。但是个人从业的选择因着时代的发展而逐渐丰富起来，有的在家务农，有的则是外出务工兼职种地。见识外面的世界之后，村庄内的村民文化生活也变得与之前不一样。

首先，在祭奠祖先方面。渠中村的百姓在 20 世纪六七十年代各种运动时，将自家的先人牌位——神主尽皆撤除。现今祭奠祖先也不再使用旧时的神主，只是在正屋的大厅中间，摆上信奉的神灵塑像或者画像。在逢年过节祭拜神灵的时候，村民在心中一同祭奠祖先，只是没有了实体的祭奠摆件。有的村民会修自家的族谱，但是由于老人们的年龄和记忆的限制，一般也只能追溯自家三代左右，其余无可记述。老人会将自家族谱传给自家儿孙保管，用以给后世传看和保存。现在由于殡葬改革等政策的执行，村民亡故之后都进行火化，并且将骨灰埋葬在当地的公墓之中，只在家中留下一个亡人的照片摆放，以慰家人哀思之情。清明和十月初一的时候，村民也不再到祖坟扫墓，都是到公墓祭拜即可，离开村子居住的人家就直接在自己居住的地方烧香。与此同时，之前清明节扫野坟的习俗也因没有了野坟的存在而消失。

其次，在信仰方面。现在村民生活中所信奉神灵的表现，多是倾向于完成生活中的仪式。比如村民以前请居士帮助自家念经超度亡人，到现在多数是为了完成丧葬仪式中的一些礼节而进行，而且完成这些礼仪的程序和做法也更加简单和市场化。1949年前，村民都是请当地的居士或者是老师父到家中诵经超度，并且也无须付钱。1949年之后，由于各种运动的影响，以及政府对于信仰组织的管理等，各种信仰组织逐渐地淡出人们的生活圈。现今村民信仰自由，在完成某些信仰活动的时候，多是从市场上直接购买服务。例如现在办理丧葬礼仪超度亡人，请的是"莺莺"——属于道教，不忌荤腥和女色。按照一定的市场规则，事主需要付给其一定的酬金，但是之前则只需要请居士吃饭即可。现在村庄内每个小组基本上有一个神庙，以供给当地的百姓祭奠使用。平日里多是大门紧锁的，只有到了年节的时候才会有人打开，不过也少有人进去烧香。

再有，在婚嫁方面。2000 年之后，渠中村的百姓进城居住日渐成为趋势，娶媳妇必须在城中买楼房，甚至还要有小轿车。娶亲的工具也实现了从马车、自行车、手扶拖拉机、大卡车、大轿子车到面包车、小轿车的转变。待客的宴席规格，也由过去的十大碗，改为了十二齐、"八大八小"（凉菜、热菜各八样），现在一般在二十道菜左右。由素菜、猪羊肉为主的宴席，变为猪、羊、牛肉，加上双鸡、双鱼，城镇待客还必须上海参、鱿鱼等，烟酒一般为中档。亲朋好友贺喜送礼没有定数，一般为 50 元、100 元、200 元不等。嫡亲、挚友送数百元至过千，有"人情不是债，提起过来卖"的情分观念。

另外，在生育和教育方面。进入 21 世纪之后，村民虽然依旧有"有男孩就有后"的观念，但是"重男轻女"的陈旧观念基本消失殆尽。家中喜添新丁之后，众人都会同样相待，不会因为男孩或者女孩而区别对待。但是如果头胎就能有男孩，村民会更加地满意，觉得自家完成了传宗接代的重大责任，并且会满心期待的希望下一胎能够生下一个女孩。在子女教育方面，不论男女都是一样地对待。孩子适龄就可以到学校里读书，并且家人都很希望自家孩子能够在读书方面有所出息。如果孩子读书不好，或者不好好读书，就会受到家人的教训。并且，村民最大的转变就是，不论孩子是否愿意读书，或者能否继续读书，家长都会想方设法地让孩子继续待在学校里，而不是早早地让其步入社会，因为不愿意自己的子女受苦受累。

最后，在文化娱乐方面。村民的娱乐生活随着时代的发展，已经不仅仅局限于本村内的活动。以往的串门、闲聊等已经只是顺便的事情，村庄广场舞队等都成了村民的娱乐项目。黄渠桥镇和平罗县城每年都会组织广场舞比赛，每个村庄都会组织自己的队伍，先到镇上比赛，之后选出成绩优异的队伍代表镇上参加县里比赛。渠中村委会大院内还有各种的运动设施，有小孩子读书和娱乐的专门器具室。除此之外，还有开办的老年食堂，收费很低，俗称"老饭桌"，专门为当地孤寡老人或者是年岁较大，不想自己做饭的老年人解决吃饭问题。

第六章　村落治理形态与实态

传统社会时期，渠中堡的治理主要是以保甲制度进行。村庄权威以保长、甲长为主，村庄社会权威以富裕户、大户以及居士等为主，家庭权威则是以长为尊。村落治理的内容一般是兵役、地赋、各种税收、户口等，村庄权威间或调解下纠纷以及处理犯罪案件，组织民夫挖沟淘渠等。本章主要从政权治理、村落治理、亲族治理和家户治理四个层面，展现渠中堡在 1949 年前的村落治理状态。

第一节　政权治理与治理关系

渠中村在旧社会时期以保甲制度为治理单位，因此旧时被称为"渠中堡"。当时的保甲长负责为当局政府管理人口、征收税费、摊派费用、抓兵等等。同时也会负责一些治安活动，例如村民之间的械斗、杀人放火等案件，但是没有组织自卫团等进行匪患等防卫。

一、政权治理

（一）政权治理单元

据《平罗县志》记载，在清代时期，朝廷在平罗县东部的滩地开凿惠农和昌润渠，招徕内地居民前去垦种。一下子人口猛增，村落遍布，农业得到了突破性的发展，行政区划也相应地得到了扩展。全县先后设置了基层行政单位堡 65 个，其中就包括渠中堡。1941年前后，平罗县设置成四个区，每个区辖治四个乡，共计16个乡。其中渠中地区属于三区的一乡。1941年之后，黄渠桥镇划归惠农县，因此渠中地区属于惠农县第四乡——黄渠桥乡。1949年10月4日成立惠农县人民政府，乡改区，保改乡，甲改为行政小组，因此渠中属于第四区——黄渠桥区，渠中乡。

（二）政权治理主体

1. 保长

保长主要负责税赋、兵役、摊派等上级安排的任务，而堡内的事务、纠纷等主要依靠各个聚落内有权威、能说会道的人，以及各家的家长与老人进行处理。保甲长都是上级安排和点选的，只有富裕户才能够当得上保长或者甲长。当时马鸿逵主政宁夏，为了扩充军备，经常抓兵，名目繁多的赋税也是接踵而至。一年到头百姓都是苦哈哈、穷哈哈地度日，经常是吃不饱饭，勉强维持生计。由于村民负担很重，保长等催粮纳税以及催兵抓兵的时候，也往往非常严厉。一旦完不成上级的任务，自己就要受到责罚，因此往往借助权势和武力，向村民征收。

2. 甲长

甲长的产生也是通过点选的，只是甲长的点选是由保长来完成的。保长会挑选跟自己合得来的人当甲长，甲长的家庭不一定是很富裕的，但是家庭实力不能很弱，不然到时候安排任务总是完不成，这是肯定不行的。甲长没有什么权威，即便是村庄社会权威也远远不如保长，甚至于不如其他的农户。在安排的行政任务中，甲长也只是起上通下达的作用。面对乡里乡亲，甲长并不会很过分地去实施上级安排的任务，而是有选择，有所回环地进行告知、催促和提醒。甲长的社会地位微微高于一般家庭，但并非因为其甲长的身份，也不是因为其家境条件，更多地因为其为人处世的方式、方法以及对待农户的态度。

3. 保丁

保丁是专门服务于保甲制度，或者可以更直接地说是专门服务于保长的一群人。保丁在百姓眼中，就是武力和暴力的存在。首先其类似于衙门里的差役，为抓人和实施惩罚措施而设立的；其次，保丁一般是村庄里混得不好的，名声不好的，好强施横的一帮子人。平时保丁也做自己的事，等到保长有事的时候就会召集他们帮助催收、抓兵、抑或实施惩罚。也正因为这帮人从事的都是与暴力冲突相关的事情，百姓都很看不起当保丁的人。正常家庭是不允许自家孩子充当保丁的，只有那些村庄内的混子、光棍子，不顾及情面的二流子，才会去做保丁。

（三）政权治理内容

1. 税赋

据老人们讲，当时的田赋其实不很高，大部分的家庭是可以交上去的。只是田地少的人家交田赋上去之后，家里的粮食就会不够吃，需要给人家打工换粮食或者是挣钱买粮食吃。据《平罗县志》记载：明朝施行军屯，"军方之赋尽出于屯"。宣德年间（1426），开始征课纳税，每亩地征粮 1.2 斗。后来施行"量地计丁、计亩征银"，每亩征银 1 厘，征草 0.436 束。清代沿用明制，按照优劣分等级征税，上等地每亩征粮 1.2 斗，地亩银 1 厘；易田，每亩地征粮 0.6 斗，地亩银 1 厘；中等地、碱地，每亩征粮 0.6 斗，银 1 厘；高亢田，每亩征米 0.7 斗；下等碱田，每亩征粮 0.6 斗。马场田，上等每亩征银 5 分，中等每亩征银 3 分。民国初期，沿用清制。每亩地征粮仍以 1.2 斗起课。民国二十四年（1935），清丈土地，制定田赋税额，地分七等，按等级征税：一等，正税 1.3 元，附税 1.2 元；二等，正税 1.2 元，附税 1.1 元；三等，正税 1.1 元，附税 1 元；四等，正税 1 元，附税 0.9 元；五等，正税 0.9 元，附税 0.7 元；六等，正税 0.5 元，附税 0.4 元；七等，只纳正税 0.2 元。民国三十年（1941），再次施行农业税改，耕地被分为十四个等级，按照亩纳粮：一等地 1 斗；二等地 0.93 斗；三等地 0.80 斗；四等地 0.73 斗；五等地 0.66 斗；六等地 0.58 斗；七等地 0.45 斗；八等地 0.34 斗；九等地 0.20 斗；十等地 0.18 斗；十一等地 0.08 斗；十二等地 0.04 斗；十三等地 0.03 斗；十四等地 0.02 斗。[1]

保长从上级领受到今年的课税任务之后，就会按照各甲的情况将单子分派出去，由甲长负责通知各甲的农户。农户或是缴纳银钱，或是缴纳粮食，抑或缴纳羊皮等等。甲长通知到位之后，如果农户逾期还是没有上交，甲长就会再来进行催交，农户还是没能按时上交，保长就会带着保丁过来，将家户内的当家人抓走。这种情况下甲长一般是不会在场，对于与甲长关系好点的家户，甲长会出面请求宽限几日，让农户免受皮肉之苦。赋税等都是由承税人，也就是每户的户主及其家庭共同承担的，但是不会波及非本户人员。即便是父子、兄弟等，只要是分了家之后，就是两个独立的户，相互之间不会帮助对方代交，最多是到场讲个请，请求宽限，然后由户主四处筹备钱粮等物。

2. 劳役

旧社会时期的劳役，一般是为了疏通沟渠等活动而受当局政府征召出力。据老人讲，当时是按照家户的田地多少来抽夫的，当地人称之为"迎赋课"。每年到了春天的时候，各家就要按照土地的多少，分摊工数去参加挖渠清淤的摊派，出来的人力叫作

---

1 平罗县志编纂委员会编：《平罗县志》，宁夏人民出版社 1996 年版，第 366 页。

"民工"。民工需要到渠口（一般是指惠农渠的渠口地方）参加清淤工作，一般是干一个月的时间才能完工。民工并不是家家都出的，而是每个堡按照土地的多寡分摊民工数，最终分下来的民工数由各堡内再按照各户的土地数进行分摊。

3. 抓兵

据老人们讲，旧社会时期最怕的就是当兵，因为当时经常打仗。马鸿逵主政宁夏的时候，为了扩张势力更是抓兵厉害，并且要求对全境内的男子都进行身份识别和登记。成年男子的身份籍贯等全部登记，将其记录在一个绣章上面，出门之时必须要带上。据老人讲，他的父亲当时就有一个。更严格的时候还会有该人手指指纹类型：斗或者簸箕。村庄内谁家有男孩子，都会觉得是个半喜半忧的事情，尤其是在男孩将要成年时期。老人们讲，当时村庄内基本上是老弱病残在留守，因为年轻力壮的青年，要么是被抓兵带走了，要么是到外地躲兵去了。剩下的都是些身体残疾的人，那会反倒是身体有残障的人能够在家过得安稳些。抓兵其实是征兵而不得的结果，为了完成上级下达的征兵任务，保长不得不利用保丁将村庄内的青年控制起来，强行带到征兵处交人。一听到有抓兵的消息时，符合条件的人家就会急忙将孩子送走，或者是全家一块出走。等过了这段时日之后才会过来，有的要是在外面站稳了脚跟，也就不再回来。据说当时很多人为了躲兵就逃到口外——内蒙古，给当地的蒙古王爷等放羊。

另外，村庄内被抽调当兵的人家会收到一笔兵费，费用是由全堡内没有出兵的人家均摊的，俗称摊兵费。当时政府派发征兵任务，如果谁家的人被应征当了兵，其他户就得交兵费给保长，由保长交给出兵的那一家。

还有一种情况，就是当时有一种兵役，叫作预备役。没有参军的成年男子，每隔一段时间要到县上进行集训，集训一般为一个月左右。全县境内的符合条件男子按照当局安排轮流参加，王兴庆老人的父亲就曾参加过训练。

4. 社会治安

据老人讲，当时的社会治安并不好，匪患以及劫道等事情时有发生。据殷富贵老人讲述，当年他们家的骡子在外滩放风吃草的时候，被人牵走了，其父亲在家中远远看到有人把骡子带走，就急忙向那里赶去。赶上的时候，别人已经进到家门了，其父叫开门之后，向那人索取。那人说"哪有你的骡子，我刚从街上买了个，你说是你的？那你过来跟我到家里去认认，看到底是不是你的"。听这人这么一说，其父心里一紧，怕是去了他家就再也出不来了，于是就说是自己认错了，就此也没有办法再追究。[1] 另

---

1 殷富贵老人口述。

外，还有老人讲，当时邻村有人是卖布的。下集以后回家的时候，被人在荒滩渠坡地偷袭了，布匹骡马被抢，人也被杀掉就地埋了。

当时的保护工作都是自家各自负责，人口多的人家就会打个大庄子，庄子外围用土墙堆砌而成，土墙就是个大寨子。墙上可以上人，上面还有泥坯土块、石块，用来防御土匪。地主或者是寺庙中人还会在庄子中间设置一个墩，墩是个圆锥形的防御工事，直径大约五六米，高有十来米，分为好几层，里面可以藏粮食，即便是土匪攻破了外面的土墙，人还可以藏在墩里，待上个十天半月是不成问题的。而且由于墩比较高，还可以作为瞭望台，上面的人可以看到方圆五里的动向，以便提前做好准备。除此之外，地主家里还有土枪作为防护工具，而普通人家是没有的，他们只能相互聚集，彼此作为依靠。

5. 村庄公共事务

村庄内的公共事务并不由保长负责，但是保长作为村庄的成员之一，有时候也会成为公共事务的发起者和参与者。据老人讲，当时的水利工程等基本上是依循着当地规则修建着。要是有人因为水患等受灾，受灾最严重的和受害最直接的人家，就会去解决问题。其他人则不会管，保长甲长也都不管。例如渠中村西北部，蔡家庄那里地势较为低洼，以前有水患的时候，经常会发生水倒灌的情况，以至于淹没很多农田，并且水退之后盐碱就会冒出来，过不了几年这地就废了，再也没办法种植庄稼。因此，附近受害的村民就自发组织起来，将经常倒灌的地方用土块堆砌起来，形成了一个拦洪坝，现在依稀还可以看到那里有一道略微高于土地的土坝子。

6. 纠纷调解

据老人讲，旧社会时期村里有了矛盾，一般是邻里进行调解，有时候也会是保长过来调解，但是保长参与的都是些大事，比方说双方互殴等冲突较大的场面。一般情况下，从中进行调解的人不一定就是富人或者有权威的人，而是一个与双方关系都比较不错的人。此人要能说会道，故而不分贫穷或者富贵，能压得住事，能解决事情才是最重要的。

（四）政权治理方式

1. 国法、家法

村庄内的治理方式，主要是以国法、村庄习惯法以及家法联合治理。对于国法的界限和要求，虽然村民不是很明晰，但是被称作不好的事情都是国法所不容许的，往大了说就是杀人放火、越货等，往小了说就是偷窃抢劫等。对于村庄习惯法，村民一般遵守乡村的生活、生产、交往以及其他合作的规则要求。例如买卖田地、房屋等，必须要先向周围的人进行询问，否则就会在无形中将他人的利益折损。敬老尊老、勤劳务实是恪守本分的基础。如果村民犯了家法，那么就由家庭中的长者进行处罚，或是打骂，或是分家。如果村民犯了村庄内的习惯法，那么就会有村庄的舆论对其进行批评，并且在日后的交往活动过程中，他人会拒绝与其交往，算是社会规则对其的惩罚。如果村民触犯了国法，那么就由保长出面进行处罚，或者是由保长将其抓捕，然后送往更高层级的行政机关对其进行惩处。

2. 惩罚

在乡村治理的活动中，保长是有权力对村民进行处罚的，但是甲长没有这样的权力。其只能通过向保长汇报，而后由保长决定是否对当事人进行处罚，以及施以什么样的处罚。一般情况下，保长的处罚方式多是以武力的形式完成，例如打脊背或者是打屁股。对于村庄内部的村民来讲，保长的权威是最大的，村民是不敢与其进行对抗的。另外，保长对当事人进行处罚，也是需要看其家庭势力的。要是对方实力很强大，自己不能轻易地当面作出处分，否则后面不好收场。但是如果对方是普通农户，就无须顾忌那么多，直接进行处分就可以了。

据老人讲，当时堡内有户人家，当家的男的被自己媳妇和挑担——即媳妇姐妹的丈夫给谋杀了。后来经过调查，保长发现是其二人所为，抓捕后二人当场招供，保长将二人执行枪决。

3. 奖励

旧社会时期，渠中堡的百姓并没有什么奖励的措施，没有针对具体行为奖励的标准，也没有承担施受奖励的组织或者团体。对于那些平时与人为善，在村庄内乐善好施，去人灾病的医生、接生婆，或者是行善积德的居士、和尚等，村民会将自己的尊重和敬仰之情奉送给他们。对于这类人也并没有团体形式的奖励，而是靠人们的口碑，以及当世人的记忆与传说，表达着崇高的敬意。

二、政权治理关系

（一）强管理

据老人讲，1949 年前村庄内保长的事情其实并不很多。只有在征兵、纳税的时候，才会过来催促。庄子内村民还是按照自己的习惯过日子。但是，保长来的时候大家都还是很怕的，因为保长的到来就表示着有事情要发生了，不是交钱，就是交粮食，要么就是出力、出牲口等。不交或者交的不够，都是要受到催促、打骂或是被带走关起来。老人们觉得"如果没有保长这些人管理肯定也是不行的，毕竟都是要有点规矩的……有他们不见得有多好，但是没有肯定要会乱很多的"[1]。老人们普遍地认为"只

---

[1] 王兴庆老人口述。

要自己规规矩矩的，不做出格的事情，就不会跟保长打太多交道，种好自己的地就可以了……家里头的事情，都是老人管着，要是事情闹大了，就有保长管。保长要是也管不了的话，就只有到衙门打官司了。不过打官司都是谁有钱谁就能赢，有理没有钱照样是不行的"[1]。另外，老人们也认为"衙门里当官的，保长、甲长也不公道，也是有偏向的，偏向有关系的人"[2]。

（二）政权代表权威与认同

1949年前，老百姓见到官是很害怕的。百姓心中期望简单地过自己的日子，但是日常生活中总是被当官的派下来这样或那样的事情。有的还可以应对，有的是无法应对的，因此与其说老百姓怕当官的，倒不如说是怕当官的带来自己无法应对和解决的麻烦。例如繁重的赋税，无休止地抓兵等等。用当地老人的话语来讲，就是"来了就没好事"[3]。在渠中堡百姓的眼中，保长、甲长也算是官。村民平时比较怕保长，但是对于甲长则没有那么害怕。相较于甲长、本族长者、村庄其他权威人物来讲，农户更加怕保长，也更听保长的话。因为保长背后有着自己无可违背的政府意志，更有着自己无法对抗的武力和暴力。同时，保长在百姓心中与其说是更受人尊敬，倒不如说是百姓因为害怕而不敢违拗他的话语和意志。

（三）服从与反抗

旧社会时期，老百姓处于最无力和最弱势的地位。对于当局政府的摊派、兵役等是不能拒绝的，只要是还在这片土地上生活，就必须得接受这一结果和安排。自己所能做的就是服从，即便是有反抗的心思，也没有办法和力量与之抗衡。对于繁重的税款，严苛的抓兵制度，自己所能做的要么是接受，要么就是逃离。对于摊派和兵役，老百姓看到的只有摊派的数量和抓兵的过程，根本无从知晓这一结果的由来过程，只能把逃离当作一种反抗。另外，对于没有参加兵役的人来讲，每年还要通过抽签的形式分为三期到县上进行训练，叫作"国民兵"。

（四）官司诉讼

1949年前，渠中堡的百姓是拒绝打官司的。他们认为打官司就是结仇，并且打官司是需要花钱的。即便花钱也不一定打得赢，因为钱多的一方才能够胜诉。打官司的时候官府不会派人来调查，都是听信一面之词，并且谁暗地里使得钱多，谁就能成为占理的那一方。据老人讲述："我们母亲，还有另外的一个田家老奶奶，跟高家的一个老奶奶曾经打过官司。当时验官驴的时候，我们把自己家那头好的叫驴拉到舅舅家藏

1 殷富贵老人口述。
2 殷富贵老人口述。
3 王兴庆老人口述。

起来了，就剩下了一个跛脚的瘦驴在家里，结果就没验上，没被拉走。田家的也是这样，但是高家的没有藏起来，就被拉走了。后来她心里不平衡，就告到保长那里，保长报到上面去了，就喊我们三家到宝丰县衙公堂上对质。上了公堂之后，我母亲还有那个田家的老奶奶，就一口咬定自己只有一头驴……县官觉得也不是啥大事，也就不了了之了，后来也没有再追究。不过我们家还有田家，跟高家关系就算是断绝了。"[1]

第二节　村落治理与治理关系

1949年之前，国家基层行政治理单位是以保甲为单位的，核心就是征粮纳税、征兵、劳役等。渠中堡的公共事务全部是由民间个人或者小型团体组织简单维系和活动。百姓以家户、亲戚、聚落为单位，形成简单的生活与生产圈子，在生产与生活上互相支持与帮助，维系生存。总体来讲，国家行政层面上的治理，主要是通过保甲制度作为实现方式，抽取乡村之中的人力、物力和财力。在治理的过程中少有付出，只有在大型水利等工程需要人力之时，才会进行统一调配，其他基本是靠百姓进行自我治理和自我修复。

一、村落治理

（一）村落治理主体

旧社会时期，渠中堡官方层面上的治理主体只有保长、保丁、甲长，他们的权力是依次递减的。除此之外，还有一些简单的民间组织负责一些日常小型聚会活动等。

1. 保长

保长是最主要的治理主体，保丁是归保长管理的手下。保长是由富裕户来当的，而且是由乡长等点选的。只有那些家里人口较多，土地较多，并且生活较为富裕的人才能够充当保长之职。就像老人们所传述的那样，"保长都是大户人家才能当的，没钱没粮食，没有地，人家也不让你当。……一般不需要文化高，能识个字，家里有钱，四五十岁的样子，辈分也不需要很高"[2]。要是被点选的人不愿意当保长，乡长也只能再从其他人里进行点选。

2. 甲长

甲长出身较为普通，不需要家庭条件多么殷实富裕，是一般的小农户。如老人们所讲，"甲长得罪人多，一般的大户人家也不愿意做这些事，出力不落好……不愿意

1　王兴庆老人口述。

2　殷富贵老人口述。

当"[1]。甲长不是由村民选出来的，而是由新任保长自行指定的。保长点选甲长的时候，就没有那么正式，只是当面说一声，如果对方同意的话就算说定了。要是不想当，直接拒绝也是没问题的。

3. 村落组织

1949 年前，渠中堡内的民间组织并不多，有"献牲会"，还有就是每年到了二月二这天组织"抬楼子"等。这些组织都是为了简单的活动而自发组织起来，按照约定的习俗和规则运行的，具有很强的周期性和短暂性。

（二）村落治理内容

传统时期的村庄治理内容较少，除了催促田赋、摊款，就是在挖渠的时候有些组织和协调，其他村庄的公共事务，多是由百姓小范围内自组织起来处理的。

1. 教育普及

1949 年前，渠中堡内教育与大多数的村落情况都是相似的，即没有正规的现代式学校，多是请私塾先生。一般是多家联合起来，请来私塾先生教授子弟学文识字。但是，能够念得起书的农户毕竟是少数。到了 20 世纪四五十年代之后，形成新式的现代化教育的完小，但是地点并不在渠中堡境内，而是在距离其五里地左右的其他村落。在教育的普及之上，保长等并没有什么贡献，一般的新式教育都是在黄渠桥街上兴办的。当时有很著名的黄渠桥中学，还有国立绥宁师范大学，1949 年之后，才在渠中建立完小。

2. 催促田赋摊款

每年的秋后新粮晒干入仓时，也就到了该交田赋的时候。上级会拿着地册核算出该堡应交的田赋，以及每家应该交的数量，保长再按照区域划分，交代各甲长通知各聚落的户主，按照时限尽快交纳地赋。如果家户没有按照期限上交，就必须催促。如果催促还是不能完成，甲长就要向保长进行汇报，保长会指派保丁将户主抓到面前，轻则骂几句，重则打屁股打脊背。一般情况下，保丁前来抓人的时候，户主以及家人就会应承数日内筹措好立马上交。如果没有个准信，保丁就会直接将户主抓走，直到家人将税赋缴纳完成才会放人。

3. 村内公共事务

一般来讲，村庄内的公共事务，保长等是不会管的，除非是出现了械斗、杀人放火、奸淫谋财害命等伤风败俗且性质恶劣的事件。一般的普通日常冲突是不会上报保长的，因为大家普遍较为害怕保长，不愿意与其打交道。即便是保长碰到了双方的冲

---

1 殷富贵老人口述。

突，也只是暂时制止，并不会深入地去做出调解，更不会帮助化解矛盾，除非是别人专门请其过来调解。

另外，当上级安排民夫挖沟渠的时候，保长和管水渠的人一同核算家户应出的工，分派下去之后，登记出工的人。

（三）村落治理方式

1. 社会惯习

渠中堡地方上并没有明确的村规民约限制人们的行为，但是老一辈人会将生产和生活经验传递给后代，而这些经验其实就是渠中堡当地的社会惯习，是沉淀在百姓心中的思想指导和行为准则，它指导着人们的生产、生活以及交往。在生产上帮助人们解决技术上的问题，在生活上帮助人们完成价值观、人生观的塑造，在交往上帮助人们形成和谐融洽的生产和生活氛围。

在村落中生活的老一辈人，都深刻地明白并且践行着当地的社会惯习，这可以帮助他们完成生产活动、生活交往以及知识的传递。在生产上老辈人会将自己的经验教给后代，而具体的方式就是通过日常的耕作活动来指导和传授的；在生活上，老辈人通过身教言传将自己的经验教授给子孙后代，以便今后的生活和交往更加顺利和谐。例如在买卖土地和宅基的时候要"先问兄弟，再问四邻，后问本村人"等等。

2. 惩罚与奖励

保长具有一定的权威，是可以对人进行处罚的。多是在农户出现了不合规矩的情况下，才实施惩戒行为，以迫使对方尽快完粮纳税。至于说奖励则是没有什么明证，只是口头上的表扬或者是赞赏。

在村庄的生活中，惩罚和奖励多是出于一种精神上的尊重和交往上的信任与合作。例如如果某位村民处处与人交恶，并且日常行为卑劣，那么村民谈及他的时候，就会述说其很多的不良行为。对其会有精神上的鄙视和行为上的不合作，拒绝借东西或者不与其交往，甚至于断交等等。相反，如果村民与人为善，为他人着想，慷慨大方，乐于助人的话，那么百姓就会念及他的好处，与之交往友善，并且愿意与之合作。当其陷入困境或者是家中有事的时候，大家都愿意伸出援手。除了良好的口碑和人缘等精神奖励，还有着主动合作与主动帮助等行动奖励。

二、村落治理关系

（一）保长权威

旧社会时期，在渠中堡的行政权威中，保长无疑是最大的，百姓对于保长的感觉和印象就是害怕与尊重并在。怕是因为保长的身份代表着上级和国家的意志，是不可违拗的，并且其背后的个人实力与依仗势力都是自己所难以抗衡的。除此之外，每次与保长打交道都是有事——无论是上交税赋还是出工挖渠，村民认为"不是好事"。对于保长的尊重则是因为慑服于其社会地位和官家身份。日常生活中，村民遇到保长一般是要主动与其打招呼的。要是保长到自己家中，村民都是要主动留其在家吃饭的，尽管保长不会真的在此吃饭，但是基本的礼节和面子是需要给予对方的。

在百姓自己的家族之中，管事的人一般是家中辈分最高的人，但是主持家庭日常事务的则有可能是家中的儿子，而且不一定是长子。只要是有能力的，都可以主持家庭日常事务，但是最终的决策权还是落在当家人——家庭长者的身上。在村落内，家庭事务上，村民都是听从家庭当家人和长辈们的话，在行政事务上大家都是听从保长的话。

（二）村民对村落决策的参与

旧社会时期，渠中堡的百姓都是过各自的生活。对于组织集体的事务，都是依靠保长等，根本不需要村民参与决策，都是自上而下地传达讯息，村民按照要求执行自己所要做的那一部分即可。总体来讲，就是村庄缺乏公共参与的集体事务，并且在少有的集体事务中，村民都是听从上级的安排，自始至终都是无决策的参与人员，对最终的决策也都是以服从或者屈从为结果。

（三）保甲长与村民关系行为

保甲长与村民之间的关系，更多的是命令、传达与接受、执行的关系。在这一过程之中，没有自下而上的反馈，只有一贯到底的执行。村民对于保甲长的命令，也是深信不疑，无可奈何，且表示出很大的"理解"。百姓们都认为"那保长也是听别人命令的，要是他完不成上面交代的任务，他也得挨打"。[1] 当保甲长向村民传达征兵、收粮和派款的任务时，村民是没有商量余地的，而保甲长多数情况下需要以暴力相胁迫。

（四）国家治理与村落治理关系

国家治理与村落治理之间的关系，其实就是共生并存的。一方面国家治理可以为村落提供一个较为稳定的环境，进行生产和生活；另一方面，村落治理为村落的生产和生活提供一定的修复和休养的可能。平时除了交税和交田赋，保长是不会和上面的官员有来往的。他也是要过自己的日子，自己也有田有地。村落内的事情都是老百姓自己组织，自己完成的，很多时候与国家治理是不相干的，多属于村落范围的自组织管理。

渠中堡内的庙会等活动，都是沿用旧的习俗，不需要官方组织。组织者一般是各

---

1 王兴庆老人口述。

个寺庙的住持，以及庙宇内的和尚或者师父等，普通村民或者保甲长都可以参与其中，进香礼佛都是来者不拒的，但是不能插手其中的事务。

要是村落中发生了一些超出保长控制范围的事情，例如有邪教组织、杀人放火、奸淫掳掠等事情的时候，保长也是会向上级进行报告，请求派人给予铲除的。据老人讲，分家之后，父子兄弟等都是独立的两家人，交税、纳粮、抓兵等都是单独核算的，不会将这家的事情算到父子或者兄弟的头上。如果一人犯法，也只需要此人承担即可，不会追究连带责任，更不会涉及同甲或者同堡内的其他百姓。

第三节　家户治理、亲族治理

在1949年之前渠中堡百姓的生活中，家户是最基本的生产经营和自我管理单元。同时也是一个对内无私、对外封闭且排斥的生产和生活单元。内部主要以家长权威进行管理，家长不仅管理家庭收入和支出，还有权决定家人的种种人生大事——诸如婚姻、从业以及对外交往等等。但是，家户也是相对独立的，作为村落中的一个组成单元，其依旧要遵循村庄的生产生活惯习以及保甲制度的管理和约束。

一、家户治理与家户关系

家户治理主要以家户为单位对家庭成员管理和管护，以及对外交往时的家庭意志和决策。其中，家庭内部关系主要是以血缘关系为基础，以家长权威为主要内容对家庭成员进行管理。而在对外事务上的治理，则是以家长为主要权威对象，在当地传统社会生活惯习以及保甲制度的安排下，家户与家户之间进行互动。

在渠中堡地区，当时人烟稀少，自然条件较为艰苦，并且从明清时期迁居于此累世不过五六代人。因此并没有形成很大且繁荣的亲族，家庭最多的时候也只是三四代居住在一起。由于不分家，所以子弟按照年龄辈分统一居于一个庄子之中，形成的是一个大家户。不存在累世分支而成的亲族，故而，在渠中堡地区只有家户治理，没有亲族治理。

（一）家户治理单元

旧社会时期，渠中堡以保甲制度为主要管理制度。当时此地以"户"为单位缴纳田赋地税等，户就是列入地册和当地名册之上的土地承接和实际的纳税单位。户比家的包含范围要小，户可大可小，只要是不分家的情况下，一户可以有很多的人口。但是家则不同，家的含义包含得很宽泛。家是一个概念上的意义，一个庄子上的亲人居住的空间，叫作"家"；这些人相互之间，都可以称为"家人"，例如人们口中常说的"那是王家的人……""我们是李家的人……""我们沈家……"等等。其实家户治理严格来讲也是分为两个阶段，其一就是核心家庭与小家庭尚未分家的时候。这时家中的一应大小事务，主要由当家的来管理。当家的可以是家中的年长尊者，例如父亲或者母亲，有可能是兄长，也有可能是很有能力的弟弟。这种时候家和户就是一体的，即在某些层面上具有重合的意义。例如征粮纳税都是可以直接对接这一家的当家人，但是当核心家庭与小家庭分家之后，小家庭则算是独立成户，成为独立的征粮纳税单元。此时小家庭的当家人就是丈夫，户主也是丈夫。小家庭在分出之后，一般不会称自己的小家庭为家，而是以"我们屋"或者"我们院"来称呼自己的小家，仍旧是将核心家庭，即将父母老家称为"家"。但是不论家庭形式和结构如何变化，"家"和"家人"的概念始终流淌在血缘关系之中，而"户"则是在血缘关系和保甲管理制度基础上展开的家庭分支。

（二）家户治理主体

1. 家长

家长，即家里的尊长的意思。家中的家长可以有很多，只要是家中的长辈都可以统一称之为家长，但这只是一般意义上的家长。在家户治理层面上的家长，则是专指家中最终当家作主的家庭长者，一般是指父代尊长。家长也可以是女性，只有在女性尊者同辈的男性尊长全部逝世之后，才会由女性尊者自然继替为家长。

一般情况下，家长都是由爷爷或者是父亲来当的。家长只是一个形式上的当家人，并没有一个特别的专称，依旧是按照辈分叫，只不过是由他掌管整个家庭决策权而已。一般情况下，小家庭与核心家庭分开之后，小家庭中的男性自然成为当家人。但是如果没有分开，依旧是由大家庭中的长者，或者由长者选出来的后辈或者同辈人来当家，例如沈连山老人家中，当年就是由他的三爷爷当家。如果户内长者年纪大了或者不想管了，就交由同辈或者后辈来管理，但是家庭的最终决策权，依旧是掌握在年纪长者手中。有重要事情时，当家人需要向家长先行禀报，商量之后才可以做出决断。

在核心家庭中如果长者不再担任当家人，一般情况下是由长子担任，但是如果长子能力不行，那么可以由其他儿子担任。在家庭中，如果丈夫去世较早，当家人是可以让女性充当的。老太太是可以当家的，但是女儿不能当家，即便是今后招了女婿也是由女婿当家作主。

一般情况下，当家庭中父亲年老的时候，就会在子代中找一个能够顶替自己的人来管理家务。如果长子不能担事的话，就再往下找其他的儿子。虽然家里的当家人是一个人，但是其实每次家中有事的时候，都是当家人把事情摆出来，听听大家的意见后再共同做决策。因此，也就不存在当家人被替换掉的情况，而且在渠中堡也没有发生过当家人被替换掉的事。

2. 户长

户长其实就是每个在地册上登记缴纳地赋和税款的人，一般是以户为单位，因此户长其实就是田地的承接人。一般情况下，户长和家长基本上是统一的。但是，要是大家庭分家之后，就会形成很多个小家庭，这个时候各个小家庭中的男性——丈夫，就成为该小家庭的户长，成为地册上地赋的承接人，由其缴纳田赋和税款。一般来讲，小家庭与核心家庭分家之后，小家庭的生产和生活安排就由其独自决定。但是，也有分家不分地的情况，即家里的财产都是分开的，小家庭可以单独开灶过活，但是大家在一处搞生产。

（三）家户治理内容

1. 财产处理

一般情况下，家庭中的土地田产都是在家长的名下，但是当小家庭与核心家庭分家之后，今后的地册在改动的时候，就会将小家庭的户长名字登记上去，户长成为新的田地和税赋的承接人。家庭中的财产即便是分给了小家庭，当小家庭有事要动用田产的时候，也依旧需要跟家长进行商议。一般情况下，如果当家人是家长，处置田产一般无须向其他人征求意见。但是当家人是家中晚辈，是不能处置家产的，必须向家长禀告，并且得到同意之后才可以动用。

此外，虽然说家长是家庭事务中的重要决策者，但是家人之间的信息往往都是互相融通的，并不存在消息不通畅的情况。一般家中有什么大事，都会在吃饭或者饭后闲聊的时候拿出来讲一讲，不需要特别正式，只需要大家在场即可。有人不同意的话，也可以说出来，然后大家再一块合议合议。家中的家产有多少，这个只有家长才会知道，其他人是不会知道的，或者即使知道，也知道得不清楚。

2. 家庭公共事务

旧社会时期，儿女的婚姻大事全靠家长定夺。因此要娶哪家的女儿或者是要将女儿嫁给哪家做媳妇儿，统统都是父母决定。如果家长不同意，这门亲事就无法结成。要是家长同意但是儿女不同意，家长就会过来劝解。儿女的婚姻大事，一般情况下会在家庭成员内部进行讨论的。有人向家里说媒或者提亲的时候，家长也会在茶余饭后抛出这个话题，让家里人都听一下，看看合不合适，或者帮助拿个意见，下一步要不要跟对方接触和商议等。虽然婚姻大事儿女无法决定，但还是可以一块商议的，也是可以影响家长最终决定的。在家长同意的情况下，家庭成员有异议只能是保留自己的意见，不能违背父母的意思。

家中孩子的从业多数情况下也是家人给定好的。首先孩子小的时候，要是有条件读书的话，家长就先让孩子到学堂里念几年书，孩子识字之后以后就可以算账，还可以做点生意。要是家中长辈有手艺，也会教孩子手艺，以后让他能有个技术，起码吃饭是不愁的。总之，在从业方面，一般是由家长在孩子很小的时候开始铺路引导而成的，其深受家长的影响。旧社会时期，孩子今后的生计与家长的生计方式多数属于继承，即父亲种地，儿孙多数是以种地为业。如果家长有手艺，儿孙多继承其手艺。

3. 人口管理

旧社会时期，为了避免匪患等，亲人之间往往会居住在同一个庄子上，然后四周打上围墙用来防御。人口多了的时候难免会出现小摩擦，家人之间出现矛盾的时候一般是自己解决，除非是闹得不可开交，家长才会出面进行制止。但是如果没法制止，往往也就成为内部分家的导火索。孩子之间打架，家长是可以进行打骂的，要是成年的弟兄之间有了矛盾，一般由家长从中调解，但是一般不会再打。无论家人犯了多大的过错，家长都不会将其驱逐出家门的，当地也没有将自家孩子驱逐出去的情况。家长没有处死家人的权力，一旦出了人命，就会上报到保长那里。如果女人不守妇道，男的是可以处罚打骂的，但要是出了命案，杀人者依旧是要被抓走的。

4. 家庭外部事务

家庭外部事务主要就是参加红白喜事，应对国家的征粮纳税、征兵等。保长或者甲长一般只认该户的当家人，或者是家长。因为只有给这个家里能够当家作主的人说了，才能起到作用，要是随便给家中一个人说，人家不管事或者不顶事，没将事情告知家长，到时候就会扯皮，并且也不利于自己完成任务。对于那些征粮纳税的事情，甲长必须将该户当年所要交的地赋单子交到户长或者家长手中才可以。为了躲避兵役，家里的年轻人就会跑到外地，过了风头才会再回来。要是想让对方参加红白喜事，也必须得当面跟当家的或者是家长说清楚，否则人家觉得你轻视对方。至于当家人是否到场则不一定，只要这户人家派一个人到场即可。

（四）家户治理规则

1. 家庭决策规则

旧社会时期，家中的大事情一般是家长做决定，也就是家中的"老爷子"当家作主，对内包括家人的从业、子女婚嫁、地里的庄稼收割安排等，对外包括红白喜事派家人过去等等。家庭的决策权最终属于家长，家中的成员对于家中的事情都是有发言权的，对于家中大事，家长会事先告知家人，并且听听家人的意见，都是在商议之后由家长全盘考虑做出最终的决定。对于分家后独立的子女，家长一般是不加干涉的，尤其是对于嫁出去的女儿，家长是无权过问其家事的。对于已经分家的儿子们来讲，家长的权威是一直存续的，只是家长此时的权威仅限于一些大事情上的决断，平日里的小事情都是由小家庭自行决定即可。遇到大事的时候，儿子还是会向家长报告、询问意见以及求助的，此时家长仍旧有着很强大的权威，能够促成或者阻止儿子的最终决定。

2. 家庭治理

在 1949 年前，渠中堡的百姓家庭中没有明确的家规家法。百姓对于自己子弟的教导也没有什么固定的章法可循，都是以自己的经历和以往的经验对子弟进行教育。但是，教育的内容以打骂为主，以禁止为主要手段，缺乏一定的讲明道理的开导，少有以表扬和赞誉的教导。

在生产和生活中，当世的人们将先辈流传下来的经验以身教与言传的方式，再次传授给自己的子弟。在家庭教育之上，村民信奉经验，尊重经验，甚至不准许出现悖逆经验的情况，少有以理服人的情况。也就是说在家庭治理之中，多是以规矩约束家人行为，但是并没有明确规定规矩的界限和准则。

二、家户治理关系

在旧社会时期，家庭成员之间的地位并不相同，按照长幼尊卑的次序，在日常的生产和生活中有着明显的体现。

（一）家户治理与家户成员

1. 夫妻关系

1949 年前，在家庭中妻子的地位远不及丈夫。丈夫在外务农或者给人打工挣钱挣粮，妻子在家做饭、洗衣、收拾家务、做些手工活等等。丈夫拥有着绝对的权威，妻子只能是从旁协助或者很少表达自己的意见。一般来讲，要是丈夫纳妾，妻子是没有权力阻止的。尤其是家中地多，家产丰足，那么丈夫在家中的地位和权威是无人能够撼动的，其想纳妾都是无法被阻止的。而且所纳的妾也并不是与妻子生活在一处，而是在其他地方安置。据老人讲，李家岗子上就有一个地主老汉，他娶了俩老婆。大老婆在李岗，小老婆在黄渠桥街上。他在街上开有铺子，经常骑着驴子从黄渠桥街上到李岗来回跑。另外，要是妻子没有生育能力，丈夫要想纳妾传宗接代，纳妾也是无法阻止的。要是妻子的娘家很有实力，并且丈夫家庭并不富裕，丈夫是不可能纳妾的。

一来是迫于妻子娘家的实力，二来是受限于自己的经济实力。

丈夫是不能够随意地休妻的，必须妻子有大的过错才可以。一般来讲，这种大的过错就是不守妇道。要是妻子没有生育能力，丈夫一般也不会休妻，而是想办法过继、抱养或者以纳妾的方式解决。丈夫休妻的时候，一般不需要谁特别的同意。但是对于休妻这件事，家人如果反对，会尽量地去阻止，不过最终丈夫占有主动权。丈夫在家庭事务中拥有绝对的话语权，但是通常情况下会把事情摆出来和家人说，一方面是告知，另外就是听下众人的意见。有的时候，娘家人很有实力，并且妻子也很聪慧，丈夫会更加主动地与其商量，两人共同做决定。

2. 家长与佣人、长工

一般来讲，能够同时雇佣长工、佣人的家庭多数是地主家庭。长工的数量一般是两到三个，这时就会有一个"长工头"负责管理长工，当地人称之为"领事的"。长工一般是只负责地里的农活，活儿干完了，就会在家中做些杂活儿。做杂活儿时，并不是只听家长的话，而是主家人的话都要听，只是做事的时候会分一个轻重缓急。

长工、短工等一般不和家里的老掌柜一块吃饭。因为家里的老掌柜一般是年龄比较大的，会有单独的伙食。长工、短工一般和地主家的儿子们一块吃饭，家中女眷要等到男人们和长短工吃完之后才出来吃饭。请长短工或者放牛娃等都是需要家长同意的，因为需要付钱或者给粮食，而这些都需要家中老掌柜出纳。其他人只能给家长提议，真正拍板做决定的只能是家中老掌柜。

3. 父子关系

在家庭中，即便当下当家的是儿子，父亲依旧具有家庭事务处理最高权限。儿子是不能管父亲的，即便是父亲败坏家产，抽大烟甚至赌博等，儿子们也无权干涉。只能向母亲诉说，请求从旁劝告，但是终究无法管制父亲。据老人讲，"当年我们老父亲就吸大烟，没人能管得住他，小的哪能管老的"。[1]

4. 兄弟姐妹关系

在旧社会时期，渠中堡的百姓很看重家庭伦理，遵循"长幼尊卑"的儒家礼训。在家庭中，长子为父的道理是适用的。长子对于其他弟兄及姐妹是有管教权的，年长的兄长及姐姐等有权管下面的弟兄及姐妹。但是要是当家人是弟弟，那么不论哥哥还是姐姐都要听从弟弟的安排。要是有不同意见，也可以说出来大家一块商议，一旦确定商议结果之后，大家就得按照商议好的来执行，而且要听从弟弟的安排。

---

[1] 殷富贵老人口述。

5. 家长与成员之间关系

在一家之中，家长的权威是最大的。一般来讲家中的长者都是坐于堂中位置吃饭，即便是家长不在家，家人是不能随便乱坐的。家长没有上桌，没有动筷子，家人是不能先动筷子的。家长在地里干活还没回来的话，家人要等到他回来以后，才一块吃饭。家长作出决定之前，大家可以进行商议，也可以提出不同的意见。但是如果家长作出决定之后，还有家人不同意或者敢反驳，就会受到呵斥。大家庭不分家的时候，家长一般就是户长，儿孙即便是都成家了，也还居住在一起，一块吃饭，一块干活。大家庭分家之后，就会形成很多小户，分出去的儿孙们就是新的户长，但家长的权威依旧是凌驾于这些户长之上。分家之后，家长虽然不再过问小家庭的收入、支出以及生活安排等问题，但是遇见大事的时候，还是需要家长帮助拿主意，并且家长的决定权最大。

6. 亲戚关系

渠中堡百姓的亲戚主要是以婚姻关系而向外扩展形成，基本上与本村落相距五到十里地左右。平时如果两家亲戚距离较近，会在生产生活中相互帮衬。要是距离远，平时也就不怎么来往，只是到了年节的时候相互拜访走动一下，联络下感情。有时候，要是亲戚生活过的还可以，自家断粮时还会去亲戚家借些米面度日。一般借的不多，因此有时也不需刻意地去还，而是在其他方面帮衬对方就可以了。例如在农忙时节，帮助对方干几天活，或者对方修房子的时候过去帮助等等。

（二）家户治理与国家治理

国家治理的末节单元是保甲，而之下则是由家庭自己进行维系和管理，家法、家规等都是在国法之下。家法、国法以及村庄社会惯习，都是并行不悖的，甚至家法对日常生活中的修身养性、规训以及惩罚要更严格。但是，不论家人犯法到了何种程度，家长一般不会将其送到公堂之上受审。家庭能够解决的事情，就由家长做主实施惩戒。要是超越了家庭范围的话，就由家长出面进行协商处理。

在日常的家户治理过程中，除非家庭或者社会惯习中有着明确的规定，否则是不可能将家人除名，或者是将其驱逐出家门的。而且村民只要没有触犯国法等，也没有影响乡里的正常生产和生活秩序，官府也不会干涉管理家户内部事务。

在家长对家人实施惩罚的过程中，没有打死人的情况。因为家人犯错之后，家长实施的惩罚一般是以骂为主，有时会打一顿，但是往死里打的情况是很少的。并且，要是家长下狠手，旁边的家人就会及时劝阻，以免造成过重的伤害。旧社会时期，村民很少开会，主要是上面有任务或者征兵征粮的时候，才会由保甲长通知村民。这种情况下只需要告知百姓即可，无须征求意见。家户完全没有能力进行抗拒或者不配合，而且即便抗拒或者不配合也是不起作用的。

第四节　信缘治理与治理关系

在第四章的信缘与信缘关系以及第五章的信仰与信仰关系等章节，已经谈到有关于信缘治理的一些内容，本节主要围绕治理关系着重描述献牲会、圆善寺在治理主体、治理内容、治理方式以及治理过程中体现出的信缘对 1949 年前渠中堡的治理影响。

一、信缘治理

（一）信缘组织单元

前面章节已经讲述过关于献牲会与圆善寺的情况，其中献牲会是由当地同聚落的村民自发形成的以祈求年岁收成好、风调雨顺为主要目的的信仰组织。献牲会以关公龙王庙——即百姓口中的东永固庙为空间载体，以关公龙王为主要信仰主体的民间信仰组织。

圆善寺，则是一个大型的寺庙，该寺庙远近闻名，其内住有和尚——百姓常称之为大师父，还有居士——也就是俗家弟子。住持不一定是当地的人，但是居士都是周围的村民。

（二）信缘治理主体

献牲会的组织内部只有一个会长，其余的会众都是普通老百姓，会长只是一个组织者和联络人。组织者可以称为会长，也可以直接称呼名姓。如果会众与会长之间具有某种亲属关系的话，依旧是以称谓进行称呼，不会再以会长相称。据老人讲，献牲会的成员有时候并不是稳定不变的，也是偶有动态变化，具有一定的随意性和自由性，但一直都是聚落内的十数家，并没有向外扩展。因为外面的人偶然参与到这个已经成型并且成员相互熟悉的组织之中，会觉得尴尬，而内部的人也会觉得不舒服。

会长是由大家推选出来的，年龄要稍微长一点，一般是五十多岁，有资历，并且家庭条件要好一些，能够起到带头作用。因为献牲之后的羊肉需要大家分买，要是最后剩下的羊肉比较多的话，一般是由会长兜底。起初的时候也是需要会长带头分买羊肉，以便带动气氛，否则羊肉会剩余。献牲会的规模和组织有些小，大家对于活动没有什么热情。会长的推选没有什么特定和正式的过程，只要有人提议，大家对于此人没有什么异议的话，就会确定其作为会长。

圆善寺的住持法师，是由历代僧侣以其特有的衣钵传承来确定的。住持法师只有一个，但是居士则会有很多。居士是附近信佛的村民，在寺庙内经过法师教导之后成为俗家弟子。可以和正常人一样娶妻生子，但是日常要食素，不能沾染荤腥，并且行事要以善为先，以教化他人为责，日常还会为过世村民超度念经。圆善寺的师父为死者超度念经，其实是无偿的，但是事主家庭需要管理饭食，并且今后需要到寺庙内进奉香火或者香钱。

（三）信缘治理内容

1. 办会

献牲会是每年的农历五月十三和六月二十四举办，地点都是在东永固庙，参加的人是庙宇周围聚落的农户，一般有十数家左右。因为一只羊的出肉量是有限的，并且周围有条件能够买羊肉的家户也是有限的。献牲会每次持续一天，上午，举行完仪式之后就将用来献牲的羊只宰杀掉，洗剥干净之后大家将肉分买完毕，剩下的羊杂等物用一口大锅，一起炖了。下午，参加献牲的农户一起吃饭。一般情况下，参与献牲的农户就是为了买点羊肉回家。参加献牲会的人家都有资格前去吃羊杂，但是多数情况下是一家只去一两个人。小孩子会去的比较多，大家也不讲究这些，一般是家中的大人带上一两个孩子过去吃点羊杂，给孩子解解馋。

圆善寺在每年的农历三月二十、七月十五、八月十五、九月九这几天都会举办庙会，跟前的人——也就是庙宇周围的善男信女都会到那里凑个热闹，上个布施，带上香纸，在那里烧，求个平安顺遂。圆善寺办会的时候，会请来上香烧纸的人吃顿午饭，午饭供应的是豆腐菜和炸油饼子。据老人讲这天前来蹭饭的乞丐会有很多，僧人给他们饭食吃，并且也不用他们上香等。

献牲会只是将聚落周围的人集聚起来，用以解决信仰问题——建立东永固庙、日常维修以及每年两次以信仰为主题的献牲会活动。其对于组织内部以及组织之外的人并不具有救济功能，而只是单纯的一个信仰组织。

圆善寺在灾荒年景是没有义施的，但是在周围农户有家人过世的时候，寺内的僧众会前往事主家中为其超度。圆善寺的僧众需要听从寺内的住持大师的话，只有师父准许的情况下，才能以寺庙的名义做些善事。例如招雇一些无家可归的流浪汉，在庙内打杂做长工或者帮工等。据老人讲，圆善寺内曾经也有长工和短工，还有一些人是流浪的人，外地讨饭的流落到这里，就给庙上打工，庙里要管饭。

2. 管理

献牲会是东永固庙周围的村民自行组织和发起的，一般是十数家联合组织。这些人自行组织建立庙宇，并且在特定的日子里举办献牲活动。庙宇平时是由专人进行管理的，据老人讲当时是由一对老夫妻管理的。庙地获得的粮食由他们收取。老夫妻需要在平日照看庙宇、打扫，并且到了初一、十五的时候，还需给神灵进香烧纸。如果庙宇需要维修，也无须自行垫资修补，只需向会长报告即可。由会长出面向周围的人化缘或者组织摊派，然后雇佣匠人进行修补。

圆善寺也是有田地的。据老人讲，当年圆善寺里的土地大概有好几十亩，雇有一两个长工帮助种地，其内还有"墩"，里面可以藏粮食藏人，上面还可以当做瞭望台，以防有人来打劫。寺庙内的土地只是由寺内的居士耕作和使用，不对外出租或者售卖。农忙的时候寺里会请周围的一些人过来打短工，粮食收了之后以供给寺内僧众食用和寺内维修以及香火等开支。

一般情况下，村民之间发生争执或者出现矛盾，是不会找会长或者是请居士出面进行调解的。因为不论是会长还是居士，其实只在特定的场合或者是特定的活动中才起作用，至于在日常的生产或者生活中并不一定就是能够解决纠纷的人。总之，请会长或者居士出面进行调解的时候，并不是因为其会长或者居士的身份，而是其在日常生活中与当事双方之间的关系。另外，当居士出面进行调解的时候，一般情况下还是能够调停的，至少村民不会当面再生是非，毕竟家里的亡人还是要靠居士念经超度的。

（四）信缘治理方式

东永固庙的献牲会是一个信仰神灵并且以共同信仰为基础形成的活动组织。该组织并不对其成员做思想和行为上的要求，对于信众也并无特殊的日常要求。但是圆善寺的居士则是有着很高要求的。居士必须在寺庙内经过大师父的受戒，并在日常生活中需要戒荤腥，但是可以成家，不过日常要到寺庙内念经打坐。据老人讲，居士每天都要早起，穿上礼服到庙上念经，烧香跪拜。村落中有人去世的时候，居士还要听受大师父的安排，到丧主家中为亡灵念经超度。日常生活中，居士都注重行善积德，除了会对自己的言行举止更加谨慎在意，其他与常人无异。平时在与人聊天的时候，居士也会借机向人传授佛法，并且劝人向善。

（五）信缘治理过程

献牲会和东永固庙的治理过程较为简单，大家事先会推举一位会长。对于寺庙和献牲活动来讲，没有那么复杂的事情，小事情就由会长单独解决。如果单人不足以解决，就由会长提出，集大家之力去商议后处理，或是捐钱或是出力，抑或是其他方式。总之，以会长提议和组织为主，大家商量着办。

圆善寺的事务治理有些类似于家户的治理，其中以寺庙中的住持和尚，或者是老师父为尊。寺庙中居士、长工、短工抑或其他人员，都要听从老师父的安排。

二、信缘治理关系

（一）信缘组织与信众

旧社会时期村民信仰自由，属于村民个体行为，没有什么专门的人或者政府来规制，除了一些对抗政府的教会组织，村民信佛、道教或者基督教都是不加管制的。渠中堡的百姓多数是信奉佛教和道教的，例如信奉佛教的有圆善寺居士等，另外还有道教中给过世的人做法事的"莺莺"。不论是信奉道教还是佛教，村民们都是以克己复礼，艰苦朴素，积德行善的观念，管制自己的行动和思想。

信缘组织中的领导者称呼并不相同，例如献牲会中的领事人叫作会长，而圆善寺的住持大师则被称为师父。对于献牲会，如果有人不愿意参加，是不会受到任何惩罚的，都是信仰随意。而对于圆善寺中的居士来讲，如果有人破戒，就会受到大师父的惩罚，轻则在佛堂念经思过，重则被驱除出寺庙，不能再于寺庙之中充当居士。

在献牲会之中，有共同的活动或者需要捐钱捐物的时候，都是由会长出面，向附近的信众和会内成员筹措银钱或者粮食，以备花销。对于圆善寺的活动，一般是对外办会的时候，才会有人前来进香礼佛，并且此时会上些布施等。据老人讲，之前荒地由僧众开垦而得，或者是当地人捐给寺庙的。在信缘组织之中的信众，其实也没有什么特别的优待。只是当有信仰活动的时候，大家集合在一起，热热闹闹地组织和参加活动，一块祈福纳祥。

（二）信缘治理与国家治理

传统社会时期，国家对于信缘组织的管理是比较宽松的，除了极个别对抗政府的组织，其他都是信仰自由，民众可以自己选择信奉与否。据老人讲，在他小的时候，听说附近村子有"一贯道"，他想看看到底是什么样的人，就趴在窗户口往里看了一眼，结果看到里面的人都是凶神恶煞的，吓得赶紧跑掉了。后来听说"一贯道"是邪教组织，是反动的，被铲除掉了。

当地正常的信缘组织是不受政府管理的，组建也无须政府同意，这些信缘组织都是自筹自建。有时候保甲长也会充当信缘组织的会长或者是会员。圆善寺办会的时候，平罗城中的人也会过来，其中不乏官道上的人物。据老人讲，"当时我们这里办献牲会的时候，甲长也会来，都是自愿的"。[1]

信缘组织与国家事务是不相关的，国家事务的处理既不会借助于信缘组织，也不会受到信缘组织的干扰。因为国家事务多遵循秩序和规则上的标准，而信缘组织多有思想和生活上的一些集体活动，所以二者互不干扰。战乱时期，圆善寺会向周围的百

---

1 王兴庆老人口述。

姓出借粮食，但是量也不会多，借出去的粮食是不收利息的。旧社会时期，国家是不扶持信缘组织的，都是该组织自行化缘或者是自筹来建立庙宇。信缘组织举办的活动等，也都是自行筹备。

第五节　村落治理变迁与治理实态

自 1949 年中华人民共和国成立之后，渠中村历经土地改革运动、集体化时期、土地联产承包到户三个时期，传统的治理模式随着国家政权的建设，建制和区划也在不断地变动，村落的治理在不断发展中变化呈现出不同的治理状态。

一、1949 年前传统治理形态状况

首先，在 1949 年之前，国民政府以"保甲制度"来统治渠中堡百姓，但是保甲制度主要是以收缴税赋、抓兵、摊派、杂役以及各种名目苛捐杂税等为主要政治目的，基本上是不管理村庄内的公共事务，凡是村落内的公共事务均由百姓自己组织，自己联合办理。如修桥、开拓道路、救灾赈灾、邻里纠纷等，均是由百姓之间相互扶持、调解的，只要是不出现很激烈的场面，保甲长是不会出面管理的。

其次，当地的百姓相互依存、相互帮助、相互联合，以便完成单家独户无法完成的生产，或者交换生活中的所需物件，抑或解决其他需要联合起来才能完成的公共事务。在处理这些事务的时候，村民都是自我组织、自我调解，这些公共事务都具有很明显的自利性和互惠互利性，并且具有较强的对外排斥性。

再次，村庄权威内外分明。在家庭内部乃至家族内部，以老为尊，并且长幼尊卑有序。家长的权威是最大的，家庭内部的事情都是家长决断，家人可以陈说自己的意见，但是最终有决定权的依旧是家长。在家庭之外，村庄之内的事务中，以富为尊。当时富裕之家有着更多的田产土地、牲口等，其生产资料更多，生产工具更全，生活便利程度更高，对于周围资源的控制权也更大。因此其他人为了获得资源或者想要得到更多的便利，只能听从富裕人家的意见，一定程度上富人掌控着村庄内更多的话语权。

最后，1949 年前渠中村的权力比较集中于富裕人群，且只有富裕户才能当保长。保长、甲长、保丁等是政治权力的掌权人和执行者，同时由于保长本身就出身于富裕的地主家庭，因此又是经济权力的把持者。虽然村庄之内几乎没有租佃，但是仍旧有粮食或者金钱方面的高利贷存在。家长是家庭内部的最高权力持有人，分家之后则是由小家庭内的男性当家。

二、1949 年后传统治理形态变迁

1949 年 9 月 23 日，银川和平解放，9 月 26 日银北宣告解放。1950 年 2 月，惠农县划分为 6 个区 27 个乡，乡改区，保改乡，甲改行政小组，此时黄渠桥属于惠农县第四区，渠中属于四区一乡。1952 年 3 月，县区内撤掉一个区，调整后的渠中属于第三区，仍为渠中乡。1953 年再次调整区乡建制，调整后渠中为第三区第六乡——渠中乡。此时通过民主建设，县级以下设立区、乡、村三级制，乡内设有正副乡长和乡文书，乡下设村，各村均有村长等职务。

1954 年 9 月，宁夏省撤销，并入甘肃省，设银川专属，黄渠桥属甘肃省银川专属惠农县辖。同年 10 月，惠农县党政机关由宝丰镇迁至黄渠桥。10 月 15 日，根据甘肃省人民委员会"撤区并乡"的指示，惠农县调整之后，成立渠中乡。1957 年 1 月，东永固乡与渠中乡合并为渠中乡。在此期间，村庄内一直有互助组、初级社和高级社，合作社内有正副社长、会计等职。

1958 年撤销乡镇，原渠中合作社与其他合作社合并成立五星人民公社。同年 11 月，改名为黄渠桥人民公社，驻地黄渠桥。1961 年 1 月，渠中地区属于黄渠桥公社下的红光大队。同年 5 月增设大队之后，渠中地区独立成为渠中大队。大队内设有正副主任、民兵、妇联、团支部等机构，殷富贵老人的老伴当年就曾经担任过渠中大队下面生产队的妇女主任。

1963 年 6 月，黄渠桥公社划归平罗县管辖，辖渠中大队在内的 7 个生产大队，共计 63 个生产小队。1968 年改人民公社管理委员会为革命委员会，革命委员会设正副主任，各大队改称革命领导小组，小组设有主任和副主任，其他机构不变。1981 年将人民公社革命委员会改为管理委员会，下属的革命领导小组改为生产大队，其他设置不变。1984 年 2 月，黄渠桥人民公社改为黄渠桥人民政府，大队、生产队分别改为村民委员会与村民小组，渠中村改为行政村，下辖的 11 个生产队改为村小组。人民公社时期，生产大队全部都是以工分计算，报酬分配都是在各生产队进行。

1981 年之后实行生产责任制，村干部的工资从本村三提五统中提出——公积金、管理费、公益金，教育附加费、计划生育费、民兵训练费、军属优待五保供养费、乡村道路建设费。2005 年国家免除农业税之后，渠中村的干部群体也进行了调整，村庄内设 4 人组织——书记、主任、会计、妇女主任，干部工资全部从国家拨付给乡镇的转移支付费用中支取。

在干部队伍方面，已经凸显出年轻化、学历高层次化的明显转变。之前的村庄干部以四五十岁的男性为主，文化程度普遍只是小学，最高是初中水平，甚至是不识字

的也有。但 21 世纪之后，渠中村的干部队伍逐渐展现出了年轻化和能力化的特点。

除此之外，在家庭内部治理方面，也发生了巨大的变化。宗族成员之间不再像之前那样地联结紧密。家庭中，老人的权威逐渐被年轻人的权威替代，年轻的新一代当家人才是家庭的主要决断人，其他家庭成员只能是建议。因为女性的家庭地位提升，以及在家庭经济方面的不可漠视的贡献，直接引起家庭内部权力的变化，女性不再是家庭决策的无权者，而是自始至终的参与者和决断者之一。家户治理，在新时代下的家户基础上，有了新的治理模式和治理主体，改变了之前一人独大的家长权威制，取而代之的是家庭成员之间的平等协商合议。

三、村落治理实态度

村两委成立之后，渠中村村委是村落治理的唯一合法主体，在村庄中的作用可以说是无可替代的，是上传下达的关键节点，任何事情都是绕不开的。20 世纪 80 年代《村组法（试行）》的颁布，改革开放政策实施，以及各项惠农政策的执行，渠中村村委会在不断地调整和改进中发展至今，在治理村务上已经有了明显的成效。目前渠中村辖 11 个村民小组，有村民 606 户，共计人口 2 031 人，其中常住人口 1 216 人。全村土地占地面积 12 638 亩，耕地面积 8 600 余亩。2012 年土地全部确权，2015 年土地确权换证工作一轮公示全部结束。现有党员 54 名，后备干部 1 名，党员发展对象 1 名，入党积极分子 3 名。

目前村两委成员文化水平都有了很大的提高，并且较之于从前，有了明显的年轻化倾向，其中党支部书记是大专文化。党支部副书记虽然年龄较高，但其是 20 世纪的中专毕业生。村委会主任虽是初中文化水平，但正值壮年。村妇女主任是新一代的年轻人。当下渠中村通过创建"坐班代理代办制"和"文体活动园"两项载体，打造基层服务型党组织。村委会驻地每天都有干部按时上班，并且周六日以及节假日，都有干部轮流值班，随时准备解决群众的问题和满足群众的需求。

在经济发展上，渠中村以农业种植为主，部分农户会在夏粮收获之后，种植蔬菜等经济作物。粮食作物主要有玉米、小麦，近几年制种梅豆、制种菠菜、韭葱籽等种业，发展势头凸显。其中，以番茄为主的各类脱水蔬菜种植也发展良好。农民经纪人以此为依托，农产品贩运很是活跃，2014 年全村人均纯收入 9 232 元。进入 21 世纪以来，村民生活水平有了很大的提高，村民开始进城买房，目前全村在平罗县城买房者已有 350 户，约占全村住户的一半。

在村内基础设施建设上，全村范围内已经完成国土整治项目工程。近几年来村上加大基础设施建设力度，2014 年修建了 3.26 公里的柏油路面，村内道路硬化总长度累计达到 10 公里，其中包括七队到五队的村内道路以及官泗渠道路。另外，历经半个世纪已成危桥的渠中七队跨五排大桥也得到重建。据殷富贵老人讲，这座桥最先是在公社化时期修建的，当时是先挖了五排——第五排水沟，之后就在七队和十一队之间修了这样一座桥通行。

在村落文化和安全治理方面，渠中村为了改变群众缺乏精神文化生活的现状，在农闲时节组织文体活动骨干小组，带村民学广场舞。开办农家书屋以丰富群众的精神生活。同时，全村按照村小组划分了 11 个网格，每个网格确定 1 名网格员，作为解决群众矛盾纠纷的重要力量。

附录一

渠中村调查小记

　　行文至此，心里有很多话要说，但一时之间，似乎却也难以着笔。从哪里讲起呢？

　　干脆就从被误解讲起吧，说起这事，着实有点尴尬……事情发生在我前往黄渠桥镇政府的头一夜。这天我走了相当长的路，晚上回到宾馆附近的餐馆，刚上的揪面没吃几口，才结识的一位乡镇干部打电话，向我问询"现在县里在传，说有人假冒大学生，有诈骗老年人的嫌疑……我怎么觉得跟你们（估计他没好意思用更小限定范围的"你"字，因为这样就太针对"我"了）有点像，怎么回事啊？"言下之意，已不必细说。我立马回复，"今天我已经给您看过我所有证件，您可以完全地相信我"。挂断电话之后，我拨通传布消息的部门电话，向其解释其中原委。他们查证之后，向我致歉说，现在工作人员对于老年人防诈骗事情敏感，请见谅，并且表示今后如若受到影响，可帮助我解释证明。即便如是说，但是我相信，今后的选村不会那么顺利了。

　　一直以来我调研的行程安排都是由上到下、由部门到村庄，即先到市级相关部门寻访，开门见山地表明身份和来意，主动出示自己相关证件。目的很简单，一来是为了寻求帮助。如果能有直接介绍的村庄那将会更好，但是这种情况是可遇而不可求的。二来是为了"借光"，即与上级部门接触之后，对下级单位或者地方情况就会或多或少地了解一些。这样在和地方部门打交道的时候，因为掌握了更多的地方信息，说话时底气更足，也更加显得有魄力，像个实干家。地方干部可能更看重你的实效性，能干事可能是他们所注重的品质，至少我是这么认为的。这一路行程可参看我的日记：石嘴山市大武口区史志办、民政局，石嘴山市档案馆、民政局、平罗县史志办、档案局，以及平罗县数个乡镇政府。在接触这些机关单位人员之后，我觉得石嘴山市级单位办事更加亲民，也更加开放。乡镇政府工作人员进行了简单的村庄介绍，也帮我解决了对接问题，这着实起到了很大的作用，再次表达感谢。

被误解的根源已被我掐灭，但是其已经发散出来的负面效果依旧存在。第二天我到渠中村部寻访的时候，便直面了一邻村干部的"神之蔑视"。从他那种"秋风扫落叶般无情"的言语和行为，我发现被误解的效力还没有完全解除，至少在村级层面还没有更新。与这位村干部的对话，不再赘述。但是其中委屈多少，就有我倔强与忿然多少。拨通昨日部门电话，对方致歉，并表示立马向黄渠桥镇解释证明，我可前去对接。现在想来这位邻村干部的做法也是毫无不妥，但是总觉得有些不舒服，思前想后可能欠妥的是他那"官老爷式"的行事派头吧。

早先在村部的时候，我在公告栏内看到村书记电话，想给其打电话证明。但是显然昨日的消息已经散布到他们那里，而且估计连我的手机号码也发布出去了。头两次拨打是忙音，后面拨打时直接就是"通话中"，明显是被拉进通话黑名单了。只能发一则短消息。与此同时，某部门电话打来，已经与镇政府沟通，通知我可前去。据我所知，昨天他们部门内部发布消息说是"疑似"，可是到了地方执行上就成了"坐实"。果然这层层防范的加码效用如此之深，我深感无力。出村部，打车，刚巧遇到来时所乘那辆班车返城，可叹。

之后到了镇政府，办事员接待了我，并联系到渠中村杨书记，表示确实受某部门误解消息影响，并请村妇女主任李姐前来接洽。

这里要非常感谢当时的渠中村妇女主任李姐——现已担任村主任，我刚到达村部没多久，她就驱车赶到，简单介绍之后，我出示各种证件消除了她的疑虑。同时她也看到村镇工作群内的官方消息为我证明，这才算是放下心来。之后，寻访数位老人，不再一一赘述。记得当时李姐正罹患重感冒，眼眶红红，鼻音浓重，下午她还要到县城给孩子开家长会，时值中午在陪我寻访老人，现在想来依旧感动！想到提包里还有给自己准备的巧克力和月饼，于是果断拿出放在车上，以免她没时间吃饭。家长会时间临近，她联系王副主任——王兴庆老人之子，带我寻访另外两位老人。十分感谢二位！

之后，就将渠中村定为正式选点村庄。与村部成员相处的过程中，依旧是不免受到之前误解的影响。杨书记作为一村之当家人，十分谨慎。不过，在随后的接触中，众人对我都改变了态度。尤为明显的就是"老饭桌"隔壁诊所的老中医，他 70 岁上下年纪，老两口和儿子、儿媳一家在此行医。可能是出于老人对于年轻人特有的怜爱，总之老两口对我很关心，也很赞扬。我的生活行程排得很满，但是我们之间依旧有很多交流的机会。我在院子里跑步，老人也在旁边驻足。对于我来讲，离家虽远，但已是常态。十数年在外求学经历，已使我内心十分坚韧。吾身在之处，皆可安定。从老人的目光和言语之中，能感受到他们对我的关心。后来，因为走得匆忙，当天没见到老中医，因而未能当面辞行。过后，因数天未见我面，他到村部问询，对方告知他我已离开。李姐向我感慨，"果然好娃娃，到哪都受人待见"。我愧然，我何曾做过什么呢，又哪里能称得上是"好娃娃"。或许唯有尽快完成报告，早日出版，方能表我感念之情吧！

调研期间，相处时间最久的就是王兴庆老人了。老人已经83岁，但身子骨很是硬朗，思维清晰。以往经历的事情，都记得特别清楚。老人经常骑自行车到老村部旧址旁边的小卖部购买生活用品。有次，我正从新村部外出访谈，看到老人推着车子过来，急忙迎上前去。只见老人穿戴一新，帽子很干净整齐，皮鞋还泛着光。看得出来，老人这是要出门呢。老人很高兴，精神头很饱满，言语之中还难掩兴奋之情。他向我说道，自己要到城里去看孙子。这时已经过了白露，风还是挺大的。我让老人先到村部里面等着，我在外面帮他看着去城里的班车，快到了我再喊他。他说不用，反倒劝我进去。我只是站在那里，陪着他。看着面前的树木，在风中一直向南弯曲。我向老人说道"老爷子，您看！果然就像您说的那样啊，过了白露就是野天了……风真大啊"。老人向东寻车的目光，又再次挪移过来，温和地说道："是啊，风变大了。你快回去吧，别在这站着了，快回去吧……""没事，我陪您等会儿，刚才过去了一辆到宝丰的，估计那边也该发车了""嗯，估计快了"。老人除了与我说话时会转向找，其他时候一直都在向东寻找着，期待着……看得出来，老人希望车子赶快来，好尽快到城里见孙子。王老爷子，祝您身体健康，阖家幸福团圆！

殷富贵老人也很健谈，他与王兴庆老人还是亲家，这也是我后来才知道的。应该是中秋节前一天吧，我去殷老爷子家中访谈，进门看到王老爷子在炕上坐着。我当时还挺纳闷，想到老人们之间走动下，串个门儿，也是常有的事。但是王老爷子竟然跑那么远串门，还是少有……后来，节后到王老爷子家中访谈时，他说两家是亲家，我才恍然大悟。殷老爷子平时不常在家中待，喜欢出门遛弯。或者走着，或者到太阳下或者到树荫下坐着。生活中他还是挺开朗乐观的。老人说在家里也不怎么做活儿了，地都给了儿子们，由他们种着。有活了他们过来干就可以了，自己就是在家做点散活，活动活动筋骨。老人还喂了两三只羊，几只鸡，没有放养，而是圈起来养的。买的是半大的羊仔，养到过年就杀了全家吃肉。鸡也不卖，也是等儿子、孙子过来，家人一起享用的。纯粮食养活，绝不喂饲料。谈起这些的时候，老人很高兴地向我展示着。看得出来，对于这些，老人有种很自豪的感觉。殷老爷子，祝您身体健康，万事如意！

叶发卫老人年纪虽然小一些，但是身体并没有前两位老人那么灵便。老人的腿脚稍微有些不便，但是这也并不影响老人正常生活。记得中秋节那天晚上我登门拜访，并且给老人送了些点心之类的东西。老人很诧异，也很高兴。东西不多，但我想这份心意，老人是真切感受到了。我去的那天晚上，老人还在家中做活，正在装玉米棒子。人老了，力气不大，每个袋子都只装了三分之一左右，装多了也提不动……见我来访，老人吃力地站起身子，但没站直，上身向前曲着。嘴里也明显发出了因吃痛而不自觉产生的声音，略微地喘着气说道"你来了""嗯，老爷子，过节了，来看看您"。临走时，老人和家人还送我出门。回望院子，院中灯罩下的灯光并不甚明亮，院子深处的玉米堆还有很高，杂乱地堆着。出门骑车而行，月亮已经初升，但是很亮，很圆。调研快完结的时候，我给老人拍了些照片，还特意给老人和老伴拍了几张合影。两位老人都很高兴，那天老伴笑得很开心。我让两位老人牵手、靠拢，拍了一张挺现代的照片。老伴有些不好意思，脸上有些潮红……后来照片寄过去，老人收到后还专门给我打了电话，互问近况云云，此处略去不提。叶老爷子，祝您身体健康，家庭幸福美满！

沈连山老人平时寡言少语，可能是独居的原因吧。而且其因为上了年纪，加上生活习惯等问题，口中的牙齿已经近乎全部脱落，说话之时，有些口齿不清。曾与老人放过几次羊，边放羊边聊些旧事。记得初见之时，向老人问路，然而因听不大清楚老人话语，老人一着急，就用手比划写字，最终我明白了。后来访谈中我发现，旧时期老人是读过好几年书的。其实他的思维和回忆打开之后，还是有很多有趣记忆的，而且此时的老人也笑得更加陶醉幸福。或许没有谁是无趣的灵魂，只是缺少了伴奏的弦乐罢了。姑且以此来解释吧。沈老爷子，祝您身体健康，万事如意！

除了以上几位老人，笔者还与其他村庄的诸多老人有过访谈，有些名姓只是老人自述后，我凭借发音做的音译。为避免出错，就不在此一一列述。但是，依旧要向他们表示感谢，并祝他们身体健康，万事如意！

最后，要向渠中村村部所有成员表示感谢，感谢杨书记、李主任、两位王主任，还有"老饭桌"管理员谢玉芳阿姨，感谢各位的关心、支持与照顾！

附录二

渠中村调查日记（节选）

2019 年 8 月 11 日　晴热

怀着较为激动的心情，搭乘上了武汉去往银川的火车，开始了西北调研之旅。激动是因为有点新奇，好奇西北的生活。但是也不免有点忐忑，因为对那里的生活和环境完全陌生。对于村调来讲，最怕的莫过于沟通交流方面的障碍。如果言语不通，或者与老人交流有困难，将会事倍功半。来之前，我特意在网上搜索了一下有关石嘴山市方言的视频，专门留意了当地老人说话。他们的方言还是比较容易听懂的，基本能够听懂百分之八十以上，再加上在特定的语境下，又可以猜到一些地方词语的意思，因此心里也还是略有底气，稍微放松了下心情。

武汉直达银川的卧铺车票卖完了，因此只能打截儿买——买了从武汉到襄阳的硬座，又买了从襄阳到银川的卧铺车票。同一辆车，无须转乘，只需换乘车厢而已。武汉到襄阳是 3 个多小时，过程很是煎熬，太多人抽烟了！整个车厢里到处都弥漫着烟气，呛得有点头晕，不敢大口呼吸……剩下 10 多分钟快到襄阳站了，我逃也似的，穿过挤满人的过道儿，走过餐车，来到与卧铺车厢连接处。广播里提示马上就到襄阳站了，我向列车员出示了卧铺车厢的车票。进到了卧铺车厢之后，感到这里的空气让人舒服多了。一门之隔，这里没有烟雾缭绕，没有嘈杂的吵闹声，自己竟然笑了……透过连接处的玻璃门，回望硬座车厢。我想起当年自己在离家很远的地方读研，一直是坐硬座来往，单程 15 个小时，我都没有过这么强烈的不适。如今是怎么了，自己身体

渠中村调查日记（节选）

变差了？还是说现在坐惯了卧铺、动车、高铁，思想也开始安乐享受了？一时间我也回答不上来，但是总之我此时没有那么头晕了。顾不得思索许多，又开始翻看调研提纲，盘算到了银川后转乘路线以及之后的行程安排。

20多小时的车程，第二天中午才能到达银川，这是我乘车以来最长的一次旅途了。晚上一直半睡半醒，火车走的不很平稳，总是一阵一阵地抖动，特别困，但又总是醒。天逐渐亮了，我一直有注意周围环境。这里很宽广，但两边少有植物环绕，果然是大西北，我心底暗自说。此时我最想看到的就是人，想要看下当地人穿着什么样的衣服，以便评估下当地的气温。终于在两旁飞掠的场景中，看到一闪而过的人影。可能是早上的原因，看见他们穿的还是挺厚实的，女的还扎着头巾之类的。心里暗自庆幸，得亏自己之前有准备厚点的衣服。

上午11点多，火车终于到站了。出站之后，天气很热。太阳光是那种白炽炽的，照在脸上是一种灼痛的感觉，赶紧从箱子里取了帽子和防晒衣……可是，防晒衣无论如何也找不到，心想不会这么不靠谱给落在火车上了吧，刚才还特意取出来准备下车用，难道一时着急忘车上了？赶紧去寻，过程琐碎，略去不提了。寻得之后，开始转车到石嘴山大武口区。

到达大武口预定宾馆已是下午3点，放下行李，取出调研提包之后，赶紧出门到大武口史志办。向办公室人员表明身份和来意之后，他们大概向我介绍了下当地的情况，略略向我推荐了两个地方之后，便告辞出去了。我打车赶往大武口民政局，办事员向我推荐了大武口区长胜村、潮湖村、龙泉村。同时也说这些地方都是名村，也多是移民村，而且是1949年之后因工业而兴起的。于是内心也有排除的想法，只待后面实地验证。从此处出来之后，已经到了各单位下班时间，今天没法再去其他单位寻访了。寻得一家面馆，尝下地方特色饭食吧。一碗羊肉砂锅揪面，还挺贵……中午都没怎么吃东西，坚持到现在，还是吃点好的吧……

吃过之后，想体验一下当地的风俗民情，在街上随意走着。天已经八九成黑了，路上几乎没有卖东西的，道路上很暗，路灯甚少，而且亮度也不够，昏黄的感觉。自顾地边走边盘算，我是不是走错方向了，这里人这么少，应该去一个人较多的地方体验才可以。于是打开手机地图，看到市政府旁边一个叫作星海湖的地方，应该人会很多。打车前往，途中听司机说道"你去那边干啥？那边都没啥人的，那边是新城，我们本地人都不去那里……"。听他口音比较容易懂，我就问"师傅，你是本地人吗？""算是吧，老家是东北的，父亲那辈来的，当时不是搞煤炭吗，后来就在这定居了，也算是本地人了。石嘴山本来就是1949年后移民新兴城市，因煤而兴，因煤而衰。现在不让开采了，你看着街上人都少得很，以前这可是很繁华的……"果不其然，一路之上，几乎没有看到什么人，驱车进入星海湖广场附近，除了我们的车灯，没有一点亮光，我没有下车，让师傅带我绕了一下，直接回酒店了。洗漱完毕，早早睡了。

2019 年 8 月 13 日　晴热

今早到石嘴山市档案馆寻访，依旧是表明来意之后，有办事员接引我到一个主任那里。参观了下市档案馆，简单了解了下石嘴山市的发展脉络。办事员推荐我与市档案馆曾馆长聊一下，因为曾馆长对于石嘴山市的情况了解得最为全面，而且还主持编纂了不少地方相关史志。但是，事不凑巧，馆长出差了，暂时只能作罢。时至中午，依旧到面馆吃了揪面。之后打听如何到崇岗镇，后来听说此处去乡镇下面的班车车次很少，而且前往崇岗段的国道刚巧正在大修，班车停运，只能坐出租车。于是坐出租车到了崇岗镇政府。还没到上班时间，只能在大厅等候，浏览了下大厅两旁张贴的政府人员简介和信息。发现此处在禁毒和戒毒相关方面的宣传很是突出，而且酒店里也有关于禁毒的宣传页。在我记忆中的其他地方，似乎很少有这么多的宣传。据我所知，1949 年前，宁夏地区的烟土种植是很广泛的，军阀也全靠烟土获利。

见到崇岗镇书记之后，介绍自己和说明来意之后，其表示支持，同时该镇也在编纂崇岗镇志。之后，便将镇主管档案的领导介绍给我。在其办公室内，我翻看了一些关于崇岗和石嘴山的相关史志记载。刚好镇上有包村干部要到村子里，于是我就乘坐车子一同前往崇富村。在村部内，看到有好多老年人在此玩纸牌，寻得一位上了年纪的老爷子，与其交谈。试着了解下 1949 年前的村庄历史和其能记得的事情，但是老人似乎有很强的戒备心，"反侦察"意识很强。同时对我问询的 1949 年前的事情并不感兴趣，而且反复问一句话"问这些有啥用啊……就是那么回事……"。我耐心地解答了，但是我似乎也感受到，对于我的解答，他听不懂。眼前，他似乎对于牌局的变化更加关心，而我却影响了他的娱乐。于是，我便借故出去看看村庄，游走了一下。出了村部之后，兀自地走着。打开手机寻找崇岗村，靠着导航与问路，终于走到了崇岗村部，村部很大气，也很新。到值班室找工作人员，简单介绍来意。亮明身份并出示自己的身份证、学生证、介绍信等相关证件，主动打消对方疑虑，这是我调研以来一直的习惯。

当时村书记在外监督乙脑防疫，我在办公室坐了一会儿，他就回来了。据其介绍，崇岗其实本来只有一个村。后来人太多了，包括外来采煤等打工人员，就分开成了三个村——崇岗村、崇富村和崇胜村。据村主任介绍，其曾祖爷爷即在此居住，乃是从山西大槐树下迁居于此。此处村庄开村之时，只有 13 户人家。位于贺兰山的一个小水沟（沟名）沟口处有水可用。这 13 户人家就将此沟占用，将水分为 13 股，外人不得使用或者需向主人进行购买。

1949 年前，村庄村民不足 500 人，具有较多的姓氏，共有地主 3 个。全村土地总共不过 200 亩，因为大荒滩缺水，小水沟的水不足以供给更多的农田。村民依靠简单种植些耐旱的作物，靠天吃饭。另外有部分家庭养羊，规模都不大，30—40 只羊的规模就是属于中上等人家。当地人主要到汝箕沟煤矿上"驮炭"——旧时人们把煤叫作炭，用牲口——毛驴、骡子、骆驼等，将挖出来的煤块驮到山下，或者在家中售卖，或者驮到平罗县城去卖，或者到贺兰县的常信镇售卖，因为那里有集市。村庄内生产出来的粮食不足以供给人们口粮，只能靠养羊和驮炭为生，以驮炭为主。旧时一家能有三头毛驴，就说明是一个很富裕的家庭了，并且这三头毛驴驮炭，可以使得家庭生活过得很是富足。另外，村庄内的村民，还有外出到贺兰山西面的蒙古地界给蒙古的王爷和喇嘛放羊为生的。

村书记说他当年常听爷爷讲过去的老历史，我很欣喜，这可以帮助我更好地了解崇岗的历史，但欣喜之余也不免有些疑虑，毕竟转述的东西是有限的，而且现在的村书记都是很忙的，访谈又是一个长时间的任务，在时间上能否充足，尚不可知。还是得多寻访事情的亲历人——80 岁以上的老人。据说身体条件不错的老人数量较少，而且多不在村庄居住，我也只能暂时把此地作为备用点。

2019 年 8 月 14 日　晴热

昨天晚上又看了下地图，加上昨日村民的介绍，今天打算再去下崇岗镇的暖泉村看下。暖泉比崇岗村更远一些，当然车费也更贵了。因为只能坐出租车前往，这些花费也是难免的。到了这里之后，步行一段路程，终于打听到了村部位置。简单介绍来意，亮明身份之后，村干事表示 1949 年前此地为杂姓居住。村庄的人口数也是只有100 户左右，土地每家平均 3 亩左右，主要姓氏是崔、吴、刘、张、马等。从老人口中得知，当年这里也是一片大荒滩，黄羊、獐子等常出没于东面的大荒滩中。还时常会有土匪出没，前来抢劫。为了保护自身安全，一般是以一个小家族（从爷爷辈开始）为单位，30 多口人，共同建筑一个 5—6 亩地大小的寨子，外围石头，内用泥土夯实，用以防御土匪来袭。

暖泉村的村民也是以驮炭、放羊和种地为生，但多数是以驮炭为主。一个寨子内一般能有 30 只羊，就在附近的荒滩上放养即可。土地砂石较多，土层较薄，并且由于没水灌溉，也只能靠天吃饭。附近有一个废弃的昊王渠，渠内有旧时过水沉积下来的泥沙土，村民就在此种植粮食。看来此地也不是很理想的选点。

直接转向附近的另外一个村子，由于距离较远，只能又打电话联系出租车，由司机带我前往下庙村。值得一提的是，此处不通班车，故而出租车填补了交运的空白。出租车司机通过微信群来发布消息，互通有无。比如有人得到消息说某地有乘客几人，前往何地，后面附带手机号码。群内司机看到消息之后，觉得合适就会作出回复"我去接""我接了"等等。认领的规则就是先来后到，谁先发布认领消息，就由谁去接。

前往过程略去不提。到了下庙村之后，碰到了崇岗镇的防疫工作干事，之前带我到崇福村的那位。跟他聊了一会，他也询问我选村是否顺利云云，客套话不提。等到下午村干部上班之后，向村主任了解到，下庙村旧时有做香的人家，据史志记载其当年在大水沟那里安装了十八盘大水磨，靠水力带动磨盘碾碎树木制作香。村庄有李、姚、韩、任等杂姓居住，老人自言其先祖也是从山西大槐树迁居过来的。村庄内有3个地主，也都是破落地主，没什么很富裕的。

村民以做香、驮炭、种地、打猎和做长工为主，老人自述其父亲常年在贺兰山上打猎，他与哥哥每隔三五天便到山上去送饭，顺便将打到的猎物背下山。村里有人想吃肉了，就会找老人去买或者去换。一般是一块碗口大小的肉，可以换一碗的黄米或者麦子等。老人小时候经亲戚介绍，到贺兰县去给中富农人家放马、骆驼和驴子，放的数量不多，只有几头而已。在此了解了下村庄情况以及老人情况之后，果断放弃。

2019年8月15日　晴热

连日来的东奔西走，加上天气原因，着实让人苦闷，幸而今日终于联系到了市档案馆曾馆长。与其见面之后，他向我大概讲述了下石嘴山市的历史过往，与我从史志上看到的差不多。他推荐了下平罗县史志办主任，还有平罗一两个村庄。之后，我便离开档案馆。前往石嘴山市民政局，依旧是开门见山式地自报家门和身份，得到了一份石嘴山市地名简介，可以用来帮助理清具体地方的历史过往。

心情苦闷，天气也不很是爽朗。下午去了贺兰山，光秃秃的，一片都是玄武岩。还看了下北武当森林公园、北武当庙。我是一个无神论者，也是一名合格的中共党员。来到此处，并非为了求佛问道，只是每次远远地看着贺兰山，就会觉得很诧异。为何这是一座荒芜的山？怎么不长树木和草呢？然而，终究是我错了，不过也有点对。因为如果说不长草，但是近处看，还是有稀疏的植被。不过在我眼及之处，确实没见到什么树木，顶多看到一两株低矮的野枣树。心底很是诧异，为什么这种地方可以放羊呢？这明明是不长草木的啊。后来，路上问了当地人才知道，原来在贺兰山深处，尤其是在山沟里，那里水源充沛，植被繁茂，最为适合草木生长。因此也更适合放养牲口等，故而以前的人放羊，都是在深山里面，路途太长，没法赶回家中圈养。

人的一生，何其短暂，能去的地方，或者能够再次去的地方更是寥寥。既来之，则安之。"来都来了"这句话最有勉励作用，无论旅游或是其他什么事情，甚至调研都是适合的。来都来了，还不去看看当地的人文自然景观，更何况距离我这么近，又是免费对外开放的。

不过最为重要的一点是，我不想浪费时间。在从政府机关出来之后，又无法下村的时间段里，我需要为自己找一个充分消耗时间的地方，以免虚度宝贵光阴。或者也可以说成是给自己找点事情做，以便忘却诸多不顺意。

图 1　贺兰山远景

图 2　贺兰山近景

2019 年 8 月 16 日　晴热

今日一早动身前往平罗县，到达宾馆安顿好之后已是中午，吃了饭后打车前往平罗县史志办。与史志办主任通话后，他表示在外出办公，可将办公室内的黄渠桥镇志借我阅览。眼见并无所获，而且时间已经到了下午四五点钟。就随处走走吧，到平罗玉皇阁看了看。内里看到一个道士在接打电话，谈笑风生的。我竟然莫名其妙地笑了，之前自己对道士的印象太古板且不真实，以至于见到真实的情况，竟然表现得无所适从，我的思想和认知还是太狭隘了。

2019 年 8 月 20 日　晴热

这几日太过于奔波和劳累了，晚上梳理当天见闻，分析选点，没有时间作出记录，就在今日一天内全部作出整理算了。这几天过得颇不宁静，但结果也总算是可喜的，终于选定各种形态都较为理想的村庄了——黄渠桥镇渠中村。虽然过程很曲折，但是毕竟调研任务在身，再多的苦痛也只能一身扛起，无所逃遁，不如坚定地走下去来得痛快。今以流水形式，简单叙之，过程不再详表。

17日上午到平罗县通伏乡政府寻访，在了解了金堂桥村大概情况之后，决定暂时将其作为备选点。中午在村部食堂吃了顿面条，之后便打车离开，到通伏乡政府寻访。在党政办马主任引荐下，通过前任文化站站长了解到了姚伏乡的情况，他送了我一本姚伏镇志，十分感谢。

18日上午到渠口乡政府寻访，今日姚伏镇马主任用私人关系帮我对接了下渠口党政办主任，又由主任帮我对接了六羊村。在六羊村妇女主任的引导下，遍寻村庄80岁以上明白老人，暂定其为备选点。下午打车前往头闸镇，途径西永惠村部，寻访后排除选点。到头闸镇政府，出镇政府之后，继续打车到头闸村、邵家桥村寻访，但评估后均不宜作为选点。一天忙碌奔波，车费花销甚大。由于此地县上到各村镇班车相当少，而且村庄较散，且村落间距离较远，没有车子是相当难以成行的。无奈之下，只得包出租车代步。

19日上午再次到渠口六羊村回访老人，再次评估之下，将此处排除。前往距此不远处的新桥村，好说歹说求得妇女主任带我到几个老人家里访谈一下，效果不佳。从最后一位老人家中出来，已经是下午四五点钟。这里前不着路，后不临街。而且我还饥肠辘辘，汗流浃背。中午没有吃饭，这几日我全天都在外面，将随身带的小月饼作为干粮，但是今天事不凑巧。上午寻访老人时，见他无依无靠，只凭剩菜剩饭过活，就将小月饼给了他，自己只剩下两个。月饼很小，一口可以吃一个……幸好提包里还有两颗大白兔奶糖，这也是我调研包里的法宝之一，幸亏前两天没吃掉。

打开手机定位，距离此处最近的公路有3公里，没办法，步行吧。沿着惠农渠，顶着西照斜阳，行走在砂石土路上。此刻的心情，就像脚底与砂石摩擦发出的声音一样，细碎打滑……远处一辆车子迎面而来，紧随着的是其扬起的尘土，汽车从我身旁掠过，但是尘土还是弥散着的，捂口掩面而行。行有20分钟，终于得见公路。但是地图显示，此

图3　斜阳下的惠农渠

处属于乡间道路，是不会有出租车的。只能继续行进到大路上。又走了二三十分钟，终于到了县城郊外南环路，沿着此路向西走，到了翰林大街。这几天内心很是焦躁，此时也是上了轴劲儿，想多走走，静一静。于是继续步行前进，快到城关镇时，班级微信群里有消息，打开一看，是一同学发表高水平期刊，大家道贺。反观自己，别人开始做论文，自己还在做调研，内心颇有失落感。边走边想，此时已经接近 7 点，将近走了 3 个小时。想通了，随手招揽了一个出租车，回去吃饭。

20 日上午前往黄渠桥镇政府寻访，请党政办主任帮助介绍我去渠中村调研，在渠中村妇女主任和村主任的帮助下，寻访到了 6 位老人，身体都十分硬朗，并且村庄形态很是理想。晚上向徐老师和陈老师汇报之后，最终将渠中村确定为正式选点村庄。

2019 年 8 月 21 日　晴热

今日主要跟村委成员和老人了解渠中概况。渠中村位于平罗县城区东北 23 公里处，行政单位上隶属于黄渠桥镇，旧时期属于渠中堡（渠中堡是因为地处惠农渠与官泗渠中间而得名）和东永固乡管理。旧时期，有保长和甲长进行管理，保长一般是有钱的人家来担任，甲长由保长进行选择任命，都是无须选举。

另外，杨书记将我安排在村部的"老饭桌"休息室住下，这里有专门为老年人做饭的"老年人食堂"，俗称"老饭桌"。工作日有专门的阿姨负责做中午饭，我就在此入伙，每天向阿姨交一笔伙食费。中午一块吃饭，早晚自己动手做饭，阿姨每天给我带点蔬菜就可以了。穷人家的孩子早当家，做饭这些事情，从小就干，这些都是毫无困难的。终于选定村子了，回望这些天的历程，几乎踏遍了整个平罗县。而这片热土是我用自己的脚来丈量的，实在佩服自己。躺在床上，窗外有月光，内心很敞亮，睡不着。后来，也就迷迷糊糊地睡去了……

2019 年 8 月 22 日　晴

今天上午访问王兴庆老人，据老人讲旧时期人口相对较多，但是他们是分散居住（同村内的聚落较为分散且距离较远，没车行走十分困难）。每个聚落人口不一。据向老人初步的了解，1949 年前每处聚落有三四十户，100 到 200 人，初步估计此处旧时有 5 个以上聚落；目前此处有 11 个大队，分散居住，相距较远。村庄内为多姓氏杂居：王姓、叶姓、殷姓、方姓、陈姓、吴姓、谢姓等。老人自言其乃是当地的老户，但是再追问其他老人，大家都说自己祖上也是外来迁入的，有"山西大槐树村"过来的说法，也是符合惠农渠开挖之后招徕内地百姓前来垦种的历史记载。

下午到殷富贵老人家寻访，据老人讲旧时期村庄内有大地主，拥有 200 亩田地左右。一般情况下村民家中都有几亩薄田，不能维持生计，依靠给地主家打长工和短工为生。家中有 20—40 亩地能够过上中等生活，种地 10 亩以下不够一家三口人的口粮（当时多种麦子等旱田作物，亩产 100—200 斤）。荒年需向当地财主等借粮，利息翻倍，借一还二。

从殷富贵老人家中离开，到了相距不远处的叶发卫老人家中。据老人讲，当时开发荒滩需要大型畜力，单家独户缺乏劳力和畜力，无法单独行动，老人说当时都是各过各的，很少有联合的帮扶，但是在盖房（土坯房）的时候，亲戚等会来帮忙。村民当年的生活是小家庭为主，即儿子成家之后就会与老人分家单过。

2019 年 8 月 23 日　晴

现在黄渠桥镇上每逢公历的三、六、九就有集，因此今天我也到集市上采买点东西。这天去集市很方便，因为我有了一个新的交通工具——小电动车。这个小电动车是在做饭阿姨的介绍和帮助下，在镇上店里买的二手车，才 400 块钱，解决了我出行难的问题。晚上充满电，白天在村子里找老人访谈，完全够用。但是如果骑车子到镇上，最多来回跑两趟就不行了。也就是说，我的小电动车最远的行进距离是 15 公里左右。在

图 4　笔者出行的小电动车

集市上我采买了几十斤香蕉，几十斤桃子，还有三个大西瓜。香蕉和桃子是专门给老人们准备的，这两种都是老年人吃得动的软物。我还给自己采买了鸡蛋，黄渠桥老豆腐，还有回族人做的饼子。

趁着中午的时候，把香蕉和桃子分成数份，一一给老人们送去。来回跑了几趟之后，我充满了干劲，但是我的小车没劲了，它需要充电了。下午到村委会和村委成员们聊了聊，顺便给小车充电复工。下午，到方义兴老爷子家中寻访。聊起了家庭生活，据说当年是三个爷爷一块生活，没有分家。但是大爷爷是管事的，家里人都是听从大爷爷的话。当年地主不租地给别人种，老百姓也不愿意租种别人的地，都是给人打短工或者当长工，挣钱挣粮食过活。

2019 年 8 月 26 日　晴

今天打听路的时候，发现一位叫沈连山的老人。现在独自住，随着弟弟吃饭，并且帮助其进行家庭生产。老人身体很好，每天很早就去放羊，羊吃饱了就赶回来，自己再去做其他事情。下午天气不热了，就又赶着羊出来，到了晚上才回来。明天可以的话，试着跟他接触下，看看他对以往的事情了解多少。

2019 年 8 月 29 日　晴

接连几天到其他老人家中做访谈，也没顾上去寻找沈连山老人。刚好今天寻殷富贵老人不见，于是返回的时候，发现五排对面沈连山老人正在那里坐着。于是骑车前往，老人还记得我。我于是和他攀谈起来，详谈之下得知，原来老人之前家境富裕，土地革命之时被定为地主成分。看来今后关于地主交往方面的事情，可以跟老人家聊了。但是老人日常很忙，不知是否能有空寻访。

从沈连山老人那里回来之后，到黄渠桥街上采买了水果。依旧是香蕉和桃子，因为这些水果不容易让老人身体产生不适症状。买回来之后，依旧是一一给老人送过去。这次专门给沈连山老人送过去了一份，老人独自居住，晚上天黑他就睡下了，叮嘱了几句后，与他告别了。

2019 年 9 月 2 日　晴

这几天心里有点不安稳，因为之前看到沈连山老人的生活状态，就很担心自己送的香蕉太多了。一时吃不完，长时间在他的屋子里会变质，老人吃了会不会身体不舒服等等。而且这几天，又恰好没见过老人的面，心里还是很疑虑，也挺担心的。于是下午三四点钟的时候，专门过去七队那里，沿着五排向西走。果然发现老人已经开始放羊了，老人身体很好，还因为我送了香蕉而向我道谢，这下我也放心了。问了下老人放羊的时间，并说今后有机会和老人一块去放羊，老人也挺高兴。

2019 年 9 月 5 日　晴热

今早特意早起，烧水冲麦片喝了之后，赶紧骑车到五排那里，刚巧碰见沈连山老人正驱赶着羊群过桥。我把小电动车放在老人家门前，之后就随其一同走着放羊。与老人聊了下有关于土地的情况、当地土地买卖情况以及土地租佃关系、典地关系和土地置换的情况。老人知道的还是挺多的，关键是从老人口里，知道了当年地主家庭与其他家庭交往的情况。

2019 年 9 月 6 日　晴

与王兴庆老人访谈"交换活动"，了解到之前老人的爷爷有屠宰的手艺，帮人杀猪之后，事主要送两斤血脖子肉给他。另外，按照当地人的习俗，主家在宰杀猪之后要请自家庄子上的人和跟前关系好的人吃肉，但是这时候宴待宾客的猪肉通常是猪脖子肉。另外，据老人讲，旧时期新鲜猪肉容易变质不易储存。因此就把吃不完的猪肉煮熟之后放在罐子里，然后用猪油密封，这样就可以吃到来年过年，俗称"年对年"。

在牲口交易市场上，有专门的中间人叫作"牙汉"。其负责在买卖双方之间"打价"。牲口"口大"卖的价钱就少，"口小"卖的价钱就多，因为口大的就是牙齿多，说明年岁大。牙汉获利是随着牲口卖价而定的，卖价越高抽利也就越多。除此之外，牲口买卖要当面看清牲口和钱，过后卖方概不负责。

2019 年 9 月 7 日至 12 日　晴转多云

7 日下午，向沈连山老人了解人地关系，人与生产能力的关系。

8 日上午，向叶发卫老人了解劳动工具以及劳动力分配问题。据老人讲，小时候，他和另外的一个同龄小子在荒滩地一块给沈家地主放牲口。当时一同放养的还有匹马，等到牲口都吃饱了之后，就骑着马赶着牲口回家。骑马是没有马鞍的，直接骑到背上即可。小孩子身体矫健，找个高地，一下就可以跳上马背。

9 日，与王兴庆老人谈家户内部消费关系。

10 日，与殷富贵老人谈丧葬消费以及家户外部消费关系等。

11 日，与方义兴老人谈地缘主体。

12 日上午，与方义兴老人谈地缘关系。下午，与王兴庆老人谈帮工、揹工、办酒、串门、生产合作等问题。

2019 年 9 月 13 日　晴转多云

今天是中秋节，也是黄渠桥街上的集期。一大早前往镇上买东西，今天买东西时，我已经明显感受到，一些商贩对我的到访很是期待，大概是很少有人会一次采购很多水果的原因吧。这次我又买了很多香蕉，但是没买桃子，而是选择了葡萄，算是换换样式吧。我还买了羊肉和牛肉回去，我也要过个丰盛的节日了。

东西采买完毕，回到村部之后，开始给小车充电，因为昨晚忘记充电了。上午访谈的时候，给两位老人送去了我的中秋节礼盒——盒子里虽没有很多礼物，不过还是很丰盛的。内里是我在网上买的各式月饼，还有无籽石榴、香蕉。

下午给方义兴老人送东西的时候，他们家里没人，于是只能等到傍晚再过去了。傍晚出门之前，天还是亮的，但是没想到短短十几分钟，太阳就完全下山了。等我朝着老人家的方向过去时，路边突然有一条狗，吼叫着向我追来。得亏我在村庄内行走习惯好——从不走两边，以防有狗窜出受伤。狗在我的左后侧追来，我微微向右转向，应急时候这样子可以用小电动车把狗隔开，在右方急忙刹车下车。那狗见我下车，也不敢贸然向前了，只在那里乱叫。我只能给自己壮胆，不能怂。原地双脚轮流跺地，吓退狗之后，将车子立定。向后寻找一块石头，作势追过去，吓得它急忙跑掉了。我最终也没有去老人家，因为还要走一段黑夜路。为了确保安全，白天再去吧，况且老人家中还有一条半大的狗呢，而且还没拴绳子，指不定从哪里冒出来呢。

2019 年 9 月 14 日　晴转多云

今天有朋友邀约，没有出门访谈。

2019 年 9 月 15 日至 21 日　晴转多云

15 日上午，与叶发卫老人谈业缘组织、业缘关系、信缘主体以及信缘关系。15 日下午，与王兴庆老人谈信缘主体，了解到其村落内有"献牲会"，也就是在每年的农历五月十三和六月二十四这两天，用白羊祭奠，并且宰杀分买羊肉，羊杂煮汤，会内人员共食羊杂汤。

16 日，与殷富贵老人访谈交往活动和交往关系。下午，到方义兴老人家中，访谈流动与流动关系。但是在访谈中，老人兴趣不大，对与他人聊天更为感兴趣，无奈，我只得托辞有事离开。之后，就再也没去过方家。

17 日，与王兴庆老人谈社会分化和群体关系。

18 日，与殷富贵老人谈崇拜与崇拜关系。得知当地习俗是清明节之前的三天左右到家中祖坟清草、添土。清明节当天则是到地里，帮那些野坟清草、添土。但是现今坟墓都迁到了公墓之中，也再没有野坟了。

19 日，与王兴庆老人谈思维活动和思维关系。

2019 年 9 月 23 日至 30 日　晴转多云

23 日，与叶发卫老人谈态度与态度关系。

24 日，与殷富贵老人谈生育态度一节。据老人讲，当地人生了娃娃之后，就会在门上拴上一个红布条。三天之后，本家、邻居还有亲戚会送来一盘生面条，事主负责将面条煮熟，并且分与来人吃。

25 日，与殷富贵老人谈婚嫁习俗及关系。

26 日，与殷富贵老人谈丧葬习俗与关系。

27 日，与王兴庆老人谈节庆习俗与关系。

28 日，与王兴庆老人谈日常习俗与关系。据老人讲，当年其三爷爷是个先生——医生，经常在宝丰镇上一个医馆里给人坐诊看病。他到家之后，周围的人也会去请他帮忙诊治。但是其一般不收周围人的钱，而是只写方子，病人只需照着方子去药房拿药即可。因此，周围的百姓都很感念他的好。

29 日，与殷富贵老人谈规训主体。

30 日下午，与沈连山老人一起放羊。向其问询学校教化与规训章节内容，据老人讲当年其在联丰村的学堂里念书。当时的先生姓张，年岁已经很大了。老师教训不听话的学生就是靠打骂，没有其他的方法。

2019 年 10 月 1 日至 7 日　晴好

今天是国庆节，为庆祝中华人民共和国成立 70 周年，有盛大的阅兵仪式。早上，我特意早起陪沈连山老人去放了会羊，回来之后就没再出去。之后就在屋里看直播，确实雄赳赳，气昂昂。中国军人的精气神儿，真的是让人心底振奋，为我这每天调研疲累的身体也注入了劲头。

昨天接到消息说陈老师后天要到这里巡调，于是今天下午特意走访了三位老人，并且将老师到访的消息告诉他们，请他们当天尽量不出远门，这样就可以跟老人们多聊一聊了。其他依旧按照我自己的进度，开展访谈内容，过程不表。

2 日，上午与殷富贵老人谈文娱活动。据老人讲，当年大家也没啥娱乐的，就是喜欢闲逛，众人找个暖墙根聚在一起，聊聊天。或者是耍花花子。不知怎的，我的脑海中也浮现出了小时候自己家乡很多人在聚众烤火和晒太阳的场景。

3 日，今日有集，但是我不知道陈老师究竟何时到达村子。于是我一大早就骑车去街上买点水果备着，顺便采买点自己所需的一应物资，无非是老豆腐、凉粉、回族饼子，不过这次特意买了点羊羔肉。想着中午如果不方便吃饭，就请做饭阿姨为陈老师他们做点特色的吧。此时的宁夏已经是深秋，早上的空气已经很凉了，骑车子特别冻手，只能交替着暖暖。回来的时候，太阳出来了，微微感受到暖意。10点左右，陈老师到了。驱车前往殷富贵老人家中，在其那里聊得挺多。看了下时间，已经是中午，时间充裕就到镇上餐馆吃了饭。下午到王兴庆老人家中访谈，老人家里正在收玉米，但还是很热情地接待了我们，和陈老师聊了很多过往的经历和生活。感谢两位老人接受采访，也感谢陈老师的指导。

图5 陈老师与王兴庆老人合影

图6 陈老师与殷富贵老人合影

4日，昨天接待陈老师一行，因此没有按照提纲展开访谈。今日打算按照提纲进行，但是因为此时正是收割玉米的时间，各位老人家中都正在忙着秋收，实为不便打扰。干脆就此停歇几天吧，顺便整理下之前的访谈资料。

5日，整理资料。

6日，整理访谈资料。

7日，整理访谈资料，琐事略去不提。

2019年10月10日至20日 风、雨、雪

10日，向叶发卫老人了解渠中村村落文化变迁。

11日，与村干部交流村落文化实态变迁，并以口头随意访谈为主。

12日，与王兴庆老人谈政权治理和政权治理关系。老人讲了很多旧时期生活中的事情，其中还有因为验官驴，自家和别人家打官司的事情。

13日，天气很冷，准确来讲，这些天都很冷，感觉是一夜入冬。记得老人曾经对我说过一句话：过了白露就是野天了。意思是说，过了白露时节之后，风就变得很大，

温度骤降，不那么温和了。今天继续向王兴庆老人了解政权治理的内容。

14日，今早出门感觉有小冰晶打脸，果不其然，没过多久就开始下起雨夹雪了。到了下午2点多的时候，雨夹雪就变成了大雪花，真的就是砸下来的那种感觉。第一次见到那么大的雪花，而且风还助推了雪花的威力。

15日，雪停了，但风依旧。今日与王兴庆老人谈村落治理与治理关系。

图7　笔者与王兴庆老人合影

图8　笔者与殷富贵老人合影

图9　笔者与叶发卫老人合影

图10　渠中村土地与贺兰山远景

图 11　官泗渠与渠中村土地

图 12　黄渠桥市场

16 日，与叶发卫老人谈村落治理关系。

17 日，与叶发卫老人谈家户治理内容。

18 日，补充了解遗漏缺失内容。

20 日，这两日忙着查漏补缺，并与老人一一合影留念、道别。但是当天因没有找到沈连山老人，无法与其合影，十分遗憾！

2019 年 10 月 23 日至 29 日　风　多云　冷

23 日，与胡兆林老人谈信缘治理内容。

24 日，与李岗村艾天真老人访谈，补充了解政权治理关系内容。

28 日，到平罗县档案馆查访资料，未果。

29 日，与艾天真老人兄长联系，想了解更多 1949 年前后政权治理关系，未果。

2019 年 10 月 30 日　晴冷

在村庄内的调研早已完结，想着再向周围扩展一下，但是没想到事不遂人愿。不是寻而未果，就是所获不多。

时间上也把握得刚刚好，之前看机票便宜，就提前订了一张回家的票。此次调研，虽说有苦，有累，但是也有收获。再见，渠中！再见，老爷子们！

本卷后记

经过精细的筹划、调查、写作与编排，《中国农村调查》（总第 60 卷·村庄类第 29 卷·黄河区域第 10 卷），终于与读者见面了。2015 年初，在徐勇教授、邓大才教授的统筹规划之下，华中师范大学中国农村研究院正式启动了"村庄调查、家户调查和口述史调查"等三大"世纪工程"。在徐勇教授和邓大才教授的主持下，三大工程同时启动，而"村庄调查"是三大调查中最复杂、最庞大、最深入的调查。新版中国村庄调查以"村"为调查单位，主要围绕"村庄形态与实态"展开，以 1949 年之前的村庄形态为调查起点和主要内容，同时调查 1949 年之后到当下 60 多年的村庄变迁与实态，涵盖村庄由来、自然、经济、社会、文化、治理等六个方面。通过 2 ~ 3 个月的驻村调查，调查员们与农民同吃同住同劳动，在田野调查中搜集了大量的、翔实的第一手的文献资料、访谈资料、视频资料、录音资料与图片资料，并在此基础上撰写了村庄形态与实态调查报告。本卷就是在众多调查报告中，选录了两本质量较高的调查报告，合体编辑而成的。

2016 年 9 月正式启动"黄河区域村庄调查"项目，中国农村研究院有 70 多位老师、博士生走进陕西、山西、河南、河北、山东、安徽、江苏等省的多个地级市的村庄，与村庄明白人访谈、与老人们聊天交谈、走进乡镇与县政府档案部门查询资料，撰写调查日志，然后进一步撰写调查报告。正是调查员们深入扎实的调查，中期不厌其烦地整理，后期认真仔细地写作，使得本卷能收录到较为完美的调查报告。在后期，调查员们已经返校，只能通过电话与村民们反复校对、核实，这使得本卷的文本表述更加准确。在此，感谢各位调查员们认真负责的态度以及为学术执着求索的品质。

本卷的问世，首先要感谢为调查员们提供调研支持与帮助的市政府以及所属职能部门的各位领导。同时，更要感谢接受调研员们访谈，并为调研员们提供资料的农民朋友，你们耐心地为调查员们详细讲解1949年之前的小农形态；你们热心地为调查员们"翻箱倒柜"找资料。你们将调研员们视为自己的家人，使调研员在调研中感受到了家的温暖，有的调查员与村庄融为一体，成为村庄一分子；有的调查员则成为你们的干儿子、干女儿；有的调查员则成为村民们的知心人……正是你们的热心、好客、慷慨、无私鼓舞了我们的调查员，使调查员每每在调查低谷中有所发现、有所收获，最终完成驻村调查与报告写作。如果说田园是我们调查员的第二课堂，那么村庄的农民朋友则是我们调查员的老师。以农为师，方能深入田间地头，深耕、深挖与扎根，而这离不开你们的帮助与关怀。

调查员龚丽兰在山东省济宁市任城区的调研，首先，要感谢任城区老龄办关主任、杨田田，任城区人民政府南张街道分管老龄相关工作的陈雪琴，军南村王敬涛、王可年、于秀娥、王可理等对调查工作的大力支持和帮助。感谢任城区档案管理局、政协、济宁市任城区文史资料委员会、军南村村民委员会提供的文字资料和数据资料。其次，要感谢原军王村（现为军南村、军北村）的王世良、王世习、王万坤、王万亮、王万明、王守厚、彭德生、房平等十多位老人对调研访谈的全力支持，并提供文献资料和家谱资料。最后，要感谢军南村村民委员会及马翠英一家在调研期间提供食宿、帮助寻找访谈对象。

调查员张鑫在宁夏回族自治区石嘴山市平罗县调研期间承蒙多方照拂，顺利完成调研任务。首先，要感谢石嘴山市大武口区地名办陈国军、夏磊，市档案局曾养民、金龙，平罗县史志办周阳，平罗县黄渠桥镇政府任生虎，渠中村杨晓君、李淑萍、王生龙对于本次调研工作的支持和帮助；感谢石嘴山市档案局、大武口区地名办、平罗县史志办、黄渠桥镇政府、黄渠桥革命传统教育基地以及渠中村村委会提供的文字资料和数据资料。其次，感谢渠中村王兴庆、殷富贵、叶发卫、沈连山、胡兆林、吴德忠、方义兴等 11 位老人，以及拓展随访周边村庄时遇到的数位老人，但因其姓名均为当时老人口述后笔者做的音译，故而无法保证其准确性，故不再一一列述。最后，感谢渠中村村委提供住宿和帮助解决用餐问题，感谢"老饭桌"管理员谢玉芳的辛劳与照顾。

要特别指出的是，徐勇教授和邓大才教授为本卷的写作、审稿、编排等倾注了极大的心血。从调查的筹划布局到提纲的设计修改，从调查培训到调查开展，从调查指导到调查汇报，从材料使用到报告写作，两位老师都全程参与，并悉心指导调查员们写作、修订、完善报告。酷暑当头，两位老师深入村庄，开展现场教学，指导调查员们调查；在百忙之中认真阅读各位调查员的调查汇报，并及时予以指导；在报告写作阶段认真审阅报告并及时纠正错误，有时在车上微信指导调查员，有时直到凌晨还在审阅……正是两位老师的辛勤付出与孜孜不倦的教诲，本卷才得以迅速地、高质量地完成。

本卷收录了两份村庄调查报告，一是龚丽兰的《"荣户"共治：单姓军屯型村落的延续与治理——黄河流域军王村调查》，字数 31.5 万字。二是张鑫的《"户落"共生：黄灌区村庄的社会联结与治理——黄河区域渠中村调查》，字数 24 万字。

最后，非常感谢凤凰出版传媒集团总编辑徐海、江苏人民出版社社长王保顶、副总编杨建平对黄河区域卷书稿出版工作的支持，感谢魏冉、张文编辑在文稿的校对、编辑、排版与出版等方面所付出的悉心工作。本卷的审稿、统稿、编辑与校对等工作由李华胤负责，内容核实与修改等工作由各位调研员负责，在此一并表示感谢。

由于编者的水平有限，错漏之处难以避免，敬请专家、学者及读者批评指正，我们将在今后的编辑中不断改进和完善。

编者谨记